连南瑶族自治县
八排古村落民族志

（上册）

田敏　殷沙漫　陈文元　李超　王航
潘露露　蒋满娟　安志强　高元武　关畅　黄建胜
著

民族出版社

《连南瑶族自治县八排古村落民族志》编纂委员会

序

“长鼓不住敲，万民齐欢笑，自由幸福的太阳，高呀么高空照，佛给（瑶语：伙计），佛给，也朵（瑶语：去啰），也朵，啊！打起长鼓上北京，欢天喜地庆翻身，看我们领袖毛泽东……”这是20世纪50年代初，著名作曲家刘铁山参加中央慰问团到连南采风创作的歌曲《瑶族长鼓舞歌》的歌词，后由作曲家茅沅改编成《瑶族舞曲》。如歌词所述，百里瑶山在党的民族政策阳光的沐浴下，连南瑶族自治县于1953年1月宣告成立，连南各族人民在这块神奇古老的土地上过上了翻天覆地的新生活。

连南瑶族自治县地处广东省西北部，全县总面积1306平方千米，辖7个镇71个村（居）委会，总人口约18万人，其中以瑶族为主体的少数民族占57.57%，是广东省3个少数民族自治县中成立最早、少数民族人口最多的自治县，是全国乃至全世界唯一的排瑶聚居地，也是世界经典乐曲《瑶族舞曲》的故乡。

改革开放后，随着民族地区文化旅游事业的发展，排瑶民间艺人多次受邀到北京、上海、广西、云南、西藏、宁夏、香港、澳门等地区和美国、新加坡等国家开展文化艺术交流活动，也吸引国内外众多学者前来参观考察，排瑶文化在与各民族交往交流交融中不断创新、发展、进步、丰富。连南瑶族自治县大力发扬民族优秀传统文化，增强各民族对民族文化的认同，不断铸牢中华民族共同体意识。

近年来，连南瑶族自治县委、连南瑶族自治县人民政府坚持以习近平新时代中国特色社会主义思想为指导，深入学习贯彻落实习近平总书记关于加强和改进民族工作的重要思想和广东省委、省政府《关于推动我省少数民族地区加快高质量发展的意见》，在建设共有精神家园、推进县域经济发展和改善民生福祉中不断铸牢中华民族共同体意识的物质基础、文化基础，“五位一体”工作取得非凡成就。先后获评全国民族团结示范县、全国森林旅游示范县、国家生态文明建设示范县、中国宜居宜业典范城市、中国民间文化艺术之乡、中国瑶族刺绣艺术之乡。

连南民族风情浓郁奇异，素有“百里瑶山”之称。目前，连南有瑶族耍歌堂、瑶族长鼓舞、瑶族婚俗等3项国家级非物质文化遗产，有瑶族刺绣、排瑶民歌、瑶族长鼓制作技艺等10项省级非物质文化遗产。南岗村、油岭村、大掌村等5个传统古村落列入国家级传统村落名录，南岗村被誉为中国历史文化名村。成功打造4个省级非遗传承基地，8个县级民俗文化传承基地。《瑶族文化（连南）生态保护试验区总体规划（2020—2035年）》获省批复实施，瑶族舞剧《瑶山那抹红》在第六届全国少数民族文艺会演中荣获圆梦奖之优秀剧目奖。连南境内生态环境优良，全县森林覆盖率高达83.8%，是国家重点生态功能区，广东省生态发展核心区。拥有10个自然保护地，有万山朝王国家石漠公园、瑶排梯田国家湿地公园，板洞、排肚大鲵2个省级自然保护区。

随着经济社会的发展，根系农耕文明的排瑶社会在城市化的进程中受到冲击，八排瑶民开始搬迁入城，逐步接受城市现代文明的熏陶与洗礼，很多瑶族年轻人对自己的瑶族文化认同感逐渐降低，排瑶传统历史文化在保护和传承中面临挑战。

排瑶人民长期居住于深山，保留了原始、古朴、神秘而独特的民风民俗，孕育了深厚的民间文化底蕴，这些独特丰富的民族历史文化长期以来为国内外人类学、民族学专家学者所关注和研究，产生了一系列研究成果。但是，仍缺乏一部全面、系统、深入调查研究八排古村落的民族志书。为挖掘抢救排瑶悠久丰富的历史和文化遗存，详细记录八排瑶民历史变迁、生产生活、语言地理、民俗文化、民间工艺等内容，在连南瑶族自治县委、连南瑶族自治县人民政府的正确领导和支持下，政协连南瑶族自治县委员会和中南民族大学民族学与社会学学院课题研究团队联合开展《连南瑶族自治县八排古村落民族志》田野调查和编纂工作。民族志书编纂对挖掘民族文化资源，研究八排瑶与各民族交往交流交融的历史与现实，对推进连南民族地区高质量发展和铸牢中华民族共同体意识具有深远的意义。

从 2019 年 6 月始，调研编纂工作领导小组成员和课题调研组运用民族学、人类学田野调查方法，按照村落民族志书写结构范式，对连南八排瑶传统古村落的历史渊源、文化传统、社会经济发展等方面进行全方位、深入系统的田野调查与研究。由于八排瑶只有语言没有文字，比较熟悉、能掌握八排瑶历史文化的瑶族“先生公”、瑶族老人又寥寥无几，而排瑶历史文献记载较晚，直到明朝才开始有记载。为此，调研组不辞劳苦、跋山涉水，穿梭于偏远的八排瑶村寨开展田野调查，收集了大量排瑶社会历史文化资料、瑶经、瑶歌、历史叙事长诗、民间传说等第一手材料，并结合文献记载，于 2022 年 9 月形成终审稿。编纂工作历时 3 年 4 个月，数易其稿，过程艰辛。民族志成书共 17 篇章 96 万字，是当前连南八排瑶历史调查规模人数最多、内容覆盖面最广、分类最细致的志书。

尽管我们积极努力，尽力尽责开展工作，但因工作能力、水平有限，仍有许多不足之处。但是，我们相信，本志书将对于推动广东连南排瑶历史的研究，乃至瑶族历史、中华民族历史的研究，特别是对连南铸牢中华民族共同体意识，促进民族团结进步都会起到积极的作用。

借此机会，谨向付出艰辛劳动、认真开展田野调查、编纂工作的中南民族大学民族学与社会学学院课题组全体成员、指导志书工作的各地专家学者和编审人员致以崇高的敬意，向为民族志书提供帮助的单位、工作人员、社会各界人士表示衷心的感谢！

当前，在党的领导下，百里瑶山竞朝晖，连南各族人民携手奋进新时代，再铸新辉煌，连南的明天一定会更加富强、美好、幸福！

李春益

2022 年 9 月 26 日

前　言

瑶族是中华民族大家庭中的重要成员之一。瑶族语言属汉藏语系苗瑶语族瑶语支。瑶族源于先秦时期长江中游江汉地区的“荆蛮”，后渐向南迁徙。秦汉时期属“盘瓠蛮”“武陵蛮”“长沙蛮”等古代族群。南北朝时期，“莫徭”的称呼开始出现，并在唐宋时期初步形成人们共同体，与苗族、畲族在族源历史、民族语言、文化习俗、宗教信仰等方面有诸多相似之处。历经迁徙与变迁，瑶族不断“南下”，并在与汉族、苗族、壮族、侗族、畲族等民族的交往交流中，不断分化、融合，逐渐成为一个历史悠久、人口众多、支系繁杂、分布广泛的民族。

根据国家第七次人口普查统计，瑶族总人口 3 309 341 人。主要分布在广西、湖南、广东、云南和贵州等省区，以广西壮族自治区聚居最多。瑶族支系众多，有盘瑶、过山瑶、山子瑶、排瑶、花头瑶、长衫瑶、蓝靛瑶、顶板瑶等支系。其中，排瑶主要分布在今广东省清远市连南瑶族自治县（以下简称连南县）、阳山县等地，湖南省郴州市宜章县南部莽山、广西壮族自治区来宾市金秀瑶族自治县也有少量分布。排瑶的村寨大多依山而建，房屋排排相叠，形成山寨，故被汉族称为“瑶排”，生活于其中的瑶民即被称为“排瑶”。

连南八排瑶的“八排”按地理位置从东到西为横坑排、南岗排、油岭排、军寮排、马箭排、里八峒排、火烧排和大掌排，又有东三排（前三）和西五排（后五）之说。八排瑶是瑶族的一个支系，大多聚族而居，现今仍保留着“喜花贵”婚俗、“坐椅出殡”葬俗、“耍歌堂”节日风俗以及“盘古王”信仰等传统特色文化。作为连南县的重要文化资源，对八排瑶文化的保护、传承和发展有利于提升连南县民族文化旅游内涵，进一步将资源优势转化为经济优势、文化优势，为深入铸牢中华民族共同体意识，为国家富强、民族团结、人民幸福做出积极的贡献。

学者对八排瑶的考察与研究较为关注，产出了一系列研究成果，包括多部著作[①]和更多的田野调查报告与学术论文。但建立在长期深入调查基础上的村落民族志研究尚不多见，目前还缺乏一部有关八排古村落的历史渊源、文化传统、社会经济发展等方面的系统民族志书，也缺乏一部体现八排瑶从古到今、从传统到现代、从区域到民族的社会文化变迁史，更缺乏一部反映八排瑶民在时代变迁下多重面向的生命史。当下正值实现第二个百年奋斗目标的重要历史节点，习近平总书记在2021年中央民族工作会议上发表重要讲话，指出铸牢中华民族共同体意识是新时代民族工作的主线，要求我们进一步深入调查挖掘民族文化资源，研究各民族交往交流交融的历史与现实，开展中华民族共同体的形成发展研究，开展铸牢中华民族共同体意识的实证研究。有鉴于此，在连南瑶族自治县委、县人民政府领导和支持下，政协连南瑶族自治县委员会牵头统筹开展《连南瑶族自治县八排古村落民族志》（以下简称民族志）编撰工作，旨在对连南八排瑶传统古村落进行全方位、深入系统的民族学田野调查与研究，以民族学人类学村落民族志的文本方式，系统整理和记录连南八排瑶的历史文化及其当代变迁，为连南瑶族自治县地方经济社会发展服务，为铸牢中华民族共同体意识工作服务。县政协为该课题专门成立了工作组，委托中南民族大学完成村落民族志的田野调查与研究撰写工作。中南民族大学依托民族学与社会学学院，成立了由田敏教授牵头，以民族学、民族史专业博士研究生为主的课题研究团队。

深入的民族学田野调查是本课题研究的基础。课题组制定了详细的田野调查方案，根据研究目标，结合调研内容所需，将具体工作分成两期进行，第一期调查西五排（军寮排、马箭排、里八峒排、火烧排、大掌排），

① 例如：巢宗祺、余伟文编著：《连南八排瑶语》，广州，中山大学出版社，1989；杨鹤书、李安民、陈淑濂：《八排文化——八排瑶的文化人类学考察》，广州，中山大学出版社，1990；练铭志、马建钊、李筱文：《排瑶历史文化》，广州，广东人民出版社，1992；谢剑：《连南排瑶的社会组织》，香港，香港中文大学出版社，1993；唐辉：《排瑶文化纪实》，广州，广东人民出版社，1995；刘满衡、李春益：《连南排瑶》，深圳，海天出版社，2007；吴永章：《瑶族史》，北京，民族出版社，2016，等等。

第二期调查东三排（横坑排、南岗排、油岭排）。自2019年暑期开始第一次田野调查，到2020年11月结束，课题组共计进行了5次较全面的田野调查。2022年3—5月，课题组委托连南县瑶学会进行了补充调查。参与田野调查的中南民族大学教师和博士达数十人次，参与调查以及补充调查的连南方面的工作组人员也有几十人次。课题组在调查过程中以民族学田野调查方法为核心，充分运用民族学、人类学、历史学、社会学、民俗学等学科方法与视角，分别对8个古排瑶村寨的历史来源、民风民俗、社会经济、民间信仰等方面进行调查，访谈相关政府部门人员、村委会成员、地方学者、非遗传承人和排瑶村民等百余人，收集了较为翔实的第一手田野材料。

目前呈现的成果，是按照民族学人类学民族志的书写结构范式编排，以八排传统古村落即老八排为观察点，分别从族源历史、村寨概况、排瑶社会、婚姻家庭、经济生活、排瑶语言、排瑶文书、建筑文化、服饰文化、饮食习俗、民间信仰、节日文化、音乐舞蹈、礼仪道德、排瑶医药、教育体育和民间文学共17个方面展开，旨在系统全面、全景式记录和呈现连南八排瑶的历史起源、迁徙流变、传统面貌、当代变迁。既进一步厘清史实、记录传统，也呈现当代、传承文化。整个研究突出民族学人类学的学科属性与学科视角，专业的田野调查是研究基础，学科规范的民族志是写作范式，成果故名“民族志”，凸显的是民族学人类学学科规范的民族志之“志”（书写），而非传统地方志之“志”。

特别值得一提的是，八排瑶作为瑶族的一个支系，较好地保留了独具特色的族群语言与文化，其传统文化传承有序。同时，在其长期的历史发展过程中，从中原出发，到世居岭南，一部八排瑶迁徙、发展的历史，就是中国历史上多民族交往交流交融的历史断面，是中华民族大家庭各民族团结交融的典型案例。因此，八排传统古村落民族志也是解读中华民族多元一体格局下，中华民族共同体形成与发展的鲜活素材。书稿的出版，将为当前铸牢中华民族共同体意识的民族工作提供有独到价值的样本。

铸牢中华民族共同体意识是民族工作的主线和纲。我们相信，八排传统古村落民族志的出版，将为粤北地区特别是连南瑶族自治县开展铸牢中华民族共同体意识的具体实践，开创本地区民族团结进步事业新局面，发挥积极的作用。

目　录

第一章　族源历史

瑶族渊源始自先秦时期的“三苗”“荆蛮”。“荆蛮”及其后的“盘瓠蛮”“武陵蛮”“长沙蛮”“零陵蛮”“桂阳蛮”乃瑶族先民。“好五色衣服”，信奉“盘瓠”，崇尚“巫鬼”，“语言侏儺”乃其文化特色。主要居住在今湖北、湖南两省，尤以湖南为主。东汉时，武陵蛮势力强大，史载：“光武中兴，武陵蛮夷特盛。”① 魏晋南北朝时期，瑶族先民逐渐北迁，“瑶（傜）”的族称开始出现。“零陵、衡阳等郡有莫傜蛮者，依山险为居，历政不宾服。”② 至隋唐时，北到湖南，南至广东，皆有瑶族聚居。宋代瑶族主要分布在今湖南省洞庭湖畔，渐移两广地区，湘粤赣交界亦有瑶族居住。元代瑶族分布地域比宋代要广，部分瑶族向南和西南迁徙，但主要集中居住在湖南的西南部，广西北部和中部，广东北部和西部的德庆州（现肇庆市德庆县）一带等 4 个地区。③ 明清时期，湖南的北部已难有瑶族踪迹，但湘南仍为瑶族重要聚居区。④ 值得注意的是，明清时期瑶族的分布范围进一步扩大，湖南、广东、广西、云南、贵州皆有瑶族活动，广西成为瑶族聚居的重要省份。清代甚至有一部分瑶族逐渐从中国的云南、广西向东南亚的越南、老挝、泰国、缅甸迁徙。如今，海外瑶族的分布遍及世界各地。

---

① （南朝·宋）范晔：《后汉书》卷八十六：南蛮西南夷列传，2831—2834 页，北京，中华书局，1965。

② （唐）姚思廉：《梁书》卷三十四：列传第二十八·张缵传，502 页，北京，中华书局，1973。

③ 姚舜安：《瑶族的历史分布与变迁考》，载《广西民族研究》，1987（3），54—60 页。

④ 吴永章：《明清时期湖南瑶族分布概说》，载《民族论坛》，1992（3），51—57 页。

第一节　八排瑶的起源

一、从“莫徭”到“八排瑶”

渊源于先秦荆蛮的瑶族先民，到隋唐时期以“莫瑶”见称于史。《隋书·地理志下》卷三载：“长沙郡，又杂有夷蜑，名曰莫瑶。自云其先祖有功，帝免徭役，故以为名”，又云：“武陵、巴陵、零陵、桂阳、醴阳、衡山、熙平（治今广东连南）皆同焉。”隋代熙平郡共领9县：桂阳（治今广东连州）、阳山（治今广东阳山）、连山（治今广东连山北）、宜乐（治今广东连山南）、游安（治今广东怀集西）、熙平（治今广东连州西南）、武化（治今广东怀集西）、桂岭（治今广东连州西北）、开建（治今广东怀集西南）。可见，隋代莫瑶以分布在今湖南为主，南及粤北的部分地区。唐代莫瑶仍以在今湖南的分布为主，但粤北已经成为其重要的居住地之一，见诸唐李吉甫《元和郡县图志·江南道五》卷二九、道光《广东通志》等史籍。

连州刘禹锡纪念馆（王航/摄）

涡水“八排源”（王航／摄）

连南瑶族与连州历史密切相关。隋代连州被称为熙平，地域范围含今连南瑶族自治县、连山壮族瑶族自治县、阳山县等地。唐宋时期，连南属连州，元朝时属连州路，明朝时复属连州，清代属广州府。历史上，韩愈、刘禹锡等文人墨客被贬连州，留下较多著名诗篇，其中就有写到莫瑶的。

唐朝诗人刘禹锡被贬连州之时，曾作诗描述瑶族先民。其《莫徭歌》谈及“莫徭自生长，名字无符籍”，意思是“莫徭生活在山里，符籍（户籍）中没有记载他们的名字”。在《连州腊日观莫徭猎西山》一诗中，刘禹锡写道：“海天杀气薄，蛮军步伍嚣。林红叶尽变，原黑草初烧。围合繁钲息，禽兴大旆摇。张罗依道口，嗾犬上山腰。猜鹰虑奋迅，惊鹿时踊跳。瘴云四面起，腊雪半空消。箭头余鹄血，鞍傍见雉翘。日暮还城邑，金笳发丽谯。”可见，“莫徭”在刘禹锡被贬连州之时已在该地生活狩猎。

唐代连南已有瑶族居住还见于其他相关文献。唐人李吉甫《元和郡县图志·江南道五》载：

（晋）怀帝分荆州湘中诸郡县湘州，南以五岭为界，北以洞庭为界，汉、晋以来，亦为重镇。今按其俗杂，有夷人名瑶，自言先祖有功，免徭役也。

关于八排瑶的出现，清李来章《连阳八排风土记》载：

连地自古无瑶。连志载：自宋绍兴年间，州乡宦廖姓者，为西粤提刑。及旋里，带瑶八人防道。见连地皆深山峻岭，易于耕锄，遂不去。始居州境油岭、横坑各山，刀耕火种。及日久，种繁，越居连山境内，又分五排，曰：大掌岭、火烧坪、军寮、马箭、里八峒。其小排，十七冲或二十冲。散处不常，皆居峻岭邃壑之中。历年以来，衍息不可胜数。距县治仅一、二十里，县治又当五排之隘口。①

另据清杨楚枝、吴光所纂修的乾隆《连州志》载：

猺（瑶）本盘瓠之后，即辰州五溪诸蛮。宋绍兴（1131—1162）间，有州人廖姓仕粤西，携猺（瑶）仆男妇十余人归连，遣入山谷耕种，厥后丁口蕃息，分为八大排。外三排属连州者，曰油岭、行样、横坑。内五排属连山者，曰军寮、马箭、里八峒、火烧坪、大掌岭。后又分为二十四小排，近增五十余小排，有户口较大排更众者，然总皆八排支派。狠戾犷悍，向为三连之蠹。自康熙四十二年（1703）征剿之后，设立三江协，左右二营，分拨员弁目兵分守，三十六城汛环绕而控制之。复设理猺（瑶）同知，专理猺（瑶）务，自是猺（瑶）众帖然矣②。

可以看出，清代史志对八排瑶的来源多追溯至宋代，这是八排瑶出现于宋代的证明。当然，关于八排瑶始于宋代之说清代就有人质疑：清刘允元修《连山县志》卷六有“疑排瑶不始于宋廖颙之说”。

“八排瑶”一词直接见于汉文史料是在明代。明代欧大任作《八排山行赠曾大夫抚傜》一诗已见“八排”之说：

---

① （清）李来章撰，黄志辉注：《连阳八排风土记》，49页，广州，中山大学出版社，1990。

② （清）杨楚枝修，吴光纂：《连州志》卷一《八排瑶总图》，10页。

君不见八排山，黄茅萧萧高入天。军寮马箭贼满野，戍兵夜走烧坪下。

阴风吼地时吹角，桂阳城北狼星落。左里先飞校尉书，连山已建中军幕。

大夫白皙微有鬒，司马行军使者车。不妨羊祜常裘带，由来却縠事诗书。

中军策应亲戎马，复领蛮兵号横野。纵金伐鼓羽旗飞，白日欢呼奏凯归。

谁知兵后风尘起，徭落千人向湟水。征戍应含玉箸啼，甲兵未拟银河洗。

大夫下令复专征，玉勒银鞍出郡城。慷慨聊将单骑去，艰难岂惜一身行。

群徭罗拜马前谒，尽遣归农解金甲。八排岭下听铙歌，从此征夫免荷戈。

勒铭思向韩山石，饮马期归桂水波。功成已在班师后，幕府何时方草奏。

男儿本自树功名，志士何曾怀印绶。高节悠悠未策勋，誓将肝胆报明君。

汉家卫霍论功日，令人却忆李将军。①

该诗文所叙之事疑为“嘉靖十四年（1535）大兵征猺”②。作者欧大任为广东顺德人，生于明正德十一年（1516），卒于明万历二十四年（1596），曾任南京工部员外郎等职，是“南园后五子”之一，世称“欧虞部”。这首诗开篇提到“八排山”，述及八排瑶经官兵打击后逃往湟水（唐之前称洭水，今广东连江），被招抚归农，从事耕种。正史中，“八排瑶”最早出现是在明末崇祯十三年（1640）连山知县朱若迄上书明廷请剿“瑶

① 北京图书馆古籍出版编辑组：《北京图书馆古籍珍本丛刊卷81子部·丛书类欧虞部集》，77—78页，北京，书目文献出版社，1988。

② （清）刘允元：《康熙连山县志》，13页，中国国家图书馆藏：康熙三十二年刻本。

乱”的奏疏中。[①] 连南当地“先生公”的瑶经落款也多为“大明国”[②] 字样。

民间文献中关于八排瑶进入连南的时间则更早，根据田野调查，居住在东三排的盘姓族谱记载其祖先于东汉公元 144 年左右迁入高良洞（今三江城）居住，而房姓祖先于东晋义熙年间（公元 416 年）左右迁入高良洞居住，唐初期迁往涡水旺埂居住。

二、“瑶排”与“排瑶”

八排瑶中的“排”，是八排瑶文化中的又一重要因子，而关于“排”与“八排瑶”二者的关系尚需进一步明确。“排”，瑶族自称为 yong（意为“村寨”），是指瑶族居住的房屋在山间聚集的一种形式。因历史上瑶族的村寨多建在山上，依循山势，一层一层排列，故形象地称为“排”。与“排”相对应的还有“坑”“冲”“坞”。“坑”指山间的溪涧；“冲”是河流自山上流经的地段；两山交界处则是“坞”，即山沟。“坑”“冲”“坞”，是除排以外一些比较分散的瑶民居住点。“排”体现了以血缘为纽带衍生出地缘的特点。“坑”“冲”“坞”相当于“排”的分支。

关于“排”的含义也有不同说法。李来章说：“八排者，瑶僚所居也。以竹木为寨栅，谓之排也。”[③] 这是对“排”比较直观的一种解释。凌锡华认为：“排者，派也；冲者，种也。”[④] 李默认为，“排”除了“村寨”之意外，还表示明封建王朝基层行政组织形式，并认为“排年、编排”逐渐演变为名词，成为一种居住形式。[⑤] 但实际上，“排”作为行政组织形式是在清代而非明代。清代在连南设立绥瑶同知，编制瑶团、瑶练，即以瑶民居住的“排”作为基层组织整合进来。“‘排’作为名词之用不在明而在清，且初始就是单指‘村寨’‘村落’，当被社会广泛接受采用后，才纳入到行

① （清）李来章：《连阳八排风土记》卷五・剿抚，康熙四十七年刻本。

② 连南当地学者则认为，“大明国”应是指南朝刘宋大明年间。“大明”为南朝宋孝武皇帝刘骏的年号，时间为 457—464 年，并非指明朝。

③ （清）李来章：《连阳八排风土记》卷二：形势，康熙四十七年刻本。

④ （民国）凌锡华：《连山县志》卷二：地理志，1928 年（民国十七年）刻本。

⑤ 李默：《瑶史拾零七则》，载《广东民族学院学报》（社会科学版），1992（1），45—49 + 70 页。

政结构的序列之中，这其中有一个渐变演化的过程。”① 胡耐安认为：“八排的村落称为排”，并进一步解释说：“瑶排之称，就是由他们房屋行列，望去一排排的不相紊乱。”②

“瑶排”与“排瑶”一定程度上可以互通，意思大致相同，但实质上又有一定的区别。二者皆出自《连阳八排风土记》。如“康熙三十年，庚午，排瑶猖獗”③，又如“七月初七日，谓之‘七月香节’……此节瑶排最重”④。但就地域而言，除了广东连南外，贵州、广西也有瑶排。从“瑶排”这一称呼可知，字外意思还有非瑶族居住的“排”，且事实上，确有瑶族居住的“排”，也有其他民族居住的“排”。如广东高要县大坑排，湖南宜章县杉树排，广西贺县大岭排、马峰排、磨刀排、牛栏排，等等，这些地方多为汉族居住。可见，历史上以“排”称呼村寨并不是瑶族专利，也不是八排瑶所特有。若从学术层面探讨，不宜将“排”作为八排瑶文化中的特色来渲染，因为既有“瑶排”，也有“汉排”，还有其他民族的“排”。“排”主要为南方溪峒社会的一种居住形式，地域形态影响更明显，八排瑶是该居住形式的重要代表之一，彰显出连南瑶族文化特色。

同时，瑶排还有一层意思是，排瑶所居住的地方是瑶排，与过山瑶相区别，也与不是以“排”居住的其他村寨相区别。“瑶排”专指具有排瑶文化特征的人们共同体的村庄。⑤

八排与八排瑶。八排，有广义、狭义之分。广义上，“八排”是一个整体性的概念，即包括原有 8 个排，也包括从八排分出去的各排，以及周边的排瑶。狭义的八排是指排瑶居住的八个村寨，即横坑、南岗、油岭、军寮、马箭、大掌、火烧和里八峒。李来章在《连阳八排风土记》自序中讲道：“若八排之瑶，连州仅居其三；若予所治之连山，则居其五。”⑥《广

---

① 徐祖明：《排、排瑶、瑶排、八排瑶等称谓之辨析》，载《广西民族研究》，2011（1），141—147页。

② 胡耐安：《边境论文集·第一册：说瑶》，569 页，台北，华冈书局，1966。

③ （清）李来章：《连阳八排风土记》卷二：形势，康熙四十七年刻本。

④ （清）李来章：《连阳八排风土记》卷三：风俗，康熙四十七年刻本。

⑤ 练铭志、马建钊、李筱文：《排瑶历史文化》，4 页，广州，广东人民出版社，1992。

⑥ （清）李来章：《连阳八排风土记》卷二：形势，康熙四十七年刻本。

东新语》有云："连山有八排瑶，性最犷悍。"[①]"八排瑶"是指聚居于八排村寨的瑶民，还包括二十四冲的瑶民。但现今，"八排""八排瑶""排瑶""瑶排"有的已经混用，内涵区分较为模糊化。

第二节　八排瑶的迁徙与村落形成

一、八排瑶的迁徙

关于八排瑶先祖迁入连南的上限时间，清人姚柬之提出八排瑶先祖是在南宋绍兴年间（1131—1162）由廖姓提刑自广西带来，[②]民国的凌锡华则认为是淳熙年间（1174—1189）[③]。而连南盘、房等姓氏族谱的记载，则追溯自己的祖先在东汉、东晋时期已迁到连南，唐初搬迁到旺埂居住。相关争论不绝于书。

关于八排瑶的形成时间，练铭志等学者通过分析八排瑶族谱认为，最早进入广东地域的为火烧排房姓，其次为里八峒沈姓，时间均在北宋时期。考虑到排瑶族谱的形成，其实际代数往往比所记录的更多，因此将其进入粤北的时间定在唐宋之间的五代较为合理[④]。在新中国成立之初的民族调查资料中，南岗排瑶族口传历史则显示他们在此居住有600年之久，[⑤]历史可追溯至元末，这也反映了八排之间的形成有先后，且过程较为复杂。

综合而论，隋唐时期粤北地区的莫瑶是为八排瑶之先民应属可信，二者关系密切。从排瑶先祖迁徙到粤北，到八排瑶正式形成，经历了较为复杂的历史过程，流传至今的八排民间文献《盘古皇歌》《歌堂断卷书》《八

① （清）屈大均：《广东新语》卷七：人语・瑶人，见《清代史料笔记丛刊：广东新语（全二册）》，337页，北京，中华书局，1985。

② （清）姚柬之：《连山绥瑶厅志》总志第一，道光十七年刻本。

③ （民国）凌锡华：《连山县志》卷五・职官志，1928年（民国十七年）铅印本。

④ 练铭志、马建钊、李筱文：《排瑶历史文化》，68页，广州，广东人民出版社，1992。

⑤ 广东省编辑组（李凤等）：《连南瑶族自治县瑶族社会调查（连南南岗、内田、大掌）》，广州，广东人民出版社，1956。

排瑶𤅷理书》等都记叙了八排瑶的形成与迁徙过程。

唐辉在《排瑶文化纪实》中记载了一则有关八排瑶来历的故事传说，文字较长，大意是：很久以前，排瑶的祖先在洞庭湖周围，居住着陈、张、黄、李、冯、唐、盘、沈、邓、赵、王等十二姓族人，生活安稳，相处融洽。有一年大旱，唐姓一老人与一个姓黄的人因水源发生争执，并将其打死。黄姓人将唐姓人告到官府，朝廷派兵包围洞庭湖，十一姓人（除开黄姓）在一个可容千人的大石洞商议，后分三路逃走，往东南的是陈、李、邓；往正南的是唐、冯、盘、赵；往西南的是张、王、沈、房。往正南逃的唐十九公在太平洞黄泥埂住了三年半，后被官兵发现。官兵起初不能攻进来，后来训练了一百只猫，在猫尾绑上布条，点火后让其在唐十九公的屋中乱跳。很快，太平洞成为一片火海，族人四处逃散，唐十九公被打死，其子唐十九公一带着老婆逃了出来。起初，唐十九公一夫妇在阳山卖酒和豆腐，但为官府所逼，后来到三江度过几年安稳日子，生了3个男孩。但

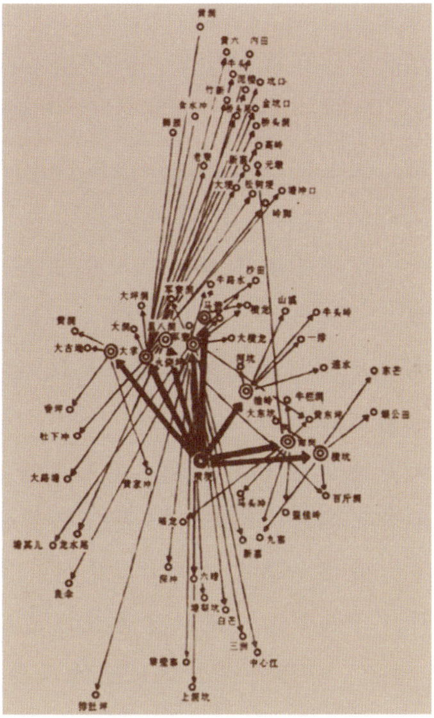

八排瑶民历代迁徙示意图[①]

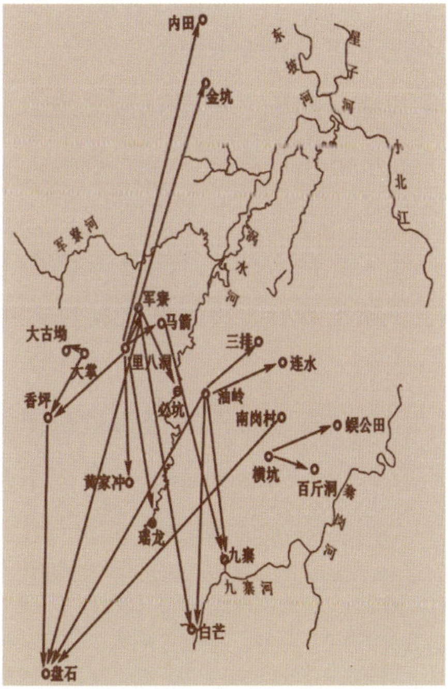

清康熙至道光八排瑶迁徙示意图[②]

① 唐辉：《排瑶文化纪实》，15页，广州，广东人民出版社，1995。

② 周晴、宫清华：《清代以来粤北排瑶林农景观的变迁》，载《民俗研究》，2018（2）。

为生计所迫，他们一家进山卖牛藤，经过白石岭，来到旺埂一带，并决定在此安居乐业，住了30多年，又生下5个男孩6个女孩。经过后代子孙繁衍，旺埂已经有几百人了。大家纷纷要求建一个庙来纪念祖先，经众人商量，决定在两水汇合处建盘古王庙（后人称八排庙）。直到有一天：

> 农历十月十六日，人们正在“耍歌堂”进行祭祖聚餐时，忽然刮起大风、下起大雨，天昏地暗，当风停雨止天色重新明朗时，人们看见一个身高6尺衣衫褴褛乞丐般的大汉站在大庙前，他想要进庙内喝酒吃饭。人们上前阻止，用烂碗装菜，用水勺装酒给他。他觉得被歧视了，不肯吃，并大声地说他不是乞丐，是天上下凡来算命的踏地神仙，名叫罗隐秀才。人们都说他是个骗子，不是什么算命的踏地神仙，并且说：“如果你有什么本事，就演给我们看看。”这时，罗隐秀才纵身跃起万丈高，一下子狂风大作，下起瓢泼大雨，盘古王庙边那棵树有两根互相交叉的树枝发出“横埂”（横埂，瑶语是得肝病死了的人要抬到山上埋葬的意思）的声音，同时，平地上突然冒出个锅盖状的小土丘（现在涡水乡政府在这个小土丘上建起了一个小凉亭），而罗隐秀才却不知去向了。由于罗隐秀才的口破坏了风水，从此之后，旺埂寨便开始衰落，果真每天都有得肝病的人死去，人们纷纷要求逃离此地，迁居他方。在人们强烈的要求下，唐十九公一招集8个儿子来商量迁居之事，他一共划了8块地盘进行抓阄，结果，老大抓到油岭，老二抓到南岗，老三抓到横坑，老四抓到官寮（后改为军寮），老五抓到大西岭（后称火烧坪），老六抓到大掌岭，老七抓到里八峒，老八抓到马箭岭。八兄弟后来逐渐繁衍成八大排。①

在调查中，军寮排百姓称其祖上是从道州迁到旺埂，不过并未说明是唐姓祖先，到旺埂还有一个称水择地的过程。②由此看来，“道州”为八排瑶先祖从湖南迁徙到粤北的一个中转站。练铭志等在《排瑶历史文化》中

---

① 唐辉：《排瑶文化纪实》，12—13页，广州，广东人民出版社，1995。文中引用故事时括号补充内容是作者唐辉注明，非笔者添加。

② 讲述人：李打米金光公，男，75岁，瑶族，军寮村五组。访谈地点：李打米金光公家中。访谈时间2019年7月26日。

提到，他们收集有15份族谱（其中八排瑶13份，阳山秤架乡排瑶2份），仅南岗唐姓族谱有提及“旺埂”，其他均无，这说明“旺埂固然是排瑶入粤后的重要始居地，但似乎不是所有排冲、所有姓氏的始居地”[①]。客观地讲，八排瑶迁徙情况，除了迁徙时间、地点和路线差异外，不同排和不同姓之间也略有差异，传说的内容更是映衬了这一点。

我们从历史时期及现今连南县过山瑶与八排瑶的区分，亦可获悉星点八排瑶的迁徙历史。

在八排瑶内部，彼此之间的交融与互动更为活跃，对此，当地人认为：

大掌邓姓是从连州上来，位置大概在今天连州市附城镇的村庄，当时还是汉人。那个最早来大掌的先祖叫邓十五公，但连州那边的族谱则记录的是邓十六公。十五公是杂货郎，因为那个年代物质匮乏，而他能给村子带来针线之类的杂货，所以大家都想接纳他。那时候，大掌上还只有房姓和龙姓，十五公去了才有邓姓。而唐姓是更往后从油岭而来。十五公定居后，娶了永和镇桂花村黎氏家族的女儿，后来又娶了大掌唐氏的女儿。[②]

从以上关于八排瑶迁徙历史的考察与村寨族姓群体交流的事实，可以看出八排瑶的形成颇为多元。八排瑶早期是以迁入连南的瑶族为主体，同时又加入其他族类群体的一个瑶族支系。连南境内还有汉族、壮族等，汉族先民早于瑶族在此定居，即便是在连南瑶族内部支系中，除了八排瑶，还有过山瑶，历史上还有板瑶、箭瑶。各族群之间长期交往交流，八排瑶内部之间也频繁互动，由此促使了八排瑶的形成与发展。有学者提出：“八排瑶的成分是多元的。除其先民的主流是从湖南道州等地迁来的讲‘勉语’的瑶族一支外，在迁徙和排瑶形成发展过程中，有瑶族的其他支系参加。”[③]

---

① 练铭志、马建钊、李筱文：《排瑶历史文化》，66页，广州，广东人民出版社，1992。

② 讲述人：邓担备四，男，76岁，瑶族，大掌村村民。访谈地点：大掌村花针湾。访谈时间：2019年12月10日，访谈及记录者为安志强。

③ 杨鹤书、李安民、陈淑濂：《八排文化——八排瑶的文化人类学考察》，9页，广州，中山大学出版社，1990。

二、八排古村落的形成

八排瑶在形成的过程中，逐渐向周边扩散，“瑶排：大掌岭、火烧坪、里八峒、军寮、马箭，尚有散瑶如大坪岭、天塘尾、藤吊岭、八百粟、新寨、茅田、龙水尾、鱼寨冲、六碓冲、盘血山，以上散瑶俱各排分出，其在州者则有油岭、横坑、行墙（行祥，即南岗）三排”①。时值康熙初年，八排向外扩散不多。康熙四十年（1701）至四十一年（1702），清廷大规模征剿八排瑶，加上人口的增加及其他一些因素（比如火灾、干旱等），一些瑶民开始外迁。

从连南地形可以发现，东部受喀斯特峰林地貌限制，山下多为汉人居住，迫于人口不断繁衍增加，向西部迁移是比较实际的选择。排瑶聚落移民扩展的方向大致是由东三排向东、东北和西南迁徙，再由西五排向北、东北、东南及西南迁徙。②

“八排二十四冲”所在地在连南瑶族自治县建置前，分属连山、连县和阳山等三县管辖，其以涡水河为中心线分成东西两部，分别由连县（今连州市）和连山县管辖，南部为阳山县管辖，境内无大排，仅有小排冲。涡水河东部由连县管辖的横坑、行祥（南岗）、油岭等三排，称“东三排”；西部由连山县管辖的军寮、马箭、里八峒、火烧排（大度）、大掌等五排，称“西五排”。一般将东三排称为“外三排”“州属三排”，西五排称为“内五排”“县属五排”。八排瑶形成后亦不断分化发展，清同治年间又分出众多小排。“后又分为二十四小排，近增至五十余小排，间有滋生较繁，为排较大者，然皆八排支派。”③

李来章《连阳八排风土记》记载，连山有五大排：马箭、军寮、里八峒、火烧坪、大掌岭，小排十一：天塘、大坪、山猪豹、八百粟、茅田、平安冲、鱼赛、六对、盘血冲、鸡公背、牛路水。④至道光年间，八排之外，

① （清）刘允元：《连山县志》卷二：风俗·瑶排，康熙三十二年刻本。

② 练铭志、马建钊、李筱文：《排瑶历史文化》，12页，广州，广东人民出版社，1992。

③ （清）袁泳锡：《连州志》卷一：地舆志·形势，同治十年刻本。

④ （清）李来章：《连阳八排风土记》卷二：形势，康熙四十七年刻本。

连南八排传统古村落位置图

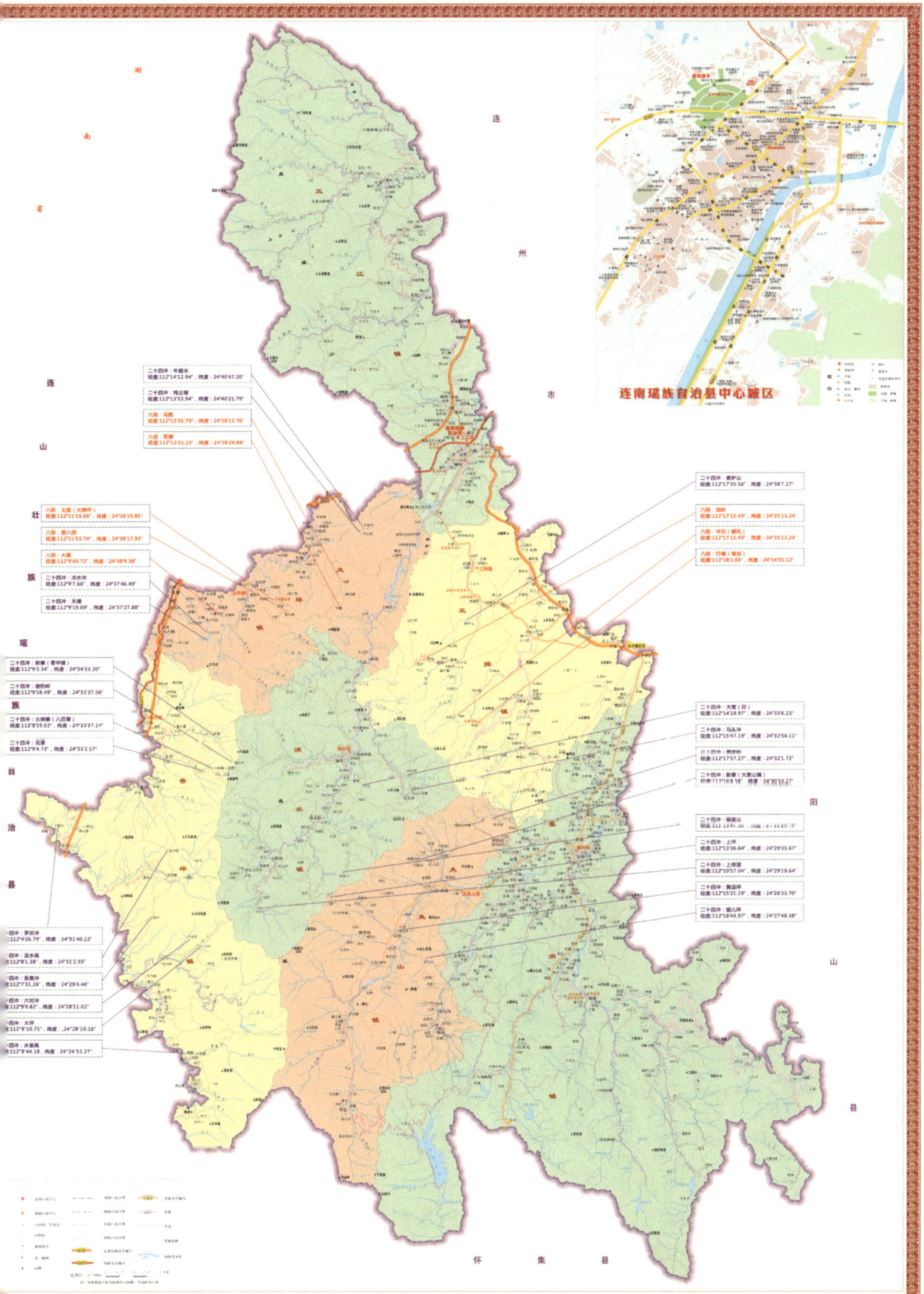

（连南瑶族自治县政协办公室提供）

又扩展出一百四十冲：

> 排瑶最大，刀耕火种，凿岩而居，种类蕃息，分散溪谷，然亦各有分地。属连州者，曰：油岭排、行祥排、横坑排；属连山者，曰：军寮排、马箭排、里八峒排、火烧坪排、大掌岭排。连山之瑶以万数，五排最大；连州之瑶以万数，三排最大。其小者名为冲。在三江之东，自龙尾寨以东南，为冲四十三；西自龙水尾以西南，为冲九十三；中自犁头塘以西，为冲四，皆八排之所分也。①

1984年，中山大学人类学民族学系教研室编《连南县三排区瑶族社会历史调查报告》，该书调查组根据三排老人讲述并算出“二十四冲”：

二十四冲	三排	连水	大东坑	九龙寨	百斤洞	牛岗
	望佳岭	白郎	九寨	白芒	盘石	黄家冲
	必坑	大古坳	太坪	牛路水	沙坪	高岭
	金坑	内田	大龙	小龙	马头冲	帮社底

《排瑶历史文化》一书援引李来章《连阳八排风土记》卷二“形势”目录统计，以“冲”与“小排”互为对应，统计出“八排二十四冲”：

八排	二十四冲
东三排： 油岭、横坑、南岗 西五排： 军寮、马箭、大掌、火烧、里八峒	属东三排： 香炉山、大莺、新寨、锅盖山、上坪、望溪岭、马头鬃 属西五排： 天塘、大坪、山猪豹、社下冲、新寨、八百粟（苦竹、耳环）、茅田、平安冲（龙水尾）、鱼赛、六对、上坪、下坪、龙会、龙浮、水瓮尾、鸡公背、牛路水

“二十四冲”从现有的文字记载来看有各种说法，疑义较多。据调查访谈，“八排二十四冲”不仅仅是排瑶社会聚族而居的发展格局，同时，也是排瑶社会内部管理体制的一种形式。八排定居后，人口迅速增长，因此，

① （清）姚柬之：《连山绥瑶厅志》总志第一，道光十七年刻本。

迫于生活需要，八排原住地人口不断向外迁徙，形成众多大冲和小冲，为更好管理分散迁徙出去的各冲的人和事，就出现了“八排二十四冲”。随着大量瑶人不断向外迁徙居住，与周边汉人因生产生活不断产生纠纷，导致封建王朝不断对排瑶进行征剿。自明代景泰（1450—1456）之后，统治王朝加强对排瑶的征剿，尤其是清王朝康熙年间，对连南排瑶“大征剿”后，陈兵瑶排四周，并设立理瑶同知，加强了对连南排瑶的统治。随着清王朝对瑶排统治的不断加强，设立的瑶长瑶练统治管理模式。成为对“八排二十四冲”加强管理的模式。但是，“八排二十四冲”排瑶社会内部民间管理体制依然存在。

三、历史上的八排山界

关于八排的地理山界，应以八大排村寨形成定居开始，元明时期汉文史料中还没有发现关于八排山界的记载。《八排瑶古籍汇编》[①] 一书，介绍的八排地区民间流传的界书，有《八排断卷》《八排山界牒卷》等，最早记录八排的地理山界。该书最早从南宋景定元年（1260）十月二十日记载山界断定书，直至民国八年（1919）二月初十日立写断界书，详细记载历朝历代山界划定书，大体与现八排瑶所居地域相近，这些是作为解决山界纠纷的主要依据，代代相传，应该可信。

《八排断卷》：

东连州甲水，南至洞冠、白虎、扳洞顶、三州对、白芒洞、行项落、鹅公界、南盆瑶人察，西白水带、白石记、行十街、单竹背、黄南甲水、上下茅田、李弟山顶、大坳、止高楼。

皇恩敕封山地，见民（汉人）不占瑶地，瑶民也不古犯见民（汉人）之地，瑶人凭皇恩游天下各地，过渡海免钱。建元元年。敕令在前，九姓十“bie”瑶人子孙，摆动长鼓吹笛，引出大男小女，运肖把手，着花衣赤领，摇动天地，唱歌不绝。收得黄金入手本函

① 李默、房先清：《八排瑶古籍汇编》，广州，广东人民出版社，1995。

中，令伊十“bie”子孙，承奉香火，经万年管陵游天下，随风随浪，乃助国之人，与朕分忧。任便择居山林，州县不能忧害科派刑协，不许侵夺。如有违戾，并准前令。忽值荒岁，亦在贩济之例。胜即依文昌者，各得其平，不及于抚尉。右如前件，故带运司，令得瑶人，人将状赴可请给评皇卷（券）牒（瑶族评皇牒券，即《过山榜》）防身。改免身丁夫役，管山货利营身。如字号卷牒一道符照，除已备给外，源至给由为照者。右给符瑶人十“bie”，唐、房、李、龙、盘、许、沈、赵、邓、陈子孙永远执照，准此。

景定元年十月二十日给照

《八排山界牒卷》：

东连州甲水，南洞冠、白虎洞、扳洞、三州顶、白洞、卫干对、行项对，落入鹅公界，西微尾山顶、行项对、南盆瑶人寨、杆塘白庙。西白水带、白石记、行十街、单竹背黄南甲水、上下茅田、李弟山顶、大坳止。高楼顶、倒水至宜缮甲水，至良洞、牛白岭。北大雾山、大小龙。

太始云道正月初四日立碑石

丙子元年患洪水，水茫茫，四面八方，水茫茫，游海来，游海去。

崇祯岁戊辰年（1862）冬立林香花大平脚寨房君法乡七郎

《军寮排分界书》：

明朝黄（皇），分天界地界，分天断，分地断，分出军寮地土山间（界），东主（至）白面奉（峰），南住白云（芒）同（洞），西住唐（塘）基佚沙（虎叉）唐，北住太执黄计郎间（关），对下连山甲水，对上十埋（里）平（坪），州埋耕（埂）对心，连庇艮土（沿陂岩）对上房法经断，对上高北地断，对上大表水断，对上埋路坪等（项），对上兵向间等，对上横婆断，八岭等对入五用等，对上亡工埂等，对下养界同等，对上水碓等，对入家打同断，对新碓猪同等，对上白同兵等，对下看坑断，对上不买强等（项），对上今人等，对入太楼

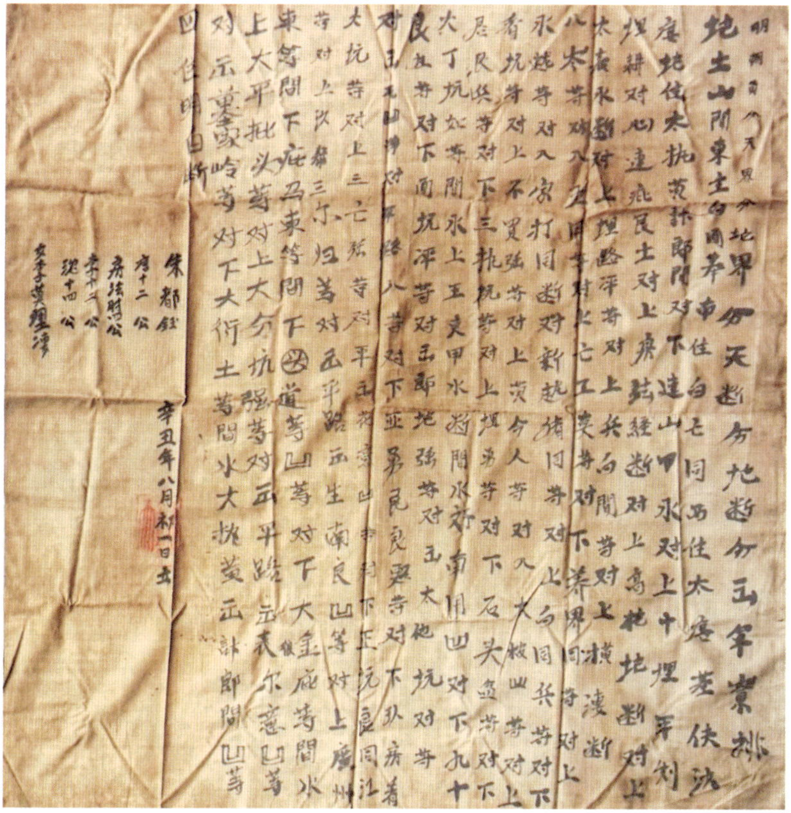

军寮排分界书[1]

凹等，对上尽良兵等，对下三排坑等，对上埋勇（寨）等，对下石头盆等，对下火丁坑如（口）等，间（跟）水上王埂甲水断，间水好南勇凹，对下九十良等，对下面坑坪等，对出郎地强等，对出太他坑对等，对出元凹等，对平路八等，对下亚勇民良埂等，对下摇房看大坑等，对上三亡强等，对平出花意凹等，对下正坑良同江等，对上沙帮三尔归等，对出平路出生南良等，对下大金庇等，间水上大平桃（墩）等，对上大分坑强等，对出平路出表尔意凹等，对出墓（莫）家岭等，对下大行出等，间水大执黄出计郎间（关）凹等，四住（至）明白断。[1]

朱都钰　唐十二公　房法时四公

① 连南瑶族自治县政协办公室提供。

李十二公 沈十四公文 李莫埋婆

明辛丑年十九年八月初一立(永乐十九年,即1421)

《大掌排山场断界书》:

此件是大掌排三百户人山场“断界书”,三百户人包括今大古坳、香坪两个大队。大古坳和香坪是从大掌排分出去的小排。界线说明今香坪大队与上沙大队的“白石歧”山场,正好在界线以内。此件存大坪公社。

买道凹会议传下:一、横崩对石盘面 二、行界岭对加先坑 三、拜鬼坪姜其坑 四、龙军东 五、塘加水 六、如祖良更 七、定飞东平街比角坑 八、登车姜 九、石白姜 十、牛栏冲三角良 十一、大弯姜石凹 十二、良请四 十三、农间门凹 十四、买盐东 十五、三间大陂

十六、巩界平路 十七、大写田凹 十八、两化公姜

十九、分凹 二十、买村婆田凹 二十一、牛皮山深凹

二十二、问仙坑 二十三、白水贷甲石 二十四、双道冲

二十五、表不凹 二十六、萝逼共姜 二十七、廖竹大姜

二十八、石比 二十九、上台石界 三十、登遇东

三十一、买果贵 三十二、大兵江 三十三、通油坪虞屋寨 三十四、白石记 三十五、单住背 三十六、东黄白

三十七、行十四街 三十八、洗条街 三十九、黎八村水井角 四十、担毫都对大毫山面

在场人:邓道比归界山 邓瑶见比共公 房亚立三

房道拥 唐百主手发公 邓比都猎老公

唐带五大耳公 唐剪刀京水公 唐大皮孟比公

代笔人:邓亚圣亚命

民国八年庚申年二月初十日立写

四、“八排二十四冲”庙堂

瑶族民众崇拜祖先，经常祭祀祖先，认为由此才能得到祖先在天之灵的庇佑。不管是平时宴饮，还是举行信仰仪式和传统节庆，饮酒前都要倒几滴酒在地上，叫声“阿公，喝酒！”才开始喝。在排瑶传统村寨中，“排”和“冲”多建有“庙堂”以供奉祖先，没有庙堂的排瑶村寨不能称为“冲”，只能是小村落。以下是涡水瑶龙甲介村房三贵对八排庙堂和二十四冲庙堂的口述：

八排庙堂：涡水旺埂庙堂（八排总庙堂）分出—横坑排庙堂—行祥排庙堂—油岭排庙堂—火烧排庙堂—军寮排庙堂—里八峒排庙堂—马箭排庙堂—大掌排庙堂

二十四冲庙堂：大坪罡庙堂—龙水老寨庙堂—盘石大木根庙堂—新寨庙堂—盘石大坪庙堂—良坪庙堂—瑶龙庙堂—六暗庙堂—金鸡庙堂—白芒庙堂—望佳岭庙堂。

后来，良坪庙堂分出吊尾庙堂、打铁冲庙堂；瑶龙庙堂分出恶由庙堂、瑶坪庙堂；六暗庙堂分出冷坛庙堂、油茶坑庙堂、小坪庙堂、共坪庙堂；金鸡庙堂分出中心岗庙堂、茶间庙堂、大昂庙堂等4个庙堂；白芒庙堂分出义埂庙堂（今黄甘坪往大麦山镇政府约800米公路转弯电站处）、上洞庙堂、火龙冲庙堂。

大坪罡庙堂管大坪、中间昂；龙水庙堂管良伞、地道坑、坪冲、龙水；大木根庙堂管莲花、大桥头；新寨庙堂管龙会、六卜……（由于年代久远，采访人已经记不起大部分庙堂管辖的村寨地名）。

另据横坑排花山背村民沈水佛根据“八排来历歌”讲述“八排二十四冲”庙堂：

八排庙堂：涡水旺埂庙堂（八排总庙堂）分出—横坑排庙堂—行祥排庙堂—油岭排庙堂—军寮排庙堂—里八峒排庙堂—大掌排庙堂—火烧排庙堂—马箭排庙堂

二十四冲庙堂：大坪罡庙堂—天塘庙堂—社下冲庙堂—高良坪庙堂—茅田庙堂—六对庙堂—盘血水大坪庙堂—大木根庙堂—新寨庙堂—六庙庙堂—鱼赛冲庙堂—龙水庙堂—脱庙堂—顶盖山庙堂—马头冲庙堂—六暗庙堂—瑶龙庙堂—百斤庙堂—八百粟庙堂

据上述调查访谈和资料呈现，瑶族民间传说的“八排”及“庙堂”地名与地理位置有了一定脉络，但“二十四冲”庙堂的部分地名并不一致，或因排瑶民众在代代口传时有所遗漏，或是年代久远、村落变迁。现据调查访谈，“二十四冲”庙堂综合整理如下：

1. 天堂庙堂
2. 大坪罡庙堂
3. 社下冲庙堂
4. 高良坪庙堂
5. 茅田福堂庙堂
6. 盘石六对庙堂
7. 盘石大坪庙堂
8. 盘石大木根庙堂
9. 新寨庙堂（香坪镇）
10 六庙坑庙堂
11. 鱼赛冲庙堂
12. 龙水庙堂
13. 脱祠庙堂
14. 丁盖冲庙堂
15. 马头冲庙堂
16. 六暗庙堂
17. 三洲飞来庙堂
18. 瑶龙田庙堂

19. 八百栗庙堂
20. 种殿（中店）庙堂
21. 百斤庙堂
22. 望佳岭庙堂
23. 大莺（大印）庙堂
24. 新寨庙堂（大麦山）

除了供奉祖先的庙堂，还有“议事堂”。通过对涡水白石洞会议堂的考察，以及据横坑花山背村唐明水讲述，① “八排二十四冲”会议堂（议事点）整理如下：

（一）八排议总会议堂：白石垌
（二）东三排总会议堂：伍代坪（牛死坪）
（三）西五排总会议堂：辛塘对花意街
（四）八大排各会议堂：
1. 横坑排会议堂：庙门坪
2. 行祥排会议堂：马路昂
3. 油岭排会议堂：贺东
4. 军寮排会议堂：烧纸堂
5. 火烧排会议堂：塘榜东
6. 大掌排会议堂：重旗东、大兵间（两个议事点）
7. 里八垌会议堂：广隆东
8. 马箭排会议堂：石坑街（革关大坑洞）
（五）二十四冲会议堂：
1. 大古坳、大东间：旱坑洞
2. 大坪罡：相关归
3. 分水坳、下坪村：香花关
4. 强坑源（现塘其儿）、龙水尾有七寨七村（包括现上茅、下

① 讲述人：坑花山背村唐明水，83 岁。

茅等村）：石板丫

5. 上吉水，二坑二村：掬记古比大会坪[1]

（上五寨：占瑶东；下五寨：车盐关）

6. 黄帝源（上帝源）十四村（有黄坪、中店、良东、良坑、磨刀坑等 14 村）：贺丫东

7. 下帝村七寨：瑶保坪

8. 唐十五寨：表家东

9. 下河（可能在必坑、苗多坑）：古良坪

10. 瑶龙、大贵、庙坑、白草：大塘坳（瑶龙大塘坳村顶）

11. 庙坑、马头二村：庙强顶（马头冲村顶）[2]

12. 上洞、六暗、大丫、黄甘坪、塘梨坑：大东顶

13. 寨书坪、黄丫坑、茶坑、九寨、贺归：大地坪

14. 望佳岭、新寨（据受采访人说，新寨在望佳岭对面，其实这个新寨同属于望佳岭）：黄竹凹[3]

15. 百斤洞：大会坪

（百斤、长浪：茶七丫）

16. 连水、共棉、三排：棉地东

（长浪、百斤、横坑、九龙寨、民村：哥度东）[4]

据当地口述流传的“二十四冲”庙堂、会议堂及文献资料，对相关地名逐一核实。盘石莲花村房瑶洞生四（91 岁）口述“八排二十四冲”会议堂（议事点）与横坑花山背村民唐明水的口述基本一致，并详细讲述“占瑶东会议堂”的上五寨是“宜代、排肚坪、马鞍、横寨、瑶榜、买坪”，“车盐关（今大桥头范围）会议堂”的下五寨是“盘石大坪、大木根、地道、龙会等”。

---

① 第 5 项在盘石片区。

② 第 6—11 项议事点在涡水片区。

③ 第 12—14 项在白芒片区。

④ 第 15—16 项在三排片区。

五、“八排二十四冲”坐标

“八排二十四冲”地名、坐标如下：

八排：

横坑：位于三排镇横坑村委会。东经 112°17′15.40″，北纬 24°35′13.24″。

行祥（南岗）：位于三排镇南岗村委会。东经 112°18′2.68″，北纬 24°34′55.12″。

油岭：位于三排镇油岭村委会。东经 112°16′2.10″，北纬 24°36′42.23″。

军寮：位于大坪镇军寮村委会。东经 112°13′31.23″，北纬 24°38′29.88″。

马箭：位于大坪镇军寮村委会。东经 112°13′35.79″，北纬 24°39′13.76″。

里八峒：位于大坪镇大坪村委会。东经 112°11′53.74″，北纬 24°38′17.95″。

大度（火烧排）：位于大坪镇村委会。东经 112°11′19.68″，北纬 24°38′35.85″。

大掌：位于大坪镇大掌村委会。东经 112°9′40.72″，北纬 24°38′9.38″。

二十四冲：

猫儿坪：位于大麦山镇三洲寨。东经 112°16′44.97″，北纬 24°27′48.38″。村落变迁：油岭—坑盖山—坑口—白芒—三洲老寨—三洲新寨（大麦山镇政府旁，现扶抡新村）

上帝源：位于涡水镇六联村委辖区。东经 112°10′57.04″，北纬 24°29′19.64″。村落变迁：南岗（邓姓）、横坑—横丙—中店。瑶长制时，除管辖今六联村片区外，还曾辖今香坪镇火烧寨（七星村）、塘其儿、龙水尾。

黄迳坪：位于大麦山镇白芒村委会。东经 112°15′21.19″，北纬 24°28′33.70″。村落变迁：油岭—油榨坑—黄迳坪。

香炉山：位于三排镇香炉山，今属三排镇油岭村辖地，现无人居住。东经 112°17′35.56″，北纬 24°38′7.27″。村落变迁：油岭（老寨）—香炉山—油岭（老寨）。

大莺：位于涡水镇涡水村委大印村。东经 112°14′18.97″，北纬 24°33′6.23″。村落变迁：油岭—大莺（大印）—庙东及金鸡坪。

新寨（老排）：位于大麦山镇新寨村委新寨老排。东经 112°16′8.58″，北纬 24°30′53.27″。村落变迁：油岭—新寨老排—新寨。

锅盖山（坑）：位于涡水镇瑶龙村委的锅盖山，现无人居住。东经 112°13′47.30″，北纬 24°30′25.43″。村落变迁：油岭—锅盖山—坑口及六暗。

上坪：位于大麦山镇后洞村委六暗村附近，现无人居住。东经 112°13′36.64″，北纬 24°29′35.67″。

望溪岭（望佳岭）：位于大麦山镇望佳岭老寨。东经 112°17′57.27″，北纬 24°32′1.72″。村落变迁：行祥排（南岗排）—望佳岭老寨—望佳岭新寨。

马头冲：位于涡水镇马头冲村。东经 112°15′47.19″，北纬 24°32′56.11″。村落演变：油岭—马头冲。

鸡公背：位于大坪镇牛路水村委鸡公背山，现无人居住。东经 112°13′53.94″，北纬 24°40′21.79″。村落变迁：军寮—鸡公背—部分到今大坪镇牛路水村，部分到今涡水镇大竹湾—沙田村及小横龙村。

牛路水：位于大坪镇牛路水村委牛路水村。东经 112°14′12.94″，北纬 24°40′47.20″。村落变迁：军寮—牛路水老寨—牛路水。

八百粟（苦竹、耳环、火烧寨）：位于香坪镇七星村委会八百粟山。东经 112°8′59.63″，北纬 24°33′37.14″。村落变迁：南岗→吊尾、老头坑（邓姓），火烧寨→七星洞。

天堂：位于大坪镇大掌村委会天堂山水库范围，现无人居住。东经 112°9′19.09″，北纬 24°37′27.88″。村落变迁：大掌—天塘—大古坳羊公其村及香坪村（房姓）。

冷水冲：位于大坪镇大掌村委的冷水冲，现无人居住。东经 112°9′7.66″，北纬 24°37′46.49″。村落变迁：大掌—冷水冲—香坪镇石头洞。

龙水尾：位于香坪镇龙水村委龙水村。东经 112°8′1.38″，北纬 24°31′2.55″。村落变迁：军寮—龙水。

猪豹岭：位于香坪镇龙水村委大路塘村山顶。东经 112°9′58.49″，北纬 24°33′37.56″。村落变迁：里八峒—猪豹山（山猪豹）—社下冲。

瓦寨：位于香坪镇七星村委会八百粟（火烧寨）上，现无人居住。东经112°9′4.73″，北纬24°33′2.57″。

新寨：位于香坪镇七星村委会社下冲坑位靠近火烧寨不远，今香坪镇七星村委香花庙村。东经112°9′3.34″，北纬24°34′33.20″。村落变迁：油岭—新寨—火烧寨—香花庙村。

大坪：位于香坪镇盘石村委大坪村。东经112°9′10.75″，北纬24°28′10.18″。村落变迁：油岭—大坪。

鱼赛冲：位于香坪镇塘其儿村委良伞村。东经112°7′31.26″，北纬24°29′4.46″。村落变迁：南岗、横坑—横丙—良伞。

水瓮尾：位于香坪镇排肚村委会的横寨冲坑，今香坪镇排肚村委瑶榜水瓮坑村。东经112°8′44.18″，北纬24°24′53.27″。村落变迁：南岗—横丙—瑶榜（邓姓）。

六对冲：位于香坪镇盘石村委六对冲坑，现无人居住。东经112°9′9.82″，北纬24°28′11.02″。

茅田冲：位于向香坪镇茅田界，今香坪镇龙水村委下茅田村（现分为上、下茅田两个村）。东经112°4′26.79″，北纬24°31′40.22″。

第三节　八排瑶来源的传说

一、八排瑶来源传说

关于八排瑶的来源，连南当地流传着这样的传说：

我们瑶族的先祖最早居住地是在湖广平地。有一年，天大旱，3年未下过一滴雨，田地干涸得无法耕种，外族的人为争抢水源与先祖打起架来出了人命官司，外族的人状告先祖，先祖被官府勒索，不得已，卖光田地房产，十二姓瑶族人便分散去谋生。

我们先祖兄弟 4 人只好学做生意，跟着族人逃难。他们跋山涉水，从扬州起，经宜州、荆州、梁州、徐州、维州、辰州来到道州后便分三路各自谋生。

留在湖广的是大哥，去广西的是老二，到广东的是老三、老四，我们八排的祖先是老四，名字叫呆免果。

我们先祖老四离开道州后，先后到连州圩、三江圩街谋生，靠种菜、卖菜谋生，生活十分艰难，遂产生了迁徙念头。后来走到连山河和涡水河交界的地方，用银秤称水，称得连山交界河水好，称得二分五，涡水交界河水清，称得二分九，就沿着涡水河走了九十九道弯，来到了旺埂山界，看见这地方风水好，便披荆斩棘，平地建房安下家来。

在旺埂住下后随着时间的推移，族人闻讯不断迁来，人口愈来愈多，左边住 180 户，右边住 450 家，成了一个大山寨。为了祈祷平安兴旺，旺埂瑶人建了盘古王庙宇，造了 36 个神像，举行“耍歌堂”祭祀祖先。

有一年打“耍歌堂”时，来了个罗隐秀才。当时人们不知道他是风水先生，以为是讨食的叫花子，便先给了他一瓢水喝，然后再给他酒喝，这罗隐秀才十分恼怒，便对旺埂寨下了诅咒。

罗隐秀才下了诅咒后，旺埂寨破败。原本热闹的村子只剩下寨边居住的八户人家。这八户人商量重新找住地，便把庙堂的梁砍成八段，盖庙宇的茅草折成八块，几户人分别到各个山头去谋生。年复一年，各个山头又兴旺起来了，变成一个个大寨子（又称“瑶排”）。在涡水河以西为西五排：军寮排、里八峒排、火烧排、大掌排、马箭排；涡水河以东为东三排：横坑排、南岗排、油岭排。

后来人口逐渐增多，八排住不下，人们又分散到二十四冲里去居住。分散后，由于山高路远，大家很难相见。为方便相聚各排建立盘古王大庙，并定下 3 年或 5 年“耍歌堂”，让大家聚会的规矩。就这样，我们瑶族在连南这块土地定居下来，成为现在的八排瑶。[①]

① 广东省连南瑶族自治县文化局:《瑶族民间故事》，7—9 页，内部资料，1983。

连南民间普遍流传八排瑶进入连南最初在旺埂落脚的说法。传说八排瑶历经迁徙，最终在旺埂落脚，其地在今连南涡水镇黄家冲附近的半山上。据传八排始祖入粤后即居于此，八排悉由此衍出。后人在此地发现了房屋基址、村落便道以及梯田等村落生活遗迹。从村寨处于半山及山下两水汇合处之盘王庙遗址看，与传说基本相合。不过，在各排各姓的族谱中，仅少数提及此地，又与传说为共同始居地不尽一致。

据阳山县庞姓排瑶及连南九寨大麦山瑶的族谱记载，当地大部分姓氏明初期抵达粤北，并入各排。其后虽有部分族人外迁，但主体仍留在该排，直到新中国成立之后。

综上，传说中排瑶入连南后的基本发展线路，是由旺埂发展到八排，或由数小排发展到八排，该过程大约和文献记载中排瑶的出现、发展基本一致。

二、旺埂分八排的传说

在八排瑶地区，一直流传着“旺埂分八排”的说法。旺埂被认为“八排源”，即八排瑶初到粤北所居住的地方。相传，某年的农历十月十六日，连南“八排瑶”的祖居地——涡水镇旺埂村举寨庆祝盘古王婆华诞，连续三大三夜“耍歌堂”，全寨瑶民人办法事，大碗喝酒，大块吃肉，不亦乐乎。这天，衣衫褴褛的罗隐秀才出现在旺埂寨，正遇上这家家户户都忙得不可开交的日子，没人有工夫偷闲接待他。一个叫呆喃小妮的懂事小孩十分礼貌，先是给他端来一碗水，后是给他敬上一碗酒，让他解渴充饥。罗隐秀才还是觉得怠慢了他，有意要跟瑶民过不去。于是他问小孩这村子叫什么名字，得知此地叫“旺埂”后，思忖片刻顺口道：“这么个破地方叫什么旺埂？就叫黄埂吧。”自此之后，果然应验了罗隐秀才的诅咒，人畜接连不断地病死，都住不下去了，唯有商量着分散开去找地方住。

旺埂瑶寨的盘、李、沈、邓、龙 5 姓瑶民，他们秉承祖先跋山涉水的坚韧的毅力，先后淌过涡水河，爬上了东方的黄土高坡。这里，群山环绕，

白石垌排际大会遗址（邓丽银 / 摄）

传说中的八排瑶祖居地——涡水旺埂（王航 / 摄）

树木茂盛，山峒开阔，万般风景尽收眼底。这些先民们不禁喜出望外，决定在此安营扎寨，重建家园。他们各自寻找住所和赖以生存的土地，圈地而治，按姓氏分散在各个地方自立小村寨，如盘姓人在“表坪”（地名），李姓人在“里养”，龙姓人在“大崩”。他们披荆斩棘，刀耕火种，打猎尝腥，休养生息，过着日出而作，日落而息的生活。

具体来看，八排瑶形成的标志有两个：一是结束了瑶族传统的“游耕”方式，二是出现一定规模的聚落。今连南涡水已发现水田旱地遗迹，并在房基遗址中发现宋代砖块，这说明八排瑶先民在宋代已开始耕田种稻。此外，涡水还发现鹅卵石小路等生活遗迹，不远处的大石岭（白石垌）就是传说中八排瑶议事的集会地点，山脚下两条溪流交汇处有盘古王庙遗址，这些均表明涡水确实是昔日人群聚居之处。需要指出的是，“涡水分八排”说法不见于正史和方志，还有待进一步考证。

涡水盘古王庙遗址位于北纬 24°34′08.5″，东经 112°13′25.1″，海拔 311.7 米，是排瑶迁徙至连南时的定居地，且被当地视为祖居地。盘古王庙坐东南向西北，处在黄家冲与六联水的交汇之处，为 1992 年前重新修建。该庙为杉树皮盖悬山顶，属木廊结构，供奉有排瑶 11 位始祖，堂前布有展览厅，附近有涡水河，四周群山环绕。

白石垌排际大会遗址位于涡水镇必坑村委会必坑小学校园内，是历史上八排瑶族召开八排二十四冲排际会议的场所，最后一次会议于中华人民共和国成立之初召开。全排大会一年一开或数年一开不等，由头目公召集，天长公主持；排际大会则视情势需要而定，由各排天长公或相当于这一职位的人共同组成临时班子，共同协商召开。现存有一石堆岗，外有围栏保护，底部用水泥砖石围砌，占地面积 25 平方米。

第二章　村寨概况

第一节　地理环境

一、地理位置

连南瑶族自治县位于广东省西北部，北回归线以北，北纬 24°17′16″—24°56′2″，东经 112°2′2″—112°29′1″。东北与连州市交界，东南与阳山县相连，南接怀集县，西邻连山壮族瑶族自治县，西北与湖南省江华瑶族自治县接壤。辖 7 个镇（三江、寨岗、大麦山、香坪、大坪、涡水、三排）71 个村居委会，是瑶族聚居县，排瑶主要分布在县西部、北部，县城设在三江镇。

县境南北长约 71 千米，东西最大距离约 45 千米。地势北、西、南高，东部低平。山脉多由北向西南走向。山体中上部亘连着数百座山峰，其中海拔 1000 米以上的高山有 161 座，如大雾山 1659 米、起微山 1591 米、大龙山 1574 米、孔门山 1564 米、烟介岭 1472 米等。这些山峰均属于南岭山脉南侧的余脉，而八排中军寮排、马箭排、大掌排、火烧排和里八峒老排的海拔皆在 600 米以上，南岗、三排、白芒等地，是海拔 250—800 米之间的石灰岩地带，属岩溶地形，石山林立。

连南地质基底属于华夏古陆，为泥盆纪地层和二叠纪地层，地面母质基岩主要有石灰岩、花岗岩、沙页岩、板岩等。自然土壤有黄壤、红壤、红色石灰土、黑色石灰土、酸性紫色土等 5 个土类。黄壤，多分布在 700 米以上的山地，成土母质以沙页岩、板岩、花岗岩为主；面积最大的是红壤，遍布全县海拔 700 米以下的山区，成土母质以花岗岩、沙页岩为主；红色石灰土，为石灰岩风化而成，呈红棕色，较瘦瘠，多分布于南岗、三排等地的石林之间；水稻土，分布于全县水稻产地，有泥肉田、沙泥田、黄泥田、油泥田等。在崇山峻岭之中，瑶族人民在有水源的地方造出层层梯田，形成了连南独特绮丽的高山田园风光。

二、河流分布

连南地处北江上游，各河流均属北江水系，境内河流分布纵横，水资源颇为充沛，集雨面积 100 平方千米以上的河流共有 7 条：

一是新庙水（大龙河），属于连江的三级支流，发源于连南县大龙境内的大雾山（海拔 1659 米），流出县界时，与小龙水汇合，至连县共和注入二级支流东陂水，河长 28 千米（其中连山占 5 千米，连南占 20 千米，连州占 3 千米）。

二是三江河（三江水），属连江的二级支流，发源于连南县境内起微山（海拔 1592 米），流经涡水镇，至沿陂与其支流太保河汇合后流经三江镇，至连南大墩村汇入连江，干流长 65 千米（其中本县境内占 56.44 千米）。

三是太保河（太保水），属连江的三级支流，发源于连山境内的王候山（海拔 1405 米），流经连山太保，出鹿鸣关，至沿陂汇合三江河，干流长 30 千米。

四是同灌河（同灌水、白芒河），属连江的二级支流，发源于连南黄连凹（海拔 1470 米），流经连南白芒至寨岗与称架水汇合后，流经阳山黎埠至同灌口注入连江，干流长 57 千米（其中连南 34 千米）。

五是称架河（称架水），为连江的三级支流，发源于连南石川顶上（海拔 1230 米），流经寨南，至寨岗注入同灌河，主河道长 32 千米。

六是庙公坑河，属连江的二级支流，发源于连南山联大队境内的红图顶（海拔 1390 米），流经阳山大莨，至阳山饭背江注入连江，河流长 29 千米（其中连南占 4 千米）。

七是凤岗河（凤岗水），属绥江的二级支流，发源于连南板洞大队境内的天堂山，流经怀集县洽水，凤岗至怀集上集注入绥江，河流长 102 千米（其中连南占 14 千米）。

以上河流均属连南县主要河流，除此之外，尚有大大小小 100 多条河流。

三、气候类型

连南县属于中亚热带季风气候，光照强，热量丰富，雨量充沛，雨热同季，无霜期长。夏季盛行偏南风，冬季盛行东北风，因位于南岭山脉南麓，山区立体气候明显。常年（1991—2020 年）年平均气温为 19.9 度，气候温和怡人；年总降水量为 1812.7 毫米，降雨大部分在 3 至 9 月，尤其 4、5、6 月的降雨量约占全年一半；年平均相对湿度 79%，年平均风速 1.3 米 / 秒，年日照时数 1431.8 小时。影响较大的气象灾害主要有：低温冷害（霜冰冻）、低温阴雨（倒春寒）、暴雨洪涝、强对流天气（大风、雷暴、冰雹）、干旱、寒露风、霜降风等。

连南县季风气候明显，四季分明，夏长冬短，春秋过渡快。春季的特点是冷暖交替频繁，阴雨寡照天气多；夏季气温高，降水量多而集中，雨热同季；秋季是夏、冬的过渡季节，主要特点是秋高气爽，日热夜凉温差大，是全年最干燥的季节；冬季是北方蒙古冷高压活动的鼎盛时期，冬季风势力强大。

四、资源物产

土地资源。2020 年，全县土地总面积 124 095.2 公顷，其中，耕地 6 355.42 公顷，占总面积的 5.12%；园地 785.03 公顷，占 0.63%；林地 109 933.68 公顷，占 88.59%；城镇村及工矿地 3197.18 公顷，占 2.58%；交通运输用地 578.54 公顷，占 0.47%；水域及水利设施用地 1662.79 公顷，占 1.34%；其他土地 798.14 公顷，占 0.64%。

水资源。全县有 42 条大小河流和 260 多条山溪，其中集雨面积 100 平方千米以上的河流有三江河、寨岗河、太保河、称架河、大龙河、凤岗河、庙公坑河 7 条。全县河流中，三江河、寨岗河是主要干河，对连南的工农业生产具有重要影响。

林业资源。连南县内森林覆盖率达 80.88%，位列广东省第二，拥有瑶排梯田国家湿地公园和万山朝王国家石漠公园两个国家级公园、板洞和大鲵两个省级自然保护区，是国家重点生态功能区、国家生态文明建设示范县、全国森林旅游示范县、广东省生态发展核心区、广东省林业生态县和广东省绿色名县。

县内林业用地面积 106 599.26 公顷，其中商品林林地面积 55 035.74 公顷，占 51.62%；生态公益林林地面积 51 563.51 公顷，占 48.37%。林业用地中，乔木林总蓄积 8 331 152 立方米，其中，杉木 5 225 587 立方米，占 62.72%；马尾松 266 094 立方米，占 3.19%；湿地松 51 024 立方米，占 0.61%；桉树 67 886 立方米，占 0.81%；速生相思 244 立方米，占 0.002%；其他软阔 314 149 立方米，占 3.77%；黎蒴 3915 立方米，占 0.005%；其他硬阔 1 457 723 立方米，占 17.50%；针叶混 252 463 立方米，占 3.03%；针阔混 410 631 立方米，占 4.93%；阔叶混 278 405 立方米，占 3.34%；其他木本果树 3031 立方米，占 0.003%。

动植物资源。连南的陆生动物资源丰富，主要分布在板洞省级自然保护区。根据 2021 年保护区科学考察和红外相机监测结果，保护区内记录到陆生野生脊椎动物 357 种，其中国家一级重点保护动物有小灵猫、黄腹角雉、黄胸鹀等，国家二级重点保护动物有猕猴、豹猫、斑林狸、白眉山鹧鸪、白鹇、黑冠鹃隼、蛇雕、小鸦鹃、东方草鸮、领角鸮、短耳鸮、蓝喉蜂虎、白胸翡翠、红嘴相思鸟、白喉林鹟、仙八色鸫、画眉、平胸龟、地龟、三线闭壳龟、眼镜王蛇、三索锦蛇、虎纹蛙、细痣疣螈等 56 种。

排瑶地区的野生动物种类较为繁多。其中兽类有山牛、山马、山羊、箭猪、山猪、黄猄、山鹿（坡鹿）、黑鹿、狍子、猴子、果狸、穿山甲等。禽类有山鸡、鹧鸪、山鹰、猫头鹰、鹌鹑、乌鸦、啄木鸟、麻雀、喜鹊、白头翁、雕、斑鸠、杜鹃等。水生动物有鲤鱼、鳞鱼、大鲵、黄鳝、鳗鱼、白鱼、青蛙等。爬行动物有金钱龟、鹰嘴龟、蟒蛇、金环蛇、银环蛇、饭铲头、过树龙、乌肉蛇、青竹蛇、眼镜蛇、过山峰蛇等。分布于西五排起微山境内的国家一级重点保护动物有云豹、黄腹角雉和蟒蛇，国家二级保护动物有大鲵、穿山甲、小灵猫和虎纹。

连南县多样的生境和适宜的气候条件孕育了丰富的植物资源。在板洞省级自然保护区，森林植被保存完好，种类多样，具有常绿阔叶林、落叶阔叶林、阔叶混交林、针叶林、针阔混交林、竹林、常绿落叶灌丛和灌草丛等植被类型。野生维管植物有1533种，其中一级重点保护植物1种（南方红豆杉），二级重点保护植物有蛇足石杉、福建观音座莲、金毛狗、桫椤、广东松、福建柏、百日青、穗花杉、厚朴、短萼黄连、六角莲、八角莲、大叶茶、肥荚红豆、花榈木、茸荚红豆、木荚红豆、伞花木、伯乐树、条叶猕猴桃、金柑（山橘）、黄檗、竹节参、七叶一枝花、金线兰、白及、建兰、墨兰、美花石斛、细茎石斛（广东石斛）和独蒜兰等31种，广东省级重点保护野生植物有穗花杉、沉水樟、短萼黄连、走马胎和银钟花等5种。

八排瑶所在的山区植物资源丰富，有杉树、松树、樟树、红木、桦木、毛竹、山苍子、油桐、油茶等经济林，有猕猴桃、山楂、枇杷、梨子、李子等果树，还有茶叶、木耳、冬菇、生姜、棕皮等特产。此外，还盛产中草药，品种多达1236种，其中最为常见的是土黄连、黄精、黄柏、五味子、土党参、灵芝、杜仲、金银花、马鞭草等。

矿产资源。截至目前，连南县共发现矿产18种，经初步地质工作评价的13种；矿产地40处，其中能源矿产4处，金属矿产29处，非金属矿产5处，地下水矿产2处。矿床规模达中大型的3处，其中大型的2处。矿产资源主要特点是：矿产种类不多，集中度相对较大，大中型矿产地占比例较少，金属矿产中的铁矿，非金属矿产中水泥用灰岩和大理岩为本县优势矿产，资源储量相对较为丰富。目前连南持证矿山共有4座，其中3座金属矿，1座非金属矿。

旅游资源。连南县有“百里瑶山”之称，民族风情独特，拥有南岗千年瑶寨、瑶族博物馆两个4A级景区以及油岭民宿瑶寨3A级景区，其中，南岗千年瑶寨被誉为国家历史文化名村、“中国瑶族第一寨”，另有油岭村被授予中国民间文化艺术之乡称号，还有瑶族耍歌堂、瑶族长鼓舞、八排瑶族婚俗 3 项国家级非物质文化遗产，是国家全域旅游示范区创建单位、广东省全域旅游示范区、全国民族团结进步示范区和广东省县（市）域旅游创新发展十强县。

第二节　村寨历史

前文已述及，在明代中期，八排瑶已有较强势力，当时中央朝廷曾多次征剿八排瑶，甚至在明末还组织五省官兵会剿。到了清代，八排瑶的分布情况有了较多记录，据康熙三十二年（1693）《连山县志》载：

> 瑶排：大掌岭，瑶多恃险不法，为连山害者惟大掌为甚；火烧坪，瑶富而猖獗；里八峒，劫掠罔法多有富瑶；军寮，瑶多田少，最悍难治；马箭，瑶悍而贫。尚有散瑶，如大坪岭、天塘岭、藤吊岭、八百粟、新寨、茅田、龙水尾、鱼赛冲、六碓冲、盘血山。以上散瑶，俱各排分出。其在州者则有油岭、横坑、行墙（祥）三排，皆内外联结，互为犄角者。[①]

八排自东向西，连成一片，相应成势，此格局明代业已成形，清代进一步发展。由于各排居于山上，处在茂密的森林环境当中，瑶寨与汉村有所不同。如军寮排，“又六里至军寮，岭路崎岖，树木深密”，马箭排“排坐南向北，左右皆高山，林木蔚蓊”，排与排间有古树分布，如大掌排“又二里将近排，有枫树一株，根生石上，老干扶疏，亭亭云表，疑数百年物也”，又如火烧排“又三里，至岭脚凹，多林木，森蔚如画”。[②] 以此观之，可谓排在山中，山在排中，古树环绕，溪涧相交。

军寮、马箭、大掌等老排位置皆在海拔 600 米以上的山顶或山腰，村

① （清）刘允元：《连山县志》卷二：风俗・瑶排，康熙三十二年刻本。
② （清）李来章：《连阳八排风土记》卷二：形势，康熙四十七年刻本。

清代大掌排地理形势图[①]

寨里皆有溪流。如大掌排，“排后为天塘山，山顶有大塘流出小水，由山背至狗婆冲处，为上吉水 。瑶人以竹引水，随其高下至厨而止，亦可观览也”[②]。现今，当地村民依然有从山上引水的习惯，既用于饮食，又用来灌溉稻田。

从清代“大掌排地理形势图”可获悉，大掌岭排居于山峦之中，整个村寨的房屋排排相列，有小路串联其间，周围树木丛生，山下有田，“大抵瑶有巢穴，俱下山耕田为食”[③]，背后为天塘山，又有天塘小排。为便于生产生活，水源是住居选址的重要条件之一，八排瑶寨多分布在临水区域。连南县及周边区域有众多河流。“连州三江者，一为连水，一为镬水，一为沿陂水。其沿陂水多伏流，导自连州土狗塘，至交盃山下，行二里许，合

① （清）李来章：《连阳八排风土记》卷二：形势，康熙四十七年刻本。
② （清）李来章：《连阳八排风土记》卷二：形势，康熙四十七年刻本。
③ （清）刘允元：《连山县志》卷二：风俗·瑶俗，康熙三十二年刻本。

镬水为一江，其镬水发源连山黄帝源，北过军寮，又东过油岭两瑶排界，又北至军田迳，会众小水为一江。”① 镬水即八排瑶分布区的涡水河，沿陂河发源于三排石灰岩地下河水。

八排瑶寨的房屋虽聚居一处，但深入村寨内部，房屋之间的高度与地面都有所差别。“瑶山因由坚硬之石灰岩构成，故与四周地方之石灰岩接触，常有一明显分界存在，岩壁峭峻，高出高原或平原数百公尺不等（400—1000 米），由是言之，瑶山无论自任何方面观之，皆为一雄伟山体，其外貌之峥嵘，已使汉人不敢深入山中。”② 在历史时期，汉人占据主体优势，而瑶民相对弱势，在地域空间与生活资源上较为窘迫，更多地迁居于山林。

民国时期，八排瑶寨已增加至 170 多个，迁徙至各地的排瑶仍是聚族而居，分布面积扩展到北江流域上游的森林区。具体村落与人口分布情况，见凌锡华《连山县志》载：

> 共计八大排五小排，一百三十余小冲，在连山者五大排三小排七十二小冲，人口约六万余……环连皆瑶也，宜善以东三江以西，金坑、白芒以南北，周围四百余里，崇山峻岭，绝壑深林中，土墙瓦屋，聚族而居……排之大者八，小者七，其冲一百七十三。③

经过明清近 600 年的发展，至民国时期，八排瑶已经分出甚多，一些老排规模可能不及分出的排。“至今军寮、马箭、里八峒等三排，已非昔日之昌盛，而各小排冲亦有较各大排为繁殖者，惟各大排仍为各小排冲蕃衍之所宗。”④

至于各排村寨的具体情况，1943 年，廖炯然著有《连阳瑶民概况》一书，对八排瑶的历史地理、政治经济、文化习俗有较为详细的介绍，是了解民国时期八排瑶的基本情况的重要参考资料。书中介绍了西五排之地理形势：

---

①（清）姚柬之：《连山绥瑶厅志》总志第一，道光十七年刻本。

② 曾昭璇：《粤北徭山地理考察》，见《边政公论》第 7 卷，第 2、3 期，1948。

③（民国）凌锡华：《连山县志》卷十四：瑶排志，民国十七年刻本。

④ 廖炯然：《连阳瑶民概况（1943 年）》，见李默、房先清：《连南八排瑶族研究资料》，43 页，广州，广东省社会科学院，1987。

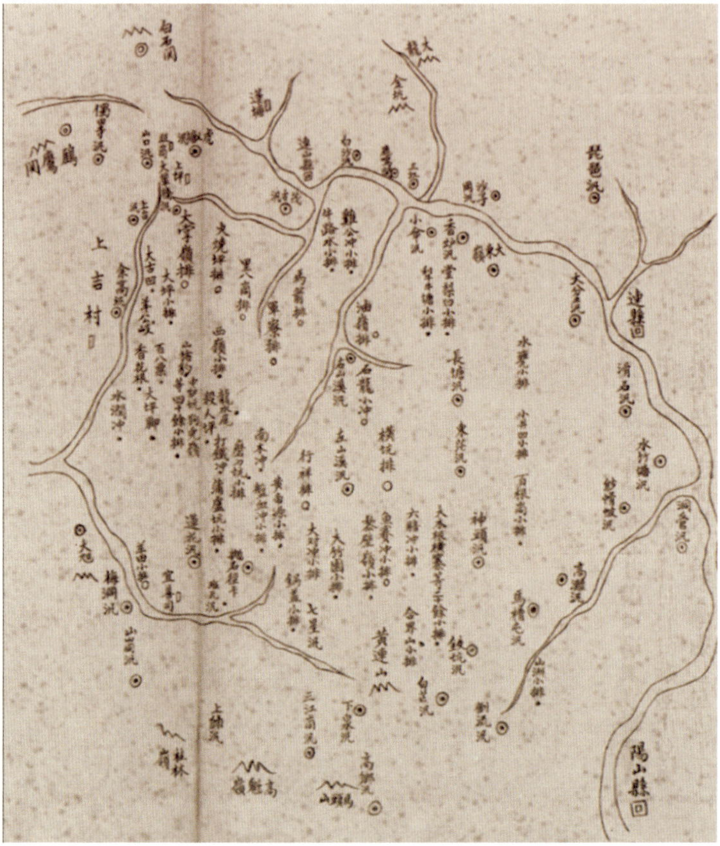

民国八排瑶分布图[①]

军寮排坐西面东，瑶民居住在山谷两侧，山顶有神庙。军寮排是“内五排”中最强盛的，东南为油岭排，西边是里八峒排、马箭排，西北是牛路水。马箭排坐东面西，左右皆有大山环绕，树木参葱，山后有二处水塘，水深且冬夏不枯。排之北为连山县，至里八峒排、火烧排、大掌岭排均有路可通。排中有水，唐家水，自马箭分出两路。军寮排在东南面，牛路水在东北方向，里八峒在南边。大掌排坐西南、面东北，排中有山梁三，水冲二。东北边为虎叉汛，分两路入大掌岭。[②]

① （民国）凌锡华：《连山县志·卷首图》，民国铅印本。

② 廖炯然：《连阳瑶民概况（1943 年）》，见李默、房先清：《连南八排瑶族研究资料》，46—49 页，广州，广东省社会科学院，1987。

从廖炯然描绘的西五排村寨概况可知，至民国年间，八排瑶的地理范围不再仅限于原来 8 个排的区域，更超出“八排二十四冲”格局。关于八排瑶的历史地理研究，可从广义与狭义两个层面来看，狭义的八排瑶是指横坑排、南岗排、油岭排、军寮排、马箭排、里八峒排、火烧排和大掌排，而广义的八排瑶是指从八排分出的众多排冲，他们构成了整体的八排瑶历史文化。

一、横坑排

横坑，又称“旺星”，瑶语 vang^{53}heng^{44}，“旺”意为兴旺，旺盛，物质丰富；“星”是指一个村子或村寨。“旺星”是横坑排最先用的村名，指一个比较旺盛的村寨。相传横坑排（旺星寨）古时候是一个比较富裕的村寨，在建寨后，村子里很旺盛，五谷丰登、六畜兴旺、丰衣足食，有 330 户人家，家家户户都在自家楼上的二架梁里用凿子凿好一条槽，用以存藏赚来的银

横坑老排遗址（王航 / 摄）

两、铜钱等，至少有三百三十个银两和铜钱。所以，横坑排（旺星寨）还有一个名称叫“三百三”。一直至今，“三百三”这个名称还流传着，尤其是做盛事活动时，如果听到某人介绍自己是“三百三”的客人，懂八排习俗的人就知道来者是横坑排（旺星寨）的人。其老排位于三排镇政府南面，距镇政府约 25 千米，东与寨岗交界，南与百斤洞村相邻，西与涡水镇接壤，北同南岗村为相接。据传，横坑排原在南岗排右边对面山坡，后迁移到现老排。据清李来章《连阳八排风土记》载：

> 自州东出五十二里，至黄冈坪分路。又六里至架简峒。石堆丛立，路径崎岖。峒前有平田，宜屯扎。又六里，至排。弥望黄草，皆上岭路也。地势平阔，骄（轿）马可行，路在排南。排坐东向西。
>
> 一路，自州东出七十里，至马草屯，上梅坳。又七里，峻岭险路，石门二重，横坑隘口也。由山歧傍路约六里，至田峒，可屯扎，瑶人每用石棚藏伏。三里，至排。平坦，轿马可行，路在排南。
>
> 又一路，自州东出九十里，至铁坑门龙寨。又三里，至蛇头岭。多坑坎，寻上石门。又五里，深冲密树，坑坎重叠，路甚崎岖。既过，遂至排，路在排南。
>
> 又一路，自行祥至长冈岭。又四里，至朱水峒。又一里，至石巩（拱）桥。又半里，上岭。又三里，至排。
>
> 又一路，自阳山铁坑约半里许，至白芒坪。又二里，至打缴坳。上岭，又二里，至排。
>
> 又一路，自阳山同冠约二里许，至梅凹。又二里，至朱（猪）屎峒。又二里，上岭至排。[1]

可见，古时横坑排有六条进出通道，亦属大排。

[1] （清）李来章撰，黄志辉注：《连阳八排风土记》，44—45 页，广州，中山大学出版社，1990。

今日横坑俯瞰（殷沙漫 / 摄）

清袁泳锡《连州志》记：

（横坑）坐西面东，瑶居山绝顶，实平衍宽敞。旧与行祥比邻，因世相仇杀，且兵力不敌，故迁居于此。在排下百根峒，居者七八十户。其盖藏蓄积，仍寘于排，亦非衰弱者也。①

横坑现为三排镇下的一个行政村，海拔通常在 500 米左右，②辖高浪坪、花山背、九龙寨、浪基、马路凹、瑶里坪 6 个自然村，共有 19 个村民小组。

二、南岗排

南岗，瑶语称“行祥”“行巷”“行墙”，过去属连县，有“八排二十四

① （清）袁泳锡：《连州志》卷 8《猺（瑶）排》，见《中国地方志集成·广东府县志辑》第 14 册，767 页，上海，上海书店出版社，2013。

② 练铭志整理校注：《广东北江瑶族情况调查 >（校注版）》，5 页，广州，广东人民出版社，2012。

横坑排旧址（唐常青/摄）

冲首排”之称，人口集中，较为突出。[①]

李来章《连阳八排风土记》载：

> 自州东出三十五里，至长塘汛。又五里，至八角冢。又五里，至都司坪。皆平坦。又三里，至李家冲，有石门二重。上岭，路险曲，防瑶截伏。又五里，至黄峒坪，平坦。寻至石门要隘。又三里，至石围，要隘难开。其内，地颇平坦，兵可屯扎，但水远耳。又六里，至拱桥，石门二重。路颇崎岖，实行祥隘口也。既过石门，左右皆峻山。又七里，至排。路系上岭，阶级最险。左茂林，右深坑，路在排之东。排坐东向西，地平坦宽阔，较胜诸排。

① 关于“八排二十四冲首排”之称，尚未有定论。（清）李来章《连阳八排风土记》卷2载：“（行祥）平坦宽阔，较胜诸排”；《广西通志》卷95载：“八排延袤二十余里，而军寮、油岭界于其中，势若长蛇，首尾相应。内五排……独军寮强悍，兼高紫流寇窜入千人为其羽翼……外三排，独油岭强悍……”根据记载可知，南岗地势优越，而军寮、油岭势力强大。民间认为，白石垌排际会议是由南岗排首先发起的，这应当是南岗排有“首排”之称的原因。

> 一路，自州出四十五里，至都司坪。合路口左出，又五里，至石鼓峒，路崎岖，宜防伏。又三里，至南坪石门，石径曲折。又四里，至马骝。甚险，亦隘口也，防伏。又十里，至拱桥，田峒平坦，轿马可行，自此上岭。又五里，至石门，崎岖。又四里，至排，平坦，左右杉木森密，宜防伏藏。路在排之东北。
>
> 又一路，自油岭马骝径，路分两叉。约二里许，至石坳。又一里，至黄竹冲。又三里，至老屋地。又半里，至田峒。又半里，至大巩桥，有小水。又数十武①，至石门。过横路，上岭。又四里，至排，排脚有鱼塘。②

可见，在清代，南岗排有三条进出的通道。沿途路况复杂，且与油岭排相通，便于藏身和防御。

> 南岗排分三个连，过去出村入寨只有三条上山的路，唐姓走一连的山路，邓姓走二连的山路，房姓走三连的山路。③

南岗因位于三江镇南面而得名。据20世纪50年代调查报告记录，当地瑶族称自己为“坑项”，相传瑶人以前煮食物没有铁架，只能把锅放在柴架上。瑶话称柴为“项”，称锅为“坑”。④ 如今，这种说法几乎不闻。《排瑶历史文化》一书载：南岗瑶语为hang[44]hong[53]（“行项”），“项”，意为柴；“行”，是节约的意思。意谓砍柴时要砍一条留一条，不能全砍。⑤

南岗现为三排镇下辖的一个行政村。位于三排镇政府西南面，距离镇政府10千米、连南县城19千米。全村总面积28.2平方千米，耕地面积6142亩；下辖8个自然村34个村民小组，村民1589户，总人口5622人。

现居住在南岗排的瑶民主要有邓、唐、盘、房4个姓氏家族。据史料

① 武：半步。泛指脚步。

② （清）李来章撰，黄志辉注：《连阳八排风土记》，45—46页，广州，中山大学出版社，1990。

③ 受访人：房伟东，男，南岗文化站站长。访谈时间：2020年10月21日。访谈地点：南岗村委会。

④ 广东省少数民族社会历史情况调查组：《广东省连南瑶族自治县南岗、内田、大掌瑶族社会调查》，9页，内部编印，1958。

⑤ （清）李来章撰，黄志辉注：《连阳八排风土记》，5页，广州，中山大学出版社，1990。

记载，在宋代，排瑶祖先就在南岗排结亲定居，明代已具相当大的规模。是目前保存较为完好、规模较大的瑶族村寨。南岗排还保存了清代太平天国运动领袖洪秀全的传教遗址。

南岗排的盘古王庙（王航 / 摄）

南岗排（王航 / 摄）

南岗排右寨门（王航/摄）

南岗排地处粤北西部，以丘陵山地为主，地势较高，属于石灰岩地形，受北风影响，温度相对他处较低；由于流水侵蚀，砂岩层叠，形成独特的景观。旧时，南岗人在住所四周建有石门，山路又陡又窄。如果从南岗山脚徒步至村寨内部，至少要走 50 分钟的山路。

20 世纪五六十年代开始，南岗排村民开始相继往水源充足、交通便利的王东坪、牛栏洞及周边区域搬迁，到 90 年代中期，只剩少部分人在老排居住。2002 年 10 月初，连南县政府利用南岗排独特的民居建筑风貌及瑶族风情，开发成旅游景区，之后有部分村民回迁居住，开办民宿、农家乐、特产售卖店，南岗排逐渐热闹起来。

三、油岭排

“油岭村”，瑶语称“游岭村” $jiu^{53}lia\eta^{44}j\mathrm{ɔ}\eta^{44}$，写为“油岭”，是由于外界书写记录者的音译误写所致。

相传油岭最早的先民分散居住在周边各个小村落，分别是：房坪、李村、票坪、南岭、白义岭、罗周田、样桂（岭）、何桂（岭）、陈桂

（岭）。有一年，陈桂（岭）村一户人家养的一只母猪产仔了却不见仔，主人四处找寻，终于在今油岭村址的野蕉林中找到，就把它们带了回去。可是没几天，母猪又把猪仔带回那片野蕉林中，如是几次三番，主人都是在那里找到它们。在那段时间，一群大雁天天盘旋在那一带山岭，最后也降落在同一片野蕉林中栖息。村民就想，或许那真是个风水好的地方，要不牲畜们怎么都安家于此！于是这户人家就在那里搭起房子居住下来，生活也过得越来越好。随后，就有人跟着搬迁到那里居住。逐渐地，就形成了一个大村子。由于村民是由周边各村游聚而来，人们就说，村名就叫“游岭村”吧。

油岭排位于连南县城之东南 19 千米，距镇政府约 12 千米，东与三排村交界，南与南岗排相邻，西与涡水镇接壤，北同山溪村相接，距清连高速公路约 22 千米，北纬 24°36′53.0″、东经 112°15′39.0″。

清李来章《连阳八排风土记》载：

> 自军寮排东出数十武，至烧纸堂。崇祯间，楚兵尝屯扎于此。自此上岭，路甚险。又三里，至镬水，连州界也。既涉水，上横圳岭，路险。直行一里，至横傍。又三里，至水井凹，皆平坦。又半里，至石门，左崖右山，杂以大树森林。瑶尝设伏，败官军于此。又半里，到油岭。
>
> 排坐南向北，两山环抱，中有层级，高下相承，瑶人次第居之，面对高良。石山背后，高山耸立如屏。下有圆墩，因立祖庙。地平坦，多古树。山背出小水，细流涓涓。以竹引入排，至六月则断绝，皆于山腰掘坎取之，故排中时时乏水。
>
> 排前有路，东出约数十武，过小冲，下岭，至柯木墩，瑶会议地也。下岭又二里，转湾（弯），复下岭。又一里，颇有竹木。又一里，有柯树一株，甚伟。复下岭，约半里许，转湾（弯）至石门，有田，有小坑水。又半里，过小湾（弯）岭。又半里，至唐（棠）梨冲，有小水，宜防伏。约数武，至林时峒。干坑水流出，有田，平坦，连阳营游击武君仕尝屯扎于此。又一里，至石

门。又二里，至辣峒，有深冲，宜防伏。又三里，至潮水营。又半里，至车仔水。又半里，至鱼梁营，古储粮之地也。又半里，至员（沿）陂。又一里，至三江营，至州。[①]

据上述记载，清代通往油岭排的路至少有 8 条，数量位居八排之首，且与军寮、南岗等大排相通，互为声援，且地势险要，易守难攻。清人袁泳锡《连州志》卷八载：油岭排，坐西面东，两山环合，山层级，高下相承。瑶人次第居处，前崎高良石山背，层嶂耸立如屏，下有圆墩，立瑶祖庙，林木翳荟。八排中惟油岭瑶最“狻悍”，地亦绝险。[②] 据此，油岭地势险要，人口与户数较多，是八排中瑶族最为密集的居住点之一。

油岭排坐西南面向东北，两山环合其中，西面的小山梁是入寨的唯一通道。从寨门口通向寨子内部，道路显“卅”字形，由石板层层相叠，自下而上，巷道纵横交错，家家户户相连。房屋幢幢相挨，其间有马头墙隔开，从山墙看，前庭短而后庭长，屋顶像个“厂”字形，而成过州舞“马”型的马头墙，有防火作用，此为徽派建筑风格特征之一。房屋多为青砖木瓦、底层用石头砌成，木桩加固支撑顶层，二层外面为栅栏式阳台。

油岭排属中亚热带季风湿润气候。气候温和，年平均气温 17.6 度，常年最冷为 1 月，月平均气温 6 度，极端最低气温为零下 5.3 度；日最低气温小于 0 度的日数平均每年为 9 天。常年最热为 7 月，月平均气温 26.8 度，极端最高气温 38.8 度，日最高气温 35 度的日数平均每年为 19.8 天。全年无霜期为 298 天，年均霜日为 15 天，年均降雪 8.5 天。一年四季均受季风影响，风向呈季节性变化，夏季多吹南风，冬季及其他各月多吹东北风。光照较强，年均日照时数为 1498 小时。雨量充沛，年均降水量 1627.5 毫米。因位于南岭山脉南麓，立体气候明显，高山与平地之间温差 6 度—8 度（油岭古寨夏天晚上仍需盖被子）。四季比较分明，夏长冬短，春秋过渡快，春季阴冷湿润，夏季炎热多雨，秋季凉爽风清，冬季寒冷干燥。

油岭排地势西高东低，山脉多为西南和东北走向，亘连着上百座山峰。

① （清）李来章撰，黄志辉注：《连阳八排风土记》，41—43 页，广州，中山大学出版社，1990。

② （清）袁泳锡：《同治连州志・卷 8 瑶排》，见《中国地方志集成・广东府县志辑》第 14 册，766 页，上海，上海书店出版社，2013。

其中，西部海拔750—930米的为丘陵地带的中旗墩等山峰，均属于南岭山脉南侧余脉花岗岩丘陵地貌，方圆几十余里连绵起伏，逶迤纵横，气势磅礴；丘陵地带植被丰富，森林覆盖率达89%，有竹枝坑、大坑、大批坑、水坑、姑苏坑、大东坑等大小溪流9条，终年有充足的水源供饮用。而东部有海拔710—780米的山峰，多为喀斯特石灰岩地貌，山峦叠嶂，溶洞暗河遍布，绝大部分山地已经退耕还林，树木郁郁葱葱，森林覆盖率达76%。

随着人口增多，生活条件满足不了日常需求，从20世纪70年代末开始，村民陆续外迁，形成现在的挑花村、河坑、大陂坪、歌堂村、八一移民新村等聚集村寨。目前，油岭排还居住有200多户800多人。近年来，为了保护传统古村落，县委、县政府筹集各方力量，在油岭投资改善道路、排水系统，对重要古建筑进行修旧如旧，对住房外立面进行民族特色化修缮，整个油岭排呈现出欣欣向荣的社会主义新农村面貌。

四、军寮排

军寮，瑶语ko^{44}liu^{55}，“军”，裙，围裙；“寮”，是茅草小屋，引申为帽子。“军寮”，直译是帽子上的布像围裙。原来是军寮排的妇女头饰与其他排不同，髻上戴三角形高帽，其上再覆以红布，似以围裙做帽子。军寮以女性特别头饰得名。①但当地人认为：军寮是后来形成的，开始叫“官寮”，“官”瑶话为“住”之意。军寮排发生过四次较大的迁徙行动，均为火灾引起②。

军寮排，位于连南大坪镇军寮岭上，东邻油岭排，南挨火烧排，西是马箭排。从大坪镇军寮新村沿着弯曲的小山路向山上爬行，可到军寮排。沿崎岖山路走过白崖泉，来到一条叫“百步梯”的石阶，上了百步梯可看到约2米高处悬崖石壁上刻有“平瑶岭”3字，再往前走就是军寮排的南门。南门仅存一片寨门墙。进入寨门，地上遗下一排排房屋的石基、门槛，石磨落在杂草丛中，面对存遗的残垣断壁，可看出当年之繁盛。

① 练铭志、马建钊、李筱文：《排瑶历史文化》，5页，广州，广东人民出版社，1992。

② 讲述人：九斤公，男，73岁，瑶族，军寮村五组。访谈地点：九斤公家中。访谈时间：2019年8月2日17：03—18：56，原访谈内容较多，故事内容《房氏年命书》有载。

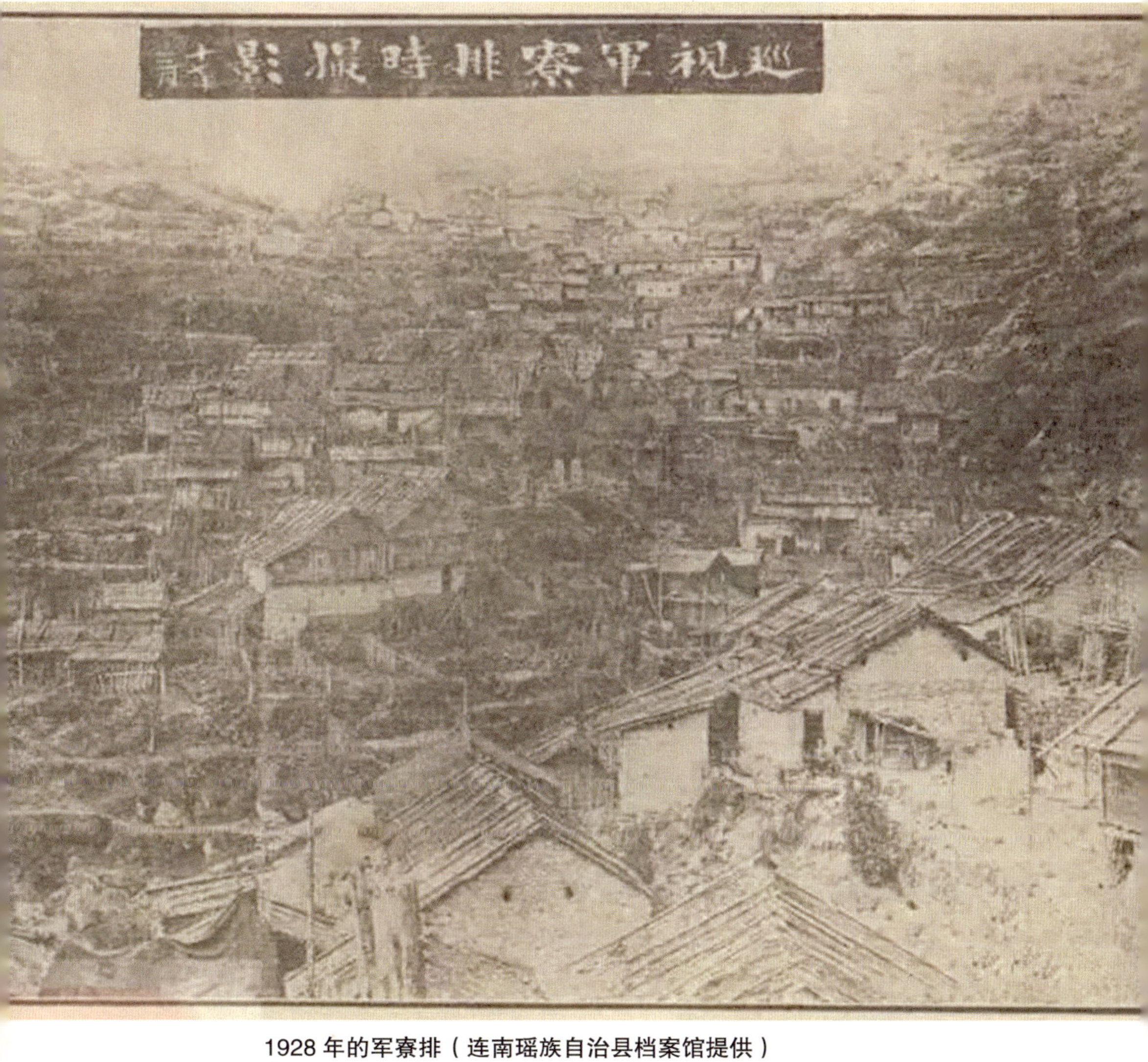

1928 年的军寮排（连南瑶族自治县档案馆提供）

军寮排（房志荣 / 摄）

军寮排遗址（王航 / 摄）

清李来章《连阳八排风土记》载：

由县十七里至马箭路口，路在排北。由路口四里至晒禾墩，坦平宽阔，瑶人晒禾处也。可安营，惟水远耳。崇祯间，郑总兵（郑芝龙）尝屯扎于此。路虽险，尚可行。又三里，至石门，凡三重，俱用大石垒砌，中留一窦。又半里，入石梯山，阶级高险，有大石壁立如梯状。路曲折，仅容一人。至石阶头，两畔皆大石，曲径最险隘。左倚石壁，右临深涧。瑶若乘高放石，更无藏避之处，所谓一夫可以守险者也。明时，大兵征剿，多失利于此。崇祯间，尝夺其险，因获大捷，因凿“平瑶岭”三大字于石壁上记之。又半里，至土墩，路平坦，到排矣。

排坐北向南，人住两歧。两埒之间，形似蜂窠，却有次第。山顶有祖庙，其状多类孩童，不知为何神也。各冲小水，流出成河，由排前往连州高良墟①，人呼为军寮水也。②

清袁泳锡《连州志》载：

（军寮）坐西面东。次第居山谷两岐间，如蜂巢。山顶有神庙，状类婴孩。内五排中，惟军寮最强盛。③

军寮“平瑶岭”（房志荣 / 摄）

① 高良墟：村名，位于三江老城。

② （清）李来章撰，黄志辉注：《连阳八排风土记》，21—22 页，广州，中山大学出版社，1990。

③ （清）袁泳锡：《连州志》卷 8《猺（瑶）排》，见《中国地方志集成 · 广东府县志辑》第 14 册，768 页，上海，上海书店出版社，2013。

军寮排明朝官兵围剿遗址“大兵扫荡瑶穴京观处”（房志荣 / 摄）

军寮排山上的“平瑶岭”摩崖石刻，在山道左侧约高 2 米处，刻于 1644 年。据测量，平瑶岭海拔 763 米，位于北纬 24º38′45″，东经 112º12′57.39″，为明军攻打瑶民起义军后所刻。山顶是山寨旧址，有“大兵扫荡猺（瑶）穴京观处”摩崖石刻，海拔 765 米，北纬 24º38′03″，东经 112º13′13.42″，刻于 1642 年。这两处石刻皆是明末崇祯年间，五省官兵会剿八排瑶后，总兵宋纪命人刻下。

从 20 世纪 60 年代开始，军寮排群众陆续迁徙到现军寮洞区域居住，70 年代基本全部迁徙完成，目前军寮排已无人居住。

1953 年，军寮排属连南瑶族自治县。1958 年，属连阳各族自治县永和人民公社。1960 年，属连州各族自治县永和人民公社。1961 年，属连南瑶族自治县军寮人民公社军寮大队。1974 年，军寮人民公社和大掌人民公社合并为大坪人民公社，属大坪人民公社军寮大队（后公社改为区、乡、镇，大队改为管理区、行政村）至今。

五、马箭排

马箭，瑶语 $man^{53}teu^{24}$（缅斗、门㪷），“缅”意为“门”，“斗”意为“歪”，意思是建房时把门弄歪。[①] 马箭老排坐东朝西，海拔 597 米，北纬 24°3921.92″，东经 112°139.61″，地势较军寮老排要低，房屋遗址一层一层排列，从前到后大约有十几重，梯级最为壮观。现仅存有两栋泥砖结构的瓦房，供放牛者躲雨。

《连阳八排风土记》载：

由县五里至旧平天营。“平天”营者，崇祯十五年六月初四日，总督沈（沈犹龙）捐银八十两，采买竹木所建也。

先是，军寮瑶败总宪何廷枢之师，旋又劫英德、乳源、阳山诸邑，并屠守备陈邦对，跳梁无忌。知县朱若迨具疏请剿，特遣总兵郑芝龙、施王政、宋纪、杨国威数镇兴师来讨。至则直抵军寮，焚其巢穴。于十二月运排中砖瓦，改建此营。创城围，建衙宇，招义兵，改为“咸宁”堡。命监纪董梅鼎守之。越明年二月十三日，起墟市，集米盐。知县朱若迨传各排到墟贸易，民、瑶相和，邑获稍安。今相其地，逼近军寮，诚要地也。宜规复之。

路在排之东南。又三里，至马箭路口大陂头。路平坦，可通车马。崇祯间，宋总兵（宋纪）尝屯扎于此。又三里，至牛荡岭。径曲折迂回，略险。又三里，至歇苦凉。路甚险，车马难通。又三里，至石门。既过石门，到排不远矣。

东北又一路，约三里许，至禾仓凹岭。崇祯间，施、杨二总兵尝屯扎于此。

排坐南向北，左右皆高山，林木蔚蓊。排左右有小水，流至排前石门，合流至茂古水。排后山顶有大塘二，长、阔而深，冬、夏不涸。有竹、木，无大树。塘水下流，经茂古峒，与塔脚水

① 练铭志、马建钊、李筱文：《排瑶历史文化》，5 页，广州，广东人民出版社，1992。

合。①

清袁诛锡《连州志》载：

（马箭排）坐东面西，左右崇山环绕，林木蓊蔚，后山之巅有巨塘二，阔而深，冬夏不涸，塘水从茂古洞出。瑶庶富而性尤狡狯，排之北为连山县，县距三江城三十里。②

1943年，廖炯然在《连阳瑶民概况》中称：

（马箭排）排之北为连山县，县距三江城三十里，入马箭十里，三里过河至茂古洞，又一里至平田，为马箭、军寮要路，里八峒、火烧排、大掌岭均有迳（径）可通。③

关于马箭的来历，在田野调查采访中，当地人有不同说法：

马箭排原来有一个沈十四公起的庙，叫“马箭庙”，这个庙当时很有名。马箭瑶话叫mandou，意思是“门歪”，是这个排的第一户人家建房时门歪了。原来居住在马箭村的人都搬走了，后来军寮生活艰难的人，就跑到这里来居住，这是二百年前的事了。现在马箭村的人不是原来马箭的，都是从四处迁来的。

原来马箭有两个大户，一个是财主，瑶坚公，一个是铁匠，叫许三公。有一天，财主对铁匠说，你给我打一个长矛，打得好，我就把女儿嫁给你。没想到铁匠真的打了一个好矛，财主就把女儿嫁给他。铁匠许三公家有一块田（在现在的中学附近），雇人种田，请吃饭，用的是山中一种草叶，叫捏都叶（野麻叶），手掌大

① （清）李来章撰，黄志辉注：《连阳八排风土记》，18—19页，广州，中山大学出版社，1990。
② （清）袁诛锡：《连州志》卷8《猺（瑶）排》，见《中国地方志集成·广东府县志辑》第14册，768页，上海，上海书店出版社，2013。
③ 李默、房先清：《连南八排瑶族研究资料》，47页，广州，广东省社会科学院，1988。

马箭老排遗址（陈文元 / 摄）

马箭排现存房屋（陈文元 / 摄）

马箭排房屋地基遗址（陈文元 / 摄）

小，是白颜色的。有个风水先生骑着马过来，看见工人吃饭，远远看去，像是在用银碗，就说许三公真有钱，用银碗吃饭。财主不服，心想，你用银碗吃饭，我明天用银元请人，背上的小孩也给一个。第二天就用银元请人做工，但有些人比较狡猾，这边领了，又去那边领，最后把财主财产分光了。这边许三公做生意，成了富商。不久，又有一个风水先生听到马箭有两大户，就从军寨山顶过来，拿一个铜锣在马箭山顶敲了一下，然后把铜锣盖在山顶的石头上，结果马箭风水被破坏了。铜锣盖过的这条路，有一个新娘从这里走，瞬间变成石头。就这样，马箭村开始衰落，原有的姓沈、李、唐的家族都迁走了。许三公到了后山，迁移到大麦山。瑶坚公没有后人了。后来，军寮的、大竹湾的，慢慢地过来，来这里。现在马箭的都是军寮排的人。①

1953 年，马箭排属连南县。1958 年，属连阳各族自治县永和人民公社。1960 年，属连州各族自治县永和人民公社。1961 年，属连南瑶族自治县军寮人民公社军寮大队。1974 年，军寮人民公社和大掌人民公社合并为大坪人民公社，属大坪人民公社军寮大队（后公社改为区、乡、镇，大队改为管理区、行政村），现属军寮行政村。

六、里八峒排

里八峒（瑶语 $Li^{44}bet^{44}tung^{22}$），自称为 Li–dong，里峒。“里八峒排”为他称。“里八”即一里八。里八峒排地形比较特殊，四周环山，只有一个山门进入，从山脚到寨顶总长一里八，寨的宽度也是“一里八”，“里八峒”由此得名。此名称从明朝开始就已经确定。

《连阳八排风土记》载：

由县五里至旧平天营，路在排北。又十三里，至棠梨墩。崇祯间，官兵进剿，尝屯墩侧。自此上岭，路颇坦平，马轿可行。又二里，到排。

排坐南向北，瑶住四岭之歧。中有小冲，二水合流，下通茂古嗣至县，名大冲水，出则唐家水也……

一路，自军寮过大冲岭，瑶呼为山南岭，高险。又二里，至山塘儿。上棠梨墩，瑶呼为“铜李冬”，最高险，路曲折。又二

① 讲述人：房买机八，男，66 岁，瑶族，牛路水村七组。访谈地点：房买机八亲戚家中（马箭）。访谈时间：2019 年 8 月 4 日 9：57—11：38，原访谈内容较多，节选。

里，至耍栏冲，至排矣。

左出庙背岭，有横路，三里至火烧坪，轿马可行。前出有路，数武至石门，即村脚岭地，副将林芳阵没于此。出则至虎乂（叉）塘营，约十里许，平坦。①

清袁泳锡《连州志》载：

（里八峒）坐东面西，四山回合如城郭。瑶居山岐，地平衍，蓄赀富厚，性强悍不法。康熙四十年，伤我副总兵林芳及其仆，皆死，致烦大兵会剿。②

说明里八峒的地形非常险峻，易守难攻，有“一夫当关，万夫莫开”之势。

据当地人讲述：

里八峒是“一里八”的意思。听以前老人们说，在清朝时候，清兵攻打里八峒村，将里八峒血洗了，里八峒前面的那条小溪全部被血染红了。当时的将领好像是陈溥和林芳，其中陈副将军就在里八峒战死了，就埋在里八峒下面一里的地方。当时清军把里八峒村房子上的青砖都拆下来了，清兵站满山头，一块一块地把青砖运下来，修建了连山太保镇旧城村的衙门城墙，现在估计还能看到原来的青砖。③

① （清）李来章撰，黄志辉注：《连阳八排风土记》，23页，广州，中山大学出版社，1990。

② （清）袁泳锡：《连州志》卷8《猺（瑶）排》，见《中国地方志集成·广东府县志辑》第14册，768页，上海，上海书店出版社，2013。

③ 讲述人：沈记辉，男，瑶族，70岁，退休教师，里八峒村人。访谈时间：2019年8月5日。访谈及记录由李超提供。

由此可看出，里八峒排名称的由来与清廷征剿里八峒“瑶乱”有关，与上述史实吻合。

与其他排不同，历史上的里八峒并不大，人口不多，按通行的八排瑶“辈行”，亦属最末。据当地村寨老人讲，八排在分开之前，大家走了一遍，选择定下了8个点，以涡水河为中线，与里八峒排这边叫“五峒人”，也就是西五排。过了几年，又分了5个庙堂，原因是商量事情去古庙堂路途太远了。西五排中，军寮是大哥，大坪是二哥，大掌是三哥，马箭是四哥，里八峒是最小的。八排在分开居住的时候，主要是按照人口多少来分的。①

里八峒古寨在连南县西面，距县城20余千米，面积87.2亩。据老人沈白芒公讲：由于里八峒易守难攻，背靠天堂山，祖上从宋代开始就在里八峒建寨居住。峒内人富有，建房屋也高大。里八峒原来有1000多人，主要住着唐、房、沈、邓、陈五姓人，在清朝初期八排中算较为富有的一排。里八峒的良田比较多，和汉人的村落田地错连，瑶汉村民之间经常有往来。汉族当地土豪想把良田占为己有，经常无故挑起事端，行贿衙门，让官府出面夺取。明崇祯十五年（1642）和清康熙四十年（1701），朝廷征讨里八峒，特别是康熙四十年，里八峒曾遭三省官兵多次征剿，终被毁。大多数瑶民被逼外逃他乡。当时清朝官兵把里八峒排房子墙上的青砖全都搬到太保修建了衙门城墙，现在太保镇旧城村城墙还能看到原来里八峒的青砖。

或许由于里八峒“势小”，资源有限，在日常生活中多依靠各大排，与各排之间的血缘关系表现得更为明显。据当地传说：

> 里八峒歌主要讲的就是清兵攻打的故事。以前在老排的时候，由于我们和火烧排挨得很近，相隔只有一里路左右，火烧排和里八峒排的背面连接天塘山。相传天塘山有一处泉水女神，她为了照顾里八峒排的人们就做了法术，从天塘山到里八峒排的水道打通了。人们经常能够在里八峒喝到天塘山的山泉水。还听说，从天塘山扔下一把谷子，在里八峒排的泉水处，可以接到这把谷子。②

① 以上内容俱根据房伟华讲述整理。访谈、记录及整理者为蒋满娟。

② 以上内容俱根据沈记辉讲述整理。访谈、记录及整理者为蒋满娟。

里八峒排（李超／摄）

与其他各排总体的迁徙历史类似，村里流传祖先迁移故事，里八峒排祖先是从道县迁来的。后来去了连州，再后来又去了三江，之后又去了涡水，又去了横坑，最后才来到了里八峒。

村寨的石门旧址位于里八峒排村寨路口乡道 Y776 西侧 50 米左右的位置。石门原是由砍凿平整的大石板规则堆砌而成的，现已崩塌变得低矮，其间仅留 1—2 人的空间通过。当年的石门自然是用来抵御外敌入侵的，宽度大致两米左右。在石门后面有棵历经风霜的大树，四季常青，旁边有潺潺的小溪流过。这条小溪历经 300 余年未曾干涸。

现里八峒旧排是大坪村委会的一个自然村，位于县城西南方约 13.2 千米，距大坪镇政府驻地东南方约 2.6 千米，全村面积 0.17 平方千米，有 45 户 253 人，姓氏沈。有耕地面积 75 亩，林地 8.7 公顷。全村以耕田、稻田养鱼、林地收入为主，部分村民外出务工。聚落呈块状分布，住宅多为砖混结构楼房。有乡道经过，交通便利。

七、火烧排

火烧排，瑶语称“太杜排”“大度排”“大都”，位于大坪镇西北部4千米处，村落坐东向西，北与里八峒排相邻，东靠大山，依山而望，西南与大布洞相连接，北面为龙颈村旧址。从蜿蜒的梯田而上可到达老排之顶，回程可沿山路顺着里八峒排而下，进入Y776乡道。

《连阳八排风土记》记载：

由县十五里至虎叉营，路在排北。又三里，至下坪峒。路平，轿马可行。崇祯间会剿，严参将（严云从）尝屯扎于此。自此上岭，路亦平坦。又四里，至大石门，略险。不远，又有石门两重，其险犹前也。又三里，至岭脚凹。多林木，森蔚如画。瑶多于此伏兵，宜提防也。又一里，至排。此前路也。后则高山峭壁，不通人行。

排坐南向北两山环抱。禽星锁水口，中有良田，多瓦屋，地势开朗，

火烧排遗址（李超/摄）

与别排迥不同也……自排右出者，瑶呼其地为“担皮庆”（庆者，民语即冲也）。路坦平，约一里许，至百坪水冲而止。上庙背岭，野旷坡荒，竹木森蔚，宜防瑶伏截。约一里许，至里八峒。此上路也。又有下路，土名龙胫，略险，径仄，约二里许。又二里，通里八峒。排前路左出者，为苦竹岭，有石门，上半平坦，下半崎岖。又二里，至沙洲冲，有田有水。至江界凹，径小多石，称险路也。又一里，至下坪峒水，即水源水。过水上岭，由鬼阑通大掌排，约十里许。①

清袁咏锡《连州志》载：

（火烧坪排）坐东面西，山左右环列悬崖峭壁，不通人。径中豁然开朗。排下有良田，与诸排迥异。

火烧排的名称是由于历史上被明朝官兵围剿时火烧村寨而被流传使用。在明中后期欧大任的诗中，“火烧排”已被称为“烧坪”，这说明“火烧”之事至迟当发生在明中期。

火烧排原属大掌公社管辖，1974 年撤大掌公社、军寮公社成立大坪公社，火烧排归属大坪公社管辖，火烧排及里八峒组成大坪大队，后改为管理区、村民自治委员会。据当地人介绍，火烧排鼎盛时期住有 800 多户，随着人口的不断增多，生产生活资源逐渐不能满足日常需要，19 世纪中后期开始有人往大雾山脚的金坑、大龙、内田、塘冲等金坑片区移民，现在金坑片区的瑶族同胞，在清明节前都有回到火烧排祖坟扫墓祭祖。大规模移民搬迁是从 1968 年开始，20 世纪 70 年代中期基本搬迁完毕，相对集中的搬迁形成 18 个自然村寨。②

① （清）李来章撰，黄志辉注：《连阳八排风土记》，25—26 页，广州，中山大学出版社，1990。
② 以上内容俱根据房伟华讲述整理。访谈、记录及整理者为蒋满娟。

八、大掌排

据当地传说，大掌排始建于宋朝末年，依山而建，位于县城西南部25千米的高寒山区、大坪镇西南部，海拔800多米，因后山有座石头山，形状如同雄鹰展翅，故名大掌（瑶语：$tam^{53}kiang^{24}$，意为老鹰），于2017年被列入第四批中国传统村落名录。大掌排村民对外交流时，称本村为“大掌岭”，先生公文书则记载为“大掌岭村”。据大掌排有关瑶歌传唱，过去有240户300多家，2000多人居住，现存有老排遗址、天塘山山庙遗址和大掌老排家庙遗址。

《连阳八排风土记》载：

由县十五里至虎叉营。又五里，至上坪，路在排西。又五里，至大掌岭。仰面而登，荆棘满径。又二里，将近排，有枫树一株，根生石上，老干扶疏，亭亭云表，疑数百年物也。逾石门，约一里许，到排。石门系大掌岭隘口，最为紧要。不得此，未可言进兵也。

排坐西向东，中有山梁三、水冲二，瑶人散居梁侧冲上。邑志云：“瑶多恃险不法，为连山害者，惟大掌岭为甚。”予往巡排，宣讲圣谕，瑶始骇终信，今则帖然矣。迂阔而远于事情，幸勿以诮儒术也。

由排出石门，约四里许，至鬼阑岭岐，高险曲折。又五里，至水源水，水从排右水源山各冲石罅出，合流成河，由排前流去，为唐家水、鱼跳水，经茂古峒，合县前塔脚水出关（鸡鸣关，今称鹿鸣关）而去。

排后为天塘山，山顶有大塘，流出小水，由山背至狗婆冲去，为上吉水。瑶人以竹引水，随其高下，至厨而止，亦可观览也。

路右出者，由横傍岭岐分两路：一出横傍，平坦，下半乃崎岖。又十里，至大拱桥路。一出分路，又一里至石门，又二里出石凹岭。平坦，两畔多小石。又二里，至岭顶，旧扎营地，名曰“小天塘”。有分乂小路，约三里许，到上坪凤凰寨，上半崎岖，少险。又二里，至虎叉营。

排后山顶有路，通天塘、冷水冲小排，岭虽险，路则坦也。由石凹分路出横傍，约二里许，至瓜犁琶（耙），崎岖险路。又二里，入上坪凹。又七里，至村西，通大拱桥。东南通火烧坪，若上台、大竹山、铁帽岭、寒笋峒，俱大掌岭分管地也。①

清袁泳锡《连州志》载：

（大掌排）坐西南面东北，排中有山梁三，水冲二，散居梁侧，距冲上，恃险不法，向为连山之害。②

如今，大掌村是大坪镇管辖的一个行政村，村总面积 27 750 亩，其中耕地 3715 亩，林地面积 11 540 亩，下辖 20 个村民小组，共有 731 户 2340 人。全村设党总支 1 个，下设 2 个党支部和 2 个村民理事会，支委会成员 6 人，现有中共党员 52 人，村“两委”干部 5 人。

据说，大掌排原来很大，聚居了好几姓人，有龙、房、沈、李、萧、袁、关、唐（分人、小唐）和邓姓，所谓“九氏十姓”。最先在这里居住的是房姓和龙姓，唐姓随后从火烧排（大唐）和油岭（小唐）搬迁而来。最后，邓氏也从现在连州市附近城镇的村庄搬迁到此处。其中，龙姓与房姓比较富有，是亲家，曾用“金盆洗脸，银盆洗澡和白纸照楠木台、椅”。过去，龙、房两姓人去连州府参加科举失败，又受风水先生挑拨，亲家成为冤家。有一次，龙姓人养的大黄猫与房姓人养的大黑猫打架，又有人在猫尾上缠了涂上桐油的棉花点燃，猫便到处窜跑，一个晚上烧了 72 座房子。最终，龙姓搬到各排去，房姓纷纷搬到香坪去，大掌由大排变小排，大寨

① （清）李来章撰，黄志辉注：《连阳八排风土记》，27 页，广州，中山大学出版社，1990。
② （清）袁泳锡：《连州志》卷 8《猺（瑶）排》，见《中国地方志集成·广东府县志辑》第 14 册，769 页，上海，上海书店出版社，2013。

变小寨。[①]

新中国成立后，地方政府组织村民逐年移民下山。原来大坪镇政府驻大掌村，大掌村委在大掌排上，山上还有学校、医院等。1953 年，大掌排属连南瑶族自治县。1958 年，属连阳各族自治县永和人民公社。1960 年，属连州各族自治县永和人民公社。1961 年，属连南瑶族自治县大掌人民公社大掌大队。1974 年，大掌人民公社和军寮人民公社合并为大坪人民公社，属大坪人民公社大掌大队（后公社改为区、乡、镇，大队改为管理区、行政村），现属大掌行政村。20 世纪 60 年代末开始，当地村民陆续往利于生产生活、交通方便的地方迁移，形成标明、大道坪、大古坳、旺洞、中站、板洞、羊公其等聚集村落。目前全村有 600 户，2000 多人，其中，在老排周围还分散有 200 户住户。

大掌老排（唐常青 / 摄）

① 广东省编辑组（李凤等）：《连南瑶族自治县瑶族社会调查（连南南岗、内田、大掌）》，258—259 页，广州，广东人民出版社，1956。

第三节　村寨人口

一、历史人口

历史上八排瑶的人口情况记录不全面，即便是李来章的《连阳八排风土记》也没有专列记载八排瑶户口情况，但在卷三“风俗”中提及：“连山大小二十排，共一千二百三十八家，男妇人丁共五千二百七十五名口。”[①] 这是清代康熙年间连山县的八排瑶人口数量，而不是全部，尚有连州 3 排未统计在内，及分出散处各排。道光十七年（1837），《连山绥瑶厅志》统计有“五千三百一十五户，口二万五千八百一十四”。[②] 这个统计数字包括全部八排，比较真实地反映了八排瑶的人口情况。民国时期，八排瑶村落与人口分布情况，“共计八大排五小排，一百三十余小冲，在连山者五大排三小排七十二小冲，人口约六万余”，八排瑶户 6832，口 26 577，前面的 6 万余人口应指的整体的统计。[③] 对比清代与民国时期，可以看出，八排瑶人口未有太大变化。

新中国成立后，为响应中国共产党的号召，深入民族地区，了解民族同胞的生活情况，宣传党的民族政策，中央访问团 1950 年到访连南，进行社会历史调查。当时统计的人口情况为瑶族人口约 25 000 人，其中过山瑶 1449 人，八排瑶 23 551 人。[④] 到 1988 年统计，居住于连南县的八排瑶有人口 61 620 人，占全县总人口的 47%，分布在占全县总面积 88% 的山区，金坑、三排、南岗、九寨、白芒、盘石、涡水、香坪、大坪等地基本上是八

① （清）李来章：《连阳八排风土记：卷三：风俗》，康熙四十七年刻本。

② （清）姚柬之：《连山绥瑶厅志：杂记 · 第八》，道光十七年刻本。

③ （民国）凌锡华：《连山县志：卷十四：瑶排志》，民国十七年刻本。

④ 广东省民族事务委员会：《广东北江瑶族调查（1950 年）》，见李默、房先清：《连南八排瑶族研究资料》，77 页，广州，广东省社会科学院，1987。

排瑶民众居住。[1]

至2021年末，连南全县户籍总人口177 253人，其中乡村人口131 927人，城镇人口45 326人。年末总人口按镇域分：三江镇总人口42 813人，其中乡村人口19 959人，城镇人口22 854人；寨岗镇总人口51 046人，其中乡村人口45 738人，城镇人口5308人；三排镇总人口28 302人，其中乡村人口25 018人，城镇人口3284人；香坪镇总人口12 180人，其中乡村人口9249人，城镇人口2931人；大麦山镇总人口20 705人，其中乡村人口16 390人，城镇人口4315人；大坪镇总人口13 796人，其中乡村人口9181人，城镇人口4615人；涡水镇总人口8411人，其中乡村人口6392人，城镇人口2019人。[2]

二、各排人口

（一）横坑排人口

横坑排有6个行政村，具体人口情况如下：

高浪坪村人口较多的有唐、沈两姓。相传两姓均为隋朝时期从湖南道州迁至广东连州，于唐宋时期迁至横坑排，明朝时迁至该地。到2015年末，高浪坪村户籍人口495人，其中常住人口152人，常年在外务工343人。

花山背村人口较多的有沈、唐两姓。两姓始祖皆在隋唐时期从湖南迁至连南涡水旺埂村，约唐末宋初从旺埂迁至横坑排，约宋代末期从横坑排迁至该地。到2015年末，户籍人口866人，其中男性520人，女性346人；80岁以上5人，最年长者87岁（女）；实际在村人口348人；生活主要依靠农业收入348人；常年在城镇生活和打工488人。

九龙寨村人口较多的有房、李两姓。相传房姓约隋唐时期从湖南迁至军寮排，约唐末宋初从军寮迁至横坑古寨，约宋代后期从横坑排迁至该地。

① 杨鹤书、李安民、陈淑濂：《八排文化——八排瑶的文化人类学考察》，5页，广州，中山大学出版社，1990。

② 资料摘自连南县政府网，http://www.liannan.gov.cn/zlln/ljln/rkyy/content/post_1568823.html。

李姓，约唐朝期间从湖南迁至连南涡水旺埂村，约唐末宋初从旺埂迁至横坑排，约宋朝后期从横坑排迁至该地。到2015年末，户籍人口788人，男性418人，女性370人；80岁以上9人，最年长者年龄87岁（女）；实际在村人口354人；生活主要依靠农业收入354人，常年在城镇生活和打工434人。

浪基村人口较多的为房姓。相传其先祖约隋朝中后期从湖南迁至连南涡水旺埂村，约唐末宋初从旺埂迁至横坑排，约明代后期从横坑排迁至该地。到2015年末，户籍人口430人，其中男性236人，女性194人；80岁以上5人，最年长者年龄85岁（女）；实际在村人口155人，生活主要依靠农业收入155人，常年在城镇生活和打工275人。

马路凹村人口较多的有房、唐两姓。相传其始祖皆于隋唐时期从湖南迁至连南涡水旺埂村，约唐末宋初从旺埂迁至横坑排，明朝迁至横坑排，1992年从横坑排迁至该地。到2015年末，户籍人口293人，其中男性162人，女性131人；80岁以上4人，最年长者84岁（男）；实际在村人口133人，生活主要依靠农业收入133人，常年在城镇生活和打工160人。

瑶理坪村人口较多的有房、盘、唐、邓、谭等姓。房姓相传约于隋唐时期从湖南迁至连南涡水旺埂村，约唐末宋初从旺埂迁至横坑排，约明代从横坑排迁至该地。盘姓约于隋唐时期从花都迁至连南涡水旺埂村，约唐末宋初从旺埂迁至横坑排，约明代从横坑排迁至该地。谭姓约于明代时迁至该地。到2015年末户籍人口581人，其中男性298人，女性283人；80岁以上3人，最年长者84岁（女）；实际在村人口381人；生活主要依靠农业收入381人；常年在城镇生活和打工200人。

（二）南岗排人口

1928年，南岗排总户数648户，总人口2832人。1956年，南岗乡总户数为666户，人口2190人（男1091人，女1099人）。[1] 2016年，南岗有村民小组34个，总户数1598户，总人口5092人。到2020年，南岗有

① 广东省少数民族社会历史情况调查组：《广东省连南瑶族自治县南岗、内田、大掌瑶族社会调查》，12页，内部资料，1958。

村民 1589 户，总人口 5622 人，其中育龄妇女 1686 人，已婚妇女 1046 人。

20 世纪 50 年代，南岗村有唐、盘、房、邓、沈 5 个姓，共 666 户。其中唐姓最多，有 312 户；邓姓次之，有 208 户；再次为房姓，有 80 户；第四为盘姓，为 64 户；沈姓最少，仅有两户。[①] 往后发展成 7 个姓：唐、邓、房、盘、李、沈、龙，其中李姓迁往西五排，部分沈姓、龙姓迁往三排镇，现在主要有 4 个姓。

（三）油岭排人口

2019 年油岭村共有 1110 户，户籍人口为 3682 人，其中男性 1931 人，女性 1751 人；80 岁以上 61 人，最年长者 94 岁，为女性；常年在城镇生活和务工的人有 877 人，实际在村人口 2805 人。

历史上，油岭排人口发展随着历史的进程和社会的进步经历了缓慢、快速、平稳 3 个阶段。

缓慢发展阶段。中华人民共和国成立前，油岭排实行土地私有制，刀耕火种，生产力水平低下。加上受动荡的社会环境和落后的经济条件影响，人们需要一定的劳动力来支撑家庭和维护村寨，生育愿望较为强烈，但受医疗条件和生活水平的制约，死亡率较高，人口增长较慢。

据凌锡华《连山县志》卷十四记载，1928 年油岭瑶寨有大排 1 个小冲 9 个，人口如下：

1928 年油岭瑶寨人口表

排冲	名称	户数（户）	人口
大排	油岭	511	2143
小排	犁头塘	347	1243
	棠犁坳	124	419

① 广东省少数民族社会历史情况调查组：《广东省连南瑶族自治县南岗、内田、大掌瑶族社会调查》，14 页，内部资料，1958。

续表

排冲	名称	户数（户）	人口
小排	中洞	29	186
	连水	52	216
	猫坑	23	96
	捞基坑	17	72
	马头冲	240	934
	大田坳	12	51
	标地里	5	21

1938 年李智文调查时，油岭排内的李、沈、龙、邓 4 姓已搬迁至外地，大部分盘姓和房姓也迁往他处，留下的只有唐姓和小部分盘姓和房姓，共 400 户人家，1786 人，比 1928 年少 357 人，人口下降 16.66%。

快速发展阶段。1950 年后，从合作社到人民公社，土地实行集体化，民族政策进一步落实，医疗卫生条件也随之改善，油岭排内部生育愿望加强，人口数量进入快速增长期。

控制发展阶段。1978 年后，实行家庭联产承包制，油岭排的生产积极性得到释放，生产力发展和社会生产方式都有了进步，人口素质也得到提高，人们对人口的快速膨胀和耕地面积的急骤缩小有了直面认识，自觉执行计划生育的基本国策，落实生育措施，人口的身体素质、文化教育和科学技术水平均有提高，而人口的快速增长也得到有效控制。

油岭排相关年份人口统计表

年份	户数	人口			劳动力		
		合计	男	女	合计	男	女
1928	511	2143					
1938	400	1786					
—	—						
—	—						
1995	624	2899	1481	1418	1274		

续表

年份	户数	人口			劳动力		
		合计	男	女	合计	男	女
2000	792	2894	1490	1404	1400		
2005	891	3027			2070		
2011	819	2911	1499	1412	1441	749	692
2018	1105	3611			2412	1211	1201

（四）军寮排人口

历史上，军寮排的人口规模较大，分布广，现在军寮洞等周边自然村皆有原来军寮排迁出来的居民。迁离老排的时间是 1972 年。现有常住人口（含马箭排人口）937 户 3 059 人，其中男性 1 587 人，女性 1472 人。归属大坪镇军寮村委会管理。①

（五）马箭排人口

马箭排全寨人口迁离老排的时间是 1974 年，迁到现军寮村委会马箭自然村，2014 年人口 272 人，其中男性 142 人，女性 130 人。归属大坪镇军寮村委会管理。

（六）火烧排人口

火烧排全寨人口迁离老排的时间是 1968—1980 年，迁到现大坪村，现有常住人口（里八峒排人口）1 147 户 4 449 人。归属大坪镇大坪村委会管理。②

（七）里八峒排人口

里八峒排大部分村民迁至县通镇公路 399 县道边大坪洞村一带居住，只有少部分人尚留在寨里生活。2021 年人口 182 人，其中男性 100 人，女性 82 人。属大坪镇大坪村委会管理。

① 数据收集时间：2019 年。

② 数据收集时间：2020 年。

（八）大掌排人口

大掌排人口迁离老排的时间是 1971 年，全寨大部分人员已迁居到现旺洞村等周边自然村一带。2021 年有常住人口 682 户 2106 人，其中男性 1035 人，女性 1071 人。连南瑶族自治县成立后，大掌排分为三个行政村，包括大道坪村、大掌村、旺洞村。后取消管理区成立村委会，大掌村、大道坪村、旺洞村在 2004 年合并为大掌村委会。

第四节　村寨交通

早在康熙年间，李来章曾发布《招徕排瑶使居村落》告示，劝慰瑶民下山生活，其中谈到八排瑶的交通状况：

……但尔等在居山巅，田地多置买，山下崎岖，鸟道跋涉维艰，且往返数十里并日劳不及一日之工，殊为可惜。[1]

八排瑶生活的山区交通状况在当时较差，山间的羊肠小道是瑶民进出的主要交通要道，较好的道路为石板路，但地形崎岖，时陡时平，行走起来非常不便，需谨防跌落山崖。如军寮排“曲径最险隘左倚石壁，右临深涧……所谓一夫可以守险者也”[2]。八排瑶行走的山路，均是围绕山沿盘悬而上，故越往上，越多临深涧、悬崖。

到民国时期，八排地区的交通状况并未改善多少，深山穷壑、山重岭叠之状未变，崎岖险隘之势未改，行走依然不易。但在三江至寨岗、寨岗至连山之小三江已有公路可通。“瑶人性耐劳苦，虽负重担，能走险陡，上下若飞，如履平地”[3]，货运也用骡子。“一部瑶胞的历史，就是向最恶劣的

---

① （清）李来章：《连阳八排风土记：卷七：约束》，康熙四十七年刻本。
② （清）李来章：《连阳八排风土记：卷二：形势》，康熙四十七年刻本。
③ 廖炯然：《连阳瑶民概况（1943 年）》，见李默、房先清：《连南八排瑶族研究资料》，49 页，广州，广东省社会科学院，1987。

自然环境作艰苦斗争的历史。”[①] 八排瑶生活地区的山道、梯田，就是他们祖祖辈辈辛苦开拓出来的。

八排地区最早的一条公路（县国道 323 线的前身），修建于 1937 年抗日战争时期，从大掌的山脚下经过。但当时八排瑶民所需的生活、生产物资，依然要用扁担和布袋，跋山涉水，从外地肩挑运进。中华人民共和国成立后，连南县修筑了多条公路，交通状况取得较大改善。传统的肩挑背负改为拖拉机、汽车运送。但受限于地形，排与排之间的交通状况仍不乐观，据 1958 年李凤等在大掌的调查显示：

> ……在大掌排的北面，约距十华里的连山县虎叉堂村，有永和至乐昌坪石水牛湾的汽车相通，沿着这条公路，乘半个钟头汽车可到太保圩，乘一个半小时左右的汽车可到三江镇；再从水牛湾转乘火车，往南可到广州，往北可到北京，交通比较方便。但要往别个排或者汉区，就得翻山越岭，到虎叉堂的路程正是下坡的山路，南面相距约十五里的火烧排（大坪）虽望去近在咫尺，但走下一个山坡，又登上另一个山岭的时候，已叫一般人走得上气不接下气了，泥泞之时，更是难行，往其他地方的路途也大抵如此。因此，大掌排与别排之间的交通还是不算方便，除了靠步行之处，尚不能使用其他交通工具。[②]

据上文陈述，八排各村寨之间的交通状况并未得到较好的改善，依然是山间道路，需步行才能到达各排。新中国成立之初，国家曾拨款 24 万多元，把瑶族人民用双脚踩成的羊肠小道，修直加宽，铺设石板，建成 1.5 米宽的人行道。[③] 在军寮排，现在仍能见此路。随着国家开展地方建设，山下各村及往外一些地方的交通状况已有较大改变。1966—1976 年期间，因强

---

① 广东省民族事务委员会：《广东北江瑶族调查（1950 年）》，见李默、房先清：《连南八排瑶研究资料》，81 页，广州，广东社会科学出版社，1987。

② 广东省编辑组（李凤等）：《连南瑶族自治县瑶族社会调查（连南南岗、内田、大掌）》，260 页，广州，广东人民出版社，1956。

③ 在连南调查期间，调查组曾于 2019 年 7 月 26 日走访军寮老排，从向导房志荣先生讲述中得知。

调必须有公路通达每个人民公社，军寮是其中之一，故修有村际道路，但大规模地修筑公路，是在 1976 年以后。党的十一届三中全会后，国家实行改革开放政策，对基础设施投入力度加大，处于沿海的广东省得到长足的发展，交通条件实现了质的飞跃。据 1985 年版《连南瑶族自治县概况》载：

> 如今，以客、货运公路、林区公路组成的公路网，纵横交错，遍布全县，总长三百一十多千米。全县十二个区和百分之七十以上的乡通了汽车。每天有从县城开往广州、韶关、坪石、连县、连山等地的客车。公路上车辆奔驰，把大批木材和土特产品源源运往祖国各地，把工业品和日用品运进瑶族地区。在一辆辆客车上，旅客可以尽情地欣赏绚丽迷人的瑶山景色。随着公路网的形成，现在全县有载货汽车二百三十多辆，总吨位七百多吨；客车十八辆，还有各种小汽车六十多辆。全县十二个区和一部分乡、村有了汽车，瑶家有了自己的汽车司机。①

当地政府鼓励排瑶移民搬迁到平地，尤其从 20 世纪 80 年代开始，加大支持力度，将排瑶群众迁徙到生产生活便利的地方，同时配套建设饮用水、公路、农田灌溉、垃圾处理等基础设施，通往各村寨的公路实现水泥硬底化，柏油路穿梭其间，出行、货运都有汽车。现今，八排瑶生活地区的交通状况得到了更大改善，又有许广、二广高速公路从境内通过，去往广州、深圳等地都有便捷的汽车，出行已不是问题。目前连南尚未有火车、高铁通过。

① 《连南瑶族自治县概况》编写组：《连南瑶族自治县概况》，50 页，北京，民族出版社，1985。

省道 S261 线往三排路段（连南瑶族自治县政协办公室提供）

清连高速三排路段（连南瑶族自治县政协办公室提供）

第五节　瑶寨新风

1950 年 5 月 16 日，连南县人民政府成立。此后，共产党和人民政府派遣了一批批干部到瑶族地区开展工作。国家在财力物力有限的情况下，给瑶区发放了大批救济款、救济粮和其他物资，大力开展民族贸易，以公平合理的价格，收购瑶民的木材和土特产。同时领导瑶民进行生产自救，初步解决了生产、生活上最迫切的困难。

1951 年 7 月，中央访问团第二分团到达连南地区进行访问活动，在各地召开各种会议，详细调查了解瑶区的政治、经济、生活等情况，无偿送来了大米和其他礼物。中央民族歌舞团为瑶族人民演出了文艺节目，并放映电影，举行游艺活动。随团的医疗队，免费为当地群众治病。

1952 年 5 月，政务院批准成立县一级的连南瑶族自治区。辖境包括原连南县、连山县及原连县管辖的三江区和原阳山县管辖的寨岗区。在广东省委、省政府的直接领导和具体帮助下，从 1952 年 10 月底开始，粤北区、连南县进行积极的筹备工作。11 月 22 日，连南县成立自治区筹委会，组织了 392 名干部参加工作。1953 年 1 月 21 日，连山、连南两县合并，召开首届各族各界人民代表大会，选举出县长、副县长、政协主席、副主席等，成立连南瑶族自治区人民政府。1 月 25 日，隆重举行庆祝大会，宣告连南瑶族自治区正式成立。①

新中国成立后，八排瑶也进入历史的新纪元。中国共产党实行民族团结、民族平等、各民族共同繁荣的民族工作方针，瑶汉关系大为改善，村寨之间矛盾日益减少。不过当时瑶族人民的生活状况依旧清苦，居住条件、经济、交通、卫生、农业、教育都较为落后。鉴于此，1971—1972 年，政府组织八排瑶民搬迁，迁到山下，居住条件变好，生活水平日益提高。八排瑶由原来住在山上改为住在平地，居住格局发生根本性改变。

---

① 王东甫、黄志辉：《粤北少数民族发展简史》，48—49 页，广州，广东高等教育出版社，1998。

一、当家做主

1949年底，连南地区获得解放。1950年9月，瑶区普遍建立了行政村一级的政权组织，由瑶族人民自己选出村委委员和村长，取消了原有的瑶长、瑶练和乡、保、甲长。1952年下半年，先后成立了3个区一级和24个乡一级的政权机关。“瑶老制”逐步为人民政权所代替，人民政府的行政管理权和政策法令开始在瑶族地区实施。总体来说，这一政权变化过程基本上是顺利的，原因是人民政府的政策措施符合瑶族人民的根本利益。

第一，新成立的人民政府消除了民族压迫和民族歧视，实行了民族平等。封建王朝时期，统治者往往对八排瑶采取重兵把守、残酷剿杀的政策。有时虽改行绥靖，但对瑶族的压迫和歧视毫无减弱。他们与瑶族个别上层人物互相勾结，挑拨是非，扩大事端，从中进行经济上的压榨，使瑶族人民处于深重苦难之中。人民解放军到来后，对群众秋毫无犯。地方工作队广泛接触各阶层人士，宣传党的民族政策，减免税收，发放救济粮，赠送生产资料，开展公平的民族贸易，组织群众进行生产自救。1951年，中央访问团到瑶山进行慰问活动，随团参加的有医疗队和民族歌舞团。访问团每到一个村寨，瑶族男女老少都跳起长鼓舞热烈欢迎，临别时依依不舍，热泪盈眶，这样的融洽场面在瑶汉关系史上前所未有。1951年1月，连南县第一届瑶民代表会议决定：减租减息，调整太公田。[①] 人民政府赢得了瑶族人民的信赖和拥护。这是人民政权取代瑶老制的政治基础。

第二，排瑶地区瑶老制是形成于特殊历史条件下的一种社会政治组织。新中国成立前，连南排瑶社会具有几个特点：一个排由若干姓氏的居民组成，而各姓氏则相对地聚居在一起，瑶老的产生具有血缘与地缘的双重性质。生产资料的占有早已是以个体私有制为基础，出现了贫富分化和阶级对立，但由于长期封锁于深山之中，社会发展非常缓慢。在排内除了共同维护社会秩序之外，还存在着内部的利益矛盾，如大姓欺小姓，强房欺弱房，姓氏房族之间的械斗时有发生，富者贪婪，办事不公，损害群众利益，

① 太公田为一姓、一姓中的几房或一房人共同所有，一般约占水田的10%。

等等。瑶老制虽然不是阶级社会常见的社会组织形式，但也远非原始氏族部落的酋长制。实际上的办事老人当中，起决定性作用的是少数具有下列条件的人：富裕、子孙众多、会与官府打交道，这部分人通常叫做上层老人。他们虽然在某些事情和某种程度上反映群众利益，但很多并不具备公众领袖的品质，有些在处理纠纷、案件，特别是人命案件中，办事不公，从中取利。瑶老制已无法平衡各不同姓氏房族之间的利益，也不能使自己与群众保持一致。[①]

第三，人民政府基于历史经验，没有采取过激的变革，而是审时度势，在瑶区采取了一系列正确的政策措施，使瑶区建政工作得以顺利进行。其中最主要的是依靠瑶族群众，妥善安排有影响的瑶老即上层老人的工作和生活。村、乡政权组织成员基本由瑶族组成，一部分正直有威信的瑶族长老被安排担任村长、乡长。区公所是新中国成立之初县政府的派出机构，瑶族担任主要领导职务。此外还有十多名瑶老任县参事室参事。所有较有影响的上层人物得到了妥善安排，他们的政治待遇和生活水平都得到了提高。这对团结上层、稳定民心起到了很大作用。

二、破旧革新

过去，排瑶社会少有人到私塾学习文化知识，自中华人民共和国成立后，党和政府在各排设立学校，在大队、公社驻地办起高年级小学、中学，让适龄瑶族青少年进入学校学习，组织瑶族民众集中学习文化，接触新知识、新理念，还开办供销社、发展农副产品供销经营，通过各种方式来引导当地民众破除守旧思想、融入新社会。

据 1982 年全国人口普查统计，三排、南岗、金坑、涡水 4 个区每千人中拥有初中以上文化程度的人约为 118 人，其中绝大多数都是 30 岁以下的年轻人，出生于新中国成立之后。这些年轻人不同程度地接受了现代文化知识，同外界的接触比老一辈多，其传统心理结构发生了变化。他们一反

① 赖才清：《建国以来连南瑶区的社会变化》，见广东省民族研究学会、广东省民族研究所：《广东民族研究论丛》第 9 辑，400—402 页，广州，广东人民出版社，1996。

千百年来在封闭的社会和自然经济形态下安于命运和现状、保守落后的习惯，不满足于但求温饱的最低生活水平，而是走出大山，去拥抱新的事物，去参与，去竞争。

正是出于不甘封闭自守的愿望，他们当中有一部分人脱离农林业生产，去从事个体经营，如商业、饮食业、运输业等活动。据连南县工商管理部门统计，截至 1996 年，全县领取个体营业执照从事上述经营的瑶族共有 158 户。从事农林业的年轻人，他们也不满足于传统的单一生产，比较注意根据市场信息来扩大商品生产范围。①

另一方面，排瑶青年们在学习中逐渐掌握了适应现代社会生活的本领，他们蕴含着一股新的活力，如催化剂一般给古老的瑶族社会带来了新的生机。他们的实践展现出一种示范力量，并转化为巨大的牵动力，改变了传统生产结构，摆脱了自然经济的桎梏，从而也改变了人们的传统价值观念。从通向更为广阔的经济领域来说，这仅仅是刚迈开了脚步而已，要使这种势头得以保持，并向更高层次发展，还需要巨大的努力和给予正确的指导。国家农业、经济、财贸等有关职能部门对他们充分爱护、扶持，及时提供更多的信息，疏通商品流通渠道，做好产前产后服务和给予技术指导，至关紧要。

千百年沉积下来的传统保守思想，曾是瑶族社会发展的消极因素。老一辈只简单地把人当作劳动力看待，不重视子女的智力开发；吃苦耐劳的美德在简单劳动和但求温饱的生活中得以体现，而在新知识新技术面前却取惰性的偏执态度，以及自然经济造就的对市场经济的心理障碍等。但是，随着社会的持续发展、民族政策的不断贯彻落实，特别是民族教育的飞跃式发展，如今越来越多的排瑶青年突破了祖辈、父辈思想的束缚，利用所学知识，结合地方特色，怀揣梦想，大胆实践，走出了创新之路。

三、民族交融

1949 年以前，瑶汉之间有子女收养的现象；在较大的瑶排里，有少量

① 赖才清：《建国以来连南瑶区的社会变化》，见广东省民族研究学会、广东省民族研究所：《广东民族研究论丛》第 9 辑，406 页，广州，广东人民出版社，1996。

汉族商贩和工匠定居，但人数很少。20世纪50年代以后瑶汉群众的交流出现了前所未有的规模，主要表现在瑶族收养汉族人子女和瑶族人口进入城镇与都市两个方面。

据1996年调查，涡水区瑶族收养汉族男孩36名、女孩45名；新中国成立后，有8名汉族女子嫁给瑶族；吸收有汉族为家庭成员的户数占总户数的8.3%；有6名女子嫁到汉族地区。金坑区塘冲村委会高岭村共有48户瑶族，其中21户收养了汉族人子女，岭脚村的情况也类似。收养绝大多数发生在20世纪50年代，现在，被收养的汉族孩子都已有了自己的后代，具有汉族血统的人口占一定比例，高岭、岭脚二村为30%以上，涡水区也达5%以上。像这样的收养关系从一个侧面也给我们提供了研究社会变动期间民族关系发生变化的一个生动例证①。

瑶家收养的汉族子女，自幼到了瑶家，其语言、服饰、生活习惯、心理状态全部融入瑶族社会，他们和养父母之间建立了真正的父（母）子（女）感情，融洽相处，很少有脱离瑶族家庭而回到亲生父母家庭中去的。但是，随着年龄的增长，他们中的绝大多数又和自己的原生家庭建立了关系，作为外家来往，并获得养父母的认可。这样，瑶族和汉族间的亲戚往来就大大扩展了。双方的亲戚互为亲戚，双方的朋友也可以互为朋友。可以看到，具有这种瑶汉亲戚关系的瑶族家庭中，房屋、家具、衣着、饮食和文化生活都有着较大的变化。

瑶族人口进入城镇和都市。新中国成立以前，连南八排瑶除个别人嫁给汉族和由汉族收养外，是没有人在城镇居住谋生的。从20世纪80年代中后期开始，瑶族人进入县城三江镇，进入清远市，进入省会广州务工的人员逐年增多。人口交流必然导致经济文化交流。

在20世纪70年代之前，排瑶不主张与汉族通婚，但并非禁止，瑶汉通婚现象较少。改革开放以来，越来越多的瑶族人民开始外出务工、经商、升学，进入城镇居住生活，相应地，与汉族的交往交流愈加广泛，过去“瑶汉不通婚”的观念也逐渐弱化。

① 赖才清：《建国以来连南瑶区的社会变化》，见广东省民族研究学会、广东省民族研究所：《广东民族研究论丛》第9辑，410—411页，广州，广东人民出版社，1996。

四、瑶山新貌

据练铭志等学者于20世纪90年代初期的研究，从1953年起，地方政府每年拨出专款，帮助连南县境内的排瑶有计划地从山上搬迁到山下平坝处定居，从根本上改善其生产和生活条件。因此，八排瑶的分布发生了翻天覆地的变化，以大排而言，盛极多时的军寮、火烧两排已全部搬走，本来户口不多的马箭排也已无人居住。大掌排虽保留有房子，已无人居住。里八峒排迁走过半，唯东三排的油岭、南岗两排尚留有少部分人居住。其余不少的小排及冲也已成为山林地、耕地。[①] 经过长时间的历史变革，经济的发展，社会的进步，八排瑶的居住方式、村寨分布、人居环境、生产生活都发生了较大改变。

高寒山区移民新村（唐常青/摄）

① 练铭志、马建钊、李筱文：《排瑶历史文化》，33页，广州，广东人民出版社，1992。

三排镇福彩移民新村（唐常青/摄）

（一）横坑排

横坑为三排镇下的一个行政村，辖高浪坪、花山背、九龙寨、浪基、马路凹、瑶里坪6个自然村，共19个村民小组，有耕地2201亩，传统耕种水稻、玉米、花生、番薯、芋头、油菜、杉树、松树等农作物和经济林，多饲养鸡、鸭、狗、猪、牛等家禽牲畜。

原横坑排地势较高，据传明清时期，曾遭遇百年难遇的特大冰雪袭击，满山遍野白雪皑皑，冰柱粗大，冰冻期长，许多牲畜被冻死，人们需持续烤火，以取暖御寒。经过这场大冰灾后，村寨的人都纷纷迁往地势低洼的地方，后逐步形成了6个处于石灰岩与丘陵交接地带的自然村寨。

横坑排内有公路Y709从南岗排王东坪一直贯穿过6个自然村，连接到寨岗的Y755乡道，交通便利。20世纪80年代各村用上了电，90年代初用上了自来水。2005年移动信号覆盖了全村，有了互联网，村民可以上网畅游获取资讯。2012年通往各排的公路实现了水泥硬底化。随着生活条件的改善，村民建起了砖混结构的新房，传统泥墙瓦面木质结构的瑶家吊脚楼越来越少。

（二）南岗排

南岗排离县城 21 千米，海拔 787 米。据专家考证始建于宋代，至今已有千余年的历史。占地 160 亩，保留明清古建筑 398 幢，有近 700 间古民宅，外墙用青砖，内为木质结构。南岗排入寨有三个山门，形成“川”字形，自下而上，沿着石头砌筑的高 6 米、宽 1 米、长约 126 米的寨墙，寨墙上开有左、中、右 3 个寨门，石头垒成，古朴沧桑，但只有右边的寨门是原初的，其他在开发中或多或少都进行修筑。

南岗排建于山坡上，前排屋顶与后排屋脚持平，层层叠叠，屋与屋之间有马头墙，起着防火作用，寨子内石板巷道纵横交错，将家家户户连接起来。入寨道路口为“川”字结构，形成各姓氏居住的位置分界，与油岭排非常相似。房舍普遍分住宅、谷仓、柴寮 3 种类型，住宅多为两屋一厅

南岗排千年红豆杉（王航/摄）

结构，中堂有火堂，并有屏风隔开开后门，屏风处放神龛，这明显是汉民族建筑风格的融合。房子以石灰拌沙砌青砖，屋顶盖瓦，四檐翘角。依山而建，房屋层叠，错落有致；石板道纵横交错，主次分明；周围山势险要，溪水奔流，群峰叠嶂。

南岗地区生态环境良好，排内有一株千年红豆杉，相传是南岗瑶民祖先迁往此地定居、开荒种地时所种，经过千百年风雨的洗礼，饱经历史沧桑。这棵古树已成为象征瑶族生生不息、祈望安宁祥和的吉祥树。

南岗排于2013年9月开发成旅游景区，对外宣传“南岗千年瑶寨”，历经近10年的规划发展，先后有多项被列入国家级和省级非物质文化遗产名录，挖掘和培育了瑶族“耍歌堂”、长鼓舞、传统婚俗等特色文化资源，曾获“广东十大最美古村落”“广东省最佳自驾游目的地”“中国最美村镇人文奖”“最具成长景区”“中国历史文化名村”“中国少数民族特色村寨”“你最喜爱的清远十大景区”等荣誉，被列入“国务院旅游发展重点区域”。2014年12月31日被评为国家AAAA级旅游景区。

南岗主石门石板路（王航/摄）

南岗排（连南瑶族自治县政协办公室提供）

（三）油岭排

油岭排据考证始建于唐，扩建于宋，鼎盛于明清，最多时有房屋近900幢，占地近400亩，现占地225亩。有林地面积3.6万亩，耕地面积5891亩（其中水田1596亩、旱地3935亩），主要种植水稻、山禾、玉米、番薯、山薯、花生、黄豆、红花豆等传统农作物，以及油茶、杉木、松树等经济林，饲养鸡、鸭、猪、牛、羊等，擅制作豆腐、酿造米酒。村民主要收入来源为农业生产和务工工资收入，2019年人均收入9865元。

油岭排境内有特色村寨油岭排、古庙、天坑、歌堂坪瑶族文化传承基地、鸳鸯洞实景演出等资源，瑶族传统文化传承情况较好，于1996年被广东省文化厅授予“广东省民族民间艺术之乡”称号，1998年被国家文化部授予“中国民间艺术之乡”称号，2015年被国家八部委授予“中国传统古村落”称号，同年被国家民委授予“中国少数民族特色村寨”称号，也被影视界誉为“七彩油岭、影视天地”。同时，油岭排还是瑶族电影《旺都之恋》及《广州跑男》等影视剧和综艺节目的取景点，国家级非物质文化遗产项目——瑶族耍歌堂和瑶族长鼓舞的传承地之一。

油岭新貌（王航/摄）

油岭新村美丽乡村（唐常青/摄）

（四）军寮排

军寮村位于大坪镇西北部，与牛路水村毗连。总面积35.4平方千米，包括有大东、羊七昂、歌昂、沙板、长关、马塘、歌昂、黄泥塘、马箭、道面板等9个自然村（组）。共有927户，3 156人，均为瑶族，以房姓、李姓为主。耕地面积 5 203 亩，其中水田面积 2 620 亩，旱地面积 2 583 亩；山林面积 29 803 地亩。现有集体资产电站 1 座，装机容量 200 千瓦。特色农业项目有稻田鱼养殖、有机稻种植等。村内有教学点、卫生站、综合公共文化服务中心、篮球场、村文化室等，镇中心学校在本村辖区内。马箭排住户都基本外迁，人口较少，并入军寮村，共 80 户，272 人。马箭村（组）与军寮村仅相隔一条马路。

（五）马箭排

马箭世居村民人口较多的为房、李两姓，也曾经居住过沈、唐、许、刘等姓氏人。最早居住的是沈姓（马他）。据传，其祖先均于唐朝从湖南经道州迁至连南，唐末宋初到马箭居住，1970 年后从马箭排陆续搬迁至现址。传统民居为瑶家砖瓦屋，现存 6 座，以杉木为框架、泥砖砌墙，黑瓦盖顶，冬暖夏凉，风格独特。村民移民下山后，普遍建起火砖水泥结构新式楼房。①

马箭传统经济为半林半农，林业主要种植杉、松、竹、茶树等，农业主要种植水稻、玉米、番薯、黑米、红米、辣椒、生姜等农作物，饲养鸡鸭牛猪等禽畜。目前种植 350 多亩有机水稻，养殖有稻田鱼。开垦林地 110 多亩，种植杉树、松树、毛竹、茶树等。村民主要收入来源为农林业生产收入、务工的工资收入、生态林及水电站资源费等。自然资源主要有山地、溪河水、森林、野生药材等，林产品有杉木、松木、毛竹等。特色农产品有土猪、瑶家鸡、稻田鱼、有机大米等。特色传统（节庆）食品有香粳米酒、山糯糍粑、柴火熏腊肉、烤稻田鱼、竹筒饭、野蕨糍等。县道 X399 线通镇公路经过该村，20 世纪 80 年代初通电、通自来水，2002 年通移动电话，2007 年实现村道水泥硬底化，2012 年通互联网。

① 该部分资料由大坪镇政府提供及笔者调查整理所得。

里八峒排（连南瑶族自治县大坪镇政府提供）

（六）里八峒排

里八峒排[①]距连南县城西南方约 13.2 千米，坐落于大坪镇境内，纳入大坪村委会。管理东至良间洞，南至支丫，西至巴担尔，北至老白亮。全村面积 0.17 平方千米，有 45 户 253 人，民族为瑶族，姓氏为沈姓。有耕地面积 75 亩、林地 8.7 公顷。全村以种稻、稻田养鱼、林地收入为主，部分村民外出务工。聚落呈块状分布，住宅多为砖混结构楼房。里八峒排与大坪镇之间有乡道 Y776 通过，交通便利。

（七）火烧排

火烧排平坦开阔，有着肥沃的土地资源，阶梯式的地势结构较为突出，适宜种植水稻。此外，山岭坡地广阔，植被良好，适宜种植各种药材和养殖牛、羊等牲畜。这些丰富的土地资源，为发展农业、林业和畜牧业提供

① 里八峒排的旧址至今仍然得以完好保留，并有 40 余户住户常在此居住，但也有一些住户搬迁至大坪村居住，所以里八峒排的新址与火烧排新址重合，故此处重点介绍里八峒排的旧址。

了良好的条件。为了保护开发火烧排，2021 年到里八峒村的公路有乡道 Y276，新建了一条支线公路到火烧排。目前，军寮的房瑶冷三尔在火烧排旧址耕种了 100 多亩的有机稻，村民也在这里种植了高山大叶茶。

（八）大掌排

新中国成立以后，人民政府派出许多汉族干部到大掌排工作，陆续建立了合作商店、卫生所、银行、学校等为瑶胞服务的机构。中央人民政府于 1951 年派访问团访问瑶族同胞。20 世纪 50 年代，每年都邀请瑶族代表到广州、北京等地参观，加强彼此间的了解，建立了深厚的感情，共同走社会主义道路①。

新中国成立后，组织老排村民逐年移民下山。2005 年，乡村行政建制调整，根据人口和地域相邻情况，村寨合并，保护自然村落名称，组建了行政村。现在的大掌行政村就是由一些小村组建成的，村里的姓氏以唐姓、邓姓为主。

大掌村属大坪镇，村委会驻地在国道 323 线的旺洞，耕地 3715 亩，林地面积 11 540 亩，下辖 20 个生产小组，共有 731 户 2340 人，主要农产品有茶叶、有机稻、稻田鱼等。村内林木众多，有居民种植杉树，是大掌村的一项产业。

大掌传统经济为半林半农，林业主要种植杉、松、竹、茶树，农业种植水稻、香粳、玉米、番薯、黄粟、黑粟、粳米、花生等农作物，饲养鸡、鸭、鱼、猪、牛、羊等。现种植水稻 40 多亩，种植高山茶约 100 亩。村民主要收入来源为林业和农业生产收入、务工工资收入以及生态林、水电站资源费等。自然资源主要有溪河水、森林、野生药材等。林产品有杉木、松木、毛竹等，特色农产品有土猪、瑶家鸡、稻田鱼、有机大米、高山茶叶等。特色传统（节庆）食品有香粳米酒、柴火烤腊肉、山糯甜糍、黄豆焖牛皮等。乡道 Y740 线通村公路经过该村，20 世纪 80 年代初通电、通自

① 广东省编辑组《中国少数民族社会历史调查资料丛刊》修订编辑委员会：《连南瑶族自治县瑶族社会历史调查》，220 页，北京，民族出版社，2009。

大掌排（房志荣/摄）

大掌天塘湖（王航/摄）

连南瑶排梯田国家湿地公园（大掌排）（王航 / 摄）

来水，2000 年通移动电话，2014 年实现村道水泥硬底化。

大掌村前平坦处和山间开垦有良田。村落左边山冲有水源多处，合流成河，由村前流过，汇集成一处小水塘。村落后方为天塘山，山顶有一处大水塘，长年流水不断，瑶民称之为“天塘”，现为天塘山水库，可游泳或垂钓。站在山寨，极目远眺，只见群山逶迤，峰峦起伏，云雾漫漫，如履仙境，是摄影作画和观光旅游的好地方。[①]

大掌村主要农产品有茶叶、有机稻、稻田鱼等。茶叶是大掌村自古以来的产业，野生茶树遍布全村，在明清时期就盛产茶叶，大掌村是当地最适宜种茶叶的地方。20 世纪 70 年代初，在党和政府的支持下，村民在天塘湖周围种植了 200 多亩的茶叶，形成天塘山茶场。由于大掌村的山水、气候、地理环境好，天塘山茶场生产出来的茶叶送到香港参加茶艺品茶大赛，被评为银奖。如今全村种有茶叶面积 300 多亩，年产量约 3000 斤，市场价格每斤 150 元至 500 元不等。目前全村种有 500 多亩的高山茶，品种主要是瑶红一号，建有合作社。在连南县政府将大掌村作为全域旅游的示范点以

① 大坪镇政府提供资料。

后，大力开发大掌海拔最高点天塘湖的旅游产业，将茶叶种植以特色产业 + 旅游开发的模式进行打造。各级政府出台一系列优惠措施，鼓励村民开展茶叶种植，将归属于村里的天塘湖的土地租给村民种植茶树。

第三章　排瑶社会

第一节　家族谱系

一、家族组织

排瑶社会是由继嗣形成的父系群体社会，以血缘结合地缘组成。八排瑶的形成与发展即是按照各级的父系群体及各姓、各家族与地缘结合，从而构成大小不同的“排”“冲”，以及比较完整的以同姓血缘亲族为纽带形成“房”。房，系出自同一祖先的若干代子孙的集合体，系氏族组织的单位。同姓氏下又分为大房、小房。大房为宗族，小房为宗支，均有密切的关系。与此同时，在八排瑶盛行的地域内婚姻制度中，父系的群体结构对所衍生下来和各“房”各“姓（如大唐、小唐，大房、小房）”的婚姻圈有一个调节规范作用。

房的家族组织。“房”乃同一祖先的若干代子孙的集合体，在这种集合体中，各成员间都有确定的血缘关系和系谱关系，房的名称一般在分房的时候由先生公在信仰仪式上选用抓阄的方式来决定。练铭志曾考证认为，有少数房以该祖先的一些特点或趣闻轶事命名。据说火烧排的房姓有十二九房，因该房祖先有 12 个儿子和其生日在农历初九而得名。而在实地调研中亦发现，火烧排的“房姓”确实存在 12 房姓，这些支系分别为南东、连利、高朝、介里、萝卜、马士、百年、苗白、很八、买单、担映、大莎。传统农耕时代，房族内成员间非常团结，凡事同甘共苦，亲属之间在农业耕作上亦会互帮互助，彼此之间有着密切的政治经济关系与土地关系。在重要的活动中，各房各系分工合作，轮流负责，并且提供人力、物力、财力等方面的诸多支持。[①]

与此相类似的是南岗排地区的“房组织”。房内的成员关系仅仅是依靠彼此出自相同的祖先这一血缘观念才维系起来的，这一关系可以从成员共同参加祭祀同一祖先的活动和被编入同一个系谱中体现出来，除此之外，房内的各个成员并无太强的经济和其他方面的关系。房内并不设族长，房内的事务都由房内年事较高、有威信的人来主持处理。在南岗排，也形成了与火烧排类似的固定的房系，南岗排的房姓分支表如下：

南岗房姓分支表[②]

	姓氏	姓氏内房族分支
南岗房姓表	大唐	火生、担印、管止、瑶真、亚兀、唐山、勾胡、庙大、马零
	小唐	中火、瑶山、介九、大口、流真、户唐、中公
	邓	老巧、三公、六公、八公、养坑、沙十、卖尾、标准、京公
	房	占辟、邦鸡、买的、大猪、瑶山
	盘	伍保、亚林、瑶边

除了“房”族之外，还有“户”与“龙”的组织构成。其中“户”的组织在西五排中广泛存在。所谓“户”，是以血缘关系作为基础，并且按照田亩数量多少，由一房或几房人组成。大掌排邓姓有 11 房，大唐有 7 房，小唐单传 1 房，其中有 1 房占 1 户的，2 房占 1 户的，3 房占 1 户的。“户”有其首领，习惯称之为“户长公”，负责管理“户”内的事务。“户长公”由每个“户”各选 1 人担任，3—5 年改选一次。

“龙”的组织在“东三排”地区广泛存在，其中以油岭排最为显著。据盘鹃考实，油岭排通常按照居住地域，特别是姓氏宗族，设置出 7 姓 7 条“龙”，并划地设立“龙位”。当油岭形成大寨时，其姓氏龙位分别设置在七个地方，即盘姓为“喝酒墩”、李姓为“李家昂”、沈姓为“沈头冲”、邓

① 调研小组成员对房姓支系家族的团结协作精神深有体会。2019 年 12 月 7 日—2019 年 12 月 11 日，火烧排南东家族举行了 30 年 1 次的家族“挨歌堂”活动，笔者跟随 7 位先生公进行了为期 4 天 3 夜的调研，活动中所有房氏成员团结协作，为办好这次“挨歌堂”活动倾注了大量心血。

② 罗杨、唐孝祥：《大美村寨・连南瑶寨》，50 页，北京，中国社会出版社，2015。

姓为“邓家桥”、龙姓为“大棚”、房姓为“房儿墩”、唐姓为“何墩”。当寨内的姓氏减少而唐姓占据绝大多数后，油岭瑶寨依据两条纵向的石板大街，划分出“大昂”“大行”和“大冲”3个片区，每个片区设置3条“龙”，即喝酒墩、何墩、房坪、大行旁、大棚、瓜边门关、社光昂、沙马墩、阿七墩九个龙位。[①]“龙”具有地缘性，亦具有房姓的血缘性，是寨以下的小单位。[②]

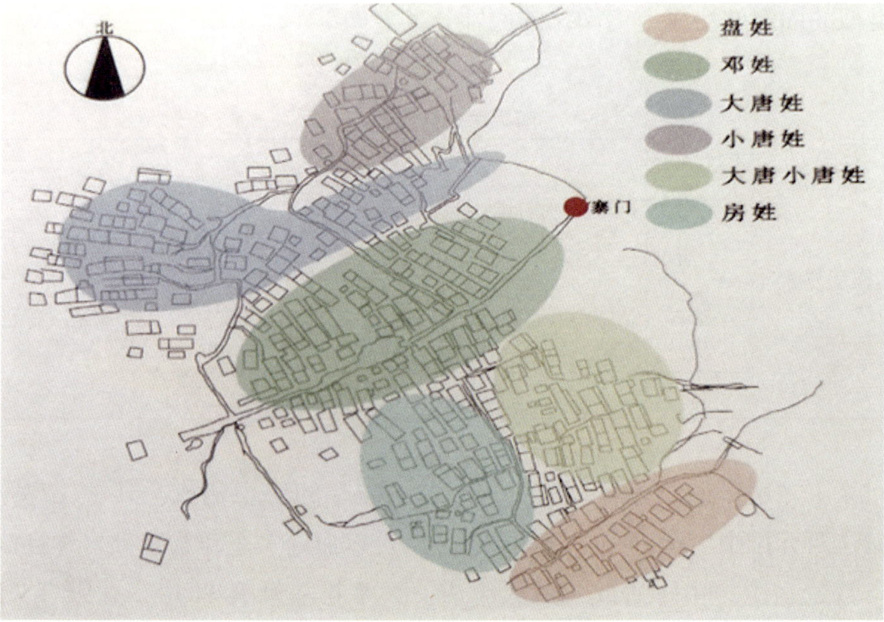

南岗姓氏分布图[③]**（罗杨提供）**

与油岭排类似，南岗排中亦有“龙”组织的存在，是以地缘为主体的社会结构。从上文“南岗姓氏分布图”中不难发现，“龙”这一结构是在族房的基础上，按不同的姓氏族房的规模和分布位置划分出的又一个层次的

① 说明：此九个龙位是以唐姓作为分支。

② 盘鹏：《诗画瑶山——油岭瑶寨散记》，91—92页，广州，新世纪出版社，2017。

③ 罗杨、唐孝祥：《大美村寨·连南瑶寨》，51页，北京，中国社会出版社，2015。

龙头石[①]（李超 / 摄）

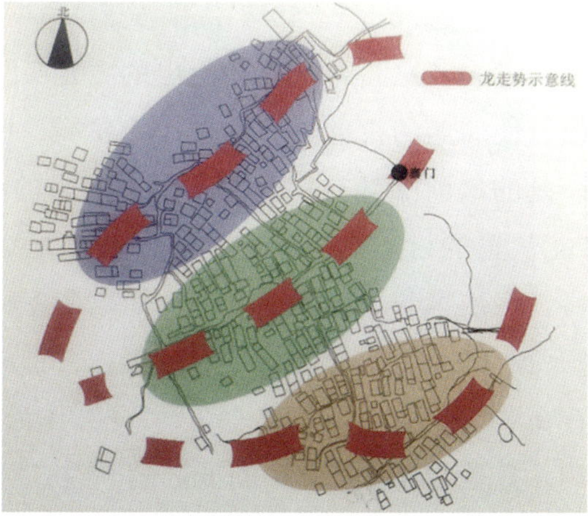

南岗排“龙”示意图（罗杨提供）

族群关系。在南岗排，所谓“龙”就是按照堪舆学所讲的风水龙脉，将南岗分成 3 份，在每份上端中央竖立一块大石头，称为“龙头”，每一份称为 1“龙”，南岗瑶寨内共存在 3“龙”。每条龙基本上以瑶寨中 3 条主道路中的一条为主轴。罗杨所考证的“南岗排‘龙’示意图”表明，南岗排西侧的一“龙”内有大唐九房和部分小唐居住，东侧的一“龙”内有盘、房二姓和大唐、小唐姓居住，中间的一“龙”是邓姓一族居住的地方。图“龙头石”显示的是大唐和小唐一龙的“龙头石”，以及“龙头石”后蜿蜒向后延伸的一“龙”。

从南岗排“龙”示意图中可以看出，3“龙”中的两龙仍基本是按照血缘划分出的血缘组织，西侧的一龙是大唐和小唐居住，两房的居住地区有明显分隔。东侧的一龙则是以地域为基础，由 3 姓宗族组成。在东龙一区内，3 个不同的姓氏宗族仍是聚族而居，盘姓居住在东侧，西侧住有房姓以及大唐、小唐姓。房姓占据南侧一片区域，大唐、小唐姓则住在北侧一片区域。3 姓之间依然是泾渭分明，互不混淆。即便在由地域分出的西龙和东龙中，仍然有按照血缘划分出的组织。

“龙”组织的当代文化变迁。从实地调研中发现，“龙”是血缘和地缘关系相结合而产生的一种组织形式，而在功能上是政治组织与家族社会组

① 拍摄地点：广东连南瑶族自治县南岗排；拍摄时间：2020 年 10 月 27 日。

织的结合。20世纪50年代前夕，“龙”作为传统瑶老制的基本单位而存在。过去“龙”内所选举而出的“龙头”（头目公）依附于地缘组织“龙”而行使瑶老的权力。随着时代的发展，排瑶文化亦在变迁。目前南岗排每一龙的最前端都有一个石头垒砌起来的“龙头”，据排瑶民众介绍，每个“龙”里的村民会于特定的日子在“龙头”上摆放祭品，以求“龙脉”旺盛，保佑本龙居民生活顺利。而据唐孝祥分析，这亦可能是“由于政治组织所起的作用使社会组织功能萎缩，抑或龙从未曾作为社会组织的单位而存在”[①]。但从一定意义上言，“龙”作为社会组织的存在并非没有发生过影响，只是在社会文化不断变迁的同时，“龙”这种结合血缘和地缘的管理方式在飞速进步的社会中，其政治功能被逐步弱化。

关于“房”家族的规模与形态。随着历史的发展，房氏家族不断壮大。如果从建构模型图的角度来看，排瑶社会组织的外观结构就宛如一座宝塔，上小而下大。底盘为最低层次的房，也可理解为现今房族的人。而底座逐层而上，房的数量渐次减少，位于金字塔顶端的就为各房共同的姓即祖先。一个姓就是一座“宝塔”。[②]各排各姓的人就是根据这样不同层次的“房”，层峦叠嶂般有条不紊地组织而成。对于排瑶的聚落形态而言，数姓共处一排，可谓杂居。但排瑶恪守着聚族而居的习惯。杂居中聚族而居，这是排瑶居住形式的一大特点。其住房布局基本上按血缘关系的亲疏由近而远。最低层次的房各成员紧挨在一起，然后，同一层次若干房又聚在一起，如此逐层增加。这样房与房、姓与姓之间的界限可一目了然。当然，这种情况限于新中国成立前的社会情况，新中国成立之后这样的聚落形态则没有那般明显。

① 罗杨、唐孝祥：《大美村寨·连南瑶寨》，52页，北京，中国社会出版社，2015。

② 这座“宝塔式”氏族分类具体可参见练铭志：《排瑶历史文化》，315页，广州，广东人民出版社，1992。其将油岭排的相关房氏结构进行了划分与整图，虽以火烧排为代表的西五排与油岭排不同，但大致可以近似理解，八排瑶在氏族组织结构部分较为相同。

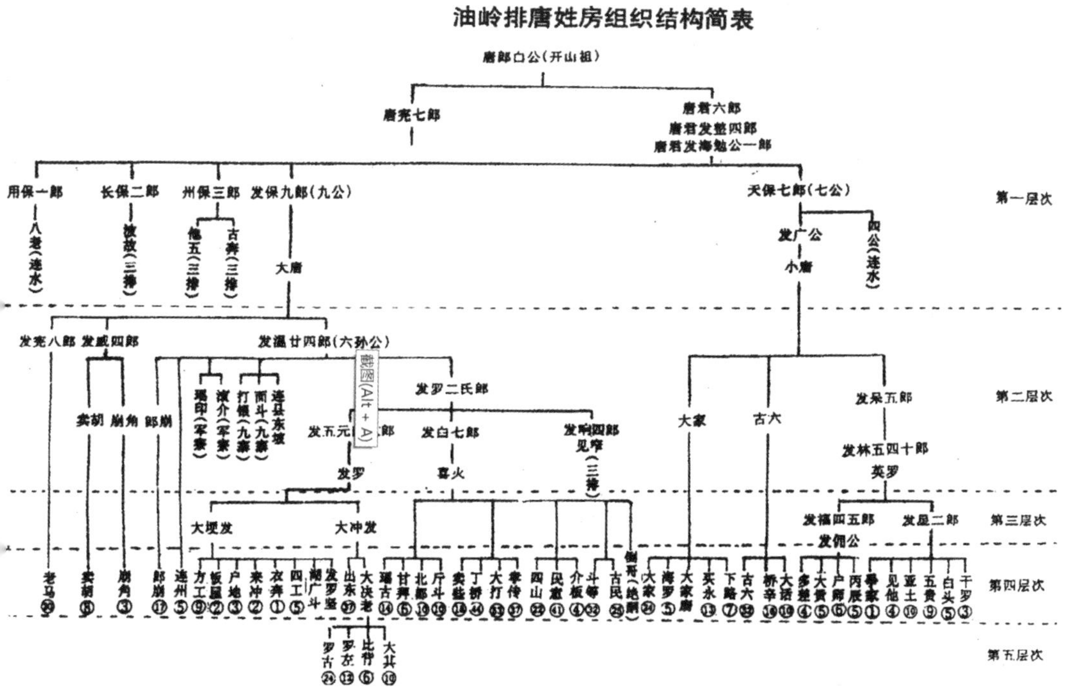

资料来源：根据油岭排瑶族唐瑶养一公等提供材料。

说明：圆圈内阿拉伯数字为户数。

油岭排唐姓房组织结构简表①

此处举一例。油岭排的唐姓房宗族由唐郎白公起源，现存的各房宗支主要有以下 36 个：大打、考传、罗占、出东、大其、比背、民意、四山、古民、古六、都等、老马、买社、大家、买永、海罗、下路、英罗、胡师、亚土、多车、丁桥、桥辛、太话、郎崩、买胡、法罗、方工、崩角、占肚、甘拜、比都、瑶古、罗佐、介板、连州。目前油岭排全寨唐姓多达 1050 余户，人口 3300 多人，人口日益增多，宗族日益强大。而对于宗支的来历，据说唐姓是在油岭的第四代时期就出现了“大房”（亦称大唐）与“小房”（亦称小唐）之分。大房由父母所生并一脉相承，如大打、考传、罗古等；小房则是领养或改姓而来，如英罗、大家等。大房与小房都姓唐，不管是亲生还是非亲生，他们都由同一对父母抚养，所以他们认为都出自于同一个祖宗，“唐”是他们共同的宗族，共同的根基。而据盘鹃考察，其中

① 引自练铭志、马建钊、李筱文：《排瑶历史文化》，315 页，广州，广东人民出版社，1992。

“大打”家族共有21代，历时525年。[①]“出东”家族亦为21代，计525年。[②]“大家”家族历时14代。可见宗族是油岭瑶寨的命脉，宗支（房）是密切亲情关系的链条。宗族和宗支共同支撑起油岭排瑶的社会结构，共同维系着油岭瑶寨内部的和谐与安宁。

家族分支的出现。在排瑶地区中姓氏之下会出现一种分支的情况。这种位于姓与房之间且具有准姓氏作用的分支，有些学者称之为“亚姓”。据练铭志考证，排瑶中分支的姓不多，仅有油岭、南岗和大掌的唐姓与火烧排的房姓。据实地调查，火烧排的房姓的确分支众多，大体来看主要有大房、小房和十二九房。然而分支又是排瑶房组织的必然结果，它是一姓内血缘关系疏远的标志。

二、家族谱系

排瑶人一生中有5个名字，以男性为例。小孩的时候叫“贵”，老大就叫“一贵”，结了婚以后叫“biě”（釜），有了孙子以后叫“公”，去世之后有两个名，分别是新亡的时候、远亡的时候。女性没结婚时叫“妹”，先生公给老大起名就叫“一妹”，结婚以后叫“尔（念ni）”，有了孙子以后叫“婆”，后面还有两个阶段。女子嫁进来以后，要冠以男方的名。以房介八一公为例，没结婚的时候叫房介八一贵，结了婚以后叫房介八一biě，有了孙子以后叫房介八一公；妻子在嫁给房介八一公之前叫唐一妹，嫁给他以后叫房介八一尔，有了孙子以后叫房介八一婆。男的名字一生是不会变

---

① 参考盘鹃:《油岭村志》，50—51页，内部资料，2020。“大打”家族溯源为：唐郎白公→唐君六郎→唐面九郎→唐君法正四郎（唐四公）→唐君法海面公一郎（唐海公）→唐君法保九郎→唐君法文十四郎→唐君法罗二十郎（分起火、法罗、更者）→唐君法边七郎→唐君法起二郎→唐君法洞十郎（分买社、丁桥、法将三郎）→唐君法将三郎（分大打、考传）→唐君法仙二郎→唐君法来五郎→唐君法得二郎→唐君法多二十三郎→唐君法安二郎→唐君法成二郎→唐君法专一郎→唐大打大不公→唐大打八斤。

② 盘鹃:《油岭村志》，51页，内部资料，2020。“出东”家族溯源为：荆州唐郎白公→唐君六郎→唐面九郎→唐君法正四郎（唐四公）→唐法海面公一郎（唐海公）→唐君法保九郎→唐君法文十四郎→唐君法罗二十郎→唐君法文八十五郎→唐君法将一郎→唐君法梅四郎→唐君法中一郎→唐君法盛一郎→唐君法安一郎→唐君法文八十二郎→唐君法福三郎→唐君法才一郎→唐君法海一郎→唐君法才一郎→唐法文（唐出东罗三公）→唐法老（唐政军）。

的，只会随着身份的转变改最后一个字。前3次改名，身份证上也要改过来。排瑶的男性和结了婚的女性一生参加一次“香歌堂”捡法名，法名都有一个“法”字。男孩无论年纪大小，只要碰到有香歌堂就可以参与捡法名，女孩结了婚以后才能参与捡法名。安法名：先生公先把法名写在纸条上，念经，把纸条放进铜锣里，让需取法名的新承弟子来抽取，抽到哪个哪个就是他的法名。这个安法名的仪式是在房里的大厅举行的，排瑶每家都有香炉堂，叫房厅，房厅中最大的叫做大厅，要歌堂时的安法名就在大厅举行。现在排瑶的姓名有两个变化：一是现在排瑶给小孩起名很多不按照传统规矩了，老一辈也尊重年轻人的意见。二是现在有些女孩出嫁后没有改成丈夫的名字。①

（一）南岗排家族谱系

据20世纪50年代调查，南岗主要有唐姓（分大唐和小唐）、房姓、邓姓、盘姓。关于几大姓氏的来源，有许多说法。

相传唐姓是从湖南道州迁往辰州，转道广西住了一段时间，再迁往广东连县，先后住在土马坪、三江、长塘、新寨、南岗。如今已在南岗生活400余年。

据说南岗的小唐和大唐是同一个始祖。大致情况是唐姓祖公的配偶离了婚，原来养有两个儿子，老大留在南岗，老二随嫁到军寮排的母亲，但老二常受后爸虐待，母亲看不下去，就送老二回南岗。但这时南岗的老父亲不乐意收养他，做母亲的不得不和老大儿子商量，让老大认回自己的兄弟，并且答应每月给一些费用。于是，老大便和老二住在一起，从此有了大唐和小唐之分。

邓姓从河南南阳，再从南阳迁往江西，再从广西到连州，先在九陂定居，随后迁往南岗。邓姓的始祖是邓惠许守大王。2020年6月24日，盘鹏前往南岗村邓姓聚居的王东坪自然村，向当地61岁的先生公邓沙十三（王东坪村委会原主任）了解邓姓来源及世脉情况，并于9月1日再次经其确认，南岗村邓姓来源于河南省南阳市，到江西永昌，进广西，出广东连州，

① 以上内容俱根据房介八一公讲述整理。访谈、记录及整理者为蒋满娟。

南岗明代墓葬（王航/摄）

进入湖北省后，迁回湖南省回龙，再南迁连州盛道，进涡水定居繁衍后逐步在连南涡水、南岗和大掌发展。南岗的祖先邓户海手大王以打铁为生，辗转到连州盛道，再迁往九陂长塘居住，再到南岗王东坪社洞买，死后被儿子带往南岗村埋葬，其大儿子落户南岗村，其孙部分迁移至盘石良伞和涡水多养（六联）等地。

房姓老人也认为他们是从道州来的，但迁到广东的时间不详。根据房氏年命书记载，隋唐时期广东已有房氏先人居住，但已成孤证，可信度存疑。20 世纪 50 年代，当地老人认为房氏在迁往南岗前曾住过东保塘（今寨岗附近）、横坑东，到当时大概是十七八代。估算起来，大约 16 世纪前后，即明代中后期，南岗已有房姓居住。

相传盘姓人当初是住在布王顶，后来先后住在仙人洞、土能干村、特等龙（住 2 年）、雾光（住 1.5 年）、七宫（住 31 年）、下口河（住 2.5 年），又到葫芦江给人放牛，娶妻生子，随后迁到九龙村顶，在里坑尾住了 1 代人，养了 7 个儿子。有一年耍歌堂的时候，一连下了 40 天的大雪，7 兄弟所有的 7 缸米都吃光了。于是，7 兄弟分散走上 7 条山路，走到横坑、油岭、南孚。在南孚发了财，买田置地。南孚的人嫉妒他们，将他们逼走。

由于当时盘姓与南岗的小房称兄道弟，便迁到南岗定居下来。

盘姓除了这个传说之外，当时学者在考究南岗盘姓世系年代时，发现自盘姓先祖到20世纪50年代共有24世系。若以平均25年为一个世代来计算便有600年左右，向前追溯可到元末明初。当地人称，盘姓到南岗较晚。据此可知南岗瑶族定居的时间应该在明初之前。

在南岗排附近，有两座明代古墓，这是目前可考的南岗地区最早的历史物证。

唐法松公墓离南岗排大约有二里半的路程（排的东南角），原来占地较广，现已荒凉，剩下残缺的石块和土堆，且原来砌有石栏，石块上有汉人石匠琢磨的马与人形花纹。在残缺的石碑上可以见到不完整的碑文：

于今仁皇帝主万历□□□法松本命庚子年四月初四辰时注生妻邓氏法仙本命庚卯年九月初十日辰时注生虽降瑶地感盖载之英豪矣白公立生基所无嗣可以流传记荫盖子孙代代不休也今预修文王八十古来稀代□□叶二□万世留传臣，师唐法松妻邓氏法仙奉太上三门下操授法门香火筏藤

官崇祯十三年春季二月

唐法宽公一郎墓在南岗排脚不到二里的高阜（也是在排的东南角），为石砌，有拱形山手，中间有圆形实心塔形，顶端有圆石，这都是经加工制成的。在山手的两边有琢磨浮雕的石马及人像，但已经残断。在右山手外发现了一块刻有碑文的石碑，高约五尺，已中断成两段，尚可辨认出字迹。[①]

今人认为，唐姓始祖约于隋末唐初从湖南道州迁至广东连州，唐朝中期从连州迁至涡水旺埂，唐末宋初从旺埂迁至南岗老排；邓姓始祖约于唐朝初期从江西永昌迁至广西，又从广西迁到广东连州九陂，唐朝中期从连州九陂迁到连南涡水旺埂村，唐末宋初从旺埂迁到南岗老排；房姓始祖约

① 广东省少数民族社会历史情况调查组：《广东省连南瑶族自治县南岗、内田、大掌瑶族社会调查》，3—4页，内部编印，1958。

于隋朝前期从湖南道州迁至广州花都，约隋朝后期从广州花都迁至英德后又迁往连州跑马坪，约唐朝初期从连州跑马坪迁至连南高良洞（今三江），后迁往涡水旺埂村，约元末明初从油岭迁至该地；盘姓始祖约于隋朝后期从河南淮阳迁至连南涡水旺埂，约唐朝中期从旺埂迁至连南大麦山，唐末宋初从大麦山镇迁移至横坑村，约宋朝中期从横坑迁至南岗老排。

1. 邓姓家族谱系

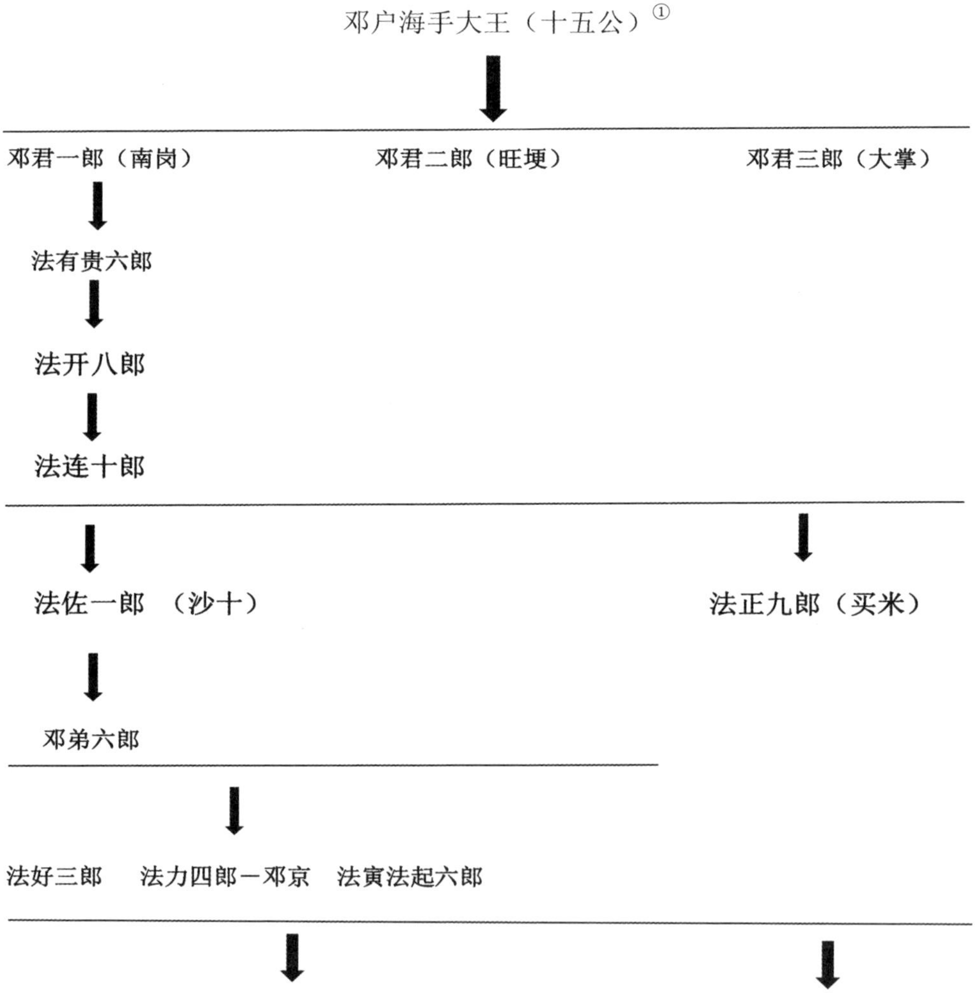

① 资料由连南瑶族自治县政协办公室提供。

法本十郎　　　　　　　　　　法清心京四郎

↓　　　　　　　　　　　　　↓

法兴四十九郎 法满八郎 法天一郎 法元三郎 法榜六郎　　法朝八郎 法才二郎 法保六郎

↓　　　　　　　　　　　　　↓

法耕十郎　　　　法福三郎（分开成第二支）

↓

法向三郎

↓

法双三郎（弟法雪一郎）

↓

法雷六郎 法方八郎

↓

法成三郎

↓

法贵四郎

↓

法行一郎 法洪二郎 法成三郎 法有四郎

↓

法旺一郎

↓

法将二郎

↓

法田十郎

↓

邓沙十三

↓

邓一贵

↓

邓益峰

↓

邓一贵

2. 盘姓世系表①

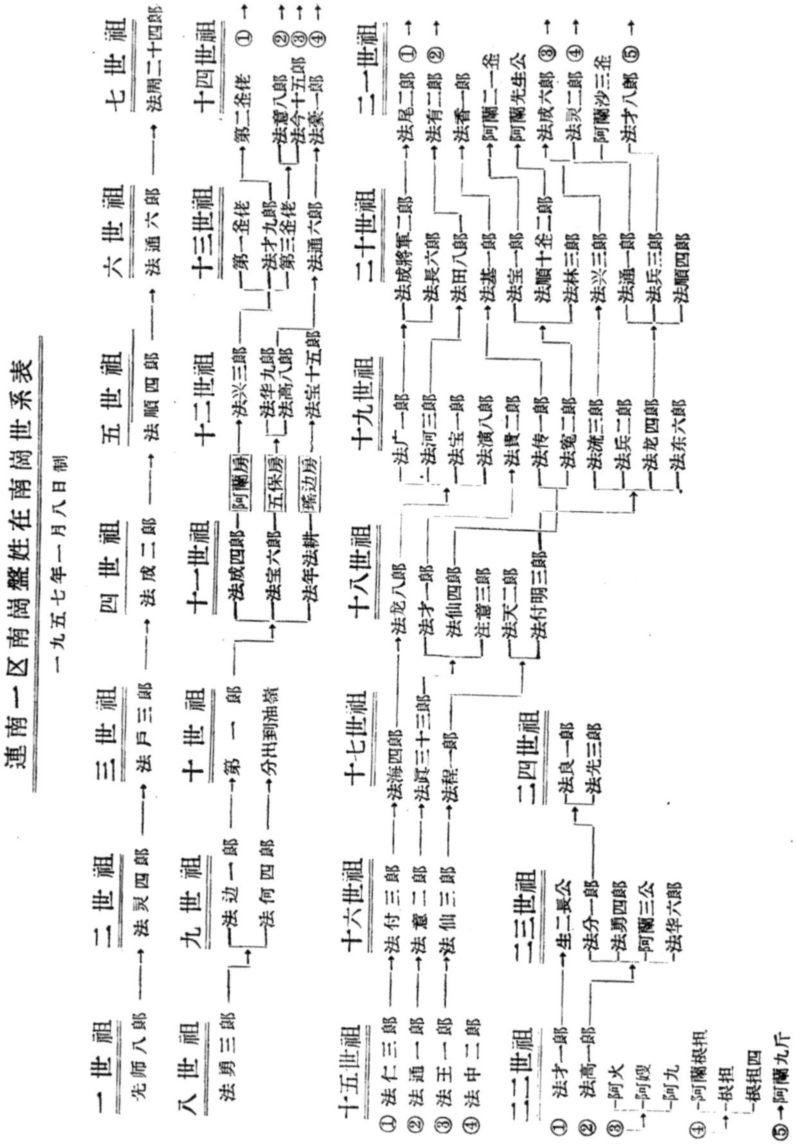

① 广东省少数民族社会历史情况调查组：《广东省连南瑶族自治县南岗、内田、大掌瑶族社会调查》，15页，内部资料，1958。

3. 房姓世系表[①]

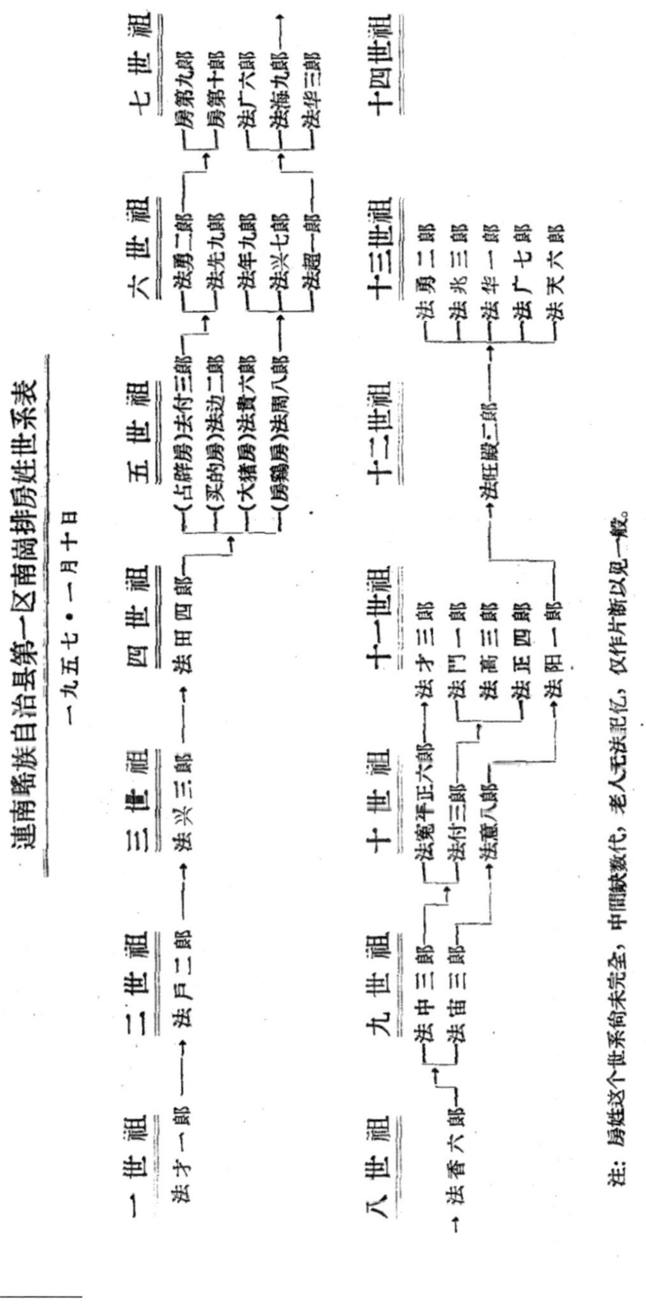

① 广东省少数民族社会历史情况调查组：《广东省连南瑶族自治县南岗、内田、大掌瑶族社会调查》，6页，内部资料，1958。

4. 沈姓家族谱系

三排村的沈姓分别来自油岭和南岗，这一支沈姓（包括山溪村）源自湖南道州，后迁至阳山县黎埠镇同冠居住，再迁至连南县高良圩（今三江）居住，再迁至涡水镇旺埂村，再从旺埂村迁至南岗，最后从南岗分三支迁到三排、马头冲和连州市九陂镇火烧庙。现将源自南岗的沈姓支系列图如下：[1]

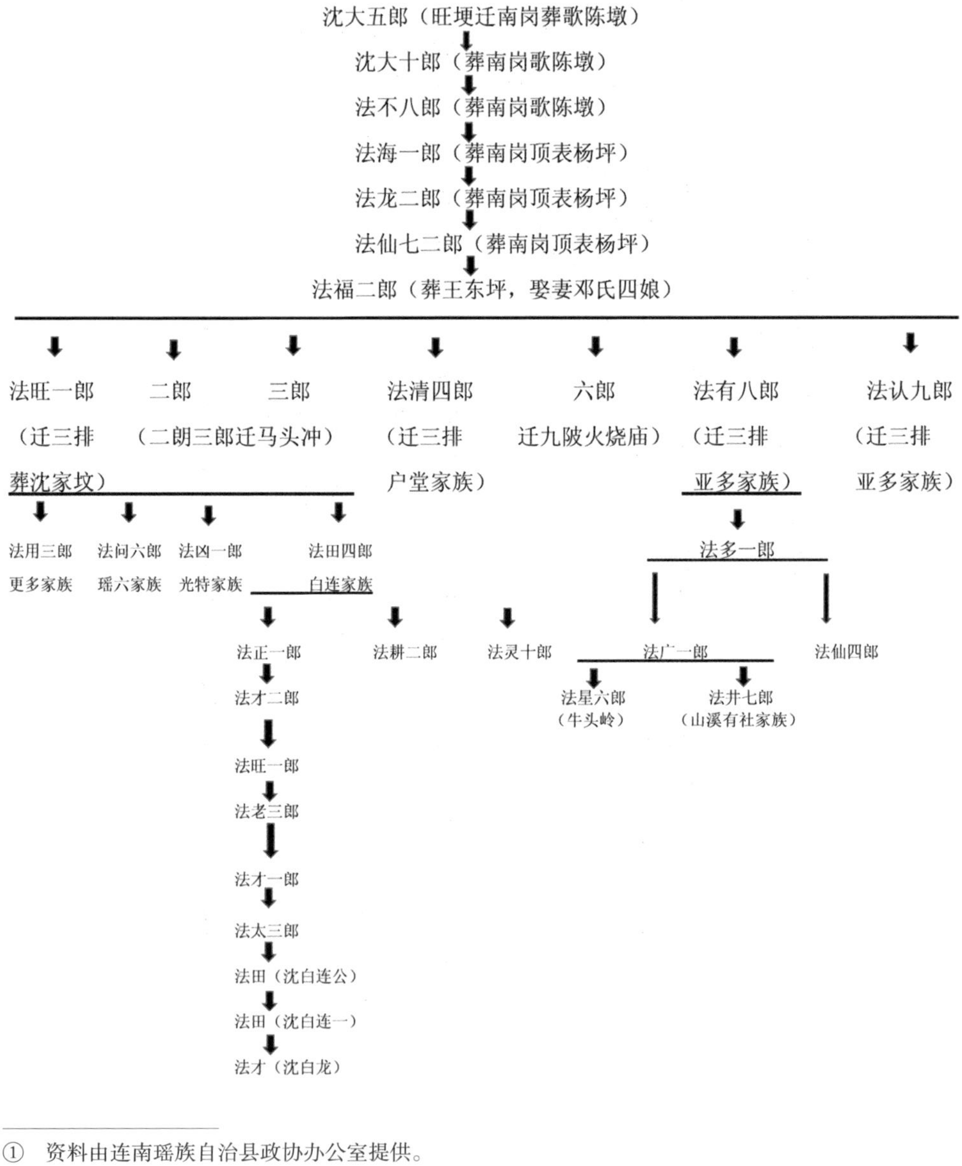

① 资料由连南瑶族自治县政协办公室提供。

（二）油岭排家族谱系

据李智文 1939 年所著《八排瑶之来历及其社会之组织与争端》一文记载，盘姓最先来到油岭瑶寨，随后李、沈、邓、龙、房、唐六姓陆续定居油岭。

1. 盘姓族谱

盘姓起源于南海盘古国（油岭瑶寨老人称南海省），原复姓盘古，后因南海盘古国被楚怀王熊槐平定，便从领地广州花都梯面一带迁徙至阳山县青莲镇铜罗寨（朋塘村）建立阳禺国，将姓氏改为“盘”姓，继续实行无君主的“瑶老”管理制度（《吕氏春秋恃君览恃君之四》和《阳山志》记载）。约秦始皇三十三年（前 214），秦朝派将军屠睢率 50 多万大军出击百越，南方的“阳禺”“缚娄”“驩兜”三小国同时消亡；盘氏祖先于辛未年（71）迁往英德，甲戌年（74）迁往阳山秤架乡，癸卯年（103）迁往阳山界滩后到连南寨岗，庚辰年（140）迁往连州跑马朗，甲申年（144）迁往连南高良洞、己丑年（209）迁往涡水旺埂南涌、戊子年（268）迁往油岭表坪居住。东晋义熙十年（甲寅年，即 414）前后，盘姓法清二十三郎前往油岭开山建寨，至今繁衍生息了 64 代；另一支盘姓前往横坑饿民养定居。至 1938 年前，盘姓大部分迁往今三排镇的连水、三排、山溪、东芒、大麦山镇的九寨和涡水镇的马头冲等地，油岭瑶寨仅剩 9 户，2019 年有 3 户。

盘姓宗族世系图为：

南海盘古国，盘古大王（花都梯面）→盘家祖师（阳山铜罗寨）→盘大一郎（英德）→法正一郎（阳山秤架乡）→盘十七公（阳山界滩）→仙师八郎（连州跑马朗）→法灵四郎（连南高良洞）→法正一郎（涡水旺埂南涌）→法旺一郎（涡水旺埂南涌）→法福三郎（涡水旺埂南涌）→法门十五郎（葬油岭表坪）→盘第六郎（葬油岭表坪）→法兵三郎→法清二十三郎（斤批公葬油岭哥麻坑田角）→法通八十二郎（葬油岭虾坑贵）→法安三郎（批很公葬何郑）→法中六郎（原葬油岭新母关后因移民建房迁移至油岭大坪光坑社该）→法贵八郎→法田三郎→法正八郎→法门一郎→法行二郎→法前一郎→法好三郎→法海五郎→法孟二郎→法星三郎→法酒四郎→法贵二郎→法老二郎→法传二郎→法东一郎→法光一郎→法才一郎→法福四郎→法福二郎→法有十郎→法才六郎→法太一郎→法阳二郎→法生一郎→法福一郎→法孟一郎→法太一郎→法传二郎→法福一郎→法将一郎→法边四郎→法田三郎→法屯十五郎→法洞四郎→法老三郎→法仙七郎（葬油岭大东）→法财三郎→法旺一郎→法屯二郎→法星一郎→法天十郎→法安二郎→法旺一郎→法财四郎（葬油岭大东）→法丁五郎→法酒一郎→→法仙三郎→法洞二郎→法财六郎→法老三郎→法贵二郎→盘法才→盘法福→盘法财。从盘君法清二十三郎至盘法福，在油岭共居住了 64 代（25 年 / 代）约 1600 年。

2. 龙姓族谱

龙姓源于山西，其祖先跨州越府到福建，再移居四川长宁县沙田蚬坑，后迁居武陵郡（今湖南常德市），后迁至广东清远连州，又迁徙至连南县三江镇沿陂村背后龙屋洞，因发生纠纷村子遭马保村人火烧后，南宋淳祐四年（1244），其祖龙十九公逃到油岭瑶寨的“大崩”建房居住，以打铁为生，至今已有 31 代。1719 年，第 20 代的龙君法冲二郎生 3 个儿子，大儿子法正二郎仍住油岭（直到第 25 代即 1869 年的龙五公才结束在油岭的历史），二儿子法好四五郎迁居三排镇三排村，三儿子法保六郎迁居大麦山镇九寨村。

油岭龙姓族谱为：

龙十九公→法保三郎→法正二郎→法钱四郎→法官八郎→……法冲二郎（20 世生三子）→大子法正二郎留在油岭→……龙五公（25 世止）；二子法好四五郎（迁往三排）→法宝一郎（生二子大子法宝一郎、二子法广十郎）→法广十郎（生四子大子法碗一郎、二子法满十郎、三子法老四郎、四子法身八郎）→法老四郎（生二子大子法田一郎、二子法老二郎）→法老二郎→法福八郎→法田八郎→法旺三郎→法太一郎→龙者一贵→龙国锋，共 31 代；三子法保六郎迁往九寨，至 2019 年已居住 10 代。①

① 本族谱由龙四贵，别名龙干些四贵提供，三排镇山溪村人，1958 年 7 月 14 日出生，系三排镇退休干部。

3. 唐姓族谱

唐姓来源于荆州，明弘治七年（1494），60岁的唐郎八公从涡水河边搬迁到八岭峒烧木炭，救下被官兵追捕的房家三兄弟，接受他们邀请迁入油岭瑶寨居住，娶18岁的房家女儿为妻，成为唐姓始祖。第四代的唐海公生养用保一郎、长保二郎、州保三郎、发保九郎4子，他们的后裔称“大唐”；收养1子先保七郎，其后裔称为“小唐”。长子用保一郎的后裔迁往连水，二子长保二郎和三子州保三郎的后裔迁往三排，四子后裔居住油岭；养子天保七郎的后裔“四公”迁往连水。四子发保九郎的后裔“瑶印”和“滚介”迁往大坪镇军寮瑶寨，“打银”和“罗先”“瑶何”“面斗”迁往大麦山镇九寨村，一支迁往连州市九陂镇。另一祖先的部分唐姓后裔迁往今大坪镇大掌村，并分出大古坳自然村居住，当地唐姓称他们为“小唐”。清穆宗同治七年（1868），部分唐姓后裔带着李姓外甥前往香坪镇盘石村龙会一带定居。留在油岭瑶寨的唐姓，经过520多年的繁衍生息，到2019年已形成9大宗族47个小宗支，分别为“郎崩、连州、老马、崩角、买胡”“方工、板屋、户地、来冲、胡广斗、四工、大昂发罗”“出东、罗古、罗佐、比背、大其”“瑶古、占肚、比都、甘拜”“买社、丁桥、大打、考传”“四山、介板、民意、古民、都等”“大家、海罗、买永、下路”“古六、太话、桥辛”“多车、大贵、户师、丙先、见他、亚十、五贵、白头、干罗”。

（1）油岭唐姓出东族谱

荆州唐郎白公→唐君六郎→唐面九郎→唐君法正四郎（唐四公）→唐法海面公一郎（唐海公）→唐君法保九郎→唐君法文四十一郎→唐君法罗二十二郎→唐君法文八十五郎→唐君法将一郎→唐君法梅四郎→唐君法中一郎→唐君法盛一郎→唐君法安一郎→唐君法文八十二郎→唐君法福三郎→唐君法才一郎→唐君法海一郎→唐君法才一郎→唐法文（唐出东罗三公）→唐法老（唐政军），共21代，计630年。①

（2）油岭唐姓大打宗族宗源

唐郎八公→唐君六郎→唐面九郎→唐君法正四郎（唐四公）→唐君法

① 本族谱由唐出东罗三公（学名唐文武，油岭瑶寨人，连南县大麦山镇退休干部）提供。

海面公一郎（唐海公）→唐君法保九郎→唐君法文十四郎→唐君法罗二十郎→唐君法边七郎→唐君法起二郎→唐君法洞十郎→唐君法将三郎→唐君法仙二郎→唐君法来五郎→唐君法得二郎→唐君法多二十三郎→唐君法安二郎→唐君法成二郎→唐君法专一郎→唐大打大不公→唐大打八斤。共21代，约630年。①

“大打”由来：大打原系“起火”家族的一员，某年因油岭瑶寨与相邻瑶寨发生纠纷，寨里人通知各家各户派人去现场参加处理。这户人家的母亲是寡妇，心疼年纪尚小的独生子，便对来通知的人说：“孩子还小，等长大了，寨子要大打的时候再去吧。”来通知的人听到她的话，就说：“这样说的话，你那儿子就叫大打啦。”后来，人们便把这家人的独生子称为“大打”，其家族名称也由此而来。

4. 李氏族谱

李姓来源于福建漳州，后迁移至广东花都，在花都一路往肇庆入广西，一路往清远进入高良洞（今连南县城三江镇）。约南朝宋泰始二年（466），李姓来到油岭境内的“里养”（地名）定居；约南朝梁普通七年（526），始祖李下七郎进入油岭“李家昂”跟随盘姓一起开山建寨。清穆宗同治七年（1868），李姓跟随唐姓的舅舅从油岭瑶寨迁往龙会（今连南县香坪镇盘石村）居住。

5. 房氏族谱

房姓起源于淮南，传说南朝宋大明二年（458）始祖房君法成九郎迁徙到高良洞（今连南县城三江镇），到八世房君洪福六郎时迁入涡水旺埂居住，北宋乾德五年（967）第二十一世法才三郎进入油岭瑶寨的“房儿墩”建房居住。元朝元统元年（1333）十月二十六日，李、房两姓闹矛盾，怀有身孕的房弟四郎之妻沈氏三娘被迫迁出油岭，定居马箭瑶寨。元统二年（1334）五月初五，沈氏三娘在马箭生下房许郎公；至元二年（1336），油岭瑶寨盘古王庙墙体出现裂缝，马箭瑶寨的沈氏三娘和儿子房许郎公被姑爷盘考古三请回油岭瑶寨居住；至正十二年（1352），房许郎公娶盘一妹为妻，生下房十海公、房十佑公、房十满德白公三个儿子和一个女儿。房许

① 本族谱由唐大打大不公（油岭村人）提供。

郎公葬于河坑村对面山头，其妻葬于“里养”（地名）水塘边。后来，房十海公的后代移居三排镇的南岗村和三排村，世系有钱八、银界、牙苞、邦布、邦计、斩比、邦河、邦工、买笛、土豉、大猪、表果、猫白 13 个分支；房十佑公生 2 子，一子法灵九郎住军寮排，二子房小二郎住大坪排（火烧排），部分后裔移居大坪镇的大掌村、香坪镇的龙水村和大麦山镇的白芒村等地；房十满德白公生 1 子房少八郎，房少八郎生 3 子，一子法起一郎，传有高潮、连利、南东、界利 4 个支系，二子法高三郎为楼高房，三子房弟九郎为百年房，传有瑶弼、高潮、界利、南东、连利、大布、隔县、二哥、六间（住金坑狐狸街）等 11 个支系。

6. 沈姓族谱支系

沈姓来源于荆州（今湖北荆州市），后迁至道州（即今湖南道县），约南凉弘昌五年（406）辗转到高良洞（今连南县城三江镇）。约北魏正光四年（523），沈姓到油岭瑶寨境内的“沈坪”（地名）居住。约隋开皇十四年（公元 594 年），始祖沈君法真三郎进入油岭瑶寨的“大昂”建房居住，其后人约于明英宗正统九年（1444）举族迁至今三排镇三排村和百斤洞村等地。以下世脉图由三排村东坡坑自然村先生公沈干社四角公（1938 年 8 月出生）提供。

沈君法真三郎
↓
法灵三十五郎
↓
法福一郎
↓
法太一郎
↓
法成三郎
↓
法田一郎
↓
法旺一郎
↓
法保三郎
↓
法传一郎
↓

法老二郎
↓
法天二郎
↓
法福二郎
↓
法灵一郎
↓
法福五郎
↓
法旺二郎
↓
法孟三郎
↓
法老一郎
↓
法福一郎
↓
法太四郎
↓
法门三郎（大树大发公葬油岭大昂）

- ↓ 沈太一郎（葬油岭老油洞）
  ↓
  子孙迁百斤洞
- ↓ 沈太三郎（葬油岭老油洞）
  ↓
  法有一郎
  ↓
  法太三郎
  ↓
  法才三郎
  ↓
  法孟一郎
  ↓
  法会七郎
  ↓
  法孟六郎（从油岭迁三排葬行改冲地
  ↓
  法太四郎（葬行改冲）
  ↓
  法成八郎（葬山溪哥命冲）
  ↓
  法古六郎（葬山溪冲旗墩）
  ↓
  法旺一郎（葬三排旺婆昂）
  ↓
  法香一郎（葬三排官命顶老
  ↓

法有一郎（葬三排免昂）
⬇
法灵一郎（葬山庄顶）
⬇
法成三郎（葬三排帮九墩）
⬇
法福三郎（葬老米冲）
⬇
法孟一郎（葬塘埂）
⬇
法退一郎
⬇
法才六郎
⬇
法福五郎
⬇
法旺二郎
⬇
法孟三郎
⬇
法老一郎
⬇
法成一郎（新中国成立后）
⬇
法福六郎
⬇
法才三郎
⬇
法旺一郎
⬇
法多一郎
⬇
法养一郎
⬇
法福二郎
⬇
法老五郎
⬇
沈法才（干社四角公）
⬇
沈干社四角贵
⬇
沈干社贵

提供人：沈干社四角公，男，1938 年 8 月出生，三排村东坡坑自然村先生公。
整理人：盘鹏

（三）火烧排家族谱系

火烧排原居住有房、唐、沈等姓，其中，房姓对族谱的收集整理较为重视，现有《房姓族谱》为单行手抄本，暂未整理出版，所记述的大多是火烧排“房”姓的家族情况。其族谱内有诸如“袁亡故房君法忠一郎元命，吉年月日时出生，享寿人间几十岁，不幸吉年月日时在家病故”等对族人生死情况的记载。

《房氏年命谱》是八排瑶中较为综合的一部族谱，1999年9月由房先清与房泽荣二人合著，而最初的原始版本为民国三十五年（1946）二月十一日订抄古本。其中有这样一段记载：“房氏元命记古传乃远古清河郡内祖先，拜请淮南门下祖师主岭南门下本师爷。由来东道广，火山佳，英得水，阳限抵，连州度马坪寨，埋光耗道州佳，桂州府……南北朝大明二年戊戌年房君法成九郎记。”这本族谱中实际上包括了整个八排的房姓相关族谱。

大坪村9组的房茶介一家中藏有《房少二郎管下茶界族部·新亡·远亡·故茶界族》文稿。该书由房茶介一于2006年3月开始撰写，但至今仍未能付梓。从内容上来看，此书为清河郡内房少二郎的子孙族传，追溯到最早的祖先为“远亡故房君法寅十郎”。记述为“远亡故房君法寅十郎存日元命丙辰年八月十六日子时生曾经于大传己巳年十一月十一日十四岁行法享受人间五十九岁不幸在甲寅年十二月十六子时在家病故。”通读已经成文的书稿，皆为记述先祖的有关亡故事项。

（四）里八峒排家族谱系

关于里八峒排的有关族谱收集得并不多，仅从沈记辉先生处收集到一本《沈氏族谱》，其具体年代不详，主要记载里八峒排瑶民的世代亡故名录，例如：“沈君法进七郎元命壬午年二月初六日辰时生鲁于大传癸卯年十一月二十日传授行法十六年行寿阳间三十六年，不幸丁巳年十月十四日丑时在家病故。”

虽然《沈氏族谱》中出现的关于“沈氏”的记载较多，但其中也不乏一些对于唐氏族系的记载，同时这也证实了文前对里八峒排中唐姓记录的正确性。其言“唐氏四娘元命丙戌年十一月初一日辰时生行寿阳间五十四岁不幸于己卯年十月初四日子时在家病故”。

（五）军寮排家族谱系

军寮排的李姓人口较多，其先祖来源于福建李火德公（元朝），到明朝洪武年间，李火德公十七代嫡孙李长青公独自跋涉迁徙到江西赣州南康潭口居住，并娶妻孙氏，育有一子李世昌公。李世昌公成年后在当地娶妻金氏，育有三子：李贵智公（后人迁徙至山西朔州一带），李贵仁公（后人迁徙至广东惠州博罗一带），李长春公，他带着孙子李贵义公迁徙到连阳一带居住。李贵义公与当地女冯氏结婚后育有一子李志贤公，随后迁徙到连山太保茂古洞居住。李志贤公成年后娶妻莫氏育子李用公，其成年后在太保茂古洞娶妻唐氏，育有四子：李顺公、李珍公、李纪公、李良公（后人分散在连阳四县及广东周边的广西、湖南地方分散居住）。后来李用公到军寮瑶排居住，向瑶民男子传授文化知识（汉族第一个到瑶族地方传授汉字的老师），在教书过程中，认识当地瑶妹邓氏并结婚（取瑶名为李君法护三郎），共育三子：李弟四郎、李弟五郎、李五师法高二十八郎。

①大儿子李弟四郎成年后结婚育子：李弟八郎、李君法扶九郎，后人分散居住在军寮、龙水、七星洞、塘其儿、人木根、柴久岭、大坪、黄甘坪、上洞、横坑、沙田、哥都东等村寨。从李弟四郎到现在为 21 代，主要分支有打米、瑶里、古头、甘王、大力、方养、表公、丁代、下路、买加、买老、买万、老周、瑶塘等，总人口约 2500 人。

②二儿子李弟五郎成年后结婚育子一人，即李君法贫九郎，后人分散居住在牛路水、军寮、小横龙、金坑、元墩、必坑等村寨。从李弟五郎到现在为 21 代，有 9 个分支：比东、瑶堆、买万、胡唐、比土、甘其、脑永、欧哥、崩公，现有总人口约 1600 人。

③三儿李五师法高二十八郎，成年后结婚育两子：李君法明二百六十六郎、李君法高乙百九十六郎，后人分散在军寮，油领、大坪、盘石、龙会、排肚坪、东埠、蚁仔、莲花等村寨居住。从李五师法高二十八郎到现在为 20 代，主要分支有大勾、下马、亚其、马间、不聊、烟通、参老、猫白、

连南瑶族李姓李弟五郎（含瑶推分支）世系表

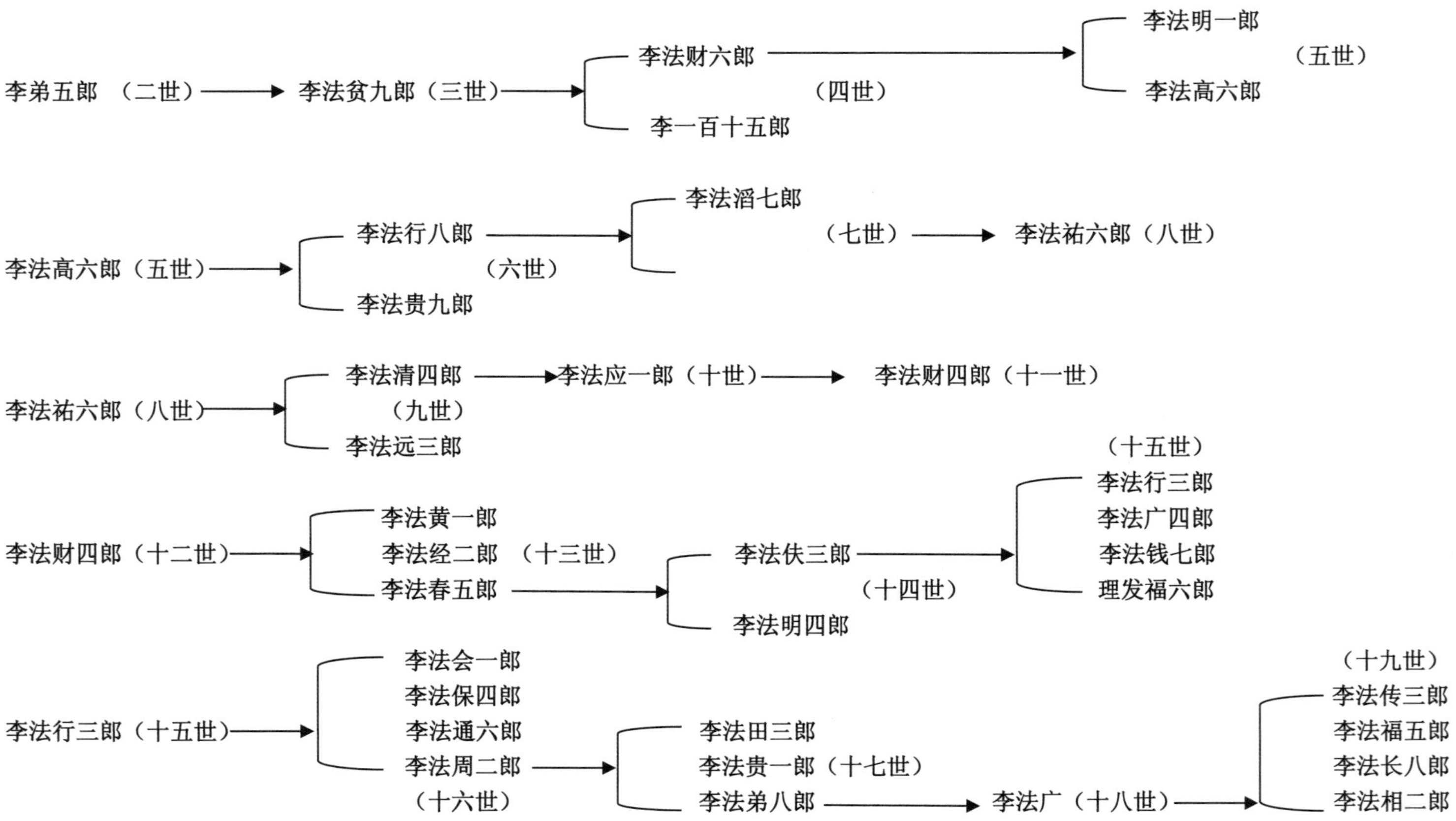

少黄、蒙古堤等，现有总人口 1900 余人。

三房到现在为止总人口 5000 余人。

三、姓氏分布

军寮排、马箭排家族分布表[①]

序号	姓氏	家族名称	现居住地	备注
1	大房（房十祐公）	房买古	军寮 5、6、8、9 组	军寮 8 组属原马箭排
2		房瑶洞	军寮 5、6 组	
3		房瑶冷	军寮 5、6、7 组，牛路水 5、9 组	
4		房南酒	军寮 6 组	
5		房罗拜	军寮 5、7、8、9 组，牛路水 5、6 组	军寮 8 组属原马箭排
6		房比边	军寮 5、6 组	
7		房买记	军寮 5、6、8 组，牛路水 7 组	军寮 8 组属原马箭排
8		房买行	牛路水 1、2、3、4、5、6 组	
9		房法冷	牛路水 5 组、金坑大龙东风村等	
10		房介细（罗介细）	涡水镇必坑村	
11	小房（房十祐公）	房来白	军寮 8 组，牛路水 7、8 组	军寮 8 组属原马箭排
12		房买比	牛路水 7 组	
13		房引辛	牛路水 7 组	
14	十二九房（房十满地白公）	房表哥	军寮 1、2、9 组，牛路水 8 组、涡水镇沙田村	
15		房瑶任	军寮 1、2、9 组，牛路水 4 组	
16		房恶介	军寮 2、9 组	
17		房芒共	军寮 2、9 组	
18		房买些	牛路水 8 组，大坪村 17 组	

① 资料由连南瑶族自治县政协办公室提供。

续表

序号	姓氏	家族名称	现居住地	备注
19	李氏	李买万	军寮1、8组，牛路水7、9组、涡水镇大横龙村	军寮8组属原马箭排
20		李打米	军寮4组	
21		李大力	军寮4组	
22		李间王	军寮4组、牛路水村4组	
23		李古头	军寮4组	
24		李胡塘	军寮6组、涡水必坑村委吊筒村	
25		李比肚	军寮6组	
26		李瑶理	军寮3组	
27	李氏	李瑶堆	牛路水1、2、3、4、6、7组、涡水必坑村委吊筒村一带	
28		李崩工	牛路水1、2、3、4、5、6组	
29		李也他	牛路水2、6组	
30	李氏	李京焦	牛路水9组	
31		李瑶海	牛路水9组	
32		李瑶塘	牛路水9组	
33		李脑永	牛路水4、5组	
34		李比东	牛路水3、4组	
35		李房养	牛路水平1、5、6组	
36		李丁代	牛路水8组	
37		李甘其	牛路水1、2、4组、涡水镇小横龙村	
38	沈氏	沈马他	牛路水8组	从马箭搬迁出来
39		沈辛帮	涡水必坑村委吊筒村	从军寮老排大松湾搬迁出来
40	邓氏	邓买白	牛路水8组	祖先在大掌排
41	吴氏	吴打铁	牛路水4组	父亲20世纪50—70年代知青下乡留下来

火烧排、里八洞家族分布表

序号	姓氏	家族名称	现居住地	备注
1	大房（房十祐公）	房马士	大坪村 8、11、13、14 组，金坑塘冲村委松树埂、大埂	共祖先
2		房何稳	大坪村 8、10、11、13 组	
3		房大称	大坪村 8、10 组、良坳，金坑塘冲村委松树埂、红星、禾利冲	共祖先
4		房买单	大坪村 8 组	
5		房东家	大坪村 10、17 组	
6		房细米	大坪村 17 组，金坑塘冲村委红星、大埂	共祖先
7		房买考	金坑塘冲村委塘冲、金坑桥头尾等一带	
8		房崩街	金坑坑口等一带	
9	小房（房十祐公）	房萝卜	大坪村 3、18 组	
10		房买些	大坪村 17 组，牛路水村 8 组	
11	小房（房十祐公）	房鱼追	大坪村 17、19 组	
12		房茶介	大坪村 9 组	
13	十二九房（房十满地白公）	房南东（又分出“大布”家族）	大坪村 5、7、9、16 组	房君法限太七郎
14		房连利（又分“指满”家族）	大坪村 5、7、9、16 组	房君弟十三郎
15		房大沙	大坪村 5、7、9、16 组	房君法君十二郎
16		房高朝	大坪村 4 组，三江镇金坑塘冲等一带	共祖先（房法成）
17		房介里（又分出“小板”家族）	大坪村 4、12 组，三江镇金坑塘冲等一带	
18		房百年	大坪村 10、14 组，三江镇金坑塘冲等一带	共祖先
19		房老哥	全部居住在三江镇原金坑镇一带	

续表

序号	姓氏	家族名称	现居住地	备注
20	丢勉房白勉街（房十海公）	房猫白	大坪村 6、7、16 组	
21		房狠八	大坪村 5、7 组	
22	大唐	唐表盖（又分出金坑红星村的“包单”家族）	大坪村 1、2、12 组，三江镇金坑红星村	
23		唐长老	大坪村 1、2 组，三江镇金坑硬水村	
24		唐欧公	大坪村 12 组、大掌、连山县吉田镇黄南、太保莲塘、山口、汪洞甘二道	
25		唐买毛	大坪村 1、2 组，三江镇金坑塘冲村	
26		唐马泰	涡水镇六联、大陂岭等地	
27		唐马保	三江镇金坑塘冲村	
28		唐山径	三江镇金坑塘冲村	
29		唐比地	三江镇金坑松树江村	
30	大沈	沈瑶矮	大坪 3、5、7、10、18、19 组	
31	二沈	沈欧当	里八洞、三江镇金坑内田、三排镇百斤洞（约 400 人）	
32	二沈	沈买些	涡水镇六联良坪村、香坪镇盘石一带	
33		沈关白	三江镇金坑内田、香坪镇大路塘一带	

大掌排家族分布表①

序号	姓氏	家族名称	现居住地	备注
1	大唐	唐脑这	大掌村 4 组	唐志强五妹公家族
2		唐太显	大古坳羊功其村（也叫塘梨坑村）	大约 250 人

① 资料由连南瑶族自治县政协办公室提供。

续表

序号	姓氏	家族名称	现居住地	备注
3	小唐	唐大皮	大掌 6、7、8、20 组	
4		唐带五	大掌 6、13、14 组	
5		唐磨刀	大掌 6、10、11、12 组	
6		唐坚定	大掌 6、7、8、9、12 组	
7		唐大条	大掌 10、12、16 组	
8		唐草班	大掌 15 组	
9		唐百指	大古坳旧寨、小板洞、中站、羊功其	大约 500 人（9、10、11 共祖先）
10		唐拉拍	大古坳旧寨、小板洞、中站、羊功其	大约 250 人（9、10、11 共祖先）
11		唐清明	大古坳旧寨	大约 8 人（9、10、11 共祖先）
12		唐曾成	大古坳中站	父亲 20 世纪 50—70 年代从连南寨岗镇知青下乡留下来，从姓曾改为姓唐。大约 14 人
13	邓氏	邓亚圣	大掌 5、8、19 组	
14		邓瑶刮	大掌 5、8、9、19 组	
15		邓头灵	大掌 1 组	
16		邓更四	大掌 1、17、18 组	
17		邓九古	大掌 4 组	
18		邓严工	大掌 2 组	
19	邓氏	邓龙十	大掌 3 组	
20		邓开明	大掌 4 组	
21		邓瑶片	大掌 1 组	仅有 1 户 4 人
22	邓氏	邓小瑶刮	大掌 5、8、9 组，大古坳中站	
23		邓背墩	大古坳、中站、小板洞	
24		邓阿达	大古坳新寨、中站	
25		邓梦敢	大古新寨、中站	
26	大房	房瑶进	大古坳羊功其村（也叫塘梨坑村）	大约 100 人

房氏世系表（佑公猫黑房传下世系）①

世系	姓名	世系	姓名	世系	姓名
高良洞（今三江）住 8 世		18 世	房君法良十六郎		房十满德白公
1 世	房君法成九郎(公元 416 年 5 月生）				
2 世	房十一公	19 世	房君法护二郎		
3 世	房君法旺一郎	20 世	房君法今四郎		
		油　岭（住 16 世）		**军　寮（住 6 世）**	
	房君法大四郎	21 世	房君法才三（公元 967 年生）	36 世	房十拓公（公元 1360 年生，从油岭迁出）
4 世	房君法荣二郎	22 世	房君法养三	37 世	房君法灵九郎
	房君法龙三郎		房君法乡八郎	38 世	房君法广六郎
	房四哥	23 世	房弟四郎	39 世	房君法周四郎
5 世	房君法林三郎	24 世	房弟一郎	40 世	房君法旺六郎
6 世	房君法海四郎	25 世	房君法旺四	41 世	房君法佐四郎
				大　掌（住 3 世）	
7 世	房君法夫五郎	26 世	房十五公	42 世	房君法宝四郎（公元 1616 年生）
8 世	房君法河八郎		房三公	43 世	房君法深八郎
	房君法福六郎	27 世	房君法明一郎	44 世	房君法兴八郎（公元 1682 年生）
				大坪脚（今香坪老排）	
	房君法林四郎		房君法深三郎	45 世	房弟二郎
	房君法大七郎	28 世	房君法良三郎	46 世	房君法养七郎
旺埂寨（住 12 世）					
9 世	房君法应七郎（公元 640 年生）		房君法养二郎	47 世	房君法乡十一郎
	房君法新八郎		房二哥	48 世	房君法贵法富八十四郎
	房君法应七郎	29 世	房君法真四郎	49 世	房弟十郎
10 世	房君法龙八郎		房君法桥六郎	50 世	房君法祐灵公八十二郎
11 世	房君法田九郎	30 世	房君法许五郎	51 世	房君法满十一郎
	房君法林一郎	31 世	房君法用六郎	52 世	房君法乡八十一郎
12 世	房君法毫七郎		房君法海七郎	53 世	房君法养四郎
13 世	房君法耕八郎	32 世	房君法银八郎	54 世	房先清
	房君法新十一郎	33 世	房君法有九郎	55 世	房越
	房君法耕十二郎		房君法耕十郎	56 世	房亮
14 世	房君法行十二郎	34 世	房弟四郎		
15 世	房弟三郎		李十八公（继父）		
	房弟四郎		房弟一郎		
16 世	房君法将十四郎	35 世	房许郎公		
17 世	房君法记十五郎	36 世	房十海公		
	房君法龙七郎		房十拓公		

① 资料由连南瑶族自治县政协办公室提供。

第二节　社会管理

一、瑶老制

八排社会最早出现的社会组织是瑶老制，是民间管理的一种形式。瑶老制是排瑶地区以血缘和地缘两重关系组织起来的，为维护社会秩序、组织社会生产、抵御外辱等方面而建立起的社会组织，是排瑶历史上自然形成的管理社会和公共事务的一种组织形式。排瑶向来尊敬老人，其组织的主要成员主要由年事已高且德高望重的老人来担任，故称之为“瑶老”。从实地调研而论，“瑶老制”在现代社会中虽然已经逐步弱化甚至消解，但还残留着一些文化现象。

关于瑶老制起源，有研究者认为最早可以追溯至元代，“在元代，排瑶已产生了瑶老制”[①]。在清代文献中亦有大量瑶老的记载，据李来章《八排瑶风土记》中《向化》篇目的《军寮放水与小米坪一则》载：“油岭唐七婶等，又行具控。经理瑶厅唤，青菜挺身申埋”[②]。另有载：“随据该排瑶目房一、李十七、李四、房三、李九等呈”[③]。此外，在《约束》篇目中亦多次提及“瑶目千长、瑶目唐瑶章”等词。另据禧恩的《剿瑶善后章程疏》中亦载：“应令八大排各举老成知事者立为瑶老千长。”据此可见，“瑶老制”在排瑶地区已存在。20 世纪 30 年代，李智文曾经到排瑶地区进行实地调查，发现了瑶老制的诸多成员（例如头目公、管水公、掌庙公）。[④] 此可说明排瑶地区的瑶老制经历了一个线性发展过程。

① 许文清主编：《瑶族婚俗》，22 页，广州，羊城晚报出版社，2017。
② （清）李来章撰，黄志辉注：《连阳八排风土记》，235 页，广州，中山大学出版社，1990。
③ （清）李来章撰，黄志辉注：《连阳八排风土记》，236 页，广州，中山大学出版社，1990。
④ Lee C.B（李智文）History of The Eight Pais, Local History, Social organization and Warfare.

（一）瑶老的组成

瑶老的组织成员，一般由天长公、头目公、掌庙公、烧香公、放水公、管事头等成员组成。他们各自称呼不同，职责不同，共同构成了独特的瑶老组织形式。

天长公。天长公是瑶老制组织的首领人物。新中国成立前，每个排任命一位，一年轮换一次，排内凡年纪较老的，经过“挨旦堂”拥有“法名”的人，不论贫富，均有当选的机会。天长公的选任规定每个人一生中只能任职一次。他的主要职责是处理排内纠纷，维持排瑶地区的社会秩序以及代表本排对外交涉等。天长公平日的职责是布置头目公侦查案件，管理盗贼，并且与其他长老一起商量如何处理盗匪。值得注意的是天长公只是长老们临时会议的召集人，虽然在众人面前具有一定的权威性，但是并不能随意擅自决断，必须与其他长老进行具体商量。据练铭志考证，在新中国成立前夕，天长公存在于南岗和大掌两个排内。20 世纪 80 年代，这种天长公在火烧排仍然是存在的，火烧排称之为“刚唐敏”，意思为“话事人”，全排共有 4 名，即房姓的大房、小房和二十九房各 1 名，唐沈二姓合用 1 名。①

户长公（亦称头目公）。在南岗排和油岭排中称作“头目公”。在油岭排的“龙”组织中，每条“龙”设置有“龙位”，由石头堆砌而成。每个“龙位”设有“龙头”，龙头即是头目公。头目公负责管理“龙”内事务。每年大年初一上午 11 时左右，整条“龙”的人都会携酒提肉聚集龙位，一边祭“龙”，一边教诲后生。到腊月时分，本年度的头目公则召集“龙”里的成年人，商议下年度担任头目公的人选，并代表本“龙”人参加瑶老组织，管理寨子事务。

在东三排，头目公是天长公的副手，一方面协助天长公处理日常各类事务，主持群众大会和节庆仪式。头目公也是全寨农业生产的组织者

① 说明：练铭志在 20 世纪 80 年代曾调研过火烧排，此处的火烧排内天长公的相关任务资料是由原排瑶民房志荣提供。然而有趣的是，时过境迁，2019 年 7 月 24 日当我们中南民族大学课题组成员开始进驻八排瑶火烧排地区再次调研的过程中，房志荣（原大坪文化站站长）担任我们的调研向导，其向我们表示此处火烧排仍有长老的设置，但已经没有天长公的设置了。

和领导者，按季节气候劝导农耕，于每年农历腊月十五前后携酒到先生公家里，共商进行农事活动的日子。择定后，便会登上寨顶呼吁各家各户，要依期从事农耕。立秋时，再请先生公选好修路的日子，届时组织大家除草铺石、修补漏屋。在油岭排，头目公的产生要按“龙”来选举，每条“龙”选出 2 名头目公，任期为 2 年，并且每年要改选 1 名，即每年都要有一名旧头目公搭配一名新头目公。1938 年，油岭瑶寨有 14 名头目公，其中唐姓 12 名，盘姓、房姓各 1 名。头目公主要负责公共事务的具体工作，如协助天长公处理纠纷、传达瑶老会议决定等。[①]而在南岗排中头目公则有不同。南岗排有 3 条龙，每条龙里面有 1 个头目，故也有人称为“龙头”，共有 3 个头目公。这些头目公由每龙各自从本龙年纪大的人中选出。头目公除了管理龙内的事务外，也协助天长公办事。

在西五排地区，“头目公”被称作“户长公”。户长公为天长公的主要助手，他们的主要职责是协助天长公管理事务，例如办理一些案件、缉捕和看管犯人，办理纠纷事务，并协助主持群众大会，传达瑶老决议，收集辖内各户给瑶老成员们的报酬，组织和领导一些公益活动和信仰活动。另外值得注意的是，无论是天长公还是户长公，他们虽然负责管理社会治安、维持社会秩序，但是没有任何特权，亦不脱离生产，仍然是社会生产中的普通一员，平时和其他瑶民一样从事农田劳作，在家中与妻子共同承担家务，只是在遇到需要出面调解的事情时，才会出面调解。户长公的任职期限并无固定，一般为 1—5 年不等，定期进行轮换。[②]

掌庙公和烧香公。这个群体是瑶老制中的一般性成员，八排大体相同，并无太大差异。他们主要负责本排的祭祀仪式和相关事务。瑶人奉“盘古王”为共同始祖，各排排顶上均建有“盘古王”庙，该庙由掌庙公专门负责。每逢重大节日，掌庙公负责向各家筹米、钱等物，作祭神之用，并主持祭仪。掌庙公任期不定，如大家满意，可任职终生，如若遇到年成不佳，人们认为是掌庙公侍奉祖先不周所至，可以随时更换人选。烧香公除重大节日参与主持祭神外，每月初一和十五还要在庙中焚香化纸祭祀祖先。排

① 盘鹏：《诗画瑶山——油岭瑶寨散记》，94 页，广州，新世纪出版社，2017。
② 唐辉：《排瑶文化纪实》，19 页，广州，广东人民出版社，1995。

瑶中每家每户每年要向掌庙公、烧香公送米 2 斤作为酬劳。

放水公。放水公在排瑶地区分为管食水公和管田水公，他们为瑶老制中的一般成员。他们负责管理一排的生活食用水道和农田灌溉的水源分配及水利维修等情况。管田水公不需选举，谁愿意担任，就在“白露”那天日出之前到水圳坡头处，把长得最长的茅草打一个结，谁先打上结，就由谁来担任。管田水公的职责是每天巡视水圳一次，见有小洞就自行弥补，若田圳较大则需众人填补，其报酬是根据修水圳所需的人工数及该水圳灌溉的田亩数平均出米。管食水公的产生是在群众大会上先由本人提出意愿，再经大家商议，若大家同意即可担任。其职责是管好水源及其相关盛器，保证人畜饮水的供给。报酬要按人口计算，成年人以每人每年出米 2 斤或玉米 3 斤，7—12 岁的每人每年出米 1 斤。①

管事头。排瑶地区有一种特殊的瑶老制成员，即管事头，是在“搞是非”（即因纠纷争执而引起的械斗）时，临时设置的军事首领，由排内各条“龙”从年富力强、有胆识，且出生时辰有“未”字的青壮年男子中选出，每条“龙”6 名，全排共 18 名，负责率领本“龙”青壮年男子参加械斗。械斗期间，管事头每天可得 3 元白银作为报酬，如杀死或俘虏敌人，另有奖赏。如战斗不力或畏缩不前，亦会被免职，另选他人接管。管事头的职务是随械斗结束而自然结束。②“管事头”在东三排的油岭排中则被称作“二十四保罗”，同样负责瑶寨内外的治安及纠纷处理，一般亦由青壮年担任。③ 在新中国成立之后，“管事头”的职务渐趋弱化直至消失。

另外，各房族瑶老在瑶老制中起着极为重要的核心作用。各房族瑶老则必须具备年纪较大、德高望重，拥有丰富的社会阅历，拥有“法名”，能说会道，敢于主持公道，通晓排瑶历史文化，等等条件。当天长公与户长公处理重大事件的时候，必须与瑶老进行商量一起裁决后，方能执行。可见，瑶老在排瑶内具有特别的威望，在商定重大事宜上起着重要作用。

值得注意的是在油岭排，瑶老又有各宗支瑶老与全寨瑶老之分。全寨

① 朱继胜：《瑶族习惯法研究》，163 页，北京，中国法制出版社，2015。

② 朱继胜：《瑶族习惯法研究》，162 页，北京，中国法制出版社，2015。

③ 盘鹃：《油岭村志》，72 页，内部资料。

瑶老是若干小家族构成的一个宗支，大家族则独立为一个宗支。作为全寨的瑶老必须符合几个条件：首先，年纪较大、明事理、会说话；其次，通晓瑶经，最好能够协助本寨先生公举行法事活动；再则，汉语熟练，能够与汉人无障碍交流；最后，瑶老本身必须品行端正、德高望重，在全寨要有较高声望。相较于全寨瑶老，宗支内部的瑶老对文化、汉语条件要求略低。①

瑶老主要通过推举产生，无任职仪式和期限。如果遇到事故，全寨的瑶老在处理过程中还需与各宗支瑶老交换意见，一起协商解决。若瑶老有意见分歧无法决议，则须交全体氏族成员议事会讨论决定。一般而言，瑶老制办事原则是按照历代传下来的惯例办事，没有成文的法律。瑶寨中视盗窃为重罪，不管谁抓到盗贼都要立即交给天长公，由天长公召集头目公和房族瑶老共同商议，然后视盗窃东西价值的大小进行衡量评定，作出处罚决定，例如罚款、罚谷、罚酒肉等。之后由头目公通知全排群众开会，边饮酒边将案情及处理意见向公众宣布，并请大家提出意见。群众多数是听从瑶老的，所以决定权在天长公、头目公和其他瑶老之手。在20世纪50年代前后，瑶老在处理瑶寨内部一切事务中具有很高的权威，天长公为瑶老之首，德高望重，受人尊敬。

（二）瑶老的职能

瑶老的职能在排瑶地区呈现多样化，具有维系经济生产、依照习惯法处理案件、调节排内纠纷、主持祭祀、处理瑶汉外部关系等多重功能。瑶老制正是由于职能的多元化与效能化，维系着排瑶地区的安宁与稳定。

其一，保证农田及日常生活平稳进展。瑶老的一项基础职能便是掌握好农田的时令节气，随时督促排瑶同胞进行农田活动，例如开耕、种棉花、浸谷种、插秧等各项农活时节。除此之外，瑶老还要时刻注意提醒防火、铺路修桥、疏浚河道、保证农田水利灌溉与饮水清洁等社会生产活动事项。

其二，按习惯法审理案件。瑶老的重要职责便是审理当地的案件。审理的过程包括案件的侦破，人犯的缉捕、看管以及判决等。整个过程必须

① 盘鹃：《诗画瑶山——油岭瑶寨散记》，94页，广州，新世纪出版社，2017。

由天长公主持、户长公协助，全体瑶老共同参与共同裁决。审理的依据是根据祖宗传下来的习惯法。一般经历报案、暗访、破案、抓捕、审判等5个环节。通过全体民众大会共同裁决后，作出最后的决定，情节较重的有判处死刑的情况，情节较轻的则会进行一定的处罚。

其三，调解排内各类纠纷事宜。瑶老的又一重要职能是调解民事纠纷。这些纠纷主要包括房族、家庭和个人之间的是非对错、田产口角、械斗摩擦、婚姻不合，等等。瑶老在排解纠纷的时候要按照当地的习惯法[①]来进行判定。如果判定结果对于纠纷双方皆是满意的效果自然最佳，但如果双方仍然僵持不下，则往往导致事件无法解决，这样的结果会导致更大规模的械斗与“吃人命”[②]等事端。这种无法解决的纠纷仅出现在新中国成立前，新中国成立之后已消除了“吃人命”的相关习俗。

其四，主持相关祭祀和相关节日活动。瑶老的又一项重要的职责便是在排瑶的重大节日中主持相关的祭祀活动，例如“耍歌堂”和“香歌堂”等宗教活动。瑶老每逢这样的节日都会亲自前往负责主持、监督等各项事务。例如2019年12月7日至12月10日，西五排中的火烧排进行了为期4天3晚的南东房“香歌堂”宗教仪式。这项仪式中作为火烧排长老的房伟华，其负责耍歌堂祭祖活动的前后事项的相关事宜。

其五，协调和处理一切“对外”关系。瑶老的另一项职能体现在对外功能上。这里的“涉外”是指包括排与排和瑶汉之间两层含义。如果排与排之间发生冲突甚至是械斗则天长公与户长公协同出面处理。如果是与汉民引起了冲突，则会由“瑶练”出面调解，瑶长在其中间所起到的作用是非常有限的。

其六，召开白石垌会议。如果遇到外来势力侵扰和关系到整个排瑶利益的大事，大家为了维护自身民族利益，要召开临时性的联盟会议，即“白石垌会议”。

① 说明：本书将在第十二章《礼仪道德》中详细论述西五排中的习惯法，故此处并不作详细展开，仅以介绍与讨论瑶老制为主要研究对象。

② “吃人命”是排瑶习惯法文化独具特色的一项惩罚规定，即规定死者亲属按习惯法向凶手（杀人者）索取高额经济赔偿的全过程，谓之“吃”治“人命”罪。

白石垌会议旧址[①]（李超/摄）

上图所示为八排瑶白石垌会议旧址。图中的石头为“八排二十四冲”瑶民召开“白石垌会议”的议事台。白石洞会议旧址位于今涡水镇必坑学校内。“白石垌会议”是指八大排和各小排小冲的大会，因在涡水“白石垌”召开而得名，是连南排瑶最高规格的议事会议。八排会议之所以选在白石洞召开，原因有二：一是因为它是祖宗流传下来的习惯议事地点；二是因为它处于八排瑶中心腹地，且地形险要，两边均是高山峻岭，只要派人守住涡水河下游的入口就万无一失，可确保会议的顺利进行。

白石垌会议是八排瑶全体群众的代表大会，也称八排二十四冲大会，系排瑶最高的临时决策机构。白石垌会议不定期召开，只有当出现与八排瑶全体群众利益有关的大事，或者八排内部存在严重分歧等需要全体群众讨论决定时才由八排共同商议召开。据说召开白石垌会议前，先取得南岗排天长公的支持、同意，然后由他派出两个人通知油岭排，以下依次由油岭排派人通知横坑排，横坑排再通知军寮排，军寮排再通知大掌排，大掌排再通知火烧排，火烧排通知里八峒排，里八峒排通知马箭排。各小排小

① 拍摄于2020年10月27日。拍摄地点：连南瑶族自治县涡水镇必坑学校。

冲地区由所属大排负责通知。最后，由各排各冲通知各家各户。通知时，由各排冲的天长公或头目公站到地势比较高的地方，先吹牛角或打铜锣（或者放火铳），以引起大家注意，然后才喊话，讲出开会的因由和注意事项。参加会议的人，除了各排各冲的天长公、头目公之外，每户需要派一个男性代表前往。

开会之日，各大小排瑶老率领所有成年男性携枪带刀到白石垌集中，会议主持人登上议事台，用唱歌的形式讲明召开会议的理由和事项，然后各大小排的瑶老依次上议事台唱歌发表意见。当意见取得一致或大多人赞同时，便举行联盟仪式，由先生公（祭司）杀鸡滴血在酒里，大家吃肉饮酒，鸣放铁铳炮，以示信守诺言、团结一致。会议定下的事情，由各排瑶老共同负责落实。

历史上最后一次白石垌会议是在1951年初召开的。但据白石垌会议旧址碑文记载，最后一次会议召开时间为“1950年3月9日”，[①]两种说法不一致，情况如下：1950年3月9日的会议是八排二十四冲瑶民召开的。连南各寨瑶民汇集白石垌，沿用古老的方式商议，决定一致拥护共产党、拥护毛主席、拥护人民政府，走社会主义道路。1951年初的会议是连南瑶族自治县政府成立后召开的。[②]在会上，县长成崇正和邵良础先后讲话，他们大力宣传党的民族政策，宣传民族团结、民族平等，让八排瑶民团结起来，坚决肃清李楚瀛土匪残余等。接着各大排的上层人士，如三排的龙三公，南岗排的邓卖尾八公，油岭排的唐丁桥大基公，军寮排的李打米金刚，横坑排的沈衣社公，大掌排的唐瑶更公等人也作了发言。在这最后一次会议上，瑶老们纷纷表示欢迎解放军进入瑶山，希望解放军进入瑶山后不要强迫瑶族男子“剪发”和强迫瑶族人当兵，请求政府多发些救济衣物和盐，修建公路和创办学校等。这次会议对进一步开展清匪和民主建政工作，以及后来开展互助合作化运动等都起了积极的推动作用。[③]

除整个八排地区的“白石垌”会议最具代表性之外，西五排会召开“五峒”会议。“五峒”会议是由军寮排、火烧排、大掌排、里八峒排、马

① 查阅时间：2020年10月27日；查阅地点：连南瑶族自治县涡水镇必坑学校内。

② 摘自涡水镇必坑学校内白石垌旧址石碑。查阅时间：2020年10月27日。

③ 部分内容摘自涡水镇必坑学校内白石垌旧址简介。查阅时间：2020年10月27日。

箭排 5 个排共同召开的联盟会议，会议地点设在军寮与里八峒之间的辛塘，又称“辛塘会议”。新中国成立后，“辛塘会议”被取消。

（三）瑶老制的变迁

随着时代变迁，排瑶社会经济发展水平不断提高，瑶老制在现代社会中发挥的作用越来越小，并逐步走向消解。但从目前排瑶社会状况而言，瑶老制仍然存在着诸多历史遗存，例如坚持设立长老，长老议事制度在排瑶地区的落地与推进都能说明瑶老制生命的延续。

大坪排在过去存在长老制。长老一般掌管村内的大小事务，一起商量调解一些民事纠纷和棘手事项。大坪村房矮三晚主任讲述了诸多关于火烧排与里八峒排的瑶老制情况。

瑶老工作站[①]（李超 / 摄）

新中国成立后火烧排分为 18 个队，在每个队设立一名德高望重的人充当长老的身份，每个队内的大小事务均由此人来负责。并且由生产大队给

① 拍摄时间：2019 年 7 月 26 日。拍摄地点：大坪排（火烧排）村委会。

其开支报酬，每月为150元。

现今火烧排里八峒排仍有瑶老制遗存。目前而言，大坪镇有4位长老维系着两个排和其他自然村的社会和谐。这四位长老分别是房伟华（72岁）、房卫荣（63岁）、沈苗雨（43岁）、房少雄（40岁）。这4位长老在大坪镇的日常工作中是没有报酬的。

目前，政府推行的理事会调解员是瑶老调解机制的延续。需要说明的是，现在广泛设置在排瑶地区的调解员制度并不是“瑶老”本身，“瑶老”的角色在社会变迁的过程中被逐步弱化和消解，但排瑶地区所推行的调解员制度在一定程度上对瑶老职能的发挥具有一定的作用。目前，大坪村（火烧排）从19个队中每队选出男女各1人，共38人，由这38个人组成15个理事会，理事会有专门负责调解的调解员。如果调解员对相关事项调解不了，便会有村委干部参与其中继续调解，如果还是未能解决问题，上级政府就派来法律顾问人员，共同参与调解。

大坪排（火烧排）瑶老制与调解制结合并行的制度在大坪村起到了良好的社会效果。据不完全统计，自2014年开始至今，这种协调调解机制已在村内解决了100多起事件，现将其中的典型事件摘录如下：

大坪村四组美丽乡村建设街道铺设争议的协议书①

甲方：大坪村第四组村民：房介八六（施工方）

乙方：大坪村第四组村民：房罗果

为了建设好大坪村四组（茶低关）小组美丽乡村建设，方便村民出入，通往各家各户街道硬底化道路建设中，施工方在施工过程中与乙方产生了土地互让矛盾，2019年4月9日镇综合办和村委工作人员召集双方在现场进行调解，经镇综治办和村委干部与双方协调，双方同意并达成以下协议：

一：甲、乙双方同意互让，各让美丽乡村行人道约1.2米左右（即从甲方让出的旧屋角到乙方处）。

二：现砌有石头墙内的土地属乙方土地，石头墙外的乙方不

① 资料查阅时间：2019年7月29日；查阅地点：大坪村村委会。

能以任何理由越界并占用美丽乡村道路和占用甲方的土地。

三：本协议一式三份，村委、甲乙双方各执一份，签字后生效。

甲方签名：　　　　　　　乙方签名：

大坪村委调解委员会

2019 年 4 月 9 日

除此之外，现今的火烧排与里八峒排仍保持着较为完整的习惯法及其乡规民约。其中火烧排中保留着两套乡规民约习惯法，一部于 20 世纪 90 年代制定，一部于 2010 年前后制定，目前仍在村民中间发挥着作用。现将这其中的一部村规民约摘录如下：

火烧排乡规民约：

大坪村民委员会村规民约[1]

为了保障集体和村民的各种合法权益，依法依民约打击处理各种奸污犯罪人员，以及处理好村民的各种纠纷，维护好本村的社会治安，更好地贯彻党的方针政策，促进我村两个文明建设发展，结合本村实际，制定本村村规民约。

一、社会治安

1. 违反本村村规民约被处罚款 100 元以上的行为人员，可加罚放电影费 100 元分映给群众看。

2. 民事纠纷案件，要求村委会办理的，双方先交办理费，属于个人纠纷者各交 100 元，集体纠纷的各交 300 元办理费，赢者退、输者赔，村民小组干部办理的由输者负责办理人员误工费，每人每天 50 元，委托上级处理的，由上级处理。

3. 失火烧山造成损失，按《森林法》处理，失火者负责灭火人员误工费每人每天 50 元，并负责伙食费，造成灭火人员受伤的

① 火烧坪屋大坪村。资料查阅时间：2019 年 7 月 29 日；查阅地点：大坪村委会。

还赔偿医药费，误工费每天赔偿50元，造成死亡的按有关法律规定处理。

4. 打人骂人双方打架的，先动手者负责伤者每天误工费50元和全部医药费，严重的由政法部门依法处理。

5. 偷电的罚款200—500元，未经同意乱接乱装线路的罚款50—100元，造成损失的还赔偿损失。严重的交司法部门依法处理。

6. 乱搞男女两性关系的双方罚款100—200元，属强奸的由公安机关处理。

7. 偷衣服、鞋、被等，除赔偿外，还罚款50—100元。

8. 偷家电的，除赔偿损失外，罚款500—1000元。

9. 损坏食水管的，照价赔偿维修好，还罚款50—100元，偷水管的每条罚款50—100元。（水管归还原主）

10. 乱婚的，每方不够规定年龄，到另一方居住的，罚款200—1000元，违反计划生育规定的，按计划生育条例处理。

11. 每个村民每年参加集体义务劳动时，以家计的，每缺勤一天，补人工费50元，以劳动力工费50元，缺一天罚款50元。

二、盗伐林木的处罚（除赔偿损失外）

1. 盗伐6至12公分尾径（4米长）每条罚款50元。

2. 盗伐13公分至20公分尾径（4米长）每条罚款100元。

3. 盗伐寿木每条罚款1000—3000元。

4. 盗伐经济林松木（不管大小），每条罚款100元。

5. 经济林、砍茶仔树每条每棵罚款100元，偷摘茶果每斤罚款50元，偷摘柚果、柑果、柿子的每个10元。

6. 偷笋每条罚款10元。偷砍毛竹、每条罚款30元。

7. 种树者应离水田四周在4米以上方可种树，坟墓四周应在2米以上方可种树。

三、农业治安

1. 偷耕牛者，除赔偿损失外，罚款300—1000元。

2. 偷狗、猪者，每条除赔偿外，罚款 100—300 元。

3. 偷鸡、鸭者，每只除赔偿外，罚款 50 元。

4. 牲畜乱捉拿红花子，每头罚款 50 元，吃坏禾苗、黄豆、蔬菜等作物，除赔偿损失外，罚款 50—100 元。

5. 人、牲畜损坏水利设施，要维修好外，每次罚款 300 元，造成损失的，如还造成其他损失的，按损失赔偿。

6. 偷鱼的除赔偿损失外，还罚款 100—200 元。

7. 乱挖或占人家田边地角的，罚款 100—200 元。造成损失的，除赔偿损失外，罚款 50—100 元。

8. 个人占用集体耕田地的，每亩罚款 200—1000 元。

9. 偷谷的除赔偿外，每宗罚款 200—1000 元。

10. 偷犁耙、打谷机、打禾桶等劳动工具的，除赔偿外，还罚款 100—300 元。

11. 偷玉米、花生、黄豆、香芋等农作物，除赔偿外，每宗罚款 100—200 元。

12. 镇政府至大坪峒路段公路，全长 4 千米范围路边 5 米内一律不准开地，造田，建棚占用。违反者罚款 1000 元以上，并对损失的要求维修好。

以上罚款在限定时间内交清，到期不交的用家产实物抵消（包括牛、猪狗、鸡鸭、谷子），还加罚 50%。

里八峒排乡规民约：

里八峒排村规民约（2010 年开始推行）①

第一章　总　则

第一条　为规范广大村民自觉参与我村社会事务的管理，把我村建设成为文明繁荣的社会主义新农村，特制定本村规民约。

第二条　本村规民约依照《中华人民共和国治安管理处罚法》

① 资料查阅时间：2019 年 7 月 29 日；查阅地点：大坪村委会。

《村民委员会组织法》等国家的有关法律法规，结合本村实际和全体村民的意愿，经全体村民反复讨论修改，民主制定。

第三条　本村规民约在不违反国家法律、法规条件下，在本村范围内具有规范行为效力，无论党员、干部、群众都必须严格遵守。

第二章　村民的义务和权利

第四条　保护妇女儿童的合法权益，自觉实行计划生育，不包办买卖婚姻，做到邻里和睦，严禁打架斗殴。

第五条　每个村民必须自觉参加村、小组组织的水利建设、乡村公路维护等公益事业的集体劳动。若无故不参与者，按各村、小组的实际情况，收取50元每日的义务劳动费。

第三章　村内事务管理

第六条　因民事纠纷而引起的打架斗殴或损坏他人财物，违反村规民约的行为，情节轻微的，由村小组调查，经过小组调处不服而要求上转村委调处的，由村小组组长提出书面意见转村委调处，情节严重的移送司法机关处理。

第七条　加强防火意识，严禁一切野外用火，对必要的生产用火，必须办理用火许可证。对不办理用火许可证者，擅自野外用火的，处罚款1000—1500元的起火费，若违反规定而引起火灾，造成的损失由肇事者承担一切责任，触犯刑法的，移交司法机关处理。

第八条　认真贯彻执行《九年制义务教育法》，尊师重教，自觉维护学校正常的教学秩序，凡适龄儿童必须自觉按时送其入学，在九年义务教育期间内不得辍学。

第九条　包产田地、自留地界，一律定为上管下，但交界处栽种的经济林木等，不能影响下边的庄稼。

第四章　村民事务及其他

第十条　故意损坏公物、公共设施和他人财物者，除照价赔偿经济损失外，视其情节轻重，并处以1—3倍的罚款。

第十一条　侵占乡村便道公路、机耕道、水利设施等行为，责令其限期恢复，逾期不恢复者，视情节严重，处以100—1000元的罚款。

第十二条　倡导社会主义新风尚，严禁赌博、偷盗、贩毒、严禁出售或传播淫秽图像、录像和其他不健康的东西，坚决抵制“法轮功”等邪教组织。偷盗者处5—10倍罚款，情节严重的送司法机关处理。

第十三条　偷盗林木者，处100—300元/棵罚款，情节严重者，移交司法机关处理。放牛、羊到他人林地毁坏林木者，每只牛、羊处200元罚款，牛、羊被捉7日内没人来赎视为无主之物进行拍卖。

第十四条　搞好邻里团结，严禁酒后闹事、无事生非、结伙斗殴、寻衅滋事、非法侵入他人住宅、辱骂及侮辱妇女或儿童等行为，违反者处以50—100元罚款，情节严重者移交司法机关处理。

第十五条　对村、村小组干部，检举人，证人打击报复，故意伤害他人的，除赔礼道歉、赔偿一切损失外，处以500—1000元罚款，情节严重的，移交司法机关处理。

第十六条　对阻碍国家工作人员及村干部执行公务，采取威胁等手段的，处以100—500元罚款。情节严重的，移交司法机关处理。

第十七条　违反本村村规民约给他人合法利益造成损失或损害的，一律由违反者负责赔偿损失和负担医疗、误工等费用。若违反者不满十六周岁或无民事行为能力的，由其家长或监护人负责。

第十八条　积极搞好环境卫生，严禁占用便道公路堆放垃圾、杂物、弃土等，死禽死畜必须远离水源深埋等无害化处理，违者除责令清除外，并处以100—500元罚款。学校、小卖部和各家庭实行门前屋后卫生“三包”，凡“脏、乱、臭”者处以50元罚款。

第十九条　凡在我村界内，无论任何人（包括流动人口）违反本村规民约的，按本村规民约处理。

第二十条　对违反村规民约的当事人，坚持教育与处罚相结合原则，经教育而屡教不改、拒不执行村规民约相关条款的，村民委员会有权取消其所在村享有及经村办理的福利待遇，影响巨大，情节严重的，移交司法机关处理。

第二十一条　对本村规民约未规定的其他事项，参照本村规民约条款处理，与国家法律、法规相抵触的，按法律、法规执行。

此外，西五排中的其他三排也主要由调解人（村干部）和传统瑶老相结合的形式来商议排内事务。军寮排目前有瑶老3位，2位先生公，1位生态保护员。瑶老和村干部相互配合，瑶老将传统经验讲给他们，用通俗易懂的话语将问题较好地解决。据军寮排调研情况反映，这里纠纷实际不多，往上递交的情况很少，主要的矛盾纠纷在建房中容易出现。以前政府并没有实际规划，都是各自为建，容易造成例如污水问题的矛盾。山林纠纷亦有，但是较之以往则少。边界问题实际上就是山林问题，两户人家的山林中间的界限比较模糊引起此问题。瑶老与调解人会在第一时间进行调解，调解不了再去镇司法所上报。大部分是口头调解。军寮等3个排的调解员是聘请的，村里每月补助100元，上级政府补助100元，从实际来看，这些调解员的收益是很低的。瑶老制与调解制的结合调解成功的案例有很多，为维护地方安宁做出了积极的贡献。

对于军寮排而言，现代瑶老的特点正是在凸显其在八排瑶民中的威信和大众公信力。选用调解员的标准是在调查的基础上，公推大家认可、有能力、通晓瑶族道理且在村中较有威望、公信力高、口碑好者以及做人正派和公道的人，之后再开村民大会宣布。被选用的调解员以自愿为原则，明确工作任务，如村委通知有案件需要调解，需要及时赶到进行处理。

二、瑶长、瑶练

明清时期，八排地区不堪封建统治者的压迫和歧视，多次起事，进行反抗斗争。封建王朝多次派兵镇压，并推行“剿抚兼施，以夷制夷”的政策，以进行统治。瑶长制是封建社会中央集权制度下的产物。据民国版《连山县志》卷五所载，洪武三十一年（1398）：

> 大木山瑶陈猛颜，白弓山瑶马以亮，黄莲山瑶齐有善俱就抚，设立瑶首统领抚瑶总甲以绥之，为绥瑶之始。①

可见明代已开始设立“瑶首”以管理瑶族。排瑶地区的瑶练制度自明代已初露端倪。

清代，已经明确有瑶老千长、瑶目之称，清人禧恩曾在其《剿瑶善后章程疏》的提议中即有记载：

> 查瑶人分八大排，七八十小冲，错处深山，漫无钤束，自应编立门牌，以备稽查。嗣后应令八大排内各举老成知事者，立为瑶老千长，由连山绥瑶厅拣选承允，管理一排事宜。其余各小冲，就其户口多寡，亦各分立瑶目。又查瑶山路径深远，每月有匪凶逸盗在彼潜藏，并瑶人遇有涉讼在官之案，在左均须缉捕关传，应于八大排内每排添“瑶练”十名，协同巡侦。②

由此观之，禧恩曾欲在大排立“瑶老千长”，下附有“瑶练”10名；小冲之下则以“瑶目”立之。奏疏所示日期是“道光十二年（1832）九月”，此可与下文《连山绥瑶厅志》所述相互证。另外，清代对待排瑶地区“瑶练”的委任也是具有弹性的，有时与当地推举相结合，有时有的瑶官还

① （民国）凌锡华：《连山县志》卷五，民国十七年铅印本。

② 广东省民族宗教研究院、中国第一历史档案馆：《〈清实录〉与清档案中的广东少数民族史料汇编》，217页，广州，广东人民出版社，2011。

可领取“工食银”和“口粮银”。据《连山绥瑶厅志》载：

> 道光十三年（1833），尚书禧恩奏准，今八排瑶人举老成知事者立为瑶老、千长，赏给顶戴。办事瑶目，立为瑶长、瑶练，每月口粮银三两，瑶练每月一两五钱。凡瑶长十八人，瑶练六十四人，隶绥瑶把总。①

据此，道光十三年（1833）在镇压本地瑶族起义后，朝廷始设瑶长18人，皆隶属于绥瑶把总。瑶长以差遣瑶练、统管全排（村）事务为职。通过瑶长征收钱粮，统治瑶族人民。瑶长的职务可世袭，若办事不力也可更换。而瑶练一般是每年更换一次。瑶长掌管寨内各项事务，对外直接与官府联系，受官府的保护并为其服务。瑶练为瑶长助手，在各排各冲壮丁中轮流选出充任，非世袭，主要负责瑶寨的社会治安和管理，如侦查盗案、缉捕逃犯、经理瑶民互讼，关传涉讼人证、罪犯以及统率瑶民交纳赋税等；遇有瑶民争讼，瑶长则作为官瑶之间的中介人，在瑶民与官府之间周旋调解。清代和民国时期，在油岭瑶寨虽设立了瑶长、瑶练，但由于瑶老制的传统在油岭民众中根深蒂固，民众仍然拥护和支持瑶老，瑶长制实际上形同虚设，油岭瑶寨内外事务均由瑶老料理居多。②

油岭排历届瑶长瑶练表③

姓名	职务	任职时间
唐七贤	瑶长	1702—1705
唐考传公	瑶长	1927—1930
唐法王二十郎（大打）	瑶长	1931—1934
法春正公四郎（大打）	瑶长	1935—1938
唐丁桥大坚（丁桥大其公）	瑶长	1939—1949
唐瑶璋	瑶练	1702—1705

① 姚柬之：《连山绥瑶厅志》，清道光二十八年（1848）。
② 盘鹃：《油岭村志》，73—74页，内部资料。
③ 盘鹃：《油岭村志》，74页，内部资料。

续表

姓名	职务	任职时间
唐烟糯一	瑶练	1939—1949
唐法罗一	瑶练	1939—1949
唐东彭一	瑶练	1939—1949
唐占肚二	瑶练	1939—1949
唐民意一	瑶练	1939—1949
唐老马五	瑶练	1939—1949
盘□一	瑶练	1939—1949
房油路一	瑶练	1939—1949

民国初年，国民政府在清时绥瑶营基础上，改设瑶务处，下辖各排（村）的瑶长、瑶练。1927 年又在瑶务处基础上，改设连阳化瑶局，1934 年改置安化管理局。民国 28 年（1939）在保留世袭的 18 名瑶长、64 名瑶练的基础上，再增设瑶长 1 名，瑶练 28 名。民国 35 年（1946）国民政府为了加紧对瑶族人民的统治，把汉区的一套乡保甲制度推向瑶区，并取代瑶老制。乡保甲制度建立后，排瑶的各项事务由乡、保长负责处理。原来的瑶老制逐渐失去作用。

1949 年底，连南地区获得解放。1950 年 5 月成立连南县人民政府后，废除保甲制，设区、乡、村。1950 年 9 月，瑶区普遍建立了村（排）一级的政权组织，由瑶族人民选出村政府的村长和委员，取缔了原有的瑶长、瑶练和乡、保、甲长。1951 年 1 月连南县第一届瑶民代表大会的胜利召开，瑶老制被人民政权所替代。

此外，在南岗排的调研中发现，南岗排最初被封为瑶长的是邓卖尾一公和唐胡唐一公，他们将全排化为 10 个兵，每个兵设一个瑶练掌管该兵的事务。瑶长为世袭制，如果瑶长办事不公，则可另推他人担任。相反，瑶练则经常更换，每年轮选一次，非世袭。

相传，新中国成立前，三江衙门找到了邓卖尾一公和唐胡唐一公两人。唐胡唐一公是个富人，家产富足，邓卖尾一公是他的好友。这时阿牛和邓卖尾一公发生了矛盾，阿牛骂邓卖尾一公说他打天下没有出力，现在却和衙门打交道来坐享其成。阿牛威胁邓卖尾一公交出 720 两白银才能了结事情，并让他回南岗分批交款回来。邓卖尾一公家产不多，用了铜银当作白银给阿牛，后来又怕事情暴露，让房计公将阿牛杀死，并将阿牛的首级带到了三江衙门。至此，三江衙门赐给邓卖尾一公、房计公和唐胡唐一公各一顶红缨帽子，要求他们管束瑶人不得出乱。三人商议认为他们的力量不足以管束所有瑶人，就只接了一顶红缨帽子，而三江衙门就分给每排一顶红缨帽子。故而这亦是南岗排瑶长制的开始。从此瑶人与官府打交道，就有瑶长出面。①

随着时代变迁，这种传统的社会制度逐渐变迁为其他形式，或已经完全消解。军寮民间的瑶长在联产承包时期还存在，目前仅存的一两名瑶长都已经过世。军寮排的瑶长有：李京焦二，李瑶里表路。在新中国成立前夕军寮的瑶练有：李达米三，房表哥万一，房比边一，李猪温一，房瑶冷八，李户塘二，房表哥牛角一，李皮肚三。然而随着时代的不断变迁，“瑶练”身份已消失，“瑶族长老”的身份在民间还有延续。

第三节　习惯法

习惯法与成文法是相对而言的，排瑶地区历史上没有自己的成文法典，排与排之间、排的内部诸户之间一旦出现经济、民事等纠纷往往请天长公、户长公、掌庙公等排瑶中地位较高、有影响力的瑶老协调，协调的依据是八排瑶民在历史发展中承袭不断、约定成俗并具有共同约束力、规范力的习惯法，对内保护瑶民个体及约束行为，对外保护排瑶社会的整体利益。因为没有形成成文的法律条文，故称之为习惯法。

新中国成立前，各排都是以自己的村规民约维护村落社会秩序，据马箭排的老人回忆，他们小时候，村里惩罚偷了木头的人，要让盗贼扛着木头游行示众；偷了谷子的人，要让他整整背一天四五十斤的沙子；偷南瓜

① 罗杨、唐孝祥：《大美村寨・连南瑶寨》，32 页，北京，中国社会出版社，2015。

的人，要让他抱一天的南瓜；偷油桐的人，要去把偷的油桐榨出油，再还给人家。此外，历史上还存在处死刑的案例，一般是因为个人罪大恶极，影响了村子和家族声誉，所以不得已才采取极端措施给予惩罚。

习惯法也是约束村排社会秩序的重要手段。大掌以前是九个姓，后来以“唐”“邓”姓为主，邓、唐两姓相互通婚，不娶近也不外嫁。如果排里有同姓同祖结婚的话，就根据习惯法罚男方 12 斤酒、12 斤猪肉，这些处罚没收上来的酒肉交给瑶老，由瑶老组织全排食用。

一、习惯法的类型

排瑶习惯法的主要职能是通过排瑶的瑶老对违反传统约束力者采取惩罚措施。习惯法涉及的违法分类较为简单，主要分奸情、偷盗类、杀人类、纵火类等。除以上外，排瑶习惯法还涉及对历史上存在的“吃人命”“搞是非”等的处理。

西五排的相关习惯法内容，新中国建立初期，国家民委组织了相关调查，内容较为详细，现摘录部分如下[①]：

（一）偷盗相关的习惯法

如果偷盗山上的树木，特别是上山砍杉木为柴者罚银 2.4 两，如果偷盗者不服从习惯法的处罚就再罚款 3.6 两，如偷盗者进一步抵赖就会被告到天长公处罚 18 元，偷杉木的罚白银 7.2 两或 12 吊钱，不服从的则加倍罚。

稻子和番薯在排瑶的粮食结构中占有重要地位，一旦有人偷盗会被重罚。“偷稻与偷番薯，罚白银 3.6 两或 48 吊钱，偷挖番薯的罚 24 吊钱。”对于偷盗稻子和番薯抵赖不认的，处罚力度相当大，凡不服从的，要加倍处罚或“搞是非”，把他的家产吃光。

排瑶种植的瓜果蔬菜如果被盗，一旦发现就会罚款 3 吊钱，拒绝缴纳罚款的会被追加罚款 7.2 两银子。

---

① 中国少数民族社会历史调查丛刊修订编辑委员会:《连南瑶族自治县瑶族社会历史调查》，244 页，北京，民族出版社，2009。

瑶胞家里养殖的鸡、鸭、鹅被盗，抓住偷盗者罚款 18 元，对于惯犯则罚款 48 元，狗猫被盗则罚款两三元，多次偷盗的惯犯则要处以极刑。对于大型牲畜，像“挖墙进屋偷猪的被捉后，要处死”“偷牛后被查出，罚 72 元”。

盗墓挖人祖坟的一旦发现也是重罚，“罚 24—30 两白银”。

（二）杀人等刑事相关的习惯法

杀人在排瑶是重罪，无论被杀的是男的女的，亦不论被杀者是年幼或年长，杀人犯一律需要“吃人命”。在排瑶，杀人犯除了要“吃人命”之外还要缴纳数额不等罚款，杀死女人“要赔 999 元白银”，杀死男的要“赔 216 元白银”，之所以数额不等，是因为排瑶同胞认为女人可以传宗接代。

（三）纵火类习惯法

如果纵火烧的是房宅，烧 3 间房屋需要“重罚白银 72 元”，烧的房屋超过 3 间就要按照“72 元 1 间进行赔偿”；如果纵火烧的是私人所有的山林，则罚款“白银 10 元”，烧的是公有的山林则需要纵火者拿出钱财请大家喝酒，作为民众救火的酬谢，也有惩罚纵火者的意思。

（四）刑法种类

习惯法使用的刑法种类主要有认错、罚款、体罚、死刑、“吃人命”等。

如果排瑶内部有人违反习惯法的约束，采取的第一个惩罚措施便是认错，向对方承认错误并主动承担责任。肇事者如果能够认识到自己的责任，坦诚地向对方道歉，并且不是罪大恶极且不可饶恕的错误，排瑶内部总会相互谅解，握手言和。如果有错误的一方已经承认错误，对方还是蛮横不讲理，认理揪住不放，采取极端的报复行动，排瑶民众往往也不支持。[①]

罚款是排瑶使用最为频繁的刑法种类。除了罪大恶极之外，大多数违反排瑶社会约束的事件可以使用罚款的方式解决。排瑶罚款的数额较为巨

① 赵家旺：《试论连南八排瑶习惯法》，载《广东民族学院学报》，1989（1），34—38 页。

大，往往是被盗物品价值的数倍、十数倍，高的乃至数十上百倍。据《连南九寨瑶民借债文据》[①] 所记载的一张借白银的借据和一张借稻谷的借据信息分析，借白银借据规定每元钱的利息是每月 50 斤谷子，借稻谷 209 斤的契约规定每月利息是谷子 60 斤，假设两者的利率相似，可以大体推测每元钱可以购买稻谷 200 斤有余。偷盗鸡鸭要罚款 18 元，可以购买稻谷 3600 余斤，偷牛罚款 72 元可以购买稻谷 14400 余斤，这个罚款的力度不可谓不大。大坪的房坚贵二老先生回忆了用罚酒、罚猪、罚钱的些许细节：

> 我们这里都是言传身教，老祖宗叫我们不要偷东西，不能去人家的山头砍柴砍树，不能偷鸡偷鸭。那时候我们东西一时带不回去，就用草打一个结放在上面，就不会有人动。还有山界，两家人会种一些竹子或者以石头为界。如果有人偷了东西，就按村规民约处理，罚酒、罚猪肉、罚钱。偷的鸡大些就多赔一些，偷的鸡小些就少赔一些。砍了人家的树，树要归还给他，还要给他补种一棵树，树小的话，不用罚酒肉。村民之间发生纠纷了，会请先生公公证，先生公是很能说会道、聪明的人，他们会唱瑶歌来评理。

肉体惩罚和死刑。关于肢体的惩罚和死刑，据文献记载，排瑶地区使用比较谨慎，《连山绥瑶厅志·风俗志》记载，对于偷盗者使用“下头箍”的惩罚措施，“犯窃者，遇事主获之，以竹圈箍其首，杙椓之，名曰下头箍”，“杙”指小木桩，“椓”指不断敲打。下头箍的惩罚就是用细竹条把偷盗人的头部箍起来，然后在头部与小竹圈之间楔入小木桩，不断地敲打以此给偷盗者带来痛苦。这个惩罚在调研中并没有老人能够回忆起来，似乎年长者也已经遗忘，仅见于成书于道光年间的《连山绥瑶厅志》。在大坪的调研中，房茶介一老人回忆了对于通奸被捉者往往会施用鞭打的惩罚，严重的驱逐出宗族、驱离本寨：

---

① 李默、房先清：《连南八排瑶族研究资料》，930 页，广州，广东省社会科学院，1987。

有人犯了错，由一个姓氏的来处罚，由几个长老商量一下决定。如果偷东西，就杀了自己的猪分给大家吃，严重的卖田地赔偿。更为严重的驱逐出宗族、驱离本寨。

房茶介一老人的回忆与新中国成立初期对连南瑶族的社会调查记载相吻合，只不过调查里面记载的是大掌习惯法使用体罚，通奸被捉住之后要受到毒打。

历史上，东西各排在习惯法上大同小异。为了更加明显地分析西五排与东三排二者传统习惯法的差异，以西五排中的大掌排与东三排中的南岗排为例，对比分析如下：

大掌（西五排）与南岗（东三排）习惯法部分内容比较对照表

项目		处罚情况	
		大掌排	南岗排
偷盗类	柴火	罚 2.4 两；不从者，罚 6.8 两；再不从者，告天长公，并罚 18 元	罚 22.8 元
	稻谷、玉米	罚 3.6 两或 48 吊；不从者，加罚，或将其家产吃光	罚 22.8 元
	番薯	罚 24 吊，不从者，加罚，或将其家产吃光	罚 22.8 元
	杉木	罚 7.2 两或 12 吊；不从者，加倍罚	罚酒 2—15 斤
	瓜菜	罚 2—3 两；不从者，罚 7.2 两	多小孩所为，不处罚
	鸡鸭	罚 18 元；屡犯罚 48 元	罚 22.8 元
	猫狗	初犯，罚 2—3 两；屡犯，处死	罚 22.8 元
	猪	挖墙进屋偷者，处死	罚 54 元
	牛	事后查出，罚 72 元；当场捉住，处死	罚 360 元
	盗墓	罚 24—30 两	未知
	农具	罚 24 吊	罚 22.8 元
	惯偷	处死	能交出赃物并赔偿，免死，否则处死
	入屋偷窃	按惯例处理，处死	罚 22.8 元
	拦路打劫	罚 300 两，并处死	未知

续表

项目		处罚情况	
		大掌排	南岗排
奸情类	强奸未婚	被受害者辱骂并赶走	同左
	强奸已婚	挨打，并罚72元；不从者，罚240元；再不从者，将其家产吃光	罚54元
	强奸寡妇	不予处理，受害者自行了断	被受害者辱骂并赶走
	被奸怀孕	未知	罚奸夫抚养
放火类	烧山林	不论纵火、失火、烧私人山林，罚10元；公众山林，罚买酒请公众饮，作救火费；实在无意，不追究	不论纵火、失火，一般不处罚
	民房烧柴寮	烧民房，一连烧3间者，罚72元；若超过3间，便按每间72元计算。	烧民房者，失火者要被“吃屋命”，意将财产吃光。烧柴寮者，按数赔偿，每间约6元

（五）“吃人命”

文明社会夺取一个人生命都需要经过一系列社会公认的程序，私设刑场或者非法剥夺一个人的生命都是不被允许的，排瑶也是如此。在排瑶，如果要剥夺一个人的生命，需要有瑶老召集全排民众，把杀人的原因告知民众，经过全排人的充分讨论之后才能置人于死地。因争夺田亩山地、男女奸情、徇私枉法等私自处死一个人，没有征得排瑶公众的同意认可，无论是蓄意谋杀还是误杀，都有可能受到传统习惯法中的“吃人命”的严厉惩罚。

所谓的“吃人命”，就是死者的家属和外家按照排瑶传统习惯法向行凶者索取巨额赔偿。当命案发生之后，死难者的家属会携带数斤酒前往舅父家（母系方）和父亲的舅父家（父系方），如果对方在了解事实的情况之后感觉有必要进行“吃人命”报复，就会把死者家属带来的酒喝下，然后携带着酒向上一层舅父禀报，依此类推。通过一层层的传递，会聚集数十成百的姻亲，他们集合成队伍来到行凶者家附近，架锅生火，宰猪吃肉喝酒，并把一只猪脚挂在凶手的大门前，示意要和对方搞“吃人命”，类似于下战书。

“吃人命”的结果无外乎两种情况，一种是凶手自认理亏，确实理不在己方，再加上死难家属聚集，人多势众，这个时候就接受挂在门前的猪脚，然后寻找第三方做调停人，通过调停人向对方表示愿意按照传统习惯法向对方赔偿损失。如果双方同意，接下来便是协商赔偿金额的问题。第二种情况，杀人者认为自己不应该赔偿对方，不同意对方“吃人命”，而对方又坚持要进行“吃人命”，坚持按照习惯法进行赔偿，第三方力量协调不成，最终就会演变成械斗。械斗事件会持续三五天，十几天乃至更长，直到彼此分出胜负，或者双方都不愿继续械斗下去又能够接受第三方的调停方案，至此双方终止。

数目巨大的经济赔偿是“吃人命”最终寻求的目的。双方协商的经济赔偿方案，赔偿数目往往巨大，并且都有具体的赔偿项目，只是各排之间赔偿的数目略有不同。新中国成立后由国家民委组织编写的连南排瑶社会调查报告详细记录了大掌“吃人命”需要赔偿的具体项目及数字，现摘录部分如下①：

> 身价银：死者是男性赔偿214元，死者如果是女性赔偿999元。这笔赔偿金交给死者父母后还需要进一步分，首先父母双方各自对半分，然后母亲向自己的父母一方分一半，父亲所占有的一半赔偿金也要向舅父一方均分，依此类推。
>
> 火炉膛费：这笔赔偿金主要是“吃人命”发起方杀猪喝酒等相关的饮食费用，或者用来偿还招待众人前来相助的费用，这笔钱要由被“吃人命”一方负责筹集。死者是男性就要赔偿120元，死者是女性就要赔偿360元。但是，事实上并不是这个数目，因为火炉膛是两个，一个由父亲方的外家使用，另一个是母亲方的外家使用，故而被“吃人命”方需要支付的是240元或者720元。
>
> 眼泪钱：就是父母因为失去了儿子或者女儿，悲痛欲绝，需要被“吃人命”方支付的赔偿，如果死的是男性需要支付赔偿金

① 中国少数民族社会历史调查丛刊修订编辑委员会：《连南瑶族自治县瑶族社会历史调查》，245页，北京，民族出版社，2009。

12 元，女性就需要支付赔偿金 24 元。

埋葬费：埋葬费是死亡者的安葬费用，包括棺木、寿衣等相关必要开支，如果是男性就要赔偿 54 元，如果是女性就要赔偿 72 元。

赡养费：因发起“吃人命”的一方丧失了一名劳动力，以后的生活保障需要对方支付，赡养的办法是购买一块一年可以产出 1200 斤谷子的良田送给对方作为赔偿。

“吃人命”最终带来的结果影响是巨大的，特别是赔偿金额特别巨大，会让被“吃人命”一方经济破产，倾家荡产也无法支付巨额的赔偿金，自己承担不起的往往需要族人代偿。

二、民间纠纷的处理

八排存在“搞是非”民间纠纷，就是个别不法人员搬弄是非，制造事端或官司，解决不了就进行械斗的意思。“搞是非”一般发生在排与排之间、各宗族之间，有组织、有约定、有规模地进行械斗。

“搞是非”与“吃人命”两者之间有所不同。据学者研究，前者的起因多数是与经济相关，诸如“山林、地界、水源、撤佃、欠钱、牛只、桐籽和杉树等”经济方面的争夺；当然也存在因种种琐事，后经好事者不断挑拨最终发展成“搞是非”，此类诸如破坏水槽、折断送鬼的木棍，等等。[①]后者“吃人命”的起因多数是和人命刑事案件有关。“搞是非”与“吃人命”两者在人员组成上也有区别，前者只要是有利益关联的，都可以组成一个械斗的集体，后者多数成员是具有血缘姻亲关系，有血族复仇的意思。

“搞是非”虽然是集体械斗，但是也有许多械斗的君子协议，比如在械斗的时候不能伤及妇女，双方要约定具体地点和时间，不可以在地点之外采取报复行动，更不准在规定的时间之外采取行动，双方械斗的时候不可以伤及第三方，否则就要赔偿，等等。在规模上有大有小，大规模的“搞

① 练铭志、马建钊、李筱文：《排瑶历史文化》，357 页，广州，广东人民出版社，1992。

是非”是排与排之间进行械斗，小规模的“搞是非”是排内姓氏之间的械斗。

三、习惯法的变迁

新中国成立后，排瑶社会结构发生了很大变迁，过去的村规民约已不再适用，而是有了新变化。如惩罚方面，在 20 世纪 80 年代偷牛偷猪，被抓住了，就罚窃贼出钱请放电影的人来村里放电影，大概需要一二百元钱，通过这个措施既起到惩罚盗贼的作用，又能警示大家，还有娱乐村民的作用。最近几年，随着社会经济的发展，排瑶社会结构的变化，外出的人员越来越多，事情变得越来越复杂，正因为如此，瑶老起到的作用仍不可缺少。瑶老调解员一般是由有水平、公信力高、公平公正的老年人担任，他们代表着排瑶传统智慧和秩序。

如今，虽有国家法律，但一些小的邻里矛盾，村委会、村民小组有专门的调解员调解。这其中，过去村寨中的瑶老制得到了延续和改变。调解员和瑶老一起协作调解纠纷。瑶老由大家公推，在村民小组会议、党支部会议上提出，并征求当事人意见。推出来的瑶老一般都是能说会道、有文化、有威望、做事公道的老人。瑶老在纠纷调解等事务中发挥了重要作用。他们擅长引经据典，讲一些瑶族哲理性故事、谚语，或把一些带有警世主题的歌谣表达出来，以达到调解目的。

第四章　婚姻家庭

婚姻是家庭的基石，家庭是婚姻产生的结果。东三排与西五排在婚姻家庭方面具有特殊性与差异性，尤其在婚姻形式、通婚范围、婚姻习俗等方面的表现不同，在家庭结构、亲属称谓等方面体现出独特的排瑶文化。

第一节　婚　姻

历史上，八排瑶存在多种婚姻形态，其婚姻习俗也独具特色。各排之间整体虽大致相同，但因地理分布的差异，一些婚俗细节仍有区别。

一、传统婚姻形式

八排瑶的传统婚姻实行一夫一妻制，形式以男娶女嫁型为主，也有极少的入赘型，男女形成婚姻家庭的方式有“讴莎腰”对情歌自由恋爱型、少年家长订婚型、媒婆介绍型等多种形式。

（一）男娶女嫁

过去，八排瑶实行地域内婚制，一方面是山区的自我封闭情况所致，另一方面因为出嫁的女方要获得一块娘家的田地，女方去世后要归还娘家，更促使了地域内婚制的形成。如果嫁得很远，土地就不容易收回来，而且结婚强调门当户对，彼此了解对方情况。

一般而言，父母包办结婚是凭“父母之命，媒妁之言”而订婚、结婚。但订婚后仍可与别人恋爱，若找到自己的意中人，可告知父母，父母转告媒人到未婚夫（未婚妻）家中解除婚约，另请媒人到意中人家中约婚。自由恋爱的也要听取父母的意见，如果父母反对也不行，但一般这样的情况较少。

八排瑶由于居住环境的交通、交流等限制，通婚范围是本村或附近，极少远嫁，也存在“好女不嫁外村男”“好男不娶外地女”的观念。20 世纪 80 年代前，瑶汉之间通婚的极少，多次离异再婚的情况也是较为少见。排瑶地区重婚纳妾的行为是社会所不容许的。历史上，大掌排曾有过一夫两妻的个案发生。邓亚六婆公和唐望东二因为再娶妻，均遭到反对而作罢。[①]具体而言，唐望东二家境富裕，想多生子女，于是不听劝告而纳妾，后来被妻子的外家“兴师问罪”。

火烧排与里八峒排的婚姻习俗在西五排中独具特色。大坪（火烧排）72 礼婚姻程序在里八峒排同样适用，[②]经过 72 礼仪式的夫妻双方都更加以一夫一妻制的形式约束各自。同时，72 礼仪式诠释着瑶族对重要人生礼仪的高度重视与文化的传承。

（二）自由恋爱

自由恋爱，排瑶称“讴莎腰”（瑶语“讴”系为唱，“莎腰”系指姑娘，意思是以唱歌的方式和姑娘谈情说爱），有的白天在外出劳动或“要歌堂”等节日活动时进行，而更多的是晚上男青年到“莎腰妹”卧室窗外对唱，即小伙子相中某姑娘后，便于晚上到该姑娘的卧室窗前，将自己的家门身世、理想抱负以及对姑娘的爱慕之心用歌声向姑娘表达。通常是一位男青年单独邀请姑娘唱歌，如男青年的歌声未能打动姑娘的心，没有回应或被歌声回绝，随同来的男青年可依次轮唱，看谁能获得姑娘芳心。小伙子求爱的歌，情深意切：

---

① 广东省编辑组（李凤等）：《连南瑶族自治县瑶族社会调查（连南南岗、内田、大掌）》，305 页，广州，广东人民出版社，1956。

② 对于 72 礼的具体仪式笔者将在后文中予以详细论述。

莎腰妹呃，
起来跟我唱歌吧！
你今天做工累了，
还是在龙床上睡着了？
我的命运真不好啊！
出门无个伴，
入门没有妻，
二十岁还做单身汉！

莎腰妹呃，
你生得漂亮又聪明，
银水粉起没那么好，
金水粉起没那么美。

我真想念你啊！
白天想你吃不下饭，
晚上想你睡不着觉，
问妹愿不愿同我结成双？

莎腰妹呃，
快些起来吧，
用你美妙的歌声，
安慰我单身郎的心吧！

讴莎腰——互换定情物（连南瑶族自治县文化馆提供）

姑娘如对求爱者有意，则在屋内隔窗或开门在火塘与其对唱，互诉衷情；若不中意则装聋扮哑，默不作声，小伙子见状，便知趣地自动悄然离去，不再纠缠。有一些通情达理的姑娘虽对求爱者无意，但也以歌应对，说自己容貌不美，配不上求爱者，十分虚心委婉地拒绝安慰求爱者，并从窗口递出竹柴火把，劝其用这火把照路，到其他地方另寻姑娘对歌谈情。若是在秋冬季节，姑娘会在屋外放置几捆干木柴，让晚上来“讴莎腰”的小伙子烧火取暖御寒。在众多求婚者中如果有一个青年被姑娘选中，其他青年不仅不会嫉妒，而且还衷心祝福他唱歌求得爱情归。

排瑶“讴莎腰”的习俗由来已久。清康熙年间连山县令李来章撰《连阳八排风土记》中，就有排瑶“少年男女唱歌山坳，其歌，男炫以富，女夸其巧，相悦订婚”的记载。可以看出，排瑶以歌为媒、以歌谈爱、以歌定情的男女结合之俗，早已有之。

（三）少年婚

少年婚，是排瑶历史上的一种较为特殊的婚姻形式。有些家庭确实没有能力养育自己的子女，从小就将女儿送到未婚夫家当“童养媳”（南岗有一种特殊情况，是指当儿童身体虚弱时，与其他属相不相克的孩子家对婚）。过门时的年龄，一般在13岁以下，仪式相对简单。若14岁以上过门，要按一般的婚俗给“18份嫁肉”（给30斤猪肉）。不过，14岁以上过门的很少。少年婚在未婚夫家的地位是平等的，如果以后有喜欢的人，亦可请求重新许配。但值得注意的是“少年婚”的情况在八排中明显具有差别。此处以代表性排瑶进行分别论述。

南岗排的少年婚情况。在《连南瑶族自治县瑶族社会历史调查》中曾言：“在南岗排没有发现少年婚。人们订婚和结婚的年龄都很小，一般在10岁左右，父母便给子女们完婚。结婚后，由于夫妻的年龄都太小，妻子不落夫家，仍回娘家住，直至年龄达到十五六岁才回夫家。”[①]

横坑排的少年婚情况。在横坑排有少年婚的情况存在，但并不具有普遍性。据《连南瑶族自治县瑶族社会历史调查》载：

> 在这里（指横坑排），少年婚（亦称“童养媳”）的婚姻形式不算普遍。据统计，现在尚有4人。当童养媳（亦称“少年婚”）的大多都是汉人，2—5岁时接到瑶排。也需要媒人介绍，并且请亲属吃一顿。及至长至16、17岁时，请先生公选好黄道吉日，再请亲友吃喝一顿。女子无嫁妆，男子也不用给外家“嫁肉”。60年前这里已有过少年婚，其产生的原因是过去生活较难，怕儿子长大了娶不起媳妇，同时多养一个人便多一个劳动力。有钱的人家是不做这种打算的。[②]

① 广东省编辑组《中国少数民族社会历史调查资料丛刊》修订编辑委员会：《连南瑶族自治县瑶族社会历史调查》，85页，北京，民族出版社，2009。

② 广东省编辑组《中国少数民族社会历史调查资料丛刊》修订编辑委员会：《连南瑶族自治县瑶族社会历史调查》，185页，北京，民族出版社，2009。

大掌排的少年婚情况。据调查，大掌排作为西五排之一，其少年婚的情况历史上出现过。据《连南瑶族自治县瑶族社会历史调查》载：

> 这里的少年婚不多。只有确实没有能力养育，才把女儿送到别人家里当少年媳。过门时的年龄一般在13岁以下，14岁以上的很少。少年婚在未婚夫家里的地位是平等的；长大后如有称心郎君，亦可请求重新婚配。若再行许配，便把原来的未婚夫家作为外家来往。送女孩去当少年媳，要征得舅父同意。13岁以下过门的，仪式较为简单，过门那天，女方只请外家吃一餐，男方则给女方3份嫁肉（即3份猪肉，每份6斤）。若14岁以上过门，要照一般婚礼，给18份嫁肉。无论哪年过门，嫁肉都要等到女子年届18岁结婚那天才送去。过门时要由媒人公带去。结婚的仪式与一般等同。①

值得注意的是，少年婚的婚姻形式不仅在连南排瑶地区存在，在连南汉族地区亦有出现。据《连南瑶族自治县志》载："新中国成立前，瑶族普遍存在早婚现象，十五、十六岁便结婚……汉族则多按'父母之命，媒妁之言'成婚，有部分实行少年婚。"② 新中国成立后，无论是在连南八排瑶地区，还是在连南的汉族地区都废除了这一婚俗陋习。《连南瑶族自治县志》载："新中国成立后，1953年1月《中华人民共和国婚姻法》公布实施，男女青年在法定婚龄结婚。1964年，县要求晚婚晚育。1980年，国家颁布经过修改的《婚姻法》，提倡晚婚晚育，优生优育。以后晚婚已为青年人接受。"

（四）入赘婚

入赘婚亦指招养婚，俗称倒插门，是指女子不出嫁，男子入女家为婚

① 广东省编辑组《中国少数民族社会历史调查资料丛刊》修订编辑委员会：《连南瑶族自治县瑶族社会历史调查》，248页，北京，民族出版社，2009。

② 连南瑶族自治县地方志编纂委员会：《连南瑶族自治县县志》，151页，广州，广东人民出版社，1996。

的婚姻形式。男子入赘无须改妻姓，所生子女亦从母姓。[①] 这种婚姻形式实际上源自于母系社会从妻居的遗风。随着一夫一妻制婚姻形态形成之后，在以从夫居为基础的同时仍然保留着从妻居的习俗。宋代曾称之为“入舍”，因入赘的女婿大多居住在妻子的家中，俗称“舍居婿”。元代人称入赘为“作赘”，俗称“接脚夫”。明代称接脚夫为“倒插门女婿”。清朝时称之为“坐门招夫”。从实际来看，过山瑶有招赘习俗，排瑶仅是特殊情况才入赘，是个例。

（五）娃娃亲及其他形式

据 1984 年版《连南瑶族自治县县志》载：“瑶族的孩子有的三至四岁便订婚，由父母包办。”[②]

具体的婚姻形式呈现为，例如 A 家有一个小男孩，B 家有一个小女孩，两家在他们四五岁的时候就定亲。在过去的婚姻规则中，同姓同宗不允许婚配。但如非要缔结婚约，则同姓、同宗族结婚要罚酒、罚肉。这样的惩罚力度视情况的严重性来定，一般罚 12 斤猪肉、12 斤酒，并由男方家统一“支付”。受罚的财物由瑶老统一收起来，择日公开请全村的人一同吃喝。在大掌排，如同姓同宗非要缔结婚约，男方一家或女方一家需脱离本宗族。由脱离方提出，经族内瑶老议定，由先生公在族内香堂举行杀鸡、祭祖等有关宗教仪式后，一起喝分家酒、吃分家饭，族内长老依依不舍传唱分家歌（理）后，双方流着眼泪，脱离方掩面哭喊着离开，表示脱离宗族后的悲伤之情。其中一方脱离宗族后方可缔结婚约，以示同姓不同宗缔结婚约。定好亲后，男方家每逢佳节时日，都要提礼品至女方家以示友好，礼品有例如 2 斤酒、2 斤肉等，保持两家的来往关系。

---

① 何丽婴、刘晓明、张希坡等：《中国女性百科全书·婚姻家庭卷》，129 页，沈阳，东北大学出版社，1995。

② 连南瑶族自治县地方志编纂委员会：《连南瑶族自治县县志》，151 页，广州，广东人民出版社，1996。

二、离婚与再婚

（一）离婚

火烧排与里八峒排的结婚仪式比较繁琐与严谨，但凡经历过72礼的婚礼程序一般而言都不会离婚，即便离婚，也是比较少有的情形。离婚的原因有多种，总体来看有以下几种原因。其一，感情不和睦，无法共同生活；其二，女方无法生育子女，从而招致男方的不满；其三，丈夫对待妻子不好，妻子提出离婚；其四，男女的任何一方有了外遇并不被原谅；其五，某方有不良嗜好的，可由一方提出离婚。谢剑在连南的田野调研中对此问题有所涉及，其言："如果是男方主动，女方无大过失，而男方又坚持要离的话，得向女方作少许赔偿；相反，若是女方主动，无论理由是什么，男方可以计算各种花费，要女方提供大量赔偿。假若女方已经另有对象，这笔钱会由后者代为偿付。"[①]说明在排瑶的社会中，男性的地位明显要高于女性，并且在男性的眼中，女性的贞操观念显得尤为重要。

在离婚的仪式中，瑶族长老起到非常重要的作用。当达成离婚协议时，族内的长老必须到场喝酒证明，完成之后由男女当事人双方的兄弟认可，并且要向相反的地方走开，以表明决裂。《瑶族婚俗》一书中曾载有排瑶的离婚状况："如果事实真正感情破裂，一方提出离婚，经亲友和瑶老劝说无效后，双方便可同意，谈妥子女抚养和财产分割等事宜，即可离婚。"[②]课题组在实地调研中也发现，西五排的离婚情况亦是需要经过瑶老的调解之后才可做出选择。但总体而言，西五排的离婚情况较少。练铭志亦曾考证言："火烧、大掌一带离婚者不多。离、再婚均为社会所允许。离婚，男女双方均可提出，且理由亦不必充分，手续也十分简便，只需瑶老作证，彼此喝过一杯酒，婚姻便算终结。"[③]从一些文献资料结合调查资料能够得出，"瑶老"在西五排地区起着非常重要的作用，只要瑶老作证，商议再无可能

---

① 谢剑：《连南排瑶的社会组织》，229页，香港，香港中文大学出版社，1993。

② 许文清主编：《瑶族婚俗》，31页，广州，羊城晚报出版社，2017。

③ 练铭志、马建钊、李筱文：《排瑶历史文化》，293页，广州，广东人民出版社，1992。

保持婚姻，即可解除婚姻。

此外，在对待离婚后子女的归属问题上亦有诸多俗例。按照惯例，儿子随父亲、女儿随母亲。在排瑶的心目中，子对父以及女对母都很重要。父死无男嗣继承田产，上坟挂纸时会遭遇诸多不幸。同理，母亲死亡如果无女背竿（竹竿系白布的招魂幡），则被认为是非常不体面的，由此也可证明母亲这一关系的中断。对于财产分割情况，男方则会分得不动产田产和房屋。涉及钱粮者一般情况下平均分配，但依照惯例还是男方获得较多。如果离婚事项是女方提出的，不仅无权要求分得财产，还得作出赔偿。离婚后 3 天内，若丈夫没有提出复婚要求，离婚妇女就有权带着子女另嫁他人，带去的子女要改从新夫的姓。此后，子女与生父再无父子（父女）关系，而继父也不允许他（她）回去看望生父。从火烧排和军寮排的实际情况来看，离婚都由男方主动提出，妻子则是处于比较被动的地位，要求离婚的情况较少。

（二）再婚

在排瑶传统婚姻生活中，再婚的情形是社会所可以接纳的。一般而言，再婚分为 3 种情况。第一，初婚的男方娶离婚或为寡妇的女方；第二，离婚的男方娶初婚的女方；第三，男女双方都是离婚后重新组建家庭的。在婚俗礼仪上 3 种均有差异。第一种而言，仪式从简需要男方向女方家送去 6 斤酒即可，意为聘礼纳收。第二种情况则需要一切程序严格按照排瑶的婚礼仪式进行[①]。第三种情况的婚礼仪式与第一种情况相类似，有的比第一种情况的仪式还要简单。

关于再婚女性头饰亦有特殊讲究，离婚后再婚妇女是不可以改回少女发型的。排瑶地区少女一般不用粉色线绳挽头发，而已婚妇女必须要用粉色的线绳把头发高高挽起。女性结婚时，发饰会发生改变，但不会再改变回少女发饰。

值得关注的是，新中国成立前排瑶之间的再婚率非常之高。究其原因，谢剑认为：自然和社会环境给排瑶社会带来窘迫压力，而内部可用的土地

① 此处的婚礼仪式过程将在后文中详细论述，这里不展开详述。

资源又是极其有限的，为了延续整个排瑶族群的生存，因此必须在亲属、家庭和婚姻等制度上保持弹性，以求适应。[①]

除此之外，再婚的另一种特殊表现形式是“收婚”。在访谈调研中发现，在排瑶地区仍有“收婚”情况，例如兄终弟及的弟收嫂、翁收媳以及父收继女、侄收婶、姐亡妹继等一些特殊的婚姻形式。诚然，这些是特殊个例，并不具有普遍性。练铭志在田野中考实了这一观点，其言：“收继婚为排瑶社会舆论所不许，故实例并不多。但作为择偶困难的一种缓冲形式散见于各地。其形式有兄终弟及、翁收媳、父收继女、侄收婶和姐亡妹继等几种。”[②]

三、通婚范围及相关因素

通婚范围包括排瑶间婚姻的择偶标准、通婚对象、通婚原因以及通婚相关禁忌，等等。排瑶文化中有着诸多通婚范围的相关规定，这类规定大多是约定俗成和自觉遵守的民间规则。随着社会的不断发展变化，八排地区间的通婚范围也有所改变。

（一）通婚范围

本民族内部通婚的婚姻形态称之为“族群内婚”，主要指的是局限于排与排之内，或范围不大的地域内本民族内部的婚媾。八排地区之内盛行的为排内婚，“好女不嫁外男”的观念前文已所述及，具体通婚范围的宽狭则因地而异，除了本排内部的通婚，本排与他排通婚的可能性也是存在的。练铭志从更小单位“冲”进行了考量，认为：“大体是八大排基本以排为限，小排冲区如大麦山、盘石、香坪和金坑等地则基本上毗邻若干村寨为单位。如金坑乡的内新、坑尾、黄六、牛头等方圆十里左右构成一通婚区就是一例。”[③] 由此，以“排”或以冲为单位的通婚范围总体而言都是比较宽泛的。

新中国成立前的八排瑶中，同姓同房系是不允许通婚的，后来因为村寨人口男女比例及观念改变，同姓之间也可通婚。

---

① 谢剑：《连南排瑶的社会组织》，231页，香港，香港中文大学出版社，1993。

② 练铭志、马建钊、李筱文：《排瑶历史文化》，299页，广州，广东人民出版社，1992。

③ 练铭志、马建钊、李筱文：《排瑶历史文化》，297页，广州，广东人民出版社，1992。

据大掌排的唐买手二介绍：

> 我们大掌老排以前，只剩下唐和邓两个姓。以前同姓不嫁的，后来唐就嫁邓的。邓的人少，唐的人多，男女不够结合，两姓男女比例不对等，唐就嫁唐啦。唐姓分大唐小唐，邓的学唐的一样，同姓也婚配。

大掌排的通婚范围无论在民族对象与姓氏间都没有形成固定的规范，邓姓与唐姓同样可以进行通婚。

另外，军寮排一带的同姓同房系之间不能进行通婚，但是经族人同意，先生公举行仪式，开戒，3 代之外同姓之间且不同宗族则可以结婚。

（二）禁婚范围

连南排瑶地区的禁婚范围一般为“同姓不婚”。《舆地略·附瑶篇》载：“瑶人……婚姻不辨同姓”。谢剑曾认为这是一种用汉人观念来评论的不当看法。在连南排瑶的地方社会当中，有氏族、宗族和宗支 3 个大小不同的层次，小者“巢居”于大者之中。汉式的姓，如盘、房、唐之类，固为氏族所有，但数量不多；作为宗族和宗支的世系群也各有名号，谓之“姓”亦无不可，它们在禁婚规范中却有重要作用，而不是所谓的“婚姻不辨同姓”。[①] 这是在观念上必须加以廓清的。同样也正是因为这个原因才证明了为何“同姓之间仍然可以结婚”（必须出了 3 代以外），这种“可禁可放”的禁婚规则是因地域而产生的。

从 20 世纪 50 年代调研报告的资料来看，婚姻范围是：“除房姓外，这里尚无同姓结婚的，房姓的同姓结婚，也限于不同太公的才行。一般三、五代以内的不能结婚”，而对于大掌排来说，这一地区的描述则显得更为笼统和模糊：“在这里，十代以内同姓人不得结婚。”[②] 20 世纪 80 年代后，谢剑曾到连南东芒地带进行了广泛的核实调研，证明排瑶一般以所说的“房”

---

① 谢剑：《连南排瑶的社会组织》，206 页，香港，香港中文大学出版社，1993。

② 广东省少数民族社会历史情况调查组：《广东省连南瑶族自治县南岗、内田、大掌瑶族社会调查》，275 页，1958 年，内部编印。

作为禁婚范围，并且经其证实，当开辟新土，导致人口迁移分散，不易找到可婚对象时，则原来的“房”也可以划分成不同的宗支，由本来的禁婚一变而为彼此可以通婚，唯一需要上溯至3代的共同祖先之外，这也是最小的禁婚范围。[①] 总体而言，排瑶有为较严格的“禁婚范围”，同房姓宗族之间不准通婚。

（三）婚姻自主与择偶标准

婚姻自主。关于排瑶地区的婚姻自主，史料文献亦有记载。据《连山县志·瑶排志》“瑶俗”称：“婚姻不预订，每岁以七月七日会男女，曰‘要秋’。张筵于野，男女及年长者偕其父母造焉。共牢而食，食既而歌，相悦则答歌。纳红巾以为采。寻请期于归。”[②]“婚姻不预订”即可表明在排瑶中主张的是婚姻自由。同样在《风土记·风俗》中“瑶俗”亦云：“少年男女唱歌山坳，相悦订婚，宿于荒野。次日，告父母，方请媒”[③]。此则史料亦能体现排瑶地区的婚恋自由观念。通常情况下，婚姻真正是由自己做主。父母对子女的决定都表示理解和赞成，使有情人终成眷属。如果遇到少部分家长不同意者，只要男女当事人坚决同意结婚，或者造成了婚姻事实（未婚先孕），家长则一般不再继续坚持，即同意此门婚事。

择偶标准。从排瑶的婚恋歌以及婚恋习俗等多方面考察，排瑶地区在择偶标准方面大致与传统的道德观念和价值取向相一致。首先，就女子而言，理想的新郎应该具备以下几个重要的特征和条件：

其一，与女方的年龄差距不大；其二，身体健康，五官端正；其三，会说话，会唱歌，言语得当；其四，家里有田地，有所依靠；其五，尽量挑选父母健在且身体健康者，婚后如有孩子，便可由父母帮带，帮扶照料家庭生活；其六，兄弟姐妹较多者为佳，因遇事皆可帮扶；其七，为人和气，不动手打人亦不开口骂人；其八，不过分饮酒且没有其他不良嗜好的为宜；其九，具有勤劳节俭、勇敢大方等品质。

相对而言，对于男方而言，挑选自己称心如意的新娘也同样拥有以下

① 谢剑：《连南排瑶的社会组织》，231页，香港，香港中文大学出版社，1993。

② 刘允元：《连山县志》，241页，全国图书馆微缩文献复制中心，1992。

③ （清）李来章：《连阳八排风土记：卷三：风俗》，康熙四十七年刻本。

几个特征及条件：

其一，与男方的年龄不能差距太大；其二，五官端正，外貌讨人喜欢；其三，要能干，勤于劳动，懒惰是大忌；其四，为人诚实，性格和蔼；其五，不多言且不妄语；其六，家庭背景较好者为宜；其七，最好是初婚，亦不是寡妇或者离婚者；其八，要懂得勤俭持家。

以上可能是在新中国成立后存在的择偶标准。另外值得关注的是，女方择偶需要男方会说话，会唱歌，而这恰恰体现了歌谣与情歌在择偶过程中的重要作用。与此相印证，在一册民间故事的歌本中发现排瑶地区的“婚恋与择偶标准”，兹录一则情歌如下：

> 男唱：爹娘生我一岁起，养我这么多年，还是个穷苦的人儿，没有一片田地。怕是嫌我穷吧？
>
> 女唱：大家都是穷苦人，只要齐心合力，一齐下地干，也不计较爹娘留多少田地，两个人下劲干，种些薯芋也不是不会吧？生男育女也有个家的样子。①

随着社会经济文化水平的提高，人们的婚恋观念在潜移默化中改变。从田野访谈中可以看出现代择偶观念已悄然发生变化。男方对女方的追求标准不是花容月貌，最重要的是身体健康以及内在美，例如尊老爱幼、热爱劳动、心灵手巧、性情温柔，至于说家庭财富多少则很少考虑。他们的婚姻是建立在纯真、朴实的情爱之上，是一种较为真挚的爱情结合。

（四）婚姻年龄

新中国成立前，排瑶订婚年龄较早，一般在15—16岁，订婚日期由男女双方商量。新中国建立后，倡导婚姻平等自由，禁止婚姻陋俗，相应的订婚年龄也提高，一般在18—19岁，甚至更晚。

对于初婚年龄来说，八排各个地方不尽相同，一般来说火烧排、大掌

---

① 《民族问题五种丛书》广东省编辑组编：《连南瑶族社会调查·精神文化》“民间歌谣”条目，广州，广东人民出版社，1987。

排、金坑等地的年龄都相对较大。从性别来看，男性年龄略高于女性。在火烧排与里八峒排的调查了解到，女生满 18 岁就可以结婚，男生则要到 20 岁才可结婚。火烧排一带有着“女子不到 18 不问嫁”的说法。婚龄偏低，其背后有着诸多社会根源，过去排瑶生活条件较为艰苦，瑶族同胞视自己族人为宝，为早得和多得子嗣使族体顺利绵延，尽早为后代婚配，即为良策。

早婚之外仍然有大龄未婚的现象。在排瑶社会初婚男子 30 岁以上才结婚是个案，但相对于女性而言，这样的情况则比较少见。

对于再婚年龄来说，排瑶地区则没有固定的规则与界限。

（五）婚姻观念的改变

新中国成立前，排瑶地区的婚姻存在着地域内通婚的现象，“好女不嫁外村”的观念深入人心。在过去，婚姻的首要目的便是传宗接代、繁衍子嗣，其他则列为其次。女子出嫁之时会带一些类似于锄头一样的生产工具过去，娘家还会赠送陪嫁田，所以过去女子在经济上拥有一定的独立性，对男方的依赖性并不高。在传统的排瑶观念中，男女地位相对平等，女性也是生产者，身份独立而未被束缚，一定程度上促使婚姻稳定性的松弛。

时至今日，排瑶地区的婚姻范围不再受地域范围的限制，观念上亦表现得更为开放，包容性更强。

四、婚姻习俗

2014 年 11 月，八排瑶婚俗入选国家级非物质文化遗产名录。关于清代八排瑶的婚俗情况，李来章在《连阳八排风土记·风俗》中略有记载：

> 少年男女唱歌山坳，其歌男炫以富，女夸以巧。相悦订婚，宿于荒野，或会度衫带，长短相同遂为婚。次日，告父母，方请媒行定，用红纸包盐十二两，又用茶一包系以红青麻线，银一钱二分，为定。近岁间用年庚，行定。及娶，办银二两四钱，贫者或一两二钱，猪肉四十斤，富者或六十斤，酒一埕，鸡一对，用

> 糯米作圆糍，大如月饼，为聘。女家用一十四人送之男家，各酬牛肉一十二斤。婚日，新郎避出于外，至夜卑幼送回成婚。不告野合，先配后祖。[①]

上述材料中，结婚聘礼有盐、茶、银，还有一些食品。盐在山区是重要物资，出现在婚礼当中可见其重要性。较为有趣的是，结婚当天，新郎并不与新娘一起，二者不相见。

结婚是一项重要的人生礼仪。男女双方感情成熟后，便由父母安排，请好媒人，定下日子结婚。不过，按照习俗规定，八排瑶结婚必须选择在农历十月十六即盘古婆诞辰之后。因为每年这个时候，农业耕作基本结束，举办婚礼不会耽误生产。另外，女方出嫁，要将当年收获中她应得的部分，再加上柴草、生产工具、生活用具等作为嫁妆带去夫家。

结婚的日子由先生公选定。新中国成立前，日子选定以后，男方家要提前准备婚嫁当天结婚时所需的用品及婚宴请客的食物等。女方家则提前准备好嫁妆。结婚前一天，吃过午饭后，男方与舅父及伴郎、抬嫁妆的人前往女方家迎亲。男方迎亲准备的礼物一般有猪肉、酒、鸡等。送嫁时，新娘的兄嫂亲朋等人与新娘一同上路，新娘打太阳伞，穿草鞋，新郎与伴郎在前面带路。迎亲队伍进村，由男方家嫂子接过太阳伞，给新娘重新梳洗，需脱去草鞋，换上布鞋。结婚过程一般要 3 天，3 天之内新郎不准进新房，不闹洞房。每晚是由送嫁的妹妹陪伴新娘。3 天后，新娘在新郎的陪同下，一同返回娘家，天黑就返回。

八排瑶中各排的婚姻习俗虽大体相同，但各排之间有一些差异，为便于区分研究，将调研所得资料进行分排论述。

（一）西五排婚俗

1. 军寮排婚俗

军寮排的具体结婚仪式过程，根据田野调查，记录如下。

---

① （清）李来章：《连阳八排风土记：卷三：风俗》，康熙四十七年刻本。

男订婚，男方的父亲去女方的家，给订亲费。订亲后算是男方家的人。等着好的日子一起摆喜酒。订亲交24块钱，现在要240块。男方这边请先生公选好日子结婚。

结婚前一天，接女方父亲、长老等关系最亲的亲戚到男方家里吃饭，母亲不来。饭后送女方父亲等回家，送2包盐，5斤猪肉，一起跟女方父亲来的还有女方的一些长辈，如舅父，姑姑。除父亲外，跟父亲一起来的人给1斤半猪肉，不送盐。男方、女方分别找几个朋友一起吃饭，交代明天要嫁了，叫“食麻利饭”。男方找3个人，带1个小孩，女方也是3个，带1个小孩，代表以后有孩子，叫“捉龟苗”。男方家要杀猪、鸡、鸭等，做好准备，迎接明天的婚礼。先请先生公收耗，驱赶邪气，通知祖先。把鬼神收起来，叫“收阴邪”。把阴邪收起来，用神鞭在地上画出“三十六井”“九井”“四井”。

结婚当天早上吃饭后，女方等待迎亲。一大早，男方的舅舅去女方家接新娘，带5斤酒，10—20斤肉，带上几个青年，准备抬嫁妆。

新人要带符。衣领、头上，还要打一把伞，里面也有符，一张符放在房屋香炉。那把伞挂上符、剪刀（竹子做的）、手巾，为了保护新娘平安。新娘出去，戴上头饰，先生公喝一口水喷出去，然后再把伞交给她，打着伞出门，男方家里人带路。半路上新娘与新郎交换下鞋子，以前做的都是草鞋。到了男方家，解神煞白火，解伞入屋，解了给先生公，交给男方姑姑。先生公洗脸，然后新娘洗，随后家里人洗，要两洗，不能单洗。先生公祈福，念词，大意是你家男的代表水，女方代表鱼，有水才有鱼。然后拜神。

到了晚上吃饭，两亲家互相对歌，教育新郎新娘。新娘站着，不能坐，唱四个钟头，男方亲戚这边唱诸如“放心嫁到我家，不会让你吃苦”之类，女方唱“女方从来没做过工，什么也不会，多照顾”之类。女方那些人送走后，开始拜神，阿婆带着新娘介绍男方家里人敬茶，敬一个，给一个红包，一个一个来介绍。当天晚上新郎新娘不能睡一起，新娘跟男方的姐妹睡两晚。

新郎带着新娘回娘家，还要带上1个女孩，1个鸡笼，里面装1只鸡。回娘家时，要把新娘头上的布饰卸下来，用黑布包着，去娘家洗头。女方母亲给她镰刀，代表去男方家里干活，离开父母了，以后要靠自己。在娘家拜神，放鞭炮，岳母带着新郎敬茶，认识女方亲戚，亲戚送红包。然后，新娘与新郎一同回家，吃晚饭，才同房。

结婚有一些禁忌，比如男女见面，婚礼期间，新郎不能进厨房，不能同房；结婚3天不能洗澡，符要带在身上；女方家里死人了，当年不能出嫁，一年不能“走两个人”，男方家里死了人，可以娶，意思是“走一个来一个”。①

上述采访对象是一位军寮排的先生公，所以关于结婚过程的一些信仰仪式介绍得较为详细。从上述婚俗过程中，可见其与清代排瑶婚俗仍有相似之处，例如新婚当日男女不相见的习俗仍然在传承，盐依然是婚礼当中不可缺少的物品等。

军寮排行嫁传统（房昭娱／摄）

① 讲述人：房良九斤公，男，73岁，瑶族，军寮村五组。访谈地点：房良九斤公家中。访谈时间：2019年7月28日，原访谈内容较多，结构较为散乱，语言较口语化，笔者整理加工后成文。

新娘进门用热水洗脸洗手（房昭娱 / 摄）

2. 马箭排婚俗

调查组在马箭排调研期间，走访房买机八，他时年 66 岁，是牛路水村人，介绍了自身的结婚情况与过程，内容如下：

我跟我老婆是“讴莎腰”时认识的，后面相处有感情，就商定结婚了。礼金一年 12 个月就给 13 块钱。那个时候一天的工钱是几毛钱，相当于一个多月的工资。

结婚前的晚上，她爸妈、阿公阿婆等最亲的人来我家吃晚饭，商量送嫁的嫁礼要多少人抬。第二天，派出按照女方提出的人数去迎亲。男方家带猪肉、酒去女方家，他们吃了早餐按规定送新娘到我家。

新娘要在门口等先生公念完经才能进屋里。先生公念完要两小时。我不去接亲，我们男方不去接。新娘不能坐，第二天起来也要接着站，站 2 天。戴的帽子很重，不能洗澡，衣服不能换，不能同房，第三天回娘家以后才可以。

男方家煮饭的厨师，来吃酒的放钱在桌子上，客人放多少钱，

> 酒席结束后，族人清点后发现客人放的钱不够双数，厨师按心意放钱添够双数。以前三毛（角）钱一天工，最后放起来都有一百两百多。厨师是由自己祖上最亲近的人来做，一般是哥哥、弟弟、堂哥、堂弟、表哥、表弟等，必须是男的，女的不行。
>
> 吃晚饭时，家婆带着新娘认识男方亲戚，亲戚给红包，1 毛（角）2 毛（角），几分都有，意为给茶工钱。女方家人吃了中饭、晚饭就走。结婚当晚，吃了一半喜酒，等女方家里人走了后，开始放红包，每个都要放，唱歌。唱歌告诉新郎，以后怎么做人，新娘要孝顺公婆。放的红包，5 毛（角）、1 块，没有 5 块的，那是十天的工资。
>
> 第三天回娘家，带上肉、酒、鸡鸭、萝卜、米等。到了娘家敬茶，岳母带我认识他们家亲戚。吃过午饭后回家，晚上同房。①

需要说明的是，时代不同，婚俗亦有差异。房买机八结婚是在改革开放以前，传统的一些婚俗依然保留。

3. 大掌排婚俗

大掌排内婚姻订婚由父母做主，舅父同意，然后通过媒人公的奔走而确定。自由恋爱的男女亦必须经过订婚才能结合。过去，订婚年龄从一至十五六岁。父母做主的，多在三四岁订婚，而自由恋爱的，都在十五六岁后。凡经父母做主订婚的，长大后往往要根据婚约结婚，但亦有些年轻人长大后另有所爱，解除父母做主订下的婚约，和自己所选择的人结婚。幼年订婚长大后另与他人恋爱而解除婚约的情况很普遍。订婚时间，通常由先生公在农历四月、六月、八月、十月这 4 个月份中选择吉日。

订婚的过程较为简单，男方家父母得到舅父许可后，便请媒人公到女方家商谈；女方家亦得到舅家同意后，婚约即告成立。男方要送给女方猪肉 6 斤、酒 6 斤、饼 2 包、6 两重的盐 1 包和 2 两 4 钱白银的红包。俗称“七十二礼”。另外，给媒人公一包 6 两重的盐，请媒人公在男方家吃饭。

---

① 讲述人：房买机八，男，66 岁，瑶族，牛路水村七组。访谈地点：房买机八亲戚家中（马箭排）。访谈时间：2019 年 8 月 4 日，原访谈内容较多，节选。

新郎家人给送嫁人送吃肥猪肉习俗（房昭娱 / 摄）

婚约确定那天，双方各自请最亲密的亲朋吃一餐饭，亲朋回送一个红包以示祝福。

结婚一般要由父母做主，并且要得到舅父的同意。结婚年龄一般定在 18 岁、20 岁、22 岁这 3 个年龄段。过了 22 岁则没有强制性的规定。

举办婚礼时，要宰牛杀猪，送礼物给女方家，女方家则要准备嫁妆。所需费用多少，要看双方的经济能力而定。一般情况是男方家要准备 18 个“嫁肉”（每个“嫁肉”为 6 斤猪肉），其中 5 个“嫁肉”给新娘的舅父、舅公，8 个“嫁肉”给新郎的亲叔伯兄弟。给女方家的礼金共计有白银 5 两 4 钱、酒 20 斤、猪肉 20 斤、鸡 2 只。女方家的嫁妆主要有台椅、铜面盆、被子、衣服、扁担、菜刀、锄头、镰刀等家具和农具，富裕的还要给陪嫁田地。给媒人公做报酬的 6 斤猪肉，是男方家出 4 斤、女方家出 2 斤。举行婚礼仪式的日子里，女方家请亲朋喝酒两天，所需的肉类、酒和米的数量比男方家少些。男方家宴请亲朋好友以示庆贺，整个过程共 3 天。第一

锡酒壶扎绑习俗（唐常青 / 摄）

天邀请外家和亲友帮助杀猪宰牛和磨豆腐。当晚，新郎带着童男一人在夜晚到新娘家吃炒黄豆和饮甜酒，新娘和几个伴娘（未婚的莎腰妹）招待他们。大约半夜，新郎带男童离开新娘家，新娘在此时炒黄豆招待以前对过情歌的男性朋友，大家边吃黄豆边唱分离歌，至鸡叫天亮。

第二天，先生公念经祭祀祖先后，新娘离家出嫁。去男方家的路上，媒人公在前面走，送嫁的舅父及亲友 18 人挑着嫁妆跟在后面，新娘手撑雨伞，脚穿新鞋前往。到了男方家门口，要等先生公念经、亲友燃放鞭炮后才入门。

这天，男方家大摆喜酒，家姑领着新娘，逐个介绍亲朋。新娘要拿一盆水给家翁洗脸。摆喜酒时，家翁和男宾同席，家姑、新娘与女宾同席，新郎独自和几位同年（知心的朋友）在另一个地方吃饭。

第三天，新郎带着糍粑、猪肉、酒、香烛、红纸、白纸等物，和新娘一起去拜见岳父母。去时，俩人都要撑着油纸伞。到新娘家，新郎拜见岳

出嫁女方带路人手提猪肉和水酒送给新郎家（房昭娱 / 摄）

父母后，即把猪肉煮熟，燃烧香烛、红纸，敬奉外家的祖先。吃饭时席中放一空盘，当岳母向众亲友介绍女婿时，亲友们就把红包放在空盘里。是日，新郎带着新娘返回自己家。结婚的仪式至此结束。

每年排内新婚的男女都要在同一天举行结婚仪式。假如是年结婚的人不足 3 对，就简单举行，男方家送给女方家的东西改到明年送去，新娘要带到男方家的嫁妆也要留待明年补给。[①]

4. 火烧排（大坪排）婚俗

火烧排（又名大坪排）的婚姻仪式较为繁琐，即 72 礼节，这也是独具特色的瑶族民俗文化。调查小组在调研期间曾对广东省瑶族婚俗非遗传承人房伟华进行多天采访，遂将其口述资料逐一梳理。

第一步：问亲。

① 大掌排的婚俗与各排大致相同，但略有差异，具体可参见连南瑶族自治县非物质文化遗产保护中心：《瑶族婚俗》，63—64 页，广州，羊城晚报出版社，2017。

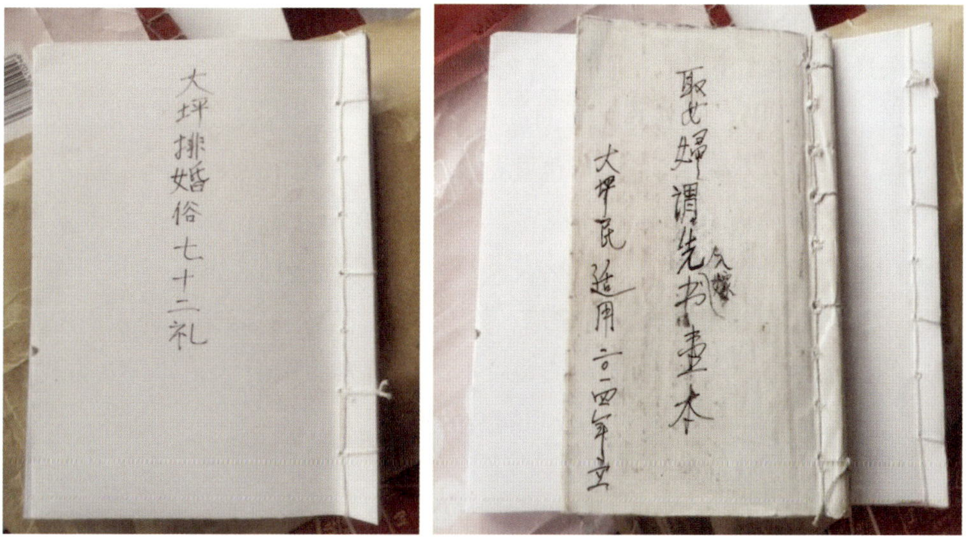

文本资料（李超 / 摄）

商量。全排各堂兄弟在每年除夕夜吃了年饭后，成年人和老人聚集在一起，听唱情歌、历史歌和故事，通宵达旦。到交年时唱贺新年酒歌（瑶话叫“阴婆道”）。大家交谈本房姓有哪几个男孩还没有认亲对象。如果有，准备到哪个女孩家去问亲，以防止同时去同一姑娘家问亲。而问亲的年龄一般在 3—20 岁皆可。

第一次问亲。由男方选择好日子，请媒人去第一次问亲。女方接到男方的第一次问亲之后，父母便去外家汇报，告诉是哪家的男孩派人来问亲，征求意见，是否合适，如果外家人同意就回信。

第二次问亲。男方接到女方的回信后，叫媒人去第二次问亲，女方如果接受就请媒人来吃餐饭，叫“吃白饭”，这顿饭不算定亲饭。

第三次问亲。媒人回到男方家汇报第二次问亲的情况，如女方同意，男方就要选好日子，叫媒人去第三次问亲，第三次女方请吃饭，并叫几个亲兄弟来参加，这叫做“同意对亲饭”，表示问亲成功。

第二步：对亲（定亲）。

送定亲红包。“三月三”节日这天，男方请先生公选择去女方家交“定亲红包”（瑶话叫“交盐包钱”）的吉日，基本上全排对亲的人共一日，由媒人去送“定亲红包”。

送“盐包钱”。到择定的吉日，请媒人去送“盐包钱”：芭蕉叶包好的盐2包，每包4小两；用黑布包扎白银2包，一包1两8钱，一包2两4钱。另带数斤酒肉，没有具体规定，一般有10斤左右，要送去女方家里。女方叫外家人和亲兄弟来喝酒吃饭。双方喝过“盐包酒”后，算定下这门亲事，从此双方不得反悔。定亲后，多数男女都会走完问亲、提亲、定亲、结婚的这个过程。其中也有人长大后不满意对方而退婚的，如是女方先提出，要如数退还男方送来的礼金和问亲的费用。

第三步：问嫁和择日。

提亲求嫁。当男女青年到了结婚年龄，男方准备结婚之年，在农历六月六日前请媒人到女方家提亲求嫁，如果女方答应出嫁，男方即着手做好婚礼的准备工作。

选择送“到嫁钱”的吉日。女方答应当年可出嫁了，到了农历六月六日时，男方请先生公选择送“到嫁钱”的吉日。

送“到嫁钱”。到了择定的吉日，男方请媒人带着到嫁钱白银2两4钱送给女方，作为定嫁礼品。

选择举办婚礼的吉日。白露日在婚俗中叫“归魂日”，那天男方请先生公选定嫁娶吉日，做嫁妆用的砍树、砍竹吉日，锯板做柜的吉日，先生公选好后用纸记下，以防记错。

“报乃”即报信。到先生公择定报信的日子，请媒人带先生公用红色纸写好的择定做各项事的吉日报信给女方。女方收到媒人送来的报信后，即着手准备嫁妆和送嫁的东西。按照择定的吉日请人砍树砍竹，做衣柜1个，面盆、水桶各2只，木凳4个，饭桌1张；购买被单、棉被各1张，田耙、锄头、锹刮、柴刀、草刀各1把，担水钩1对。

吃莎腰饭。女方收到男方的嫁娶吉日报信后，即派人去请兄弟、亲戚来家里，吃莎腰饭，并通知兄弟到时候来送嫁。送嫁人一般10—22人内，去送嫁的人，男方还礼给每人6斤猪肉，超过22人的，回来后由女方家补给。现在去送嫁的人太多了，没有猪肉还礼的习俗了。

编制特制鸡笼。男方家请人砍竹子织“鸡占篮”“鸡笼”2只，大小刚好装进3斤6两的活鸡。和平时用的鸡笼不同的是，提笼的柄只用2条竹篾，常用的是3条竹篾。

砍抬柜竹。嫁娶前日，男方派人到竹山选砍抬柜竹两根，截成两段长短一样，并且两根竹的节是12筒12节相对齐，表示1年有12个月；截两根担扛杆，每根有4筒4节相对齐，表示一年有4个季节。

对于结婚前物品的准备，房伟华讲述了诸多细节之处：

> 先生公要指导男方结婚前准备好多种礼物，例如猪肉20斤，头、尾、脚、眼睛、耳朵一共20斤，1斤不多1斤不少，而且不带毛。另外再带2块猪肉（不过称）叫填秤肉。酒是20斤，纸箱为2包，每包为6根香，用纸包起6根香，分别用红绒绳绑起来，正对打结放好，转两圈打结。[①]

第四步：嫁娶迎亲。

喝出嫁酒。在嫁娶前夜，男方叫兄弟送酒肉、水豆腐到女方家。如果男方家是第一次办喜事娶亲，要外家人派一人，第二天派外家人去接新娘作“担担人”。送去的酒肉各120斤，水豆腐两板，磨12斤黄豆做成，给女方招待客人。现在生活富裕了，另加鸡鸭和小菜各20斤左右。

炒黄豆。出嫁前一晚，新娘要炒黄豆。晚饭后伴郎跟新郎到女方家吃新娘炒的黄豆，并用绣花袋装1—2斤带回去，在路上分给来讨要新郎黄豆的人。当晚新娘请数个要好的姐妹在闺房作伴，一些曾经和姑娘唱过情歌或恋爱过的阿贵也前来吃黄豆庆贺，并唱情歌与新娘告别和祝福新娘。《瑶族婚俗》曾记载了一段“炒黄豆歌”，此时又叫作“分离歌”。摘录如下：

男：聪明的莎腰妹呃——
　　分手就在这一天，

---

① 讲述人：房伟华，男，72岁，瑶族，火烧排大坪长老。访谈地点：大坪房伟华家内。访谈时间：2019年7月28日。内容有节选。

分袂就在这一时！
日后上山不同路，
下岭过溪不同桥，
砍柴不共一座山，
耕种不在一条岭，
叫我如何不想你！

女：我心爱的阿哥呃——
你的话句句如刀割我心！
我们俩相爱的日子，
好像过年的甜糍粑，
犹如寒天的火炉塘！
想不到呃，六月天下了大雪，
甜糍粑会变酸，
火炉塘会熄灭；
一对金鸡变成单，
风吹笼破鸡飞散！

男：美丽的莎腰妹呃——
青山能留千年树，
苦命人难留心上人！
我眼水哭干拦不住你，
你丢开我去嫁人做新娘！
悲伤呃悲伤，凄凉呃凄凉，
我肝裂肠断有谁知？

女：我心爱的阿哥呃——
只恨天地太无情呃，
让我俩命苦双变单！

只怨老辈人不讲理呃，
狠心割断我俩的情！
阿哥呃，我人去心留下，
今生做人不能和你共床共被睡，
下世变鬼也要与你成对共穴埋。[1]

接新娘。嫁娶日的寅时辰，“担担人”（“挑担人”，去接新娘的人）用新竹箩担有猪肉20斤，要求头带整块连有猪嘴、耳、眼、鼻和前脚，后夹带有尾巴和后脚，连成一块。整体的猪肉用竹篾串起，打的竹篾结头端都向里指。重量不少于20斤，但也不能多，否则要罚酒肉数斤。另外用竹篾串肉头两块，同样是打的竹篾结头端向里指，重量不定，有2斤左右，用以过秤时添补万一不足20斤的添秤肉。此外，还带用红绒线绑的纸香两扎，每扎有6条香，2个红包，一个是1两2钱白银，现在包人民币1.2元或12元，叫讨嫁钱，另一个是7两2钱白银，现在包人民币7.2元或72元，表示“七十二礼”行齐。以上的礼品如果有不符，新娘的外家要罚新郎家若干斤酒肉。

对于礼品的完整度，房伟华亲自讲述了重要的细节，其言：

礼品在结婚当天交给女方后，女方要检查是否齐全，如果齐全即可。如果不齐全要先罚酒，然后再回去原来的地方进行补充，再拿1—2斤肉。一般女方都会挑毛病的，比如包纸的红绳颜色是不是鲜艳，红色有两种，一种是鲜红色，一种是浅红色，会挑男方的绳子不够红。婚礼进行中要吃饭了，接新娘的带路人要烧纸烧香，在厅堂烧纸，之后吃饭，然后再烧一包纸，之后再吃饭，所以要吃两次。之后要带新娘出发，中间有个罚酒礼节，一般为竹筒，一个竹子是12节，所以叫1竹12节12筒，这样竹子的挑选很难，罚酒要罚抬酒的人。新娘抬柜竹为12节12筒。罚男方家来抬嫁妆的人。

① 这首炒黄豆歌流传在火烧排与大掌排附近，唱述者为唐国林（唱）、房三妹（和）。

烧香拜祖。到烧香拜祖时辰，“挑担人”将带去的一扎纸香烧着，先向进门方向拜三下，后转向香炉堂拜三下，交6条给“大盟公”插3条，上香炉堂，插1条到五郎坛，剩下的2条由“挑担人”插到大厅门口，1边1条。

催新娘出嫁。祭祀祖先后吃早饭，吃完后，没到收好碗筷时，担担人就喊：“亲家公亲家婆，送新娘出门啊！”等收好桌面碗筷后，挑担人用带去的另一扎纸香再拜祖，这次要向香炉堂拜三下，然后转向厅门口拜三下，表示接新娘从大厅出门。

新娘出门。先生公念瑶经，做法事，举行出嫁仪式，把小剪刀和画好的出嫁符一块绑在伞杆处。男方派出去抬衣柜的人，把女方送嫁的所有盆、筒、柜子拴到扛杆上，抬柜前女方有人来检查扛柜竹竿的12筒12节是否相符。数法从一开始，第一筒或节是否有，第二筒或节是否有……按照这样来数，如果女方人认为数量不符，这时候男方又来数，从头开始，再数一遍。如果双方还是有争议，最后便当众取笑了结。送嫁队伍的顺序是扛柜人走在前面，后面依次是担担人—带路人—新娘—送嫁人。

第五步：入嫁。

第一，男方请先生公念瑶经，做法事，举行新娘入嫁仪式。新娘来到男方家门口时，先生公按俗定的规矩念瑶经做完所有法事后，将新娘迎进屋，送嫁人也跟着入屋就座。其间，男方兄嫂把新娘的姑娘发髻拆开，做成“玻黎”（已婚妇女）发髻，带上白布做成的三角形平顶冠帽后，在门口由姑姑或姑婆换上新鞋。吉时一到，由女方的带路人手拉手把新娘带进屋，送嫁人等也依次踏入大门进大厅就座。

第二，迎亲喜宴当天，新郎家大摆迎亲宴席，送嫁人要吃两餐才离席，第一餐吃过后，离桌休息一会儿，又入座回原来的位置吃第二餐，叫做“垫喜”。这一餐的主要目的是为女方亲戚教导新娘而设的。当这餐饭吃过一半的时候，新娘吃饱放下碗，送嫁的长老便以唱歌的形式，教导新娘要尊老爱幼，本分做人，勤劳持家等，叫做“教理”。

“教理”是瑶族婚俗的特色，在西五排中盛行。连南瑶族自治县瑶学会

火烧排入嫁（房伟华提供）

火烧排新娘头饰（房昭娱 / 摄）

新娘换新鞋子（房昭娱 / 摄）[1]

顾问、原政协主席房为民在《广东连南瑶族婚俗》中介绍了大坪村送嫁教女习俗。文中记述，“教理”是大坪村（火烧排）人对其嫁人为妻的女儿进行当众教诲的独特形式。喜宴第二餐饭吃过约一半的时候，送嫁人（主要是领头的人）开口对亲家说要放置一只干净的空碗，然后从身上取出早已按规矩准备好要给亲家的“封包”放在碗里，然后两手叉腰开口就以唱瑶

① 火烧排婚礼中，新娘吉时入门，需更换新鞋子，表示开始一段新生活。

歌的方式“教理”，教导其做了新娘的女儿，第一个讲完紧接着第二个第三个第四个也站起来“教理”。一般情况下，“教理”人至少有 2 个人，最多不超过 4 个人，但都是双数。

这些“教理”人，一般都是懂得“古年”（唱瑶歌），而且是能说会道，被公众认为是“教理头”的人。他们在对自己出嫁的女儿“教理”教导时，主要教了下面几方面的“理”：一是诉说女儿的成长史。用十分动情的话语，讲述女儿从小长大到现在，其父母如何一把屎一把尿地把她养大成人，又如何谆谆教导其做人做事。二是教导女儿当好妻子做好媳妇。要求女儿从出嫁的那天起，把儿时（指做姑娘的时候）的行为收敛起来，本分做人，老老实实地为人妻为人媳。三是教导女儿同公婆、妯娌和睦相处，尊老爱幼，同邻里团结友爱，互敬互助，不要招惹是非。四是教导女儿要虚心向家公家婆、妯娌和邻里长辈学习，努力学会耕田种地，把家持好。这些“教理”人把主要道理教给自己的女儿听之外，还诚恳地对亲家提出要求，请他们把新娘当作自己女儿，耐心地对其女儿进行“教导”，使她更优秀，成为亲家的好媳妇。当“教理”人讲到伤心处，出嫁女儿就会抽泣或小声地哭泣。20 世纪 80 年代以后，因农村集体生产劳动不存在，村民聚在一起唱瑶歌的环境少了，年轻人入城进厂务工，学唱瑶歌的机会及与人对唱瑶歌的机会逐渐没有，所以现在这种“送嫁教女”的做法越来越少，能理解这种教育方式的人也不多，特别是年轻的一代，一是没人教和学“教理”（即唱瑶歌），能以唱瑶歌“教理”的人是凤毛麟角。二是因为用唱歌的形式教理，越来越多的人对教的“理”听不懂，理解不深不透彻。还认为这是办喜事，不必搞成悲悲切切，搞得大家心情不愉快。为此，“送嫁教女”这种特有的教育方式有失传之虞。

在当天的婚礼喜宴上座次有严格的规定。在大厅的左上桌，是男方的长辈和外家（其母娘家）的长者坐的。婚宴开席时，男方的宾客在新娘入屋前先吃。时辰到，新娘及送嫁亲人入屋后直接坐下开宴吃饭，通常情况下，每桌喜宴男方都要安排懂婚俗礼仪、能说会道又酒量相对好的族人陪客喝酒吃饭，既要招呼好送嫁亲人吃饱喝好，又要营造喜宴热闹气氛。女方送嫁的最多 36 人，因为男方要回礼每人 6 斤猪肉，如果超过了这个数，女方要负责补齐猪肉，所以只有近亲才会送嫁。座次是下首不坐人，两边都可以坐人，如果坐不下了，可以到小房间去，如还坐不下，可以等客厅的人吃完，再去坐。随着瑶族人民移民搬迁到山下居住，交通方便了，出行不再艰难，送嫁亲人队伍也越来越壮大。送嫁人越多，新娘家族越有荣光的感觉，至于回礼多少、有无都无所谓了。

第三，男方聘请的先生公主持新娘入嫁仪式的具体流程。第一天的流程。第一步，上午先生公在大厅香炉前念经请公接公。即是先生公念瑶经，邀请和迎接本氏族祖先，随请教主、祖师爷、天府十姓家仙到喜宴厅参与婚宴。第二步，要念通口状，向请来的祖先神灵说明设婚宴的来由。第三步，念诵《丙耗经》祈求祖先神灵和祖师爷赶走恶鬼邪神，保佑嫁娶婚宴平安。第四步，杀猪奉神，祈求祖先神灵保佑家宅平安婚事顺利。第五步，下午念诵“登单经书”，给主婚家人和参加吃酒的兄弟亲戚化身辟邪。第六步，念“收禁经”“混板塘经”，把喜屋化成恶鬼邪神进不来出不去的泥塘，把来吃酒吃醉的人魂魄划入泥塘不出来胡闹，扰乱喜事。第七步，念经，念咒语，收开瓶碗魂魄，祈求神灵保护婚宴用的瓶、碗、筷不坏不漏。第八步，还要念“请公经”，请公、安公、祭祀祖先。众人喝酒吃饭后休息。

第二天的流程。等到寅时，先生公在神台摆祭品叫“公说担”（瑶语“公说担”，即念经祈求神灵扶护去接新娘的挑担人路上平安）。早餐后，先生公在大厅门口摆上一张方形凳子做神台。放　碗肉（有些人放上整个猪头，再用整块“猪油网”盖住猪头），点燃 3 条香，一杯酒放在肉碗右边，一杯茶放在左边，然后念经，举行整理台凳、请公线香、酒肉接公的仪式。念经解神煞、斩关煞。新娘来到的时候，念经解神煞，斩关煞时，要鸡 1 只、小凳 1 张、菜刀 1 把，做斩关煞用。杀鸡后，烧纸钱，倒酒祭祀祖先神灵。念经收魂押魂（意为怕化了妆的新娘在出嫁路上遇到恶鬼邪神而失魂，对她进行驱神赶恶鬼，收回其魂魄），散 4 角银钱。用四角形方块纸化为奉鬼钱，押恶鬼邪神到无名州去。

洸台洸凳。收台，把预先放的台凳、猪肉凳、猪肉盆、酒杯、茶杯收好。开新娘伞，收新娘魂魄。取下伞上挂的花白布“魂魄布”，剪刀和“出嫁符”。做入嫁敕水。将香碗水化为神水，驱除新娘和送嫁人染来的邪气，不准带入婚宴厅。先生公拿伞迎接新娘入屋，边行边唱：

一步上街万事安材，新人新嫂行路来；二步上街万事安康，新人新嫂行街来；三步上街进上人口，进上人丁，新人新嫂纷纷入门来。今日今时吉利，五师弟子入嫁，请神上堂，万事安归。

挂魂魄布于香堂上。念完经书后，把新娘伞放在香堂厅右角，把魂魄白花格布挂上香堂，喊两声："天福双双，地福双双，阳筶进人口，阴筶进人丁，大吉大利"。把筶子丢下地，以阳筶为好。新娘端水洗度。当天晚饭前，家婆或者兄嫂用桶盛水，舀水到面盆里，由新娘捧起，按亚婆指导称呼，给长辈洗面洗手，叫"洗祖"。第二天早饭前也要端水给长辈洗脸，叫"洗面"。要洗够4—6人，一定要成双数，常规是先洗大盟公，挑担人、外家代表人、叔伯依次顺下。先生公奉茶摆酒肉安公"祭祀祖先"。宾客吃晚饭。

第六步：返面。

第三天新娘回娘家叫"返面"（回门）。首先由先生公在大厅神龛前念经安公，"叫祖先神灵，师爷法力扶拥新娘和随同人回娘家的路上平安顺利"，陪同人一般是6人或者8人，要求是双数。

当天，新娘回娘家返回夫家后，先生公再念经安公，收台凳，先生公念经，把"收解禁"的酒醉人魂魄进行解禁。先生公念经，举行收兵归公，关门闭神仪式，烧入嫁丙耗符后婚礼结束。

5. 里八峒排婚姻习俗

里八峒排由于与火烧排距离相近，在诸多婚礼习俗上呈现出大致相同的特点，但细节之处略有不同。

里八峒排的订婚方式有两种，一是通过男女唱歌，相互认识，随后去女家提亲订婚。二是儿女长大了（大约十六七岁），由父母做主，请媒人说亲。

订婚。订婚首先要请媒人[①]，并且都由男方家去请，女方家很少自请媒人的，当然女方家亲戚也可以充当媒人。做媒人不限男女，一般程序是由媒人先到女方家谈谈，如果事情谈得还比较融洽，则几天后，男方准备2

① 里八峒排没有专门做媒的人，多是由亲戚充当。

斤猪肉、2 斤酒由媒人带到女方家，备 3 支香和一些纸钱，在女方家煮熟猪肉供奉祖先。在神龛前烧 3 炷香，如有一炷中途熄灭，认为婚事不祥，难以成功。3 炷香一起烧尽，便算吉祥。但在此后的 3 天内，男女两家都须保证没有打破碗或其他家具的情况，牲畜没有死亡，人没有病痛，这才算吉利，婚事的商谈自此可以再进一步，由媒人向男方家传达准备“下定”的日子。这里实际与火烧排的“问亲”是有些相似的。

男方家选择一个吉日之后，请媒人带酒和猪肉各 2—4 斤及白银 4 两到女方家。如女方家同意便接受这些礼品，并请亲属和外家（舅父及外祖父母等人）一同来吃喝。经过这次“下定”即可算是订婚了。

交盐包。订婚后与结婚前之间有“交盐包”的风俗习惯。所谓“交盐包”，是通知女方家准备结婚的表示，通常是选择女方年龄达到“偶数”的那一年，如 16、18、20 岁。通常不选择奇数年龄结婚，尤其不能在 19 岁这个年龄结婚。人们认为“九”与“狗”同音，在这个年龄结婚便会穷如狗。男子则可以不论年龄是偶数还是奇数。发盐包一般选在结婚前 3—5 个月的时候举行，大约在每年的农历六月初六过后，先生公选定这一年结婚的吉日良辰之后，男方家便请媒人带 2 斤盐、6 斤猪肉、6 斤酒和白银 7 两 4 钱上女方家。女方家于这天宴请亲戚朋友。经过这次“交盐包”后，婚事便算确定。但有时因为有特殊情况发生，也不一定在结婚那年进行“交盐包”，还有因父母年老多病提前“交盐包”冲喜的情况。

结婚日期的选定及聘礼。结婚的日期由先生公在农历六月初六尝新节那天择定。日子通常选在秋收后农历九月至春节前的吉日，在“交盐包”时媒人把选定的日子通知女家。在“交盐包”的那天，媒人通知女家迎娶的日子后，女家便请媒人向男家转达女家所需作为聘礼的“嫁肉”数目。数目是根据族内至亲和外家的人数而定的，亲戚愈多，嫁肉也愈多。在这里，每块“嫁肉”规定为 6 斤，至少为 32 块“嫁肉”，有的则多至 40 多块。男方家此时要应允必须照数交给女方家。所有亲戚都要分到“嫁肉”，将来嫁女也一样送赠给人。

敬祖宴客。结婚前一天，男方家由外家牵头杀猪，请先生公祭祀祖先，告知祖先家宅将多增一口人，祈求保佑新人富贵。另外，先生公要做一次收关仪式。所谓收关，即把那些打架、醉酒和失火鬼魂收起来，以免办喜事时出来闯祸。婚礼宴请宾客要连续进行 3 日，每天 3 顿，男方家迎娶新娘的那天中餐最为丰盛，按照惯例要办 8—12 碗菜，其他则比较随意。女方家除“交盐包”来那天宴客外，女子出嫁前一天“过礼”时也要宴客。出嫁和回门那天都吃一顿，而以新婚夫妇回门那天请客最丰富。这一顿，按照惯例也是 8—12 碗菜。

过礼仪式。举办婚礼的前一天，男家杀猪准备好嫁肉，由媒人和男家的外戚舅公挑 20 斤酒、30 斤猪肉、3 只鸡[①]到女方家，称之为“过礼”。这是与其他排所不同的习俗。这次“过礼”仪式一定要由舅父去，如果舅父不在，则由舅父的儿子去代替；若两者都不在，则由外家指定人代替。送去女方家的 2 只阉鸡必须选择尾羽毛长的，并且要避免在途中啼叫。如在中途啼叫，女方家知道了会罚媒人酒、肉各两斤拜祖以免除灾难。这些过“过礼”的人在女方家吃一顿饭后即回男方家。

迎娶。迎娶的前夕，先由媒人带领新郎和一个伴郎（新郎的朋友，未婚者）携带米酒、猪肉、米等，在黄昏时分到达女方家。当晚，新娘叫来一些伴娘来陪他们一起吃晚饭。晚饭之后，新郎与伴郎分别回家。新娘亲自动手炒黄豆接待以前和她对过情歌的情人，大家边吃黄豆边唱情歌，至鸡啼天亮。这个习俗在西五排中基本存在。迎娶之日，媒人与男方兄弟亲友至女方家去接新娘和搬嫁妆。嫁妆包括四方台 1 张，长条凳 2 条，衣柜 1 个，脚盆、水桶 1 对，扁担 1 条，碗 10 只，衣服 3—5 套，裙 6 条，棉被 1 张，草席 1 张等。抬嫁妆的习俗与火烧排相类似，每条竹子要有 12 个竹筒和 12 个竹节。相传过去是 12 代外家亲戚迎亲的，现在以竹节来象征 12 代外家迎亲的含义。如果竹子不符合规则，要罚男方家米酒、猪肉各 2 斤。男方家迎亲的人到女方家后，新娘就准备出门。新娘着绣花大红衣和绣花裙，打花绑腿穿鞋袜，头上戴银圆装饰的冠，手打一柄油纸伞，伞里贴上先生公画的一张纸符咒，以驱邪赶鬼。新娘步行启程去男家，由男家抬嫁妆的人先走，媒人跟在后面，媒人后面是新娘的姐姐带着新娘，最后是几

---

① 房伟华介绍称这里的鸡有时有着特殊的规定，1 只公鸡名曰“带路鸡”，另外 2 只称之为“阉鸡”。

十个送嫁的人。新娘到男方家门口时，要停下来，等先生公做完仪式①才可进入。男方和亲友放鞭炮后便可入门，进新房坐下休息。送嫁的人吃一顿丰盛的午餐，离开时，每人带一份“嫁肉”（6斤猪肉）回去。新娘嫁入男方家的当日，饭后举行“敬茶认亲”仪式，受敬者在这时要给新娘一个红包，作为见面礼。

甲八峒迎娶场面（房伟华/摄）

回门。三天过后，新婚夫妇要“返面”。新婚夫妇“返面”时，新娘先行，新郎随后，还有男方家亲友的两男两女作伴相送。这天女家杀猪，大摆筵席宴客，是女家最热闹的一天。新婚夫妇拜过父母之后，还要逐个拜认亲友，亲友给新郎红包。新郎新娘吃过饭后，当天回家。这时，新郎先行，新娘随后，婚礼至此结束。

6. 涡水婚俗

涡水相传是连南八排瑶最初分开的地点，在实际田野调查中调查组亦对此地的婚俗礼仪有所涉及，涡水镇的婚俗虽与“东三排”地区大同小异，但细节略有不同，故有必要将涡水镇的婚俗作一详述。

① 此处具体的仪式与火烧排相类似，基本形式是在门口摆张四方桌，放一个猪头拜祖先和送“三煞”（煞指白虎、天狗和五鬼）。

里八峒排头戴新娘头冠的带路人（右一）①（房昭娱 / 摄）

数 12 节竹②（房昭娱 / 摄）

① 里八峒排有部分村民迁徙到今三江镇金坑村、内田村、大龙村、塘冲村一带。此处新娘装扮有别于其他排，新娘头冠由带路人（右一）佩戴，到了新郎家才还给新娘佩戴。

② 里八峒排、军寮排、火烧排普遍存在“数 12 节竹”的婚俗。新娘家人会当场检查新郎家婚礼礼节筹备的物品是否齐全。要求男方当场数竹子是否够 12 节，如果数错，就要罚酒、吃肥肉。没有数错也要一番言语劝说，尽量要男方多喝几碗米酒，不让男方轻易把新娘接走。

定亲。涡水的男女青年通过对歌恋爱或请媒人来提亲，确定关系后，男方于三月三起愿节这天请媒人去姑娘家“定亲”，送去的礼品一般是白银二两四钱，猪肉、米酒各 3—6 斤。在六月六尝新节、七月七开唱节等节日，男方要送节礼（主要包括几斤猪肉、米酒、糍粑等），以增进感情。男方家请先生公选定举办婚礼的吉日后，多在十月十六盘古王节这天由男青年的父亲或媒人去“报乃”（报信）[①]，在征得女方同意后，男方家准备举办婚礼宴客的食品和用具，女方家则准备嫁妆。

婚前准备。举办婚礼前，男方家提前两天送给女方家 80 斤猪肉、80 斤米酒。据唐九斤称：“现在生活富裕了，有人送 120 斤以上的猪肉和 120 斤以上的米酒，还有鸡、鸭、鱼、油豆腐，等等。”[②] 让女方家请亲友“喝出嫁酒”。这一点明显与其他排瑶地区有明显不同，婚前物资的采购在涡水均由男方采购。新娘出嫁的前一天，新郎的舅父（如果舅父年老，可由二舅、三舅或表哥代替）率新郎、伴郎、媒人在傍晚前去到新娘家，此时，要带 12 斤猪肉（另加 4 斤，实际为 16 斤，以示诚意）、12 斤米酒、2 包盐巴、2 包茶叶、2 瓶油、2 捆灯芯、2 捆纸、12 炷香（如闰月要 13 炷）、1 把剪刀、4 张“出嫁符”[③]，这些物品由新娘的舅父清点，如缺少或不符合要求，各样罚酒 3 斤并如数补齐。

出嫁。新娘出嫁时，出门前要请先生公念瑶经祭祀祖先，祈求祖先神灵保佑新娘在出嫁路上平安。新娘出门的时辰，由先生公决定，多数在过半夜后，将新娘出嫁伞放到大厅门外，太阳升起后出门去新郎家。送嫁队伍将到达新郎家时，新郎家派人提酒去迎接，歌手唱迎客歌，敬酒给送嫁人，大家对歌喝酒，热闹一番才去新郎家。送嫁队伍到达新郎家时，不能马上进屋，要在门前坐下休息。新郎家派少男少女给送嫁人敬酒敬茶敬烟，打热水给送嫁人洗脸（要注意媒人先洗，一般洗 4—6 个人，一定要双数）。男家请的先生公做完新娘入屋的宗教仪式后，主家和亲友们燃放鞭炮，送嫁人才进屋。

---

① “报乃”是瑶语，意思是向女方报告选定举办婚礼的吉日。

② 讲述人：唐九斤，男，52 岁，涡水镇人。访谈地点：涡水镇。访谈时间：2020 年 10 月 26 日。

③ 说明：四张出嫁符分别是 1 张新娘护身符、1 张新娘伞辟邪符、1 张新娘到男方家时在新床贴的辟邪符、1 张婴儿护身符，并且所有符都要盖上老君印。

隆重的婚宴。涡水地区的婚宴比较隆重，一般要连续进行 3 天。招待送嫁人的食品十分丰富，桌上的菜要摆 8—12 碗。送嫁人要吃两餐，吃完第一餐后，出门外喝茶休息。吃第二餐时，举行“交接”仪式，新娘族内的长辈或舅父用双碗敬酒给“亲家公”，说些感谢“亲家公”大肉大酒盛情招待的话。在新中国成立之前，新娘家有田地山林陪嫁，此时便将田地山林契据交给“亲家公”，现在没有田地山林的陪嫁，改为给亲家公 2 个红包，每个红包装 360 元以上的人民币，当作买陪嫁田地，帮助新郎新娘安家立业。“亲家公”接受敬酒和红包后，也用双碗装酒回敬，说些感谢女方家养育了好女儿之类的“彩话”。送嫁人吃了第二餐饭后，即返回家。

认亲。午饭过后，男家的婶娘或妯娌帮助新娘将莎瑶妹的头饰改成“玻黎”（瑶语，即已婚妇女）的头饰。到晚上，开宴前，举行新娘“敬茶认亲”仪式，男家的亲友们汇集厅堂，新娘由家婆引领，逐个敬茶认亲，受敬者每人给新娘一个红包作为见面礼。新娘敬茶认亲后，众亲友入宴席喝酒吃肉，祝贺新郎新娘成婚，百年好合。

回门。第二日或者第三日，新娘带新郎“返面”回门，祭祀祖先，看望父母。在回门过程中，新娘走在最前面，新郎随后；返回夫家时，新郎走在前，新娘随后。第四天，新郎家以好酒好菜宴请“亲家公”（新娘的父母、兄弟姐妹、外公外婆和舅父等至亲），婚礼即告结束，一对新人开始新的生活。①

7. 西五排特殊婚俗：炒黄豆款待新郎

炒黄豆是排瑶婚礼中独特的习俗，传统中在西五排盛行。出嫁前一天晚上，一是新郎和伴郎在舅父的带领下，携带礼品到新娘家喝酒，“唱出嫁歌”。饭后，新娘邀请几个相好的姐妹在闺房做伴，亲手炒黄豆，泡茶款待新郎和伴郎，吃过新娘的炒黄豆后，新郎和伴郎即可离开返回。新娘则请来要好的姐妹和以前对歌、谈过恋爱的男青年，亲自炒黄豆、花生、泡茶款待他们，大家边吃边喝边唱分别歌直到天亮才依依分别，双方往往唱得泪水涟涟。

---

① 讲述人：唐九斤，男，52 岁，涡水镇人。访谈地点：涡水镇。访谈时间：2020 年 10 月 26 日。内容有节选和删改。

（二）东三排婚俗

2020年10月19日至2020年10月29日调查组深入排瑶地区，对东三排（即油岭排、南岗排与横坑排）进行田野调查。此三排在婚俗礼仪方面虽大致相同，但仍有差异，故据相关文献及田野资料分排论述。

1. 油岭排婚俗

婚姻年龄。油岭排的盘鹃认为油岭瑶寨（旧址）地处高寒山区，长期劳作需要一定体力，故在过去男女结婚的年龄上，基本都要达到满足一般劳动力的程度，即在18岁以上方能结婚，但亦有特殊情况，例如经济条件富裕的家庭亦有16岁小伙娶年龄偏大的姑娘。[①] 一般而言，油岭排年龄满18岁进入成熟阶段，方能结婚。

婚姻形式。油岭排实行一夫一妻制的婚姻形式，即单偶婚。在油岭排，重婚的形式是八排社会所不接受的。夫妻双方在家庭中的地位平等，在婚姻过程中均有权利提出离婚。如若是丈夫懒惰或对妻子使用暴力而引起妻子提出离婚的，这种情况一般会得到公众舆论的支持。妇女在家庭中的地位很高，有舅家权威的保护，一般丈夫是不会为难妻子的，除非女方有出轨行为。同时，为维系一夫一妻制度，防止夫妻感情破裂，油岭排有诸多不成文的规定。

一是约定。结婚时，男女双方父母在酒席上提出“媳交婆家管、婿归娘家教”的制约条件，婚后双方相互监督。双方有条件约束，同时新人双方亦惧怕寨人眼光，故都较为自觉地遵守约定，恩爱和睦。在新中国成立前，油岭排如若夫妻双方感情破裂，男方主动提出离婚的，女方可以带回嫁妆及柴草。如果是女方主动提出离婚，若尚未生育子女，则妇方赔偿男方举办婚礼的酒席钱；若已生育子女，女方只带回嫁妆。

二是外力。瑶寨的恋爱方式较为自由，多以夜晚到女方家窗口唱歌（“讴莎腰”）谈情说爱，增进双方了解。同时，按习俗同样允许未婚男子以及鳏夫自由追求爱情。很多鳏夫借着夜色前往离婚妇女家唱歌求爱。通常，

① 讲述人：盘鹃，男，52岁，瑶族，油岭排人。访谈地点：油岭排新村。访谈时间：2020年10月21日。内容有节选。

不到万不得已，女方不会轻率提出离婚，即使离婚，也会尽早再婚，以防止对父母造成伤害。

另外，离婚较为简单，没有诸多仪式的规定。如果双方同意离婚，便各自回父母家居住；如果是一方提出，而另一方不同意，则由提出离婚的一方舅家出面与另一方商谈，能合好则合，不能合好则离。值得注意的是，在油岭排瑶，再婚被认为是不光彩的。如果双方再婚，则不再举行婚礼仪式，但女方也像初婚一样携带嫁妆到男方；如果一方是初婚，则按新婚程序举办婚礼。

油岭排的结婚年龄和结婚、离婚都按照《民典法》的法律规定办理。按照法定年龄男满 22 周岁、女满 20 周岁，即可向政府民政部门提出结婚申请。①

通婚范围。油岭排坐落在崇山峻岭中，在新中国成立之前，与外界联系较少，自我封闭且自给自足，加之田地亦为陪嫁品，结婚要相互了解才知晓是否门当户对，这就注定不与外族通婚，即使是瑶族也不外娶外嫁，盛行寨内婚。②据盘鹊介绍，油岭排有 7 个姓氏，同姓同族间不能通婚，只与外姓谈婚论嫁。1938 年后，由于李、龙、沈、邓 4 姓举族外迁，盘、房 2 姓也大部迁往外面，瑶寨内唐姓人口占绝大部分，为保证子嗣延续，不得已唐姓只好同姓通婚。但是同姓通婚也要遵循一定原则，具体为同宗族之间不能通婚，有 5 代以内血缘关系的亦不能通婚，以避免近亲结婚带来的各种隐患。

择偶标准。不论是异姓通婚还是同姓通婚，都有一定的择偶标准，基本上以传统道德观念和价值取向作为择偶原则。“莎腰妹”挑选心目中的意中人，首先考虑男方是否诚实稳重、勤劳能干，其次考虑身体是否健康，是否能够担当“顶梁柱”，很少计较家庭财产状况及社会地位。同样，男方挑选女方，不会过多在乎容貌，更多以心地善良、尊老爱幼、热情和气、身体健康等作为择偶标准，亦很少考虑对方家庭财富多寡。择偶双方的婚姻基础是建立在纯真、质朴的感情基础之上。一般情况下，父母都尊重子女的意愿，对他们经过自由恋爱所作出的决定予以赞同。如果一方或双方父母反对，只

① 盘鹊：《油岭村志》，124 页，内部资料，2020。内容有删改补写。

② 讲述人：盘鹊，男，52 岁，瑶族，油岭排人。访谈地点：油岭排新村。访谈时间：2020 年 10 月 21 日。内容有节选。

要子女态度坚决，或者造成事实婚姻，父母一般不再坚持，以默认表示同意。油岭排瑶有“好女不外嫁”的说法。究其原因，油岭排的老人有三种说法：一是保持性别比例，以保证繁衍人口；二是扩大亲缘关系网，以利于发生纠纷时能够相互照应；三是对外界了解较少，担心对方品格粗劣，加之过去社会并不稳定，担心生命财产安全受到威胁。改革开放后，随着外出务工人员增多，交际范围变广，部分男青年或女青年找外地或汉族青年成家，随之出现了女方“送嫁”的习俗。[①]

婚俗礼仪过程。油岭排未婚男女组成家庭，一般要经历3个阶段，即恋爱、订婚、成亲。其中也有不经历恋爱阶段，直接由父母包办订婚、成亲的。谈恋爱有两种形式，即集体活动和单独活动。不管哪种恋爱形式，都离不开以歌为媒。谈情说爱的集体活动有玩坡节和开唱节。大年初三举行的玩坡节是油岭排瑶青年男女追求自由和幸福的一项传统民俗活动，这天男女青年不约而同来到固定的山坡，男青年用竹子制作的“噼叭筒”追打心目中的“莎腰妹”。如果女方不反对，双方就到山坡唱歌。要是双方满意，就交换手镯、银颈圈或花袋作定情信物。农历七月初七举办的开唱节是油岭排瑶开耕后的第一次集体活动，男女青年通过对歌，展现自己的智慧和能力，以获得对方的好感，为以后求婚奠定基础。

单独活动包括白天唱歌和晚上“讴莎腰”。白天唱歌是在出工或收工的路上碰到自己喜欢的人，男方便主动向女方唱歌求爱。如果女方有意便接唱，如果意犹未尽，则相约晚上“讴莎腰”。“讴莎腰”这种方式出现在晚上，是瑶寨男女借助夜色笼罩的朦胧感，大胆用歌声表白自己的爱慕之情。夜深人静时，男方燃着火把来到女方家窗口，用歌声表述自己的身世、家境，以及对女方的情意。若是女方同意，俩人便交换定情信物。

油岭排瑶把订婚叫作“对婚”，也就是确定对象。方式有两种，一是“童婚”，二是“媒婆”。“童婚”，并不是儿童结婚，而是当孩子比较瘦弱时，父母就去请先生公看“瑶经”，按照五行的相生相克，指明去相生的人家“对婚”。如果瘦弱的是男孩，就去寻找年纪相仿的女孩家庭，反之则寻找男孩家庭。在征得对方同意后，两个孩子便同盆洗“夫妻澡”，连着洗3

① 盘鹏：《油岭村志》，124—125页，内部资料，2020。内容有删改补写。

舅父扛猪头闯关出门[①]（房昭娱/摄）

个晚上。这种“童婚”基本上是2—3岁的孩子，以消灾祛病为主，长大后若两个孩子都没有意愿结婚，对婚也就作罢。另一种为“媒婆”，一般由男方家的大姑或大姨担当。当男方家看上中意的女孩，或男女青年经过“玩坡节”“讴莎腰”交换定情信物后，男方便委托大姑或大姨前往女方家撮合。如果女方家同意，媒婆返回告知男方父母。男方家长得知消息后，亲自带上2斤肉、2斤酒，前往女方家边吃边确定对象，油岭排瑶称作“打草结”（意即绑定对象）。有歌唱道：

四月尾草旺去放念（放念即禁止外人来提亲），
八月初芒草打心结（打心结即固定成为对象），
九冬顶择日要完婚，
十月中酒甜成亲家。

① “舅父扛猪头闯关出门”是油岭排婚礼中极具娱乐性的一个环节。新郎舅父将猪头带回家，会遭到新郎家人的百般阻挠，非要大碗喝酒吃肉才会被放行，这时候舅父就要想方设法突出重围。整个过程充满欢乐。

父母帮儿女确定对象后，儿女们也会信守父母间商定的诺言，等待择日成婚。农历八月廿五是油岭唐姓的“敬祖节”。在前一天，男方家长便带上酒肉去女方家商量，看订婚情况有没有发生变化。如未变动，男方家长便明确告知要请先生公查看结婚的良辰吉时，女方准备新衣服、棉被、锄头铁锹等嫁妆。当年要结婚的人，各自出酒肉集中到一家，请先生公看黄历择定日子。油岭排瑶一般在农历十月十六即收割完农作物之后才摆酒请客，认为一年中的日子只有这一天比较好，所以全瑶寨都集中在这一天结婚，但酒席要连续摆 7 天。[①]

结婚前一天，主人家通知亲朋好友和左邻右舍来帮忙杀猪。结婚当天杀猪后，把猪头摆在香案前，然后煮猪肉猪杂等“大锅菜”招待客人。男方则要到女方家喝 4 次酒并送 4 次礼。

第一次称“伙计酒”。“伙计”即朋友的意思。因为女方还没有过门，祖先还没认下媳妇，所以还不是亲家。这次去的时间是午饭前，即杀猪后。

长辈们边吃饭边等新娘入门（房昭娱 / 摄）

① 盘鹏：《油岭村志》，125—127 页，内部资料，2020。内容有删改补写。

男方家长带上2斤肉、2斤酒，前往女方家，意思为猪杀死了，席摆好了，现在两伙计要吃好喝好，到了时辰就成亲家了。

第二次称“时辰酒”。午餐后，男方家长带上2斤肉、2斤酒，再次拜会女方，告知新娘出门时间，以便女方做好准备。

第三次称“送大担”。这次比较隆重，也很讲究，时间是下午6点左右。男方家长在前面燃起火把，带领4—5个帮手，前往女方家送礼。礼品有12块猪肉、12斤花篮酒、12件水豆腐，还有一些小菜。男方家出门时，女方家亲戚把守着门口，一而再地向男方来的人轮番敬酒，气氛特别热闹。

第四次是“带新娘”。时间在半夜11时左右。男方家派出1名同宗男子、1名充当伴娘的年轻媳妇前往女方家“带新娘”。这1男1女要求是结婚而又没离过婚的，意思是能做婚姻榜样的人。他们穿着瑶族服装，男人带2斤肉2斤酒，12条香和12吊纸钱，供女方家敬祖使用。女人拎着银酒壶，手上也挂着一吊纸钱，给女方家敬祖。到达女方家门口，男方来的人喊道：“亲家，时辰到了。”听到叫门声，女方家的亲戚蜂拥而出，接过男方家的担子。双方吃喝，众姐妹帮着即将出嫁的“莎瑶妹”打扮，穿上花裙，戴上银项圈，插上羽毛，等待着出门。趁着女人们打扮，男方家来的人掏出12元和1包盐给女方家长，说是养女儿的“辛苦钱”。12元代表1年中的12个月，而过去因为排瑶交通闭塞，盐则显得特别珍贵，也就成为最贵重的礼品。伴娘把代表24个节气的24元交给女方母亲，说是不嫌脏的“换尿布钱”。待凌晨零点一过，两个人便要带准新娘回去。女方家把男

新娘进门（盘鹏/摄）

洗脸认亲（盘鹏/摄）

方带来的肉片留下一小截，花篮酒也留下2斤，让他们带回去。带新娘的两个人燃起竹柴火把，把打扮得花枝招展的准新娘带回男方家。

在男方家，因为怕准新娘害羞，准新郎已经回避。先生公守在门口念经，从女方家回来的两人和准新娘站立在门口，耐心地等待。先生公在门口用簸箕装着小碗肉、酒、饭、茶、纸钱，燃上香，唱念“解神煞”，恭请跟随准新娘来的女方祖先吃喝，杀鸡敬祖，焚烧纸钱，倒酒倒茶倒饭；唱念“丙神煞”，口喷清水恶狠狠地“呸呸呸”，把白纸片往空中一抛，驱赶女方喝醉酒赖着不愿走的祖先，以防扰乱男方酒席。门口唱念完，三人进入堂屋，鞭炮也随之燃放。先生公引领准新娘和伴娘绕席三圈，意为认亲。之后，伴娘带准新娘进入卧室，卸下准新娘的“莎腰妹”服装，穿戴上婆家提供的绣花三角金银帽，以及绣花衣裙，完成“新娘”角色的转换。与此同时，先生公在厅堂香案唱念瑶经，禀报祖先从哪里给宗族娶来媳妇，抛“筶”（用羊角尖锯开两片做成）请求祖先承认新娘并给取名。抛时，若“筶”两面朝上或朝下，则视为祖先承认；若朝相反方向，则认为不承认，则再抛“筶”，直到满意为止。这时，在先生公指点下，新娘子给婆家香案上香、上酒、上饭、上茶。完事后，伴娘再次引领新娘进入卧室，吃婆家的“猪肝饭”。油岭人认为，猪肝是整条猪最好吃的部位，婆家也把媳妇当作“心肝宝贝”，所以新娘在婆家的第一餐必须有猪肝这道菜。趁着新娘吃“猪肝饭”，香案前先生公又唱念起瑶经。

“煞会”。热气腾腾的猪肉重新放上香案，先生公唱念起瑶经，向祖先表明主家已经准备了许多酒肉，邀请祖先和亲人共同吃喝。

“请公”。唱念瑶经，请宗族的列祖列宗全部来吃饭。这时主家端上煲好的骨头，请亲朋好友送酒，俗称“啃瓷碗”，意思是主家连骨头也不吝啬，也表示新婚夫妇的关系像骨头一样，煮不烂啃不坏。

“安公”。唱念瑶经，请吃饱喝足的祖先在香案上不要四处乱跑，看子孙们吃饭，阴阳两界同乐。

先生公唱念完这些瑶经，焚烧纸钱，倒酒给祖先，等待下一项程序。新娘吃过猪肝饭出到厅堂，伴娘舀起热水倒进脸盆，由新娘递给先生公，进入“洗脸认亲”的环节。先生公接过脸盆，放置一条毛巾，唱念瑶经请祖先洗脸，体验新娘的孝顺。此后，从坐在上首的老人开始，由新娘端来热水，依次给前辈们洗脸。前辈们洗过脸，随心意掏出 50 元、100 元不等的“认亲钱”，自报辈分和称呼，交给新娘留以家用。年轻人则净说俏皮话，变着法搞笑让新娘开心，减少新娘的严肃感与拘谨感。

洗完脸，天已蒙蒙亮。经过上述仪式后，新娘已经没有了拘束感，不再害羞，这时新郎出场参加回拜娘家的“走白”活动。堂屋里，先生公围绕笼子里关着的一对小公鸡和小母鸡唱念瑶经，“土师永远，本州永远，缅山永远……鸡公找鸡母，鸡母寻鸡公，夫妻恩爱，出春送孙来……”祝愿夫唱妻随，子孙满堂。唱念完，先生公又到香案唱念“打路”经，祈求祖先守好祠堂，保佑新人出门平安，早生贵子。

先生公主持结束环节。亲戚把摆放在香案上的猪头交给男方舅舅，把挂在墙上的两块肉交给先生公，算是酬谢。当他们出门时，众人轮番向舅舅喂肉、敬酒，让舅舅高高兴兴回去。舅舅和先生公出门后，新郎和新娘便燃起火把“走白”。

婚礼安排在夜间进行，寓意这对新人在混浊的环境中经过百般磨难，相互搀扶，感情会越来越深。而清晨的“走白”，通红的火把将新人引向光明，初升的太阳更象征他们的日子会蒸蒸日上。“走白”时，新娘拎着银酒壶，提着“情侣鸡”，走在前面带路；新郎则提着 2 块肉、2 斤酒，带上鞭炮，尾随着新娘回娘家。到达女方家，岳父接过女婿的酒肉，岳母则接过女儿的“情侣鸡”和银酒壶，请新人坐下歇息。早已等候的娘家兄弟姐妹忙开了，做饭煮菜，欢迎“阿郎”。女婿燃放鞭炮，借以告诉左邻右舍，女婿拜访岳父母家了。席间，岳父要女儿女婿吃 12 碗饭，瑶家的意思是“吃得多才能做得多”，也代表 1 年 12 个月都没有离开娘家。实际上夫妇各吃 2 碗即可，合起来代表四季。饭后，女婿要带岳父回自己家喝“交多”（排瑶语，即教育）酒，新娘则留在娘家陪母亲，新娘直到农历七月粮食有收成才回婆家居住。如果当年有 13 个月（闰月），新娘则要跟随回婆家，站在香案前帮来喝喜酒的亲朋好友盛饭，直到第 7 日摆酒结束，俗称“站公”。新娘子盛饭，男人给的礼物是新人成家立业的“随意”钱，女人给的礼物则是新娘绣花用的红色绒线。亲家双方在“交多”酒上，提出“媳由婆家管，婿归娘家教”的合约，相互监督子女孝敬父母，和睦相处，勤劳持家。

第三天早上，新郎带着酒回舅舅家一起吃猪头，同时接受舅舅教育。伴娘则盛着糯米饭和熟瘦肉，送往新娘家请她的父母及兄弟姐妹吃，并带回新娘的嫁妆棉被、锄头、铁锹等，婆家则以 2 斤猪肉为酬谢。

七日后喜酒结束，婚礼活动也就全部结束。到来年春，婆婆要带媳妇去农耕，熟悉自己的地块，教会她生产，但收工后媳妇要回娘家居住。来年的农历七月，花生和玉米都已经有了收成，婆家要在当月的“神抢”日（油岭排的人认为这天最合适）分家，请媳妇回来跟儿子共同生活。分家时，必须有舅舅见证才合法，同时派人去水塘捉两条鱼回来，摆上香案，象征分家后夫妻俩仍然接受家族神明的监督，成双成对，灵活经营。

20 世纪 90 年代，随着外出务工人员的增多，结识其他族群的机会也增多，结婚仪式大多改为白天举行，女方也有送嫁，但诸多结婚仪式还保留着原有油岭排瑶的传统习俗。

2. 南岗排婚俗

南岗排婚俗独具特色，且有自己较为繁琐的结婚礼仪程序。

（1）南岗排婚姻形式

南岗排瑶民自古以来实行一夫一妻制的婚姻制度。过去，订婚有两种形式。第一种是父母包办，即孩子体弱多病，父母就为他们物色好年龄相当的孩子，请亲朋好友做媒人，到女方家求婚。女方同意，则收下男方家送来的鸡、猪肉、酒、豆腐等礼物，算定下婚约。但孩子长大后，如果有一方不愿意，可通过媒人提出解除婚约。第二种是未婚男女双方通过“讴莎腰”对唱情歌等方式，自由恋爱，建立感情，成为婚姻对象。男方将自己谈妥的对象告诉父母，征得同意，再由父母请媒人到女方家说合，父母一般不会干涉。

（2）订婚（亦称“认亲”）

在南岗排瑶中称订婚为“认亲”。认亲是订婚行聘的主要程序，即建立双方的亲戚关系，往后便以亲戚身份在节日或红白大事按俗接礼。喝认亲酒一共有 3 次礼俗。

第一次订婚酒最主要是宴请女方家的父母。此环节必须请先生公看黄历，选定良辰吉日，忌用“受死日”和“空亡日”，且以“福生日”和“初世日”最好。日子选定后，由充当媒人的叔伯携带3斤猪肉（现在是12斤）、6斤酒、1只公鸡和6斤黄豆制的豆腐上女方家去。当日在女方家吃饭喝酒，这一次算是联络感情。

第二次认亲酒是报外家。主要是宴请女方父母的亲兄弟姐妹和女方外家父母和舅舅。认亲酒通常是选择农闲的日子，再由叔伯带8斤酒、与上次一样数量的猪肉、豆腐和公鸡到女方家去。这一次，除了女方全家外，主要邀请女方家的外家亲戚，如舅父、外婆与外公等一齐来吃一顿饭。

第三次是“报喜酒”，主要是宴请女方所有的亲戚。由叔伯带酒肉（可以免掉1只公鸡）到女方家去，和女方全家共食。经这次以后，订婚手续便算完成。以后，待男方选定结婚日子，便可以成婚。婚姻一旦订下，彼此就不得反悔；如果反悔，就得请瑶老处理。通常，如属女方家要求退婚的，就得赔偿几次“认亲”的酒肉费用；如属男方家要求退婚，则不能追

新郎家人准备好送嫁猪肉作为回礼（房昭娱 / 摄）

究女方赔偿，而且有时还要负担请瑶老处理退婚喝酒的费用。[①]

（3）择日

结婚日的择定是请本村先生公在立秋或农历七月七日之后决定，但一般的结婚日都统一在当年农历十月十六日前后几天里择好日子。在第三次报喜酒后，媒人同时通知女方父母准备好嫁妆：新棉被1套、小碗10个，大碗碟2个、筷子12双、洗脸盆1个、毛巾1条、银圈10—12条、银针9—12条、银链2条、银牌20—30块、耳环1对、银锣3块、磨官3块、新娘全身的嫁妆1套、衣柜1个、木水桶1担、担水链1条、油纸伞1把、茶杯12个、茶叶12两、灯芯12条、竹火把12把等。

在结婚前的3天男女双方通知兄弟姐妹等亲戚朋友前来喝喜酒。女方结婚前一天请先生公写出嫁符、新娘符、花符、油伞符、师娘符等。男方在结婚前一天也请先生公来做“收耗、团稳花”等仪式，请兄弟和外家亲戚来杀牛或杀猪。先生公把对联写好后再写入嫁符和3天后新郎用的出行符。安谢公后吃午饭，到申时先生公让帮工的亲戚准备好对亲肉、认家公肉、认父母亲肉、背面肉、踏路肉。

（4）迎亲

迎亲当日，天还没亮，到酉戌时派出男方父亲的亲兄弟1人，男方母亲的亲兄弟1人，媒人挑对亲肉12斤、酒8斤、香12条、纸12块，到女方家中，女方的先生公、安谢公结姻对亲师主，结姻对亲师爷，吃晚饭后，男方父亲去认亲家公，给辛苦钱。认亲家公给猪肉12斤、酒16斤（用红纸包住酒坛口）、盐12两（用红纸包住）、米12斤、灯芯12条（用红纸包住）、茶叶12两（用红纸包住）、鸡1对（一公一母）用鸡笼（用红纸贴上）装好，和串腿鸡1只（3斤以上。娘家待新娘出嫁后，将鸡杀了煮熟来吃，将两只鸡腿用筷子串在一起，等新娘回门时，右腿给新娘吃，左腿给新郎吃，意即同行百年，白发到老，俗称串腿鸡）、香12条、纸12块等物品。迎亲两个人，有一个是男方父亲亲兄弟担肉和迎亲必备的习俗物品、食材等，有

---

① 说明：资料来源于房七公坚自己整理的文本资料，但有些文本资料实为不祥，故亦参考许文清：《广东连南瑶族婚俗》，135—136页，广州，羊城晚报出版社，2017。

一个是男方母亲亲兄弟担酒坛到女方家迎亲。[①]

出嫁。出嫁的新娘身穿两套花底红裙，头上戴银簪花、银圆镶的帽，手里拿着一柄纸伞，伞上贴着先生公画的神符，脚上裹绣花绑腿，穿绣花鞋。新娘随两位迎亲人上路，后面有女方家送嫁亲人 6 人（5 男 1 女）。女方家送嫁人，女的要由新娘的婶婶担任（没有亲婶婶的也得找堂婶婶）。那 5 位男子中，有一位必须是舅父，称尾兔公（如是长女必要舅父，次女以下出嫁者可换由姐夫来担任），另一个称踏路公，由姑丈担任，其他 3 人由新娘的兄弟叔伯担任。

入门。新娘行至夫家，入门之前由先生公念经祭祀祖先，向祖先祭告家宅里多添一位新人，并念经念咒语给新娘驱邪斩煞，唱颂吉祥语，如夫妻富贵，大吉大利，天长地久等。烧过纸钱，放过鞭炮，新娘便可以踏进新郎家的厅堂，进到新娘房里坐下休息。

洗脸认亲。送嫁亲友上喜宴时，必须按规矩来坐，送嫁亲人 6 人坐右边，男方亲人 6 人坐左边。上 2—4 次酒菜后，举行拜先祖仪式。先生公请新娘进大厅，由男方姐妹陪同，看先生公打筶，领阴阳神筶，要领到“欢筶”才是夫妻恩爱。新娘领筶之后才能进入洞房，喜宴继续进行。上 2 次菜、2 次酒后，在男方姐妹带领下，新娘端一小盆温水，给先生公举行存金洗脸仪式，先洗祖宗公脸（先生公拿湿毛巾在神龛前划动，口中念念有词，意即给祖先洗脸）。上茶给祖宗后，洗阳人脸，每人送一个红包给新娘（坐左边男方这 6 个人才给红包）。洗脸要洗双数，认新亲家公，认交叉家公、认横凳家公、正凳家公。

秤银、踏路人割大地草仪式。秤银，即称新娘带来银项圈的重量；踏路人割大地草，即新娘的姑爷走出新郎家门口看山景，其意是叫送嫁人出门口坐，等吃第二餐饭。先生公开口叫帮工的人收碗筷。第二餐开宴时，每桌放两个饭碗，意思是让大家多吃菜，每个人只能从锅里装两碗饭。喜宴结束后，主家给在大厅边坐的 6 位送嫁亲家公每人 1 块猪肉带回家。然后，给踏路人 16 斤猪肉、1 只公鸡，给将新娘从小背到大的人（新娘父母

---

① 讲述人：房七公坚，男，65 岁，南岗排人。访谈地点：三排镇南岗瑶寨。访谈时间：2020 年 10 月 22 日。内容有节选。

或爷爷奶奶）32 斤猪肉、1 只公鸡。

敬茶。送嫁亲家出门时，敬双碗茶水，双方亲家公拜三拜才饮茶；敬双碗酒，双方亲家公同样拜三拜才喝酒。欢送新亲家公回去后，先生公叫新娘出大厅来收两碗饭，此时，先生公讲吉利话祝福："养狗养猪 360 斤重 720 斤大！福财入嫁，进财进宝，五方五路送钱来，生男生女，双男双女，人丁兴旺，四季平安！"

（5）回门待亲

第三天早上，新娘带新郎回娘家拜见父母，称为"回门"。在第二天的子时，先生公念经安公开鉴（开猪头、牛头）。至辰巳时，新郎新娘穿着出行的盛装（新娘的花帽上要戴银链 1 条、银冠 3 块、银牌 15—30 块、银针 3 条），等待先生公安公后一起出行回新娘的娘家。这天早上八九点钟吃早餐，上菜 4 次、上酒 4 次后，让新娘用盆端温水出大厅，让所有坐在大厅里的人逐个洗脸，每个人洗脸后都给新娘一个红包。新娘和新郎出门时，在门口面向大厅站着，先生公念辟邪经后，由新娘带路回娘家。新娘右手拿银瓶（装满酒），左手提 1 只鸡；新郎左手提篮子（里面装有牛头右脸肉和猪肉 2 块，每块 2 斤），右手提银瓶跟在新娘的后面。回到娘家门口时，等先生公念经"存身""藏身"，避开邪气才进大厅。祭祀祖先、拜见父母后，新娘要和新郎返回男方家吃午饭。午饭后，请亲兄弟和外家来清点红包钱，如点到最小的数有 2 个 9 为最好，如最小的数不是 2 个 9 的话，要请外家大舅和小舅补够，2 个 9 才是长长久久，夫妻百年好合、进子进孙、进财进宝、福财入家、大吉大利。数好红包后，新郎陪新娘又回到娘家。这次是男方的父亲和姐妹背新娘的红包钱跟着回女方家。回到娘家后，新娘换普通装，做起妇女头饰。[1]

请宴。新郎拜过岳父岳母后，还要再次摆两次喜宴，第一次主要宴请双方的至亲，岳父送 1 只公鸡给新郎新娘；女方的大舅和小舅们赴宴时，给新郎的父亲 2 个祝福红包（每个 7 两 2 钱白银，现折人民币 72 元或 120 元）。第二次主要是宴请女方的父母和兄弟，岳母送 1 只母鸡给新郎新娘，意即让新郎、新娘养鸡成群，人才兴旺。

---

① 参考自许文清：《广东连南瑶族婚俗》，138 页，广州，羊城晚报出版社，2017。

新郎家给三朝回门的新娘家人送红包（房昭娱 / 摄）

（6）南岗特色婚俗——新娘不落夫家

在新人结婚后的第五天，在天还未亮时，新娘便回到娘家去。在此前一个晚上，新娘亲自在娘家挑选自己平时砍回的柴枝送给男家，意思是住在夫家这几天都是烧男家的柴，自己过意不去，所以送回一些。新娘回娘家，既不用带礼物，也不用向夫家说明，这在南岗排早已成为习惯。她独自一人回到娘家，一直住下去，和未结婚时一样。

过去，不落夫家的女子长至 15—18 岁，男家便请她回夫家住。通常在女方要回夫家那年的八月秋收过后，女子便将在娘家收割的一些稻谷或玉米挑回男家，表示女方答应今年内回夫家住。女方回夫家通常不用择吉日，一般是在除夕晚上回到夫家团圆。也有少数女子在农历十月十六盘古王节回到夫家。回夫家时不用带礼物，只是带些自己的衣服等物品。①

（7）婚礼中先生公的重要角色

① 参考自许文清：《广东连南瑶族婚俗》，139 页，广州，羊城晚报出版社，2017。

在南岗排的传统婚俗中，先生公肩负着至关重要的职责，但值得注意的是先生公在男女双方家所做仪式略有差别，故分类论述。

在女方家中，先生公所举行的仪式要比男方家稍简单些，只在女方家出嫁时举行两次仪式。第一次是在出嫁的前一天请先生公画“出嫁符”“新娘符”“师娘符”等。待男方家送出嫁酒肉来时，先生公摆祭品、念经敬告祖先女子要出嫁。第二次在女子出门去夫家时，先生公念口诀（咒语）存伞、存火，念《丙耗经》《避邪经》，做存身、藏身法事，并“请公”“安公”，祭告祖先保佑新娘。新娘一出家门，当即将画好的符咒挂在伞上，表示驱邪赶鬼，庇护新娘一路平安。

在男方家中，差不多每件事都得由先生公来一次祭告：在举办婚礼前一天，请先生公念《收耗》《团稳花》等经书。外家和兄弟来帮忙杀猪或杀牛，先拜过祖先才能动手，名为“安公”；半夜里，请先生公来布置好的新房，祈请祖先保佑，驱邪除秽；迎亲时，要请先生公安公拜祖先。送嫁人和新娘来到新郎家门前，先生公念《丙耗经》，并念咒语“送大岁、白虎”，斩恶神煞，以免邪魔鬼怪随新娘进屋。新娘入屋以后，喜宴酒过三巡时，先生公念经打筊，新娘领喜筊，拜祖先。此外，三朝那天，新娘夫妇回门，也拜一次祖先，祈求庇护新婚夫妇出门一路平安。每一次的祭品都是酒、肉、米，这些祭品都给先生公作为报酬。

（8）南岗排再婚习俗

妇女再婚的情况有两种：一种是丈夫死亡的寡妇再嫁；另一种是离婚后再嫁。由于再嫁很普遍，大家都不会因此而瞧不起她们。再嫁或者再娶的男女，也要举行结婚仪式，但这种仪式没有初婚时那样隆重和热闹。在南岗排，至今还保留寡妇半夜出嫁的习俗，据说寡妇自己会因再婚害羞，白天出嫁给人看见不好意思，便选择晚上（晚上22点后、24点前）出嫁去男方家。出嫁时，也要请先生公举行请公、安公仪式。

男女再婚，只提一次亲，如某男子认为哪一位妇女（离过婚或者孀居的）可以作为对象，便请自己的兄弟直接上女方父母那里商谈，如女方父母答允，便择吉日携带3—5斤酒、6斤豆腐和几斤猪肉到女家吃饭。吃过这一顿便算是与女方订了婚，同时谈定结婚日期。之后结婚的仪式过程大致与初婚相类似，唯一特殊的是仪式从简，例如出嫁娘换上的新衣服一定不是初婚时的花衣服，也不用持油纸伞。但如果是寡妇再嫁，男方是初婚，婚礼较为隆重，只是习俗规定再嫁的人没有亲肉、背面肉、踏路肉和公鸡等礼物。再嫁妇女如有儿女带来，在男方家是很受欢迎的，儿女随继父姓，不受别人歧视。

3. 横坑排婚俗

横坑排的婚俗与南岗、油岭等地大同小异。据房水生（时年 69 岁）和房交界（时年 71 岁）两位先生公介绍，横坑排的婚姻仪式大致分为订婚、择日、接亲、回门等 4 项程序。

订婚。横坑排的订婚日子一般选择在农历三月初三。过去，男方的婚龄一般要达到 20 岁，女方的婚龄要达到 18 岁。订婚时要请媒人前去女方家说明情况，去时要带 2 斤酒，2 斤肉等。①

择日。选择举行结婚典礼的日子由先生公亲自主持，男方请先生公择日时候要送其猪肉 2 斤、酒若干。婚礼多在收成完成之后的农历十月或十一月举行。由媒人把成亲日子通知女方。婚礼选择这个季节，主要是因为秋收之后，物质比较丰富，加上农闲亲友有空来帮忙。再说娶回媳妇过新年，可以说是倍增喜气。②

当先生公择好良辰吉时，男女双方各要准备结婚所用的物品。男方要准备 1 头牛、2 头猪、300 斤酒、豆腐、米、柴、甜酒及烟丝等。聘金要偶数，20 世纪 40 年代是 20 块银元、40 块银元、60 块银元等，现在付人民币，数目不确定。女方则要准备木制衣橱 1 个、水桶 1 个、脚盆 1 双、凳子 2 张、脸盆 2 个（横坑排不用准备洗澡盆，此与火烧排等西五排地区略有不同）、方桌 1 张、扁担 1 条、20 个碗、20 双筷子、棉被 1 张、单被 1 张、草席 1 张、锄头 1 把、镰刀 1 把等。如果当年是闰月，则要准备 13 双碗筷。由男方的舅父或者哥哥和媒人一同去女方家接新娘，需要挑着 36 斤猪肉、48 斤米酒、1 对鸡、1 包茶叶、1 包盐，还有一个非常重要的仪式，即将“倒解钱”（瑶语，其意是母亲抚养女儿洗换屎尿裙裤的人工钱）交给

① 讲述人：房水生，男，69 岁，横坑排人。访谈地点：横坑排。访谈时间：2020 年 10 月 25 日。

② 谢剑：《连南排瑶的社会组织》，224 页，香港，香港中文大学出版社，1993。说明：虽然谢剑所调研的婚俗资料来源于东芒，但东芒距离横坑排较近，婚姻风俗几近相同，故以引用。

新娘的母亲，以感谢她经过多少苦难把女儿抚养大，并表示她将女儿嫁来男家也会像她一样关心照顾新娘。

迎亲与送嫁。横坑排的迎亲过程与油岭、南岗大体相同，在此过程中亦需要先生公参与其中。在迎亲之日，新郎带一名小男孩一起住在女家，新娘则由其女伴陪同，在家迎候。之后用男方带来的酸菜干和女方准备的炒黄豆下酒。晚饭要等到半夜开始，仅有新娘、新郎和另外两人围坐一桌，表示圆满。吃完这顿饭，算是定亲。夜晚并不同宿，新郎于天亮时返回。是时，女方开始洗脸、梳头，改变自己的头型，向上梳，结成发髻，同时换上新装，穿起自己亲手做的绣花裙。

新娘打扮整齐，女方家送嫁的亲友也到家吃早饭，送嫁的人数要偶数为双喜意头，可多达 42 人。送嫁队伍由媒人带路，半开雨伞、倒穿草鞋出门，以表示不忘父母养育之恩。半途新郎家派人来接亲，到了男方家门口场院休息，吉时一到，新娘先进入新郎家的正厅，送嫁人依次跟进。此时先生公要用法水驱邪，新娘站立于屋角，宾客围坐在长条桌，先用开水冲猪血，加生姜、糖水，然后饮酒吃菜，新娘要站着吃饭。迎亲和送嫁双方

新婚前夜分炒黄豆给宾客（房昭娱 / 摄）

相互敬酒唱歌。宴会结束后，送嫁的人归家时，新郎家送每人一包用芭蕉叶裹着 8—10 块的熟猪肉和 6 斤生猪肉。

认亲及回门。婚礼第二天，男方设宴招待族人及亲朋好友。家婆领着儿媳妇逐一奉上一盆洗脸水，每位家族人员按辈分依次洗把脸后送上一个红包作为认亲见面礼，算是新媳妇的私房钱。新婚 3 天内依照习俗新郎新娘不能同房，由男方家姑娘陪新娘就寝。第四天早上，新郎带着结婚当天带路人携带的两块猪肉，与新娘一起回娘家，叫回门。在横坑地区亦有结婚第七天再回娘家住一晚的传统。① 娘家准备好酒菜，宴请男方亲友。接着新郎祭拜女方的祖先，以及东南西北四方神灵。在横坑排、东芒排一带，新婚夫妇还得到双方的祖坟上香 12 炷，烧些纸钱，表达对祖先的敬意。饭

新郎到新娘家抬衣柜出门（房昭娱/摄）

横坑排新娘装扮②（房昭娱/摄）

① 讲述人：房水生，男，69 岁，横坑排人。访谈地点：横坑排。访谈时间：2020 年 10 月 25 日。

② 横坑排新娘装扮在八排之中比较独特，新娘出嫁没有和其他排一样戴绣花银头冠，而是戴绣花三角头巾，插上 3 对雉鸡羽毛。

后由岳母带领新郎一一向亲友介绍认识，亲友赏赐红包以作见面礼。是日返回新郎家，回程时新郎走在前面，新娘跟随，是夜圆房。

4. 东三排的“抢婚”与“半夜出嫁”

过去，在油岭排、三排、连水等少数瑶排流行抢婚习俗。抢婚原因：一是青年男女双方有情有意，但因世仇或其他原因父母不同意；二是女方家要彩礼太重或男方家太穷无法操办婚礼而不得不为之。抢婚对象：限于离婚或丧夫的女性。在排瑶盛行定小亲地区，一些青年男女长大后不愿按“定亲”成婚，则可解除婚约，解除婚约后的女性亦是“再婚”对象，成为抢婚的目标。抢婚只是一种形式，事前男女双方多相约而行。抢婚在黄昏进行，某男子有意与某女子成婚，便选择在女方外出劳作傍晚归家经过的路段，相约几位好友埋伏在路旁草丛里，等女子经过，便将女子抢到男方家，当晚请来亲戚朋友，并请女方父母来家共进晚餐；尔后便可同居，过一段时间后再举行正式结婚仪式。如果被抢女子不愿意，便不同居。在排瑶社会，女性在社会上受尊重，舅父有很高的权威，男性不能强迫女性做任何事情，不然会引起女方家和外家兴师问罪。20 世纪 50 年代人民政府成立后，法律逐渐健全，抢婚习俗已被瑶族群众自觉摒弃。

5. 东三排新娘的特殊嫁妆

东三排婚礼有“担柴”的习俗。据走访三排镇连水村 86 岁的盘白山六一婆、78 岁的唐亚木二婆和 60 岁的瑶族先生公盘果四五公了解到，“担柴”要担 2 担，这两担柴是由女方父母在女儿未出嫁前就上山砍回来准备好的，是陪嫁品，而且每个新娘必须要有。瑶山上木柴种类繁多，但并不是什么树木都可以用作嫁妆的木柴，只有称作“猛铁”（瑶语）的柴才可以用来陪嫁。“猛铁”这种树木，树皮呈淡白色，树干直，木质较轻，这种树长在石头缝里，生命力顽强，砍后发芽快分枝多。用这种柴当作新娘的陪嫁品有 3 层意思：一是这种柴很容易燃烧，虽然女儿嫁出去了，但娘家仍会把她当作女儿看待，永远给予温暖；二是祝愿女儿成家后，生活像烧柴火一样，越来越红火；三是“开枝散叶”，延续香火。因此，看似普普通通的柴草，“东三排”的瑶家人却另有寓意。

2 担陪嫁柴，是由新郎分两次从岳父母家挑回去的，而且必须得由新郎自己来挑。因为这柴是娘家给女儿的温暖，不许其他人来分享。

第一次挑柴，是在送嫁的时候。即按照婚礼程序，新郎新娘“走白”回岳父母家后，女方家就要派出亲戚来送嫁。出门时，岳父母的兄弟姐妹搬出 1 担柴，请新郎挑回去。这柴约 1.2 米长，像柴刀柄一般粗，1 担也就 30 斤左右，对于年轻的新郎来说是难不倒的。

第二次挑柴，是在正月十五。正月十五是“东三排”的“小年”，新婚夫妇要回岳父母家吃“散年饭”，意思是吃过这餐饭后女儿就要在婆家做工了，娘家的活女儿是不能分担了。其他节日，每次都是由新郎新娘送酒送肉孝顺公婆和岳父母的，正月十五这“小年”却很例外，新郎新娘吃完饭后，岳父母要送猪肉给这对新人，而且又搬出另一担柴，请新郎挑回去。

这两担柴不是什么时候都能随便烧的，而是在新娘生小孩坐月子时才能拿出来烧。用陪嫁柴给坐月子的新娘做饭做菜或烤火，是希望能给新娘带来温暖，也给外甥沾上“猛铁”树不怕艰难顽强拼搏的品质。

目前，用“猛铁”柴当嫁妆的习俗，仍在三排镇东芒、连水、三排、牛头岭、山溪等由油岭古寨迁出形成的瑶族村中流行。

过去，排瑶青年虽然恋爱自由，很多年轻人通过“讴莎腰”的形式寻找到了意中人，但最终还是要遵从“父母之命”，有的无法跟自己的心上人成为眷属。排瑶历来都视父母为“天地”，子女听从父母之命，父母也会征求子女的意见，并不存在强迫的意思，但这种父母之命的婚姻没有感情基础，婚前男女双方很多都不认识，或者接触比较少，为了让这对互不了解的新人在婚礼上不尴尬，所以就给面生的新娘创造一个过渡条件，把迎亲仪式安排在夜间进行，并让新郎尽可能回避，直到新娘完成“认祖归宗”，并经过热热闹闹的“洗脸认亲”熟悉了众多亲戚没有了怯生感觉，才让新郎出来跟新娘见面交流，一起回娘家进行“走白”仪式。也就是在天蒙蒙亮身影模糊时，两个新人才开始接触并增进印象，然后在天亮时逐渐看清对方，进而完成由陌生到认识的过程。

对“半夜出嫁”还有另外两种说法。

一种说法是出于“祖先崇拜”。连南八排瑶崇拜祖先在社会生活中占有很重要地位，东三排自然也不例外。比如人去世了要送 7 天饭，当年除夕早上还要去跟逝者过年，在以后的节日或平时的礼仪活动中都要有敬祖先的言行，甚至是日常的喝酒也要先洒酒敬祖。“灵魂不死”观念让瑶民相信自己的祖先可以庇佑子孙，一切都以祖先为敬畏。由于阴阳两界“昼夜颠倒”，为方便如天地般的祖先参加子孙们的婚礼，人们便把迎亲仪式特意安排在夜间，并通过先生公唱念“解神煞”“丙神煞”“煞会请公”等经书，驱除尾随新娘而来的恶鬼，打扫干净新娘的“身子”，让她在婆家顺利地认祖归宗，健康平安地生儿育女，延续香火。

另一种说法出自于连水村瑶族老人关于“吓马吃古”的传说。“吓马吃古”，意译为天狗食日，其意思是天狗吃了太阳，造成天地混浊。但这样的解释，又不能自圆其说，很难跟“半夜迎亲”的仪式沾上边。这些老人又说，“吓”在八排瑶语中是指能让人生病并致死的“铁锈”或彩虹，比如过去南岗的瑶民不吃有铁锈水的水田里的田螺，生怕得黄病；又比如认为彩虹是由肉眼看不见的虫子聚集而成的，落在泉水中让人喝了会生病，所以瑶民常把戴在手上的铜镯放到泉水中才喝水，避免把“吓”喝到肚子里。因为怕彩虹，也就是怕“吓”害命，所以东三排的婚俗将新人出嫁安排在夜间，而西五排的新娘是在白天出嫁，新娘必须打起雨伞，以阻挡彩虹，驱赶邪气，守护新娘。

（三）八排瑶婚俗的特征

八排中各个排的婚俗存在一些差异，但其共性特征较为明显，主要表现在以下几个方面：

其一，八排瑶婚礼有同一天举行的情况。排瑶认为一年中适合举行婚礼的吉日就是那几天，也就是他们称之为“福生日”“初生日”的良辰吉日，一般是在农历十月十六日（瑶族最盛大的盘王节）前后，预先由先生公择定。基于这一原因，排瑶的习惯是整个村寨或邻近村寨同时有几户甚至十几户人家同时娶亲，经常会看到迎亲队伍相遇的情况。但有些村寨并非都会在同一天举行婚礼。比如大坪镇牛路水村的房姓人家（属于军寮排）传统上不喜欢“七”这一数字，认为不吉利，因而他们绝不会选择含“七”的日期举行婚礼。而李姓人家则没有这一禁忌。所以同村的房姓和李姓人家有时就会选择不同的日子办喜事，但同姓的人家则会在同一天举行结婚仪式，并无相关禁忌规定。

新娘出嫁那天，送嫁队伍如在同一路上相遇，新娘要互换绑腿带或新娘身上携带的小物件，寓意相互礼让祝福。送嫁队伍过桥或三岔路口时，带路人用手提的银壶里面的酒洒几滴在桥头或三岔路口入口，以示祈求平安。

送嫁队伍经过“坛”（土地庙等），如与新娘的生辰八字相冲，就得绕路走。

其二,八排各排中的婚俗活动均有先生公参与，亦说明民间信仰在排瑶地区的婚俗中起着重要作用。从各排的婚俗细节可以看出，先生公在婚礼过程中充当十分重要的角色。他既要主持婚礼过程，还要完成一系列祭祀仪式，包括诵经、敬祖、驱除恶鬼等。在南岗、油岭、横坑等排瑶地区还规定新娘必须在太阳出来以前进入丈夫家，祷告祖先，求得祖先的承认和保佑。东三排地区的人普遍认为太阳喜欢捉弄新娘，它会把新娘的魂魄慑去，甚至殃及后代及整个家庭。南岗排、油岭排地区的婚俗中还有“站公”的规矩：新娘从进门的第一天起，除了晚上睡觉外，必须在祖先神龛前站立 3—7 天，以示敬祖。当男女双方离婚时，牛路水一带的不成文规定是女方绝对不能带走家中的“三脚猫”（用来煮饭、烧水的炉灶用具），他们视之为“土地公”。排瑶的民间信仰在八排婚俗中占据着重要作用。

其三，夫妻双方的外家在八排婚俗中均具有特殊威权。男女青年有了缔结婚姻之意后，必须带上酒、肉到娘舅家（尤以舅舅为主）吃顿饭，告知婚事。如举办婚礼有困难的还要请外家相助。男方家主持婚礼的先生公要由男方家的外家派来（尤其第一个儿子结婚必须如此）。婚礼举行完毕后，要把一个完整的猪头给男方的娘舅带回家去。招待送嫁的女方家人的宴席要特别丰盛，意为新娘出自外家，要饮水思源，也显得男方家特别尊重女方亲人。宴请的主要亲戚要包括外家 3 代，其中舅舅必须参与。在迎亲队伍中要有男方的舅舅参与迎接新娘，舅舅是到女方家迎亲这一个过程的“话事人”。女方的送嫁人中也必须有一个是舅舅，尤其是第一个女儿出嫁。男方家给送嫁的舅舅 30 斤肉和 12 斤米作为答谢，而送嫁的姑父则只得12斤肉和6斤米。在排瑶社会中，舅权及外家特权在婚俗中体现尤为重要。

其四，女性婚后基本属于夫家世系。娘家族谱在其姓名后注明该女子已嫁何人为妻，而夫家族谱则正式列入其姓名。未婚的姑娘，是不允许参与“香歌堂”“捡法名”重大祭祀活动的，只有婚后的女子才可作为夫家的成员参与丈夫家族“香歌堂”“捡法名”活动。[①]

（四）传统婚姻习俗的变迁

以上“西五排”和“东三排”所展现的婚礼过程是新中国成立之前八排瑶地区较为传统的婚姻形式。新中国成立之后，排瑶地区的婚姻习俗和婚姻观念发生了显著的变化。尤其是20世纪80年代后，随着中国改革开放大潮的到来，八排瑶地区的青年男女也走出了大山，他们大多在城市务工，与现代社会接触，交流广泛，接受了新观念、新时尚，瑶族青年的婚姻观念、当地的婚姻习俗与时代同进步，发生了天翻地覆的变化。

婚姻观念的改变。在新中国成立前，这种“好女不外嫁，好男不外娶”相对守旧的思想已经基本不存在。现如今，随着经济发展，交通条件得以根本性改变，瑶族青年男女与外界的联系日益密切，思想观念不断去旧纳新，他们不知不觉改变着自己的思想观念，通婚的范围不断扩大。据相关部门的调查与数据统计，连南每年都有数以百计的排瑶未婚男女青年远娶或远嫁至湖南、四川、广西、贵州、香港等地，有些甚至远嫁（娶）至国外。排瑶地区的远娶远嫁现象已经成为了常态，盛行了千百年的地域内婚的习俗已悄然改变。

婚姻习俗的变迁。随着时代的不断变迁，瑶民生活水平的不断提高，交通和生活环境的改善，在排瑶地区所流行的婚俗也在发生着翻天覆地的变化，体现在以下几个方面。

其一，传统的“讴莎腰”等唱情歌和炒黄豆歌之类的恋爱方式在逐渐淡化。现如今大多数青年男女都在外务工，逢年过节才会回到排瑶地区，更没有时间和精力向老年人学习当地的情歌，因而许多年轻人已不会唱情

① 罗杨、唐孝祥：《大美村寨·连南瑶寨》，130页，北京，中国社会出版社，2015。

歌，传统传达爱情的方式则由唱情歌转变成用微信、互联网、电话等形式表达情感。

其二，传统的婚姻习俗在逐步简化。过去，八排婚姻礼仪大体要经过提亲、求婚、定亲、认亲、出嫁酒、送嫁、迎亲、瑶经驱邪、拜堂、祭拜祖先等十项程序。新中国成立之前，新郎与新娘特别在意这种庄重的仪式感。现如今，只要双方愿意结为夫妻，只需要到民政局完成登记，举办婚礼即可。在排瑶地区的嫁妆中也呈现了多样化和“昂贵化”的特征，少则冰箱、电视机、洗衣机，多则摩托车、汽车、房屋，等等，日常用品也不是自制的木制品了，而改成大工厂制作的款式新颖衣柜、床等。

排瑶婚俗是瑶族传统文化和民俗活动的重要组成部分。在社会与时代发展中，排瑶婚俗中优秀的部分已得到有效的传承和发展，“不与外族通婚”等过时习俗已在现代社会中渐渐消解。

第二节　家　庭

在八排瑶地区，传统家庭大多以男性为中心，家长为男性，并且呈现父系继嗣承业，妇女婚后从夫居的特点。

一、家庭类型

家庭结构是指家庭中成员的构成及其相互作用、相互影响的状态，以及由这种状态形成的相对稳定的联系模式。家庭有不同的分类，按家庭的代际数量和亲属关系的特征分类是常见的家庭分类方式。在排瑶地区家庭结构类型体现为 4 大类，即核心家庭、主干家庭、双亲家庭、单身家庭（又名单细胞家庭）等。

核心家庭。核心家庭是由父母和未婚子女组成的家庭。核心家庭是八排瑶的主要家庭类型，在东三排中亦表现得较为突出，盘鹃在《油岭村志》

中言，在油岭排中，“妻子从夫居住，世系按男性计算，以及财产由子嗣继承，在油岭瑶寨中占据主导地位，几乎占家庭总数的 2/3”①。

过去，西五排中还有少量较为特殊的核心家庭，就是父母与“订小亲”的未成年小夫妻（妻子往往回娘家居住）同吃同住。这样的家庭在里八峒排和火烧排都有不少，都表现出一个特征就是同吃同住。这种特殊的核心家庭实际从形式上是主干家庭，但一旦小夫妻成年结婚自主，便与父母分居，另立门户，则核心家庭随即消失。

主干家庭。主干家庭为两代或者两代以上夫妻组成，如父母和已婚子女组成的家庭。这样的家庭在里八峒排和火烧排普遍存在，表现出一个特征就是同吃同住，子女结婚不分家。

双亲家庭。双亲家庭是家庭中只出现一对夫妇的家庭类型。排瑶的这类家庭与汉族地区有非常大的差别。双亲的出现并不代表着双亲并无子嗣或者子嗣并不抚养，实际上依照排瑶的风俗，男子婚后第二年便要与父母分居，小夫妻必须独自成家自立。是故，到所有子女成家之后，家内就留下老夫妻俩，过着自食其力的生活。这类家庭在八排中非常普遍。

单身家庭（亦称之为单细胞家庭）。东三排的油岭排瑶在新中国成立前男女比例失调严重，妇女离婚后基本上都能找到归宿，单身男子数量远远多于女性。但盘鹃认为，在瑶寨中单身家庭所占比例微乎其微。②

新中国成立后，练铭志曾在排瑶地区做过大量的数据采集与量化分析。根据其“1956—1957 年的家庭人口调查统计”来看，以一人户看作单身家庭，二人户为双亲家庭，三人以上户为核心家庭。以西五排中的大掌排为例，数据统计表明，单身家庭占 19.92%，双亲家庭占 15.77%。③ 除此之外，核心家庭所占的比例非常之大。

谢剑曾在 20 世纪 80 年代对火烧排进行了家庭结构方面的调查。据 20 世纪 80 年代的资料来看，在大坪排的 688 个家庭之中，完整的核心家庭多达 575 家，而不完整的核心家庭共有 110 家，完整的核心家庭占 86.08%。排瑶地区敬老爱幼，视子女为祖先恩宠，极为珍惜，并且认为家庭中没有

① 盘鹃：《油岭村志》，128 页，内部资料，2020。
② 盘鹃：《油岭村志》，128 页，内部资料，2020。
③ 练铭志、马建钊、李筱文：《排瑶历史文化》，305 页，广州，广东人民出版社，1992。

子女是非常遗憾的事，这也就说明核心家庭为数众多的原因所在。

总体而言，排瑶在家庭类型方面有两个特点，其一，主干家庭及核心家庭在八排瑶地区整体所占比重较大，双亲家庭大量增加，单身家庭数量较少。按照八排瑶的习俗，男子婚后第二年便与父母分居，小夫妻俩独自生活。到所有儿女都成家后，家里就剩下老夫妻俩，过着自食其力的独立生活。这便是“双亲家庭”。双亲家庭的双亲并非无子嗣，亦并非被子女遗弃。它的出现有着深刻的社会历史根源。这种双亲家庭为汉族社会所少有。其二，排瑶家庭普遍规模较小。上文已述排瑶家庭主要由单身家庭、双亲家庭和核心家庭 3 种类型构成。核心家庭本已规模不大、结构简单，而前两者则更为小型。因此，排瑶的家庭可称为小家庭制。其具体表现在家庭平均人口少，据练铭志考证，由清代时统计的户平均人口为 5 人，到近期统计为 3.3—4 人，其人口在波动式增长的同时，其户平均人口却在波动式下降，说明其家庭规模日渐变小[①]。

二、家庭关系

家庭关系是“家庭”中最为重要的一个方面。根据《人口科学大辞典》的界定：“家庭关系是基于婚姻、血缘或法律拟制而形成的一定范围的亲戚之间的权利和义务关系。”[②] 家庭关系主要包括夫妻关系、亲子关系以及其他家庭成员之间的关系。

（一）夫妻关系

在八排地区，家庭关系中夫妻地位较为平等。夫妻共同担负家庭劳动是关系平等最好的明证。八排瑶是以男性为中心的父系家族结构，实行从夫居，子女随男方姓。男方在婚嫁、信仰仪式及家庭事务方面都有重要的权力。但男女之间也是平等的，家庭事务也多与妻子商量，男方不能虐待妻子。妇女在生产、生活中有重要的地位，女儿也有权继承父亲的财产。

① 练铭志、马建钊、李筱文：《排瑶历史文化》，307 页，广州，广东人民出版社，1992。

② 向洪、张文贤、李开兴等：《人口科学大辞典》，135 页，成都，成都科技大学出版社，1994。

如果两村发生械斗，双方女性出面并将两方分开，两方不得再打斗。夫妻均有离婚的权利。

较为平等的家庭分工。夫妻双方各有分工。男方负责参与社会政治活动（比如家族祭祀、械斗等），家里田地的耕种（犁田、耙田、播种、插秧），上山打猎，以养家糊口，是一个家庭的经济支柱。财物由女方管理，不过男方也可以支配取用。父亲要负责给子女命名，决定他们的婚事。女方也参与农业生产，如插完秧后的施肥，除草等，还要负责家中的柴草及家务，掌管一家财务，哺育子女。父母负责教导子女，至其长大结婚为止。过去，小孩自八九岁就开始教导其去田间劳动，帮助家里干农活，学会从事农业生产与生活技能。等到儿子长大，父母为其操办婚事。

另外值得注意的是，核心家庭的全部劳动包括两种类别，即家务劳动和生产劳动。而两项劳动基本要靠家内各个成员共同负担完成，他们之间并无明显的分工界限，其原则是量力而行，共同协作。过去，瑶民以勤劳著称，从孩童直至老去，都离不开劳动。儿童约从七八岁开始便从事采摘猪食和野生植物、喂养禽畜、牧牛以及带弟妹等家务和劳动强度不大的其他劳动，以后逐渐成为主要劳动力。排瑶夫妻共同负担家庭的大部分劳动。劳动项目虽有某些侧重，比如裁缝、刺绣仅由妻子操作，而犁田、伐木、放排等重体力劳动则由夫妻双方共同完成，但没有男尊女卑之别。这一特点的形成原因也不外乎是当地生产力水平较低，必须人人都尽力而为进行生产才能满足家庭生活的需要。另外，在家庭中男女双方地位的平等，也是因其在经济生活劳作方面的贡献相差无几，男人在供给家庭所需时并不是处于决定性的位置，与妻子是相互协作的关系，因此在生活交往上男子和妻子处于平等、相同的地位。[1] 据此，练铭志曾对八排瑶的家庭成员分工做过统计，情况如下：

① 罗杨、唐孝祥：《大美村寨 · 连南瑶寨》，53—54 页，北京，中国社会出版社，2015。

八排瑶家庭成员分工协作表 ①

项目	煮饭	看小孩	采猪菜	喂禽畜	打柴	洗碗	洗衣	刺绣	缝纫	碾磨	赶集	牧牛	犁耙田	播种	插秧	施肥	中耕	收割	砍山	烧山	垦地	选杉苗	种杉	种杂粮	运杉	放排	伐木
夫	√	√		√	√		√			√	√		√	√	√	√	√	√	√	√	√	√	√	√	√	√	√
妻	√	√		√	√	√	√	√	√	√	√			√	√	√	√	√	√	√	√	√	√	√			
子	√		√	√	√	√	√					√			√			√									
女	√	√	√	√	√	√	√	√		√		√			√			√									

资料来源：综合各排田野调查材料。

从上表中我们可以清晰地看出排瑶地区在男女分工方面有着较为模糊的界限，但基本而言，男女分工较为公平，在一些家务活中女性相对比男性承担得更多。在新中国成立前，14 岁以下的儿女会帮忙、协助父母做一些家务活，如从事采摘猪食和野生植物、喂养禽畜、牧牛以及带弟妹等家务和劳动强度不大的其他劳动。所以总体而言，排瑶地区的夫妻平等思想比较突出。究其原因，或与女子在劳动中享有与男子相同的经济地位有关。

除此之外，夫妻之间的关系仍有诸多方面值得关注。在新中国成立前，妻子不可以触碰丈夫的武器，如猎枪之类；丈夫也要避免接触妻子结婚所穿着的盛装嫁衣。在结婚的时候，妻子按照惯例向亲友奉送洗面水而换来的钱的使用，丈夫绝对不能干涉更不能纳为己有。另外，妻子要善待丈夫的朋友，尤其是不可在丈夫的朋友面前和丈夫发生口角。即使夫妻因为矛盾而发生争吵，丈夫也绝对不能骂妻子是“生产鬼”之类的话语，这是排瑶中的“大忌”，表示情断义绝。

（二）亲子关系

八排瑶家庭主要由一夫一妻制的核心小家庭组成，一般由一对夫妻加若干个子女构成。“排瑶家庭制度当中最重要的特点之一，即是因结构上重视核心，并以结婚的这一类型为规范。”② 老人如果生活能够自理，一般不

---

① 练铭志、马建钊、李筱文：《排瑶历史文化》，309 页，广州，广东人民出版社，1992。

② 谢剑：《连南排瑶的社会组织》，150 页，香港，香港中文大学出版社，1993。

与子女同住，所以一家之内祖孙 3 代或几代同堂的情况比较少。青年男女结婚一般在他们正式结婚的第二年，就与父母分家，自行生活养家。

“分家，是中国社会家庭增殖的一种主要方式。其一般指已婚的兄弟间通过分割财产，从原有的大家庭分离出去的状态和过程，也就是俗话而言‘另起炉灶’与‘另立门户’。门户的另立自然是一个新家庭的产生，同时也是家庭再生产的表现。”① 分家有一定的规程。先是父母邀请亲属和附近村民参加，共同商议后写下家书，然后将家里的房屋、生产生活工具分出，同时土地和山林也按相应比例分出。分家后，经济与社会层面，彼此是独立的，彼此之间涉及家族的婚丧嫁娶等事务时共同参与。子女虽然分家另过，但也要承担相应的义务，比如看望父母，生病照顾，父亲年迈，儿子要替他耕田干活等。分家不代表不孝敬老人，不尊重父母。李来章在《连南八排风土记》中记载：“敬老：凡相聚议事，必设凳以延老者，无凳则以银酬之，名曰‘坐凳银’，此礼犹为近古。”② 八排瑶今日仍传承了这一尊老敬老的风俗。值得注意的是，如果一个家庭内拥有较多子女的话，他们之间的关系亦是十分融洽的，不会因为例如需要抚养父母之类的原因而引起争执甚至冲突。

父母与子女的关系还表现在生活的方方面面，作为子女必须在亲属行为上表现出对父母的尊敬。例如在住房布局上，进门正厅之后的房间是主房，主房必是父母的居室，以便管理家务。进门右侧的厢房必须由大儿子居住，左侧是次子。子女多时甚至在牛栏之上另架木板为儿子栖身之用。女儿到了一定的年龄之后，就住在进门大厅右侧，另隔小室，以便男青年在夜晚来隔墙唱歌求爱。再如丧葬礼仪中，父母亡故，举行完丧礼后将遗体抬入墓穴棺木。以父为例，必须由长子抱头，次子执左上肢，三子执右上肢，长婿执左下肢，次婿执右下肢。这类实例也可观察排瑶亲子关系的重要性。

① 周大鸣：《文化人类学概论》，137 页，广州，中山大学出版社，2009。

② （清）李来章：《连阳八排风土记：卷三：风俗》，康熙四十七年刻本。

（三）兄弟姐妹关系

总体而言，在排瑶地区兄弟姐妹的关系是比较和睦的，这种情况无论是在新中国成立前还是在成立后均如此。和睦相处，不能打架斗殴，兄弟如果修建房屋应该主动无偿帮助；如果结婚也要协助管理杂务。在新中国成立前兄弟之间还要分享打猎之物。姊妹不可在兄弟面前更衣。兄弟在姊妹面前更衣，则需要将脸朝外。兄弟与姐妹无论在任何情况下都必须分房睡觉。同胞兄弟姐妹间，年长者是比较有权威的人，遇事都要与其进行商量定夺。作为兄长，不可随便进入弟媳所居住的卧室，也不可主动邀请年幼的弟弟外出喝酒。

（四）婆媳与岳婿关系

排瑶地区的青年人与老人一起生活有着诸多不便，这也体现在婆媳和岳婿关系方面。例如翁姑和媳妇在一起吃饭，媳妇是不能坐下来的。以前生活条件差，家庭人口多了，物质条件也不够，时间长了容易产生矛盾。譬如住房，人一多就需要另建房屋。

这实际上是分家的具体表现形式，但从某种意义上说亦是为避免婆媳与岳婿之间的尴尬关系。虽然实际已分家，但在子女结婚之后暂时仍和公公婆婆一起居住，第二年才会搬至新居所内。在这一时段之中，则需注意很多婆媳之间的关系问题。例如媳妇在家要避免打碎瓷碗等瓶瓶罐罐之类的东西，否则是犯大忌。媳妇的衣物绝对不可以和公婆的衣服混在一起，无论是清洗和放置都得分开。同时，公公亦不能随意进入媳妇的卧室。傍晚洗澡的时候，媳妇应该排在最后，等等。

岳婿的关系虽然没有婆媳之间的关系那么重要，但依然有值得注意之处。例如生小孩必须首先通知岳家，并邀请岳家出席满月酒宴。如果婚姻不幸失败必须要离婚的话，则必须先征求岳父的同意。岳父如果去世，女婿必须上门祭拜，赠送 12 斤米、12 斤酒、8 斤豆腐及 1 副垫被。

（五）领养子女——家庭关系的拓展

整体而论，出于继嗣、劳动人手和养老，等等众多因素的考量，排瑶社会领养子女的情况较为普遍。领养子女情况主要分为排内、排际间和瑶汉间 3 种。领养以男孩居多，年龄一般在 10 岁以下，一经领养，即视为家庭的一员，从养父姓，家庭视如己出，并且会按排瑶的习惯进行重新命名。养子享有与亲子女平等的权利和义务。这种领养的现象在“房”姓中较为受欢迎，认为这是“房”族添丁进口，自然没有人对此进行言语上的歧视，当被收养者长大成人之后，同样会视自己的养父母为血亲，养老送终，极尽子女之孝。

三、家庭财产

排瑶地区实行的是财产子嗣继承制。在新中国成立前的排瑶社会里，家庭财产包括土地、山林、房屋、耕牛、农具和其他生活用具，这些物品都归儿子来继承，女儿无继承权。如果没有儿子，其财产则由近亲男性继承；无近亲的则充公作为日后祭祀之用。

财产除了留部分土地或山林作为双亲养老之外，无长幼之别，由儿子平分。排瑶分家拆产是随儿子结婚而次第进行的，不是一次性就完成。在双亲去世前，所分土地只有使用权，所有权仍归双亲；直到双亲故去，所有权才归属使用者。女子作为妆奁的陪嫁田，使用者死后要归还娘家，然后再按上述原则处理。① 但在油岭排中，家庭财产包括水田、山地、林地、耕牛、房屋以及生产生活用具等，都是由子女共同继承。女儿在出嫁时，父母已经拿出部分水田、山地和林地作为女儿的嫁妆，所以当父母去世之后不再享有继承财产，此时只由儿子继承财产并承担债务、丧事及 3 年忌日的开支费用，并且这个过程要在舅舅的监督与见证之下完成。②

① 练铭志、马建钊、李筱文：《排瑶历史文化》，311 页，广州，广东人民出版社，1992。
② 盘鹏：《油岭村志》，158 页，内部资料。

四、亲属称谓

亲属称谓是亲属制度的一类术语，在某一特定的语言中是一套符号化的赐予，标注某人——经常是自我（ego）——的亲属（通常是他人）的特定类型。在一套亲属称谓系统中，划分了包含自我的血亲（共同的继嗣）和姻亲（通过联姻结婚）亲属的位置领域。摩尔根是率先注意到亲属称谓的社会意义的人，亲属称谓制研究也是由他所首创的。摩尔根认为，亲属制的基础是家庭形态，并且其根据不同民族的亲属称谓制归纳为类分式和叙述式两大类，而类分式又分为马来亚式和图兰尼亚式，叙述式则称为雅利安式。根据摩尔根的研究称，人类社会存在过五种家庭形式，即：血缘家庭、普那路亚家庭、对偶家庭、家长制家庭和一夫一妻制家庭，但在这 5 种家庭中却只出现了以上 3 种亲属称谓的模式，分别反映了彼此之间的联系。杨鹤书曾在《八排文化》中收集到瑶族的 70 个基本亲属称谓，代表了 230 种亲属关系，在排瑶中基本反映了摩尔根所提到的亲属制度的全部三种形式。[①] 此处仅以西五排中的某些亲属称谓作一简要说明。

（一）军寮、大掌、马箭三排的亲属称谓

军寮、大掌和马箭三排的亲属称呼大致相同，称父亲为“biě”（爸），而这个称谓又是专门称呼已婚并生育有子女的男子。称母亲为“妮”，称叔为“对”，称伯为“老巴”，称姑为“亚带”，称姨为“亚耶”，称舅父为“亚浓”。兄弟姐妹间，称“兄”为哥，称弟弟为“贵”，称姐姐为“迪”，称妹为“妹”。堂兄弟姐妹也是如此。祖父母称孙子为“亚汉”，称孙女为“汉沙”。

（二）火烧排与里八峒排的亲属称谓

在火烧排和里八峒排的亲属称谓中大致相同，具体见下表。

① 具体参见杨鹤书：《八排文化——八排瑶的文化人类学考察》，55—65 页，广州，中山大学出版社，1990。

火烧排与里八峒排亲属称谓表[①]

爸爸（阿爸）	妈妈（阿耶）	爷爷（亚公）	奶奶（亚波）
哥哥（阿哥）	姐姐（阿迪）	叔叔（阿怼）	阿姨（阿耶）
儿媳妇（阿 niangm）	女婿（阿伟）	岳母（阿嘚）	岳父（阿多）
姑姑（阿呆）	姑父（丹 uei）	大姨（他固）	小姨（阿耶）
姨父（ye 叫够）	大姨父（丹巴）	小姨父（腰 uei）	外婆（旺嘚）
外公（旺多）	舅舅（阿浓）	舅妈（阿 miang）	孙（wen）
孙女（weng 沙）	外甥（望亨哥）	儿子（阿单）	女儿（当农）
侄儿（weng）	侄女（weng 莎）	公公（阿公）	婆婆（阿婆）
嫂嫂（阿冉）	婶婶（xiang yin）	表哥（老表哥）	表妹（老表妹）

（三）东三排的亲属称谓

在东三排地区，即南岗排、油岭排、横坑排地区，排瑶的称谓与西五排大致相同，称谓者不论男女，基本上对被称谓者使用相同的称谓。以下对常用的亲属称谓以三辈尊亲、二辈尊亲、一辈尊亲、平辈亲属、一辈卑亲、两辈卑亲（含两辈以下）作一简要区分。

东三排亲属称谓表[②]

亲属辈分	名称	发音	备注
三辈尊亲	父之父之父	von’gog	超过三辈以上的尊亲，使用之称谓相同
	父之父之母	von’bou	
	母之父之父	von’dou	
	母之父之母	von’dei	

① 此表是笔者于 2019 年 8 月 6 日访谈里八峒排村民（多人）后整理所得，未按国际音标标出。

② 此表参考自谢剑“亲属称谓”章节整理而成。在西五排地区亲属称谓与东三排地区大致相同。具体参见谢剑:《连南排瑶的社会组织》，169—171 页，香港，香港中文大学，1993。

续表

亲属辈分	名称	发音	备注
二辈尊亲	父之父	gog	
	父之母	bou	
	母之父	dou	
	母之母	dei	
	父之父之兄	ba’gog	
	父之父之弟	su’gog	
	父之父之姊	danda’bou	
	父之父之妹	da’bou	
	母之父之兄	ba’dou	
	母之父之弟	su’dou	
	母之父之姊	gu’dei	
	母之父之妹	gu’dei	
一辈尊亲	父	ba	
	母	zi	
	父之兄	ro’ba	
	父之弟	deu	
	母之兄	dau’nan	
	母之弟	nan	
	父之姊	dau’dai	
	父之妹	dai	
	母之姊	dan’gu	
	母之妹	ye	

续表

亲属辈分	名称	发音	备注
平辈亲属	夫	jian	
	妻	sa	
	兄	gou	
	弟	kwei	
	姊	di	
	妹	moi	
	兄之妻	nian	
	弟之妻	di’ye	
	姊之夫	vei	
	妹之夫	yau’viau	
一辈卑亲	子	tan	
	女	tog’tu	
	媳	nian	
	婿	vei	
	兄弟之子	tan	
	兄弟之女	tog’tu	
	姊妹之子	van’gou	
	姊妹之女	van’di	
两辈及两辈以下卑亲	孙	fen	
	孙女	fen’sa	
	孙媳	fen’nian	
	孙女婿	fen’vei	
	外孙子	van’gou	
	外孙女	van’di	
	曾孙	fen’ha	
	曾孙媳	nain	

（四）八排整体亲属称谓

在整个八排瑶地区，对于亲属称谓的名称如上文所述与诸多汉语相同，但有些仍然具有独特性，1995 年唐辉曾对排瑶地区的亲属称谓做过系统的归纳整理，现结合前人以及上文已有调查资料再作梳理，如下表。

排瑶亲属称谓表 ①

汉族称谓	国际音标注音	汉字记音
曾祖父	$ku^{41}ku^{41}vong^{44}kung^{44}$	固固汪公
曾祖母	$ku^{41}ku^{41}vong^{44}po^{535}$	固固汪婆
外曾祖父	$vong^{535}do^{44}$	汪多
外曾祖母	$vong^{535}de^{24}$	汪得
祖父	$ku^{41}kung^{44}$	固公
祖母	$ku^{41}po^{53}$	固婆
伯祖父	$ba^{44}kung^{44}$	爸公
叔祖父	$su^{44}kung^{44}$	叔公
大姑祖母	$tam^{53}tai^{44}po^{535}$	担婆
姑祖母	$tai^{44}po^{535}$	代婆
大舅祖父	$ku^{53}kung^{44}$	固公
舅祖父	$ku^{53}kun^{44}$	固公
大姨祖母	$tam^{44}ku^{53}po^{53}$	担姑婆
姨祖母	$je^{44}po^{53}$	姨婆
外祖父	$a^{53}do^{44}$	阿多
外祖母	$a^{53}de^{24}$	阿得
外伯祖父	$ba^{44}do^{44}$	爸多
外叔祖父	$su^{44}do^{44}$	叔多
外大姑祖母	$tam^{44}tai^{44}de^{24}$	担代得
外姑祖母	$kai^{44}de^{24}$	代得
外大舅祖父	$u^{44}do^{44}$	固多
外舅祖父	$ku^{44}do^{44}$	固多

① 唐辉：《排瑶文化纪实》，50—56 页，广州，广东人民出版社，1995。

续表

汉族称谓	国际音标注音	汉字记音
外大姨祖母	$tam^{44}ku^{44}de^{24}$	担姑得
外姨祖母	$je^{44}de^{24}$	姨低
父亲	$a^{53}ba^{44}$	阿爸
母亲	$a^{53}je^{44}$	阿姨
伯父	$lou^{44}ba^{44}$	娄爸
叔父	$a^{53}tui^{22}$	阿堆
伯母	$lou^{44}ku^{535}$	娄固
叔母	$tui^{22}je^{44}$	堆姨
大姑母	$tam^{53}tai^{44}$	担代
姑母	$a^{53}tai^{44}$	阿代
大姑父	$tam^{53}bia^{44}$	担父
姑父	$jau^{53}bia^{44}$	邀别
大舅父	$tam^{53}nung^{44}$	担农
舅父	$a^{535}nung^{44}$	阿农
大舅母	$tam^{44}miang^{535}$	担面
舅母	$a^{44}miang^{535}$	阿面
大姨母	$tam^{44}ku^{53}$	担固
姨母	$a^{44}je^{44}$	阿姨
大姨父	$tam^{44}ba^{44}$	担爸
姨父	$je^{53}keu^{41}$	姨勾
兄	$a^{53}ko^{44}$	阿哥
弟	$a^{53}kui^{24}$	阿贵
嫂	$a^{53}gniam^{44}$	阿念
弟媳	$tui^{22}je^{41}$	堆姨
姐	$a^{53}ti^{24}$	阿弟
妹	$a^{53}moi^{44}$	阿妹
姐夫	$a^{53}ve^{24}$	阿威
妹夫	$je^{53}keu^{41}$	姨勾
堂兄	$tui^{22}ba^{44}ko^{44}$	堆爸哥
堂弟	$tui^{22}ba^{44}kui^{24}$	堆爸贵

续表

汉族称谓	国际音标注音	汉字记音
堂姐	$tui^{22}a^{44}ti^{24}$	堆爸弟
堂妹	$tui^{22}ba^{44}moi^{44}$	堆爸妹
姑表哥	$tam^{535}tai^{44}ko^{44}$	担代哥
姑表弟	$tam^{53}tai^{44}kui^{24}$	担代贵
姑表姐	$tam^{53}tai^{44}ti^{24}$	担代弟
姑表妹	$tam^{53}tai^{44}moi^{44}$	担代妹
舅表哥	$tam^{53}nung^{44}ko^{44}$	担农哥
舅表弟	$tam^{53}nung^{44}kui^{25}$	担农贵
舅表姐	$tam^{53}nung^{44}ti^{24}$	担农弟
舅表妹	$tam^{53}nung^{44}moi^{44}$	担农妹
姨表哥	$tam^{44}ku^{53}ko^{44}$	担固哥
姨表弟	$tam^{44}ku^{53}kui^{24}$	担固贵
姨表姐	$tam^{44}ku^{53}ti^{24}$	担固弟
姨表妹	$tam^{44}ku^{53}moi^{44}$	担固妹
子	dan^{44}	丹
媳妇	$gniam^{44}$	念
女	$tong^{44}nung^{44}$	冬农
女婿	$a^{53}ve^{24}$	阿威
侄子	$a^{53}hun^{44}$	阿昏
侄媳	$hun^{44}gniam^{44}$	昏念
侄女	$hun^{44}sa^{44}$	昏莎
侄婿	$hun^{44}sa^{44}ve^{24}$	昏莎威
内侄	hun^{44}	昏
内侄媳	$hun^{44}gniam^{44}$	昏念
内侄女	$hun^{44}sa^{44}$	昏莎
内侄婿	$hun^{44}sa^{44}ve^{24}$	昏莎威
外甥	$vong^{53}ko^{44}$	汪哥
外甥媳	$vong^{53}ko^{44}gniam^{44}$	汪哥念
外甥女	$vong^{53}ti^{24}$	汪弟
外甥婿	$vong^{53}ti^{24}$	汪弟威
姨甥	$bong^{53}ko^{44}$	汪哥

续表

汉族称谓	国际音标注音	汉字记音
姨甥媳	$bong^{53}ko^{44}gniam^{44}$	汪哥念
姨甥女	$vong^{53}ti^{24}$	汪弟
姨甥婿	$vong^{53}ti^{22}ve^{24}$	汪弟威
孙	$a^{53}hun^{44}$	阿昏
孙女	$hun^{44}sa^{44}$	昏莎
外孙	$vong^{53}ko^{44}$	汪哥昏
外孙女	$vong^{53}ti^{24}$	汪弟昏莎
侄孙	hun^{44}	昏
侄孙女	$hun^{44}sa^{44}$	昏莎
外甥孙	$vong^{53}ko^{44}hun^{44}$	汪哥昏
外甥孙女	$vong^{53}ko^{44}hun^{44}sa^{44}$	汪哥昏莎
内侄孙	hun^{44}	昏
内侄孙女	$hun^{44}sa^{44}$	昏莎
姨甥孙	$vong^{53}ko^{44}$	汪哥昏
姨甥孙女	$vong^{53}ti^{24}$	汪弟昏莎
曾孙	ha^{44}	哈
曾孙女	ha^{44}	哈
外曾孙	$vong^{53}ko^{44}hun^{44}$	汪哥昏
外曾孙女	$vong^{53}ko^{44}hun^{44}sa^{44}$	汪哥昏莎
丈夫	$a^{53}kiang^{22}$	阿姜
妻子	sa^{44}	阿莎
家翁	$kung^{44}$	公
家姑	po^{53}	婆
岳父	do^{44}	多
岳母	de^{24}	得
大伯	$lou^{44}ba^{44}$	娄爸
小叔	tui^{22}	堆
妯娌	$tuije^{44}$	娄固
大姑	$tam^{53}tai^{44}$	担代
小姑	tai^{44}	代
大姑爷	$tam^{53}bia^{44}$	担娃

续表

汉族称谓	国际音标注音	汉字记音
姑爷	$jau^{53}bia^{44}$	邀娃
内兄	$tam^{53}nun^{44}$	担农
内弟	$nung^{44}$	农
内兄媳	$tam^{44}miang^{53}$	担面
内弟媳	$a^{44}miang^{53}$	阿面
大姨子	$tam^{44}ku^{53}$	担固
姨子	je^{53}	姨
襟兄	$tam^{53}ba^{44}$	担爸
襟弟	$je^{53}keu^{41}$	姨勾

五、命名制度

（一）命名规则

八排瑶地区的命名制度是非常独特的。某一个体的全名，可以涵括姓氏、宗族、出生顺序、名号、性别、外貌特征等多种因素。李来章在《连阳八排风土记》中对其姓名做了如下记述：

> 一曰盘，一曰房，一曰唐，一曰沈，一曰李，一曰莫，一曰冯，一曰黄，一曰邓，一曰何，大略不过此十姓。
>
> 此行次为名，间有呼其别号者。如青菜、烂酒、憨、狗、蚂蟥、鸡臂尖、中山镇、老虎擦、黑毛尖之类，必排中之豪者。[①]

排瑶中虽有此 10 姓，但每个排瑶的人基本在其一生中会经历三四次命名变化。八排瑶的命名习惯，与亲属制度关联不大，没有汉俗字的“字派”，有着与汉族不同的命名方式与习俗。八排瑶“久居深山，自为风气，其民情、风俗、习惯、言语、服饰，瑶壮既各不相类，瑶间亦略有异

① （清）李来章：《连阳八排风土记：卷三：风俗》，康熙四十七年刻本。

同”[①]。所以，如果单看姓名，是无法分清辈分和亲疏关系的。具体来说，一般命名有四次变化，具体表现为：

第一次起名，通常是男子称一贵（长子），二贵（次子），女子则称一妹、二妹等。名字看起来好多都是重复的，一个排里可能有好几十个唐一贵、邓一妹，这样就有可能分不清谁是谁，所以也就有了一些别名，比如身体特征，或者某些“荤号”“绰号”。

第二次名字变化是在男的结婚后有了子女时，称“釜”，而女子没有生育子女前则称为“莎”。结婚后有了子女，女性一般很少用自己的名字，而是随丈夫姓名，如丈夫叫“唐亚三釜”，他的妻子就叫“唐亚三莎”。

第三次名字变化是在有了孙儿孙女的时候，男子要称“公”，女子要称“婆”。

第四次名字变化是冥名的获取。按照排瑶的惯例，人去世之后生前的名称就不能再用了，则需要另命一名，叫做“冥名”，排瑶俗称“法名”。法名的获取是本人在生前就要经一些宗教仪式把法名确定下来。法名还有一个特殊的部分就是取“法号”，这个是由“法”字再加上一个或两个吉祥的字组成。这个法号是经过“香歌堂”才能获得。具体以实例来展现：

排瑶去世后姓名（含法名）辨析

男性	成年：姓＋君＋法号＋排序＋郎
	未成年：（经历“打道箓”者）：姓＋君＋法号＋白鹤仙童
	未成年：（未经历“打道箓”者）：姓＋排序＋哥＋白鹤仙童
女性	成年（经“打道箓”者）：姓＋氏＋法号＋排序＋娘
	成年（未经“打道箓”者）：姓＋氏＋排序＋者
	未成年（未经“打道箓”者）：姓＋排序＋姑＋白鹤仙童

将以上生前姓名按性别进行整理即可得到这样一个变化过程：男性为“贵—釜—公—黄公”，女性为“妹—莎—尔（读 ni）—婆—黄婆”。所有的未婚排瑶男子都叫“贵”，但有的名字上不一定用贵。父母用子女名＋釜

① 廖炯然：《连阳瑶民概况（1943 年）》，见李默、房先清：《连南八排瑶族研究资料》，49 页，广州，广东省社会科学院，1987。

或尔，公婆用孙子名 + 公婆。然而各个阶段的姓名含义则有明显的不同现已实例观之：

姓名（男 / 女）含义辨析

性别	姓名	状态
男性	房马士大同八一贵	未婚
	房马士大同八一釜	已婚或有子女
	房马士大同八一公	已有内孙
女性	房东南郎排妹	少女
	房罗卜丁当莎	已婚，从夫姓名
	房罗卜丁当一妮	从子名
	房罗卜丁当一婆	有内孙

另外，如单独拿出一个名字来看，其也有诸多内涵，排瑶的命名制度独具特点且非常复杂。谢剑曾对“邓佳命孟拜大头二贵”加以分析，在此也举此例进行分析：

“邓佳命孟拜大头二贵”，如此冗长的名字则代表了排瑶 6 个姓名的组成部分。其一，邓为姓氏，容易理解。其二，“佳命”为宗族名称，俗称房名。这里可以理解为火烧排内 12 房姓一样，12 个支系名称。此处“佳命”即是其中一个房名。其三，“孟拜”为父亲名，此例是当事人父亲的名称，以后成为宗支的名称。其四，“大头”，即当事人个人名称。其五，“二”为当事人个人在家内出生的顺序为第二。其六，“贵”，表明当事人为尚未结婚的男孩。

无论是西五排还是东三排，在名字的命名制度上大体相同。现以东三排中南岗排为例，其姓名亦与上文谢剑所调查姓名组成部分相同，拥有 6 个组成部分。往往排在第一位的是姓氏，紧跟其后的是所在“房”的宗族姓，之后是宗族之下分出的支系姓（其长辈的小名），之后是父母长辈称呼的小名也即幼年的称呼，再之后是根据他本人在兄弟姐妹中的排行的称呼，最后是表示性别和身份的名字。现以南岗排中“唐火生孟拜大鼻三贵”为例论述：

“唐火生孟拜大鼻三贵”姓名解析表[1]

类别	姓氏	房姓	父名	小名	排行	身份称谓
全称	唐	火生	孟拜	大鼻	三	贵
简称	唐			大鼻	三	贵
日常称谓	唐				三	贵

由此表可知，在南岗排一个人的名字有三种称呼方式，即全称、简称、日常称谓。其中简称和日常称谓在平日里使用最多，而全称平日里却不常使用，但全称有着不同的意涵。

第一部分即姓氏，顾名思义为唐姓。

第二部分即“火生”，为宗族姓，亦为房姓所指。

第三部分即“孟拜”，孟拜是父名，即这个人父亲的幼年称呼。这个称呼原本是作为某个人的小名的，但当子孙繁衍数代后，以这个父名为核心的家庭规模越来越大，那么“孟拜”就可以成为火生这一房下的小房，也即宗支的姓氏。

第四部分即“大鼻”。大鼻是这个人的小名，只有长辈和同辈人才能称呼的名字。在给子孙起小名时较为随意，如大口、大鼻、老虎、大山、青菜等都可以是小名，有些小名寄托着父母的一些期望，比如在生了四个儿子后想再生一个女儿，那么可能就会给第四个儿子起名叫“五女”。

第五部分即“三”。三就是他的排行，但这并不完全是代表了其兄弟排行，也可能因男女并不分开排序，或者是父母的意愿，又或是其他因素的影响而致使次序混乱。

第六部分即“贵”。贵是排瑶中未婚男子的称呼。在这一部分的称呼中，会遵循以下规则：年轻未婚的男子被称为“贵”，女子被称为“妹（mui）”；婚后的男子被称为釡，生育过的女子被称为“尔”；等到年纪再大一些有了孙子孙女后，男子被称为“公”，女子被称为“婆”；若年纪再大一些，有了曾孙辈的男子被称为“黄公”，女子被称为“黄婆”。排瑶人的名字按照这个规则在一生中不同的阶段都会不同，这就是排瑶特有的

① 罗扬、唐孝祥：《大美村寨·连南瑶寨》，10页，北京，中国社会出版社，2015。

"动态性名称"。[①]

排瑶姓名的全名通常很长，难以记忆，故在日常生活中按照全名互相称呼非常不方便，大家同在一个排内，彼此熟悉，故在相互称呼时，只在姓氏后加上小名或排行和辈分，也可以不加姓氏，只在小名或排行前加上父名。在南岗排，若南岗人被问及姓名时，一般报出的都是这样的简称，不会是全名。

由此看来，排瑶地区复杂特殊的命名制度是具有一定社会意义的。首先，通过一个人的名字可以清楚地判定他的身份、地位以及婚姻状态等各种信息，一目了然。其次，排瑶姓名的命名规则也体现在独特的房氏地位，因为"姓—房—祖—父"这样的承接序列表明了从先祖到被命名者的纵向传递继承关系，又展现出姓氏房族中横向的血缘关系的亲疏远近。最后，排瑶的姓名在瑶族宗教文化中亦有明显体现，一个人只有拥有法名回到"冥界"才能够算作圆满。

如今，青年男女的命名基本都汉化了，男女皆有自己的"新"名字，不再称"贵"或"妹"。传统的命名方式几乎没有，主要是不太受年轻人喜欢。

（二）命名依据及用意

八排瑶民的命名制度都遵循一定的规则和依据。前文已有述及，简而言之，有继承、循规、增意等三条依据。首先，一个名字由姓和表示房族的名称联名构成，例如在姓氏的基础上添加"大打""出东""买胡"（例如油岭排鼓王"唐大打大不公"）等家族支系名称，而添加此名称的目的则在于对祖先的宗族认同，起着承上传下、代代相续的作用。其次，名字的选取要遵循一定的规矩。名字的构成包括在家庭中表示身份的字辈和排行顺位。这项规定要根据实际情况而定，不能随意做出更改。最后，排瑶命名的依据中还会添加一些其他成分的名称，例如表达纪念、特征和本人愿望等含义。值得注意的是，一些特殊含义的名称出现往往会发展成后来的房族名称。例如：

---

① 说明：对此命名规则前文已有列表说明，此处结合实例再作分析。

姓名含义表[①]

姓名例子	读音与含义
唐买社表古考公	$mai^{53}sia^{44}$ 眼红，$biu^{53}ku^{44}$ 耳轮卷起
唐大打面代婆	$men^{44}toi^{22}$ 面部肌肉下垂
唐斤斗比白公	$tsam^{44}du^{24}$ 胡须长，$pe^{44}pa^{22}$ 头发白
唐北都吊	$pe^{44}dut^{44}$ 头发乱
唐比背五妹	$pe^{44}poi^{22}$ 脸盘两边不对称
唐民意大不尔	$men^{53}ei^{24}$ 矮人

由上表可知，某些特殊词汇的构成最初只是某种特定的含义，但是时间渐久逐渐成为房族的称号，成为众多后人所共用的名称，例如“买社”一词，至今仍是油岭排重要的宗族支系。此外，众多复杂的排瑶姓名中包含着诸多用意与含义指向。大致归纳有八种类别：

其一，表明日期。这类姓名主要表达纪念出生的日期。例如，唐孝传初一公。

其二，表示记录地名。这类地名可能与本人的出生地或其他有纪念意义的地点有关。例如，“唐干边盲一公”“唐古六瑶龙大不公”“唐桥八三江公”，等等。这些名字中的“干边”“瑶龙”“三江”等词汇均为连南境内的地名。再如“唐连州一公”中的“连州”很可能表示其一“房”人自连州迁徙而来。

其三，为彰显此人的特征。上文表格已有述及，再如，“唐郎崩大也考公”，其中“大也”的含义为祖上某人因力大而得此名号；“唐湖广斗甘拜婆”，其中“湖广斗”的意思为缠小足，排瑶妇女不缠足，而如此取名故可推测为这一房中可能有人像湖广汉族妇女那样缠足。

其四，表明职业与技艺。例如，“唐买胡医生公”，表明此人职业为一名医生，而其子女在取名时则称“唐买胡医生妹”“唐买胡医生二贵”等。再如，“唐郎崩厚勉公”，“厚勉”在瑶语里的意思为“送鬼”，故而推测此

① 此表参考整理自巢宗祺:《广东连南油岭八排瑶语言概要》，200 页，上海，华东师范大学出版社，1990。

人的职业极有可能为先生公或从事宗教活动的人员。

其五，表示宗教信仰。排瑶姓名中有“唐斗等老君公”，由于道教文化在八排瑶地区传播广泛、影响较深，故而先生公往往将“太上老君”的名称请在自己的姓名内。随着社会发展排瑶地区这种命名方式已渐趋弱化。

其六，表达本人与外人之间的某种关系。例如，“唐四山沙里妹”中的“里”原来应写作“李”，用“李”姓来作为自己的名，应该是此人曾经认李姓的人为干亲的缘故。再如，“唐孝传老贵行老公”，在瑶语中“行老”为“南岗人”的意思，将“行老”用至姓名内，表示此人应与南岗排的人有亲戚关系。

其七，表达一种经历或者来历。例如，在油岭排中的房族支系“出东”一族即表明其来历。“出东”一词瑶语称 $bi^{53}bit^{22}$，相传，这一房某一代的一对夫妇经常吵架，有一次这一房的全体成员和他们一起到油岭西北的一个山头上举行仪式进行调解，这对夫妇之后和好如初，由此这一房便得名 $sot^{44}dung^{44}$，sot^{44} 是“出”的意思，而 $dung^{44}$ 是“山头”的意思，简记用汉音“东”来代替“山头”，故而得名“出东”。

其八，为了纪念出生时的特征。例如，“唐斗等双龙婆”，其含义为家中有人是双胞胎，故而得名“双龙”。八排瑶中当有婴儿降生时，家里人遇到的第一件事情或物品，有的要将其用在名中以作纪念。①

综上所述，排瑶地区较为复杂的命名制度是排瑶房族组织的一个重要表现形式。其外显式的取名特征将社会房族组织的交叉关系显露无遗，同样，这亦彰显出强烈的家族认同与宗族认同。姓名作为房族组织的重要纽带维系着家族成员间紧密的关系，在起到凝聚族人团结起来的同时，亦起到一定社会监督的功用。

① 巢宗祺:《广东连南油岭八排瑶语言概要》，200—202 页，上海，华东师范大学出版社，1990。

第五章　经济生产

八排瑶生活在广袤的群山之间，自然条件与环境较为恶劣，以其地理形态与经济类型，可分为纯林业地区、半林半农地区及耕山为主的石灰岩地区 3 种生态类型。[①] 八排瑶生活的地区是典型的喀斯特地貌，石多泥少，土地贫瘠。田峒的稻田在非雨水季节靠溪水灌溉。山腰梯田则靠山上溪水、雨水流水灌溉，瑶排群众饮水亦靠这些流水，故而该地难以形成大型聚居聚落。[②] 加之群山连绵，稻田有限，交通不便，农业发展处于较低水平状态。

过去，八排瑶主要以农业、林业、手工业为主，狩猎、采山货、药材兼及副业。随着社会的发展，交通的改善，政府在八排瑶地区大力发展旅游业和有机稻、稻田鱼等特色农业，个别瑶排还有一定规模的茶叶种植与加工。

第一节　经济类型

一、农业

瑶族有悠久的农业生产传统。“连山地无平旷，田不方井，接壤怀、贺，地杂壮、瑶，性多质朴，不事商贾，专力稼穑。”[③] 民国时期廖炯然云：瑶

① 谢剑：《连南排瑶的社会组织》，4 页，香港，香港中文大学出版社，1993。
② 周晴、宫清华：《清代以来粤北排瑶林农景观的变迁》，载《民俗研究》，2018（2）。
③ 李筱文、许文清：《广东排瑶史料辑录》，124 页，广州，中山大学出版社，2019。

人刻苦耐劳。每值农作时间多属午前八时出，午后八时归，工资较低[①]。李默认为，连阳八排瑶刀耕火种方式自隋唐以来即存在于粤北山区。[②]唐刘禹锡曾云："星居占泉眼，火种开山脊。"[③]新中国成立前，八排瑶的耕地面积没有确数。康熙时期李来章在《连阳八排风土记》中记载，"瑶税三十九顷四十三亩二分二厘零"[④]。道光十七年刊《连山绥瑶厅志》载："明洪武二十四年田地塘一百零二顷八十二亩二分，今田地塘四百五十一顷二十一亩六分。瑶人买者有田无塘，有夏地无秋地，凡民田四百一十四顷二十六亩四分八厘一毫零二忽，瑶田三十六顷九十五亩一分一厘八毫九丝八忽。凡民地塘三十四顷零六分九厘七毫六丝五忽。瑶夏地一顷一十一亩六分七厘二毫三丝五忽。"[⑤]自1949—1958年，连南地区耕地面积从98 300亩增长到137 235亩，增幅近40%，农业人口数从44 452人增长到61 377人，增幅为38%。在3年困难时期，连南耕地面积大幅减少。1962—1963年，耕地面积明显增多，此后至1968年，耕地面积缩小并稳定在85 000亩左右。1982年，连南可耕地面积有10.2494万亩，1988年年底，耕地面积为10.2545万亩。[⑥]

农业生产关系方面，在1953年之前，八排地区的土地占有属于封建土地所有制，普遍存在地租、高利贷、雇工剥削。其中地租有定租、活租、预租、杂租等；高利贷一般是一本一利，部分高达三四利甚至十多利；雇工有短工、包干工及少数长工。在落后的土地制度的束缚下，农民生活困苦，收入微薄。民国时期甚至有"平居垦山力田，刀耕火种，颇耐艰苦，服食秽恶，贫富皆然"[⑦]的记载。

根据廖炯然《连阳瑶民概况》的记载，民国时期，八排地区稻谷不能自给，需要用甘薯、芋头等杂粮来补充。豆类、菜蔬仅可自给而无输出，

---

① 李默、房先清：《连南八排瑶族研究资料》，72页，广州，广东省社会科学院，1987。
② 李默：《瑶族历史探究》，145—148页，北京，社会科学文献出版社，2015。
③ 李筱文、许文清：《广东排瑶史料辑录》，124页，广州，中山大学出版社，2019。
④ （清）李来章撰，黄志辉注：《连阳八排风土记》，66页，广州，中山大学出版社，1990。
⑤ （清）姚柬之辑：《连山绥瑶厅志》，34页，台北，成文出版社，道光十七年刊本。
⑥ 连南县志办公室：《连南瑶族自治县县志》，188—189页，广州，广东人民出版社，1996。
⑦ 李筱文、许文清：《广东排瑶史料辑录》，125页，广州，中山大学出版社，2019。

茶叶、桐油籽、棉花、果类、竹笋、姜、药材等尽量或全数输出。[①]

排瑶生活区域属半林半农地区，瑶民利用山间水田、旱地和坡地从事生产。水田是指能够引水灌溉且能够形成平面的土地。水田主要用来种植水稻。由于处在山间，水田多是以梯田的形式呈现，一层一层，形状各异，或狭长，或椭圆，有的面积很小，俗称“巴掌田”。军寮村一位工作人员在介绍军寮老排山间梯田的情况时说：

> 那个时候都是用牛耕田的，田都在山上，田都是梯田。那个田大部分都是老祖宗传下来的，到底什么时候开出来我也不知道，至少有几百年了。[②]

八排瑶的梯田开发时间很早，再加上祖辈的开垦，连绵山间，层层叠叠，颇为壮观。不过，现在村里年轻的一辈基本都外出务工，或者读大学，田地都是一些老人在耕种。年轻一辈很多连基本的耕作技术都不清楚。

相比于水田，旱地水源不充足，无法满足灌溉。八排瑶生活的地区皆是山区，山间的谷地或缓坡很多，但有些无法引水，只能以旱地的形式耕种。坡地是指在山坡上开垦出来的土地，主要是用来种植杉树，还可套种一些经济作物。

对于东三排的油岭排而言，其地处南岭山脉中旗墩余脉，以河清—崩坳—锦桂—良峒—大峒的中轴线为界，东部为石灰岩山区，西部为黄土丘陵山脉，境内山岭连绵，石山林立，耕地较少，素有“九山半水半分田”之称。

油岭排的先人利用西部茂密森林孕育的小溪水，在黄土山岭的缓坡地带和山脚平地的冲积地带，因地制宜开垦田地。在东部石灰岩山间平地及石缝处拓荒造地，造福后人。这些水田和山地面积大小不等，肥瘦不均。黄土山岭和石灰岩山衔接处成溪流冲积小盆地，地势开阔，土质层沙土居多，水田地块相对较大，面积大的有 2 亩多。黄土山岭上的水田受坡度影

① 李默、房先清：《连南八排瑶族研究资料》，51—52 页，广州，广东省社会科学院，1987。

② 讲述人：房表哥六，男，47 岁，瑶族，军寮村委会工作人员。访谈地点：军寮村委办公室。访谈时间：2019 年 8 月 2 日，原访谈内容较多，节选。

响，开垦困难，基本成小块梯田状，面积小的不足 0.1 亩。这些水田地力不均，有 3—5 级不等。连片的大面积水田，主要集中在山脚平地的小盆地，如“大峒”“夫峒”“支白峒”和“河坑峒”。

2019 年，油岭排全村有耕地面积 5891 亩，其中水田 1956 亩，占耕地面积的 33.2%；旱地 3935 亩，占耕地面积的 66.8%。西部丘陵地带的耕地以水田为主，土质相对肥沃，主要种植水稻；东部石灰岩地带的耕地以旱地为主，土壤贫瘠。①

油岭排重要年份耕地面积表 （单位：亩）

年份	耕地面积	其中	
		水田	旱地
1995	7083	1316	5767
2000	7192.2	1331	5861.2
2005	6686.7	1316	5370.7
2011	7192.2	1311	5830.7
2019	5891	1956	3935

关于农业作物。传统作物有麦（鸡爪麦、大眼麦、牟麦、小麦等）以及畲禾、薏苡米、脂麻（芝麻）等。② 如今，水稻有糯谷和粘谷两种，此外还种植旱稻（当地俗称山禾）、小麦、高粱、小米、番薯、芋头，以及花生和芝麻（油料）、黄豆、棉花。还种植南瓜、葫芦瓜、冬瓜、黄瓜、萝卜、芥菜、白菜和苦脉菜等。军寮排、马箭排、大掌排皆种植有机稻和养殖稻田鱼，大掌排还种植茶叶。

对于东三排而言，油岭排于 20 世纪 50 年代之前，实行传统的耕作制度，西部黄土丘陵的耕地多种植山禾、玉米、芋头、大薯、黄粟等。山禾实行相隔 2—3 年的轮作制度，农历三至四月间播种，用一头包着铁锥的棒子点播，在穴洞上面覆盖草木灰作肥料即可，一般中耕除草 2 次，到农历六至七月收割，亩产量 50 多公斤。玉米在每年的清明节过后播种，以点播

① 盘鹏：《油岭村志》，87 页，内部资料。

② 李筱文、许文清：《广东排瑶史料辑录》，125—126 页，广州，中山大学出版社，2019。

为主，施以拌有肥料的草木灰作基肥，待玉米生长至3—4片叶，中耕除草2次，农历七月即可收获，亩产130多公斤。芋头和大薯充分利用生产空间，在玉米抽穗扬花前结合中耕进行整垄套种，采收玉米后，一般在农历十月采挖，亩产约75公斤。黄粟实行刀耕火种，三至四月间砍土炼山后撒播，五月除草，九月收割，亩产约60公斤。

黄豆和番薯均为玉米地套种，在玉米抽穗扬花前结合中耕，黄豆用木锥点播，番薯起垄栽种，黄豆和番薯均在农历十月中下旬前后完成收获。烟草多在新开的耕地栽种，间距约40厘米，打穴施肥，并于农历三月份栽种，七月间收割。芝麻在农历二月间播种，多数为刀耕火种，八月间收割。棉花在农历三月三日前后播种，八至九月间采收。黄花豆是在种植黄豆或番薯时，在玉米地或其他地块套种，产量不高，作煲汤等用。①

水田种植水稻，过去多种植高秆易倒伏的传统品种，产量不高。大田开耕时常用苎麻等氮磷钾含量丰富的草藤类沤田或使用猪牛粪便作基肥，追肥以农家肥为主。一般农历四月播种，五月插秧，六月中耕除草时施用石灰，九月进行收割，平均亩产120多公斤，山上大多种一季稻。

20世纪50年代中后期，进行水田耕作制度改革，单位面积产量得到提高。除山坡梯田保留单季稻外，对黄土山岭和石灰岩山衔接处的冲积小盆地水田，利用气温相对高的特点，将原来的种植一季改为双季稻，早稻改为尼龙薄膜育秧，推广优良矮秆品种珍珠矮、铁骨矮、广场矮等，平均亩产350多公斤，产量明显比原来的高秆水稻公孙种提高。1978年以后，水稻品种实行杂交优化，主要品种有矮优2号、南优6号、威化64号、汕优64号、常优64号、汕优桂34号、D优64号等，平均亩产500公斤左右，使水稻生产又上了一个新台阶。油岭瑶寨的粮食生产，从新中国成立前的食不果腹，到之后的自给自足，再到改革开放后的自给有余，其面貌发生了翻天覆地的变化。②

---

① 盘鹏:《油岭村志》，89—90页，内部资料。

② 盘鹏:《油岭村志》，91页，内部资料。

油岭排几个年份的主要农作物面积亩产统计表[①]**（单位：亩、公斤）**

年份	耕地面积	水稻						玉米		花生		黄豆	
		早稻		中稻		晚稻		面积	亩产	面积	亩产	面积	亩产
		面积	亩产	面积	亩产	面积	亩产						
1995	8334	1019	490	362	450	756	400	3335	184	1582	83	2150	36
2000	8256	819	498	217	446	741	346	3335	196	1630	82	2350	35
2005	8241	1019	479.9	137	449	800	349	3335	196.5	1630	83.5	2350	38.3
2011	8243	1019	460			947		3335	193	1630	86	2350	31
2018	8226	1019	499	297	480	640	420	3335	197.2				

在农业生产上，男女分工不太明显。基本上男性较少从事种植杂粮、育秧、拔秧等工作，女性因为身份和力量的原因，不从事犁田、耙田，其他耕作男女共同进行。在农忙之时，如果家庭人手不够，会借助亲戚或村内的人力以帮工或者换工来解决。家里的小孩也要参与农活。

传统农业耕作非常辛苦，即使一年忙到头，也只能够勉强温饱，攒钱比较困难。因为是山区，收割与脱粒全程基本都是人工。以大掌排为例，新中国成立前每经营一种农作物，所付出的劳动量是很大的。如种稻谷 12 担的面积，一般需男劳动力 28—35 个工，女劳动力 20—32 个工；种植玉米种子 2 斤的面积，一般需男劳动力 5—12 个工，女劳动力 11—16 个工；种植黄豆 8 斤种子，需男劳动力 1 个工，女劳动力 17 个工。由于耕地土质的好坏，劳动者体力的大小与技术高低的不同，所用的工时也就有所不同。这里所说的工数是指一个劳动者一天的劳动时间，即按每天劳动 8 小时计。在农忙季节耕田、拔秧、插秧、收割与挑运等，每天都需工作 9—10 个小时。[②]另外，以前山间的田亩统计是以“禾”来算，没有亩数：

> 以前的田没有亩数，按田里割的禾把算。一亩田大概有 30 多把禾，一把 7 斤左右，一亩也就 200 多斤，300 斤最多。三四十年

① 盘鹃：《油岭村志》，91 页，内部资料。

② 《中国少数民族社会历史调查资料丛刊》修订编辑委员会：《连南瑶族自治县瑶族社会历史调查》，225 页，北京，民族出版社，2009。

代前，以多少把禾（算）一亩田。[①]

传统农业耕作主要用耕牛，现在有些田地可用机械化操作。主要的生产工具有犁、耙、锄头、镰刮、铁锹、搭耙、钩刀、禾镰刀等。林业生产工具主要用锄头、长尾刀，手工业的生产工具主要是钩头、斧头、锯子、凿子和刨子、风箱、铁锤、铁钳、铁钻等。一些工具需用特殊工艺制作，如酿酒和制作豆腐用的锅、瓦罐，刺绣用的针，打猎用的粉枪，捕鱼用的竹筐，等等。需要说明的是，过去，八排瑶不会制造铁具，以上涉及耕作和手工艺的铁具一般都是从附近汉族地区（如太保圩、三江圩）买来或由汉人工匠长期住在当地打制得来。

通过访谈得知，现今军寮村发展有机稻与稻田鱼，但总量不大，而且都是老人家在打理。山上的林木是任其自然生长，间而砍伐，并没有形成产业化。火烧排与里八峒都以种植水稻为主，以玉米、番薯、芋头、花生等为辅。大坪村农业产业发展则主要以种植有机水稻、大坪辣椒，养殖稻田鱼、石头猪等为主，稻田养鱼、大坪辣椒种植在本村已经有很长的历史，也是大坪村的地方特色之一。调研时，全村 832 户发展稻田养鱼，稻田鱼的养殖面积达 80 亩，年产量 0.584 吨，产值 1.75 万元，全村有机稻种植面积 1380 亩。

二、林业

八排瑶生活在大山之中，山中林木众多。旧时，瑶人“以山果入市……常着芒鞋，登山樵采”[②]。据民国时期的粗略统计，八排瑶地区有杉、松及其他林别，杉木所植面积 4.1 万市亩[③]，株数 23 万株，蓄材量 46 万立方市尺[④]，全年采伐量 3 万立方市尺；松木所植面积 6000 市亩，株数 1.2 万株，蓄材量 2.4 万立方市尺，全年采伐量 2000 立方市尺；其他林木所植

① 讲述人：房买机八，男，66 岁，瑶族，牛路水村七组。访谈地点：房买机八亲戚家中（马箭）。访谈时间：2019 年 8 月 4 日，原访谈内容较多，节选。

② 李筱文、许文清：《广东排瑶史料辑录》，126 页，广州，中山大学出版社，2019。

③ 1 市亩约合 0.00067 平方千米。

④ 1 立方市尺约合 1.3078 立方英尺。

面积为 1.02 万市亩，株数 1.6 万株，蓄材量 2.3 万立方市尺，全年采伐量 3500 立方市尺。[①]

李来章在《连阳八排风土记》中记载，八大排都位于茂密的森林环境之中，如马箭排“坐南向北，左右皆高山，林木蔚蓊”；军寮排也处茂密森林环境，“又六里至军寮，岭路崎岖，树木深密”。书中卷一所绘排冲、聚落大都依靠喀斯特陡崖，周围是森林，树木以杉、竹为主，从形态来看都是粗壮的大树、古树。排瑶聚居区的森林景观一直保持到清末。究其原因，首先，在排瑶的传统观念中，有着对树林特别是古树的自然崇拜。旧时进山砍树，先要压一些纸钱，或是烧香拜祭树林，人们认为，砍伐树木时不能讲“砍树”，否则得罪了“树魂”就会被树压死或压伤。有的瑶民遇小孩久病不愈，认为是被“树精”收了魂魄，要带上祭品和病孩的衣服去拜祭某一颗古树，并认它为“干爹”（或干娘），以后逢年过节或小孩生病都要祭祀这棵树，祈求平安。这一传统自 20 世纪 50 年代开始不存。根据周晴、宫清华对油岭排 80 岁以上老人的访谈得到的信息，1950 年以前，油岭老排周围山地很少有人工栽培的杉树，森林砍伐也少见，很少有人砍树卖钱，只有在建房需要时才砍树。以前的杉树大部分是 100 年以上的大树，但 1957—1959 年间被砍光。以前还有很多杂树林，有枫树和其他果树，杂树林一开始为公有，后来才分给私人。1950 年之后这些大杉树开始被砍掉，后来又放火烧杂木林再种杉苗。杂树林里主要是枫树、果树等。[②]

八排地区林业主要种植杉木，还有樟、槐、赤黎、乌桕、榕等。此外，还有茶叶、油桐、油茶树、竹类，以及山楂、枇杷、杨梅、梨子、桃子、李子等果树的栽陪种植。杉树是八排瑶在山区主要种植的树种，从种植到收成要经过垦荒、选种、育苗、种植、管理等 5 个阶段。在幼木林间，还可以套种姜、木薯、油桐等。不过，这种种植形式出现的时间较晚。“清末以来森林区人口增长，定居村落大量增加之后，特有的林业耕作形态才在排瑶聚居区出现。”[③] 套种、混种，除了技术上的更新与改进外，也与人口的增长有着密切的关联。

① 李默、房先清：《连南八排瑶族研究资料》，53 页，广州，广东省社会科学院，1987。
② 周晴、宫清华：《清代以来粤北排瑶林农景观的变迁》，载《民俗研究》，2018（2）。
③ 周晴、宫清华：《清代以来粤北排瑶林农景观的变迁》，载《民俗研究》，2018（2）。

林业在瑶族林区村寨的经济来源中占据较大比重。2019 年 12 月 25 日，三江镇金坑村、涡水镇马头冲村、香坪镇盘石村、大麦山镇白芒村、寨岗镇白水坑村、三排镇油岭村被国家林业和草原局评为“国家森林乡村”。

新中国成立后，以农业合作化到改革开放前，宜林山地的所有权收归村或大队所有，林业由个体经营改为以生产队为基础的集体经营。1962 年 11 月，连南县抽调干部组成颁发山林土地所有证工作队，全县仅颁发 1 份大队集体山林土地所有证给油岭排，并颁发了生产队集体山林土地所有证和社员山林土地所有证。改革开放后，实行家庭联产承包责任制，宜林山地的所有权改为生产小组所有，并将宜林山地分成责任山和自留山两种方式划分给农户承包耕种，使用权和经营权归农户所有，极大地调动了农民开山造林的积极性，甚至是石灰岩山也要试着植树造林，石灰岩山地也普遍退耕还林，森林覆盖率大为提高。

油岭排的林木种类有用材林、经济林和果树 3 种，其中以用材林居多。用材林又以杉木数量为最，松树其次，任豆第三（作为薪炭林兼用材林）。杉木生长速度快，树干圆直，头尾粗细相差不是很大，木质坚韧，抗腐性强，经久耐用，广泛用于各种建设用材及家具制造，经济价值较高，深得瑶民喜爱，因此成为了用材林的当家品种。

在发展林业过程中，以油岭排瑶民为例：经过长期实践，探索出因地制宜、精耕细作、迹地更新、选育良种、林粮间作的方法。如种杉木，在秋天把荒山迹地的野草荆棘经砍土炼山后，对地块进行翻耕，到春天种植杉苗，并在林地播种农作物如山禾、芝麻、玉米、芋头、大薯、生姜、豆类等，既促进了杉木的生长，又提高了土地空间的利用价值。

油岭地区的造林方法独特。秋冬两季先对荒山或采伐后的林地进行砍土炼山，冬春时用锄头平整土地，然后栽种。1975 年前，杉木苗多用分蘖苗，1976 年以后基本栽种实生苗，亩栽 200—220 株。栽种时，将苗木的根部沾上泥浆，利于须根与土壤接触，提高成活率。栽种后，进行 3 年的除草抚育，待树枝封行后不再管理。1986 年开始，油岭瑶寨打破石灰岩山地“偏碱性”不能栽种杉木的惯例，在种植油茶、松树、任豆等树种的同时，积极营造杉木林并获得成功。

林木的砍伐与运输。杉木生长快，一般15年才可砍伐。松树生长缓慢，需20—25年方可采伐。杉木的采伐有其季节性，一般农历十月以后至翌年四月前，水分集中在根部，不利于剥取树皮，所以采伐时间多为农历的五至九月。砍伐时，使用斧头或大刀，再用有勾的柴刀剥树皮，待树干晾干后运输。

杉木多种植在崇山峻岭之中，运输比较困难。一种是先将杉木收集起来，背到山脊，然后顺山沟放山脚，再用人力背回目的地。二是放山脚后，扎成木排，利用溪河水的浮力运送至目的地。三是放山脚后，通过公路进行运输。

为保证青山常在，绿水长流，油岭瑶寨历来有“封山育林”的习惯，约定俗成“水源林”“风景林”“路旁林”不得砍伐，瑶寨前的大山（山名）作为“公孙山”实行全封区，严禁毁林开荒。1983年，经全体村民同意，制定并公布了包括封山育林在内的《村规民约》，规定石灰岩山地为全封区，黄土山区为半封区，用材林凭证采伐，不得乱砍滥伐，并关闭了石灰窑和瓦窑。2019年，全村年末实有林地面积36 824亩，封山育林面积有8177亩。①

三、手工业

手工业一般在农闲时间或者晚间从事，较少以此为主业。

铁器制造。瑶民本不会制造铁器，随着与汉族的交流渐多，慢慢掌握铁器的制作与翻打。翻打的铁器无外乎是一些生活用具，如斧头、锄头、钩刀、镰刀等。铁匠的工具有风箱、铁锤、铁钳和铁钻。

木器制作。八排瑶久居深山，对于木材的加工与制作有一套独特的工艺。木器制作的品种有木桶、饭台、衣柜、脚盆、凳子、椅子、桌子、造谷磨、谷仓、猪棚、牛寮等。建造房屋是木工的一个专项工作，不过有的人建房仍需请汉族的工匠来建造。制造木器使用的工具有斧头、锯子、凿子和刨子等。

① 盘鹊:《油岭村志》，94—96页，内部资料。部分内容有删改。

此外，八排瑶地区还有其他的一些手工技艺，如竹器编织、打编草鞋、刺绣、酿酒、做豆腐、染布等。竹器编织主要是用竹子编织谷箩、菜篮、竹笪、鸡笼等。草鞋是用稻草作原材料的，一般自用，不做营生。刺绣在排瑶地区有着悠久的历史，据《皇清职贡图》记载，瑶人“戴笠跣足，能锄耕作，及纺织刺绣之事”①。女孩一般 10 岁左右开始学刺绣，绣品主要有妇女的脚绑、小孩子戴的帽子、背小孩的背带，男性用的布制挂袋等。刺绣的方法，是使用红、白、黄、绿等颜色的线在物件上绣出各种所需的图样。酿酒做豆腐等也是从汉族学习而来，用酒饼、米、黄黍、包麦、番薯作为原材料。做豆腐的东三排人数较多，西五排一个排一般只有一两家做豆腐，作为副业。酿酒和做豆腐本是两项技术，但八排瑶往往兼而有之。

四、副业

八排瑶地区副业主要有饲养家畜家禽、狩猎、烧炭、采挖山珍及养鱼捕鱼等。类型多样，富有特色。

（一）饲养业

饲养家畜家禽其实比较初始和简单，主要是牛、猪、狗、鸡等，马和鸭的喂养数量均较少。狗主要用于看家护院（个别用于狩猎）和祭祀活动。大多数排只养牛、猪、鸡 3 种。八排瑶地区的耕牛有水牛和黄牛，黄牛运输和牵引能力强于水牛，水牛的耕作能力强于黄牛。耕牛的饲养方式有自养、若干牛主合资（实物）雇人放牧、集体互助轮流看管 3 种，其中自养者多，雇人者少。② 八排瑶地区养猪较为普遍，其猪苗多购买自集市，白天放养，晚上归圈。饲料多为青饲料、玉米和米糠。猪虽生长缓慢，但肉质极佳。除祭祀与食用外，许多生猪长到 100 斤左右便被卖给商人。八排瑶人民几乎家家养鸡，数量不等，以谷物、米糠、玉米为饲料。为减弱公鸡的攻击性，保证肉质，当地多有阉鸡的习俗。除节日、婚宴、宗教祭祀时

① 李筱文、许文清：《广东排瑶史料辑录》，128 页，广州，中山大学出版社，2019。
② 练铭志、马建钊、李筱文：《排瑶历史文化》，191—192 页，广州，广东人民出版社，1992。

需杀鸡外，当地人多把所养的鸡拿到集市出售，换取生活用品。[①]家庭养殖业方面。火烧排与里八峒排的各家几乎都养殖鸡、鸭、鹅。这些家禽的饲养，一方面是为了逢年过节时杀来食用，另一方面拿到集市上出售。

民国时期瑶区牲畜种类及其产量调查表[②]

品种	项别				
	年初所有数	年内增殖数	年内输入数	年内屠宰数	年内输出数
黄牛（条）	1860	320	50	280	70
水牛（条）	1310	240	60	200	90
马（匹）	60	16	无	无	20
山羊（只）	50	150	无	20	30
猪（头）	10300	2100	无	1100	1000
鸡（只）	25000	50000	无	50000	无
鸭（只）	370	无	300	350	无
狗（条）	12000	2500	无	1500	1000
猫（只）	9500	1500	无	200	1100

除此，以东三排的油岭排为例，瑶寨山地多盛产杂粮和野菜，为畜牧业的发展提供了良好的基础条件，而且村民素有饲养家畜、家禽的习惯。饲养的家畜以猪为主，牛、羊、狗、兔、猫次之；家禽以鸡为主，鸭、鹅等次之。

新中国成立初期，油岭排的畜牧生产得到迅速发展。1950—1958年，在分配自留地和饲料地的前提下，贯彻以私养为主的方针，极大地调动了农户发展畜牧业的积极性，畜牧饲养量持续上升。1959年后进行人民公社化运动，生产资料包括耕牛在内归生产大队所有，社员家庭饲养的生猪交给公社的食品站，实行“购六留四”“购七留三”制度，俗称“六四开”“七三开”，挫伤了农户的饲养积极性。1985年后，随着家庭联产承包

① 练铭志、马建钊、李筱文：《排瑶历史文化》，215—216页，广州，广东人民出版社，1992。
② 此表出自廖炯然《连阳瑶民概况》，转引自李默、房先清：《连南八排瑶族研究资料》，53页，广州，广东省社会科学院，1987。

责任制的落实，全省取消生猪派购任务，开放农贸自由购销市场，油岭瑶寨农户发展畜牧业的积极性才又激发出来。

1970年前，饲养本地“土花猪”。土花猪体型中等，腹大下垂，四肢粗短，耐粗饲，抗病力强，性情温顺，产仔率高，生长速度慢，加之饲料粗放，用野菜煮熟后喂食即可，精饲料仅添加些许玉米粉，饲养一年重量仅60—70公斤。因为生长速度比较慢，土花猪肉质细嫩、鲜美，肉味香浓，深受人们喜爱。1970年后，提倡母猪地方良种化，引进“长白”“杜络克”等优良种猪与本地母猪杂交，利用杂交优势改良品种，本地土花猪渐渐退出油岭排。

1985年前，油岭排农户饲养的鸡种基本上是本地细脚三黄鸡或杂花土鸡，属于放养型，仅早上或晚上喂一次玉米，加之缺少疾病预防措施，生长速度慢，成活率低，饲养8个月重量不超过0.75公斤。进入20世纪80年代后期，部分农户在市场购买大种小母鸡送给坐月子的妇女，而这些妇女因吃不完便留下做种用，与本地公鸡杂交形成大种鸡，并迅速发展。但因土鸡肉质结实，口味鲜香，价格适中，大部分人家仍愿保留老品种鸡。

耕牛有黄牛和水牛。黄牛体形较小，成年公牛体重约在200—250公斤，母牛150—200公斤，主要用于耕田。至20世纪50年代后期，耕牛开始私有化，农户饲养积极性高涨，发展也快；进入60年代后实行公社化，耕牛归集体所有，由生产队安排饲养员管理，耕牛发展跌入低谷；80年代后，实行家庭联产承包责任制，生产队将耕牛按承包面积分配给农户私养，耕牛数量又得到提高。进入21世纪，年轻人纷纷走出山门到城市打工，留守瑶寨者多为老人和孩子，耕牛逐步被耕田机所替代，数量逐年减少。

油岭排部分年份禽畜存栏统计表[①]

年份	牛（条）			猪（头）	鸡（只）	鸭（只）
	合计	水牛	黄牛			
1980	—			—		—
1990	—			—		—

① 盘鹏：《油岭村志》，98页，内部资料。标题有改动。

续表

年份	牛（条）			猪（头）	鸡（只）	鸭（只）
	合计	水牛	黄牛			
1995	882	356	526	2106	11114	663
2000	857	292	565	1588	12118	710
2005	699	239	460	1682	12730	360
2011	703	193	510	899	7418	270
2015	—	—	—	—		—
2018	—	—	—	—		—

（二）狩猎业

过去，八排瑶山区野生动物有野猪、刺猬、黄猄、锦鸡等，瑶民主要用围猎、伏击、穷追和设陷阱、装套索等几种方法进行狩猎，狩猎所得多用以分配，或贮藏起来招待客人。唐元和十年（815），刘禹锡贬谪连州，作《连州腊日观莫徭猎西山》：

海天杀气薄，蛮军步伍嚣。林红叶尽变，原黑草初烧。围合繁钲息，禽兴大旆摇。张罗依道口，嗾犬上山腰。猜鹰虑奋迅，惊鹿时跼跳。瘴云四面起，腊雪半空消。箭头余鹄血，鞍傍见雉翘。日暮还城邑，金笳发丽谯。①

刘禹锡生动形象地描绘了瑶族集体围猎的情景，也说明狩猎方式有烟熏、锄挖、网围、箭射等，还懂得豢养鹰、犬等作为狩猎工具，进行规模较大的集体围猎活动，表明排瑶具有丰富的狩猎知识和经验。

诚然，排瑶地区历史上为了解决食物不足问题，制造并使用各种工具，改进捕杀猎物方式，研究动物生活习性，在长期实践当中，形成与地理环境相适应的生产生活方式，并在生产生活实践中逐步形成相关生产生活的

① 梁守中译注：《古代文史名著选译丛书·刘禹锡诗文选译》，157—158页，南京，凤凰出版社，2011。

禁忌、规范和传统，并在漫长历史进程中发挥着重要作用。早期虽然以狩猎维持生计，但为了维护生态平衡，排瑶人在动物交配期是不许狩猎的，比如春夏季节严禁围猎等，这是他们在长期与自然相处中逐步总结出的经验，也是为了能够保持物种的多样性，以利于今后的生存。

新中国成立前，狩猎业在较长时间是排瑶民众重要的肉食来源。如今，狩猎这种古老的生产方式已成为历史，但是狩猎文化所遗留下来的哲学观却一直在影响着排瑶民众，人们十分重视对生态环境的保护。狩猎文化逐步演化成一种文化事项的节目展演。油岭排瑶的盘鹃认为这种保护方式保障了瑶寨文明的世代繁衍与传承，主要体现在人与自然环境协调平衡的发展观、对动植物有恻隐之心的伦理道德观、认为自然资源或自然要素是无价之宝的价值观等，这种传承正是一个民族最为宝贵的财富。①

1. 狩猎工具

排瑶地区的狩猎工具主要有火药枪、弩、弹弓、套绳、铁夹、弹丸，还有构思独特、美观实用的扣蛙罩、捕鼠器等。

弹弓。在排瑶地区，孩童利用弹弓进行各种活动是一件司空见惯的事，这些活动都有助于积累经验并提高他们的瞄准技术，为日后使用弓弩、火药枪打下良好的基础。

弩。弩在排瑶瑶语中称为“阿挪”，用硬木制成，原以藤为弦，后改为绳，箭身长 3 尺，无羽，铁镞长 5 寸，射程约 12 米，用于射鸟类或是野猪，但对野猪的杀伤力不大。

火药枪（又称“火铳枪”）。在瑶语中称“斋总”，枪身用硬木削制而成，涂以野山薯汁防腐。火药枪结构简单，由枪管、打击锤装置、扳机、枪托等零件组成。用时装上火药和铁砂，再在打击锤上装好引火药帽，扳动扳机，射程一般为 20 米。这种枪威力大、射程远、命中率高，很受排瑶青壮年男性喜爱，凡 18 岁以上男子基本上都拥有火药枪。此外，仍有铁夹、扣蛙罩、捕鼠器的辅助使用，狩猎工具更具多样化。

2. 狩猎方式

① 盘鹃：《油岭村志》，100 页，内部资料。

八排地区传统的狩猎方式极具特色，拥有较为完整的狩猎方式。过去男子多通过巡山看兽路、放狗、放枪、装圈套、装铁夹、挖陷阱等狩猎方式，捕猎野猪、黄猄、山羊、云豹、野雉、白鹇、竹鼠等，这些狩猎方法是他们在千百年中摸索并积累下来的经验。

巡山看兽路。此狩猎方式为猎手根据野兽的活动规律，单人进山观察情况。时间多为早晨6至8时许，下午5至8时许。选择此段时间是因为清晨和傍晚的时候，山猪、黄猄和野山羊等野兽会出来寻找食物，此时段巡山更能掌握其活动轨迹。

放狗。农闲和节日之际，猎手们手持火药枪和弓箭，腰间挂尖刀和装有火药的竹筒，带着一群猎狗，集合在寨缘或山间路口，由老猎手充当“猫批”（猎头），举行拜山敬祖仪式后，猎手把守在各个山口。一人呼引群狗进山，然后在人的呼喊声下，群狗四处寻找野兽，并把野兽驱赶出来，猎手用火药枪或弓箭射杀野兽。

放枪。放枪是在野兽经常出没的地方，查看野兽的脚印，判断是何种野兽，根据这种野兽的大小，确定放枪的位置、高低和方向，然后把火药枪安装在架子上，绑紧扳机，装上系着承针的拉弓木，利用拉弓木的弹力，使承针顶起拍盖头，从控制承针的卡套上拴一条绳索，把绳索沿着枪口拉至野兽通过的路口上。当野兽从路口走过时，绊上绳索就立即把火药枪拉响，就地击中。在放枪的地方，周围打草结做“警示”符号，以免误伤到人。

装圈套。装圈套是捕获野兽的另一种方法。在山猪或黄猄经常出入的山路口，挖一尺深八寸宽的穴，在穴口装上受压力后会脱落的承针架和活结圈套的绳索。把套头拴在承针处拉着拉弓木的藤条上，当野兽走过时，陷进穴口踩脱承针架，使弓木的弹力向上，活结圈套即把兽腿套住吊起来，使其无法逃脱。

装铁夹。装铁夹是在山猪、黄猄或野雉经常出入的地方，挖一个比铁夹略大略深的穴，把铁夹撑开扣好机关，放入穴中用青草伪装。当野兽走过时，陷进穴口踩脱机关，铁夹把兽腿夹住无法逃脱。

挖陷阱。挖陷阱是在野兽进出的山路上，挖一口陷阱，并在井底插上尖竹。井口安上软架，在软架上铺设青草，上面撒上一层薄薄的泥土。山猪、黄猄、鹿和熊等野兽走过时掉进陷阱中，成为瓮中之鳖，取得猎物。

这些狩猎方式，除了“放狗”属于集体狩猎外，其他的都是个体狩猎。各种狩猎方式在实践中的运用，是猎人狩猎过程中的经验所得，同时也是出于对生命的珍惜、热爱和对自然规律的探索与实践。

3. 分配方式

排瑶对猎物的分配方式主要有平均分配和个人占有两种。集体狩猎，采取集体分配的方式，即见者有份，但也不是平均分配，巡山看兽路和带猎狗的多一份，射中的得兽头，剩余的大家平均分配。个人狩猎，都是个人占有，如果有人先发现被猎到的猎物，就分他一部分，称“尝鲜”。随着时代的进步，狩猎工具的改进促使个人狩猎成为主要狩猎方式，个人也因此获得更多的猎物，猎手可以出售猎物来交换日常生活用品。当前，为保护生态，按法律已严禁狩猎。

4. 天旱闹鱼

传统上每逢天旱之年，油岭排都有“闹鱼”（用石灰毒杀河流中的鱼）的习惯，时间一般选在农历十月十六日或十五日。闹鱼，新中国成立前以“龙位”（宗族）为单位，新中国成立后以生产队为单位，凡年轻力壮者，每人都挑上十来斤自己烧制的石灰，男女老少一起带上捞网、竹篓等工具，前往涡水河闹鱼。选择河床比较窄且水流缓和的河段，集体砍来青草，用青草拦断河床，把河水引向一边，再在被截断流水的河段放入石灰，把河鱼毒晕毒死，用捞网捞取，放入竹篓，结束后回到宗祠或生产队的饭堂按参加闹鱼人数平均分配。闹鱼的目的，一是改善生活饮食，二是求雨。①

（三）采集、捕鱼

八排瑶地区山中有杉板、滑石、胆凡、茴香、草果、槟榔、蜜蜡、零陵香、燕脂木等土产。②采挖山珍主要是采挖薯莨和药材，药材有黄精、木通、勾藤、地胆头、楠木皮、大山皮和天葵。采挖不需成本，故在副业收

① 盘鹊：《油岭村志》，100—103 页，内部资料。内容有删改。

② 李筱文、许文清：《广东排瑶史料辑录》，126 页，广州，中山大学出版社，2019。

入中占有一定比例。捕鱼是捕捞河流中的非人工养殖鱼类，仅靠网捞或用石灰毒杀，方法极为简单。捕捞后多晒干以供食用，鲜有出售。当前，为保护生态，已严禁电鱼、毒鱼等行为。

五、商业

粤北位于湘粤走廊上。明清时期，湘粤走廊分布着众多的人口和城镇，运输贸易十分繁盛。粤北在广州和内地商贸交流中是商道必经地之一，南来北往的各地商人在进行过境贸易的同时，于商道沿线建立了临时储存商货与聚集议事的会馆，刺激了粤北山区经济的商业化，也带动了本地商人的崛起。但粤北经济的商业化不是为了赚取纯粹的商业利润，只是过境贸易导致的虚假繁荣。[①] 随着中国陷入半殖民地半封建社会的深渊，被大山阻隔的八排瑶经济发展更加滞后。在新中国成立之前，八排地区基本不存在市镇，商业活动十分受限。当地人民若要买卖，主要借助于在排瑶长期居住的汉商和周边的汉区市镇，如金坑片区一带、东三排一带等。过去，瑶区远离集市，近者也有二三十里之遥。为了谋生，八排瑶人民鸡鸣则起，背着农林副产品离家，黄昏时分方才带着换取的日用工业品返回，异常艰辛。由于八排瑶地区可开发资源有限，地处偏僻，八排瑶壮年男子“不事商贾，专力稼穑”，八排瑶地区的商业一直未能脱离农业而存在。从事商业活动之人大致有 3 种类型：副业型、半农半商型、代理型。副业型是指以买卖为副业；半农半商是指无法只靠农业维持生计，需用商业收入弥补；代理型是指代替汉商做劳务，收取佣金。

传统八排地区商业主要是与汉族地区之间的商品交换。八排输出的农林副业产品如杉木、竹类、油茶籽、茶叶、稻谷、黄豆等大多销往汉族地区，购入的物品包括生产工具、生活用品、食品和其他物品等都是汉族工业和手工业产品。其交换的实质是瑶汉区之间的商品交换，两者相互依赖的经济关系是两族友好的基石。但相对于生产力明显更为进步的汉族人，八排瑶在交换中处于被动的地位。

---

① 刘正刚、何横松：《海洋贸易与清代粤北经济的变化》，载《学术研究》，2010（6）。

以油岭排商贸活动为例。据盘鹃《油岭村志》言，过去，油岭瑶寨没有农贸市场，赶集赴圩要到18千米外的连南县城。地方志《记录汇编》第六十卷记载，瑶人“山中多板木、滑石、胆矾、茴香、草果、槟榔诸药，时时盗出市博鱼盐”[①]。此外民国《乐昌县志》载：“邑有瑶，不知始于何代，唯其人尚诚信，常以药菜、材木运入肆，交易无欺。”[②]说明很早以前，瑶民就将药材和木材等运到汉族地区进行交易。

新中国成立之前，油岭排的商业主要是寨内的贸易，一般是手工作坊如蒸酒、做豆腐、榨油和打铁业等，供应内部销售。对寨内无法交易的产品，如竹笋、药材等，挑到县城出售，换取盐、煤油、布料等日常用品。

1952年，连南县成立油岭供销社，收购农副产品和供应生产生活资料，油岭瑶寨日常所需的生产生活资料和需要销售的农副产品、土特产品不再用肩挑运输。1969—1971年，油岭新村公路开通后，县开展农村物资交流活动，供销部门组织百货、食品及生产资料供油岭排村民选购，油岭排村民则将芒杆、厘竹、山苍子、油桐、药材等产品交由供销部门收购，促进了城乡物资的交流和发展。1968年，国家对木材收购实行奖售政策，南岗林业站开始到油岭排收购木材，油岭排的杉木、松树等用材林开始成为商品，排瑶民众亦可增加收入，从中受益。1981年，国务院出台《关于城镇非农业个体经济若干政策性规定》，个体经营户如雨后春笋般涌现，至2019年油岭排共有个体经营户9个，豆腐作坊5家，蒸酒作坊6家，民宿3家，民营公司1家，供销合作社功能逐渐弱化。1985年，中央出台的一号文件取消了木材统购，开放木材市场，木材市场非常活跃，油岭瑶寨有个体木材经营户1家。[③]

六、特色产业

八排地区有一些特色产业。例如特色茶叶的栽种，以大掌排种植的茶叶最有名，形成了一定规模。大掌排山区适宜种植茶叶。大掌排的高山茶

① 覃讯云、李彤主编：《中国瑶医学》，10页，北京，民族出版社，2001。
② 《乳源瑶族志》编写组：《乳源瑶族志》，59页，广州，广东人民出版社，2000。
③ 盘鹃：《油岭村志》，104—105页，内部资料。

种植在海拔800米以上的高山上，因日夜温差大及长年午后云雾遮蔽的缘故，茶树的生长趋于缓慢，长出的叶子具有新梢肥壮、芽叶柔软、色泽翠绿、茸毛多、节间长、叶肉厚实等优点。由其加工而成的茶叶，具有特殊的香味。

因大掌排的山势、环境气候等十分适宜种茶，所以茶叶是大掌排自古以来的产业，野生茶树遍布全村。

20世纪70年代初，大掌排村民在当地党委、政府的支持和专家的指导下，发动村民在天塘湖周围种植了200多亩茶叶，形成天塘山茶场。如今，又发展了5户种茶专业户，新增种植茶叶面积300多亩。

另一个特色产业是有机稻与稻田鱼。有机稻选用以“象牙灿”等优质水稻品种为主，稻米营养丰富，富含多种天然维生素，深受珠三角和香港市民的青睐。稻田鱼肉质鲜嫩，味道清甜，闻名遐迩。“稻鱼共生”提升了当地瑶族人民的生活品质。

稻田鱼是大掌排特有的农业养殖项目，每年6月左右，中造插秧时，当地群众在稻田里放下鱼苗，9月底10月上旬，稻谷收割之前，收获稻田鱼。稻田鱼是当地农民收入的来源之一。通过连续几届连南稻田鱼节的举办，推进了生态、休闲、观光、品牌营销等于一体的瑶山生态渔业旅游产业项目的打造，不仅辐射和带动了当地农民致富奔小康，而且提高了连南的知名度、美誉度。

稻田养鱼（田面种稻，水体养鱼，鱼粪肥田，鱼稻共生，鱼粮共获）是把种植业和水产养殖业有机结合起来的立体生态农业的生产方式，它符合资源节约、环境友好、循环高效的农业经济发展要求。稻田为鱼提供了良好的发育环境，鱼通过啃食各种水稻害虫保护稻的生长，“稻育鱼、鱼护稻”，鱼与稻谷达成一种相互依存的共生模式，因此稻田里从不施用任何化学合成的农药和肥料，鱼和水稻都是纯正的有机无公害健康绿色食品，收获的稻田鱼不仅鲜甜可口，而且营养价值高，养稻田鱼的水田里产出的稻谷有机、环保、生态、安全，是上乘的食用米。

稻田养鱼实现了在同一稻田内既种稻又养鱼，稻田养鱼、鱼养稻，合理地改善了水稻的生长发育条件，促进了稻谷的生长，实现稻鱼双丰收的目标，收到了“一田多用、一水多用、一季多收”的最佳效果。每亩稻田能产鱼 30 斤，稻田鱼市价达 40 元 / 斤。每到捕鱼季节来临，稻田鱼被各地消费者一抢而空，供不应求，是发展乡村旅游，促进农村经济发展，使广大农民尽快富裕起来的有效途径。[①]

据大掌排调查，村民邓其治老人讲述了稻田鱼情况。当地是从山上引水，田间的水一般放至 20—30 厘米深，里面有鱼苗，稻田面积大小不等。

> 稻田鱼的鱼种每年专门有人送到村里来卖，卖鱼的人知道我们这里养稻田鱼。鱼苗的价格是：鲤鱼苗按斤算，15 元 / 斤，草鱼苗 3 至 5 元一条。要看田的大小放鱼苗，我的田小，一块田放十几斤，大概能放 50 条鱼苗。养稻田鱼不打虫，一打鱼就死了。每年秧插好了，一个星期以后，农历五月初放鱼苗。[②]

稻田养鱼是八排瑶祖先一直流传下来颇具民族特色的放养方式。稻田鱼以本地鲤鱼为主要品种，兼养鲫鱼少量草鱼。稻田鱼都是放养在中造田，采用高山流动泉水养殖，秋季水稻收割前收鱼。稻田鱼的生长期约为 4 个月，每年 6 月份左右，中造插秧时，当地群众在稻田里放下鱼苗，到 9 月中下旬，稻谷收割之前，便收获稻田鱼。

就整体的经济状况，大掌村要比军寮和马箭稍好。村里基本形成了杉树、有机稻、稻田鱼和茶叶四项产业，还有丰富的旅游资源。如保留较为完整的大掌排，天塘山、天塘湖，以及三百步湾梯田，旅游业潜力巨大。目前大掌村由于缺乏资金与项目支持，旅游业尚在推进中，村民也多是以外出务工为业。据村委会工作人员讲述：

> 大掌村的经济情况在周边几个村里算好的，现在主要有杉树、有机稻、稻田鱼、茶叶等产业，均是以个体户的形式存在。杉树，主要就是提供原材料，木材直接由木材厂收取、加工。有机稻基

① “有机稻”“稻田鱼”部分资料由大坪镇政府提供，有删改。

② 讲述人：邓其治，男，76 岁，瑶族，大掌村六组。访谈地点：邓其治家中。访谈时间：2019 年 8 月 7 日。

本是有人订购，每年客户交2290元，成熟了就给客户寄送过去，全国各地都有。稻田鱼也是比较容易销的，周边很多人来买，有的是自己养着吃。[1]

大坪镇的大坪村已经实现了“有机稻米 + 稻田鱼养殖 + 养牛业”协同发展的特色产业之路。大坪村虽然是梯田的地势分布，但是由于水资源丰富，种植有机稻的同时，又有稻田鱼的养殖，每逢秋季，稻田鱼与水稻便能一举双收。在火烧排的老排旧址上充分利用了原有的田地，在老排寨脚下区域种植绿色有机稻米100多亩，由军寮排的几个青年承包，1亩产稻大概有700多斤，每斤能够卖到6块钱。

里八峒排与火烧排相同，农业以种植水稻与养殖稻田鱼为主，但是里八峒排由于独特的地形特征，仍然保持着“立体式”的耕作模式。里八峒排充分利用了高低起伏的地形发展多种经济。首先，最底端水塘用来养殖水葫芦，水葫芦用来喂猪，而中间则是水稻田和蔬菜地，最上端种玉米。除此之外，位于里八峒排1千米处的地方还修建了一处花谷农场，主要以养鱼为主，同时经营农家乐。另外，里八峒排还有少量桐油、烟叶的种植。

对于东三排而言，特色产业更为突出，其中以油岭排为典型代表。自改革开放以来，农业得到迅速发展，大宗农产品开始由短缺变成相对剩余，社会对农产品的需求逐渐由数量型转向质量型，农产品消费呈现出多层次、多样化等特点，优质、特色农产品成为人们消费新宠，于是相继建立起油茶、蚕桑、沙田柚等具有区域优势和瑶山特色的种植生产基地。

其一，油茶。历史上，油岭有种植油茶的习惯，但产量无翔实的记载。油茶属茶科常绿小乔木，因其“茶籽”（种子）可榨油（茶油）供食用而得名。茶油色清味香，营养丰富，耐贮藏，是优质食用油。茶饼既是农药，又是肥料，可提高农田蓄水能力和防治稻田虫害。果皮坚硬，是冬天烤火的好材料。2019年有油茶面积3600多亩。油茶喜暖畏寒，10月下旬至12月上旬开花，有花果同树的习性，茶果采摘期为寒露到霜降，以霜降后采

① 讲述人：邓海灵，男，43岁，瑶族，大掌村委干部。访谈地点：大掌村委办公室。访谈时间：2019年8月8日。

摘含油量最高。鉴于油茶对土壤要求不甚严格的习性，油岭瑶寨基本上都在光照充足且在即将丢弃的石灰岩山地上种植油茶，管理粗放，不施肥料不打农药，亩产茶籽仅有 150 多公斤，产油 20 公斤左右。

其二，沙田柚。1986 年，为增加村集体经济收入，由南岗乡政府租用油岭大坪连片耕地，规划并种植沙田柚 486 亩。先是由村集体组织经营，后改为个体承包，年总产量 1800 多吨。该基地属沙质土，土质肥沃，地下水位低，所产沙田柚水分多，甜度高，耐储藏，一度供不应求。

其三，桑蚕。20 世纪 90 年代初期，油岭瑶寨开始承接“珠三角”劳动密集型农业的转移。由南岗镇政府规划，将大坪的连片沙田柚全部砍伐，发展蚕桑 500 多亩，农户耕地租金为每亩 150 元。随后几年，农户自发在假坪、唐十峒、崩白七、八岭峒、河坑峒等地发展蚕桑产业，到 2005 年全村有桑叶面积 1300 多亩，产茧 57.6 吨，产值 391 万元。2012 年后，受市场价格波动的影响，目前只有大坪洞这个点还在种桑养蚕，成为蚕桑种植基地。

第二节 生产方式

一、生产工具

八排瑶生产工具主要包括农业生产工具、林业生产工具、手工业生产工具等。农业生产工具有犁、耙、锄、锹、刮、谷笪、种豆棍、包麦锥等；林业生产工具有杉斧、柴斧、杉皮刀、捞钩、排针等；手工业生产工具有斧、锯、凿、刨、风箱、铁砧等。火烧排与里八峒排至今都保留着诸多传统的生产工具，主要有镰刀、锄头、舂米器具、铲子、耙子、挑水担等。就火烧排而言，在田野调查期间收集到的生产工具就多达 10 余种，在里八峒排也收集到一些与火烧排相类似的生产用具，种类亦多达 10 余种，主要有铁铲、锄头、小铲等。与火烧排不同的是里八峒排还保留着几处20世纪60—70年代的谷仓，这些原有的生产工具已有50—60年的历史，见证着时代的变迁。据新中国成立之前的统计，大掌排全排188户中，共有牛133头，其中有曳引力耕田的有120头（黄牛78头、水牛42头），不能作曳引力或已失去曳引能力的共13头（全是黄牛）。能作曳引力的，占牛总数的90.23%。大掌排主要农具有：犁149张、耙148张、锄头380把、镰刮370把、铁锹327把、搭耙90把、耘田耙360把、禾镰刀371把、捻刀片395张、钩刀356把、镰刀390把、铁挑172把、铁棒46条、竹箩399个、布袋399条、禾桶147个。大掌排用于手工业的工具计有：斧头196把、锯80把、刨69个、凿128个。狩猎时使用的粉枪，男子一般每人都有1支。从上述的数字来看，这里平均每3户人家有2头牛、2张犁耙；每户都有1把以上的锄头、镰刀、镰刮、耘田耙、钩刀等工具。因此在解放前，大掌排瑶族人民的基本生产工具并不缺乏。[①]

（一）农业生产工具

翻土类。犁（瑶语he^{53}）。犁壁为铸铁，侧板、犁托、犁柱等均为木质。全长约有4.5尺，重约4.5斤，主要用于水田和旱地的翻土工作。犁头、犁壁用生铁铸造，犁头成三角形，犁身主杆用弯状杉木制作，用牛带动犁田犁地。耙，瑶语pa^{53}，全长约4.5尺，高约2.5尺，有12齿，重16斤，除木质把手外，其余均为锻铁，主要用于碎土，也有用铁锻造成9齿，以牛牵动，用于耙平水田。也有3齿和5齿的，用于搅拌肥料或种植花生时耙平旱地。锄，瑶语kia^{44}hu^{53}，锄身为锻铁，柄为木质，全长约8寸，宽约1.5寸，重量约为3斤，锋口带角，可以翻动树根盘错或夹杂有沙石的黄土，主要用于锄地、挖树根和草根，也可在陡坡上使用。刮，又名宽口锄，瑶语kat^{44}，刮身为铁质，柄为木质，上窄下宽，长约4.5寸，刃宽约5寸，重量约为1.2斤。多用于翻土、碎土、铲草、起垄、打穴等。锹，瑶语via^{53}heu^{44}，其身为铁质，带双肩，直銎，装木柄，柄靠近銎处装有铁（或木）脚踏，用途与刮相同。辘轴，瑶语称“没落”，将4尺长的松木凿成

① 《中国少数民族社会历史调查资料丛刊》修订编辑委员会：《连南瑶族自治县瑶族社会历史调查》，222页，北京，民族出版社，2009。

6 叶形轴心，配上长方形框架作踏脚，用牛带动压烂水田泥土及压平稻茬，多为收割早稻后平整水田时使用。耘耥，用于水稻田中的耕耘农具，耥体为屐形木块或木框，置有耙齿，用于推耥穴，行间草泥，使之溷溺。[①]

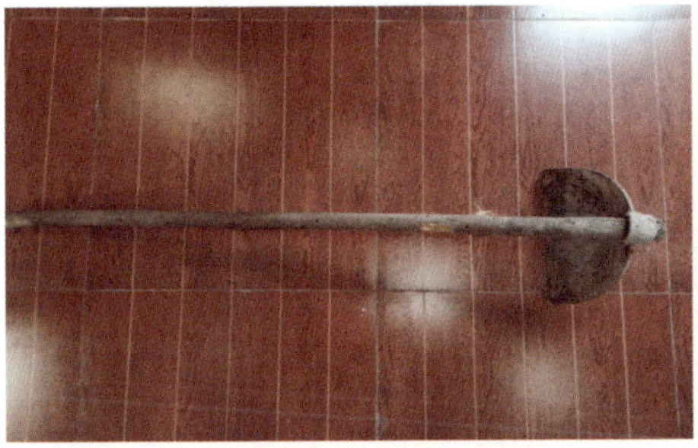

链刮[②]（李超 / 摄）

犁头[③]（李超 / 摄）

木耙[④]（李超 / 摄）

犁耙[⑤]（李超 / 摄）

刀斧类。柴刀，用于砍伐树木，开荒垦地，包括：钩刀（瑶语 $lau^{53}ku^{44}jiu^{22}$）、弧刀（瑶语 $jiu^{22}dui^{24}$，刃部呈弧状，尾尖，类似汉族的屠刀）、弯背刀（瑶语 $jiu^{22}po^{53}$，与弧刀类似，背部微弯，刃部平直，与尾部成直角）。斧，瑶语 bu^{24}，有大小两种，形制相同，仅有轻重之别，用于砍伐树木，为开荒所必备。镰刀，瑶语 $jiam^{55}lo^{44}jiu^{22}$，与钩刀相似，钩部较长，用于割草、割稻。禾镰，瑶语 $kot^{44}siu^{44}jiu^{22}$，铁质，弧形，专用于收割水稻。

① 盘鹃：《油岭村志》，89 页，内部资料。
② 拍摄于广东省连南瑶族自治县油岭排；拍摄时间：2020 年 10 月 21 日。
③ 拍摄于广东省连南瑶族自治县油岭排；拍摄时间：2020 年 10 月 21 日。
④ 拍摄于广东省连南瑶族自治县油岭排；拍摄时间：2020 年 10 月 21 日。
⑤ 拍摄于广东省连南瑶族自治县涡水镇盘王庙；拍摄时间：2020 年 10 月 26 日。

柴刀①（李超/摄）

铁耙②（李超/摄）

其他类。禾桶，瑶语 $bu^{53}tung^{41}$，木质，椭圆形，高约 1.9 尺，长约 3 尺，宽约 2.2 尺，用于水稻脱粒。捻稻刀片（瑶语 $di{:}p^{42}$），铁质，平面为梯形，与绳子相穿，以便将刀片固定在手中，用于收割旱稻、黄粟和割番薯藤。包麦锥（瑶语 $diam^{21}ba^{22}bo^{22}ti^{55}$），由铁嘴和柄组成，状如标枪，直径约 1.5 寸，嘴长约 5 寸，柄长约 4 尺，用于在地上戳洞播种玉米。种豆棍（瑶语 $tu^{22}me^{21}ti^{55}$），与包麦锥相似，但为铁嘴圆钝，状似弹头，用于戳洞点种黄豆等。八排瑶地区的农具除捻稻刀片、包麦锥、种豆棍之外，基本与连阳汉区相同，其来源多为汉族地区，少量由在八排的汉族工匠打制。③

木桶④（李超/摄）

鱼篓⑤（李超/摄）

① 拍摄于广东连南瑶族自治县火烧排；拍摄时间：2019 年 8 月 2 日。
② 拍摄于广东连南瑶族自治县火烧排；拍摄时间：2019 年 8 月 2 日。
③ 练铭志、马建钊、李筱文：《排瑶历史文化》，188—191 页，广州，广东人民出版社，1992。
④ 拍摄于广东连南瑶族自治县火烧排；拍摄时间：2019 年 8 月 2 日。
⑤ 拍摄于广东连南瑶族自治县油岭排；拍摄时间：2020 年 10 月 21 日。

（二）林业生产工具

林业生产工具有部分与农具相同，也有几种专用工具。

种杉锄，瑶语 kiu⁴⁴hu⁵⁵，形状与农用锄相似，锄身上宽下窄，利于入土，主要用于山地开荒和打穴种杉。杉斧，瑶语 diang⁴¹bu²⁴，与普通斧相似，较为长直，专用于砍伐树身粗大的林木。杉皮刀，瑶语 diang⁴⁴dip⁴⁴han²⁴，由木柄和刀身组成，尾端有小钩，便于剥杉皮、削杉枝。捞钩，瑶语 pai⁵⁵ngeu⁴⁴，由竹竿和铁钩组成，钩呈鹰嘴状，长约 4 寸，是放运木排专用工具，用于拉动河水深处的木筏和散木。排针，瑶语 pai⁵⁵hang⁴⁴，结构与捞钩相似，但直銎钩成针状，也是水上放运木材的专用工具，用于推动河水深处的木筏或杉木。此外，排瑶还创制了双轮木头车，专供山地运输。两轮用坚硬的木材做成，非常结实，一次可运三四百斤木材，效率远高于人工。

1981 年后改革开放实行家庭联产承包责任制，农民放开了手脚，现代农业机器走进了寻常百姓家。主要农用机器有机动背负式喷雾器、小型耕田机、电动打禾机等，使用了上千年的传统农林工具如手拉竹制或塑料制喷筒、犁、耙及禾桶退出了农耕历史舞台。

二、生产方式

（一）农业生产方式

八排农事安排时间全按农历。农业耕作有一定的次序，按照气候节气开展生产活动。以火烧排为例，正月是烧山、锄地，种芋头；二月刮地，种玉米；三月犁田，种瓜种菜，或者种烟；四月播种稻谷种子，耙田，修整田基；五月插秧、种番薯（育苗）；六月耘田割草；七月种黄粟番薯，开始收芋头；八月收玉米；九月收稻谷；十月收番薯；十一月十二月砍柴烧炭。

排瑶种植水稻，从犁耙田，选种，浸种催芽，秧地的选择、整理和育秧，插植，中耕除草，排灌到收割、脱粒等耕作过程均与邻近汉族地区相同，但耕作技术远逊于汉族。比如，犁耙田，汉族地区多两犁两耙，排瑶则多一犁一耙，且在插秧前一两天进行，既不深耕，也不细作；中耕，汉族地区一般两次，且必施肥，排瑶则多中耕一次，且不施肥（少数施肥者亦仅石灰一种），部分地区如南岗排等，大多农户不中耕（更不施肥），插秧后即坐等收成，故禾田多杂草丛生，禾苗孱弱；又如灌溉，由于排灌系统不全，远离水源的水田几无排灌可言，完全仰仗自然雨水，而部分靠近水源的田，由于未谙排灌技术，从犁耙田至稻谷收成，稻田始终保持深水，严重影响禾苗生长、分蘖；施肥更不讲究，除插秧前施适量的绿肥、草木灰或牛粪作为基肥外，甚少施追肥，致禾苗生长缺乏后劲；等等。这就必然严重影响稻谷的单位面积产量。由于所处地势较高，气候早冷迟暖、生产季节短而与汉族地区有别，农事安排一般一年一季（汉族地区两季），仅大麦山镇少数农户播植“七月禾”，收割后可种番薯，一年一稻一薯。

排瑶的园艺并不发达。虽然几乎所有瑶户都在村边的旱地或梯田上有一小块菜地，但不仅其所种瓜菜的种类甚少，而且方法极为粗放。瓜类播种之后，基本上不施肥、不浇水、不除草，听其自然生长。蔬菜多在冬季种植，其法有二：一是先播种育苗，待菜苗长出两三片叶时，便移至菜地定植，并施少量便溺，但行此法者不多。二是在雨后把菜种撒到收稻后的稻田，稻田不须犁松碎土起垅，亦不浇水施肥和移植，等其长至一定高度即整株拔起食用。用此法者众。由于瓜菜种法原始，种类少、产量低，因此不少农户仍不得不上山采集野菜，权充日常菜食。

排瑶在长期从事旱粮作物生产的实践中，也根据山区地少、土瘠的特点，总结出一套充分利用土地肥力和空间、增加作物产量的行之有效的生产经验，如间作、轮作和休耕等，体现了排瑶人民的聪明才智。

（二）林业生产方式

八排地区林业生产方式有其独特性，主要表现在杉的种植、砍伐及运输，经济林木的种植等方面。

前文曾述，杉的栽种一般要经过垦荒、选种、育苗、种植和管理等五个阶段。杉苗管理与经济林木种植、杂粮生产密切相关。杉苗栽种后，在其株间空隙种上姜、薯芋或木薯等杂粮，以及经济林木油桐等。如此一来，杉苗可以得到细致管理，成活率较高，生长较快，同时又充分发挥地力，当年就会有姜和杂粮的收益，以供种植者增产增收，弥补林木生产周期较长的不足。三四年后，杉木和经济林木逐渐覆盖地面，此时杂粮已经无法间种，但油桐已挂果，种植者又有了新的经济收入。大约到了第十年，油桐因被高大的杉树遮蔽阳光而枯死，但此时杉林已长成，再待10年即可成材。

八排对于杉木的砍伐具有季节性，一般为春分前5天、夏至前后、秋分后5天、白露前后和霜降前后5个时间点。在这些时间内砍伐，杉木易脱皮，木色好。砍伐之后，将杉木从山岭中运送出来并非易事。往往第一步先将散放在山上的杉木集中起来，运往临河的山顶或山腰，借着山的坡度将其滑至河边；第二步便是将杉木捆扎成木筏（或单个），借着水流放运到售卖地。

牛路水村民房买机八曾做过木材砍伐工，据他讲：

> 我们这里祖祖辈辈都放木排，一排一排的。一排有二十多根木材，一般运五六排，力气大的，搞八九排都有。一般农历三月以后才砍树，因为树皮剥下来后，砍起来比较容易些。放木排，先砍了拉下山，顺涡水河流到连南县城。①

以前，杉树人工种植规模较小，建房需要时才砍。据当地人讲，八排以前所在的山区，多是一百年以上的大树，但1957年响应国家号召，大炼钢铁几乎被砍光。现在山上的杉树都是后来种的。

在西五排军寮、马箭、大掌等地区，种植杉木除购买杉木苗外也有用杉苗移植法，杉苗从野外搜集而来。比如往年砍剩的杉头生出来的杉秧，或者是长在杉树旁的，只要达到1尺半到两尺高就可以。挖来之后，按照7—8尺间距栽种，播种时用锄头挖一个约5寸深的小坑，种上杉苗，合上泥土。待生长至3年，将一些生长不好的、不太粗壮的杉苗拔去，留下最

① 讲述人：房买机八，男，66岁，瑶族，牛路水村七组。访谈地点：房买机八亲戚家中（马箭）。访谈时间：2019年8月4日。原访谈内容较多，节选。

直长得最好的一株。在此期间，还可以种一些杂粮，比如玉米、花生或者番薯之类，利用杂粮的种植除草松土。等到杉苗长大成型，就不用管理太多，任其自然生长即可。

油桐，因以其子榨油而得名。油桐一般与杂粮一起套种在新垦种的杉幼林中。种植前须预先将桐子育成幼苗。种苗定植一般与杉同时进行。种后头 3 年为油桐生成期。第四年开始结子，以后 3 年产量逐年递增，进入高峰期。自第八年起因杉树逐渐长高，油桐所受的光照渐少致产量下降。一般至第十年，油桐树因得不到起码的阳光而枯死。故油桐实为杉木生产的副产品。桐子在寒露前后成熟，表皮略呈黄色即可采摘。果实采后置于阴凉处，让表皮自然腐烂，然后挖出果核。瑶区无加工桐子设备，故桐子作为原料运至汉区出卖。

油茶叶像茶，因其子可以榨油，故称油茶。油茶性耐旱、不喜肥，所以在石多泥少土壤瘦薄的山坡亦可种植。产地主要在石灰岩地区的三排、连水、南岗一带，次为火烧排、大掌排，其他地方亦有少量种植。油茶与油桐不同，须专门垦荒种植。种植前亦须预先将茶子育成种苗。定植时间多在农历一二月间春雨过后。株行距一般 4—6 尺。油茶管理较为简单，一年除草一次即可。一般种后 4 年结子，以后产量逐年增长。果期约 20 年，至树龄过高不结果时，可砍倒重新垦松种植。果实约在霜降前后成熟，摘后让阳光直接曝晒，表皮裂开，果仁即自动脱出。连山县永和、福堂等地有加工茶子设备。现在连南瑶区也有机械榨油，传统的榨油坊已经不用。

排瑶种茶历史悠久，今连南的大龙、金坑、涡水等地均有出产，其中大龙茶、黄连茶以色、香、味具备而闻名遐迩（黄连茶有部分为过山瑶产品）。

茶叶种植颇为讲究。它要求土地较为肥沃，坡度不大；整地功夫要精细。种植时间要把握准确，一般在农历二月。过早，泥土干燥，成活率低；太迟，种苗已抽新枝，新陈代谢旺盛，成活率更低。种前须用沙土将茶子育成幼苗。种后每年要中耕除草和培土两次，时间分别在五月和七八月。

种后 3 年开始采茶，每年 4 次，时间分别为：清明前后、小满前后，小暑前后和白露前后。中间两次产量较多，首尾两次很少。年产干茶每亩约 100 斤。

排瑶制茶传统方法有二，一生炒，一揉烘。生炒就是将采回的鲜叶用铁锅慢火炒熟晾干。用此法炮制，茶叶色、香、味俱佳，黄连、大龙等名茶均用此法。但此法极易烂锅，而锅在彼时属珍贵物品，故用此法的人不多。揉烘法是将鲜茶叶放进铁锅中加水煮沸，然后捞起放进一条特制的长约 1 丈、宽约 1 尺的木质揉茶槽中，用脚搓揉，待鲜汁尽去，再铺在竹笪（用竹篾编织、形似席）上，用火烘干。此法较前者容易操作，花工少，且不易烂锅，瑶民乐于采用。缺点是制出的茶质量远逊于前者。

和茶叶一样，姜对土质和种植技术要求较高，须选择肥力较足的缓坡。它可以与杂粮一起间种于新垦种或第二年的杉幼林间，也有专为种姜而开垦新地。不论是间种还是专门新垦，都须将泥土弄细平整。种植时间为农历三月。种植过程是，先在备好的地上打穴，深约 3 寸，穴间距约 8 寸，将姜种和草木灰同时放进穴中，然后培土。种下 1 个月左右，当姜苗长至两三寸时，须将原种姜种挖出，再培上土。种后 5 个月即八月，中耕除草一次，并施少量草木灰。十月，姜叶枯黄，表明已届成熟，须及时挖出，以免腐烂。姜收成后要挖一个 2—3 米深的地窖贮藏。

姜不论在哪类土地种植，都只能种 1 年，翌年不能再种。排瑶果树种植甚少，只在屋前屋后种植少量桃、梨、李、山楂、枇杷、杨梅、沙田柚等。不过，产量无几，多为自己食用，甚少售卖，经济意义不大。[①]

第三节　经济收支

一、历史上的经济制度

新中国成立前，以大掌排为代表的西五排瑶族以农业生产为主，林业也占有一定的比重。此外，手工业、狩猎、饲养家禽家畜以及养鱼等生产

① 练铭志、马建钊、李筱文：《排瑶历史文化》，205—207 页，广州，广东人民出版社，1992。

活动也占有一定比例。在当时，农业已成为独立的生产部门，手工业等尚未从农业中分化出来，故仍属副业的性质。

由于地域相连，交往密切，瑶族人民和汉族人民之间的商品交换早已发生，瑶族与汉族之间也常有雇佣与借贷的关系。就经济联系而言，瑶族社会和汉族社会是不可分割的整体。当然，由于瑶族的历史条件和居住的地理环境所形成的生产条件的不同，其社会经济的发展也有其自己的特点。

（一）生产资料占有情况

新中国成立之前，八排地区生产资料中的公有残余表现在太公田、太公杉（太公山）、会田、会杉（会山）、户田等公有地或山林上面。

太公田。排瑶一般称太公田为“太公岭”“太公地”“洞岭”“洞地”（太公山和太公地之意）。太公田有属于一姓的，也有属于一个大房或一个小房的。其来源有三：一是祖先遗田，二是买入的田地，三是绝房田（某房人绝嗣，其近房就把他的遗田继承过来，以该遗田的租谷来为该房祖先扫墓之用）。以上三种来源以第一种为主。太公田无专人负责管理，谁耕种谁管理。轮耕的，亦由耕者管理，并缴使用太公田的谷租。太公田主要给子孙耕种，一般采取轮流耕种的方式。为照顾房姓内的穷人，也有少数富裕者把轮到自己耕种的太公田租给别人耕种。太公田的租谷主要用于祭祖时买祭品和猪肉，以及举行各种活动、处理纠纷。未经动用的太公谷，就拿来购买土地和放高利贷。

太公杉（太公山）。太公杉有房姓众人合伙在太公山上种植的，有以太公谷款买入的，也有前辈太公遗下的。太公山的来源与太公田相同。太公山和太公杉亦属于同姓各房，平日无专人管理，如因事变卖，一定要经姓内或房内办事老人及成年人同意。群众可自由在自己的太公山上开荒种杂粮，无须缴纳租金。山上杉林为集体所有，如因祭祖、“打道箓”需要砍伐出卖太公林的，则由房姓众人选出两人办理，收支情况向众人公布。

会田、会杉（会山）。会田和会山的来源有四：一是个别排械斗抢夺而来；二是一些人一同到汉区做工，把积累起来的工钱合起来买田；三是由一些青年女子或几个相好共同开荒，种黄豆等杂粮，将收获的农作物放高利贷，然后以利钱买田；四是由几个兄弟或好朋友合资购买。这四种来源中以第三种居多。会田和会杉（会山）一般是六七户人共有，多则 20 余户共有。对会田的管理与使用，一般是按份轮耕，耕种抽出一定的租谷与会人平分。青年女子的会田，若有人出嫁，可以分取一份，把田带到夫家去；如不愿意分开，则由其他姐妹顶替出钱给出嫁者，买断她这份会田。每年 12 月底，都从会田的公款中拿出一定数目的钱买豆腐、猪肉给全会人分吃。有时过节亦买豆腐分吃。余款则积累买田或山林。会杉由全会人共同负责管理，如要砍伐或变卖，须经会内各人同意；砍伐会杉收入的钱，也用于过节时买豆腐、猪肉分吃。剩余的钱，放债生利，再买入田地或山林。

户田。新中国成立之前，汉族封建统治者安排固定税额在瑶排收税，把排内各家依房族分成 8 个“户”，每隔三五年，根据田地的变动情况调整各“户”的家数，税额就按“户”分摊到各家均分。若某家因田地增多而所缴纳的税金超过原来固定的税额时，便将剩下来的税金积蓄买田。这类的田就叫做户田。户田由户内选出收税的“户长公”管理，一般是由有纳田税的人家轮流耕种，田多的多耕，田少的少耕。

从私人占有和公有残余的情况来看，大掌排等西五排的生产资料占有的公有部分只属残余的性质。而且，据新中国成立之前的实地调查，公有部分的生产资料，一方面正随着阶级分化的急剧变化而变为私人所有；另一方面，随着一些富有人把轮到自己耕种的太公田转租给别人，它实质上成为带有封建的剥削性质。

（二）土地、杉山和房屋买卖及典当

在大掌排，生产资料的买卖，一般要先卖给房内、排内的人；如房内、排内无人买时，才可以卖给别排的瑶人和汉人。在交易时，无须征求族内、排内老人意见，但必须请中人立下契据。

土地的买卖包括水田、旱地、杉山、社地和屋地；杉山包括山上的林木。买卖立契必须写明卖因、坐落位置、土名、价目，有买卖双方及中人的签字。立契时，买主要请中人和卖者饮酒面订，即席签名，否则无效。

大掌排的典当情况很普遍，典当的东西有土地、杉山，妇女用的轭、

花衣服及粉枪等，以水田为主。典当时，双方议定年限、金额后，请中人作证，立写契据。当田立据的写法和土地买卖的契据的形式是大同小异的。土地典当的年限以 1—4 年为多。典当的金额不依典当年限计算。杉木典当必须连地计算，其年限以 1—3 年较多。典当的金额由双方根据杉山的大小面议。

（三）生产力与生产关系变化

据调查，八排地区在新中国成立后，贫苦瑶民进行减租废债，调整了部分土地。以大掌排为例，经过土地调整后，在地租方面，1950—1952 年间，规定每担田为 25 斤；1954 年后租佃关系已全部废除。借贷方面，在 1951—1952 年，已将旧债务废除，新发生的借贷关系都本着双方自愿的原则，订出 20% 左右的年利息。此后，借贷关系便无发展。雇佣方面，由于土地仍属私人所有，占有状况还存在差别。田多人少的农户在农忙时还要雇佣散工，低价请人运杉的情况亦普遍存在。

瑶族人民在中国共产党的领导下，于 1956 年春掀起了农业社会主义改造的高潮，建立了农业生产合作社。参加合作社的土地、耕牛全部入社归公，林业按比例分红，登记入社，统一经营。在砍伐杉木时，林主仍可收回 20% 金额，其余归社所有。由于实现了合作化，也就解决了劳动力不均的状况，雇佣剥削被消灭了。供销商店、信贷社、杉木收购站也陆续建立起来，瑶族人民已摆脱了高利贷和商人的中间剥削。①

二、集体收入与支出

民国初年，连南瑶区分属连县、阳山、连山等县管辖，多沿袭清代财政制度。民国二十年（1931），各县开始裁撤旧制，相继举办各项专税、特税和其他财政项目的征收。1946 年成立连南县政府。财政收入省政府归结为 12 种：一是税课收入，二是工程受益费，三是罚款及赔偿收入，四是规

① 广东省编辑组《中国少数民族历史社会资料调查丛刊》修订编辑委员会：《连南瑶族自治县瑶族社会历史调查》，213—252 页，北京，民族出版社，2009。

费收入，五是信托管理收入，六是财产利息收入，七是财产售价收入，八是公有营业盈余收入，九是公有事业收入，十是补助收入，十一是捐献及赠与收入，十二是其他收入。当时连南县管辖的仅是瑶族居住的山区，生产水平很低，经济落后，连南县政府难以在境内取得财政收入，只有靠补助收入。据广东省财政研究所及中山图书馆所存史料记载，民国 35 年连南县的财政收入为 778 万元；民国 36 年为 1.35445 万元；民国 37 年为 9.4902 万元。三年间激增速度可见一斑。

新中国成立后的财政收入由预算内收入和预算外收入两大部分组成。由于连南瑶族地区情况特殊，国家采取照顾政策，根据民族自治地方的财政管理体制规定，每年财政入不敷出时，给予补助，成为连南财政收入重要组成部分。

预算内收入，即国家预算收入。连南从 1950—1986 年根据收入划分为税收收入（包括农业税、工商各税和国营企业所得税），企业收入（主要是地方国营企业上缴利润减去亏损企业补贴后的纯收入），其他收入，上年财政结余收入，上级补助收入等 5 类。预算外收入，是根据财政制度规定，不纳入国家预算，自行筹集的财政资金收入。连南在 1950—1952 年没有此项收入。1953—1954 年有少量，已列入预算内范围。1955—1988 年，连南预算外收入主要是财政部门管理部分，包括各项附加收入（如农业税附加、工商税附加、林木出售附加、公用事业附加等），公产、市场等收入，地方企业上缴资金收入，其他收入，上年结余收入等 5 类。

如今，传统社会已经历巨大变迁，人口流动不再限于村寨间，生产技术与生产方式改变极大，青年劳动力多外出务工，打工经济成为当地主要的生产形式之一。

据《连南年鉴 2021》统计，2020 年，连南瑶族自治县地区生产总值 57.01 亿元，同比增长 4.1%。其中，第一产业增加值为 11.65 亿元，比上年增长 4.1%；第二产业增加值为 14.17 亿元，比上年增长 10.9%；第三产业增加值为 31.19 亿元，比上年增长 1.6%。固定资产投资增长 4.8%；社会消费品零售总额 9.69 亿元，比上年下降 9.0%；地方一般公共预算收入 1.79 亿元，增长 15.14%；城乡居民人均可支配收入 21272 元，增长 7.8%；规模以上工业增加值1.45亿元，比上年下降7.1%。是年，有73家总部经济公司落户，累计241家，招商引资企业纳税约5.64亿元，比上年约增长163%，新引进的总部经济企业包括雅居乐地产、大广实业、佛山兆利集团等一批实力强、规模大的优质企业。年初受新冠肺炎疫情影响，旅游业受到严重冲击，随着各项复工复产政策措施有力推进，在疫情可控下旅游业逐步恢复，全年接待游客210.9万人次，同比下降53.3%，降幅比一季度收窄41.2个百分点。旅游总收入12.2亿元，下降36.5%，降幅比一季度收窄58.4个百分点。全县组团出游人数9876人次，景（区）点接待国内外游客71.6万人次。

2020年，连南瑶族自治县三次产业结构为20.4 ∶ 24.9 ∶ 54.7。全县抓好“3个三工程”建设，围绕打造以茶叶、优质稻、食用菌、果蔬等为主的农业主导产业发展目标，因地制宜发展适度规模化经营，发展特色生态农业。稻鱼茶省级现代农业产业园项目建成全面运营，联农带农9200多户，推广稻田养鱼面积7000亩。“连南大叶茶”和“连南高山稻香米”获评入选国家级名特优新农产品名录。成功获评第四批国家生态文明建设示范县，成功创建由国家林业和草原局授牌的“全国森林旅游示范县”。

第六章　排瑶语言

语言，是人们交际与交流思想、沟通感情的必要工具，语言的发展是受社会发展影响的。根据语言学谱系，语系是指具有共同历史渊源的各民族语言的总称；语族乃是指同一语系中亲属关系更为密切的几种民族语言的共名；语支是指语族之下具有一定亲属关系的若干民族语言的亲属；在语支之下仍可划分为各种方言区；方言之下还可以分为众多土语。

瑶语属汉藏语系苗瑶语族瑶语支。其中，八排瑶语言属汉藏语系苗瑶语族瑶语支瑶语的藻敏（瑶民）方言；过山瑶语言属汉藏语系苗瑶语族瑶语支瑶语的优勉方言。两种瑶语方言之间只有部分基本词汇相同、相通，语言并不相通。

连南瑶族语言中，有两种方言，一种讲八排瑶语（藻敏—瑶民）方言，分布在42个村委274个自然村；另一种讲优勉瑶语方言，4个村委27个自然村。

瑶族人口中，讲藻敏方言的排瑶人口有9万余人，占全县瑶族人口的95%左右；讲优勉方言的约有4000人，占瑶族人口的4%左右；有部分瑶族人口杂居于汉族聚居区，讲当地汉语。

第一节　排瑶语言的源流

如若论及瑶语的源流，则与排瑶的迁徙发展密不可分。李来章在其《连阳八排风土记》之《言语》篇章中曾载当地瑶族：

山川阻隔，语言亦殊。非经翻译，意卒难明。公冶长知鸟语，介葛卢解牛鸣，古人博物能通异类，彼诸瑶官骸知识，亦犹人耳，何可听断之下茫然莫解也！予宰连既久，颇能辨识，今集诸瑶语，译以华言，聊欲资采访之异闻云尔。①

由此可见，清人李来章亦深感排瑶语言之晦涩难懂，在短时间内掌握绝非易事，如追溯瑶语的源流发展，则需结合排瑶的迁徙来理解。秦汉时期，瑶族先民主要集中在湖南的湘江、资水、沅水的中、下游和洞庭湖一带。后来，因受封建统治阶级压迫，逐步向南迁徙。到了隋唐时期，粤北的连阳地区（与今连南地区相靠近）已有瑶族先民聚居的记载。据《隋书·地理志》载："长沙郡又杂有夷蛮，名曰莫瑶，自云其先祖有功，常免徭役，故以为名，武陵、巴陵、零陵、桂阳、澧阳、衡山、熙平皆同焉。"② 然而，在当地的粤北地区实际在熙平郡的管辖范围之下。此外唐代诗人刘禹锡曾被任命为连州刺史，作一诗文为《连州腊日观莫瑶猎西山》，反映了当时连南瑶民的生产生活劳作的情形。如此说明，八排瑶语的变化必然与湖南瑶语有所渊源。

从现今排瑶地区瑶民的历史记忆之中仍能够追寻到之前未迁徙时的一些地名与湖南等地的关联。据大掌排的邓其治所言：

我们最早来大掌的人姓邓，叫邓十五公，姓唐的叫唐王白公。邓十五公在连州，做生意来到大掌，总体来说从永和分过来的，语言服饰都不太一样。说话和火烧排一样，连南都一样，但过山瑶不一样。如果说是从洞庭湖过来的话，语言不会有太大变化，但是我们无法和洞庭湖的人交流。③

据邓其治而言，大掌排人虽然不能与洞庭湖的人交流，但在其历史记

① （清）李来章撰，黄志辉注：《连阳八排风土记》，68 页，广州，中山大学出版社，1990。

② 魏征：《隋书·地理志》，北京，中华书局，1973。

③ 受访人：邓其治，男，62 岁，大掌排人；受访时间：2019 年 7 月 29 日；受访地点：大掌排内。

忆中，其身份族源迁徙的历史过程与湖南及洞庭湖地区有某种关联。

当今的八排瑶语方言（藻敏—瑶民），从语调、构词方式、借词等细微差别上，又可细分为13个土支：1.油岭；2.南岗；3.横坑（蜈蚣田、百斤洞）；4.军寮（牛路水、大竹湾、必坑）；5.大度（现名“大坪”，曾又名“火烧排”），里八垌；6.大掌（大古坳）；7.九寨（瑶龙）；8.白芒（塘梨坑、黄甘坪、火龙冲、后洞、上洞、中心岗、三洲、涡水）；9.连水（东芒）；10.三排（山溪、牛头岭）；11.金坑（塘冲、内田、大龙）；12.香坪（七星、龙水）；13.盘石（塘其儿、新寨、排肚）。

从整个系统来看，八排瑶语方言的13个土支，基本词汇、语音、语调、构词、句子、话语应用等还是比较一致，基本都能相通。只有几个排在语音、词汇构词、语气词、日常话语应用等方面存在一定差别，尤其是借词的差异较大，因为语境的不同，有些借词则完全不同。

第二节　排瑶语言的记录

在瑶语记录方面，当前学界已经取得了相当丰硕的成果。大多数研究者为专业的语言学家，例如巢宗祺、余伟文、龙国贻等。八排瑶族对内主要讲瑶语，对外交往通用客家话、粤语和普通话，有少部分使用连山壮话。

八排瑶族的经书《瑶经》，使用或借用汉文字来记写，由于汉字起到的是记音作用，故不懂瑶语者只看汉字很难理解文字的内容。

一、语音

在语音方面，排瑶地区共有22个声母，其中塞音6个，喉塞音1个，塞擦音1个，边音1个，鼻音6个（包括2个清化鼻音），半元音1个，擦音6个。韵母共有47个，其中单元音韵母共5个，复元音韵母10个，带鼻音韵尾韵母1个，成音节辅音韵母2个。排瑶语言中的韵母没有长短元音之分。据巢宗祺考证认为，排瑶地区的发音在韵母上有着明显的不同，油岭排瑶话里面的韵母 e、o，军寮排、火烧排和大掌排等排发成 ei、ou。以汉字“妈妈”为例，油岭为“je^{44}”，而大掌排与火烧排这边的发音则是“jei^{44}”。还有一部分词，油岭话韵母为 en，如 men^{53}（人）、nen^{24}（奶），有的瑶排韵母为 in，min^{53}（人）、nin^{24}（奶）。① 另外，“瑶人”一词，油岭排一般说 jau$^{53/44}$men^{53}，“j”音有人发音时舌面摩擦较重，还有人成阻的部位前移，成为 [dz]，这两个音节有的排瑶人念成 dzau$^{53/44}$min^{53}，过去把八排瑶人的自称用汉字记作“藻敏”，恐怕道理源出于此。此外，在语调上，几个排瑶之间也有些许差别，但不太明显。现将差异词汇发音作表统计。②

各排语音差异表一

排村	词汇						
	妈妈	岳父	人	泥	鸟	毛发	谁
1. 油岭排	je^{44}	dɔ^{44}	men^{53}	ne^{44}	nɔ^{22}	pe^{44}	çiŋ^{41}men^{53}
2. 南岗排	ʥi^{44}/ji^{44}	dɔ^{44}	min^{53}	ne^{44}	nɔ^{22}	pe^{44}	çi^{44}lɔ^{22}
3. 横坑排	jei^{44}	ɖɔ^{44}	min^{53}	nei^{44}	nɔu^{22}	pei^{44}	çi^{44}min^{53}
4. 军寮排	jei^{44}	ɖɔ^{44}	min^{53}	nei^{44}	nɔu^{22}	pei^{44}	çi^{44}min^{53}
5. 火烧排	jei^{44}	ɖɔ^{44}	min^{53}	nei^{44}	nɔu^{22}	pei^{44}	çi^{44}min^{53}
6. 大掌排	jei^{44}	ɖɔ^{44}	min^{53}	nei^{44}	nɔu^{22}	pei^{44}	çi^{44}min^{53}
7. 里八垌排	习俗、语言均与杲度相同						
8. 马箭（漫斗）排	习俗、语言均与军寮相同						
9. 九寨	jei	ɖɔ^{44}	min^{53}	ne^{44}	nɔu^{22}	pe^{44}	çiʔ^{4}min^{41}
10. 白芒	jei^{44}	ɖɔ^{44}	min^{53}	nei^{44}	nɔu^{22}	pei^{44}	mi^{53}min^{53}
11. 连水	jei^{44}	ɖɔ^{44}	min^{53}	nei^{44}	nɔu^{22}	pei^{44}	çi^{53}ɦai^{41}min^{53}
12. 三排	jei^{44}	ɖɔ^{44}	min^{53}	nei^{44}	nɔu^{22}	pei^{44}	pai^{21}na^{44}
13. 金坑	jei^{44}	ɖɔ^{44}	min^{53}	nei^{44}	nɔu^{22}	pei^{44}	çi^{44}min^{53}
14. 香坪	jei^{44}	ɖɔ^{44}	min^{53}	nei^{44}	nɔu^{22}	pei^{44}	çi^{44}min^{53}
15. 盘石	jei^{44}	ɖɔu^{44}	min^{53}	nei^{44}	nɔu^{22}	pei^{44}	çi^{44}min^{53}

① 巢宗祺:《连南八排瑶语音》，2 页，广州，中山大学出版社，1989。

② 巢宗祺:《广东连南油岭八排瑶语言概要》，15 页，上海，华东师范大学出版社，1990。

各排语音差异表二

排	词汇				
	稻	山禾	枇杷	番薯	山薯
1. 油岭排	a^{53}çiu^{44} tam^{44}ɓu^{53}	ɦui^{41}ɓu^{53}	pa^{44}pi^{53}	ɦɛ^{41}ɖi^{21}ɖai^{53}	tam^{44}ɖai^{53}
2. 南岗排	a^{53}çiu^{44}	ɦui^{41}ɓu^{53}	pi^{53}pa^{44}	fan^{41}ɖai^{53}	xaŋ^{44}ɦɔn^{41} ɖai^{53}
3. 横坑排	a^{53}çiu^{44}	ɦui^{41}ɓu^{53}	pa^{44}pi^{53}	fan^{41}ɖai^{53}	ɖai^{53}pɛ^{44} tam^{44}ɖai^{53}
4. 军寮排	a^{53}çiu^{44}	ɦui^{41}ɓu^{53}	pa^{44}pi^{53}	fan^{41}ɖai^{53}	ŋh^{53}tau^{21}ɖai^{53}
5. 火烧排	a^{53}çiu^{44}	ɦui^{41}ɓu^{53}	pa^{44}pi^{53}	fan^{41}ɖai^{53}	ŋh^{53}tau^{21}ɖai^{53}
6. 大掌排	çiʔ^{4}min^{41}	ɦui^{41}ɓu^{53}	pa^{44}pi^{53}	lɔ^{53}pɔ^{22}ɖai^{53}	ɖai^{53}ɦu^{24}
7. 里八垌排	习俗、语言均与杲度相同				
8. 马箭（漫斗）排	习俗、语言均与军寮相同				

各排语音差异表三

排	词汇				
	芋头	花生	这里	那里	哪里
1. 油岭排	ɖai^{53}vu^{22}	fan^{41}tau^{24}	na^{21}xen^{53} na^{21}ɦui^{41}	ti^{21}xai^{53} ti^{21}ɦui^{41} mui^{21}ɦui^{41} ɦe^{41}mi^{53}ɦui^{41}	pa^{21}xai^{22} pa^{21}xen^{53} pa^{21}naŋ^{53}
2. 南岗排	a^{53}vu^{22} a^{53}vu^{22}ɖai^{53}	fan^{22}tau^{21}	ni^{53}xai^{22} ni^{53}ɦui^{41}	tin^{44}ɦe^{242} xai^{22}tin^{44} ɦe^{242}mh^{44}	puŋ^{22}xai^{22} naŋ^{22}xai^{22}
3. 横坑排	ɖai^{53}vu^{22}	fan^{41}tau^{24}	na^{21}ɦui^{41} na^{21}fa^{22}	ti^{21}xai^{53} ɦe^{41}mi^{53}xai^{22}	çiŋ^{41}min^{53}
4. 军寮排	ɖai^{53}vu^{22}	tup^{4}me^{21}ɦau^{41}	na^{21}fa^{22} na^{21}ɦui^{41}	pai^{21}na^{44} ɦe^{41}mi^{53}puŋ^{22}	çi^{53}puŋ^{22} fa^{21}naŋ^{53}
5. 火烧排	vu^{22}tau^{53}	fan^{41}tau^{24}	na^{21}puŋ^{22} na^{21}ɦui^{41}	mui^{41}fa^{44} ɦe^{41}mi^{53}fa^{44}	çi^{53}puŋ^{22} fa^{21}naŋ^{53}
6. 大掌排	vu^{22}tau^{53}	fan^{41}tau^{24}	na^{21}puŋ^{22} na^{21}ɦui^{41}	mui^{41}fa^{44} ɦe^{41}mi^{53}fa^{44}	çi^{53}puŋ^{22} fa^{21}naŋ^{53}

续表

排	词汇				
	芋头	花生	这里	那里	哪里
7. 里八垌排	习俗、语言均与呆度相同				
8. 马箭（漫斗）排	习俗、语言均与军寮相同				

八排瑶语各排词句语音差异举例

说明：八排瑶语中，马箭排瑶语与军寮排瑶语合并；里八垌排瑶语与呆度（火烧排）瑶语合并，故只以6排瑶语差异为例。

编码	例句		
1	这条山路又滑又陡。	油岭瑶话 jiu^{55}liaŋ^{44}tɔŋ^{22}	① mui^{53}pa^{21}xen^{53}(xai^{22}) ŋh^{44}lau^{44}nu^{53}ʔɔŋ^{44}? ② mui^{53}pa^{21}xai^{22}nh^{44}tɔi^{53}nu^{53}ʔɔŋ^{44}?
		南岗瑶话	① mui^{53}naŋ^{22}xai^{22}mh^{44}lau^{44}ɔ^{21}? ② mui^{53}paŋ^{22}xai^{22}mh^{44}tɔi^{53}tɛ^{512}?
		横坑瑶话	mui^{53}fa^{21}naŋ^{53}nh^{44}lau^{44}te^{53}?
		军寮瑶话	mui^{53}fa^{21}naŋ^{53}nh^{44}lau^{44}te^{53}?
		火烧排瑶话	mui^{53}fa^{21}naŋ^{53}nh^{44}lau^{44}te^{53}?
		大掌瑶话	mui^{53}ɕi^{53}puŋ^{22}ŋh^{44}lau^{44}ɔ^{21}?
2	花开了。	油岭瑶话 jiu^{55}liaŋ^{44}tɔŋ^{22}	a^{44}piaŋ^{53}ɠai^{44}ei^{22}leu^{44}.
		南岗瑶话	a^{44}piaŋ^{53}ɠai^{44}ɔ^{44}
		横坑瑶话	a^{44}piaŋ^{53}ɠai$^{44-22}$ɔ^{44}
		军寮瑶话	a^{44}piaŋ^{53}ɠai^{44}ɔ^{22}
		火烧排瑶话	a^{44}piaŋ^{53}ɠai^{44}ɔ^{22}
		大掌瑶话	a^{44}piaŋ^{53}ɠai^{44}ei^{22}ʔɔ^{44}
3	雨停了。	油岭瑶话 jiu^{55}liaŋ^{44}tɔŋ^{22}	a^{53}ɓiŋ^{22}ɖaŋ^{41}ei^{22}leu^{44}.
		南岗瑶话	a^{53}ɓiŋ^{22}ɖaŋ^{41}ɔ^{44}
		横坑瑶话	a^{53}ɓiŋ^{22}ɖaŋ^{41}ɔ^{44}
		军寮瑶话	ɓiŋ^{22}ɖaŋ^{41}ɔ^{44}
		火烧排瑶话	ɓiŋ^{22}ɖaŋ^{41}ɔ^{44}
		大掌瑶话	ɓun^{44}ɖaŋ^{41}ɓiŋ^{22}ɔ^{44}

续表

编码	例句		
4	孩子们走了。	油岭瑶话	a⁴⁴au⁵³ŋh²²pa²²leu⁴⁴./ 孩子回完了。
		南岗瑶话	a⁴⁴xau⁴⁴kan⁵³mh²²ei²²(leu⁴⁴)ʔɔ⁴⁴
		横坑瑶话	liau⁴⁴kan⁵³mi⁵³ai²²ʔɔ⁴⁴(ŋh²²ɗai⁴⁴ei²²)
		军寮瑶话	xiau⁴⁴kan⁵³mu²²ʔɔ⁴⁴
		火烧排瑶话	xiau⁴⁴kan⁵³mu²²ʔɔ⁴⁴
		大掌瑶话	xiu⁴⁴kan⁵³mi⁵³ei²²ʔɔ⁴⁴
5	晚上很冷。	油岭瑶话	vaŋ⁵³mɔŋ⁴¹ɓuŋ²¹ɕiaŋ⁵³ei²². 晚上冷很。
		南岗瑶话	a⁴⁴va⁵³mɔŋ²²ɓuŋ²¹ɕiaŋ⁵³ei²²ʔɔ⁴⁴.
		横坑瑶话	vaŋ⁵³mɔŋ⁴¹ɓuŋ²¹min⁵³ɕiaŋ⁵³ei²²ʔɔ⁴⁴.
		军寮瑶话	vaŋ⁵³mɔŋ⁴¹ɓuŋ²¹ɕiaŋ⁵³ei²².
		火烧排瑶话	vaŋ⁵³mɔŋ⁴¹ɓuŋ²¹ɕiaŋ⁵³ei²².
		大掌瑶话	ni⁴⁴man⁴⁴maŋ⁵³mɔŋ²²ɓuŋ²¹ɕiaŋ⁵³ei²².
6	明天初一。	油岭瑶话	va⁵³nai⁴⁴xeŋ⁴⁴jɔt⁴⁴.
		南岗瑶话	va⁵³nai⁴⁴xeŋ⁴⁴jɔt⁴⁴ʔɔ⁴⁴.
		横坑瑶话	va⁵³nai⁴⁴sei⁴⁴xeŋ⁴⁴jɔt⁴⁴ʔɔ⁴⁴.
		军寮瑶话	vat⁵nai⁴⁴sei⁴⁴xeŋ⁴⁴jɔt⁴⁴ʔɔ⁴⁴.
		火烧排瑶话	van⁵³nai⁴⁴sei⁴⁴xeŋ⁴⁴jɔt⁴⁴ʔɔ⁴⁴.
		大掌瑶话	vat⁵nai⁴⁴xeŋ⁴⁴jɔt⁴⁴.
7	里面黑，外面亮。	油岭瑶话	a⁵³ɗuŋ⁴⁴xup⁴⁴, a⁴⁴xen⁵³viaŋ⁴⁴.
		南岗瑶话	a⁵³piu²¹ɗuŋ⁴⁴ma²²teu⁴⁴mh²², a⁵³ku⁴⁴man⁵³viaŋ⁴⁴taŋ⁴⁴mh⁴⁴.
		横坑瑶话	a⁵³ɗuŋ⁴⁴xup⁴⁴, xen⁵³ɗaŋ²¹sei⁴⁴viaŋ⁴⁴.
		军寮瑶话	a⁵³ɗuŋ⁴⁴xup⁴⁴, a⁴⁴xen⁵³viaŋ⁴⁴.
		火烧排瑶话	a⁵³ɗuŋ⁴⁴xup⁴⁴, a⁴⁴xen⁵³viaŋ⁴⁴.
		大掌瑶话	piu²¹ɗuŋ⁴⁴xup⁴⁴ɕiaŋ⁵³ei²², sɔt⁴ɔ⁴⁴kai⁴⁴taŋ²¹viaŋ⁴⁴ɔi⁴¹.

续表

编码	例句		
8	路边塌掉了。	油岭瑶话	tsu^{21}xen^{53}ɓaŋ^{44}ei^{22}suŋ^{44}.
		南岗瑶话	tam^{53}tsu^{21}ɓaŋ^{44}ei^{22}ɔ^{44}.
		横坑瑶话	tam^{53}tsu^{21}xen^{53}ɓaŋ^{44}ɔ^{44}.
		军寮瑶话	tsu^{21}xen^{53}ɓaŋ^{44}ei^{22}ɔ^{44}.
		火烧排瑶话	tsu^{21}xen^{53}ɓaŋ^{44}ei^{22}ɔ^{44}.
		大掌瑶话	tsu^{21}xen^{53}ɓaŋ^{44}ei^{22}ɔ^{44}.
9	山上光秃秃的。	油岭瑶话	a^{53}ɓeŋ^{41}viaŋ^{44}taŋ^{44}(fi^{21})ŋh^{44}.
		南岗瑶话	na^{21}na^{44}ɓeŋ^{41}viaŋ^{44}taŋ^{44}ŋh^{44}.
		横坑瑶话	na^{21}tu^{53}ɓeŋ^{41}viaŋ^{44}ɕiaŋ^{53}ei^{22}, n^{53}nɔ^{22}ɗiaŋ^{41}saŋ^{22}.
		军寮瑶话	na^{21}tu^{53}ɓeŋ^{41}kaŋ^{53}kun^{22}mh^{44}.
		火烧排瑶话	na^{21}tu^{53}ɓeŋ^{41}viaŋ^{44}taŋ^{44}mh^{44}.
		大掌瑶话	a^{21}tu^{53}ɓeŋ^{41}viaŋ^{44}taŋ^{44}ŋh^{44}.
10	今晚的月亮圆圆的。	油岭瑶话	ni^{44}ɓu^{44}a^{53}lɔ^{41}vin^{53}tɔn^{44}ŋh^{44}(vin^{53}ŋan^{44}ŋh^{44}).
		南岗瑶话	ni^{44}ɓu^{44}nu^{53}lɔ^{41}kɔ^{21}vin^{53}an^{44}mh^{44}.
		横坑瑶话	ni^{44}man^{44}a^{53}lɔ^{41}vin^{53}ɕiaŋ^{53}ei^{22}ɔ^{44}.
		军寮瑶话	ni^{44}man^{44}a^{53}lɔ^{41}vin^{53}ɕiaŋ^{53}ei^{22}ɔ^{44}.
		火烧排瑶话	ni^{44}man^{44}a^{53}lɔ^{41}vin^{53}ɕiaŋ^{53}ei^{22}ɔ^{44}.
		大掌瑶话	ni^{44}man^{44}nu^{53}lɔ^{22}kɔ^{21}kaŋ^{53}kei^{21}vin^{53}ei^{22}ɔ^{44}.
11	这条山路又滑又陡。	油岭瑶话 jiu^{55}liaŋ^{44}tɔŋ^{22}	na^{21}tiu^{53}ɓeŋ^{41}tsu^{21}jau^{21}ɠut^{22}jau^{21}ɠi^{44}.
		南岗瑶话	na^{21}tiu^{53}tam^{53}tsu^{21}ɠi^{44}ɕiaŋ^{53}ei^{22}jau^{21}ɠut^{22} ɕiaŋ^{53}ei^{22}.
		横坑瑶话	na^{21}tiu^{53}tam^{53}tsu^{21}ɠi^{44}ɕiaŋ^{53}ei^{22}jau^{21}ɠut^{22} ɕiaŋ^{53}ei^{22}.
		军寮瑶话	na^{21}(a^{21})tiu^{53}tsu^{21}jau^{21}ɠut^{22}jau^{21}tep^{4}.
		火烧排瑶话	na^{21}(a^{21})tiu^{53}tsu^{21}jau^{21}ɠut^{22}jau^{21}tep^{4}.
		大掌瑶话	na^{21}tiu^{53}tsu^{21}ki^{44}ɕiaŋ^{53}ei^{22}ɠut^{22}ɕiaŋ^{53}ei^{22} xɔi^{44}jaŋ^{53}ɕiaŋ^{53}ei^{22}.

续表

编码	例句		
12	弟弟妹妹都来了。	油岭瑶话	a^{53}ƙui^{21}a^{53}mɔi^{44}çi^{21}tɔi^{53}leu^{44}ei^{53}.
		南岗瑶话	a^{53}ƙui^{21}a^{21}mɔi^{44}ɖui^{22}tɔi^{53}leu^{41}ei^{532}ɔ^{44}.
		横坑瑶话	a^{53}ƙui^{21}a^{21}mɔi^{44}ɖui^{22}tɛ^{53}leu^{41}ei^{532}ɔ^{44}.
		军寮瑶话	ƙui^{21}mɔi^{44}ɖu^{22}tɛ^{53}ɔ^{44}.
		火烧排瑶话	ƙui^{21}mɔi^{44}ɖu^{22}tɛ^{53}ɔ^{44}.
		大掌瑶话	a^{53}ƙui^{21}a^{53}mɔi^{44}tɛ^{53}ei^{22}ɔ^{44}.
13	家家通了电。	油岭瑶话 jiu^{55}liaŋ^{44}tɔŋ^{22}	ƙa^{44}ƙa^{44}lɔi^{44}ƙia^{44}ei^{22}ten^{53}.
		南岗瑶话	ƙa^{44}ƙa^{44}ɓɔt^{4}tian^{53}ɔ^{44}.
		横坑瑶话	ƙa^{44}ƙa^{44}min^{53}ɓɔt^{4}leu^{44}ei^{222}tian^{53}tu^{44}.
		军寮瑶话	ƙa^{44}ƙa^{44}min^{53}ɓɔt^{4}leu^{44}ei^{222}tian^{53}tu^{44}.
		火烧排瑶话	ƙa^{44}ƙa^{44}min^{53}ɓɔt^{4}leu^{44}ei^{222}tian^{53}tu^{44}.
		大掌瑶话	tuŋ^{41}tuŋ^{41}piu^{21}ɖu^{22}keŋ^{44}jɔŋ^{41}ei^{22}tian^{53}ɔ^{44}.
14	帽子、衣服、裤子、鞋子全湿了。	油岭瑶话	a^{53}ŋh^{22}、a^{53}ʔi^{44}、a^{53}fia^{41}、a^{44}xai^{53}çi^{21} ɖan^{44}(kap^{2})pa^{22}ɔ^{44}.
		南岗瑶话	a^{53}ŋh^{22}、a^{53}ʔi^{44}、a^{53}fia^{41}、a^{44}xai^{53}kap^{2}pa^{22}ɔ^{44}.
		横坑瑶话	a^{53}ŋh^{22}、a^{53}ʔi^{44}、a^{53}fia^{41}、a^{44}xai^{53}kap^{2} pa^{22}ɔ^{44}.
		军寮瑶话	a^{53}ŋh^{22}、a^{53}ʔi^{44}、a^{53}fia^{41}、a^{44}xai^{53}çi^{21}ɖan^{44} pa^{22}ɔ^{44}.
		火烧排瑶话	a^{53}ŋh^{22}、a^{53}ʔi^{44}、a^{53}fia^{41}、a^{44}xai^{53}çi^{21}kap^{2} leu^{44}ei^{22}ɔ^{44}.
		大掌瑶话	a^{53}ŋh^{22}、a^{53}ʔi^{44}、a^{53}fia^{41}、a^{44}xai^{53}ɖan^{443} leu^{44}ei^{22}ɔ^{44}.

续表

编码	例句		
15	衣服、钱、吃的和用的都带齐了。	油岭瑶话 jiu^{55}liaŋ^{44}tɔŋ^{22}	ʔi^{44}fia^{41}、a^{44}ȵan^{53}、ȵan^{22}nu^{53}ƙa^{53}xɔŋ^{21}nu^{53}çi^{21}ɖɔm^{44}tam^{44}ei^{22}suŋ^{44}.
		南岗瑶话	ʔi^{44}fia^{41}、a^{44}ȵan^{53}、ȵan^{22}nu^{53}ƙa^{53}xɔŋ^{21}nu^{53}çi^{21}ɖɔm^{44}tam^{44}ei^{22}suŋ^{44}.
		横坑瑶话	ʔi^{44}fia^{41}、a^{44}ȵan^{53}、ȵan^{22}nu^{53}ƙa^{53}xɔŋ^{21}nu^{53}çi^{21}ɖɔm^{44}tam^{44}ei^{22}suŋ^{44}.
		军寮瑶话	ʔi^{44}fia^{41}、ȵan^{53}、ȵan^{22}nu^{53}ƙan^{22}xɔŋ^{21}nu^{53}tuŋ^{41}tuŋ^{41}ɖɔm^{44}ɖai^{53}ei^{22}ɔ^{44}.
		火烧排瑶话	ʔi^{44}fia^{41}、ȵan^{53}、ȵan^{22}nu^{53}ƙan^{22}xɔŋ^{21}nu^{53}tuŋ^{41}tuŋ^{41}ɖɔm^{44}ɖai^{53}ei^{22}ɔ^{44}.
		大掌瑶话	ʔi^{44}fia^{41}、a^{44}ȵan^{53}、ȵan^{22}nu^{53}ƙan^{22}xɔŋ^{21}nu^{53}çi^{21}ɖɔm^{44}ɖai^{53}ei^{22}leu^{44}.
16	偷、抢、骗都干。	油岭瑶话	ȵiam^{22}、xiŋ^{24}、ƙe^{44}çi^{44}mi^{53}ai^{41}.
		南岗瑶话	ȵiam^{22}、xiŋ^{24}、ƙe^{44}ɖu^{22}mi^{53}ai^{41}.
		横坑瑶话	ȵiam^{22}、xiŋ^{24}、ƙɛi^{44}ɖu^{22}mi^{53}ai^{41}.
		军寮瑶话	ȵiam^{22}(tiau^{24})、xiŋ^{24}、pian^{24}(ƙɛi^{44})jiaŋ^{21}jiaŋ^{21}ɖu^{22}ai^{41}.
		火烧排瑶话	ȵiam^{22}(tiau^{24})、xiŋ^{24}、pian^{24}(ƙɛi^{44})jiaŋ^{21}jiaŋ^{21}ɖu^{22}ai^{41}.
		大掌瑶话	ȵiam^{22}(tiau^{24})、tiau^{24}、ke^{44}(ƙɛi^{44})ɖu^{22}ai^{41}.
17	喝酒、抽烟、打麻将全都会。	油岭瑶话 jiu^{55}liaŋ^{44}tɔŋ^{22}	xup^{4}ɖiu^{24}、ȵan^{22}en^{44}、ɖa^{21}ma^{21}tɕiaŋ^{53}juŋ^{22}juŋ^{22}ɖu^{41}sɔ^{22}.
		南岗瑶话	ȵan^{22}ɖiu^{24}、ȵan^{22}en^{44}、ɖa^{21}ma^{21}tsɔp^{2}tiu^{44}tiu^{53}ɖu^{41}sɔ^{22}.
		横坑瑶话	ȵan^{22}ɖiu^{24}、ȵan^{22}en^{44}、ɖa^{21}ma^{21}tsɔp^{2}jiaŋ^{21}jiaŋ^{21}ɖu^{41}sɔ^{22}.
		军寮瑶话	ȵan^{22}ɖiu^{24}、ȵan^{22}en^{44}、ɖa^{21}ma^{21}tsɔp^{2}tiu^{44}tiu^{53}ɖu^{41}sɔ^{22}.
		火烧排瑶话	ȵan^{22}ɖiu^{24}、ȵan^{22}en^{44}、ɖa^{21}ma^{21}tsɔp^{2}tiu^{44}tiu^{53}ɖu^{41}sɔ^{22}.
		大掌瑶话	xup^{4}ɖiu^{24}、ȵan^{22}en^{44}、ɖa^{21}ma^{21}tsɔ^{22}jiaŋ^{21}jiaŋ^{21}ɖu^{53}sɔ^{22}.

续表

编码	例句		
18	喝醉酒好难受。	油岭瑶话 jiu^{55}liaŋ^{44}tɔŋ^{22}	1. xup^{4}jɔn^{44}ɖiu^{21}xun^{44}fu^{21}ɕiaŋ^{53}ei^{22}(ŋ^{53}fai^{44} viat^{2}). 喝醉酒好辛苦。 2. xup^{4}jɔn^{44}ɖiu^{21}nan^{53}ɖi^{21}ɕiaŋ^{53}ei^{22}. 喝醉酒好难受。 3. xup^{4}jɔn^{44}ɖiu^{21}xɔi^{44}ƙe^{41}ɕiaŋ^{53}ei^{22}. 喝醉酒好难过。
		南岗瑶话	ɳan^{22}jɔn^{44}ɖiu^{21}xɔi^{44}ƙe^{41}ɕiaŋ^{53}ei^{22}.
		横坑瑶话	ɳan^{22}jɔn^{44}ɖiu^{21}xɔi^{44}ƙe^{41}ɕiaŋ^{53}ei^{22}.
		军寮瑶话	ɳan^{22}jɔn^{44}ɖiu^{21}ɖi^{21}ŋ^{53}ɖɔu^{24}.
		火烧排瑶话	ɳan^{22}jɔn^{44}ɖiu^{21}ɖɔŋ^{44}ƙia^{44}ƙu^{53}.
		大掌瑶话	xup^{4}jɔn^{44}ɖiu^{21}lep^{2}ŋ^{53}ɕi^{44}sɔi^{44}(ŋ^{53}fai^{44}viat^{2}).
19	说起来容易，做起来难。	油岭瑶话 jiu^{55}liaŋ^{44}tɔŋ^{22}	ƙɔŋ^{21}ƙia^{44}lau^{44}juŋ^{53}ji^{22}, ai^{41}ƙia^{44}lau^{44}nan^{53}.
		南岗瑶话	ƙɔŋ^{21}ƙia^{44}sɛ^{44}juŋ^{53}ji^{22}, ai^{41}ƙia^{44}sɛ^{44}nan^{53}.
		横坑瑶话	ƙɔŋ^{21}ƙia^{44}sɛ^{44}juŋ^{53}ji^{22}, ai^{41}ƙia^{44}sɛ^{44}nan^{53}.
		军寮瑶话	ƙɔŋ^{21}ƙia^{44}lau^{44}juŋ^{53}ji^{22}, ai^{41}ƙia^{44}lau^{44}nan^{53}.
		火烧排瑶话	ƙɔŋ^{21}ƙia^{44}lau^{44}juŋ^{53}ji^{22}, ai^{41}ƙia^{44}lau^{44}nan^{53}.
		大掌瑶话	ƙɔŋ^{21}sɛ^{44}juŋ^{53}ji^{22}, ai^{41}sɛ^{44}nan^{53}ɕiaŋ^{53}ɔ^{44}.
20	到集市买东西很近。	油岭瑶话 jiu^{55}liaŋ^{44}tɔŋ^{22}	Paŋ^{44}(ɗa^{22})a^{44}xi^{11}mi^{11}mai^{44}tum^{44}taŋ^{41}tsan^{41} ɕiaŋ^{53}ei^{22}. 到集市去买东西近很。
		南岗瑶话	ɗa^{22}xi^{11}mi^{11}mai^{44}tum^{44}taŋ^{41}tsan^{41}.
		横坑瑶话	ƙɛ^{41}xi^{44}mai^{44}ƙcŋ^{44}ɓu^{44}tsan^{41}.
		军寮瑶话	ƙɛ^{41}xi^{44}mai^{44}ƙcŋ^{44}ɓu^{44}tsan^{41}ɕiaŋ^{53}ei^{22}.
		火烧排瑶话	ƙɛ^{41}xi^{44}mai^{44}ƙcŋ^{44}ɓu^{44}tsan^{41}ɕiaŋ^{53}ei^{22}.
		大掌瑶话	mi^{53}xi^{44}mai^{44}ƙcŋ^{44}ɓu^{44}tsan^{41}ɕiaŋ^{53}ei^{22}.

各排内语音含义存在着差别，比如，油岭排与南岗排的语音就有着较大的差别，甚至有时会影响到彼此间语意的领会，并且句子连读后，差异还是很大的。油岭排人说话，南岗排的人是可以听懂的，但是油岭排人却不太能听懂南岗排人说话，其他各排、村的瑶语也都存在各种不同的差异。

排瑶语声韵母，练铭志曾认为声母有 19 个，韵母有 47 个，而巢宗祺认为声母有 20 个，韵母有 47 个。笔者认为可能因排瑶细微的相互差异而导致二人调查结果有出入，但从大体上来讲，区别并不明显，现将排瑶的语音系统摘录如下：

声母表①

声母符号	例子	含义
p	pia^{22}	薄
ɓ	$ɓia^{24}$	父亲
m	mi^{53}	去
mh	$mh^{22}mh^{22}$	隆隆
f	$fuŋ^{41}$	撒土
v	via^{44}	尿
t	$tɔ^{41}$	灶
ɖ	$ɖiu^{24}$	酒
n	nai^{44}	日
s	$sɔi^{24}$	灰
ts	$tsia^{44}$	我
l	lia^{44}	铁
ȵ	$ȵan^{22}$	吃
j	je^{53}	姨
ƙ	$ƙu^{53}$	桥
ɠ	$ɠɔi^{44}$	干
ŋ	$ŋa^{44}$	瓦
ŋh	$ŋh^{53}$	牛
x	xu^{44}	厚

① 练铭志、马建钊、李筱文：《排瑶历史文化》，536 页，广州，广东人民出版社，1992。笔者有所删改。

韵母表①

韵母符号	例子	含义	韵母符号	例子	含义
a	xa^{44}	沙	un	jun^{44}	吻
e	ɖe^{44}	布	ɔn	vɔn^{44}	菜园
i	xi^{44}	蓑衣	ian	tsian^{44}	清楚
ɔ	ɔ^{44}	厉害	iŋ	tsiŋ^{44}	歌
u	tu^{44}	火	eŋ	eŋ^{44}	咳
ei	vei^{44}	他	aŋ	naŋ^{44}	玩
ai	xai^{44}	梯	uŋ	nuŋ^{44}	舅父
ui	mui^{44}	蜂	ɔŋ	ɖɔŋ^{44}	香
ɔi	xɔi^{44}	难	iaŋ	ɓiaŋ^{44}	猴
ia	ƙia^{44}	起	ip	ip^{4}	挤
iu	ɓiu^{44}	鱼	ep	tep^{4}	接
eu	eu^{44}	喊	ap	tsap^{4}	蜈蚣
au	lau^{44}	回来	up	nup^{4}	皱
ɔu	lɔu^{44}	大	ɔp	ɔp^{4}	贴
iau	piau^{44}	标	iap	Xiap^{4}	侧
im	xim^{44}	杉	it	tit^{4}	吸
em	hem^{44}	刺	ct	tset^{4}	箕
am	tsam^{44}	热	at	dat^{4}	织
um	jum^{44}	粮仓	ut	ut^{4}	沉没
om	hɔm^{44}	三	ot	bot^{4}	有
iam	iam^{44}	折叠	iat	ɕiat^{4}	揭
in	in^{44}	芽	m	m^{44}	拿
en	ten^{44}	煎	ŋ	ŋ^{44}	不
an	ɖan^{44}	儿子			

① 具体可参见练铭志、马建钊、李筱文：《排瑶历史文化》，538—539 页，广州，广东人民出版社，1992。笔者有所删改。

二、声调

在排瑶语言中的声调方面，基本的调值有 5 类与 7 类不等，入声范围广。排瑶群众在讲话的时候，连续变调的现象非常普遍。通常在 2 个以上音节连续出现时，时常会发生变调现象。对于瑶语声调方面的研究，学界目前尚有分歧，练铭志认为瑶语的声调有 5 种，而巢宗祺与余伟文则认为有 8 类。现选取分类较多者进行论述：

排瑶声调分类表 ①

调类	调值	举例
第 1 调	44	he^{44} 坐
第 2 调	53	he^{53} 犁
第 3 调	24	he^{24} 淋
第 5 调	41	he^{41} 四
第 6 调	22	he^{22} 锋利
第 7 调	44	hep^{44} 插
第 8 调	22	Hep^{22} 狭窄

三、词汇

在排瑶语言中的词汇部分，单音节词汇占的比重很大，其构词形式、方法和汉语基本相同。排瑶语中词汇的结合面比较宽，有派生词的构词成分（词缀）、增加语法意义等作用。从排瑶的词汇构造方面总体分为语法类型、语音类型和语义类型 3 种。

首先，在语法类型方面，有联合式、主谓式、述宾式、偏正式、补充式，等等，较为复杂。例如“ma^{22}（米）”与“me^{24}（米）”结合就是“高粱”的意思。其次，在语音方面由拟声和叠音构成，拟声，例如“$teng^{44}kung^{44}teng^{44}$”即“圆鼓”的意思。第三，在语义方面，通过意义上的引申和外延的扩大，给旧词增加新的含义。例如，jon^{41} 本是名词“印”，

① 巢宗祺：《连南八排瑶语》，9 页，广州，中山大学出版社，1989。

后兼作动词“印、盖印、打印”，由此便引申出两种意思：$jon^{41}ji^{53}$ 嘱咐，$jon^{41}tsin^{44}$ 砖头。

在排瑶词汇的列举和汇编方面，早在清代李来章的《连阳八排风土记》中便有非常明确的分类。李来章以天地、岁时、山川、人伦、身体、宫室、婚姻、生死、疾病、饮食、衣服、五谷、畜物、果品、器用、杂货、农具、器械、乐器、教化、杂言、讼狱、瑶歌等23个门类对瑶语词汇进行列举。[①]由于时代局限，他将瑶语与所近音、同音的汉字对译，而汉语的读音则杂用了北方话和客家方言，现在来看有着诸多不严谨之处。例如：

> 天瑶曰横；地瑶曰汝；日瑶曰乃；月瑶曰罗角；风瑶曰调；云瑶曰浑；雷瑶曰表公；下雨瑶曰本并；天开瑶曰横盖了；旱瑶曰横送蒙；夜瑶曰横梦了；云雾瑶曰浑母；虹霓瑶曰旱蛟；雷声瑶曰表公凹；地动瑶曰髻那动；月光瑶曰罗养；黑夜瑶曰磕罢了；半夜瑶曰道晚了。[②]

新中国成立后，随着瑶族语言研究的逐步科学化，用国际音标来统一标注瑶语已经成为一种瑶语研究的基本准则与方法。同时学界亦涌现出了大量的学术成果，中央民族大学的龙国贻曾在排瑶语言方面有深耕，并写出博士论文《藻敏瑶语语音研究》，对大坪、军寮等地的语音、词汇进行了专业的解读。[③]再如，练铭志在《排瑶历史文化》中亦对排瑶词汇进行了专业的附录说明，现摘录如下：

① 具体可参见（清）李来章撰，黄志辉注：《连阳八排风土记》，69—94页，广州，中山大学出版社，1990。

② （清）李来章撰，黄志辉注：《连阳八排风土记》，71—72页，广州，中山大学出版社，1990。

③ 龙国贻：《藻敏瑶语语音研究》，北京，中央民族大学博士学位论文，2011。

排瑶词汇表（节选）①

词汇	发音	词汇	发音
天	vaŋ^{53}	牛	nh^{53}
太阳	nai^{44}	马	ma^{44}
月亮	lɔ^{41}	猪	tiŋ^{44}
星星	hut^{44}neŋ^{44}	羊	jiŋ^{53}
晴天	vaŋ^{53}ɠɔi^{44}	狗	ƙu^{24}
阴天	vaŋ^{44}ɖum^{53}	猫	meu^{53}
雷	ɓia^{44}kuŋ^{44}	兔	tu^{22}te^{41}meu^{53}
云	vɔn^{41}mu^{22}	龙	luŋ^{53}
风	jau^{41}	狮子	pɔi^{44}
雨	ɓiŋ^{22}	老虎	ƙian^{53}
雪	ɓan^{41}	刺猬	ƙai^{44}xei^{22}
水	m^{24}	鸡	ƙui^{44}
冰	ɓan^{41}	鸭子	ap^{4}
虹	ƙau^{44}	田鸡	ƙup^{4}ap^{4}

词汇涉及生活的方方面面，在此不能够完全列举，上述仅以“天气”与“动物”类节选列出。与此相关的，在巢宗祺编著的《连南八排瑶语》一书中，作者则以国际音标为排列顺序将排瑶的各类词汇分别注明，可详细参阅。目前而言的瑶语词汇发音与清代李来章所做的考证是否有所变化，值得思考与再探，故将清代学人李来章考证的相关词汇与现今瑶语词汇进行比较对照，列表如下：

① 练铭志、马建钊、李筱文：《排瑶历史文化》，571页，广州，广东人民出版社，1992。

清代排瑶词汇与现今词汇的比较对照表[①]

类别	词汇	清代李来章考证	现代八排瑶语词汇发音
天地类	天	横 wangh	vaŋ^{53}
	地	汝 nei	nɛ^{44}
	日	乃 nai	nai^{44}
	月	罗角 loux gov	a^{53}lɔ^{41}lɔ^{41}ƙɔ^{24}
	星	阔岭 hou leng	xun^{44}nɛŋ^{44}xut^{4}lɛŋ^{44}
	风	调 yaux	jau^{41}
	云	浑 wonx	vɔn^{53}ŋh^{22}vɔn^{53}
	下雨	本并 mboumbingc	ɓun^{44}ɓiŋ^{22}
	天开	横盖了 mongx	Vaŋ^{53}ɗai^{44}lɛu^{44}
	旱	横送蒙 hom	xɔn^{44}
	白天		pa^{22}nai^{44}
	夜	横梦了 mongx	Vaŋ^{53}mɔŋ^{41}
	云雾	浑母 wonh muc	Vɔn^{53}mu^{22}
	虹霓	旱蛟 hon gau	Xɔn^{44}ƙau^{44}
	雷	表公 mbiao gung	ɓia^{44}ƙuŋ^{44}ɓiau^{44}ƙuŋ^{44}
	打雷		ɓiau^{44}ƙuŋ^{44}ɓai^{444}ɓia^{44}ƙuŋ^{44}ɓai^{444}
	雷声	表公四 mbiao gung hix	ɓiau^{44}ƙuŋ^{44}xi^{41}ɓia^{44}ƙuŋ^{44}xi^{41}
	地动	鬓那动	
	月光	罗养 loux wiang	lɔ^{41}viaŋ^{44}
	黑夜	磕罢了 wang mongx	Vaŋ^{53}mɔŋ^{41}
	半夜	道晚了 ndouv mam	dɔu^{21}man^{44}
岁时类	元旦	大年符 damh nyangc mbu	tam^{55}jaŋ^{41}ɓu^{44}
	元旦	大年符 damh nyangc mbu	ɕiaŋ^{44}jaŋ^{41}
	年三十	大年符 damh nyangc mbu	tam^{55}jaŋ^{41}ɓu^{44}
	年	亚闫寮 a nyangx	a^{44}ȵaŋ^{41}
	月	亚罗乃 a lox nai	a^{44}lɔ^{41}nai^{44}
	初一	庆吉 heng yotq	xeŋ^{44}jɔt^{44}
	初二	庆议 Heng heix	xeŋ^{44}ȵi^{22}

① 根据李来章与巢宗祺的研究作图表，巢宗祺：《连南八排瑶语音》，11—207 页，广州，中山大学出版社，1989。（清）李来章撰，黄志辉注：《连阳八排风土记》，广州，中山大学出版社，1990。

续表

类别	词汇	清代李来章考证	现代八排瑶语词汇发音
岁时类	初三	庆吹 heng hom	xeŋ^{44}xɔm^{44}
	初四	庆虾 heng heix	xeŋ^{44}xɛ^{41}
	初五	庆吾 heng nh	xeŋ^{44}n^{44}
	初六	庆凉 heng liec	xeŋ^{44}lia^{22}
	初七	庆活 heng hutq	xeŋ^{44}xut^{44}
	初八	庆并 heng mbetq	xeŋ^{44}ɓat^{44}
	初九	庆拱 heng guv	xeŋ^{44}ƙu^{24}
	初十	庆湿 heng siepr	xeŋ^{44}ɕip^{2}
	正月	帐呵罗 ziang ngoux lox	tɕiŋ^{44}ʔɔ^{22}lɔ^{41}
	二月	议呵罗 nying ngoux lox	ȵiŋ^{53}ʔɔ^{22}lɔ^{41}
	三月	坎呵罗 hom ngoux lox	xɔm^{44}ʔɔ^{22}lɔ^{41}
	四月	庆呵罗 heng ngoux lox	xɛŋ^{44}ʔɔ^{22}lɔ^{41}
	五月	吾呵罗 nh ngoux lox	uŋ^{53}ʔɔ^{22}lɔ^{41}
	六月	凉呵罗 liangc ngoux lox	liaŋ^{22}ʔɔ^{22}lɔ^{41}
	七月	阔呵罗 hun ngoux lox	xut^{4}ʔɔ^{22}lɔ^{41}
	八月	并呵罗 mbeng ngoux lox	ɓɛŋ^{44}ʔɔ^{22}lɔ^{41}
	九月	拱呵罗 guv ngoux lox	kuŋ^{44}ʔɔ^{22}lɔ^{41}
	十月	湿呵罗 siepr ngoux lox	ɕip^{2}ʔɔ^{22}lɔ^{41}
	十一月	湿吉呵罗 siepr yotq ngoux lox	ɕip^{2}jɔt^{4}ʔɔ^{22}lɔ^{41}
	十二月	湿议呵罗 siepr nyie ngoux lox	ɕip^{2}ȵi^{22}ʔɔ^{22}lɔ^{41}
	子时	紫祥 zi siv	tɔŋ^{21}ɕiaŋ^{53}
	丑时	兆祥 nzou siv	ɕip^{2}ɕiaŋ^{53}
	寅时	篴祥 nyin siv	jian^{44}ɕiaŋ^{53}
	卯时	谋祥 mau siv	mau^{44}ɕiaŋ^{53}
	辰时	身祥 sin siv	sen^{55}ɕiaŋ^{53}
	巳时	四祥 si siv	xi^{44}ɕiaŋ^{53}
	午时	五祥 nh siv	n^{44}ɕiaŋ^{53}
	未时	妹祥 mei siv	mui^{44}ɕiaŋ^{53}
	申时	口祥 sen siv	san^{44}ɕiaŋ^{53}

续表

类别	词汇	清代李来章考证	现代八排瑶语词汇发音
岁时类	酉时	遥祥 nyiu siv	jiu^{44}çiaŋ^{53}
	戌时	阔祥 setr siv	çip^{2}çiaŋ^{53}
	亥时	海祥 hoix siv	xɔi^{44}çiaŋ^{53}
	闰月	卵罗 lunc loux	lun^{22}lɔ^{41}
	明日	鳗浸不磋 wanh nai	va^{55}nai^{44}
	晏	乃两丁 naindiang	nai^{44}ɖiaŋ^{44}
	热	斩赖寮 zam siangh	tsam^{44}
	冷	共赖寮 gungv siangh	ʁuŋ^{24}
山川类	山	踵 ndung	a^{53}ɓɛŋ^{41}
	水	误 mv	a^{53}m^{24}
	石	旭丕 yu beiv	ʑu^{55}pɛ^{24}
	田	粮 liangh	a^{44}liaŋ^{53}
	塘	穷 nqongh	a^{44}ɗɔŋ^{53}
	柴	鸟空 zau hongh	a^{44}xɔŋ^{53}
	竹	漏 lauv	a^{44}lau^{24}
	草	密 miev	a^{44}mia^{24}
	花	饼 biangh	a^{44}piaŋ^{53}
	茅	干 nqon	a^{445}tɔ^{53}
	木	丁 ndiangx	a^{44}ɖɪaŋ^{41}
人伦类	皇帝	老老丹见 lou lou damh gien	vɔŋ^{53}ɖi^{41}
	姥爷	必下 bev	a^{53}pe^{24}
	官	担肩 damh gien	tam^{53}ʁian^{44}
	秀才	开晓 siuh nzoiv	çiu^{44}sɔi^{53}
	相公	上公 siangh gung	çiaŋ^{53}ʁuŋ^{44}/a^{53}ʁiaŋ^{44}
	父	必 mbiev	ɓia^{24}/a^{53}ɓa^{44}
	母	尔益 yei	a^{44}je^{44}
	子	胆 ndan	ɖan^{44}
	父子	必胆 wix bu	vi^{41}pu^{44}
	女子	动农 dong nung	tɔŋ^{44}nu^{44}

续表

类别	词汇	清代李来章考证	现代八排瑶语词汇发音
人伦类	兄	歌益 gou	kɔ44
	弟	篑 giuv	kui24
	兄弟	淡戈 gou giuv	kɔ44Kui24
	孙	款 hun	xun44
	夫妇	卑姑 wix gux	vi41pu41
	姐	弟益 div	ti24
	岳父	多 ndou	ɖɔ44
	岳母	笛 ndev	ɖɛ24
	大舅	潭侬 damh nung	tam53nuŋ44
	大舅母	瑶潭娘 damh niangh	tam44miaŋ53
	小舅	帑益 hex nung	nuŋ44
	老年女性	姑益 boh gux	pɔ53ɦu41
	中年女性	也益 boih leiv	pɔ53lɛi24
	老婆	沙眠 sa minh	sa44
	人	眠 minh	min53
	同年	共同 gungc ngangx	ɦuŋ22ȵaŋ41
	朋友	伙记 fox giv	fɔ41ɦi24
	道士	晓面 heuv mienv gung	xeu22mian21ɦuŋ53
	差	洒 heuv mienv gung	xeu22mian21ɦuŋ53
	百姓	巴兴 bapq siangh	lau22pai22ɕin53
	房族	方素 mbong mbiuv	vɔn53pu44
	亲戚	庆星嗟 hen six	xen44ɕi41
	侄	款虾 hun ha	xun44
	好女子	用动弩 yongx dong nung	jɔŋ41tɔŋ44nu44
	做官	矮谨 aix gien	ai41pe24
	后生	坟庆 in minh	ʔin41min53
	书吏	四方 su lix	su44li53
	里长	厘争 li zongx	li44tsɔŋ41
	头人	调眠 dih yotq bev	lɛu22pɛ21min53
	地方	子纺 dih duh	ti44tu53

续表

类别	词汇	清代李来章考证	现代八排瑶语词汇发音
人伦类	千长	显张 hun zangx	xun^{44}tsɔŋ^{41}
	老人	古眠 gux minh	ɦu^{41}min^{53}
	门子	瞒紫 munv zix	tu^{41}tai^{24}
	兄嫂	妊 nyiem	a^{53}ȵiam^{44}ȵiam^{44}
	叔母	宿婆 duic yi	su^{44}pɔ^{53}
	孩童	枭跟 hau ganh	xau^{44}ɦan^{53}
	乞丐	告化 go fav	ɦɔ^{21}fa^{24}
	县官	潭剑 damh gien	tam^{53}ɦian^{44}
	太爷	老姐 olamh mbiev	lau^{55}je^{24}
	州官	古坚 guv gien	tɕiu^{44}ɦɔn^{44}
	医生	依夏老 he liang gung	ʔi^{44}saŋ^{44}
	（娶）媳妇	脓任 nungc nyiem	nuŋ^{22}ȵiam^{44}
	总爷	峒爷 dungx gung	tuŋ^{41}ɦuŋ^{44}
	兵	并介 mbiang	ɓiaŋ^{44}
身体类	头	丕 bei fo	pɛ^{44}fɔ^{44}pɛi^{44}fɔ^{44}
	发	归同丕 bei	ɦui^{44}tɔŋ^{21}pɛ^{44}
	眼	米睛 maih deng	mai^{53}tɛŋ^{44}
	耳	表洸 mbiuh sin	ɓiu^{55}ɦau^{41}
	鼻	比姜 mbiuh giangh	ɞi^{44}kiaŋ^{53}
	口	比崎 ih div	ji^{55}ti^{24}
	牙	根 ngieh	a^{44}ŋia^{53}ŋia^{53}
	舌	毕 mbetr	a^{53}ɓɛt^{2}ɓɛt^{2}
	须	禁 uh suix	vu^{55}ɕi^{22}
	项	亘 gung gan	ɦuŋ^{44}ɦan^{44}
	肩	见图 gen duh	ɦɛn^{44}tu^{55}
	手	布 bu	a^{53}pu^{44}pu^{44}
	身	攒 dan	a^{53}tan^{44}tan^{44}
	肚	五 nh deng	nh^{44}tɛŋ^{44}
	腿	值钱 dam sih	tam^{44}ɕi^{55}
	脚	擎 dauv	a^{53}tau^{24}tau^{24}

续表

类别	词汇	清代李来章考证	现代八排瑶语词汇发音
身体类	洗面	岛兜 ndov men	ɗɔu^{21}mɛn^{44}
	洗身	倒腊 ndov lapr	ɗɔu^{21}lap^{2}ɗɔu^{21}tan^{44}
	肝	空 hongc	a^{53}xɔŋ^{22}xɔŋ^{22}
	肺	字 fiv	a^{53}fi^{24}fi^{24}
	脏（肠）	姜 giangh	ƙiaŋ^{55}
	血	孕 yemv	a^{53}jiam^{24}jiam^{24}
	气	不起 hix	a^{53}xi^{41}xi^{41}
	无气	吾腊起了 nh nox hix leu	n^{44}nɔ^{55}xi^{1}
	面	冕 men	a^{53}mɛn^{44}mɛn^{44}
	腰	懒 lai hingv	lai^{44}xiŋ^{24}
	膝	京 ngiangh bev	ɠɛŋ^{55}ƙu^{21}pɛ^{24}
	有胎	开胆 hoic ndan	xɔi^{22}ɗan^{44}
	大便	英介 engx gaiv	ɛŋ^{41}ƙai^{24}
	小便	英华 engx wie	ɛŋ^{41}via^{44}
	心	冰 mbingh duh	ɓiŋ^{44}tu^{53}a^{44}ɓiŋ^{55}
宫室类	屋	飘 biuv	a^{53}piu^{24}piu^{24}
	厅	向 hiang	a^{53}xiaŋ^{44}xiaŋ^{44}
	大堂	谭公 damh hiang	tam^{55}xiaŋ^{44}
	门	淡文 damh manh	tam^{44}man^{55}
	墙	火山 zin siangh	tɕin^{44}ɕiaŋ^{55}
	庙	渺 miuc	a^{53}miu^{22}
	楼	五凌 wang ling	vaŋ^{44}liŋ^{53}
	州	照 ziu	tɕiu^{24}
	县	万杜 yienh	jian^{55}
	城	大 sangv	saŋ^{24}
	营盘	营杜 yangv duh	ƙun^{24}jaŋ^{24}
	瓦	蜒 nga	ŋa^{44}
	起屋	矮豹 ai biuv	ai^{41}piu^{24}
	上梁	起零 nix liangh	xɔ^{41}liŋ^{53}
	柱头	担乱 ndunv	ɗun^{24}
	瓦格板	肾皮 son bih	sɔn^{44}pi^{53}

续表

类别	词汇	清代李来章考证	现代八排瑶语词汇发音
宫室类	衙门	惹闻 nyiev manh	ŋia^{44}man^{53}
	房间	瓦坚 long gen	lɔŋ^{44}ɠen^{53}
	天井	浅精 ndien zinx	ɖiŋ^{44}xin^{22}
	砖	展壁 zin	tɕin^{44}
	大屋	担豹 ai biuv	tam^{55}piu^{24}
	小屋	担允 biu hdan	piu^{21}tan^{44}
	香火堂	冕安 hiang onx	xiaŋ^{44}ɔn^{22}
婚姻类	娶亲	蒙任 nungc nyiem	nuŋ^{22}ȵiam^{44}
	定茶	浆茶 diangc dah	ɖiam^{21}ta^{55}
	媒人	美眠 moiv minh	mɔi^{21}min^{53}
	生女	毕动弩 ying dong nung	jiŋ^{44}tɔŋ^{44}nu^{53}
	生子	毕胆 ying ndan	jiŋ^{44}ɖan^{44}
	生孙	毕款 ying hun	jiŋ^{44}xun^{44}
	大姨丈	担把益勾 damh mba	tam^{55}ɓa^{44}
	姨丈		jɛ^{53}ɠeu^{41}
生死类	生	安 sangc	saŋ^{22}
	死	低了 daic	tai^{22}
	埋人	同眠 dongx minh	tɛŋ^{41}min^{53}
	棺材	官告 gomc soih	ɠɔm^{22}sɔi^{22}
	坟庆	搬 bunh	ɓun^{53}
	有孝	题湖 nde	ɖi^{21}xen^{53}
	钱纸	题晓打治 ziv nyanh	tɕi^{21}ȵan^{53}
	香	旺 wong	vɔŋ^{44}
	涕哭	任 nyiemv	ȵiam^{24}
疾病类	病	汶 man	man^{44}
	伤寒	腥寒 mbotq gungv	ɓɔt^{44}ɠuŋ^{24}
	咳嗽	劳虾 eng loh hev	ɛŋ^{44}lɔ^{53}xɛi^{24}
饮食类	吃	忍 nyanc	ȵan^{22}
	饭	脓 nongx	nɔŋ^{41}
	食早饭	淰祖脓 nyanc ndam duh	ȵan^{22}ɖɔm^{44}tu^{53}

续表

类别	词汇	清代李来章考证	现代八排瑶语词汇发音
饮食类	食午饭	泥亮脓 nyanc nai nadiang	ȵan^{22}nai^{44}ɖiaŋ^{44}
	食夜饭	横象脓 nyanc wang mongx	ȵan^{22}vaŋ^{53}mɔŋ^{41}
	鸭蛋	盔图 gui zux	kui^{44}tsu^{41}
	鱼	表 mbiu	ɓiu^{44}
	吃饭	忍脓 nyanc nongx	ȵan^{22}nɔŋ^{41}
	饮酒	磕调 hupq ndiuv	kui^{44}tsu^{41}
	吃肉	忍归 nyanc nguih	kui^{44}tsu^{41}
	豆豉	杜士 dauc sic	tau^{22}ɕi^{22}
	菜	益 ei	ɛ^{44}
	火	做 du	tu^{44}
	盐	阴 yiemh	jiam^{44}
	盐鱼	碴微 ham mih	xa^{44}mi^{53}
	茶叶	打介 dah gaiv	ta^{53}ƙai^{24}
	醋	西 si	ɕi^{44}
	姜	忍 gong	ƙɔŋ^{44}
	烟	燕 en	ɛn^{44}
	食茶	磕咱 hupq dah mv	xup^{4}ta^{53}m^{24}
衣服类	衫	倚 yi	ʔi^{44}
	裤	邪 fiex	fia^{41}
	袜	幕 matr	mat^{2}
	鞋	谐 haih	xai^{53}
	履	穷加 zungc hah	ƙa^{44}lap^{5}xai^{53}
	布	的 ndei	ɖɛ^{44}
	线	丝 six	ɕi^{41}
	棉花	免亚 mienh	mu^{22}mian^{22}
	脚缠	庚 gangh	ƙaŋ^{53}
	衣领	衣工领 yi bev bac	ʔi^{44}ƙɔŋ^{44}liaŋ^{44}
	被	松 sungx	suŋ^{41}
	带	辆 liang	liaŋ^{44}
	靴	茄 gau dongx haih	jɔŋ^{44}jɔŋ^{44}xai^{44}

续表

类别	词汇	清代李来章考证	现代八排瑶语词汇发音
衣服类	席	射 siec	ɕia^{22}
五谷类	禾	补 mbuh	tam^{44}ɓu^{53}ɓu^{53}
	谷	少 siu	ɕiu^{44}
	米	觅 meiv	mɛ^{24}
	粟	米仔 mei dei	mɛ^{44}tɛ^{44}
	地禾	龙斧 hon guix mbuh	luŋ^{44}ɓu^{53}
	豆	土麦 duc meiv dauc	tup^{22}mɛ^{21}tup^{22}mɛ^{21}tau^{24}
	麦	古豆仔 mac su	ma^{22}su^{44}
	芋	护 huc ndaih	ɖai^{53}vu^{22}vu^{22}ɖai^{53}
	薯	低 fanc zix ndaih	fan^{41}ɕi^{41}ɖai^{53}
	芝麻	吒 za	tsa^{22}
	秧	标 mbiauh	ɓiau^{53}
	粳米	嫡 mev	mɛ^{24}
	粘米	针骂 zem mev	tsɛn^{44}mɛ^{24}
	糯米	钵 mbutr mev	ɓun^{22}mɛ^{24}
畜物类	鸡	盔 gui	a^{53}ɠui^{53}ɠui^{53}
	鸭	押倍 apq	a^{53}ap^{44}ap^{44}
	鹅	凝 ngeih	a^{44}ŋɔ^{53}a^{44}ŋɛi^{53}
	牛	吾 nh	a^{53}nh^{53}nh^{53}
	猪	亭 ding	a^{53}tiŋ^{44}tiŋ^{44}
	马	麻 ma	a^{53}ma^{44}ma^{44}
	犬	顾 guv	a^{53}ɠu^{24}ɠu^{24}
	羊	盈 yingh	a^{53}jiŋ^{53}jiŋ^{53}
	山猪	野亭 yieh ding	jia^{53}tiŋ^{44}
	虎	坚 gienh	a^{53}ɠian^{53}
	鸟	闹 noc ndan	a^{53}nɔ^{22}nɔ^{22}
	雉鸡	益功 yeih gung	jia^{53}ɠuŋ^{44}
	猪儿	精痕 dingh ndan	tiŋ^{53}ɖan^{44}tiŋ^{44}ɖan^{44}
	猴	柄 nyanc ga mbiang	a^{53}ɓiaŋ^{44}tup^{22}mɛ^{21}tau^{24}
	虾	磬 ha gungh	xa^{53}ɠuŋ^{44}

续表

类别	词汇	清代李来章考证	现代八排瑶语词汇发音
畜物类	熊	吸 nyungh	jia^{53}men^{44}pɔ^{53}
	老鸦	矮罗婆 ac lapr boh	a^{44}lɔp^{22}pɔ^{22}
	鼠	羊姜 giangh gianh	ƙiaŋ^{53}ƙiaŋ^{44}
	白鹤	白好 bac go	pa^{22}ƙɔ^{44}
	鹧鸪	补古 buc gu	ɓu^{44}ƙu^{44}
	水牛	岁吾 suix nh	sui^{41}nh^{53}
	黄牛	凉吾 wiangh nh	viaŋ^{44}nh^{53}
	鲤鱼	了里 mbiuh ben	ɓiu^{53}li^{44}
	蚯蚓	甲英 gai ying	ƙai^{44}jiŋ^{44}
	蛇	农 nong	a^{53}nɔŋ^{44}
	龟	旺 hopq	a^{53}tu^{22}
	蜂	每 mui	a^{55}mui^{44}
	蝶	昔公陂 faiv gungc	ɓaŋ^{44}ɓai^{44}
	蝇	猛门 mong	mɔŋ^{44}mɛŋ^{44}
果品类	梅子	象豹 yiem moh mbeuv	jiam^{44}mɔŋ^{53}ɓɛu^{24}
	李子	包用 mbeu yongv	ɓɛu^{44}ȵɔŋ^{24}
	柑子	把柑 gi gom	ƙi^{44}ƙɔm^{44}
	梨子	不离 mbeu yaih	ɓɛu^{44}jai^{53}
器用类	碗	现 wienv	a^{53}vian^{24}vian^{24}
	筷子	奏 zung	a^{53}tau^{22}tau^{22}
	杯子	旦 zung	a^{53}ƙɔ^{53}tsuŋ^{44}
	印	寅 yonx	a^{53}jɔn^{41}jɔn^{41}
	秤	阳 yangx	a^{53}jaŋ^{41}jaŋ^{41}
	尺	亦 ye	a^{53}jau^{44}jia^{44}
	银	人 nyanh	a^{44}ȵan^{53}
	锡	吃 he	a^{44}xɛ^{444}
	瓶	兵 bengh	a^{44}pɛŋ^{53}
	铜	通 dungh	a^{44}tuŋ^{53}
	墨	马 mac	a^{44}ma^{22}

续表

类别	词汇	清代李来章考证	现代八排瑶语词汇发音
器用类	笔	别 mbitq	a^{44}ɓit^{4}
	砚	墨边 mac bienh	ma^{22}pian^{53}
	纸	治 ziv	a^{44}tɕi^{24}
	书	素 su	a^{44}su^{44}
	针	众 zum	a^{44}tsum^{44}
	桌	得庆 ndangc hingc	ɗai^{22}hiŋ^{22}
	椅	异 yiv	a^{44}ŋi^{24}
	凳	登 ndangx	a^{44}ɗaŋ^{41}
	眼镜	米睛 manh genv	mai^{53}tɛŋ^{44}
	铁	两 lie	a^{44}lia^{44}
	硾	对 nduix	teu^{22}ti^{22}ɗui^{41}
	盘	鞭 bienh	a^{44}pian^{53}
	烟桶	燕同 en dungh	en^{44}tuŋ^{53}
	铛	坑 hang	xaŋ^{44}
	斧	捕 mbuv	a^{53}ɓu^{24}
	水桶	佟 dungv	a^{53}tuŋ^{41}
	扇	把 yiepr	a^{53}jiap^{2}
	篓	锣 louh	a^{44}lɔ^{53}
	舟	冻 ndongv	a^{53}ɗɔŋ^{24}
	轿	翘 ngiaux	a^{44}lƙiau^{53}
	伞	寒 honx	a^{53}xɔn^{41}
	播米箕	觅擎 mie geng	a^{53}ƙɛŋ^{44}mɛ^{21}ƙɛŋ^{44}
	粪箕	分擎 gai zetq	ƙai^{44}tsɛt^{44}
	牛栏	吾油 nh yuh	nh^{44}ju^{53}
	羊栏	盈油 yingh yuh	jiŋ^{53}ju^{53}
	鸡栖	盔嗟 gui deix	ƙui^{44}tei^{41}
	猪稠	丁油 ding yuh	tiŋ^{44}ju^{53}
	禾仓	禾冗 siu yum	a^{53}jum^{44}ɕiu^{44}jum^{44}
	酒壶	寮瓶 ndiuv bengh	ɗiu^{21}pɛŋ^{53}
	茶壶	咱瓶 da bengh	ta^{53}m^{21}pɛŋ^{53}ta^{53}pɛŋ^{53}

续表

类别	词汇	清代李来章考证	现代八排瑶语词汇发音
器用类	竹篙	缕好 lauv	a^{53}tsaŋ^{41}xaŋ^{41}xaŋ^{41}lau^{24}
	水缸	五壁 mv mbietq	a^{53}ɓiat^{4}m^{21}ɓiat^{4}
	大钵	胆壁 damh mbietq	tam^{53}ɓiat^{4}
	磨	尾下 moc miec	mɔ^{22}mia^{22}
杂货类	胡椒	胡调 wuv diauh	vu^{53}tɛu^{44}
	红绒	嘎米 hanh mi sie	xa^{53}mi^{44}
	灯芯	灯坎 ndang hung	ɗaŋ^{44}xum^{44}
	硫磺	了王 lu wongh	Liu^{44}vɔŋ^{53}
	珍珠	人主 apq zux mev	ap^{2}tsu^{44}mɛ^{24}
	九程银	古墙 guv siangh nyanh	ƙu^{44}ɕiaŋ^{53}ȵan^{53}
	八程银	壁墙 mbetq siangh nyanh	ɓɛt^{4}ɕiaŋ^{53}ȵan^{53}
	纹银	细丝 yongx nyanh	^{5}ȵan^{53}
	耳环	了堆 mbiuh duic	ɓiu^{53}tui^{53}
	青色	琶血 meng	mɛŋ^{44}
	红色	社 sie	ɕia^{44}
	黄色	营 wiangh	viaŋ^{53}
	白色	琶 bac	pa^{22}
	蓝色	空 mbih meng	ɓi^{44}mɛŋ^{44}
农具类	犁	哈 heih	xɛ^{53}
	耙	葩 bah	pa^{53}
	锄	叫乌 giau wuh	ƙiu^{44}xu^{53}
	锹	必窍 heu	xɛu^{44}
	蓑衣	宗倚 zungc yi	tsuŋ^{53}xi^{44}
	帽	毓 yupr muv	jup^{2}mu^{22}
	耘田	答良 ndapq liangh	ɗap^{4}liaŋ^{53}
	收禾	肖禾 gotq siu	ƙɔt^{4}ɕiu^{53}
	插田	丈两 siangc liangh	ɕiaŋ^{22}liaŋ^{53}
	田租	良庆 liangh ndux	liaŋ^{53}ɗu^{41}
	放水	卜悟姐良 mbon mu gex liangh	ɓɔŋ^{41}m^{21}ƙe^{41}liaŋ^{53}
	耕田	矮粮 aix liangh	ai^{41}liaŋ^{53}

续表

类别	词汇	清代李来章考证	现代八排瑶语词汇发音
农具类	耕地	矮汝 geng dic	ƙɛŋ^{44}ti^{22}
器械类	刀	耀 nziuc	jiu^{22}
	枪	庆 zungv	ʦuŋ^{24}
	鸟枪	鸟种嗟 noc zungv	nɔ^{22}ʦuŋ^{24}
	大铳	潭种 damh zungv	tam^{53}ʦuŋ^{24}
	弓	拱糯 gon denc	ƙuŋ^{44}ten^{41}
乐器类	锣	劳 loh	lɔ^{53}
	鼓	堵 guv	ɖu^{44}
	吹笛	水郎 dungh detr	sui^{41}tuŋ^{53}te^{22}
	琴	胫 nqtnv	ƙin^{24}
教化类	读书	度教亚 duc su	tu^{22}su^{44}
	写字	泻素 siev su	ɕia^{21}su^{44}
	行礼	荣里 yangh li	jaŋ^{53}li^{44}
	跪	吠 fuiv	fui^{24}
	叩头	监霸 ngamx bev	ɠam^{21}pe^{24}
	唱喏	醒下 se yac	sei^{44}ja^{22}
	行善	笑扇 aix yongx six	ai^{41}jɕŋ^{41}ɕi^{24}
	守本分	笑搬分 aix si ga bamc	ai^{41}ɕi^{22}a^{53}pan^{22}
	官商王法	谭剑押岭 damh gien mbotq wangh fatq	tam^{53}ƙian^{44}ɓɕt^{4}vaŋ^{53}fat^{4}
	勤力	众隘忍 zungc aix nyamc	ʦum^{22}ai^{41}ȵan^{22}
	无赖	吾纽子里 nh lan	n^{53}ɓaŋ^{21}ƙɔn^{41}
	吩咐	每母 muih muc	ƙɔŋ^{21}ɓau^{41}
	纳粮	碌陵 geu liangh	ƙeu^{44}liaŋ^{53}ɖu^{41}
	无事	吾那峒 uh noc siv	n^{44}nɔ^{53}ɕi^{24}
杂言类	真好官	用剑 yongx gien	Jɔŋ^{41}pɛ^{24}
	真正好	真正容 zien zix yongx	ʨian^{44}ʨi^{41}jɔŋ^{41}
	太平世界	仰动并将 damh bengh sci gaiv	tam^{44}peŋ^{53}sei^{22}ƙai^{24}
	高兴	了赖 fien hiv	fian^{44}xi^{24}
	小心	屯咳 geng hung	ƙeŋ^{41}xum^{44}

续表

类别	词汇	清代李来章考证	现代八排瑶语词汇发音
杂言类	劳心	醉涝梭线 goi lov	ƙɔi^{44}lɔu^{24}
	老实	劳十 lo sietr	lɔu^{44}çiat^{2}
	归	娄 mu	lau^{44}/m^{44} 归来 / 归去
	去	武了 mih	m^{44}lɛu^{44}/mi^{53} 归去 / 去
	过路	加住武 geix zuv	ƙe^{41}ʦu^{24}
	行路	人逐 yangh zuv	jaŋ^{53}ʦu^{24}
	上	憎 hox	xɔ^{41}
	下	啊 nqac	ɠa^{22}
	路远	逐告 go zuv	ƙɔ^{44}ʦu^{24}
	路近	逐近 zuv zanc	ʦu^{21}ʦan^{22}
	对面	对皿 nduix men	ɖui^{41}mian^{44}
	长	杜 nduv	ɖu^{24}
	短	龙 nangv	naŋ^{24}
	冤家	寅加 yien ga	jian^{44}ƙa^{44}
	无奈何	吾奈了何 nh naic hoc leu	n^{55}nai^{22}xɔ^{22}leu^{44}
	债主	堪嗟兆 humx ziuv	xum^{41}ʨiu^{24}
	反悔	觅幡总 fanc yih	fan^{41}ji^{53}
	经手	绞咖每补 gex bu	ƙe^{41}pu^{44}
	借约	文素 munv su	mun^{21}su^{44}
	未曾见	吾不里 nh batr leu	n^{53}pat^{2}ƙe^{41}
	使用	堪冗 hongv yungc	xɔŋ^{21}juŋ^{22}
	有	不 mbotq	ɓɔt^{4}
	无	吾纽子 nh noc	n^{44}nɔ^{53}
	设法	宿发 siangv fatq	çiaŋ^{21}fat^{4}
	送下程	兴礼 hinx liv zuv	xiŋ^{41}li^{44}ʦu^{24}
	中间人	丁马郎 ndin mac longc min	ʦuŋ^{22}ƙan^{22}min^{53}
	交明白	交钉毕媒 gau mengh bac	ƙau^{44}mɛŋ^{53}pa^{22}
	探消息	吃人兔 mangx hix	maŋ^{41}xi^{41}
	寄声来	归起嗟 gaix hix doih	ƙui^{41}xi^{41}tɔi^{53}
	有是非	不是灰 mbotq sih fui	ɓɔt^{4}çi^{53}fui^{44}

续表

类别	词汇	清代李来章考证	现代八排瑶语词汇发音
杂言类	有缘故	甲媒布 mbotq siv	ɓɔt^{4}çi^{24}
	唱歌	矮征 aix zing	ai^{41}tɕiŋ^{44}
	算命	久皿公 hinc mengc gungc	xin^{41}mɛŋ^{22}
	占卦	庆宁公 hingc nengc gungc	xin^{41}mɛŋ^{22}ɠuŋ^{44}tau^{41}ɠau^{41}
	好	冗 yongx	jɔŋ^{41}
	丑	断犁眠 dutq laix minh	vai^{22}/n^{53}nɔ^{22}xiŋ^{41}n^{53}ɓɔt^{4}xiŋ^{41}
	聪明	空皿 huc mengh	xuŋ^{22}mɛŋ^{22}
	乖巧	怪来 ngamh sinv	tsuŋ^{22}tsɛ^{22}maŋ^{41}tɔŋ^{22}—听话
	精致	容来 yongx siangh	jɔŋ^{41}çiaŋ^{53}jɔŋ^{41}çiaŋ^{53}ɛi^{22}
	有本事	牛本已 mbotq mbunx six	ɓɔt^{4}ɓun^{41}çi^{44}
	无本事	吾纽本已 nh nox mbunx six	n^{53}nɔ^{53}ɓun^{41}çi^{24}
	耍玩	美矮孟 mih aix mang	mi^{53}ai^{41}naŋ^{44}
	讲话	拱动 gongv dongc	ɠɔŋ^{21}tɔŋ^{22}
	收拾	小茄 sutr	sut^{2}
	收成	少符 siu siangh	çiu^{44}sɛŋ^{53}çiu^{44}pia^{22}
	花红	抵舍 biang sie	piaŋ^{53}çia^{44}
	劳苦	广赖艰难 gungv laix gan nanv	ɠu^{53}lai^{41}ɠan^{22}nan^{22}/ ɠɔŋ^{53}lai^{41}ɠan^{22}nan^{22}
	火烟	祖益 duh yien	tu^{53}cn^{44}
	无银使	吾那人空 nh noc nyanh hongv	n^{44}nɔ^{53}ȵan^{53}xɔŋ^{24}
	无饭吃	吾那脓忍 nh noc nongx nyanc	n^{44}nɔ^{53}nɔŋ^{41}ȵan^{22}
	肚饥	吾泻 nh sietq	nh^{21}çia^{44}
	可怜	都茄 dem dong	tem^{44}tɔŋ^{44}ten^{44}tɔŋ^{44}
	衣衫烂	衣护 yi huv	ʔi^{44}vu^{24}ʔi^{44}vai^{22}
	苦	款付 yiem	ʔiam^{44}
	容易	大移 yungh yic	juŋ^{53}ji^{22}
	大财主	父者涝 damh soih zix	tam^{44}sɔi^{53}tɕi^{41}
	富贵	父归不忍 fuv guiv	fu^{21}ɠui^{24}
	贫穷	工 gongh	ɠɔŋ^{53}
	酒醉	调尹 ndiuv on	jɔn^{44}ɖiu^{24}ɖiu^{21}jɔn^{44}

续表

类别	词汇	清代李来章考证	现代八排瑶语词汇发音
杂言类	欺诈	吾希看媒 maih nda	ƙɛ^{44}mɛn^{53}mai^{53}ɖa^{44}
	胆大	屯劳 ndomv lo	ɖɔm^{21}lɔu^{44}
	拼命	对皿甲谋隘 duic menc gapk muih aix	ɖui^{41}mɛŋ^{22}ƙap^{4}mui^{53}ai^{41} 用命跟你拼 xɔŋ^{21}mɛŋ^{22}mi^{53}pɔp^{2} 用命去搏 xɔŋ^{21}mɛŋ^{22}mi^{53}ai^{41} 用命去拼
	白话	扛贯 dongx gongh	tɔŋ^{41}ƙɔn^{53}
	不好人	吾冗眠 nh yongx minh	n^{53}jɔŋ^{41}min^{53}
	做贼	隘啊 aix hac	ai^{41}xa^{22}
	偷牛	壬吾 nyiemcnh	ȵiam^{22}n^{53}
	偷羊	壬盈 nyiemcyingh	ȵiam^{22}jiŋ^{53}
	偷鸡	壬盔 nyiemcgui	ȵiam^{22}ƙui^{44}
	偷鸭	壬押 nyiemcapq	ȵiam^{22}ap^{4}
	偷禾	壬蒲 nyiemmcbuh	ȵiam^{22}ɕiu^{44}
	偷（塘）鱼	壬穷 nyiemcnqongh mbiu	ȵiam^{22}ɠɔŋ^{53}ɓiu^{44}
	夜间挖屋	壬豹 nyiemc biuv	vaŋ^{53}mɔŋ^{41}vat^{4}piu^{24}
讼狱类	问罪	婆悔吾那 noi mbotq suiv nh noc	nɔi^{22}ɓɔt^{4}ɕi^{22}n^{44}nɔ^{53}ai^{41}vai^{22}ɕi^{24}
	坐监	劳允 he gam	xe^{44}ƙam^{44}
	手肘	苏罗布 buh duiv	ɓu^{53}tui^{24}ɓu^{53}ɕi^{44}ƙɔŋ^{44}
	竹板	楼辩 lauv mbemv	lau^{21}ɓen^{24}
	索	寮 ndiux	ɖiu^{41}
	出票	膝豹 sotq mbiauc	sɔt^{4}ɓiau^{22}
	递结	仔结 siec gietr	man^{44}ɕi^{22}
	告状	高剪 gox zongx	ƙau^{41}tsɔŋ^{53}
	对审	堆瘟 nduix moie	nɔi^{22}tɔŋ^{22}
	有理	搬桃里 mbotq do li	ɓɔt^{4}tɔ^{44}li^{44}
	相争	死幻 aue si	au^{41}ɕi^{22}ɕi^{53}xeu^{41}
	相斗	矮死海 aic sih fui	ai^{41}ɕi^{53}ɖa^{24}

需要注意的是，瑶语词汇借词使用较多。据巢宗祺考证，八排瑶语中

有着大量的汉语借词，这些借词的来源并非单一，其中有的借自官话系统的通用语，有的来源于一些汉语方言，其中有粤方言，也有湘方言的，更多的是当地客家方言的。这些汉语借词应该不是在同一个时间层次上引进瑶语的。[①] 具体而言，瑶语的汉语借词大致分为 3 类，即早期借词、近期借词和新借词 3 大类。

其一，早期汉语借词。早期汉语借词指的是在排瑶移居粤北以前就代用进瑶语的汉语词汇，它们一般都和中古汉语语音系统相对应，其他方言和瑶语也比较一致。现将这类借词的语音与广韵系统作对比统计。

瑶语早期汉语借词与广韵语言系统对比表（部分）[②]

类别	广韵	排瑶语
声母	帮	b：ben^{24} 板；bia^{44} 北；bian^{44} 搬
	明	m：ma^{44} 马；man^{53} 门；miu^{22} 庙
	端	d：diang^{44} 钉；dung^{44} 冬；diam^{24} 点
	透	h：hai^{44} 梯；hi^{41} 剃；hong^{44} 汤
	定	t：tung^{53} 铜；ti^{22} 地；tong^{53} 糖
	从	s：siang^{53} 墙；soi^{53} 财；sap^{22} 杂
	见	k：ku^{24} 狗；kong^{44} 姜；ken^{24} 笕
韵母	蟹开二	ai/ei：hoi^{24} 海，toi^{22} 袋；hoi^{53} 裁
	山阳合三	an/on：man^{44} 晚；van^{22} 万；kon^{53} 拳
	宕阳开一	ong：tong^{53} 糖；hong^{44} 汤；tong^{41} 葬
	宕阳开三	ing：jing^{53} 羊；ling^{53} 梁；jing^{44} 养
	梗阳开三	eng：peng^{53} 平；meng^{22} 命；heng^{24} 硬
	通阳合三	ung：tsung^{24} 铳；lung^{53} 龙；gnung^{53} 浓

其二，近期汉语借词。排瑶在粤北定居后又从相邻的汉语方言中吸收了不少汉语词。比如借助客家话，如 fan^{41}tau^{24} 花生、kung^{44}bu^{41} 东西。同时，亦有来源于粤方言的，例如 ha^{44}kung^{44} 虾、fo^{41}hi^{41} 生气、fui^{44} 理发等。

① 巢宗祺：《广东连南油岭八排瑶语言概要》，158 页，上海，华东师范大学出版社，1990。

② 巢宗祺：《广东连南油岭八排瑶语言概要》，159—164 页，上海，华东师范大学出版社，1990。内容有节选。

另外，在这些借词中部分溪母合口字声母读 f，例如 fo^{44} 壳、$hun^{44}fu^{24}$ 辛苦。

其三，新汉语借词。汉语借词主要是从邻近地区的客家方言里吸收来的，同时，从中又可以看到国家通用语的影响。最近几十年里，大量排瑶群众外出求学、就业，使排瑶语中新的汉语借词大量增加。这些借词来源不一，在语音对应关系上也显得并不单纯，瑶语里声母、韵母的数目并没有因借词的大量增加而发生实质性的变化，与旧有的汉语借词的语音对应关系相比较，新借词语音对应情况略有变化。例如 $in^{53}mu^{53}$ 任务、$lau^{22}su^{44}$ 老师、$su^{44}siang^{41}$ 思想，“任”是日母沁韵，按早期借词的一般情况，声母应该是 gn，韵尾为 –m，可现在读成零声母，收 –n 尾；早期借词止摄开口三等韵母一般为 [i]，现在“师”“思”的韵母读成 [u]（也有人读成 [I]），这可能是受汉语普通话的影响而产生的现象。①

综上所述，排瑶语言中大量采借汉语词汇与民族间的交往交流交融具有一定的关系。自古以来，瑶汉之间长期为邻，交往频繁，直到 20 世纪 40—50 年代，排瑶房屋的修建、各种器具的制作、物品的买卖交换，往往都需要与汉人保持贸易联系。故排瑶中很大一部分人，特别是男子，兼通瑶语和汉语。在指称同一事物、行为时，既可以用本族语词，也可以用汉语借词。与汉人交往交流多导致汉语借词的使用频率增高。所以瑶语在词汇发音上并不是单一的，而是具有不断接触、并存、融合、兼具的特征。

四、语法

在排瑶语的语法方面，共有 15 类事项，能够单独成句或能单独充当句法成分的实词有 10 类；不能单独成句也不能单独充当句子成分的虚词共有 4 类；能单独成句但不能充当句子成分的感叹词有 1 类。巢宗祺在其《连南八排瑶语》一书中列举了应该注意的 10 类语法规则，结合资料分述如下：

第一，八排瑶语的词大致可分为名词、动词、形容词、代词、数词、量词、副词、助词、介词、连词、语气词、叹词、状词 13 类。

第二，名词受数词限制时，在数词和名词之间须有量词，如

① 巢宗祺：《广东连南油岭八排瑶语言概要》，166 页，上海，华东师范大学出版社，1990。

pe^{41}lon^{53}men^{53}（4 个人），名词修饰名词时，一般是修饰成分在前，被修饰成分在后，如 diang^{41}plu^{24}（木头房子）。

第三，动词有表示动作行为和心理状态的动词，有判断动词，也有助动词。一些动词可以重叠，表示动作“短暂”，如 ang^{44}ang^{44}cal^{22}hing^{22}（敲敲桌子）。

第四，形容词作修饰词时，有些要放在名词的后面，如 plang^{53}sia^{44}（红花）；有些可放在名词的前面，如 jong^{44}beng^{41}（高山）。

第五，数词。从“一”到“九”共有两套表达。列表如下：

排瑶数词表达①

数字	第一套	第二套
一	a^{44}	jot^{44}
二	vi^{41}	gnl^{22}
三	bu^{41}	hom^{44}
四	pe^{41}	he^{41}
五	pla^{44}	ng^{44}
六	to^{44}	lia^{22}
七	gnl^{22}	lnut^{41}
八	jat^{22}	bet^{44}
九	ku^{53}	ru^{24}

第六，量词有名量词和动量词两类。量词跟数词结合时，数词在前，量词在后，表示事物或动作的数量。表示名量时，数量词在名词之前，如 a^{44}na^{44}men^{58}（一个人）；表示动量时，数量词在动词之后，如 mi^{53}a^{44}hun^{22}（去一次）。

第七，代词分人称代词、指示代词和疑问代词三类。人称代词有单数、复数的分别，如 tsla^{44} 我，mul^{53} 你，vei^{44} 他。人称代词表示领属关系时要放在中心语前面，人称代词和中心语之间常须有助词 nu^{53}，例如

① 具体可参见巢宗祺：《连南八排瑶语》，209—210 页，广州，中山大学出版社，1989。笔者根据巢宗祺的相关叙述进行了分类整合和归纳。

vel^{44}nu^{53}blt^{44}（他的笔）。

第八，副词有表示时间的，如 hen^{44}qong^{22}“先”，di^{44}ken^{44}“已经”；有表示程度的，如 slang^{44}“很”；有表示范围的，如 du^{41}“都”；有表示重复的，例如 slam^{44}“再”，等等。

第九，助词有结构助词和时态助词等。结构助词有 nu^{53}、lei^{44}、kia^{44}、lou^{44} 等，nu^{53} 放在名词与名词之间，构成领属、限制或修饰关系，如 a^{53}je^{44}nu^{53}l^{44}fla^{44}（妈妈的衣服）。

第十，语气词置于句末，表示种种语气。语气词 o^{44} 用于陈述句，表示事情发生了变化，如 ta^{53}tsun^{44}dlat^{44}bai^{41}o^{44}（茶杯摔破了）；Nu^{53} 用于陈述语气，表示肯定；a^{53} 用于表示疑问；等等。

第三节　排瑶语言的变迁

排瑶的语言周边，居住着客家语系和粤语支系的汉族，还有部分壮族。经过历史的变迁与发展，瑶话、客家话、粤语、普通话等语言交织着在排瑶地区流传。

随着近年来排瑶地区社会经济文化水平的提升，在不断演进的历史过程中，瑶语亦在发生着潜移默化的改变。调查组分别对 8 个排进行了整体的语言情况调查，从诸多访谈资料中大致可以追寻一些瑶语时代变迁的历史痕迹。

从目前来看，新生代的孩子已经渐渐趋向使用汉语。在火烧排走访的过程中，房茶介一为我们讲述了诸多细节：

> 我们的瑶话从汉语中借鉴了一些词汇，像“侬”“咱”这些词可以看出我们语言中有河南清河堂的痕迹。1958 年以前，我读书的时候，老师都是一半汉话、一半瑶话，里八峒有一些外来的词汇。早十年的时候，老师的文化程度很低，上课只能一半普通话、

一半瑶话，学生不会说普通话。我们赶集的时候，那些汉人会说瑶话，瑶民给汉族种田，也会相互学习语言。①

经过历史的变迁与发展，瑶话、客家话与汉语三者交织起来在排瑶地区流传，但时至今日，一些中年人与老人依然保持着讲瑶话的习惯。而对于年轻人而言，虽然通晓瑶语，但有些长期不在瑶寨居住的，不能流利使用瑶语。

对于马箭排而言，无论是新中国成立前还是成立后，在语言方面都是汉语与瑶语相结合。具体而言，对于瑶语的使用，当地人大多说瑶语，兼说汉语，能够说汉语的人，往往有过在大队工作的经历，或者当过兵受过教育。过去说汉语很少，普遍用瑶语交流。学校里课本上都是汉字，教师也说普通话。现在的孩子会说瑶语和汉语，特别是一些七八岁的小孩子，普通话说得很清晰，也较为标准。现在马箭排的人们可以根据交谈对象自由切换，会说汉语的说汉语，不会说汉语的会用瑶语交流。年纪较大的虽然也会说汉语，但往往发音不标准。有的家庭妇女文化程度较低，汉语是通过电视学习的。

附：瑶语歌谣

优嗨歌②

演唱者：唐买社大不公

采集、记录、翻译：唐红英

2005 年 6 月 5 日

jiu^{53}xɔ^{22}…a^{53}xɔi^{21}…, ɓian^{53}ɓu^{21}vɔŋ^{53}ɓuŋ^{44}ei^{44},

① 讲述人：房茶介一，81 岁，男，瑶族，火烧排退休老师；讲述时间：2019 年 8 月 3 日；讲述地点：火烧排房茶介一家内。

② “优嗨歌”是在八排瑶最盛大的历史文化活动“要歌堂”活动中的主要歌唱形式，其内容以传承历史、纪念祖先、交朋结友、歌颂今天、展望明天为主。歌唱形式为一人领唱，一人或是附唱、答唱，众人和唱。本首“优嗨歌”流传于油岭村。

优何——啊嗨——盘古王公哎，

ɖi^{53}sɔt^{4}vaŋ^{53}ne^{44}xun^{44}wan^{22}juŋ^{22}liu^{44}lɔ^{22}…

缔出天地千万物了啰；

a^{44}…ji^{21}…ȵiu^{53}xɔ^{22}…a^{53}xɔi^{21}…

啊……依——优何——啊嗨——

ɓian^{53}ƙu^{21}vɔŋ^{44}pɔ^{44}ei^{44}, ɖi^{53}sɔt^{4}ei^{22}men^{53}vu^{21}men^{44}ɖiaŋ^{44}liu^{44}lɔ^{22}

盘古王婆哎——造出了人类人丁了哎——

a^{44}sɛ^{44}. ȵiu^{53}xɔ^{22}…!

啊噻优何——！

jiu^{53}xɔ^{22}…a^{53}xɔi^{21}…, ƙu^{53}jɔŋ^{44}ɕiap^{2}ven^{22}ei^{44},

优何——啊嗨——九村十寨人们哎——

Lau^{44}ɖu^{44}lau^{44}tsan^{22}a^{44}sen^{44}ai^{44}ƙɔ^{44}tɔŋ^{44}liu^{44}lɔ^{22}——

聚齐到一起闹歌堂（刘罗）哎——

a^{44}…ji^{21}…ȵiu^{53}xɔ^{22}…a^{53}xɔi^{21}…, ƙu^{53}xeŋ^{22}ɕiap^{2}ɓia^{24}ei^{44},

啊……依……优何——啊嗨——九姓十家的人啊，

a^{44}sen^{44}a^{44}lau^{44}ɖu^{44}xun^{44}ɖiu^{53}liu^{22}lɔ^{22}——

都来到赶热闹（罗哎——）；

a^{44}sɛ^{44}. ȵiu^{53}xɔ^{22}…

——啊噻优何——！

a^{44}…ji^{21}…ȵiu^{53}xɔ^{22}…a^{53}xɔi^{21}…, ȵiu^{53}xɔ^{22}…a^{53}xɔi$^{21\cdots44\cdots22}$…

嘿优何——咧，啊噻优何——啊嗨——！优何嗨——

mun^{53}tɕiu^{22}mun^{2}ven^{24}ei^{44}——vui^{55}ɓu^{24}lɔ^{22}tɔi^{22}——

问你阿路来啰（问你从哪条路上来）哎——

a^{44}sɛ^{44}. ȵiu^{53}xɔ^{22}…

啊噻优何——啊嗨——！

a^{44}…ji^{21}…ȵiu^{53}xɔ^{22}…a^{53}xɔi^{21}…

啊依优何——啊嗨——

mun^{53}tɕiu^{22}mun^{2}ven^{24}ei^{44}——, vui^{55}ɓu^{24}lɔ^{22}tɔi^{22}——

问你是哪州哪府来的（罗话）；

a^{44}…ji^{21}…ȵiu^{53}xɔ^{22}…a^{53}xɔi^{21}…

嘿依优何啊咧——，啊噻优何——啊嗨——！

jiu^{53}xɔ^{22}…a^{53}xɔi^{21}…

优何——阿嗨——

ti^{53}jɔt^{4}men^{44}ɖiu^{53}ei$^{22\cdots44}$——men^{55}xɛŋ^{21}tsɔŋ^{44}ɖiu^{22}——liu^{44}lɔ^{22}——

第一人闹——同辈同年们的呢——

a^{44}…ji^{21}…ȵiu^{53}xɔ^{22}…a^{53}xɔi^{21}…

啊依优何——啊嗨——

ti^{53}ȵi^{22}men^{44}ɖiu^{53}ei$^{22\cdots44}$——，ɕiap^{2}ŋɔ^{22}lɔ^{22}paŋ^{22}——

第二人闹呢，十月旺份到来——

a^{44}…sɛ^{33}ai^{22}ɦɔ^{44}tɔŋ^{53}——liu^{44}lɔ^{22}——

啊噻挨歌堂（流罗）！

a^{44}sɛ^{44}. ȵiu^{53}xɔ^{22}…ʔiu^{53}…ʔiu^{53}…ʔiu^{53}…

啊优何咧——吆喝……呦……呦

“弹指歌”（军寮版）

ɖɔn^{22}tɕi^{21}tɕiŋ^{44}

演唱：房九斤公

采集：李筱文，唐红英

记录、翻译：唐红英

2021 年 7 月 14 日

m^{21}ɕiaŋ^{53}ɦii^{22}mu^{22}ei^{22}, ɖɔŋ^{44}ɕi^{21}a^{53}nai^{44}, ɕian^{53}ɕi^{21}ɦui^{22}ɖɔn^{22}ɖeu^{41},

唔像接母欸，当时那天，先时古代开始（的时候），

ɕian^{53}tɔi^{22}ɦuŋ^{44}cɔŋ^{53}, fu^{44}tɔi^{22}ni^{44}ɓia^{24}, ɖui^{22}laŋ^{22}xen^{44}tɔŋ^{53}ɖui^{24},

先代祖先，先代父母，在那辛塘尾，

fa^{44}xeŋ^{22}ɦai^{44}, ɖi^{22}min^{53}vu^{21}tsɔŋ^{44}lɔ^{22}, ^{2}min^{53}vu^{44}tsɔŋ^{44}lɔ^{22}.

花意街，繁衍出人口多多，人丁旺旺。

te^{53}piaŋ^{53}ɕia^{44}ƙan^{44}ɓan^{22}li^{21}, ɕia^{22}liau^{22}pe^{21}fun^{22}vu^{24}.

这样才红花山岭分离，杜鹃花山分人口。

te^{53}ai^{22}liaŋ^{53}n^{53}ƙuŋ^{44}tuŋ^{22}, ƙeŋ^{44}min^{53}am^{21}ƙuŋ^{44}san^{22},

这样就耕田不同垌，锄地不同山，

te^{53}a^{44}tiu^{53}ƙɔ^{44}tɔŋ^{53}tam^{21}ɖaŋ^{41}pia^{41}tiu^{53}xɔŋ^{24},

这样才一条歌堂砍断五条（来）用，

a^{44}fai^{21}vɔn^{44}pe^{21}tam^{21}ɠai^{44}pia^{41}fai^{21}juŋ^{22},

一块菜园斩开五块（来）用。

m^{21}ɕiaŋ^{53}ƙii^{22}mu^{22}ei^{22}, fun^{22}sɔt^{4}ƙɔn^{44}liu^{53}liaŋ^{44}jɔŋ^{44}ti^{53}jɔt^{4}ƙc^{44}ɖan^{44},

唔像接母欸，分出军寮岭村第一哥单（儿子），

ɓɔt^{4}lei^{44}xeŋ^{44}luŋ^{53}ɓɔ^{22}lɔu^{21}xɛ^{44}ɓa^{44}ɓian^{41},

有着青龙围着四百半，

ɓɔt^{4}lei^{44}pa^{22}fu^{21}ɓɔ^{22}lɔu^{21}n^{44}ɓa^{44}ƙa^{44};

有着白虎保护的五百家；

ɓɔt^{4}lei^{44}ɓu^{21}tɕi^{21}tɔŋ^{53}, ɖuŋ^{22}tɕi^{1}ɖiam^{21}, ɕia^{44}vɔŋ^{53}ƙan^{44}tɕi^{21}tɔ^{41}lɔ^{41}.

有着烧纸地，埋纸点，石望间纸地咯。

m^{21}ɕiaŋ^{53}ƙii^{22}mu^{22}ei^{22},

唔像接母欸，

fun^{22}sɔt^{4}ti^{53}ȵi^{22}ƙc^{44}ɖan^{44}ɖui^{41}tai^{44}liaŋ^{44}liaŋ^{44}jɔŋ^{44},

分出第二哥单（儿子）在呆度岭村，

ɓɔt^{4}lei^{44}xɔm^{44}ɓa^{44}ɓɔ^{22}leŋ^{53}xɛ^{44}ɓa^{44}ƙia^{44}.

有着三百零四百家。

ɓɔt^{4}lei^{44}tam^{44}paŋ^{53}aŋ^{21}tɕi^{1}ɖiam^{21}, xuŋ^{53}pa^{22}ƙan^{44}tɕi^{21}tɔ^{41}lɔ^{41}.

有着大榜昂纸点，红白间纸地咯。

m^{21}ɕiaŋ^{53}ƙii^{22}mu^{22}ei^{22},

唔像接母欸，

fun^{22}sɔt^{4}ti^{53}xɔm^{44}ƙc^{44}ɖan^{44}ɖui^{41}tam^{53}ƙiaŋ^{21}liaŋ^{44}jɔŋ^{44},

分出第三哥单（儿子）在大强岭村，

ɓɔt^{4}lei^{44}vi^{22}ɓa^{44}xɛ^{22}xɔm^{22}ɓa^{1}ɓa^{44}ƙa^{41}.

有着二百四三百家。

ɓɔt^{4}lei^{44}ɖuŋ^{44}xi^{22}ɖuŋ^{21}tɕi^{1}ɖiam^{21}, ɠɔŋ^{53}a^{44}ɖuŋ^{44}tɕi^{21}tɔ^{41}lɔ^{41}.

有着洞许墩纸点，塘垭墩纸地咯。

m^{21}ɕiaŋ^{53}ƙii^{22}mu^{22}ei^{22},

唔像接母欸，

fun^{22}sɔt^{4}ti^{53}xɛ^{22}ƙɛ^{44}ɖan^{44}ɖui^{41}li^{53}ɓɛt^{4}tuŋ^{22}jɔŋ^{44},

分出第四哥单（儿子）在里八垌村，

ɓɔt^{4}lei^{44}ɓa^{44}ƙu^{21}vi^{41}ɓa^{44}ƙa^{44}.

有着一百九二百家。

ɓɔt^{4}lei^{44}jɔŋ^{4}ƙɔŋ^{44}tuŋ^{22}tɕi^{1}ɖiam^{21}, ŋa^{53}piu^{21}ɖuŋ^{44}ƙai^{44}tɕi^{21}tɔ^{41}lɔ^{41}.

有着寨脚垌纸点，瓦屋东街纸地咯。

m^{21}ɕiaŋ^{53}ƙii^{22}mu^{22}ei^{22},

唔像接母欸，

fun^{22}sɔt^{4}ti^{53}n^{44}leu^{22}ɖui^{21}ɖan^{44}, ɖui^{41}man^{53}teu^{21}liaŋ^{44}jɔŋ^{44},

分出第五幺尾单（儿子），在馒头岭村，

ɓɔt^{4}lei^{44}vi^{41}ɓa^{44}leŋ^{53}xɔm^{44}ɓa^{44}ƙia^{44}.

有着二百零三百家。

ɓɔt^{4}lei^{44}xiaŋ^{44}fa^{44}ƙan^{44}tɕi^{1}ɖiam^{21},

有着香花间纸点，

ɓɔt^{4}lei^{44}ʑu^{44}luŋ^{53}aŋ^{21}ʑu^{44}aŋ^{21}ƙai^{44}tɕi^{21}tɔ^{41}lɔ^{41}.

有着石龙昂石昂街纸地咯。

m^{21}ɕiaŋ^{53}ƙii^{22}mu^{22}ei^{22},

唔像接母欸，

pia^{41}tuŋ^{22}min^{53}ƙa^{44}ɖi^{44}sei^{21}sei^{21}tɔi^{22}tɔi^{22}xi^{44}laŋ^{41}liŋ^{53},

五垌人大家世世代代一直好商量，

fun^{22}miu^{22}n^{53}fun^{22}min^{53}, fun^{22}min^{53}n^{53}fun^{22}xum^{44}.

分庙不分人，分人不分心。

ɔn^{44}pai^{21}vaŋ^{53}tɕi^{24}ɦui^{22}xuŋ^{22}xi^{41}ɔ^{44}.

规矩安排就是这样的了。

第七章 排瑶文书

第一节 瑶族土俗字

早前学界对于瑶族有无文字一直以来存有争论。宋代周去非就曾在《岭外代答·木契》中言："瑶人无文字，其要约以木契。合二板而刻之，人执其一，守之甚信。若其投碟于州县，亦用木契。"① 与周去非几乎同时代的地理学家祝穆认为，瑶族可能存在着自己的文字。祝穆在其《方舆胜览》中载："（瑶人）刻木为契约，字画如梵书，不可晓。"② 由此可以认为，宋代的瑶人可能是存有文字的，但是文字的独特性实则为外人所不熟知，其形状类似于梵文，奇特各异。

时至明清时期地方志曾对瑶族文字有过相关的记载，最具有代表性的便是李来章的《连阳八排风土记》，在《焚瑶书宣讲圣谕一则》中曾有明确的说明：

> 瑶书有数种，如《阎罗科》《上桥书》、扶道降神等名，皆鄙俚，诞妄不经。而扶道降神，崇邪诲叛，尤为无忌惮之甚者。《阎罗科》述破狱超度，《上桥书》言禳厄祈福，犹为道家科醮之常。

又言：

> 巡历诸排，搜其书，尽焚烧之。拘其师，差押驱逐出境。恭

① （宋）周去非：《岭外代答》，426 页，北京，中华书局，1999。
② （宋）祝穆：《方舆胜览》，178 页，北京，中华书局，2003。

> 撰《圣谕衍义三字歌》，以土音训注其下。另为置约正，延端士，俾为瑶童宣讲启迪，朝夕无倦。每逢四季，令赴县背诵，赏以笔、楮、果、饼，瑶老、瑶婆群观叹息。①

由此可知，在清代的排瑶地区先生公曾撰写过诸多“瑶书”，这些瑶书种类繁多，各有所用，不论内容是否用自己的文字来记载还是假借汉字，可以肯定的是他们拥有自己的一套语言记录体系。时至今日，我们仍然能在排瑶地区见到诸多汉字中不曾相识的字，例如“父＋正”代表有子嗣的父亲。对此，学者冯广艺也认为过去瑶族可能是有过文字的，给瑶文带来灭顶之灾的，是清乾隆年间瑶侗民族起义，清朝廷在镇压起义后，对瑶族采取高压政策，严禁瑶人学习使用这种似篆非篆的文字，导致瑶文衰落。此后，瑶族有语言没有文字，成为一种普遍观念。②

实际早在20世纪50年代，中央民委就提出要研究创造瑶族文字。当时的中央民族学院、广西民族学院等有关民族院校和有关研究机构曾派人到瑶族聚居的广西、云南、贵州、湖南、广东等地进行调查研究，试图创造瑶文，但这项工作直到1983年才由中央民族学院最后完成。这套瑶族文字是由26个字母组成，其中有元音6个，辅音20个，每个字母都有一个名称。元音字母以字母本身的发音作为读音，辅音字母是在它的后面加上（a）作为这个字母名称的读音。为了方便学习汉语文，在瑶文字母中，凡与汉语相同的都采用同汉语拼音方案相一致的字母形式。文字创立后还曾成立了实验班进行学习，但后来由于推广和使用范围并不广泛，导致瑶文的学习一直发展缓慢。

直至近年，关于瑶族文字的研究都没有中断，中南民族大学语言学及濒危语言研究团队的冯广艺和李庆福两位老师，指导中央民族大学少数民族语言学博士生谢燮一同对瑶族古文字进行了系统深入的调研分析，认为瑶族不仅拥有自己的语言，也有自己的文字，这种文字似篆非篆，是与方块汉字有着较大的差别的菱形斜体字，曾在湘南桂北以及贵州部分瑶族地

① （清）李来章撰，黄志辉注：《连阳八排风土记》，144页，广州，中山大学出版社，1990。

② 李国斌：《宋代以来的“瑶族有无文字”之争》，载《湖南日报》，2018-08-27，第007版。

区流传，后因社会文化的变迁发展，这种文字只在妇女生活特别是女红活动中传承和延续，形成一种独特的女性文字。[①] 论文发表的同年，在江华瑶族自治县瑶族文字研讨会上，中南民族大学瑶族文字研究课题组专家用多媒体向与会人员介绍“瑶篆字字表”，宣布瑶族有自己的文字。但仅以目前学界对排瑶汉字的研究结果来看，八排瑶并无确切的文字存在，只是用汉字记录瑶音。

第二节　先生公文书

先生公文书是排瑶地区保留文字最为丰富的实物载体。通常情况下，先生公通过文书所载内容进行相应的法事活动，是故，先生公文书在排瑶地区的流传与传播极为广泛。这些书绝大多数没有正式出版，只是代代流传，以线装传抄供先生公开展法事活动以及授徒教学时使用。

一、先生公文书的来源

对于先生公文书究竟从何而来，学界尚未形成一种统一的定论，仅以田野调查与相关的文献资料来看，瑶经可能在明代时就已出现并在排瑶地区广泛传播。据在火烧排房伟华先生公家搜集到的《大都勇解神煞书》记载：

> 大塱（明＋空）国广东道广州府连州连山县永福乡唐家水下坪源大掌岭、火烧排立坛居住。[②]

瑶经中所载的（明＋空）字为瑶族所造之土俗字，其义当指明朝后期建立的南明政权。除此之外，我们在《架桥文疏》《招亡赦罪解结》中亦能

① 李庆福、冯广义、谢燮：《瑶族古文字考察报告》，载《汉藏语学报》，2015（8）。

② 房伟华编撰的《大都勇解神煞书》，具体写作时间未注明，属于民间文献收集与整理。

看到相关类似的记载。据此，似可证明瑶经早在南明时期便已出现。至此，又一问题值得思考，瑶经是自南明时期就存在于排瑶地区，还是从别地流传至此呢？对此，我们认为这可能是从湖南等地受道教影响由道教演变传播而来，理由有三：

其一，清代文献中即有证明。前文已述在清人李来章的《连阳八排风土记》中多次提及“排师多系之黄冠”，在众多瑶经例如《架桥文疏》中多次提及“湖南教主伯公”。据此大致可以推断，瑶经极有可能是从湖南道士外出传播教义的过程中带来的。

其二，在实地调查的过程中曾亲眼目睹的火烧排南东房支系耍歌堂时先生公的盛装。先生公帽子类似于道教文化中的道冠帽，而且先生公在诵读瑶经的过程中，并不是使用纯正的瑶话，发音像是普通话夹杂着一些当地客家话和粤北方言。这可能与其所邻近的湖南有所关联。

其三，诸多瑶经的文书中提及了大量的神位名称，例如玉皇大帝、元始天尊、道德天尊、灵宝天尊、太上老君、北极紫微大帝、二十八星宿、四海龙王、阎罗判官，等等。这些神位中大多是以道教为主的神仙龛位。

据此推断，瑶经可能汲取道教中的道经，演变传入排瑶地区后掺杂进祖先崇拜及当地的信仰崇拜，发展成现在的“瑶经”。

二、先生公文书的编撰

对于排瑶地区先生公文书即瑶经的编撰问题，呈现出两个特征，一是他人编撰，内地流传；二是自己传抄。这里要明确的一点是瑶经并非排瑶人民凭空创作出来的。在走访火烧排与里八峒排收集瑶经的过程中听房大火一先生公讲，这些瑶经都是从他处传入的，并不是排瑶的编排创作。与此同时，在瑶经文书中出现了大量的神像挂图与符箓画纸，这些具有浓厚宗教历史文化色彩与宗教理论知识的瑶经是与排瑶地区的社会文化水平所不相吻合的。

值得注意的是，排瑶地区的先生公文书可以另行传抄。如火烧排的房大火一先生公收有两名徒弟，为了传教徒弟方便，他利用闲暇时间对已有文书进行传抄与复印，然后装订成册供需要的人使用，这种情况在排瑶地区非常普遍。大掌排的唐马角公（先生公）也是如此做的。

三、先生公文书的种类及内容

在排瑶地区流传着众多先生公文书，这些瑶经文书主要应用在信仰仪式的场所中，在一场完整的信仰仪式中甚至会唱念诸多种类别的瑶经。据学者练铭志统计，在排瑶地区流传的经书共有 72 本。[①] 而这里的“72”可能是个虚数，因为各排之间瑶经的传抄版本各不相同，并且排与排之间或许有重复的版本，也有的可能有不完整之处。但大体而言，瑶经种类繁多是无疑的。

火烧排瑶经一[②]（李超 / 摄）

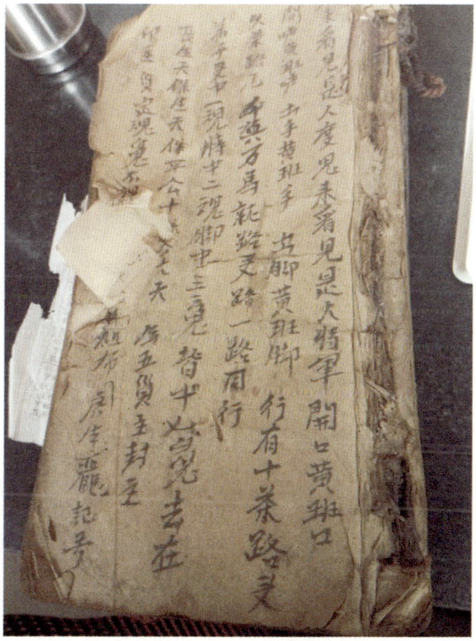

火烧排瑶经二[③]（李超 / 摄）

在田野调查中，火烧排的先生公房大火一公展示了诸多用于法事的

① 据练铭志称，这七十二本经书的数据是由连南县史志办许文清汇集整理提供的。
② 拍摄时间：2019 年 7 月 27 日；拍摄地点：火烧排房大火一公家内。
③ 拍摄时间：2019 年 7 月 27 日；拍摄地点：火烧排房大火一公家内。本书封面已散佚。

瑶经文书。房大火一先生公常用的经文书有两本。其中一本为《壹拾式本——法起公千子万孙支用》。另外一本由于年代久远，封面已经散佚，名字不得而知，但从内容上来看，也是祭祀讲经之用。

实际上，从先生公文书的功能属性来看，在各个方面都有对应的文书。例如婚姻方面有专门的婚姻经书，在丧葬方面有专门的丧葬经书，在解除病痛方面有解神煞经书，等等。例如房伟华不但是婚姻习俗的传承人，也是“解神煞”的先生公。下面按照类别将查阅及询问到的先生公文书进行分类整理如下：

耍歌堂经书。此类瑶经文书主要在耍歌堂仪式中使用，有些经文唱诵一遍，而有些经文则唱诵两遍。具体有《收耗》《造桥》（又称《架桥文书》）、《香花》《兵床》《迎兵》《召亡》《安公》《立九州》《收红尸》《户丁》《阎罗》《沙会》《扫己》《祺香》《请公》《炉中》《生达》《收金》《解辛》《指路》《社部》《晕丹》《由细》《发牒》《丙神沙》《怀胎六甲》《将军》《开光》《大传》。其中，《大传》在耍大歌堂的时候才会用到。

除病经书。此类经书亦称为解神煞书。主要有《收花》[1]《花间甲坛》《解大岁》《医生救人》《道魂》《收退》。

安葬打斋瑶经。此类经书主要用于丧葬礼仪中。主要有《收耗》《兵床》《召亡》《送亡》《迎兵》《安公》《发牒》《立九州》《沙会》《请公》《行光》《点灯》《炉中》《买地》《打路》《扫板》《将军》《当丁》《阎罗》《份蹲》《户丁》《安龙》《保出》《推龙》《由细》《上答下答》《里九子》《打六》《祖师文》《收红衣》。

灭火经。排瑶中住房附近起火或者柴堆起火，则认为是神鬼作祟，此时要诵经以驱除神鬼。主要有《收金》《番解冤家咒诅》。

安葬迁葬经。此类经与前者不同的是涉及二次葬时，需单独唱念 4 种经文，即《推龙》《安龙》《保出》《安公》。

求雨经。每逢天气干旱不雨，人们便请先生公举行求雨仪式。在求雨过程中要唱念两部经书，即《请公》《广水》。

收金经。有《收金》《番解冤家咒诅》。

① 《收花》主要用于小孩久病不愈，用此经书来解神煞救治。

架桥经。架桥仪式是一种祈福式的活动，瑶民每年每家每户都会请先生公为自已做一次法事，以求平安添福。这类经书较多，有《荷船》《荷桥》《收魂》《拜价》《架桥》《收退》。

杀虫经。排瑶地区向来特别重视农业生产，如果有病虫害侵袭，则认为是虫瘟神在作祟，这时需要唱念经书予以驱除。主要有《请公》《收耗》《收米魂》《收虫》(念咒语)。

买牛经。瑶民买牛回家后要诵经。有《请公》《安公》《净生》。

迎亲出嫁经。此类经文多用于瑶民的婚姻礼仪中。主要有《请公》《沙会》《原合》《拜台》《花间甲坛》。

建屋经。排瑶地区凡是破土动工修建房屋必须要请先生公举行仪式诵经文以保佑平安。主要有《请公》《存鸡》《当丁》《谢宅》《户丁》《厚龙》《安龙》《安公》《洒秽》。

解古人钱经。此类瑶经较为特殊，一般是为瑶族老人准备的。瑶族老人如果久病不愈，家人就会请先生公举行送鬼仪式。送鬼的含义有两种。一为通过赶鬼使身体康复；二是疾病久治不愈，折磨已久，则唱诵经文促其早日归天。这种经文需要先生公、管庙公同时在场进行主持。这类经书主要有《收魂》《古关疏》[①] 两种。

关风门经。排瑶地区地处广东省，夏季经常有台风光顾，如果遇到台风袭击，瑶民认为是天的风门敞开。为保护庄稼免遭灾害，先生公唱诵《请公》《拜价》。

催生经。有《收耗》《开围》《接花》《安公》《洒秽》。

接生求子经。有《送花点花》《怀胎六甲》《洒秽》。

风水拜山经。有《买地》《安龙》《谢坟》。

打道箓经。打道箓实际是为了给生活在阴府的祖先们布施衣物钱粮，以免其鬼魂祸乱人间，同时也为已逝的未经打道箓的先人补办此项程序从而得到先祖的认可，因为先祖认可之后才会立牌位。这项仪式同时也为活人起法名，以供去世后在阴间使用，排瑶地区传闻只有拥有打道箓的人才能在阴

---

① 据练铭志先生在田野调查中考证证实，《古关疏》平时不写成文字，当老人久病不愈，家人为祈求其早日康复或尽快死去，免受病痛折磨，请先生公举行宗教仪式时，才由先生公进行念诵。

间畅通无阻。这项仪式较为重要，用的经书也较多，主要有《请公》《迎兵》《收耗》《立九州》《串花》《将军》《收红尸》《祖师文》《大传》《发牒》。

打阎罗经。在新中国成立之前排瑶地区偶有瘟疫发生，瑶民认为这是瘟疫神鬼在作祟，需请先生公念经一昼夜驱除，这时要以房为单位举行送鬼仪式。这类文书主要有《阎罗》《由细》《正山》《迎兵》《收耗》。

送白虎经。有《拜价》《解大岁》《医生救人》《番解冤家咒诅》。

盖大庙经。此类经书需要在排内修建新的庙宇时才可完整唱诵。主要有《请公》《安公》。

破六甲经。瑶民的小孩如果夜啼不眠或体弱多病，认为是“六甲神”在作祟，所以要进行“破六甲”仪式。此类经书有《收耗》《解辛》《怀胎六甲》。

安龙经。排瑶村民家内如果出现诸多不顺，例如人丁不安、疾病流行的情况，则认为是村寨里的“龙脉”不安稳，此时便要请先生公举行“安龙”仪式。有《安龙》《推龙》《安公》《串花》《存鸡》《谢坟》。

此外，值得说明的是，排瑶地区的瑶经分布非常广泛，以上陈述的瑶经并不是只出现在西五排，在东三排亦有分布。另外，在走访调查的过程中，仍发现火烧排还存有《大庙请神研酒》《海公歌堂请神书》《开天门闭横门上庙请神书》等“请神经”文书。据房伟华先生公所述，这类瑶经可以通用于里八峒排、大掌和马箭等排。据盘鹃《油岭村志》载，油岭排瑶没有自己的文字，有见识的先祖约在明朝时期引进汉文，通过自己的语言加以利用，逐渐演变成用于祭祀、庆典、看病、驱鬼等民间民俗活动的瑶经。利用瑶经开展活动的多数是老人，油岭瑶寨称他们为先生公。人们认为，先生公能与神灵对话，替人驱邪消灾，被看成是一种至高无上的职业。许多家长为了孩子出人头地，把他们送去接受瑶经教育。每年大年初三时，左邻右舍的家长们便聚在一块商议合伙请先生公开私塾。

先生公的报酬，学生每人每月交柴草 1 把，每年交大米 36 斤、盐 1 斤，过年时交酒肉各半斤，由学生凑钱购买新衣服 1 套、红布 1 条。凡 7 岁以上的男孩都可送去，每班学生 10 人以上，年初八后开始上课，学制为两年。学生每天清早到先生公家门口的孔夫子神像前上香，然后回家吃早餐，再去上课；上课时间为上午 9—12 点，下午 14—18 点，每天上 5 节课，每年腊月二十五以后放假至年初七。学习课程主要有《收疏》《兵神煞》《推龙》《酒秽》《请公》《孝出》《宝座》共 7 本祭祀用书，并安排学生学习和背诵“建、除、满、平、定、执、破、危、成、收、开、闭”12 建星名称和“角、亢、氐、房、心、尾、箕、斗、牛、女、虚、危、室、壁、奎、娄、胃、昴、毕、觜、参、井、鬼、柳、星、张、翼、轸”28 宿名称，作为作业每天布置默写 1 次。熟读瑶经后，按约定俗成，学生们一般年满 18 岁以上才能出道跟学做大型仪式活动。像耍歌堂、红白喜事之类的大型活动，要在 60 岁以后并经自己的先生公允许才能独当一面。1950 年前后，油岭瑶寨开私塾的先生公有盘法洞莎盘三别、唐古六买里、唐连州九斤 3 人，外聘来的有连水村的唐孟二、唐佛旋一公、军寮村的斗四二横公、房满罗公共 4 人，油岭瑶寨合计有 7 名先生公，每年教授 7 个瑶经班，学徒 150 多人。[1]

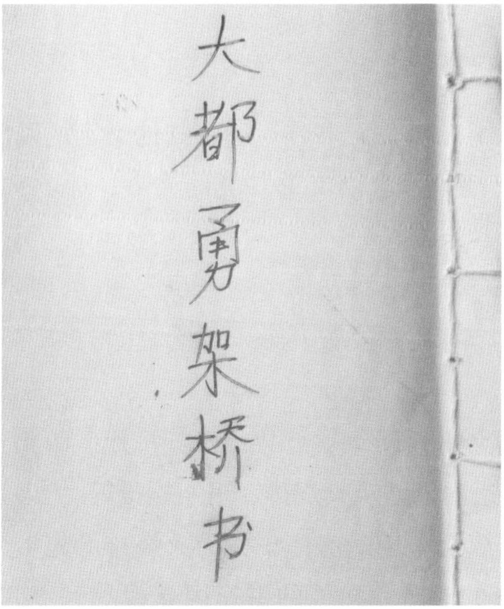

大都勇架桥书[2]（李超 / 摄）

① 盘鹊：《油岭村志》，143—144 页，内部资料。

② 拍摄地点：火烧排房伟华家内；拍摄时间：2019 年 7 月 28 日。

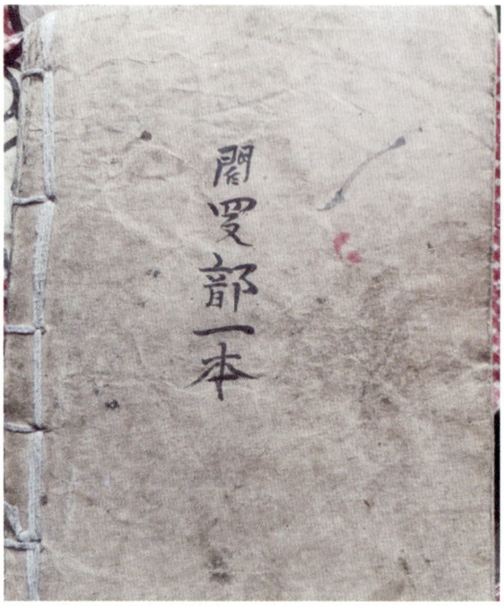

阎罗部一本①（李超/摄）

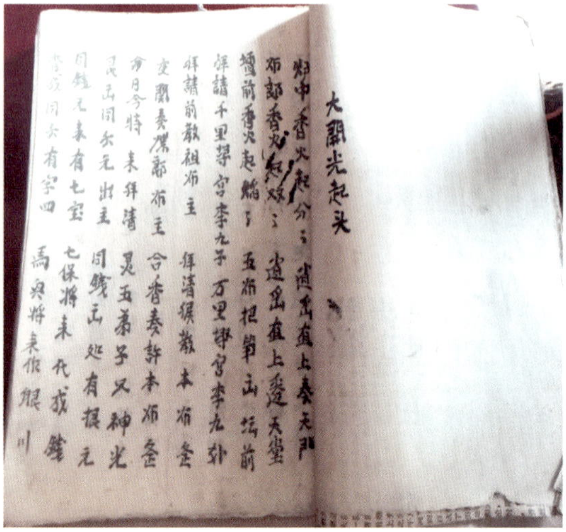

大开光经②（李超/摄）

第三节 其他文书

在排瑶地区除了先生公文书外，还有其他类别的民间文书。在调查走访的过程中也广泛搜集了家谱文书、契约文书、瑶歌文书与教育文书等，民间文献资料丰富，分述如下。

一、家谱文书

关于家族家谱文书，调研小组共在西五排地区收集到 4 部家族家谱等民间家谱文献。家谱内容涉及火烧排、里八峒排等。

其一，火烧排族谱整理。房伟华作为火烧排的先生公以及婚姻仪式传承人，是重点访谈的对象。在他的书斋内就找寻到了其“房”姓的族谱。《房姓族谱》为单行手抄本，并没有完全整理成书，记述的大多是火烧排

① 拍摄地点：广东连南瑶族自治县油岭排；拍摄时间：2020 年 10 月 22 日。
② 拍摄地点：广东连南瑶族自治县横坑排；拍摄时间：2020 年 10 月 25 日。

“房”姓家族的情况。凡举一例，房氏族谱内有：

远亡故房君法忠一郎元命，吉年月日时出生，享寿人间几十岁，不幸吉年月日时在家病故。

族谱中记述族人的生死状况。值得关注的是房伟华在族谱的末页记述了房姓的族系分支，即房姓三公为其祖先，分别为房姓海公、房姓祐公、房姓满德白公，其言出嫁姑人、入嫁姑丈为唐郎白婆，唐郎白公。房姓满德白公生出房少八郎。而房少八郎又分为房起一郎、法高三郎、房第九郎，等等。

《房氏年命谱》是八排瑶中较为综合的一部族谱，由房先清与房泽荣二人合著于 1999 年 9 月，原始版本为民国三十五年（1946）二月十一日订抄古本。书中有这样一段记载：

房氏元命记古传乃远古清河郡内祖先，拜请淮南门下祖师主岭南门下本师爷由来东道广，火山集莫得水阳限抵连州庆与坪寨埋光（瑶语，后来的意思）耗道州住桂州府，南北朝大明二年戊戌年房君法成九郎记。

这本族谱中实际包括了整个八排房氏的相关族谱，其中包括“大坪脚住，房粒晚保单房志明年命书，大坪脚住，房猫黑房十二世系年命书，原火烧排下路崇连利房卫民（法清）年命书”，等等。

房少二郎管下茶界族部族谱。据田野调查，在大坪村 9 组的房茶介一家收集到一本族谱，即《房少二郎管下茶界族部·新亡·远亡·故茶界族》，这本族谱作为房氏族系中的房少二郎系族谱，书名极为具体。这本书的作者是房茶介一，于 2006 年 3 月开始撰写，但直至现在仍未能完成，编印的纸册仍有诸多空缺。

从族谱内容上来看此为清河郡内房少二郎的子孙族传，追溯到最早的祖先为“远亡故房君法寅十郎”，记述为“远亡故房君法寅十郎存日元命丙辰年八月十六日子时生曾经于大传己巳年十一月十一日十四岁行法享受人间五十九岁不幸在甲寅年十二月十六子时在家病故”。通读已经成文的书稿，皆为记述先祖的有关生卒事项。

里八峒排族谱。关于里八峒排的有关族谱收集得不多，仅从沈记辉处收集到一本。由于里八峒历史文化的变迁，排内姓氏的不断流转变化，目前在里八峒排内流传的仅为《沈氏族谱》。

族谱具体编撰年代不详，为沈老师祖上世代传承而保存至今。《沈氏族谱》同样记载了里八峒排瑶民的世代亡故名录，例如：

沈君法进七郎元命壬午年二月初六日辰时生卒于大传癸卯年十一月二十日传授行法十六年行寿阳间三十六年，不幸丁巳年十月十四日丑时在家病故。

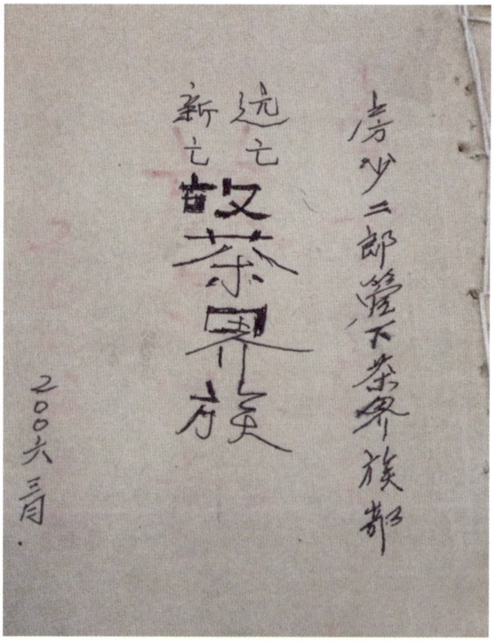

茶界族部族谱[①]（李超 / 摄）

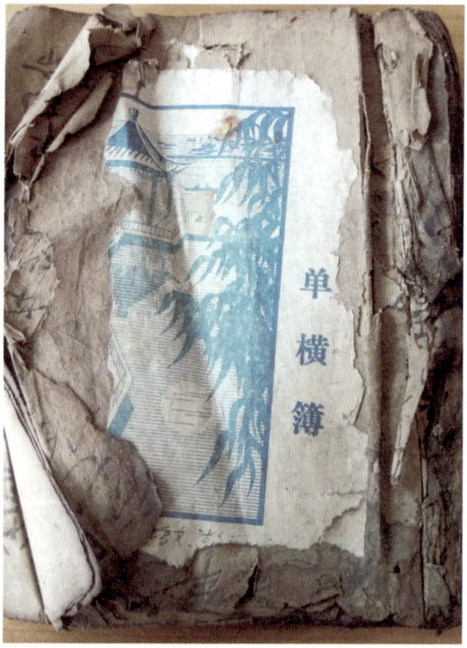

里八峒排沈氏族谱[②]（李超 / 摄）

① 拍摄时间：2019 年 8 月 4 日；拍摄地点：火烧排房茶介一家。
② 拍摄时间：2019 年 8 月 6 日；拍摄地点：里八峒排沈记辉家。

《沈氏族谱》中关于“沈氏”的记载虽然较多，但其中也不乏一些对于唐氏族系的记载，这也证实了里八峒排历史上关于唐姓的记录，即“唐氏四娘元命丙戌年十一月初一日辰时生行寿阳间五十四岁不幸于己卯年十月初四日子时在家病故”，等等记述。

二、地契文书

在西五排，地契文书较少，仅在火烧排收集到一些民间地契文书资料。这些地契文书多为阴宅地契，在排瑶地区被称为地券、冥券等。相关地契文书举例摘录如下：

大曌国[①]广东道广州府，连州连山梁，永福乡，塘家水大坪村分居管入□寨，坐□向□居住，奉。

法安葬孝□，合家等，伏进郎日通念，□亡故□一位正魂，存日元命，□年□月□日□时注生，享寿人间□岁，不幸□年□月□日□时在家病故，辟母夫命给孝□合家等，具俻香纸金钱三千八百毋贝钱来□地名山岭为坟界，东主甲乙木，南主丙丁火，西主庚辛金，北主壬癸水，中主戊己土，上至清天，下至黄土，中全亡人，祈管骸骨，阴盖子孙代代富贵，人丁兴旺，牛马六畜成养田地禾谷耕耘大出百事胜，亿年通月利吉日良时地有钱买到，不得别神外鬼无名。如达下尊者，中间庇吏王地主，皇帝老君救治，准吾奉太上老君，九天玄女请天里治施行前斩后屠，一如玄天律令，神符造下永成主。坛斩煞。

见证买地主　张圣国　艮钱　一百等文正

证人　西王母　艮钱　五十文正。

引主人　海中龙鱼　艮钱　五十文正。

中人　李定度　艮钱　一百等文正。

---

① 此处的“大曌国”实际指明代的“大明朝”。“曌”疑似排瑶地区的土俗字，用来指代当时的南朝大明政权。

代笔人杨敕贫　艮钱　一百等文正。

作证人　东正人　东王公　艮钱　五十文正。

知见人　天边鹤　艮钱　五十文正。

现人　山中土地　艮钱　五十文正。

寻地先生　白鹤仙人　艮钱　一百等文正。

有地契一道给付。亡故□人　念为彭汪恶取煞郎。[①]

地契文书的内容呈现了亡故者申请地契的缘由以及请诸神庇佑的过程。另外，地契文券中亦涉及道家诸神，这足以表明排瑶地区民间信仰实际受道家影响的广泛性。房伟华所保存的地契文书并没有形成完整的书稿，但从节选残页中即可体现这部民间文献的历史价值。

在西五排地区还发现一些“卖山契”，如《里八峒排五姓瑶人卖山契》，此文书曾由房先清先生收集整理并录入《连南八排瑶研究资料》中，内容为里八峒排五姓人卖给大坪村三姓的卖山契，山界范围包括现大坪公社与连山林场整个古晚山场，面积约 8000 亩，此件原存于大坪公乡。现将此原始文书资料摘录如下：

立于大卖山场人：

邓军五公　沈生一公　唐军一公　陈弟二父　房白马一公

今因家中无银使用，无路出计，五姓老人商议，将座落土名山铜罗冲山，东至里八公凹胡唐婆间重东大坪亚，南至五峰东龙君东塘家水丁飞东土朱冲台兴东，西至棉送胡河对送红丁更玉脚亚仙民利，北至三角落大路塘黎更红东胡老角大田墩胡郎唐大堂。

四至明白，将来出卖莫人承就，请中人送到大坪村房家、唐家、沈家三姓人，其山中意，当中三面言井合直古晚铜锣冲山，其山中意子孙耕管，回价使用，山价银二仟二佰玖拾陆吊正。其银共交足里八峒五人亲手接领回家使用。银两银分不得小欠，钱债不准接，二家中意，其山交如大坪村三姓人子孙耕管。后来莫

① 资料由火烧排房伟华提供，查阅时间为 2019 年 7 月 28 日。

反意反口，将出有纸张，生虎一只，龙角一双，通天竹一条，今仁难信，今古为凭照是实。

唐唐为生一公　房张八父

在场人：里八峒：唐白马一父　房真大公　龙大三公　房老一公　唐口口一公　陈二福　邓十公　陈大利一父　邓老龙二公　陈大公二公　邓贵老六公　沈老崩一公　邓大章六公　沈大明六父　房交一公　沈大王老二公

代笔人：房百年大老一公

乾隆甲戌年十一月初八日立。[1]

三、瑶歌文书

排瑶民间文书还有瑶歌书本。瑶歌文书是排瑶人民在长期的生活实践中根据神话传说、历史故事、自然风景、日常劳动、民间习俗等总结出的民间文学。[2]需强调的是，瑶族歌谣文书与瑶歌是两个不同的概念。因为瑶歌文书是根据一些传说故事而改编且能够相互传唱的文本，内容是用汉字记录另以瑶话来进行传唱。相反，瑶歌只是单纯意义上可以用来唱歌的瑶族歌曲，在传播的角度来讲可以进行口头传唱和书本谱曲传唱。二者具有不同之处。

据田野调查，在火烧排与里八峒排附近收集到一些瑶歌文书，例如《打里八峒歌书》《大传度兵勇书》《大都南东房打洲歌》《排瑶歌堂歌》《瑶山的百灵鸟》《讴莎腰歌》《歌堂断卷书》《八排瑶人靴里书》《分八排歌》《□龙歌》[3]《歌度单歌书》《十二月歌》《军寮排要歌堂歌》《水民古歌》《过年歌》《新娘炒黄豆歌》《送嫁讲理堂》等。其中最具有代表性的是房伟华编撰的《打里八峒歌书》，全书分为26小段，呈现了里八峒排近百年的发

① 李默、房先清：《连南八排瑶族研究资料（下）》，918—919页，广州，广东省社会科学院，1987。

② 此处仅以瑶歌文书文字的角度予以举例呈现，具体内容在后文“第十三章——其他”章节（四）民间文学中详细展开。

③ 第一个字散佚，无从考释，特此说明。

展历史，展现了自排瑶在此居住、外敌入侵被迫迁徙、重返重建、振兴家园等历史篇章。遂节选部分内容如下：

（第一段）当时亚乃，唐少五郎五兄弟，对辛堂对花意街，对生能岭勇，大多苗盖结面，丁岩苗栏结间，宅老光顾罗堂，地主暗样，地方暗真，又是三母民五母佬，定罗对大更对生能地方，想结地土暗样，盖结地方暗真、弟定五倒管五隔，得三母民起结量想结法，盖结当乃古元你父，劳罗突山，挨懂生黑父。

挨先生黑单、五争礼缎迪咖阳笤，成唐少五郎，欧都三母民五母佬不拿出古元。

（第二十六段）四姓五父受散，家弟五得站，得到沈标街沈交盖给里八勇，九条龙头钵管，十条龙脉搏照先，五班里八勇民农断，舍离暗舍到，返劳官要对里八勇，官师彭戊子己丑四八四九年劳，得到共产党解放不劳，管出民口是章，人丁是旺等师对习近平主席领导，布里八勇挨变美丽清洁村，真自是大好钵样，十分钵真了。[①]

传统《里八峒歌》的唱法通俗易懂，例如“里八峒，原是个好住场，唐屋街有唐大爷，邓屋街有邓贵财，沈屋街有沈二贵”，等等，真实地反映了排瑶的智慧与过去社会的生活状貌，具有一定的研究价值。

四、教育文书

据田野调查，还发现一类民间文书，即教育文书。这类文书现存并不多，截至目前仅在排瑶地区发现一本，即《排瑶教多晶》（教育歌）。这类文书的内容多为老一辈人将总结的人生礼俗用于教育与警示后人，具有一定的社会教育的寓意和内涵。排瑶地区以教育文书教化后人。

《排瑶教多晶》（教育歌）珍藏于连南县制作长鼓的唐买社海吊处。主

① 摘自房伟华编撰的《打里八峒歌书》，该书由房伟华“法唱”，于 2019 年 7 月整理成书。

要的内容为教授农耕知识及如何相夫教子等。例如：

八月团禾又熟，主人使弟取来；熟将杆子结草堆，奏二三如六；陆人齐到山村，柴刀庂得白如分；睡到明朝又去，屋主安栈定白米；三四十二米同，未将食饭落虚空；斩取柴新归屋，凑得二三如六；九月半间禾熟，应当收割之时；日里去早来去溪，相起工程去做。①

安名科做古金，娶得妻房孔氏；草生两个孙儿，敬请明教训；着付两个孙儿，好生习读文章；若然得中上金佳，如兮租半笼；不角年登十五，春尽去赴科场；一朝身到凤凰地，天下状元第一。

房法传公修好抄写好，传给子孙媳后代，教成聪明的好子孙媳，好祖君弟。

借用要还，偷用灭亡。公事公办，个个知道。②

《排瑶教多晶》（教育歌）全书共计 34 页，记述了日常瑶民应该遵循的德行准则和章法礼教，在结尾处的内容更是强调了父母对于子女教育的重视度，甚至加上“偷盗必诛”等类似的话语，用以强调对排瑶地区的德育教化。

总体来看，八排瑶的传统语言在形成和发展演变的过程中，吸收、融合了周边民族的语言文化，呈现出多元特点。八排瑶的文字则更多是采用变体的记音汉字。不难发现，八排瑶文化特色的形成是民族交往交流交融的结果，是中华民族共同体形成过程中的文化产物。

① 摘自唐买社海吊编撰：《排瑶教多晶》（教育歌），第 8 页；编辑成册时间为 1990 年 10 月 8 日，调研所得为复印本，原本可能散佚或者存留在油岭排。

② 摘自唐买社海吊编撰：《排瑶教多晶》（教育歌），32—33 页。

第八章　住居文化

排瑶聚居于广东省北部连南瑶族自治县，在明代已经形成了定居农业以及小分散、大集中的聚落分布格局。排瑶生活在崇山峻岭、深岩邃壑之中，《民国连山县志》载："生瑶惟处穷谷中。"[①]当时排瑶这样的村落布局是应对封建统治者在政治、经济、文化上的压迫不断增强背景下的无奈之举。排瑶在不改变自然环境的前提下，在喀斯特山地中聚族而居，建起平敞、防潮、空间利用合理的房屋，形成村落。村落依山势而建，处在半山腰或山顶较平坦的地方，房屋沿等高线、顺山坡由下而上呈阶梯式排列，布局独特，既切合瑶民的居住需要，又与自然环境和谐共生。八排建筑类型多样，各排风格鲜明，具有浓郁的民族特色和地方风格，是当地社会组织形态和生活方式的重要体现。

20 世纪 70 年代以前，八排瑶民长期在高山峻岭上建寨，依山建房，聚族而居，与外界交往较少。在方圆 100 多千米的高山峻岭上，到处都是瑶家村寨，故连南有"百里瑶山"之称。因为瑶民居住的村寨依山而建，房屋排列层叠，故被汉族人称为"排瑶"。瑶排多设在险峻高山之上，通往瑶排的路，瑶民沿途以岩石为屏障，设关建隘。在排的四周均用大石垒砌成墙，只留寨门出入。[②]

---

① 何一鸾修、臧承宣纂、凌锡华增修:《民国连山县志》，475 页，南京，凤凰出版社，2003。载《中国地方志集成·广东府县志辑》第 14 册。

② 练铭志、马建钊、李筱文:《排瑶历史文化》，2 页，广州，广东人民出版社，1992。

第一节 选址与格局

排瑶名称的来源较好地表现出排瑶建筑的基本特点，李来章《连阳八排风土记》记载，“八排者，瑶僚所居也。以竹木为寨栅，谓之排也”[①]，认为排瑶居住的村寨以竹木作为栅栏，所以称之为排瑶。民国《连山县志·瑶排志》记载：“环连皆瑶也。宜善以东，三江以西，金坑、白芒以南北，周围四百余里，崇山峻岭，绝壑深林中，土墙瓦屋，聚族而居。”[②]胡耐安认为：“瑶排之称，就是由他们房屋行列，望去一排排的不相紊乱。”[③]李筱文提出“排瑶”因习惯聚族而居，依山建房，其房屋排排相叠，形成的山寨被汉人叫做“瑶排”，所以被称为“排瑶”。[④]又提到：“排，即聚居数千人的大山寨；冲，即居住数百人以下的山村。”[⑤]练铭志等提出，八排二十四冲中的“冲”和“排”都是村寨的意思，其中含有地理意义。“冲”是处于两山之间平地的村寨，“排”是指处在山腰间或山边一块较大坡地的村寨。根据实地调查，排瑶聚居在高山峻岭的山坡上，倾斜而很长，因而其房屋依山势建造，房屋是前排高于后排的门口，与前排的瓦成一条平衡线。自山腰一排排紧接的房屋，层叠至山峰，而峰顶则有小径向下行，把房屋分隔成不同的区。以军寮排为例，《连阳八排风土记》载：“（军寮）又半里，入石梯山，阶级高险，有大石壁立如梯状。路曲折，仅容一人。至石阶头，两畔皆大石，曲径最险隘。左倚石壁，右临深涧。”[⑥]从村落地形着眼，“排”与“冲”反映了原始部落以血缘为纽带而聚居的一种遗存，一般是一种姓氏或几种姓氏聚居。

---

① （清）李来章撰，黄志辉注：《连阳八排风土记》，1 页，广州，中山大学出版社，1990。

② 何一鸾修、臧承宣纂、凌锡华增修：《民国连山县志》，475 页，南京，凤凰出版社，2003。载《中国地方志集成·广东府县志辑》第 14 册。

③ 胡耐安：《中国民族志》，194 页，台北，商务印书馆，1974。

④ 李筱文：《瑶山起舞——瑶族盘王节与“耍歌堂”》，29 页，广州，广东教育出版社，2008。

⑤ 李筱文：《瑶山起舞——瑶族盘王节与“耍歌堂”》，53 页，广州，广东教育出版社，2008。

⑥ （清）李来章撰，黄志辉注：《连阳八排风土记》，21 页，广州，中山大学出版社，1990。

八排地区交通险要，崇山峻岭绵延不绝。康熙四十年（1701），两广总督石琳、广东巡抚彭鹏及广东提督殷化行等上奏清廷云："广州府所属连阳州县，僻在粤省西北，界连广西、湖广，山莽崇深，本属险阻，而境内瑶人八排毗连。各一聚落皆在深岩邃壑之内，丰草密箐之间……伏查连州所辖油岭等三大排，连山所辖军寮等五大排……周围约四百余里，俱系崇山峻岭，鸟道羊肠。"[①]这一文献记载表明了排瑶的生活环境，即在"深岩邃壑之内，丰草密箐之间""崇山峻岭，鸟道羊肠"。李默、房先清对八排地形的描述即可作为注解，如描述东三排："油岭排……排之东三十四里为山溪汛，汛北距三江城十五里为油岭、南江（旧名行项排，又名行祥排，今称南岗排。）横坑要路……山溪汛之通油岭者有两路。其北路三里至石关，一名大滴水，又五里至滑岭，路险隘。又三里至水洞坳，又三里至米筛井，关石崎岖……南江排坐西面东，奇峰矗立……又二里至八角冢，又三里至都司坪，又南行三里过石关至李子坳。又一里过石关，路俱险隘……横坑排坐西面东，瑶居山绝顶……排之东二十里为东芒汛，汛四里至黄泥井，又三里至牛仔空，又二里至里云界，又二里至杀人坪，又三里至南潮水……又二里至猪矢洞，迤西行四里至横坑。马槽屯汛，在横坑之东南，距三江城五十里，一里至水头岩民察，又三里至梅坳岭路险。"[②]可见，东三排山高路险，与外界通道狭长曲折。

清康熙年间连山县令李来章的部分诗词反映了西五排的地理概况。《连署感怀》："羊肠一线惊天险，鸟道千层远圣颜。"[③]《宿军寮》："缘岭遵曲涧，藤刺乱长条。俯下复仰陟，山势郁岹峣。石门称奇险，青苍摩云霄。"[④]《上大掌岭》："山头石峥嵘，林薄厌芜秽。难以数里论，迂曲芒鞋碎。"[⑤]民国凌锡华《连山县志》卷十四载："熟瑶（指过山瑶）与土民交

① （清）姚柬之：《道光连山绥傜厅志》，527页，南京，凤凰出版社，2003。载《中国地方志集成·广东府县志辑》第14册。

② 李默、房先清：《连南八排瑶族研究资料》，43—45页，广州，广东省社会科学院，1987。

③ 何一鸾修、臧承宣纂、凌锡华增修：《民国连山县志》，513页，南京，凤凰出版社，2003。载《中国地方志集成·广东府县志辑》第14册。

④ （民国）何一鸾修、臧承宣纂、凌锡华增修：《连山县志》，514页，南京，凤凰出版社，2003。载《中国地方志集成·广东府县志辑》第14册。

⑤ 何一鸾修、臧承宣纂、凌锡华增修：《民国连山县志》，514页，南京，凤凰出版社，2003。载《中国地方志集成·广东府县志辑》第14册。

易，或同婚姻，生瑶（指排瑶）惟处穷谷中。”[①] 又载：“环连皆瑶也，宜善以东，三江以西，金坑、白芒以南北，周围四百余里，崇山峻岭，绝壑深林中，土墙瓦屋，聚族而居。”[②] 又载：“在连者为八排瑶峒，崇山峻岭，错处期间。”[③] 又载：“周围二百余里，岩险峰峦，皆瑶人耕作居住地也。”同治《连州志·瑶排志》亦载：“（军寮排）瑶次第居山谷两歧间，如蜂巢……（马箭排）左右崇山环绕，林木蓊蔚……（里八峒排）四山回合如城郭，瑶居山歧路……（火烧排）山左右环列，悬崖峭壁，不通人径……（大掌岭排）排中有山梁三。”[④] 又载：“在连者为八排瑶峒，崇山峻岭，错处其间：连州三排，曰油岭、行祥、横坑。连山县属五排，曰：军寮、马箭、里八峒、火烧坪、大掌岭。八排势相毗连，外复有二十四小排，悉八排支派延袤二百余里。”根据瑶学专家赵家旺研究，排瑶、过山瑶居住环境的共同特点是“依山傍险而居”“流布岭表溪洞间”。

综上可知，不管是东三排，还是西五排，均居住在高山峻岭之中。这一点从以下地形图也能得到印证。

① 何一鸾修、臧承宣纂、凌锡华增修:《民国连山县志》，475 页，南京，凤凰出版社，2003。载《中国地方志集成·广东府县志辑》第 14 册。

② 何一鸾修、臧承宣纂、凌锡华增修:《民国连山县志》，475 页，南京，凤凰出版社，2003。载《中国地方志集成·广东府县志辑》第 14 册。

③ 何一鸾修、臧承宣纂、凌锡华增修:《民国连山县志》，475 页，南京，凤凰出版社，2003。载《中国地方志集成·广东府县志辑》第 14 册。

④ （清）袁诛锡等修、（清）单兴诗纂:《同治连州志》，768—769 页，南京，凤凰出版社，2003。载《中国地方志集成·广东府县志辑》第 14 册。

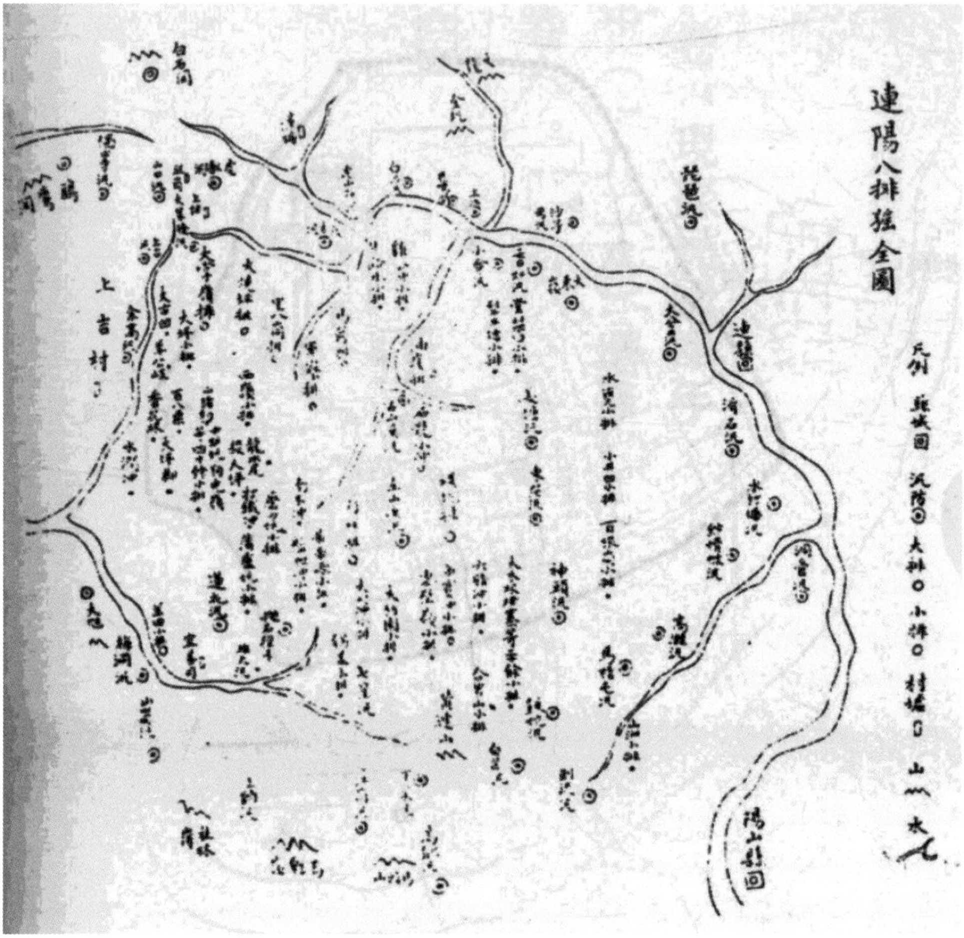

民国《连阳八排瑶全图》[①]

① 何一鸾修、臧承宣纂、凌锡华增修:《民国连山县志》，362 页，南京，凤凰出版社，2003。载《中国地方志集成·广东府县志辑》第 14 册。

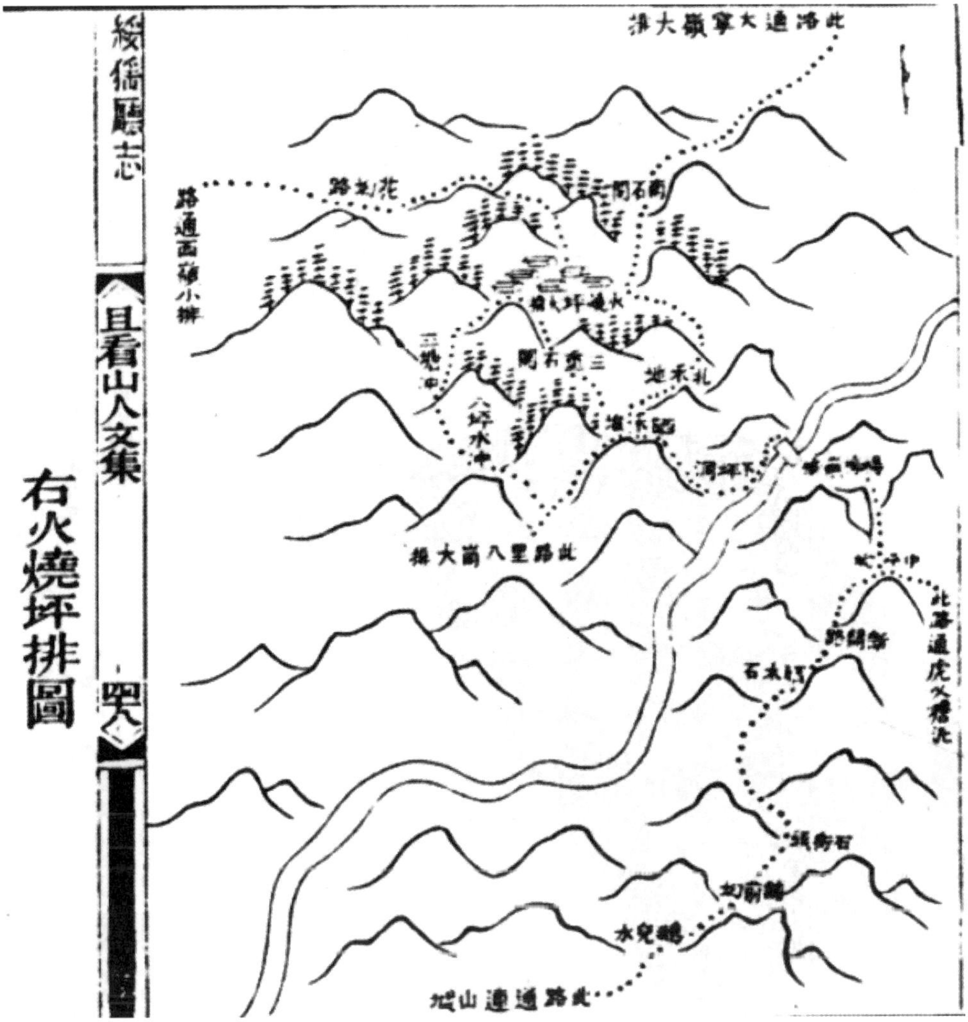

清代火烧排图①

① （清）姚柬之:《道光连山绥傜厅志》，549 页，南京，凤凰出版社，2003。载《中国地方志集成·广东府县志辑》第 14 册。

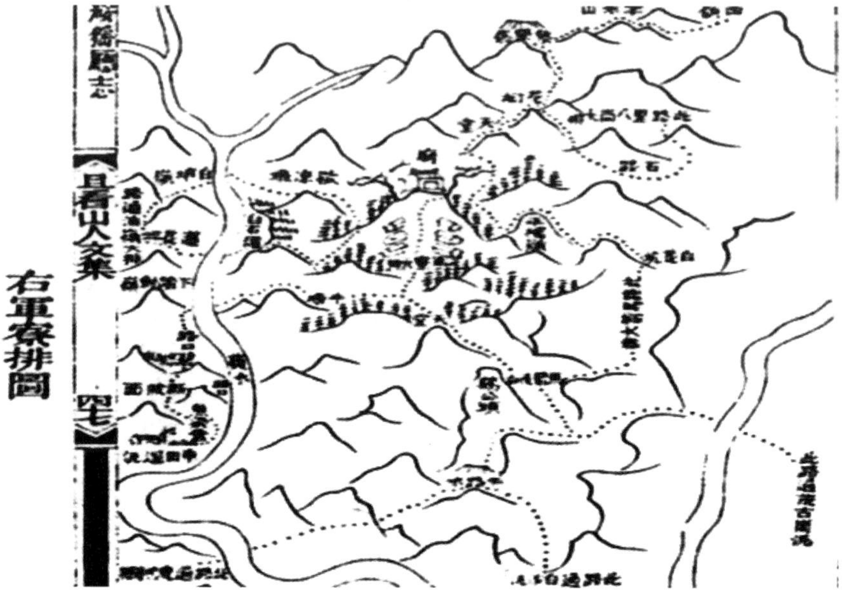

清代军寮排图 ①

清代大掌岭排图 ②

---

① （清）姚柬之:《道光连山绥傜厅志》，549 页，南京，凤凰出版社，2003。载《中国地方志集成 · 广东府县志辑》第 14 册。

② （清）姚柬之:《道光连山绥傜厅志》，550 页，南京，凤凰出版社，2003。载《中国地方志集成 · 广东府县志辑》第 14 册。

清代里八峒排图[①]

清代马箭排图[②]

① （清）姚柬之：《道光连山绥傜厅志》，550页，南京，凤凰出版社，2003。载《中国地方志集成·广东府县志辑》第14册。

② （清）姚柬之：《道光连山绥傜厅志》，551页，南京，凤凰出版社，2003。载《中国地方志集成·广东府县志辑》第14册。

清代油岭排图①

① （清）姚柬之:《道光连山绥傜厅志》，547页，南京，凤凰出版社，2003。载《中国地方志集成·广东府县志辑》第14册。

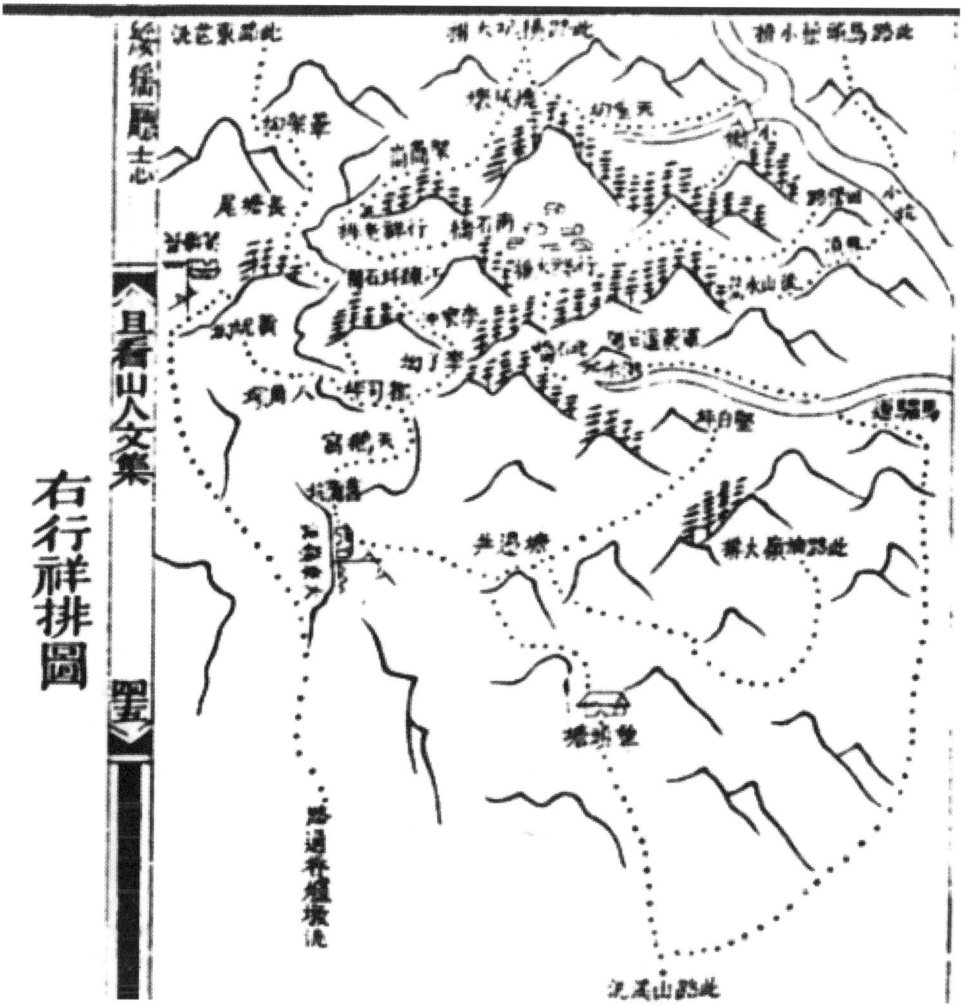

清代南岗排（行祥排）图①

① （清）姚柬之：《道光连山绥傜厅志》，550页，南京，凤凰出版社，2003。载《中国地方志集成·广东府县志辑》第14册。

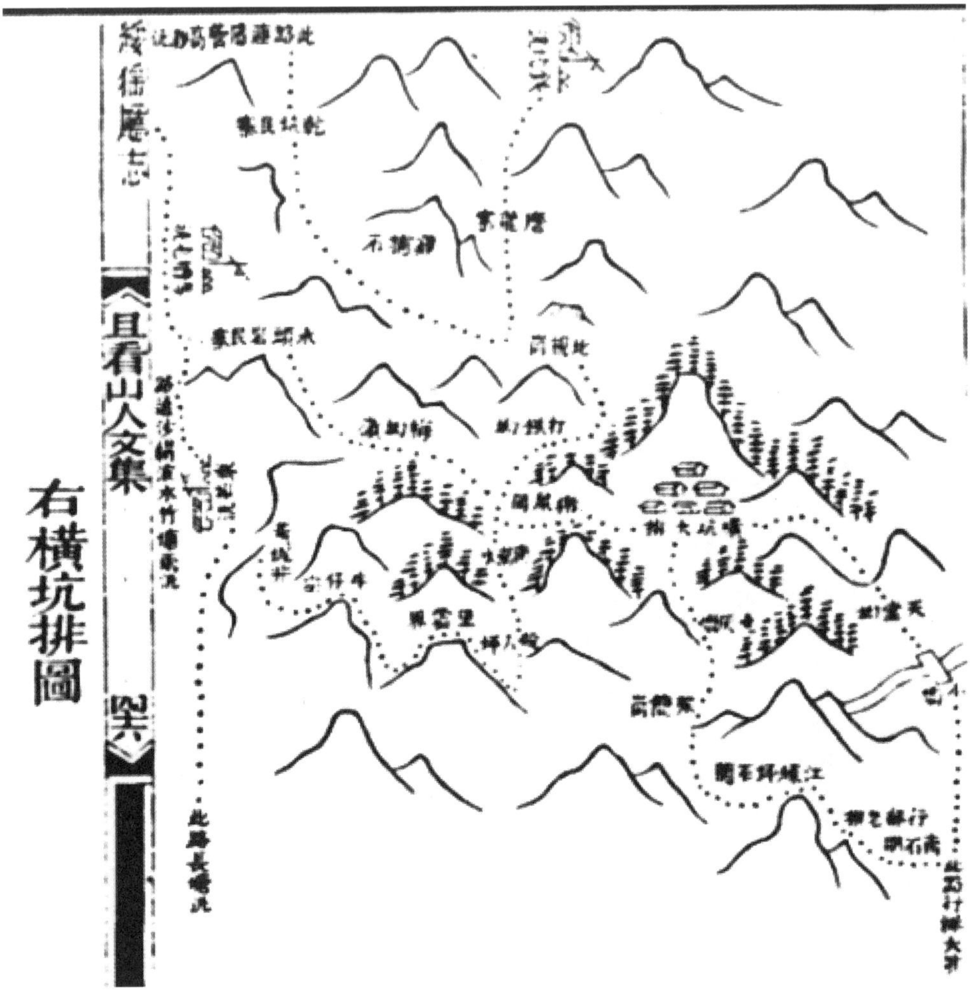

清代横坑排图[①]

排瑶要在崇山峻岭之间寻找气候环境俱佳、适合生产生活的建寨之地，村寨选址尤为重要。排瑶在选择村寨位置时，十分看重风水，方位、水源、植被、地形等都会纳入重点考虑范围。

李来章《连阳八排风土记》对八排瑶的地形地势有较为详细的描述：马箭“排坐南向北，左右皆高山，林木蔚蓊。排左右有小水，流至排前石门，合流至茂古水。排后山顶有大塘二，长、阔而深，冬、夏不涸，有竹、

① （清）姚柬之：《道光连山绥傜厅志》，547 页，南京，凤凰出版社，2003。载《中国地方志集成 · 广东府县志辑》第 14 册。

木，无大树。塘水下流，经茂古硐，与塔脚水合”①。军寮“排坐北向南，人住两歧。两埒之间，形似蜂巢，却有次第。山顶有祖庙，其状多类孩童，不知为何神也。各冲小水，流出成河，由排前往连州高良墟，人呼为军寮水也”②。里八峒“排坐南向北，瑶住四岭之歧。中有小冲，二水合流，下通茂古硐至县，名大冲水，出则唐家水也”③。火烧坪“排坐南向北，两山环抱。禽星锁水口，中有良田，多瓦屋，地势开朗，与别排迥不同也”④。大掌岭“坐西向东，中有山梁三、水冲二，瑶人散居梁侧冲上……排后为天塘山，山顶有大塘，流出小水，由山背至狗婆冲去，为上吉水。瑶人以竹引水，随其高下，至厨而止，亦可观览也”⑤。油岭“排坐南向北，两山环抱，中有层级，高下相承，瑶人次第居之，面对高良。石山背后，高山耸立如屏。下有圆墩，因立祖庙。地平坦，多古树”⑥。横坑“自州东出五十二里，至黄冈坪分路。又六里，至架筒峒。石堆丛立，路径崎岖。峒前有平田，宜屯扎。又六里，至排。弥望黄草，皆上岭路也。地势平阔，轿马可行，路在排南。排坐东向西”⑦。行祥“排自州东出三十五里，至长塘汛。又五里，至八角冢。又五里，至都司坪。皆平坦。又三里，至李家冲，有石门二重。上岭，路险曲，防瑶截伏。又五里，至黄峒坪，平坦。寻至石门要隘。又三里，至石围，要隘难开。其内，地颇平坦，兵可屯扎，但水远耳。又六里，至拱桥，石门二重。路颇崎岖，实行祥隘口也。既过石门，左右皆峻山。又七里，至排。路系上岭，阶级最险。左茂林，右深坑。路在排之东。排坐东向西，地平坦宽阔，较胜诸排”⑧。

方位是风水的重要构成要素，直接影响着村寨的采光、通风等方面。八排大多选址在海拔500—1000米的山地，群山环绕，可以有效规避西北寒风，方便给水和采光。油岭排坐西面东，两山环合，山层级高下相承，

① （清）李来章撰，黄志辉注：《连阳八排风土记》，19页，广州，中山大学出版社，1990。
② （清）李来章撰，黄志辉注：《连阳八排风土记》，21页，广州，中山大学出版社，1990。
③ （清）李来章撰，黄志辉注：《连阳八排风土记》，23页，广州，中山大学出版社，1990。
④ （清）李来章撰，黄志辉注：《连阳八排风土记》，26页，广州，中山大学出版社，1990。
⑤ （清）李来章撰，黄志辉注：《连阳八排风土记》，27页，广州，中山大学出版社，1990。
⑥ （清）李来章撰，黄志辉注：《连阳八排风土记》，41页，广州，中山大学出版社，1990。
⑦ （清）李来章撰，黄志辉注：《连阳八排风土记》，44页，广州，中山大学出版社，1990。
⑧ （清）李来章撰，黄志辉注：《连阳八排风土记》，45页，广州，中山大学出版社，1990。

瑶人次第居处；行祥排坐西面东，奇峰矗立，瑶屋庐层叠居半山上，左密林，右深坑，前后面山；横坑排坐西面东，瑶居山绝顶，实平行宽敞；大掌排坐西南向东北，石关分布四面，入排山路崎岖，据险以守；军寮排坐北向南，危石屹立，岩壑幽邃，瑶民次第居山谷两歧间，密如蜂巢；马箭排坐东面南，左右崇山环绕，林木蓊蔚；里八峒排坐南面北，四周山岭回合如城郭；火烧排坐南向北，山寨左右皆悬崖峭壁，不通人径。八排处于群山之间，规避风险，通风极好，防暑避寒。

水源是排瑶村寨选址时要考虑的重要因素，主要是从高程、水质、取水等角度考虑。从整体来看，排瑶村落沿河分布于周围的山上，历史上的八大排二十四冲在连南县建制前分属连县、连山、阳山三县，但主要以涡水河为界，河东为“东三排”，河西为“西五排”（或“州属三排”“县属五排”）。排瑶以涡水河为中心分布，涡水河起源于起微山，自北而南进入连江。由于是喀斯特地貌，暗河溪流众多，为连南瑶民提供了丰富的水资源。八排均位于涡水河的沿岸，水资源十分丰富。雨水少的季节就靠这些水源灌溉田峒里的农作物。瑶民饮水以及山腰梯田灌溉则靠石缝间的小溪流水。如军寮排上各山冲有小溪水长流，汇成小河经排前流往三江，称为军寮水；马箭排有小溪水流至排前石门，合流至茂古峒。排后石巅有两个大水塘，阔而深，长年不枯竭；火烧排山顶有溪流山泉顺流而下，前有大池塘；大掌排左边山冲有水源多处，合流成河，由排前流过，经由塘家水、鱼跳水、茂古洞，出关而去，排后为天堂山，山顶有大水塘，长年流水不断；里八峒排中有小冲，二溪水合流，下通茂古洞出塘家水。这些水源取水方便、水流明净、水质甘甜，既能满足灌溉农作物的需要，也能满足人们的生活需求，且不易产生洪涝灾害。

八排居住地区属于喀斯特地貌，岗丘起伏，地貌类型多样，有喀斯特山地、峰林、丘陵、洼地、台地等。农林结合是八排瑶传统乡村聚落景观的重要特点。八排聚落皆位于起微山余脉的森林中，森林繁茂。这样选择位置，出于以下考虑：一是利用森林进行防卫。二是用于建造房屋，制造家具、棺材等。三是以杉木为中心的林业经济。八排有悠久的营林历史和世代相传的营造杉林经验，有耕山造林的习俗，造林后在林地上间种农作物或杉桐混交。在管理农作物的同时，对幼林进行除草、松土，每年 1—2 次，连续 3—4 年。待幼林郁闭时，才停止间作。据调查，1950 年以前大掌排一带经营杉木林时，第一年全垦栽杉间种玉米，第二年间种甘薯、芋头，第三年间种山禾。四是八排瑶民把树视作生命的保护神，村口或村寨中间都有一棵或数棵百年“祖宗神树”，有些村寨还有成片的保护林，且禁止砍伐。他们认为，水源边上的大树集天地之气融合，五行相生，颇具灵气。据 81 岁的房茶介一回忆，火烧排曾有一棵百年古树，备受村民敬畏，一些小孩认此树为“干爹”，在 20 世纪 60 年代迁寨时被砍掉了。里八峒排石门后面也有一棵历经风雨的大树，四季常青。[①] 大掌有枫树一棵，“又二里，有枫树一株，根生石上，老干扶疏，亭亭云表，疑数百年物业”[②]。八排周边植被茂盛，物种丰富，氧气充足。

地形也是排瑶选择村寨位置时要考虑的重要方面。清同治袁泳锡《连州志·排瑶志》描述排瑶居住地形时使用了“地亦绝险”“居山绝顶”“悬崖峭壁”“不通人径”和“恃险不法”[③] 等一类的词语。建房一般选择背靠大山、远山对景、面对空旷的地方，房子对着前面的山头为佳。依山建寨，可以凭借山势的陡峭和地形的险恶来阻挡外人的袭扰，亦有利于隐蔽防御。相对空旷的地方有利于建造房屋和开辟梯田。八排瑶的稻田多分布在山腰和山谷间，田地多在七八里路以上的山脚下，依山势开辟的梯田约占三分之一。此外，山谷的河坝乃至山坳中的小块平地都有水田耕种。刀耕火种，因地制宜，多种植耐干耐旱的农作物。大部分宅址对山凹，各家大门朝向统一，不相对，期盼吉祥如意。八排房屋不允许建在田里，也不会建在山顶，一般会建在山顶靠下的位置，因为排瑶人认为人是不能与山齐高的。

① 采访对象：房茶介一；时间：2019 年 7 月 30 日；地点：大坪村房茶介一家；采访人：蒋满娟、李超、高元武。

② （清）李来章撰，黄志辉注：《连阳八排风土记》，27 页，广州，中山大学出版社，1990。

③ （清）袁泳锡等修、（清）单兴诗纂：《同治连州志》，766—769 页，南京，凤凰出版社，2003。载《中国地方志集成·广东府县志辑》第 14 册。

里八峒排房屋排列（蒋满娟/摄）

油岭排房屋排列（盘鹃/摄）

军寮排山下的杉树林（蒋满娟/摄）

横坑老排遗址（黄建胜/摄）

由于历代封建王朝对瑶族实行歧视压迫政策，所以排瑶村寨选址还必须考虑反抗斗争时的防御因素。因此排瑶村寨一般选在深山，而且考虑好退路。如火烧排四面合抱，外围有山作为屏障，外面的人很难进入。军寮排后龙山与西岭俱极高峻，排下有三重石门，俱用大石垒砌，中留一窦，入排须上石梯山。梯级高险，有大石壁，如立梯状，路曲折险要。大掌岭排地势天然险要，入排仰面而登，荆棘满径，到排石门，隘口险要。

军寮老排的石门（蒋满娟/摄）

里八峒排的石门（蒋满娟/摄）

南岗排古寨门（黄建胜 / 摄）

排瑶十分看重风水，在选择村寨位置时往往会选择有“龙脉”的地方，因为他们相信有龙脉的地方村寨才会兴旺。如火烧排的山脉即是龙脉所在位置，排底有白田洞，有几百亩的水田，两山合抱，外围还有山挡住。人们认为，想要打败对方，可以通过破坏对方的风水达到目的。据大坪村房茶介一介绍，里八峒排古石门对着的山原来是龙脉，但是被官府挖了一个壕沟，就把风水挖坏了。火烧老排以前有一块 500 米长、呈弓箭形状的大田，正对着有名的“恶霸村”。一个叫山魂公的先生公为了破坏“恶霸村”的风水，在田里修了一条路。水田是弓，道路是箭，箭头正好对着“恶霸村”，就把风水搞坏了，那个村庄后来搬走了。①

新中国成立以后，人民政府为了改善瑶民的生活环境，逐年拨出专款，帮助排瑶群众移居下山，排瑶大部分迁离了原居住地，到山下平地定居。20 世纪六七十年代，分别归属白芒、九寨、南岗、三排、金坑、大掌、军寮、香坪、盘石等九个人民公社。80 年代以后，先后将人民公社改为区和乡、镇，排瑶人口主要分布在金坑、大坪、香坪、盘石、涡水、三排、南岗、大

① 采访对象：房茶介一；时间：2019 年 7 月 30 日；地点：大坪村房茶介一家；采访人：蒋满娟、李超、高元武。

麦山镇内，部分分布在三江、寨岗等乡镇。

总之，八排的选址主要出于三方面考虑：一是防御性。选址于地形复杂的深山密林，可以充分利用天然的地形进行防御，村落的层层梯田则是极为有效的军事缓冲地带。即使村落被攻克，也可从后山逃进森林。二是方便生活。半山腰温度适中，既不热也不冷，用当地人的话就是适合“生娃娃、养娃娃”。同时可以有效利用高山溪水满足村落的生活所需以及梯田的农业灌溉。从方便劳作、放牧、狩猎来看，村落位于生产半径的中心，也是最优的。三是满足祈吉避凶的心理需求。极少村落选择于山坳里面，而是选择在两个山坳之间凸起部分的半山腰。村前是相对开敞的空间，这样利于采光通风，后面靠山、前面开敞，既能给村民踏实稳定之感，又可欣赏周围景致。①

第二节　建筑类型

一、传统民居建筑

新中国成立以前，八排地区交通闭塞，经济发展缓慢，瑶民以农业生产为主，所居传统住房质量很差，仅能栖身，主要的民居建筑类型有以下几种：

1. 树皮房。瑶语称作“寮”，也叫“千根柱头下地”的房子，是一种在很陡的坡崖边用很多根杉木条支撑起来的木棚屋，柱子下端埋在土里，柱子之间插上一排排的木板为墙壁，屋顶盖杉皮，铺木板当地面，壁上有小窗。《民国连山县志》卷三载：“采竹木为屋，覆以青茅，种禾黎、山芋为粮。”② 这是排瑶最原始的住房，这样的房子四面通风且矮小，冬天不能避

① 王东：《明清广州府传统村落审美文化研究》，104 页，广州，华南理工大学博士学位论文，2017。

② 何一鸾修、臧承宣纂、凌锡华增修：《民国连山县志》，475 页，南京，凤凰出版社，2003。载《中国地方志集成·广东府县志辑》第 14 册。

风雪。新中国成立前穷苦人家就住这种房子。

2. 土墙房。用石块作墙基、夯土作墙，房顶仍用树皮、木板或瓦盖成。泥砖砌房。这种房子既小且矮，多为一厅一间，四壁封闭，只在门楣旁设有窗。据说是怕鬼从窗口爬进屋内作祟，因此屋内非常黑暗。白天只能在接近门口的地方看见点东西，越往里越黑，看不见东西。屋内正中掘地为灶，没有排烟装置。日积月累，屋内四壁积满烟渍，室内更黑暗。还设有1—2 米宽的走廊，用来晒衣服和谷物。土墙房防水性较差，下雨以后通常需要修补房子。这是新中国成立前大多数排瑶人家居住的房屋类型。

3. 青砖瓦房。这是排瑶中较为富有的人居住的房子。它以杉木为框架，用石块作墙基，青砖砌墙，黑瓦盖顶，冬暖夏凉，风格独特。左右两边的屋檐末端做成上翘的形状，为飞檐式，建筑上比较讲究宏敞。青砖是在地窖中用火烧制而成，价格很贵，一般人家买不起。也有用泥砖和青砖混合砌成的房子。如大掌排在民国时期被烧过一次，由于没有足够的青砖，就用泥砖来补修房子。青砖房耐用、防火，舒适感强。民国《土地与人口》卷下《瑶黎概况》载："其居室多为瓦屋，然亦有茅屋者，但甚少杂居，类皆自成部落。"[①]

青砖瓦房以南岗排建筑尤具代表性。因经济情况不同，有一间、两间和三间平房之分。建筑时，一般使用石块作基，青砖作墙，用瓦盖顶（也有不少是用杉皮盖顶）。房子通常高约 15 尺，长 19.9 寸，阔 10.4 寸，门前还有 1 丈 1 尺左右的走廊。一间普通平房的间隔结构是门开正中，进门有厅（长 14.4 尺，横宽 10.4 尺），厅的里面用木板隔成一个睡房（宽 10.4 尺，长 4.5 尺）。睡房与厅之间，有一略贴近睡房的火炉膛。炉膛四周用木板圈围（长 6.1 尺，宽 5.5 尺）。在睡房板屏上的右方，有一神龛（长 2.9 尺，宽 2 尺）。在厅上离地 9 尺处，有搁置杂物的阁房。住房前面开有高不足 1 尺、宽仅 5 寸的窗（新中国成立后新建的房窗稍大一些，并且有的在门的左右各开一窗）。由于窗小且门前走廊又多用板或杉皮密封起来，因此室内光线很暗。太阳照射不到，即使在晴天也显得光线微弱，加以火炉膛设在室内，烟熏火燎，年深日久，室内显得更黑更暗。在寒冬日子，他们

① 李筱文、许文清：《广东排瑶史料辑录》，132 页，广州，中山大学出版社，2019。

常借火炉膛的光照亮，无论黑夜和白天都是如此。这种平房仅仅是一个小家庭的住房，人多或分家时，就得另盖一间。两间的住房和单间住房的间隔结构不同的只是两间并连起来，各开一个门，且在两间住房之间有一门可以相通。三间的住房也是如此，三间房可以相通。

南岗排瑶王屋（黄健胜 / 摄）

4. 吊脚楼。多数以泥土和石头或木条舂成墙，高 1 丈 3 尺至 1 丈 6 尺，分两层，楼很矮，木块为楼板。由于瑶山木材较充足，因此瑶家把又长又大的木材当作瓦檐，延伸到门口长超过 1 米。这样，他们在门楣上从楼板伸出 1 米，用木条把楼板与瓦檐木条连接起来，将伸出的楼台（阳台）吊在屋檐下，形成风格独特的吊脚楼。

新中国成立前，八排房屋多建在山腰，砌有石脚，坡度较大，上层屋脚接近下层屋顶，远望整齐划一。以上房型多为单间，面积大多为 40—50 平方米，主要以木材、树皮、茅草、山石、黄泥等为建筑材料，少数以从外面运来的砖瓦、石灰等为建筑材料。一般为平房结构，厨房、卧室在一起，屋子中间挖一四方浅坑作为火炉塘，架上“三脚锚”煮食，大家围着火炉吃饭，冬天也用于取暖。有的住房门前搭设寮棚。地面潮湿，门窗狭小，室内通风采光差。屋内家具很少，多数只有板床一张，冬天没有棉被，依靠稻草、火炉取暖。有的房子为两层，一层养鸡养鸭，二层住人，只有一个房间。

排内有供瑶老居住的房屋，称为“祖屋”，往往处在全排最佳地理位置，门前有一个宽大的平台，视野开阔。祖屋为三开间的两层建筑，在建筑形式、材料等方面与普通民居无异，面积相对较大，约为100平方米。中间的厅是瑶老平时处理村寨事务和商讨事情的场所，除了摆有神龛以外，还有一张四方高桌，厅两侧的梁架上挂有许多椅子，开会时放下供参会人员就座。两侧的房间为厨房和卧房，前后同样用木板隔开，前面为火炉塘和放置一些炊具、生产用具，后面为木床。

二、新式民居建筑

1958年公社化后，为了改善瑶民生活，当地政府对八排村落民居进行了有计划、有组织的搬迁。

里八峒排在清康熙以前多为青砖瓦房，康熙四十年（1701），清廷围剿里八峒瑶民起义，进行焚屋杀戮，青砖被拆到连山旧城作建城墙城门用，现多为20世纪五六十年代修建的泥砖房；马箭排现存33栋青砖瓦屋、9栋

里八峒排的泥砖房（蒋满娟/摄）

泥砖瓦屋，均为两房一厅结构，以杉木为框架、青砖或泥砖砌墙、黑瓦盖顶，冬暖夏凉，风格独特；大掌排的原居民已全部外迁，众多房屋也因年久失修残旧倒塌，目前尚存较为完好的房屋有70余栋，坐西朝东，呈带状，梯形，主要有青砖房、板房（青砖、泥砖混合）、泥砖房三种建筑类型，其中青砖房多为明清时期修建；火烧排过去有青砖房、泥砖房、吊脚楼，其中青砖房最多，泥砖房次之，吊脚楼仅有2—3栋。军寮排以泥砖为主，外迁至牛路水等建立新村。20世纪六七十年代搬下山后，开始建泥砖房，后建砖瓦房。

新中国成立后尤其是20世纪六七十年代，在政府的号召下各排从山上的老排搬下来后，村民生产生活水平有了大幅度提高。他们逐渐懂得居住环境的重要性，住房的设计、布局及室内外环境都得到较大的改善。随着经济水平的提高，排瑶的住房从单间向双间或多间、从平房到楼房发展。目前排瑶的住房大致有以下几种类型：

1. 单间式平房。一般高约6米，深约6—7米，长约5—6米。门开在正面，门旁开一小窗，进门便是厅。厅后用一道木板或泥墙隔开，后面是卧室。距地面约4米高处筑小楼阁，用来放置杂物。房内旁侧垒起一道土

火烧排老排唯一遗留的房子（蒋满娟/摄）

马箭老排遗留的房屋（蒋满娟/摄）

马箭老排旧址（蒋满娟/摄）

大掌排传统建筑（王航 / 摄）

墙，隔出约 10 平方米作为厨房。厨房内设有排烟装置，室内不至于烟渍满屋。屋外侧加建一耳房，耳房可作为猪舍或鸡房、柴房使用。居住这种单间式平房的瑶民，一般是单身，经济收入少，或刚组成的新家庭等。这类房屋内部陈设简单，通常只有桌、凳、床、梯等家具。

2. 多间式平房。以单间式房屋作为基础扩建而成，数间房子并连在一起，只开 1 个门。有些房子并联 1 间，多 1 个门。屋与屋之间有门彼此相通。有些人家在屋内一侧垒起一面土墙隔开作为厨房，有些则在屋外侧加建一耳房作为厨房。在屋门外加建澡堂，以保持屋内的洁净。这种房屋一般是人口较多、建立家庭时间较久、有劳动力及经济收入较多者所建。屋内生活用品从简单趋向多样化，厨房建有壁橱，炉灶有 2 个炉膛或 3 个炉膛等，均是用土坯砌成的长方体，作为煮饭、煮菜及烧水之用。

3. 楼房。随着人口的不断增加，村民的生活条件不断改善，楼房在排瑶中越来越多。楼房一般是在较大平房的基础上多加一层或多层，有的在楼层外面设有骑楼走廊，有的还在骑楼走廊之外设晒台。楼房用烧砖砌墙，外墙用石灰、水泥、细砂等混合泥浆进行粉刷，室内宽敞、明亮。每家每户都附设有猪舍、厕所、牛栏、柴房等，这些设施一般都是挖地坑，夯土墙，用禾草或衫皮盖顶。屋内设置也比过去要讲究，一楼堂屋设神龛供奉祖先，柜橱、沙发、茶几、桌椅、床、被、帐、大小立柜、缝纫机、电视机、冰箱、洗衣机等家具逐渐普及。

三、附属建筑

1. 谷仓。排瑶每家每户在民居门前阳台外一侧建一间谷仓，堆放谷物。谷仓有茅草攒尖顶和青瓦歇山顶两种形式。筹建谷仓时，主家先上山选砍又匀又直的大杉木，从中间开锯将圆木破为两半边，慢慢晾干，不能让烈日暴晒开裂。木头干后，请先生公选好良辰吉日，请几位手艺好的木匠来帮忙，将木锯成 2 寸多厚的板块刨平刨滑，开槽打眼，按尺寸锯齐，然后动土开工。师傅们挖平地基后，用石头或青砖砌成一个长宽相等的四方形柱脚，铺上打有眼的圆木作底架。底架距离地面 3 尺多高，以保证谷仓四季干爽。将四板开槽的木方插于四角捶稳，成为谷仓的大支柱。四周用浮木板压进四根主柱的木槽，顶部用木方衔紧，就成为一个立体四方柜。顶部、底部钉上吻合的厚木板，架放三角木马，盖上杉木皮（富裕者盖瓦），一间 100 多立方米容量的小谷仓就修成了。谷仓四平八稳，精密吻合，工艺十分精巧。到秋收结束，西五排瑶民就将晒干的山禾把、玉米、黄粟、稻谷等粮食放入谷仓保管。

东三排住房前或住房的两侧，常见一间间高起的木屋，这便是谷仓。每户人家都有一间这样的谷仓，以便存放粮食。谷仓完全以木料构筑，房顶用杉皮。一间谷仓通常有两层，上层放粮食，下层作牛栏。因此，一间谷仓的高度，连顶至少有 16 尺。上层至天花板有 7.5 尺高，下层有 4.7 尺高。四周以杉木支撑，上层用木板密封，下层用横木栏栅，没有密封。谷仓常常是依着地势建造在住房前面，其上一层与住房的地面等高。这么一来，放存和取粮就用不着登梯。牛栏在下，又使谷仓保持通风、干燥。

谷仓（唐常青／摄）

在排瑶人的观念中，谷物是有灵魂的。收割时，要挑选几串颗粒饱满的谷穗、玉米棒等悬挂在谷仓，象征“禾魂”归仓。瑶民逢年过节都要在谷仓前烧香敬奉，祈求禾魂给来年带来丰收。有的瑶民还将歌书、经书、族谱、田契地契、铜锣等传家宝存放在谷仓里。因而，谷仓被瑶民视为神圣之地，外人不经主人允许，不能随便进入。瑶族为何把谷仓修建在住宅外面呢？主要是方便粮食的收藏管理，防止老鼠害虫的糟蹋。每根仓柱上都要有防鼠装置——一个鼓形陶坛或者一块方形木板。装置虽然十分简易，但是效果却相当好，无论老鼠如何狡猾，都上不去。二是瑶寨的住房紧挨在一起，一排排相连，万一失火，很难扑救，谷仓单独修建，可以减少火灾损失。排瑶的谷仓建在野外，自古极少有破仓撬锁盗谷的现象发生，因为，瑶族社会长期崇尚“非己物不取”和“偷盗为耻”的道德风尚，加之排瑶有严厉的习惯法维护社会治安，所以，只要粮食归仓，便可安然无恙。

2. 猪舍。从前，排瑶每家每户都有养猪的传统习惯，建造猪舍是很普遍的。猪舍通常建在住房前走廊的一角。靠着住房，方便喂养和看守。猪舍约有4尺高，5尺5寸长。养猪较多的人家，猪舍造得更宽大一些。白天放猪出栏，到傍晚才把它们关进猪舍里。

3. 牛舍、马厩。由于交通不便，运输成本高，瑶民一般都有养牛羊马的传统，除了利用谷仓底层作为牛栏马厩外，也有在排外田垅附近用石头、砖块建造牛舍马厩的。这类牛舍马厩往往10余间集中建于一处，成为一个牛舍（马厩）区。一般用砖石筑墙，上盖杉皮，开了上、下两个不同方向的门。下面的门仅能让牛马通过，上面的门要用几块石头做阶梯才能进去。从这个门进去，便是用板封了约1/3宽度的阁楼。这是看管牛马的人睡觉的地方。睡铺底下是牛舍，牛马粪便厚厚地积聚在那儿，无疑是个积肥的好地方。随着美丽乡村建设的推进，目前村内养牛马的已经少了很多。

4. 柴寮。柴寮也是排瑶人家必不可少的建筑物。所有柴寮大都和自己的住房隔开，设在排脚附近。它的构架形式，以木做支柱，四周没有密封，可让阳光照射，房顶上盖茅草。大小没有一定的规格。柴寮中的木柴，有存放了五六十年之久的，甚至有两三代人积存下的干柴枝条。

排瑶人民防火意识比较强，一般柴草不放在寨内，而是在寨外找地方搭棚堆放。柴棚一般依地势而建，如果是斜坡就搭成“一”字形的斜面柴棚；如果是平地就搭成“人”字形的柴棚。搭建柴棚时要竖12根柱子，即每边3根，上面再用竹篾将横木条绑牢加固，盖上杉皮或者茅草挡雨即可。草寮只留一个门，往里面一层一层地竖放柴草，直到堆满为止。①

柴棚也是青年男女冬天篝火对歌谈情说爱的地方。此外，当女儿出嫁时，男方家庭要帮助过门的媳妇把女方家柴寮加满，以示回报女方父母。

① 盘鹃：《油岭村志》，63页，未刊稿。

八排瑶柴寮（黄建胜 / 摄）

5. 田舍。建筑在田垌间的矮小茅草房舍，也是瑶排很常见的一种房舍。由于耕地距离瑶排较远，农忙时为了田间工作的方便，就常在田附近的山边或田地上架起茅草房（或用石块叠墙）居住。这种房子通常仅及一人高，里面用木板架作床铺，或用草、杉皮做床，十分简陋。门是几根木条做的。目前随着劳动力外流，大量梯田抛荒，这种田舍已经很少见了。

6. 地窖。为了保存食物，排瑶人每家每户都会有 2—3 个地窖，冬天把红薯、花生、玉米等食物放进地窖储存。火烧老排山腰处至今保留着许多过去留下的地窖。

四、公共建筑

1. 大庙。排瑶过去祖先崇拜很盛行，八排分开以后，各排“龙头”位置被视为风水最好的位置，即地势最高、最僻静、离人群最远，通常也是村内道路汇集交叉点，在此建立大庙。李来章《连阳八排风土记》载：“（军寮排）山顶有祖庙，其状多类孩童。”[①] 大庙用杉木柱架成，茅草或青瓦盖顶，四面通风。里面分为三个部分，中部设“仙人轿”，其中放盘古王和盘古王婆偶像（高约 3.6 市尺），两侧放各氏族祖先偶像（高约 2 市尺）。所有的偶像用硬木雕成。“仙人轿”前放一张 6 尺长的供桌，摆放供品和香炉。大庙是排瑶人的圣地，每隔 2—3 年尤其是“耍歌堂”时，全排男人都要自备茅草块，各负责一部分，进行整修一番。如果排里与外面械斗赢了，认为是祖先出力，往往会把大庙大大修整一番。如果输了，则认为祖先没有出力，大庙修整就不那么上心了。大庙由掌庙公和烧香公管理。每逢节日及每月初一、十五日，由烧香公到庙里焚香敬奉。

大庙是排瑶人过年过节、发生械斗等情况时祭祀祖先神灵的地方。届时，各排瑶民必到本排盘古王庙聚会，宰牛杀猪，念诵瑶经，祭祀祖先，大庙里外均禁止撒尿、拉屎。以火烧排为例，曾经有两座庙：一是“引良”庙，是里八峒沈姓和火烧排房姓共用的庙。二是“丁盖”庙，为唐姓专用。1958 年以前，各排均建有盘古王庙。

南岗庙伫立在村落的至高点，整个建筑面阔三开间，进深两间，属穿

油岭排盘古王庙（黄建胜 / 摄）

① （清）李来章撰，黄志辉注：《连阳八排风土记》，27 页，广州，中山大学出版社，1990。

斗式梁架，歇山顶，室内空间简单静穆。室内供奉着盘古王公与盘古王婆以及各自姓氏杰出的代表人物，以纪念瑶寨先祖。

盘古王崇拜在排瑶中十分盛行，盘古王庙是最为重要的祭祀场所。油岭排尊“盘古王”为始祖，在寨顶上建设有木瓦结构的“盘古王庙”，瑶寨内的其他建筑物不得超过庙宇地基的海拔高度，把盘古王视为至高无上。盘古王庙内供奉着36个木雕神像，称为“36殿面王”，分别为盘古王公、盘古王婆、盘古王单（儿子）、盘古王念（媳妇）、老君公、罗公、长桥二郎、圣主三郎、盘十七公夫妇、李下七郎夫妇、沈桥二郎夫妇、邓法真三郎夫妇、龙十九公夫妇、房十海公、房十佑公、房十满公、唐四公、唐海公夫妇、平王海修公、黄脸将军、黑脸将军、白脸将军、大吉大利公等。推举房姓为日常“掌庙人”，负责每月初一和十五上香上茶；逢清明、三月三、六月六、七月七和十月十六等节日，每个宗族派代表进香、上酒肉，敬奉祖先。十月十六“耍歌堂”时，先生公率领宗族代表去“请公”祭拜。岁月变更，盘古王庙几经修缮，目前由木质结构改为钢筋混凝土结构，庙前建设了近600平方米的观光坪，庙宇更加宏伟、牢固，成为敬祖、观光的场所。①

横坑的祖先最初居住在旧横坑，人们为了祭祀祖先，建立了最早的横坑庙。几百年后，人们搬迁到现在的横坑居住，庙也同时搬迁。横坑地处山连山的环境，四周有卫官东山、朗基东山、朗家兵山、横兵山、马来兵山、种旗东山、香花树山、九龙山等，人们起居面向朗家兵山，宅后像一条龙背向西方的种旗东山延伸，庙就立在现横坑山顶后面的一个山坳里，早时庙所占面积只有十几平方米。后来，人们为了祭拜祖先，要用树木雕刻庙公，这些庙公因为是由树木雕刻成的，如果庙公常在露天被风吹雨淋，久而久之，庙公就会腐朽，所以人们筹备物资建立大庙堂。在筹建进行中，人们砍来大树木做柱子，锯木板做板墙，用竹子和茅草编制成块用来盖庙房顶面，还请来雕刻工雕刻庙公。庙公分别是庙神大公、房十海公、房十有公、房十满德白公、房君法安一朗、房君法广一朗、房君法应四郎、房君法周八郎、张招二郎、陈兵三郎、门首白公、左隔门官、右隔门将、土

① 盘鹃：《油岭村志》，60页，内部资料。

地庙神公等。大庙堂大厅中央上头摆放庙神大公，下头分别排列房十海公、房十有公、房十满德白公，再下头排列房君法安一朗、房君法广一朗、房君法应四郎、房君法周八郎等24个庙公，其左右侧边是张招二郎、陈兵三郎。庙公前面摆放一张长方形大桌，桌面中央放一个大香炉，供人们前来烧香和放祭祖供品用。大庙堂厅内四周有抬欖，供念经活动使用。大庙堂门外是门首白公，左侧边是左隔门官，右侧边是右隔门将。大庙堂厅外是一块大广场，大广场后中央是土地神庙公。大庙堂与大广场面积为200平方米左右。自从横坑大庙堂建立以来，横坑人每逢农历十月十六日要歌堂或做大堂时都前往祭祖拜公，举行盛大的要歌宴会。①

2. 寨门。因历史、政治原因，西五排十分注重村寨的防御功能，建有多重寨门。里八峒排现仍存有康熙年间清政府攻打里八峒时留下的寨门，位于里八峒排的入口处，由坚硬的巨石垒成，呈拱形，宽不到1米，最多仅通2人，有“一夫当关万夫莫开”的气势。当时寨门两侧是崇山峻岭，寨门是唯一通向排内的道路，战时有人把守，不经允许，任何人都进不了排内。一些瑶排还在寨门两侧设有寨墙，由巨大的石头筑成，坚固无比。

3. 先生公学校。新中国建立前，各排均设有先生公学校，教瑶族经书（背诵先生公作法时所需经文、教相关的宗教仪式等）。火烧老排的先生公学校设在民居内，堂屋设有神台。当时父母对子女最大的希望就是成为排内的送鬼公。民国凌锡华《连山县志》卷十四：“儿子聪颖者不与读儒书，惟从瑶道士学，亦有科仪，其文不可晓。”② 1950年后，国家在各排开始设立学校，教授语文、数学、体育、音乐等课程。火烧排的学校设在排的下边山腰处左侧，有两层楼，共四个班，最初只有小学，后设有附属初中。里八峒排的学校相对较小，只有一间教室，设有一、二、三年级。

除以上之外，排瑶传统公共建筑还有石碾坊、油坊、游廊、石阶、墓地，等等。

---

① 横坑大庙材料由房水生提供。房水生，又名房荣光，69岁，横坑村先生公，原横坑小学教师。

② 何一鸾修、臧承宣纂、凌锡华增修:《民国连山县志》，481页，南京，凤凰出版社，2003。载《中国地方志集成·广东府县志辑》第14册。

南岗排石舂坊（黄建胜 / 摄）

油岭村石阶（黄建胜 / 摄）

4. 现代公共服务建筑

新中国成立前，瑶排内没有交易场所，附近也没有集市，只有汉族商贩在此经营小生意，也有住下来专做豆腐和烧酒等买卖的。新中国成立之后，政府在瑶寨建立了区公所、卫生院、学校和商店等公共服务设施，为百姓供应日常生活所需的生活资料和生产资料。

第三节　建房仪礼

一、建房程序

排瑶多聚居于山顶或山腰上，形成了一套完整的、适宜于地理环境的山寨民房建筑，从建寨到盖房都按祖先传下来的规矩，按部就班进行，有一整套程序，具体如下：

一是请先生公看风水，确定房屋建造位置。在建房过程中，奠基（动工）、砌墙、放门、放梁（第一层）、修山（第二层）、放顶部大梁（二层）6 个环节都要请先生公选日子。忌选大风日，因为瑶民认为这样房子会被吹走。

二是动土奠基要请先生公选日子（包括何时宜砍木、请建筑师傅、砍梁木、立地基、安砖角等），并举行祭祀活动。动土奠基的具体时间是根据房主的生辰八字选择的。在先生公选定的时间，烧香烧纸、燃放鞭炮，时间一般是在凌晨。地基大约 40 厘米高、30 厘米宽，1 米深左右。以前地基不挖洞，直接在地面上放石头、水、石灰、沙等物，地基不如现在稳。以前通常为 15 个地基，现在一般为 12 个地基。由于西五排瑶民建房一般是 1 层或者 2 层，最多 3 层，地基不用挖得太深。如果挖得太深，土质会比较疏松。

三是放砖起墙。挖好地基以后，把砖放在地基上，在砖上方拉一条线，用角尺量水平线，保证墙角不歪斜。用两个木板，中间放上泥巴，把泥巴舂实，放一根大木头充当钢筋。房子一般建到 2 米多高的时候要用木头当横梁，这个横梁是为了在上面建阁楼而设置的。

四是放厅门。放厅门要请先生公选日子，放厅门前要在屋子的 4 个角烧香烧纸，祭告祖先。放厅门首先要选好门的朝向，放一个门框或者把门的位置做个标记，门框是用 3 块板做成的。最后定型的大门一般是 5 块板，必须为单数。然后，在地基里放两根木头，中间放一个大梁、一个香炉，都要打

大坪村放门仪式（蒋满娟 / 摄）

伞。安好以后，主人会说："今天是好日子了，要安门了"之类的话。放厅门既是告诉别人也是告诉祖先这里要建房子了。放厅门结束后，插上红布，表示即将动工建房，燃放鞭炮。如果请了师傅，这一天要给他一点报酬（红包），如果是自己建的，就买点猪肉请帮忙的人吃饭。

五是建房。以泥砖房为例：选用稻田里的黄泥，用牛来将黄泥踩烂，放进一个正方形木箱来固定形状，形成长宽各为 24 厘米、厚 10 厘米的泥砖，一栋平房需要 7000 块泥砖左右。由于泥砖防水性能差，所以老排房屋屋檐都是伸出屋子，以保证泥砖不被水淋湿而损坏。房屋一般有 15 根柱子，卧室 4 根，大厅 9 根。大厅 9 根是以神龛旁边的一根柱子为中心的，这根柱子叫做杠（大梁），其他柱子不能超过杠。再用木板铺在柱子上，隔成一个小阁楼。

六是上梁。砍作为大梁的树木前要进行祭祀，去祖先坟墓烧香烧纸，用酒肉祭拜。大梁一般用杉树，杉树代表开枝散叶。砍树时，树梢倒向下面的不能用，倒向山顶方向的才可以，同根的两棵树最好。以前房屋的梁是不能超过墙体的，瑶民认为超过墙体的就是庙。放房梁的时候不仅要选日子，还要请先生公做仪式。先生公放 1 只鸡，如果鸡飞上房梁，意味着这房子建得好。这一天要在房子的 4 个角烧香烧纸，用酒肉、糍粑来祭祀。放大梁时，要挂一块红布包，钉上一个银元、铜钱，还有纸扇 1 把、书 1 本，贴上一些符咒条纸。先生公念经以后拿糍粑向四处撒（意思是给四方鬼享用），任由人们拾来吃。这一天要请建房师傅吃饭，并给他一个小小的红包。如果门是先生公做的，也给先生公一个红包。红包在大梁上用一个砖头压着，建房师傅抬大梁的时候就可以看见并收取。这一天，一般很少人家会放鞭炮。

七是进房。进房要请先生公择定日期、举行仪式。据说，有的木匠会使坏，给房子里加钉子。因此，进房必须请先生公来看，先生公可以排除邪气，会说一些"今天是个好日子，适合搬进来住"之类的话语。为此，房主要给先生公 1 只鸡、1 斤猪肉，先生公供奉祖先后可以自己吃。进房这一天还要请亲戚朋友吃饭。

建房仪式在各排大同小异。油岭瑶寨的房屋基本上为青砖黑瓦建造，空间小，窗户少且小，光线暗。建造这样的房子，主要是考虑开宅基地难，且地处高山，春夏云雾多，房子密集，为了防火防盗，保暖，也防湿气。一幢新房落成，要举行 4 个祭拜仪式：

开基礼。开地基前，由先生公择定日子，良辰吉时在即将开挖的宅基地上香，供奉酒肉，唱念“收疏”经，禀报山神土神。

立门礼。安门时，先生公在择好的日子上香、上酒肉，唱念“收疏”经，再次禀报山神土神，焚烧纸钱，宰杀公鸡敬祖。

上梁礼。上梁时，先生公在择好的日子带着香和酒肉到新房上唱念“收疏”经，然后把公鸡放在一根梁上。如果公鸡鸣叫，说明梁放平了；如果公鸡不鸣叫，则要把梁放平衡，这个程序叫“过梁”。

进屋礼。在择定的吉日，建房师傅把砖刀、斧头、锯子、木马等建造工具摆放在厅堂上，先生公唱念“收疏”经，将列祖列宗奉上神龛；再唱念起“丙神煞”经，驱赶师傅建房用的凶具，在门口及神龛分别焚烧纸钱、宰鸡奉祀。建房师傅带上建房工具、木马以及屋主给的辛苦费熟肉 1 碗、酒 2 斤、米 2 斤、盐 1 包，把木马抛弃于山沟里（此后 3 年内不准建房师傅踏进这家新房）。建房师傅走后，“进屋”人家燃放鞭炮，举族同贺。[①]

二、建房礼俗

南岗排最高处海拔 830 米，寨门海拔 808 米，现保留明清古建筑 398 幢，留存房间 999 间。旧时建房子都是大家一起帮忙，主要是家族里的人和亲戚，不要工钱，主家管饭即可。要做的事情很多，包括挑石头、挑水、挑黄泥、烧制石灰、烧土砖、烧瓦、伐木头，等等。首先是选址，各家族划分了不同区域，一般只在本家族地域内选地基建房，也可以向别的家族买地建房。当地建房房屋朝向没有定规，一般是根据地理位置合理选择。然后是挖地基，在挖好的地基里用石头、石灰、黄泥填充，用水牛踩踏夯实地基。再然后是砌砖、安门、上梁、盖瓦等。建房用的木头只用杉木，一般是一个正厅和左右两间房，两层居多，用木板隔开。房屋大小根据个

① 盘鹊：《油岭村志》，59 页，内部资料。

八排瑶民居内的火塘（黄建胜 / 摄）

人经济情况决定，有钱人家的房屋建得很大，且配备谷仓、柴房、牛栏猪圈、鸡圈等。没钱人家的房屋建得小一点，即两室一厅，一般没有谷仓，粮食放在楼板上。建房后是否办酒席也根据各家的经济情况来定，但一定要请先生公，从开始到入住一共要杀 6 只鸡，分别是安门 1 只、上窗 1 只、上梁 1 只、进火（搬进新居）1 只、神龛祭祖 1 只、入住 3 天后 1 只，都是送给先生公拿回去吃。房屋内有床、柜等基本家具，都是木工制作。厅堂里设有神龛，祭祀祖宗。房屋中，其中一个房间中间或外侧有火塘，架三角铁架子煮饭；如果是两兄弟分了家暂时没有建新房子，则两个房间都设有火塘。①

这些房子大都是请附近汉族的泥水工匠建造的。排里也有人会建筑，不过仍有请汉族石匠来打磨石块。建筑所用的砖瓦，也都由汉族工匠代烧，木料则多采用自己种的杉树。建造新房子时，亲属和朋友（同年、伙伴）都来帮忙，只需以酒饭招待，不用另给报酬。这种习惯历史悠久，目前还依然保留。瑶族住房的陈设都很简单。他们利用墙壁来做存放厨具或其他

① 访谈对象：唐彬，73 岁，瑶族耍歌堂非物质文化遗产省级传承人，南岗村人。

南岗唐姓祖屋内的神龛（黄建胜 / 摄）

物件的柜子，装上板制的柜门。这种壁柜既不占地方又能省木料。有些人家门上偶尔也学汉族地区写上门联。门联的内容都是多福、多寿或祝望平安一类。家门上通常不见挂辟邪物，如果是有病或送过鬼的人家，可以看到门前挂一个米箕，插一些青树叶。在一些新建造好或新婚者居住的房子里，可以看到贺喜的对联挂在墙上。

传统排瑶居民家里都有一个神龛，用以供奉近代的祖先公。祖先公的偶像用木雕刻成，每家至少有一两个这样的偶像放在神龛上。祖宗神龛两边有一副对联“碗中有水千年兴，炉中有火万年旺”，过年过节会进行祭祀。神龛用木板做成，高约 60 厘米，长约 40 厘米，在新房子落成“进伙”时，神龛就安放在厅堂的墙面上。神龛上面粘贴着用红布抄写的本家列祖列宗的法名，供过年过节敬奉。大年初一要在神龛上茶，禀明祖先后方可以出门去给老辈拜年；十五（元宵）以及清明节也要上茶。其他节日要上酒上肉，待念完祖先名字，焚烧纸钱，孝敬后才可以开饭。[①]

睡房通常放上一张床后，就没有多余的地方了，床上一般不挂蚊帐。

① 盘鹏：《油岭村志》，61 页，内部资料。

睡房中的光线比厅更暗，白天也要摸索着行走。[①]

与建房仪式相关的还有诸多禁忌：大风的日子视为不祥。不能跟别人争吵，要说文明话。本房姓、宗族的耍歌堂期间及其后 3 年不能建房，其他房姓、宗族可以建房。建房后 3 年内，每年都要做糍粑，做 3 年，新房才能变老房。认为如果不做，家里有人过世，其他人就不能来家里。过年、过节时都要贴红纸在木梯和横梁上，目的是辟邪、祝福一家人顺顺利利。在鸡笼、猪圈、牛栏等地方也要贴红纸，一般在大年三十贴，到第二年大年三十撕下，换上新的红纸。如果家里有人过世，3 年之内不能建房。每逢初一和十五，要在香案处烧香、点茶。而且擦桌子很有讲究，早上擦桌子要往外面擦，表示出门。中午擦桌子要横着擦，晚上擦桌子要向里面擦，表示回来。灶台和大门的方向必须一致。

三、建筑装饰

在南岗、油岭等古村落，习惯在房屋的墙壁上绘制一幅“长链”，按当地习俗叫着“链”或“六”，当中绘有人物和动物图案，实际上是将排瑶举行大型“耍歌堂”祭祀活动的各种人物、动物和各个法事环节程序简化为一幅画。排瑶人家墙壁上的绘画，是代替文字作为记录瑶族“耍歌堂”过程场景，多用于寨门，宗屋祠堂及大户人家房子装饰。

“链”图案带的用途：一是在祭祀活动中具有象征意义，要举行大型“挨歌堂”祭祀活动时就把这幅“链”横挂在祭祀的神台上面，这幅“链”的各个图案象征着神和先祖、先师，由后人来祭拜。参加活动的每个人在肩上同样挂着一幅一模一样的“链”图案带，以示对神和先祖的尊重。活动结束后，参加活动的人各自将这幅“链”收藏起来，以便下次使用或传给后人。二是作为主人家的富有标志。“链”的各个图案画在排瑶房屋里的屋檐墙壁上，是这个排或这个人家的富有标志，表明所居住的山脉龙气充足。最明显的用处是祈求神和先祖为这个排或者人家驱鬼除魔，保护这个排或这户人家和睦相处、安定、富有、人丁旺盛、五谷丰登、六畜兴旺。

---

① 《中国少数民族社会历史调查资料丛刊》修订编辑委员会:《连南瑶族自治县瑶族社会历史调查》，82 页，北京，民族出版社，2009。

南岗排传统建筑装饰“链”（图 1）（连南瑶族自治县政协办公室提供）

南岗排寨门装饰“链”（图 2）（连南瑶族自治县政协办公室提供）

南岗古排传统建筑装饰“链”（图 3）（连南瑶族自治县政协办公室提供）

第四节　住房布局

一、西五排住房布局

排瑶传统信奉风水之术，对室内布局、家具摆放都有严格的规则。西五排瑶民的房屋一般是四五十平方米的开间，通过木板分割成各个功能区。屋内厅大房间小，空间比例约为 3:1。中间是厅，左右两侧是厢房。厢房又用木板隔成两间，外间大里间小。外间堆放物品，里间住人。里间大约五六平方米，空间很小，仅放一张床和仅容一人通过的过道。外间设有火炉塘，不仅用来做饭，也是招待客人的“客厅”。西五排瑶民认为这里是火神的圣地，所以用来待客以示尊敬。火炉塘旁边放水缸、饭桌、案板等，十分拥挤。火炉塘上面有竹搭、木架，用以熏烤肉类、蘑菇、竹笋，等等。

作为嫁妆的衣柜在灶头上面，大概宽 70—80 厘米，高 80—90 厘米，放置一些如盛装等的好衣服。灶头的位置和朝向很有讲究，一般根据阴阳五行乾坤八卦确定。床必须横着门放，不能竖着，认为竖着放像棺材。在进门大厅的右边处，往往摆放着小孩的床，小孩长大后去阁楼睡，男女之间隔开。厅的背后隔出一间，作为父母的居室。神龛设置在客厅中间，通常对着大门左上角，下面放一个镜子。神龛旁边搭一根柱子，叫做杠（大梁）。香案下面有个木柜，装香纸、油、米。柜子下面挖有小水泥坑，作烧纸用。厅内放置有犁耙、猎枪、锄头等生产农具以及一些长条凳，作待客用。澡堂设置在大门外，是一个用泥砖筑围起来的一个 5 平方米左右的小空间，或者直接在户外洗澡。厕所在猪圈旁边，是一个小茅屋，所谓“外面一搭，雨水冲刷”，屋内一般设有尿桶。老房子是不留窗的，一般留一个像头一般大小的洞，用于通风以及“讴莎腰”时小伙子在窗外与屋内的姑娘谈情说爱。西五排瑶民认为，孤魂恶鬼会通过窗户进入家里。房屋一般设有阁楼，有梯子通往，可以住人，也可以放置玉米、花生、南瓜等农产品或其他杂物。每一间房门口都有门槛，其中客厅的门槛最高，屋门口有走廊过道。房子外面设有晒谷场，家里往往备有一张席子用来晒东西。

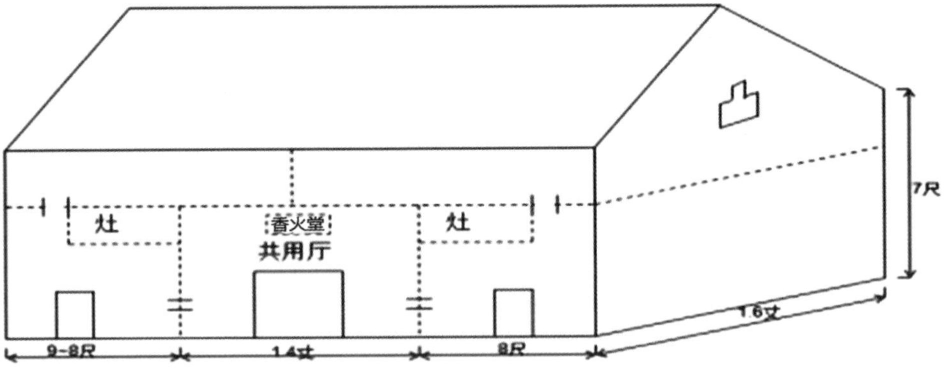

排瑶住房布局图（蒋满娟 / 绘）

西五排过去家家户户都建有神龛和火塘，并视其为神圣之地，任何人不得亵渎。神龛设在客厅后墙的中间处，位于“先人桥”的正中间。先人桥是用两根厚约 3 寸、宽约 5 寸的杉木方条做成，为祖先灵魂停留之处。

神龛上用红纸或红布写下历代祖先的名讳，前面摆有香炉、酒杯等器物，每月初一和十五日以及逢年过节向祖先烧香奉茶。平时饮酒要先洒几滴在地上，以敬献祖先。神龛神圣不可侵犯，平常不许挂衣物，不许乱放东西，不许产妇从神龛前经过。小孩子不满月，产妇和孩子都不能进入大厅。满月第一天，要烧香、烧纸，用茶敬祖先。火塘设在左右厢房正中央，与门的方向一致。火塘约 1.5 平方米大小，深 20 厘米，中间放一个“三脚锚”（三只脚顶着一个圆铁圈），可放云鼎、铁锅等炊具。火塘侧边放米缸、桌子、案板等，或设有木板、禾草垫子供人坐。火塘上空设有竹制熏棚，一年四季熏有笋干、香菇、木耳、猪肉、兽肉等。排瑶室内活动多在火塘边进行，因此在家庭生活中占据十分重要的位置。特别是在冬季，火塘的火昼夜不熄，人们坐在火塘周围，喝酒叙情，对歌谈心，讲述生产知识，传诵民间故事。过去，瑶民视火塘为火神之圣地，故行走时，不能从“三脚猫”上横跨而过，更不准用脚踏；禁止在火塘里烧污秽之物；往火塘里添柴时，必须从根部烧起，认为这样才有头有尾，做事吉利。

房屋内的香火堂（蒋满娟 / 摄）

西五排因为建于高山上，饮用水比较困难，因此发明了利用竹水笕进行引水的装置，颇具特色。排瑶住在高山上，全排人的饮用水从山寨后的山坑引来，这样可以避免上山取水的劳累，省时省力。因此，每个排都建有长达十几千米的引水工程。即人工挖掘沟渠，引山上的雨水汇集到蓄水池，再通过水笕送到各家各户。水笕用竹木制成，用水槽或毛竹衔接，按照实际地形高低，或凌空架设或埋入地下，利用村寨的坡度向下送水，成为瑶民的“自来水管”。蓄水池多为石板砌成，容积从1立方米至数立方米不等。村寨内还分散布置集水池，作为储水设施供各家各户取用。西五排的排水系统由石砌的主次沟渠、排前的水塘等组成。主沟渠在主干道旁，次沟渠多在各排房屋之后，沿“之”路布置。水笕由“放水公”管理。大掌排的水从天塘山引下，“瑶人以竹引水，随其高下，至厨而止，亦可观览也”①。

西五排瑶民建造这些类型的房屋，一是为了适应高寒气候，冬天保暖，夏天防蚊。二是排瑶实行儿大分家制，人口不多，小家庭小天地，加上经济困难，建筑房舍因陋就简。西五排的风俗，儿子成年后，最小的儿子和父母住，其他儿子搬出去住，并且认为，不论在外面多么富有，都须回家建一个房子。

二、东三排住房布局

瑶排一般由住房、粮仓、寮房三部分组成，土木和砖木两种结构，根据地理环境和经济条件选用石、青砖、泥砖、木、竹等材料。瑶排建筑基本采用出檐较深的坡屋顶形式，在排水、遮阳、通风、减荷方面有较好效应。首先，坡面屋顶相较于平面排水更快；其次，倾斜的屋面还能分解部分太阳辐射的热量；再次，坡面屋顶对风有导流作用，可使建筑间距大大缩短，这对于瑶排群体营建而言是非常有利的。房屋屋顶坡度在30度时，风荷载体型系数几乎为零，连南瑶排建筑坡度大多在30度左右，非常符合最小风荷载的要求。② 瑶族村落以“排列和自由”布局为主。③ 这既满足瑶

① （清）李来章撰，黄志辉注：《连阳八排风土记》，19页，广州，中山大学出版社，1990。

② 邓焱、杨乾明：《排瑶民居建筑与生态融合特色研究》，载《美术大观》，2019（3）。

③ 王东：《明清广州府传统村落审美文化研究》，广州，华南理工大学博士学位论文，2017。

民居住需求，又与自然环境融为一体。

油岭排是由位于东部喀斯特峰林区的山间小平地的散村，即称“卡坪”的地点不断移居山岭而形成的大型聚落。因喀斯特地区水源条件的限制，瑶民从喀斯特峰林区的定居村落向油岭大排迁徙的过程一直在延续。油岭排、南岗排、横坑排位于东部喀斯特高原的边缘，周围没有大的河流，水源以山涧小溪为主，如南岗北面的法罗（音译）溪发源于田坑，长约 17 华里；在东面，七星溪发源于埂断坑，长约 20 华里；东南面，佬龙溪（来龙坑）发源于人寨（莨萁溪），流经地堂洞、旺埂等地，全长 20 多华里。田峒的稻田在非雨水季节就靠以上几条溪水灌溉。山腰梯田则靠山上石缝间的小量流水灌溉，全瑶排群众饮水，亦靠这些流水。这些喀斯特地貌干旱地区难以形成大型聚居聚落。①

油岭排多为吊脚楼，这种干栏式建筑有半边楼和全楼两种，半边楼依山势而建，一半地基在平整好的地上，一半依山势用长短不一的木柱支撑，架木铺板，与平整的地基形成一个平坦的整体，在此场地上建筑房屋。② 油岭老排瑶族民居群始建于唐，扩建于宋，鼎盛于明清，占地近 400 亩。民居依坡而筑，层层叠叠，错落有致，石板巷道纵横交错，主次分明，房屋建筑一律为青砖木质结构。2001 年县人民政府公布为“县重点文物古迹保护单位”。其中 18 座古民居、1 座古庙、1 条石板古路 2015 年被公布为广东省文物保护单位。③ 据统计，目前油岭老排传统民居现存 386 座，代表性民居是唐等公屋，建于明朝，每间占地面积 30 多平方米，主要建筑特色为单进式青砖瓦面翘角墙，保存完好，现在仍有人居住。现有盘古王庙 1 座，始建于明朝，2006 年重建，供奉盘古王夫妇、护法及盘、李、房、唐姓始祖神像。④

建房用土窑烧制的青砖，墙缝用石灰黄泥抹平，一层用杉木作梁，顶面成“人”字盖瓦，临街一面墙上部有三角形小窗，墙面四角顶部砌成马头状。房子坐西面东，大门前约有 1 米宽的人行道，往外加宽 1.2 米用砖

① 周晴、宫清华：《清代以来粤北排瑶林农景观的变迁》，载《民俗研究》，2018（2）。
② 刘宇：《油岭大排瑶寨民居文化及其保护》，载《兰州工业学院学报》，2015（1）。
③ 引自连南瑶族自治县人民政府 2016 年 1 月 22 日在油岭村瑶族民居群所立碑文。
④ 数据资料由盘鹃提供。

柱和木板建成吊脚楼；房子为一进式二层砖木结构，面积各有不同，稍大的房子长 6 米、宽 4 米、高 5 米，大门正开，里面分成三部分使用。进门的 3/5 为厅堂，作为会客、吃饭使用，门的一侧有木梯上二楼；进去 1/5 为火塘，成长方形，用于煮饭菜、烧水和煮猪潲；火塘上方吊挂一四方木栏，用于烤柴及其他物品；最后 1/5 空间用木板隔开，靠墙一面安放神龛，另一面有小门，里面作为卧室；靠卧室的墙面有一小门，进去是放置水缸和洗澡用的临时棚子。①

南岗排建在海拔 803 米的陡坡上，建筑依山盘坡，分为住家居室、谷仓、柴寮，此外还有南岗庙等祭祀建筑。各类建筑有条不紊地分布于山间，往往是前面房子屋顶和后面房子地面平齐，其间过廊连接横街直巷作为分割。建筑就地取材，以石板铺路，依次升高，形成以“龙”为建筑布局核心的建筑群分布形式。② 瑶寨建筑按照姓氏分姓、分房聚集，呈现南岗古排独特的建筑空间形态。所谓“龙”就是堪舆家所说的风水龙脉，将村寨分成若干份，在每份上端中央竖一大石，称为龙头，每份称一龙。龙的组织仅存在于南岗排。南岗排依地域划分为 3 条龙，其中大体上以大唐一姓占一条龙的地区，邓姓占据中间一条龙地区，盘、房、和小唐三姓人占据另一条龙地区。③

截至调查，南岗排存民居建筑 402 座，干打垒式和青砖瓦屋式空间构造，一般为一层，部分为两层。受地形限制，开 1 至 3 间，房间大小无定制，以长方形为主，也有的受地形影响成不规则形态，设“火炉堂”进行炊事和取暖。④ 民居外部由青砖砌成，白灰抹面，简洁朴素。经过岁月洗礼，墙体表皮多有斑驳，与周边石板路相映成辉。民居平面多为单开间民房和三开间，开间 1.5—2 米，且多带前廊披檐，披檐下方空间被紧凑地利用，有灶台，有存水的大木桶，有用木板隔开的冲凉房，有小型的煮酒作坊，还有各色的劳作工具，成堆的柴火。瑶族人民对生活空间的驾驭有着惊人的效率和想象力。民居建筑层高约 6 米，有室内外夹层、悬挑阳台等构造。室内夹

① 盘鹃：《油岭村志》，58 页，内部资料。
② 张冠梓：《排瑶村落组织的结构分析》，载《贵州民族研究》，1996（3）。
③ 《连南瑶族自治县瑶族社会调查》，广州，广东人民出版社，1987。
④ 郑力鹏：《南岗古排——瑶族村落与建筑》，载《华中建筑》，2009（12）。

层用于储藏货物，兼具卧室的功能。南向的悬挑阳台，结构简单，作为建筑居家生活一角。室内外夹层、悬挑阳台的使用，结合了居住功能需求以及空间尺度要求。① 主要住房布局如下图：

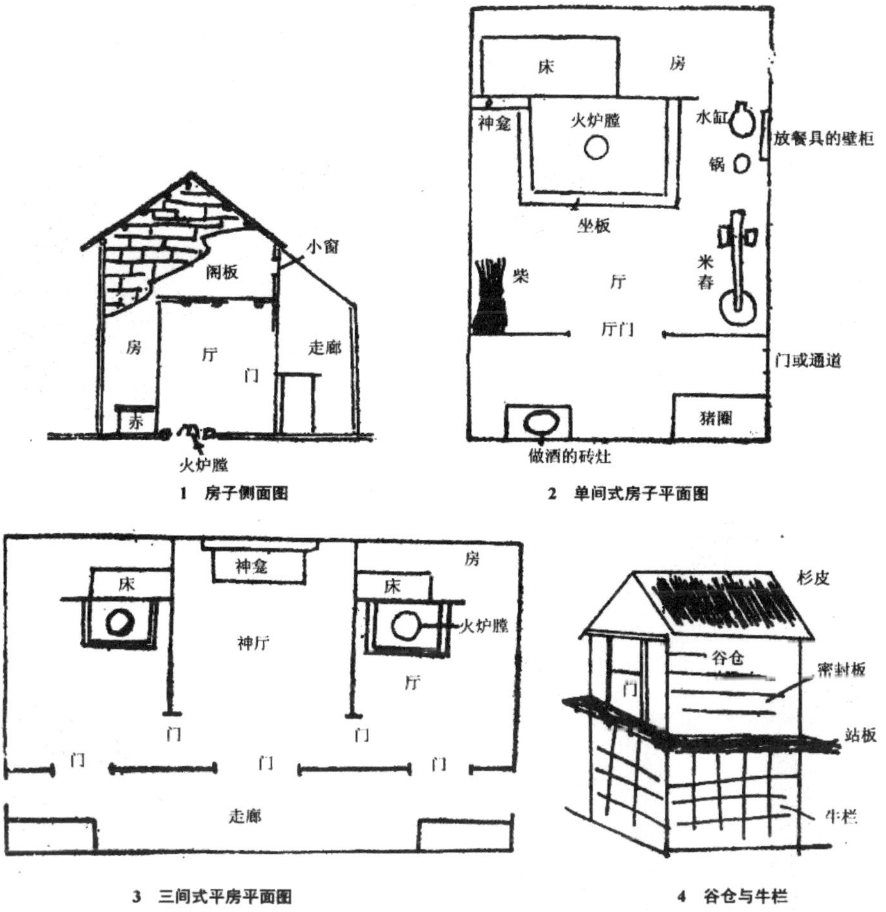

南岗排瑶族房屋式样图②

① 郑淑浩：《广东连南南岗瑶寨建筑人性尺度探析》，载《惠州学院学报》，2018（3）。

② 《中国少数民族社会历史调查资料丛刊》修订编辑委员会：《连南瑶族自治县瑶族社会历史调查》，83页，北京，民族出版社，2009。

南岗排古建筑后门（唐常青 / 摄）

南岗排古建筑前门、后门（朱志敏 / 摄）

东三排传统建筑“开后门”习俗。在南岗排、油岭排，旧房屋基本上都在后墙上开一扇小门，形成前后都开门的格局，形成的原因和用途：一是家里有人去世，举行丧事仪式时，“过州”环节需利用前后门环绕房屋；二是按当地习俗，妇女生小孩“坐月”时不出厅堂，一般用后门处理生活必需；三是遇有战乱或争斗，则可利用后门逃避。

第五节　住居文化变迁

新中国成立前，瑶族人民因长期遭受民族压迫和民族歧视，多在险峻的高山大岭上建寨，聚族而居，山寨四处设防，壁垒森严，以反抗统治者欺侮，形成了独具特色的八排瑶居住文化。但由于山寨远离田地，交通不便，加之人口密集，饮水困难，给瑶民的生产、生活带来很大的影响。

新中国成立后，实行民族平等、民族团结、各民族共同繁荣的民族政策。为了从根本上解决瑶民因生产生活条件恶劣所造成的困难，在上级的支持下，连南县委、县政府从 20 世纪 70 年代开始有计划地动员和组织瑶民搬下山，在水源充足、耕作和交通方便的地方建立定居点，改善瑶民的生产生活条件，发展民族经济。在党的关怀和政府的积极作为下，八排瑶的居住环境发生了翻天覆地的变化，主要表现在：

一是在村寨的公共设施方面。如西五排在 20 世纪 60 年代搬下来后，组建了村委会、党支部，新建了小学、幼儿园、卫生站等公共设施。今大坪村位于大坪镇东南部，大部分村民是从火烧排和里八峒排搬下来的，有 1 个村委会、1 个党支部、1 所完全小学、1 所幼儿园、1 所卫生所。以前八排瑶用竹管引水泉到住所作饮用水，有的则用大木凿池储水，以便各户挑用。现如今，八排瑶尤其是搬下山的瑶民大部分已经用上了自来水，少部分还在使用天然水源的水。以前八排瑶群众多用竹枝柴火照明，现在普遍通电，使用电灯照明。

二是在房屋的布局方面。以前房屋依山势而建，大多坐北朝南，成排建在山上。今大多数新房屋依公路两侧而建，或根据政府的规划有序建设。

三是房屋的建材方面。以前传统房屋所需材料极为简单，仅由瓦、石、土砖、木材构成，不用石灰砖。如今，新建房屋多为钢筋混凝土楼房，由钢筋、红砖、水泥等材料构成，房屋质量大大提高。

四是在房屋的建筑面积方面。传统房屋建筑面积一般为 40—50 平方米，以平房或两层的吊脚楼为主。今天的住房以楼房偏多，建筑面积在 100 平方米以上。有 4 房 1 厅、3 房 1 厅、2 房 1 厅，部分内外墙用灰砂浆抹平，个别外墙用石灰。

五是在房屋的内部装饰方面。以前瑶人房屋内部装修和陈设都较为简单。如今房屋装修，有的家庭在地面铺瓷砖，墙壁刷白漆，家居陈设也大大增加，越来越多的现代化家用电器进入了寻常百姓家。

六是在公共交通方面。新中国成立前西五排只有崎岖不平的山路，来往不便，运输限于人抬肩挑，习惯用布袋装物挑运。《民国连山县志》卷十六载："山路崎岖险阻，车马难行。"卷十四载："岭磴险阨，负戴（载）者悉着背上，绳系于额，偻而趋，上下若飞。"[①] 现在各排均有公路通往县城，各排之间也有马路可通，还开通了各排往返县城的班车。

大坪村今貌（蒋满娟 / 摄）

① 何一鸾修、臧承宣纂、凌锡华增修：《民国连山县志》，475 页，南京，凤凰出版社，2003。载《中国地方志集成・广东府县志辑》第 14 册。

近年来，连南瑶族自治县积极开展美丽乡村建设，提升农村人居环境，同时注重文化建设，努力打造文明幸福的新农村。八排瑶在此背景下人居环境发生了翻天覆地的变化，如各排均有通往县城的马路和班车，马路两旁设有垃圾桶且有人清扫。村内道路重新修整，道路两旁均有垃圾桶，有的设置了旅游通道。排内设有健身设施、文化活动中心、文化墙、图书室、公共厕所等，村道两旁设有路灯。建设了污水处理池，对村庄环境进行了整治、绿化、亮化。在美丽乡村建设的号召下，八排瑶民的卫生意识和民族自信感进一步提高。

横坑村今貌（黄建胜 / 摄）

八排地区自然风光秀丽，民族风情独特，其建筑风格也独具魅力。为了促进瑶族地区的经济发展，变资源优势为经济优势，1996 年开始，连南县委、县政府大力发展旅游业，如开发了三排瑶寨、南岗千年瑶寨等景点，并对传统民居建筑进行了修缮保护。还增设了不少基础设施，如旅游厕所、售票中心、表演场所等。旅游业的蓬勃发展，满足了游客对少数民族文化的兴趣，也增强了排瑶人民文化自信。

第九章　服饰文化

“衣食住行”是人类生存最基本的物质需求，“衣”位于“衣食住行”之首，是民族文化中最典型的民族标识特点之一。服饰，联系着社会生活的各个方面，体现各民族政治制度、道德风尚和宗教信仰的某些特点，随着生产、经济、生活环境、居住条件及人们的社会意识、审美观念及心理素质的变化而发展。瑶族人民以精湛的艺术和独特的风格，创造了丰富多彩的服饰文化。清代陈徽言《南越游记》卷三载：“男妇服彩斑斓，跣足椎髻。”①《民国连山县志》卷五《瑶俗》亦载：“椎髻跣足，衣斑斓布。”②

瑶族之间的服饰差异很大，排瑶和过山瑶之间有明显的区别，排瑶不同排之间的服饰也不尽相同。新中国成立前，各排互相交往和通婚较少，加之山重水复、交通阻隔，排瑶服饰就呈现出排与排之间的差异性和相对完整性。衣冠服饰是他人识别排瑶和排瑶之间自我识别的重要载体，通过观察服饰，我们往往能从其形制、花纹、颜色上判断出这个人是否为瑶族，是排瑶还是过山瑶，是排瑶哪一排哪一冲的。对此，《连阳八排风土记·瑶俗》载：“又一种，衣食居处与五排稍同。独妇人以三角薄板系髻，名曰带板瑶，住居黄南。又一种，妇人带长笄一枚，名曰带箭瑶，亦居县城。今皆改服饰，守法度，化为良民矣。独大掌岭、火烧坪、军寮、马箭、里八峒五排，未能全变瑶风。”③

---

① 黄朝中、刘耀荃主编，李默校注：《广东瑶族历史资料》，15 页，南宁，广西民族出版社，1984。

② 何一鸾修、臧承宣纂、凌锡华增修：《民国连山县志》，575 页，南京，凤凰出版社，2003。载《中国地方志集成·广东府县志辑》第 14 册。

③（清）李来章撰，黄志辉注：《连阳八排风土记》，51 页，广州，中山大学出版社，1990。

第一节　排瑶服饰的历史与传说

一、排瑶服饰的历史发展

古老的瑶歌一直传唱着："盘古造人先造女人，又造男人让女的招郎结亲。女人坐着高机织细布……女人在家织布勤绣花，盘古又造了松明来点灯。"歌词之意表明从瑶人降世那代起就有了刺绣。最早描绘瑶族先民衣着服饰的文献是南朝宋时范晔《后汉书》卷七十六《南蛮传》："织绩木皮，染以草实，好五色衣服，制裁皆有尾形。"[①]说明瑶族先民在汉代就能织木皮为布，已有印染技术。唐魏徵等《隋书·地理志》载："长沙郡又有夷蜒，名曰莫徭。……其女子青布衫，斑布裙，通无鞋。"[②]说明隋代的瑶族先民就已有绣花裙出现。唐代刘禹锡的《蛮子歌》载："蛮语钩辀音，蛮衣斑斓布"，说明唐代的瑶族先民会制作五彩绣花衣。宋代周去非《岭外代答》载："瑶人，椎髻临额，跣足带械。或袒裸，或鹑结，或斑布袍袴，或白布巾；其酋则青巾紫袍，妇人上衫下裙，斑斓勃窣，惟其上衣极细，俗尚也。"[③]卷六《服同门》载："瑶人以蓝染布为斑，其纹极细。其法以木板两片，镂成细花，用以夹布，而溶蜡灌于镂中，而后乃释板取布，投诸蓝中。布既受蓝，则煮布以去蜡，故能变成极细斑花，炳然可观。故夫染斑之法，莫瑶人若也。"[④]这两条文献记载说明宋代的瑶族先民的印染技术和挑花刺绣艺术已经日趋成熟。明末清初《广东新语》卷七《人语·瑶人》载："八排瑶……其领袖皆刺五色花绒，垂铃钱数串。衣用布，或青或红，堆花叠草，名'瑶锦'。"[⑤]表明明末清初瑶族先民的挑花刺绣艺术已达到了鼎盛时

① 黄朝中、刘耀荃主编，李默校注：《广东瑶族历史资料》，4页，南宁，广西民族出版社，1984。
② 黄朝中、刘耀荃主编，李默校注：《广东瑶族历史资料》，9页，南宁，广西民族出版社，1984。
③ 黄朝中、刘耀荃主编，李默校注：《广东瑶族历史资料》，10页，南宁，广西民族出版社，1984。
④ 李筱文、许文清：《广东排瑶史料辑录》，128页，广州，中山大学出版社，2019。
⑤ （清）屈大均：《广东新语》，238页，北京，中华书局，1985。

期。至清代中后期，排瑶先民的刺绣制作技艺已经达到了较高的艺术水准。

二、排瑶服饰的相关传说

（一）盘古王印

在连南八排瑶地区的军寮、火烧坪等地，妇女们喜欢把盘古王印刺绣在服饰上。对于“盘古王印”图案的由来，有这样一个传说：很久很久以前，瑶王膝下无儿子，只有一个宝贝女儿。瑶王为传宗接代，延续香火，便出榜招亲，为自己的宝贝女儿招得一位英俊潇洒的女婿。1年以后，可爱的小外孙降生了，瑶王非常高兴，为了哄逗外孙，常常把装有瑶家大印的木匣拿给孩子玩。哪知这女婿竟是垂涎瑶家山寨的莫家土司的儿子，他趁瑶王招女婿之机骗取了瑶王的信任。又在孩子玩耍时盗走了盘古王印，并带领莫家土司兵马攻打瑶家山寨。瑶王没了盘古王印，一时调集不到各寨瑶兵，结果被莫家土司打败了。从此，为了不忘夺印之仇，使盘古王印永远留在人们的心中，瑶族妇女们义无反顾地在自己家人的头帕、衣服、绣花裙绣上盘古王的大印。因此，盘古王印的图案花纹成了西五排妇女刺绣的主花纹。那里的瑶族妇女把盘古王印的图案叫做“担麦”。①

（二）豆腐八王②

相传，有一年大旱，官府加紧收租征税，瑶民生活困苦，为了生存，瑶民便到高山野岭去开垦荒地。一天，他们挖到了一块大岩石，掀开后，忽有一股泉水冒出来，水中竟跃出一条和人一样大的鲤鱼。大家非常害怕，但瑶民唐豆腐八贵处之泰然，他把鲤鱼烤熟，并吃掉。吃完那鲤鱼，他无意中将鱼骨丢进火堆里，没想到火堆里忽然飞出一把宝剑。唐豆腐八贵获得宝剑后，一股巨大的力量充满了全身，决心领头反抗官府压迫。于是，大家选举他为王，称为“豆腐八王”。

---

① 摘自《连南民间故事》，这一故事由军寮排瑶李沙一尔2010年6月讲述，由龙雪梅采集整理。

② 广东省民族事务委员会：《广东北江瑶族调查（1950）》，见李默、房先清：《连南八排瑶族研究资料》，86—87页，广州，广东省社会科学院，1987。

豆腐八王用雉鸡尾当令箭，指挥瑶民冲锋陷阵。他们越打越远，最后不知所踪，失去了联系。瑶民为了纪念他，把他的令箭（雉鸡毛）和象征他当年用的锋利宝剑的白鸡毛，插在发髻上，以此缅怀先人的英雄事迹。后来，瑶民们在头上插鸡毛被视为潇洒英俊威武的象征。

这些传说在排瑶地区口耳相传，成为排瑶服饰的文化根源及内涵，通过排瑶服饰的形制、工艺、外观、传说等，也印证了排瑶人民在历史长河中积淀出了深厚且多彩的文化底蕴。

第二节　手工技艺

一、刺绣技艺

清代道光年间《阮通志》卷三百三十载："瑶妇衣尚刺绣，皆自为之。"[①] 排瑶民间亦有俗语："莎腰妹（少女）爱绣花，不会绣花找不到婆家。"排瑶妇女历来擅长刺绣，并以是否会绣花作为衡量女子是否聪明贤惠的标准之一。她们从五六岁开始，便依偎在母亲、外婆、奶奶身边，看着长辈绣花，耳濡目染，用巧手"堆花叠草"，编织出美丽的刺绣纹样。刺绣图案取材广泛、构图大方雅致、款式多样、配色鲜艳协调。在排瑶妇女们的飞针走线中，绣出花布袋、花带、荷包、衣领、围裙、绑腿，出嫁时送夫君的贴身烟袋、挂袋，自己出嫁时的一整套嫁妆，生育孩子后所用的披风、背带、小孩的衣帽肚兜、帽子等。

（一）刺绣用料

不同排瑶之间的刺绣工具材料基本相同，主要由针、绣花布和绣花线组成。

1. 针。一般选用七号绣花针。

① 黄朝中、刘耀荃主编，李默校注：《广东瑶族历史资料》，64页，南宁，广西民族出版社，1984。

2. 绣花布。一般选用特制的靛蓝色、红色、白色的棉、麻土布，要求布纹线条大小一致、均匀、细密。布纹越细密，绣出来的花纹就越小、越精细。靛蓝色棉、麻土布要先“过水”，即把布撑平、折叠至合适大小放到水里，不停过水洗出残留的染料，洗净后直接晾干，不可用手拧，晾干后方可绣花。

3. 绣花线。《连阳八排风土记·衣服》载：“衣服以五色绒刺绣。”[①] 五色便是排瑶妇女绣花时选用的红、黄、绿、白等五彩丝线或绒线。

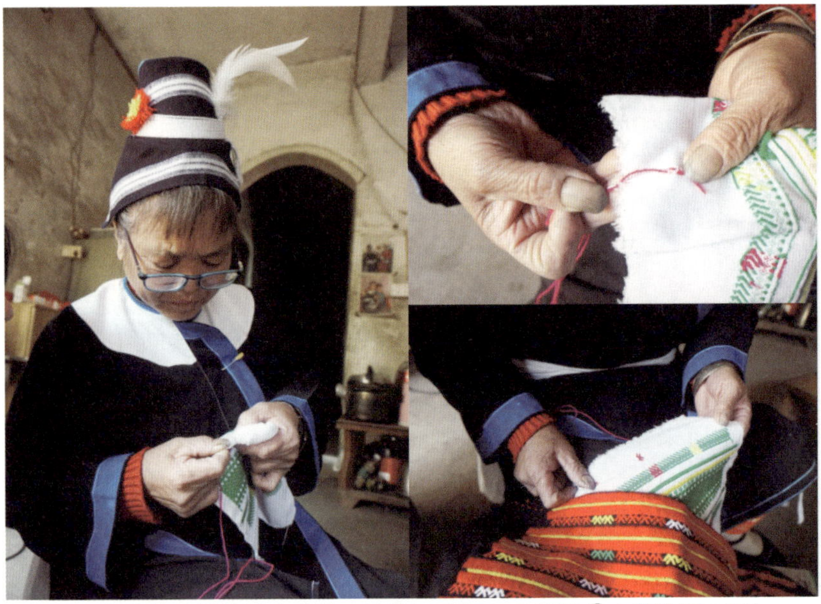

油岭排瑶绣传承人唐沙二妹演示鸡冠纹的绣法[②]（殷沙漫/摄）

（二）刺绣工艺

排瑶的挑花刺绣既不用打稿描图也不需要使用模具，全凭妇女的一双慧眼和一双巧手，用彩色线在底布上做文章，按布料纱路的经纬，通过叠加、去减等方法，形成变换万千的图案，有象征皇权的盘王印，也有动植物如马头、龙尾、龙眼、鸡冠、小鸟、鱼纹、牛角纹、龙角花纹和百花、

① （清）李来章撰，黄志辉注：《连阳八排风土记》，56页，广州，中山大学出版社，1990。
② 拍摄：殷沙漫；时间：2020年10月22日；地点：三排镇油岭村。

松树纹等，还有山河、日月、田野等大自然景观纹样。这些花纹多以几何形状呈现，有三角形、圆形、正方形、长方形等。具体而言，瑶族挑花刺绣的针法大体分为6种：

（1）十字挑。这种绣法实为十字绣，多用于大花纹图案中。十字挑分为两种：一是在密集的十字针脚中适当空针即可显出实地空花的图案，有的还在空花中补上黄、白、绿色大花纹，形成多种大花纹的组合图案；二是“担旺麦”，此种绣法常出现于三排、油岭、南岗的绣花袋中，为正面挑花。

（2）斜挑。这种绣法一般用在原野纹上，有长斜挑与短斜挑之分。

（3）平挑。这种绣法按布料纱线的经线或纬线，用近似网绣的方法施针，为反面挑花正面看，可以取得正反两面都精致细密的效果。排瑶刺绣图案多用这种绣法，如美丽的姑娘纹、龙角花纹、鸡冠纹、小鸟纹、扇子纹、蛇纹、龙尾纹、森林纹、牛角纹、桥梁纹、雪花纹、双小鸟纹、树木纹、小草纹、马头纹、双马头纹、日字纹、半圆花纹、松树纹等都属于平挑针法。

（4）锁边。这种绣法一般用在衣领、绣花袋、小孩绣花帽的边缘上。

（5）结绳。这种绣法一般和锁边一起用，起装饰作用。用在绣花袋、小孩绣花帽的边缘上。

（6）滚边。在绣花裙、绣花裤、绣花三角巾的末端滚上红、白、黑边，起装饰、加固作用。

（三）刺绣品种①

连南排瑶的刺绣多运用于服饰中，刺绣品种主要有绣花衣、绣花衣领襟边、绣花裙、绣花袋、绣花绑腿、绣花腰带、绣花女三角巾、女绣花头帕、男绣花头巾、男披肩、儿童绣花帽、儿童绣花马裤等式样。

---

①　盘鹏：《诗画瑶山》，内部印刷资料。

南岗排瑶女性盛装绣花头巾[①]（殷沙漫 / 摄）

（1）三角绣花巾。是盘石、涡水六联、七星洞等地的瑶族妇女戴在后脑上的装饰品，美观而别有风韵。

（2）盘王印绣花头帕。盘王印的中间用白绒线绣出，其余用红绒线绣成，再配上银敲、铮牌、银铃，即代表盘王印至高无上的地位，也象征美丽和富有。

（3）绣花头巾。是瑶族男子戴在头上的头巾，在红布上的两头绣有花纹，为红头巾。

（4）男披肩。是瑶族男子披在肩上的装饰品。排瑶男子的披肩因地区不同而各异，油岭、三排的男披肩用绣有两块盘王印的刺绣图案拼接而成，并装饰上银牌、银鼓、银铃等银饰品；大麦山、南岗等地的男披肩披在上衣的背面，装饰银牌、银鼓、银铃等，象征瑶族祖先盘王的威严和富有。

（5）绣花衣领。排瑶妇女喜爱在衣领上镶一块绣有龙纹和八月花的布，起加固领口的作用。

（6）绣花方巾。排瑶妇女在上衣的背面紧靠镶衣领下方贴一块绣花布起装饰作用。

（7）绣花衣。是排瑶妇女的盛装上衣，长约 1 米，衣领襟边、上下背面、袖子都绣有马头、龙尾等花纹，镶边考究十分精美，象征富丽美好的生活。

① 拍摄：殷沙漫；时间：2020 年 10 月 25 日；地点：三排镇横坑村。

（8）女绣花腰带。是排瑶妇女围在腰间的带子，为白色，带子两端绣有花纹并打上 66 条穗，穗上串有铜钱或珠子作为装饰，表示五谷丰登。

（9）挂袋。用宽不到 1 尺，长约六七寸的布缝制，再加上一条布带，用来斜挂在胸前。挂袋斜挎在身体的左边或右边，这是男子不可缺少的一件东西，无论出门，还是行猎、赶热闹、上田间山地劳作，都少不了戴在身上。挂袋也是女子向男子表示爱情的信物。男子钟情于某一个莎腰妹就送她一些红绒和束腰布带，女子为了表示报答对方，就缝一个挂袋，并用五颜六色的绒线绣上各种图案花纹回赠。男子虽穿着一身青布衣服，可是腰间挂着这么一个色彩斑斓的挂袋，就平添几分美感。挂袋图案的构图花式最能显出瑶族妇女传统的刺绣艺术。①

横坑村绣花挂袋②，油岭村绣花挂袋③（殷沙漫 / 摄）

（10）绣花裙。绣花裙因地区的不同而分为百褶裙、筒裙、A 字裙、短裙等。一般长约 60 厘米，费时较多，其花色图案复杂多样，多以动物图案

① 《中国少数民族社会历史调查资料丛刊》修订编辑委员会:《连南瑶族自治县瑶族社会历史调查》，80 页，北京，民族出版社，2009。

② 拍摄：殷沙漫；时间：2020 年 10 月 25 日；地点：三排镇横坑村。

③ 拍摄：殷沙漫；时间：2020 年 10 月 23 日；地点：三排镇油岭村。

为主题，常常是画中有画，设计之巧妙、色彩之绚丽令人叹为观止。绣花裙亦可作为婴儿的襁褓起保暖、避邪等作用，被誉为“百宝裙”。

（11）绣花脚绑。绑在小腿上的裹脚布，为黑色。绣有鸡冠纹或龙尾纹、原野纹等图案纹样。

（12）绣花背带。用来背小孩的“T”字形背带，上为白色土布、下为黑色土布。在三排地区一带，排瑶妇女喜欢用白线绣上花纹，配合下端打有黑白相间的穗花，显得古朴浑厚、美观大方。

背着孩子的油岭排妇女[①]**（殷沙漫/摄）**

（13）儿童绣花帽。儿童戴在头上的帽子。为了美观，排瑶妇女在帽子上绣上花纹以装饰，再吊上铜铃和银铃。这种帽子不仅美观、保暖，而且起着“避邪”的作用。孩子戴着挂有10—12枚铜钱和9颗银铃的帽子，即使在大山森林里丢失了，随着铜钱和银铃发出的声音，也较容易寻找。

（14）儿童绣花马裤。在儿童穿的裤子上绣上马头纹、原野纹等花纹作为装饰，排瑶称为“儿童绣花马裤”，有着长大富有、有马骑的寓意。

① 拍摄：殷沙漫；时间：2020年11月28日；地点：三排镇油岭村。

绣花裙与绣花脚绑[①]（殷沙漫 / 摄）

二、银饰技艺[②]

瑶族银饰制作技艺流传至今已有 1000 多年历史，2013 年，瑶族银饰制作技艺入选广东省第五批省级非物质文化遗产名录。五彩斑斓、古朴多姿的瑶族银饰是瑶族文化中一朵瑰丽的奇葩，承载着瑶族人独特的艺术审美观及对勤劳、聪慧、富足和避邪消灾的追求和美好愿望。

传统的瑶族银饰，为中华银饰文化增添了光彩。它以独具特色、民族风情浓郁、古老神秘的文化内涵闻名于世，许多银饰品成为具有观赏和收藏价值的艺术品。

（一）制作工具

瑶族银饰制作需要在特定的工作台上完成，工作台用于开展熔银、过火、退火、雕刻、整形、抛光等一系列的制作流程以及各种工具的分类摆

① 拍摄：殷沙漫；时间：2020 年 11 月 28 日；地点：三排镇油岭村。

② 资料来源：《瑶族银饰制作技艺教材》（送审稿），瑶族银饰制作技艺项目代表性传承人唐大打十斤提供；资料搜集：殷沙漫。

放，制作首饰的原材料以银、铜、铝为主，主要的制作工具有三种，分别是尖嘴钳、铁锤和刀。

（1）尖嘴钳。尖嘴钳用来持零件或较为细小的工件，也可以使用尖嘴钳将银线或银板材拗折成所需角度。

（2）铁锤。当银焙化倒入银槽中，它的侧面形状通常不会刚好形成正四方形或者长四方形，正面也不会绝对平整，这时需要用大铁锤敲锤它，敲锤过后侧面观看尽量成为正方形或长方形，正面尽量敲平整为佳，以便辗轧成细条状或板状。敲锤过程中若银已经硬化，得再退火使其软化再继续施工，拗制为戒圈才可将它套在戒圈棒上，再使用小铁锤敲圆，也可使用小铁锤在银表面敲出花纹。

（3）刀。在制作饰品加工时，用锯弓从银材上取下所需要形状后，必定要加以修整锐角，工具上可以使用吊钻，加上各类型的菠萝头或钻石针来整形，或用砂纸挫磨，但最为方便的还是手持各式各样的锉刀来削锉，整平、修角，锉成自己所要的形状。在修锉的过程中，需用由粗到细的锉刀依序锉制，用粗目锉把所需形体正确锉出，再使用半粗细的锉刀来锉出粗的纹路，当粗锉纹都已锉平后才可使用细目锉刀锉制，每个工序必须正确完成，如此才不会在银表面上留下锉痕。

（二）制作工艺

瑶族银饰的锻制工序繁杂，包含铸炼、捶打、雕刻、焊接、编结、洗涤等环节，工艺水平要求高，总体而言可分为以下几个步骤：

（1）熔银。每款银饰品制作都要从熔银开始，主要工具有风球、火枪、熔碗、烧台、硼砂、钳子、油槽、手套等。先将碎银子放在小坩埚内，用焊枪对坩埚内的碎银子进行加热，同时，放入少许硼砂，硼砂会溶解掉银子表面的氧化物，使银子更为纯净，并帮助银快速熔化。硼砂要分多次加入。银的熔点为960度，当坩埚中的银子加热达到960度以上的高温时，银子就开始熔化了。将熔化后的银子倒入油槽，待冷却后取出，制作成银片备用，需注意控制好倒入油槽时的温度与速度。

（2）锻打。主要工具有牛角尖、大小各种锤子、铁桩、钳子。将冷却后的银条取出，放置在枕木的铁桩上，用铁锤锻打银条反复锤打成型。将冷却后的银条取出，用老虎钳扣紧放在铁桩上，继续用铁锤锻打。锻打是不能够一次就将银条打成型的，所以这一步骤需要多次反复过火、退火锻打，锻打到成型为止。在锻打时，尤其注意成品的长度、厚度、形状，尽可能比原件大一点。

（3）下料。先把锻打压好的银料，拿设计画好的图稿下料，银料要略比图稿大才好加工，或者一次可以加工几个相同的银饰品，可以节约时间与料，提高生产速度。

（4）焊接。将需要焊接银饰的接口处沾上焊药，用焊枪熔解焊接。主要工具：焊条、焊片、钳子、助焊粉、火枪、多功能熔焊机、熔碗与硼砂。焊接是银饰品制作中关键的一步，是把精加工过的银饰品各个配件组合焊接起来，组成一件完美的作品，也是制作工艺的最后一个流程。焊接过程是用细银条蘸少许的焊药和硼砂后，烧到熔解时，焊接成功，要按照银饰产品的厚度与大小来调节控制火力，火太大便会熔解产品。

瑶族银饰技艺传承人唐大打十斤演示部分制作过程[①]**（殷沙漫 / 摄）**

① 拍摄：殷沙漫；时间：2020 年 10 月 24 日；地点：连南瑶族自治县瑶族银饰技艺传承基地。

（5）精加工。主要工具有各种锤子和根据各自图案自行研磨的錾雕刻刀、松香、雕刻台。这道工序包括了锤錾、錾刻、镌镂、花丝编结等过程，有些作品有花丝工艺的，还需要进行拉丝、塑形等流程，这个工艺要求是最高的，花的时间也是最多的。

（6）抛光清洗。主要工具有各种锉刀、砂纸、电动打磨机和抛光机。将制作焊接完成的银饰产品，再进行打磨、抛光等一系列工序，完成之后再进行手工抛光，用火高温将银饰烤热，然后投入酸液中，取出放入清水中用铜丝刷反复刷洗，再用清水冲洗干净，将产品放入装有明矾水的盆中加热，等到沸腾时，除去焊接时留下的杂质，将产品取出放入清水，放入抛光机抛光，直至表面光亮，便大致完成了一个银饰品的制作。

油岭排瑶三角花帽[①]**（殷沙漫 / 摄）**

（三）银饰类型

1. 头饰

（1）头簪、头钗等。在排瑶姑娘婚嫁、节庆、过年时插戴，头簪呈圆

① 拍摄：殷沙漫；时间：2020 年 11 月 28 日；地点：三排镇油岭村。

锥状，插于三角帽上。

（2）儿童帽饰。排瑶儿童银饰主要是帽饰、手镯和胸饰，而帽饰最为丰富多彩，工艺精湛，造型逼真。

（3）银树。“银树”头饰为男性发饰，镶有各种造型的银饰和彩线，最顶端为瑶王像，多在盘古王节、耍歌堂、香歌堂等重大节日时才使用。

2. 颈饰

（1）颈圈。是颈部主要银饰品，小的颈圈需银 300 克，大的约重 700 克，颈圈为圆柱形，为多条银圈组合而成，少者 1 个，多则 10 余个。

（2）儿童项圈。儿童佩戴，以示驱邪之意。

儿童项圈[①]（殷沙漫 / 摄）

3. 身前身后银饰

（1）银牌。多悬挂于胸前，表面有平、凸等形，有圆形、弧形、长形等形状，妇女胸前饰有 8—16 块银牌，并在背部和胸前挂有 4—6 条银链。银牌具有日月崇拜的含义，盘古王身处中心，周边的圆点视为瑶民，寓意

① 拍摄：殷沙漫；时间：2020 年 11 月 28 日；地点：三排镇油岭村。

众星捧月、生生不息。

（2）银鼓。以鼓为原型，造型精美。因为工艺繁杂，许多手艺人将其视为体现手工水平的最高标准。银鼓约手掌大小，鼓面雕刻有盘古王印等图案，同时在鼓面以及裙边敲出圆点，寓意盘古王的万千臣民。银鼓可直接佩戴于胸前，亦可作为头饰悬挂于女帽之上，造型美观得体，男女皆宜，深受瑶民喜爱。此外，银鼓一侧悬挂若干银铃，银铃经过焊接工艺，并经过手工打磨，小巧精致的银铃不仅散发银白色光芒，而且内置银珠，摆动起来叮当作响。在佩戴数量上，各个排的差别较大。银鼓下悬挂银铃实为手艺人的创新，是为了在举行耍歌堂活动之时，铃铛声配合鼓声，更具乐感。

银鼓装饰[①]（殷沙漫/摄）

4. 镯环

（1）手镯。镯子种类很多，按其形状可分为20余种，有的能开合，有的整体连接，不能开合。它既是瑶族男女的装饰品，又具有吉祥如意的含义。

（2）儿童银手镯。又称手圈，重30—40克，直径4—5厘米。

（3）耳环。耳环为排瑶妇女银饰装饰物之一，主要有银环一个，下置

① 拍摄：殷沙漫；时间：2020年10月25日；地点：三排镇横坑村。

虫鱼、花卉、叶片等。因耳环用银不多，排瑶妇女一般皆有，且在日常生活中也佩戴。

三、扎染技艺[①]

排瑶扎染技艺的历史，源远流长，在八排地区世代相传，尤其是油岭、南岗和山溪、三排、牛头岭、连水、东芒等村寨，已成为排瑶妇女生活中不可缺少的用品。其中扎染头巾、围腰、衣服（衣袖、衣襟和衣服前后摆的边缘）、裙子、绑腿，都是瑶族扎染工艺的代表作。2015 年 12 月，排瑶扎染被列为广东省第六批省级非物质文化遗产代表性项目名录，目前，三排镇南岗村村民房二贵沙是瑶族扎染技艺的省级代表性传承人。

（一）扎染用料

针：粗大的穿耳铁针。

线：白色粗棉线。

布：白色“十”线纹棉布。

染料：大茶叶树的嫩枝叶、“靛果树”（也叫“染布树”）的果、枝和叶等植物染料。

（二）制作工艺

（1）扎法。用白色棉线在白棉布上按照花纹式样针绣，具体绣法有两种。①按压 14 根线→挑起 2 根线→压 14 根线→背压 26 根线，然后从背面把线拉紧扎实，扎成条状。②按照花纹宽度，把布压成“M”形，然后从“M”脚跟往上 2 条线处右边入针，针到左边等高位置穿出，再把线拉回右边入针，拉紧扎实。其中，三排小孩背带披风的扎法一般采用第一种，即压挑法，按照所需花纹图案压挑后再拉紧扎实。

① 资料来源：南岗排调研组成员王航；资料整理：殷沙漫。

针绣、压挑、线扎（连南瑶族自治县文化馆提供）

（2）染色。采来新鲜的大茶叶树嫩枝叶、“靛果树”等染料，将染料放入大铁锅中煮沸，放入扎好的布样，一边煮沸一边搅拌，着色后用手反复揉搓，使着色均匀，反复多次，直到将布料染成靛蓝色，取出晾晒干。

倒入天然植物染料（连南瑶族自治县文化馆提供）

熬制好染料后，放入布匹浸染（连南瑶族自治县文化馆提供）

（3）成品。把扎实的线抽出来，将布拉压平整即成。

晾晒染布（连南瑶族自治县文化馆提供）

染布成品（连南瑶族自治县文化馆提供）

妇女扎染头巾成品（连南瑶族自治县文化馆提供）

（三）扎染类型

八排扎染品种主要有三类，分别是油岭妇女头布，南岗妇女头布，三排小孩背带披风。

油岭式样。白花蓝黑底，长 1 尺，宽 8 寸，花纹为鱼尾式样，中间空出粗线状条纹，宽约 1 寸，花纹呈平行线排列，四条花纹为一幅。在油岭式样中，又分两个小支，油岭为一支，三排等 5 个村寨为 1 支，不过二者差异并不大。

南岗式样。白花蓝黑底，为长宽 8 寸正方形，花纹为实心白色式样，中间空出线状条纹，宽约半寸，花纹呈“回”字形，1个“回”花纹为一幅。

三排小孩背带披风。宽长尺寸相当于一件小斗篷，长方形，长为50—60厘米，宽为35厘米。白花蓝黑底，花纹为实心白色式样。花纹部分高20—30厘米，宽35厘米。完整的花纹图案由4种花纹组合而成：密实鱼尾形花纹、网状形花纹、上下两头树形纹、小蛇游走形状花纹。主要花纹是两排1寸高的上下两头“树”形纹，两排“树”形纹中间为鱼尾形花纹和网状形花纹，两排树形纹外，再围为鱼尾形花纹和网状形花纹，最下面是小蛇游走形花纹和鱼尾形花纹。

排瑶扎染技艺是瑶族人民智慧的结晶，是瑶族人民在漫长的历史岁月中形成的独具特色的文化形式，具有广泛的群众性和民间传承性，表达了排瑶人民的审美情趣和理想愿望，是瑶族传统文化不可缺少的重要部分。

第三节　男性服饰

一、平装上衣

《连阳八排风土记·风俗》“衣服”载：“男衣皆大领，左衽。”[①] 平装为日常穿着，便于上下坡和劳动时散热。无领无钮无扣的琵琶对襟衫是排瑶男性有特色的服装，以红色或黑色腰带束之，衣长有60—70厘米。上衣样式一般有两种，一种背领绣着“T”形贴花；另一种背领上缝上半圆或半月形白色布贴。

（一）西五排男性平装

上衣式样基本上与东三排相同，不同之处是衣领上的装饰，西五排各

① （清）李来章撰，黄志辉注：《连阳八排风土记》，56页，广州，中山大学出版社，1990。

排之间用不同颜色镶边的袖口及衣背硬领上长约20厘米的“T”字形的绣花布条以示区别，如军寮男子背后的布条是白底红花，衣领两端各为一红色和白色绣成的瑶王印图案；里八垌是蓝底红花；火烧排男服除了绣花领外，以白布镶贴襟缘及袖口，袖口的最外端还镶贴0.5厘米宽的士林蓝布边。军寮排男服除了绣花领沿之外，右襟不到腋下，只有襟边到腋下的一半，长度只到前襟右侧口袋边。传统上衣在领口、对襟口、胸片口各钉3个铜钱，起象征、装饰作用，据说是因为水怪害怕铜。里八垌、火烧排使用特殊的对襟坎，用黑色或青色粗布做成，前后幅同宽同长，前幅中间开襟，除衣脚外均用蓝色布贴边，两侧前后幅用布条连接，穿着时两襟交叉，用腰带束紧。

（二）东三排男性平装

东三排的男性平装上衣为无领无扣开胸叠襟式，用蓝靛土布作底，肩膀缝制半月形白布，挑东西时起到耐磨的作用；衣袖和衣边用蓝色土布包边，左襟缝制有口袋，前后长一致，以掩到膝盖上方约30厘米为准。

油岭排瑶男性平装①（殷沙漫/摄）

① 拍摄：殷沙漫；时间：2020年10月23日；地点：三排镇油岭村。

二、男裤、腰带

排瑶男女老少的裤，式样相同，西五排和东三排的男子裤装基本样式都为齐膝宽腿粗布裤。

西五排：裤子用的布料为藏青色粗布，先裁剪、缝制裤子，便装裤脚不绣花，只用绿线在裤脚缝一周，通常采用横绣的方式，裤脚花边大约宽10厘米。对此，《连阳八排风土记》记载："裤用青布，裤脚以五色绒横绣之。"[①]西五排瑶民男裤的特点是裆深脚阔，也称"水桶裤"，裤脚一般42—45厘米宽，长短各排不一，一般长至膝盖以下5厘米左右。火烧排、里八峒排男性平时喜用黑色腰带，盛装喜用绣花红腰带或绣花白腰带。

东三排：裤子用藏青色粗布或自己用蓝靛染制的土布作底，形制与西五排的差异不大。裤头为圆形，用白布包边；裤脚双筒用蓝色丝线缝制；裤长约40厘米，以掩到膝盖为准。

三、发髻头饰

清姚柬之《连山绥傜厅志》载："椎髻，男耳带环，以五色绿珠鸡毛饰髻。"[②]清黄钧宰《金壶七墨》卷五载："（排瑶）男子编白雉插首，银环穿耳，银箍匝额，银环饰项，腕带银钏，多至二三双。"[③]《阮通志》卷二三〇载："连州瑶人蓄发为髻、红布缠头，喜插鸡翎。"[④]清代袁泳锡《连州志·排瑶志》载："其人椎髻跣足，衣斑斓布褐，男女以彩珠鸡毛置发髻间，谓为美观。"[⑤]民国《土地与人口》卷下《瑶黎概况》载："衣服习古代

① 转引自（清）李来章撰，黄志辉注：《连阳八排风土记》，56页，广州，中山大学出版社，1990。

② 转引自黄朝中、刘耀荃主编，李默校注：《广东瑶族历史资料》，87页，南宁，广西民族出版社，1984。

③ 转引自黄朝中、刘耀荃主编，李默校注：《广东瑶族历史资料》，12页，南宁，广西民族出版社，1984。

④ 转引自黄朝中、刘耀荃主编，李默校注：《广东瑶族历史资料》，64页，南宁，广西民族出版社，1984。

⑤ 转引自（清）袁泳锡等修、（清）单兴诗纂：《同治连州志》，766页，南京，凤凰出版社，2003。载《中国地方志集成·广东府县志辑》第14册。

装束，男女均戴大耳环、大颈圈，椎髻跣足。男则头裹红巾，女则戴三角高帽。”[1]从以上文献可知，历史上排瑶男性喜欢留长头发，束发为髻。

西五排男子发髻头饰：大致有三种：一是军寮、马箭排男性头顶扎髻，用红绒线包住髻脚处，挂上小木梳，称为“朝天髻”。二是大掌、里八垌、火烧排男性头髻扎于头顶正中，里外共三层，髻根处圈有红绒多匝，称为“脑后髻”。此外，大掌排部分男性束后枕髻。鸡羽是日常的装饰品，西五排男子都喜爱在发髻上插上鸡毛装饰。插鸡毛被视为英俊、漂亮、威武，尤其是黑色的公鸡毛，年轻人平时不插，插的大都是先生公或老人。还有一些男子发髻间插有野鸡毛，这表示他是一个打野鸡的高手。

根据南朝宋时范晔《后汉书》卷七十六记载：“有邑君长，皆赐印绶，冠用獭皮。”[2]可知历史上排瑶是戴冠的。现在耍歌堂时需要捡法名的“新承弟子”也需戴纸面冠。纸面冠上方为3个三角形，从左至右为“日”“福”“月”三字。中间为一身穿红衣、头戴红帽骑着老虎的太上老君，上面两侧为各骑一只老虎的两个女人，手持两把扇子，下面两侧是两个身着红色衣服、头戴蓝色帽子、手持两把大刀、骑着马的男子，下方正中间是半个太阳，后面写着自己的法名。获得法名的人过世后也要戴着这个纸面冠，以此作为“通行证”顺利抵达另一个世界。[3]

东三排男子发髻头饰：南岗排男子扎后枕髻，缠红头巾，头巾有1丈长，把它缠于头部，呈大磨盘型。据南岗的老人说，头上的头巾会随年龄的增长而越盘越大，而头上插白鸡毛或雉羽毛，犹如宝剑。油岭排的男子则是盘脑后髻，额上围约5尺长头巾，颜色也为红色，髻上插白鸡毛与雉羽毛。横坑排的男子与油岭排相似，梳脑后髻，扎红头巾。

---

① 转引自李筱文、许文清：《广东排瑶史料辑录》，136页，广州，中山大学出版社。

② 转引自黄朝中、刘耀荃主编，李默校注：《广东瑶族历史资料》，4页，南宁，广西民族出版社，1984。

③ 蒋满娟根据2019年12月7日至10日火烧排南东房“挨旦堂”活动观察所得。

南岗排男性头饰（唐常青/摄）

油岭排男性头饰（连南瑶族自治县瑶族博物馆提供）

四、挂饰

排瑶男性尤其喜欢戴绣花挂袋，在劳动、出外访友、参加娱乐活动等都会戴上绣花挂袋。绣花挂袋是排瑶男性的生活必需品，可内装随身用的小物件。男性的绣花挂袋多是异性所送的定情物，其大小一般深约 32 厘米，宽约 38—40 厘米。

在择偶方面，盛装一方面具有“夸耀”显示自己经济实力的作用，另一方面排瑶有媒婆根据男女衣服长短相近程度说亲的习俗。《广东新语》卷七《人语·瑶语》：

> 岁仲冬十六日，诸瑶至庙为会阆，悉悬所有金帛衣饰相夸耀，瑶目视其男女可婚娶者，悉遣入庙，男女分曹地坐，唱歌达旦，以淫辞相和，男当意不得就女坐，女当意则就男坐；既就男坐，媒氏将男女带度量长短，相若矣，则使之携女还家。越三日，女之父母乃送牲酒使成亲。①

挂袋分为两种，一种是在做工时使用，一种是在节庆活动中使用。做工时使用的挂袋绣花简单、色彩单一，整体感觉朴素大方。挂袋一面以黑色为底色，绣太阳花，一面为龙贡花。另外，《连阳八排风土记·风俗》“衣服”载“腰间缚包肚或皮带”②，排瑶男性腰间有的还系有尖嘴柴刀、烟斗、火药角，肩扛鸟枪，显得威武魁伟。

五、盛装

盛装是喜庆节日时穿的礼服，制作十分精美。清李来章《连阳八排风土记》：“高堂会……富者穿五色绣衣，或袍或衫，必插鸡羽于首。足穿草履，或木屐，或赤足，不袜。”③ 男性在 4 种场合下使用盛装：一是结婚时；二是“耍歌堂”时；三是参加“旺歌堂”时；四是去世时作为寿衣。

西五排男性盛装：较为简单，上衣的长短、式样和便装相同，只是穿

---

① 转引自黄朝中、刘耀荃主编，李默校注：《广东瑶族历史资料》，29 页，南宁，广西民族出版社，1984。

② 转引自（清）李来章撰，黄志辉注：《连阳八排风土记》，56 页，广州，中山大学出版社，1990。

③ （清）李来章撰，黄志辉注：《连阳八排风土记》，61 页，广州，中山大学出版社，1990。

新衣裤、缠新绣花红腰带或绣花白腰带，绑红布头巾（有的排在头巾两端绣有图案），髻上的鸡毛要比平时多插几根，佩带绣花袋。裤脚处绣有16—18 厘米宽的红色碎花，裤的前面增加了一块百褶绣花裙布，肩披刺绣对襟坎肩（用大红色布制成，两侧不用布条连接，用白布镶嵌襟缘及两侧，领沿处镶贴朔花边，领后仍镶贴白底红花的绣花“T”字布带，内配挂有白色圆形的铝或银牌）。

油岭排男性盛装[①]（殷沙漫/摄）

60 岁以上的男性老人盛装多在家族香歌堂或过世下葬时穿着。去世时穿的盛装为 9 件绸缎长衣，包括 5 件绸缎衣、2 件新衣、1 件旧衣、1 件红马褂。

东三排男性盛装：以红为主打颜色。油岭瑶族男士盛装上衣比便装上衣多一件男式绣花披肩。油岭排的男披肩用两块盘王印刺绣图案拼接而成，并装饰上银牌、银鼓、银铃等饰品，象征着瑶族祖先盘王的威严和富有，

① 拍摄：殷沙漫；时间：2020 年 10 月 22 日；地点：三排镇油岭村。

火烧排、大掌排男性盛装（连南瑶族自治县瑶族博物馆提供）

横坑排男性盛装（连南瑶族自治县瑶族博物馆提供）

南岗排男性盛装（连南瑶族自治县瑶族博物馆提供）

军寮排男性盛装（连南瑶族自治县瑶族博物馆提供）

里八峒排男性盛装（连南瑶族自治县瑶族博物馆提供）

以腰带、花裙、腿绑的红色作衬托，其他以蓝靛土布为主色。在头饰上，会在发髻上插白色或花色的雉鸡毛，雉鸡毛一般是男子狩猎时获得的，因此在头上插雉鸡毛可以象征男士的威武与力量。男人的盛装每人一套，由母亲或妻子刺绣，由于盛装十分珍贵，不外借，一生只能穿 4 次，即结婚、耍歌堂、香歌堂、葬礼，百年归寿后做寿服。

除此之外，男性盛装的装饰物还有头上缠发髻用的五色绒线，披风上吊挂的白马、麒麟、红头巾、耳环、银颈圈、披肩银鼓、银片、红腰带、白腰带、铜手镯等。

第四节 女性服饰

一、平装上衣

《连阳八排风土记·风俗》“衣服”载：“女衣幅以五色绒密绣之，后衣则长过膝，无前襟；余布则二幅，不绣，左右相交，遮肚，转后下垂。女裙前用青布一幅，印白花，名曰裙栊。裙无折，无后幅，后用衣遮。脚跣足，素不识履。夜睡，亦不洗足。”[①] 女上衣和男上衣基本上是一样的，不同之处在于妇女上衣较长，一般为65—85厘米。

（一）西五排女便装上衣

西五排妇女上衣与东三排有所差异。西五排的女上衣普遍要比东三排的长。女上衣的基本形式是两幅布相并，背的全部及两侧腋下三分之二用线密缝之，肩与袖不分开裁，袖不够长再以布驳续，前面未缝，作为对开的前襟，不设口袋，以不同颜色约宽3厘米的布条镶贴衣袖及襟、祺。

据文献记载[②]，女便衣的衣领十分考究，沿边镶绣花硬边和领背有“T”字形绣花布条。布条上绣满各种图案，用红绒缠边，襟缘绣有花纹。如未婚少女在衣服的领沿镶贴宽为5厘米，长为30厘米的绣花硬边，绣有妇女喜欢的龙纹和八月花，起到固定领口的作用。领背镶贴宽为5厘米、长为15厘米的“T”字形绣花布条。这种绣花布条，排瑶称为“仿紧”。其中，里八洞排的“仿紧”是士林蓝布条，其他排用的是绣花布条或印花布条，有白地印红花、蓝地印红花、红地绣白花、红地绣黄花等作为排与排之间的区别标志。

① （清）李来章撰，黄志辉注：《连阳八排风土记》，55页，广州，中山大学出版社，1990。
② （清）屈大均：《广东新语》，238页，北京，中华书局，1985。

出嫁后妇女的绣花硬领以士林蓝布边取而代之，但“仿紧”仍会保留。

女上衣的制作方法：准备长 5—5.5 尺，宽 8 寸的布，进行裁剪。先裁腰、衣领，再裁袖子。领口、袖口用蓝色布镶边，蓝色布长 1 尺左右。后背颈部下方缝上已经绣好的长方形红色绣条，瑶语称为“缝更”。

火烧排女上衣衣领[①]（蒋满娟 / 摄）

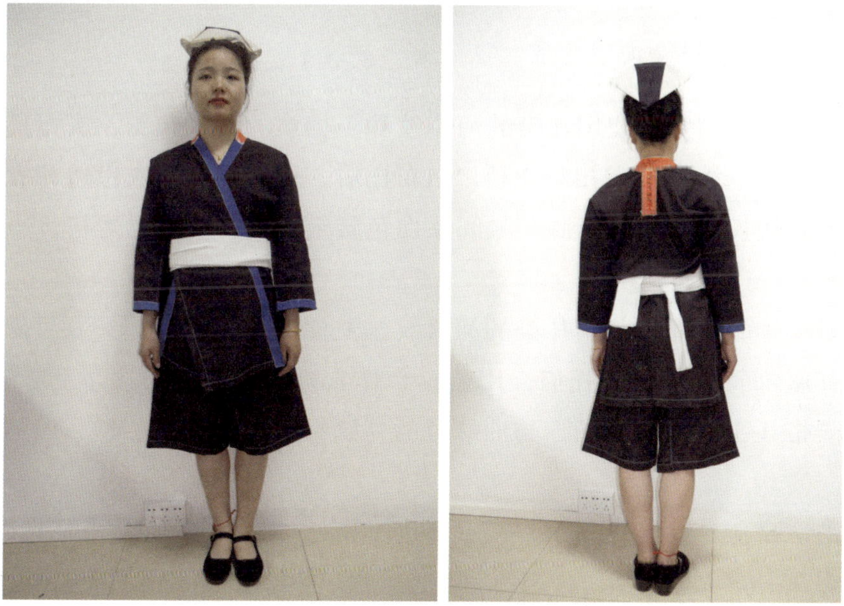

火烧排女性平装（连南瑶族自治县瑶族博物馆提供）

① 拍摄：蒋满娟，地点：连南县大坪镇火烧排。

马箭排女性平装（连南瑶族自治县瑶族博物馆提供）

（二）东三排女便装上衣

油岭排的妇女平装用扎染的河流纹和麦穗纹的头帕包头，头冠呈高圆柱形。上衣也为无领无扣对襟衫，白布托肩，用蓝靛布作衣襟边和衣袖口边，上衣较长，一般长至膝，腰间系白色腰带。下装配宽松短裤，小腿扎绑腿。

南岗排的女性便装用扎染的河流纹、麦穗纹头帕包头、头冠呈低圆柱形；其服饰特点是白布托肩，用蓝靛布作衣襟边和衣袖口边。上衣较短，扎上腰带几乎看不见衣角，与油岭排的差别在于衣边镶蓝、红、白三色滚边。

横坑排服饰为丁字衣领，只绣横面，裤长及膝，未婚女子扎白腰带、绣花绑腿。女衣襟、袖口处用白布镶边。横坑平装妇女头饰为尖钻形。

油岭排瑶女性平装（连南瑶族自治县瑶族博物馆提供）

横坑排女性平装（连南瑶族自治县瑶族博物馆提供）

二、发髻头饰

（一）西五排女子发髻头饰

西五排女子均扎朝天髻，插山花或白鸡毛，喜戴绣花布帕。《阮通志》卷三百三十载：“连州瑶人，蓄发为髻，红布缠头，喜插鸡翎。”① 清袁诒锡《连州志》卷八载：“（八排瑶）其人椎髻跣足，衣斑斓布褐，男女以绿砂、鸡毛制髻鬓间，谓为美观。”② 西五排各排姑娘、妇女头饰略有不同，大坪姑娘头髻用大红绒线缠紧，军寮姑娘髻上却喜挂草珠，镶“白木通”。火烧坪、军寮等排已婚妇女头髻上戴一个用布做成的三角布壳帽（此帽白天戴着赶集、劳动，晚上回家后才摘下，排瑶称之“花冠”），再在三角小帽上插几根鸡羽毛或野鸡毛，在帽子与头发之间插一条带有红绒线的银针。这个“布壳帽”从侧面来看是三角形，从上而下看是五角形。略有不同的是火烧排妇女的帽较小，最上层以黑白布相间，而军寮妇女的帽架较高大，最上层以红布覆盖。清黄钧宰《金壶七墨》卷五载：“女子髻发以竹，覆以花布，如鸟张翼状。”③ 民国《土地与人口》卷下《瑶黎概况》亦载：“衣服古代装束，男女均戴大耳环、大颈圈，椎髻跣足。男则头裹红巾，女则戴三角高帽。”④ 以上史料均记载了排瑶女性发髻发饰的独特性。

这种三角高帽的制作方法如下：准备长2尺4，宽五六寸的白布，把米煮烂，将布和饭粘在一起，晒干，使其变硬，卷成一个外围呈三角形，中间呈田螺状的空顶帽子，用竹片支撑。军寮排三角高帽里面是两层，大掌排为3层。帽子3面各挂2块银牌以及一些彩色珠子装饰，棱角处盖一块约3寸长的四方绣花布，中间绣盘王印。

不同年龄的妇女头饰在颜色上是有区别的，《连阳八排风土记·风俗》“衣服”载：“女年至将嫁，发长以为羞，择日于私室梳髻。以五色绒绣红

---

① 黄朝中、刘耀荃主编，李默校注：《广东瑶族历史资料》，64页，南宁，广西民族出版社，1984。

② （清）袁诒锡等修、（清）单兴诗纂：《同治连州志》，766页，南京，凤凰出版社，2003。载《中国地方志集成·广东府县志辑》第14册。

③ 转引自黄朝中、刘耀荃主编，李默校注：《广东瑶族历史资料》，12页，南宁，广西民族出版社，1984。

④ 转引自黄朝中、刘耀荃主编，李默校注：《广东瑶族历史资料》，31页，南宁，广西民族出版社，1984。

大掌排、火烧排妇女平装头饰（连南瑶族自治县瑶族博物馆提供）

盘石妇女平装头饰（连南瑶族自治县瑶族博物馆提供）

布，缝头为包，其名曰‘帕’。其状上尖，左右两角，下圆。爪发，昼夜不脱，不令人见。嫁三年后，换白布，不绣绒。”① 通常来说，军寮排未婚者戴黑帕，火烧排未婚者缠红线，没有黑布，若出门就插两根鸡毛。军寮排的已婚年轻女子扎的朝天髻内包两层不同包布，外加一层蓝色方包布，用各色绒线装饰。而老年妇女却是用红色方巾包头髻。老年女性将头发在头顶扎成髻，用黑色镶有白线边的黑布折叠为双层长方形布，搭在发髻上，用白色棉布条将二者缠绕在发髻上，让黑色布自然垂在发髻下方。李来章

① （清）李来章撰，黄志辉注：《连阳八排风土记》，56页，广州，中山大学出版社，1990。

里八峒莎腰妹头饰（房昭娱 / 摄）

里八峒排移民金坑片区后的排瑶妇女平装头饰（房昭娱 / 摄）

《宿军寮》："老者多卉服，头颅缠红绡。少者白羽髻，耳环垂映鬓。"① 戴头巾的原因，据说是因为排瑶长期生活、劳动在深山，头巾可防芒草。大掌排妇女的髻扎得比较矮，上有一顶小三角帽，或盖有一块黑布。

西五排服装饰品主要有人工制造和取自动植物两类。人工制造的有耳环、项圈、手镯、银簪、银牌、小银鼓等，多为银质、铜质和铝质，由工匠手工制作。马箭、军寮等排男女耳环一般为直径 5 厘米的环形半封闭圆圈，圆圈内有数个环形装饰，通常为银质，一代一代往下传。取自动植物的主要有翎毛、野花、木通花、草珠等。其中，翎毛分为野鸡毛和家鸡毛，野鸡毛用得着的只是其尾部的长尾羽，家鸡毛用的仅是白鸡的尾毛及臀部两侧的长毛。木通花是山涧两旁生长的一种藤状灌木，人们将其树枝砍下，用小棍或竹枝将木芯捅出即成。木通芯轻韧雪白，可盘在发髻上，亦可趁其未干时制成各式各样的胸花、头花。饰木通者多为少女。草珠是一种在潮湿地带生长的草本植物的果实，其状如珠，黄豆般大小，有灰白色、白

① 转引自何一鸾修、臧承宣纂、凌锡华增修：《民国连山县志》，514 页，南京，凤凰出版社，2003。载《中国地方志集成 · 广东府县志辑》第 14 册。

色间灰褐色两种，将其芯抽出串成链即成，既可挂在发髻间，亦可悬在脖子上，或戴在手上。排瑶女性还有佩戴香囊的习惯，《广东新语》卷二十一《兽语·香狸》：“瑶女当春时，多采生香麝子以为佩，动则香气远闻。山歌云‘生麝香吹瑶女风’。”①

排瑶三角帽（蒋满娟/摄）

排瑶项圈②（蒋满娟/摄）

（二）东三排女发髻头饰

南岗排未婚莎腰妹扎一个漂亮的朝天髻，并会裹一块绣花方巾，或用绒线织成网状网住髻，髻用绒线做的花或吊穗饰之，串有草珠。目前少女们通常用各种绒花与布花装饰，或用现代化工原料做的珠子装饰，髻上面插山花或柔软的白鸡毛。已婚妇女阿妮梳枕后髻，头上或发髻套一油桐皮做的小圆筒，在发髻后披一块蜡染黑白纹方帕，有的用铝或银簪、银钗装饰。

油岭排的姑娘头饰与南岗相似，已婚妇女发髻套油桐皮做的小圆筒，再用带有黑白纹的蜡染方帕覆盖，并用白色织带扎紧整个发髻。节日或婚嫁时戴大约半尺许的“冠”，瑶语音译为“归堂”帽，大体呈平三角状，先在白布上绣鱼骨纹，然后将绣好的布扎染，染完后将鱼骨纹的绒线拆除，帽角部分包裹桐油树皮，并在帽角上扎一朵红花，插一根白色鸡毛。③

① （清）屈大均：《广东新语》，543页，北京，中华书局，1985。
② 拍摄：蒋满娟；地点：连南县大坪镇火烧排。
③ 受访人：清远市瑶族刺绣传承人唐沙二妹；时间：2020年10月23日；地点：油岭村；访谈人：殷沙漫。

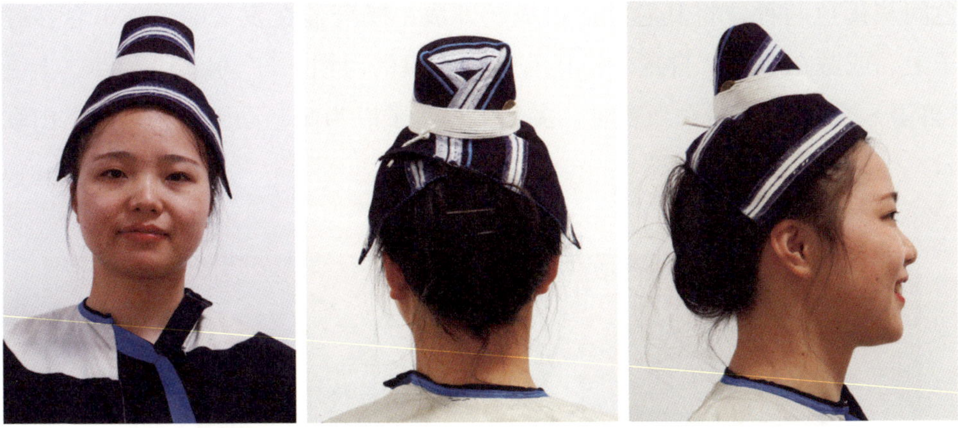

油岭排妇女平装头饰（连南瑶族自治县瑶族博物馆提供）

横坑排的姑娘发髻都用草珠装饰，插上银簪，吊丝线穗子，已婚妇女头髻套一个一寸的小竹筒，用黑色帕覆盖，并插有小木梳和银簪。客围交叉处围上层层三角巾，最上层绣着漂亮的图案，三角巾上用白布绣上漂亮的花纹做面层，用黑色布做里子。

横坑排妇女平装头饰（连南瑶族自治县瑶族博物馆提供）

三、绑腿、腰带

排瑶绑腿有白、黑、蓝三种布色，长度在 1 米左右。平时用黑色或蓝色，一般不绣花。结婚、喜庆用的是绣花绑腿，绣有鸡冠纹或龙尾纹、原野纹等纹样。排瑶少女绑绑腿的最多，已婚妇女次之。绑腿的穿戴方法如下：将约有 6 至 8 尺长的绑腿布，绕围小腿 4—5 圈，露出绑腿下边的刺绣花边。绑腿花纹有红、白、黄三种颜色，其中红色为主色调。花纹有龙角纹、龙爪纹、三角龙纹。绑腿的作用是为了方便上山干活时不被树枝、荆棘划伤，防止被毒蛇、蚂蟥、蚊虫咬，以及锄地时不被滚石碰伤，同时也是为了保暖、美观。

绑腿带、腰带[①]（蒋满娟 / 摄）

排瑶妇女不管穿瑶装还是改穿了现代服装，腰带是必不可少的。腰带以红、黑、蓝、白等色粗布做成，东三排的女性腰带长度在 1.6—2 米之间，宽度在 20—30 厘米。西五排的女性腰带较窄，为 10 厘米左右，多为蓝色或藏青色。平时用的腰带不绣花，盛装用的腰带多为白色，两端绣有花纹并打上 66 条穗，穗上串有铜钱或珠子作为装饰，表示五谷丰登。结婚时，火烧排的新娘腰带是白色的（表示纯洁），里八峒排的新娘腰带是红色的（表示吉祥）。

① 拍摄：蒋满娟；地点：连南县大坪镇火烧排。

四、盛装

排瑶女性盛装是在平装基础上加工而成，在盘古王节、家族“香歌堂”、结婚、去世时四种场合穿着，是瑶民一生中最漂亮、最讲究的服装。据清屈大钧《广东新语》卷七《人语·瑶人》载：“连山有八排瑶……其领袖皆刺五色花绒，垂铃钱数串。衣用布，或青或红，堆花叠草，名‘瑶锦’。女初嫁，垂一绣袋，以祖妣高辛氏初配盘瓠，著独力衣，以囊盛盘瓠之足与合，故至今仍制云。”①《连阳八排风土记》载：“女将嫁，梳髻以五色绒绣红布缝为头包。嫁三年后，换白布不绣绒。”②《民国连山县志》卷五《瑶俗》载：“新娘彩衣花裳，执雨具徒行。”③

（一）西五排女性盛装

1. 发饰及配件。头上用红绒线的红布包住三角帽，三角帽上靠后部缀有多块锡环，三角帽周围吊有塔形的银针，然后再插上雪白的鸡羽毛，耳朵上戴耳环，颈挂多条银项链，并插戴银制的头簪、头钗、耳环、项圈、串牌、链带、手镯、戒指、小铃、圆鼓和小木梳、木通花、串珠、白鸡毛等。

西五排瑶民最初无论男女均不穿鞋，后来有了木屐、草鞋。《隋书》卷三十一《地理志》载：“男子著白布裤无巾裤，女子青布衫，斑布裙，皆无鞋履。”④《阮通志》卷三百三十亦载：“常着芒鞋，登山樵采。”⑤清李来章《连阳八排风土记》：“足穿草履，或木屐，或赤足，不袜。”⑥

2. 上衣、裤装及配件。上身穿多件用红绒线绣成的绣花衣服，花衣前面挂满银环块。火烧排女性盛装腰带为白色，里八洞排女性盛装腰带为红

① （清）屈大均：《广东新语》，238页，北京，中华书局，1985。

② （清）李来章撰，黄志辉注：《连阳八排风土记》，56页、61页，广州，中山大学出版社，1990。

③ 何一鸾修、臧承宣纂、凌锡华增修：《民国连山县志》，481页，南京，凤凰出版社，2003。载《中国地方志集成·广东府县志辑》第14册。

④ 转引自黄朝中、刘耀荃主编，李默校注：《广东瑶族历史资料》，9页，南宁，广西民族出版社，1984。

⑤ 转引自黄朝中、刘耀荃主编，李默校注：《广东瑶族历史资料》，64页，南宁，广西民族出版社，1984。

⑥ （清）李来章撰，黄志辉注：《连阳八排风土记》，61页，广州，中山大学出版社，1990。

色。下身穿裤子，在裤子前面围绑百褶绣花裙。小腿捆绑绣花脚绑，脚绑层次分明，十分好看。脚穿绣花鞋，斜挂一个绣有各种花纹图案的“挂袋”。走起路来，很远就能听到叮叮当当的响声。

3. 裙装。西五排瑶很早以前男女老少都穿裙，后来为了适应上山下岭而渐渐改穿裤。现在女子出嫁、耍歌堂、死后入葬等才穿裙。裙的布料多为藏青色粗布，绣花绒线有红、黄、绿、白 4 种颜色，多数以红色为主。裙的种类有伞裙、半身筒裙、单式裙、围腰裙几种。《连阳八排风土记》载：“女裙前用青布一幅，印白花，名曰裙摆。裙无褶，无后幅，后用衣遮脚。”[①] 女裙长约 70 厘米，宽是以一幅约 2.5 米的布对折缝成，裙头束带，用松紧带来调节腰部的宽窄。裙的上半部一般不绣花或只绣一些碎花，下半部绣满小人花及波浪花等图案，裙脚用白、绿、红等色滚边。里八洞排绣花裙代表图案是龙尾纹、龙蛇花纹和盘王印的变形图案、半边万字纹等；火烧排绣花裙代表图案都是万字纹、蜘蛛纹、麦穗纹、河流纹等抽象的几何图案；军寮排绣花裙的代表图案是松树纹、森林纹等。西五排妇女出嫁时一般用两条裙，一条用作围裙，另一条披在身上。生孩子后，背小孩时将裙作为披围给小孩增加温暖，对保护婴儿的健康成长起到一定的作用。

女裙的制作方法：准备一张 2 尺 2 寸的布，红、黄、白三色绒线以及绣花针。从下往上绣，先绣花边，再绣中间的花，一般绣 5—6 层，如果个子高绣 7 层，每一层用花边分开。花边的作用主要是区分，需要使用 3 根绒线，这样显得饱满、美观。花纹有蛇纹、钩纹、斜纹、反向斜纹、松树纹等。一般先绣红色花，再补上黄色花和白色花。再把白色布带接在裙子上部，在中部捻起来叠成 3—5 层，固定住后，最后再用 1 条白腰带捆牢。女裙制作过程复杂，排瑶妇女绣好一条女裙需要三个月至半年。

① （清）李来章撰，黄志辉注：《连阳八排风土记》，56 页，广州，中山大学出版社，1990。

大掌排瑶妇女盛装（连南瑶族自治县瑶族博物馆提供）

火烧排妇女盛装头饰（连南瑶族自治县瑶族博物馆提供）

火烧排男女盛装（连南瑶族自治县瑶族博物馆提供）

军寮排妇女盛装 1（连南瑶族自治县瑶族博物馆提供）

军寮排妇女盛装 2（连南瑶族自治县瑶族博物馆提供）

马箭排妇女盛装头饰（连南瑶族自治县瑶族博物馆提供）

马箭排男女盛装（连南瑶族自治县瑶族博物馆提供）

里八峒女性盛装（连南瑶族自治县瑶族博物馆提供）

香坪妇女盛装头饰（唐常青 / 摄）

（二）东三排女性盛装

1. 发饰及配件。东三排妇女的盛装较为复杂，发髻是特制的三角绣花冠，三角帽插有塔形银针，银链串着银针，银针挂着银鼓、银牌，冠上插有雪白的鸡羽毛，银器和白色的羽毛交相辉映，美观别致。

2. 上衣。东三排油岭、南岗女性盛装的上衣为红绒线绣花新衣，并装饰有银牌、银鼓，上衣用白色系有铜钱的腰带装饰。家族举行“香歌堂”时，先缠一圈红色腰带在里面，再缠一圈白色腰带包着红色腰带。妇女不能随意绑红色腰带，要四十五岁以后才能绑。过去，一条腰带约 8 尺 5 寸（3 米左右）长，在腰间围 2 圈，交叉打结后留一条垂下来，另一条扎在里面。现在的腰带多数根据身材来调整长度。男的在右侧边打结，女的在腰后面正中间的位置打结。①

3. 裙装。东三排油岭排的绣花裙有三种：马裙、龙裙、“沙当项”裙，都属百褶裙。马裙以单个马头纹组合而成，有多匹骏马奔驰在原野的寓意。龙裙是将森林纹、小鸟纹、小草纹、牛角纹、树木纹、桥梁纹和原野纹组

① 受访人：清远市瑶族刺绣传承人唐沙二妹；时间：2020 年 10 月 23 日；地点：油岭村；访谈人：殷沙漫。

合在一起，构成了一幅小鸟在树林里鸣叫、牛羊在吃草、树木倚傍桥梁的山野风景图，极富生活情趣。龙裙往往和绣花衣一起穿戴，表现出东三排妇女的浪漫情怀。

南岗排莎腰妹盛装（连南瑶族自治县瑶族博物馆提供）

油岭排莎腰妹盛装（连南瑶族自治县瑶族博物馆提供）

油岭排女性盛装头饰（连南瑶族自治县瑶族博物馆提供）

油岭排女性盛装①（殷沙漫 / 摄）

油岭排女性盛装②（殷沙漫 / 摄）

横坑排女性盛装（连南瑶族自治县瑶族博物馆提供）

① 拍摄：殷沙漫；时间：2020 年 10 月 22 日；地点：三排镇油岭村。

② 拍摄：殷沙漫；时间：2020 年 10 月 22 日；地点：三排镇油岭村。

南岗排女性盛装（连南瑶族自治县瑶族博物馆提供）

里八峒男女老少歌堂盛装（房昭娱/摄）

第五节　其他服饰

一、儿童服饰

由于排瑶挑花刺绣工艺复杂，加上儿童生长发育快，排瑶儿童刺绣用品不多，主要有辟邪用的“百宝裙”、绣花鸡冠帽、婴儿背带、儿童绣花马裤等。

军寮排男女童服饰（连南瑶族自治县瑶族博物馆提供）

在西五排，小孩子出生 100 天至四五岁，不论男女要戴绣工精巧的绣花鸡冠帽。帽子上缀有 10—12 枚方孔铜钱和九颗银铃铛，插上几根白鸡毛，色彩浓重、鲜明。男孩一般会剃掉头发或在脑后留一撮头发，用绒线扎一个小辫，然后在上面插上羽毛。《连阳八排风土记·风俗》“冠”载：“少年男子以五色绿珠及棉花作条，髻上插鸡尾，以为美观。男二十余岁不薙发，以红布缠头，兼用网斤，穿耳带环。”① 女孩主要是先把头发剪成倒扣碗形发型（现在瑶族女孩不剪成此型），然后在头顶扎一束发，不包髻，用木通珠扎再插上白色羽毛。小孩在一两岁的时候，长辈会给他/她打耳洞。打的时候在耳垂前后各夹一片姜片，再用绣花针穿过去，姜有消炎作用。5岁开始，裤子要缝上裤裆，穿绣花小马裙、马裤、腰系1条白色小布带。《连阳八排风土记·风俗》“衣服”载：“少年衣领下，加白布一幅，如女子云肩，以绿珠缀于白布之上。”② 马裤上绣着马头纹、原野纹等作为装饰，有长大富有、骑马的寓意。7岁以后，服饰基本与成年人相同。

排瑶男孩3—9岁、女孩3—7岁，是人们概念中的孩童阶段，孩童阶段的服装有其自身的特点。在衣着方面，不论男女，这里的儿童都穿绣花马裤，马裤是指裤脚边的绣花图案主要以马头纹和简单的花草纹为主。过了孩童阶段，男孩就开始缠红头巾，女孩扎朝天髻，并辅以鲜花羽毛之类的装饰。

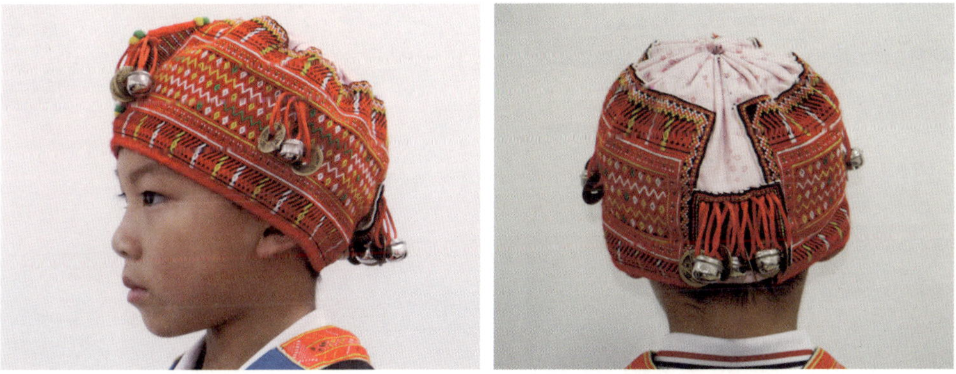

大掌排儿童绣花帽（连南瑶族自治县瑶族博物馆提供）

① （清）李来章撰，黄志辉注：《连阳八排风土记》，56页，广州，中山大学出版社，1990。
② （清）李来章撰，黄志辉注：《连阳八排风土记》，56页，广州，中山大学出版社，1990。

油岭排着盛装参与“耍歌堂”的孩童①（殷沙漫/摄）

香歌堂活动中的男童服饰（蒋满娟/摄）

开唱节活动中的女童服饰（蒋满娟/摄）

① 拍摄：殷沙漫；时间：2020 年 11 月 28 日；地点：三排镇油岭村。

油岭排童帽[①]**（殷沙漫 / 摄）**

东三排的童帽大体相同，不论男女，儿童都戴精巧的绣花帽。绣花帽以红色为主色调，花纹以简单的花草、蜜蜂、鸡冠纹为主，再吊上铜钱、银铃、彩色珠子和毛线做装饰。只绣 4 种花纹，分别是田野纹、波浪纹、小树纹和桥梁纹，帽檐边插 5 片鸡毛，帽子后边（后脑勺）挂 5—7 个铜钱，耳朵两边分别挂 3 个铜钱，铜钱有装饰和保身辟邪的意思。黑布打底，后边挂铜钱的位置是纯色白布，不绣花，一是为了凸显铜钱，二是白色象征干净纯洁，有不污染铜钱、减少摩擦的作用。在小孩出生 100 天后开始戴，一般戴 3 年，3 岁后开始戴红头巾。

① 拍摄：殷沙漫；时间：2020 年 10 月 22 日；地点：三排镇油岭村。

南岗排男童服饰（连南瑶族自治县瑶族博物馆提供）

大掌排儿童服饰（连南瑶族自治县瑶族博物馆提供）

二、先生公服饰

在西五排，排瑶先生公传统的服饰是道袍，上面绣有“三清”“三元”等神像，戴行法事的帽子，帽子上也有神像装饰，手持法杖。现在先生公的服饰从简，一般身着民族服饰，外面披一件红色马甲（“法衣”），边缘为白色布条，头顶上的羽毛比一般人要多一些。经过宗教仪式“打道箓”的人，其冠、带也改成了红色。民国凌锡华《连山县志》卷十四：“儿子聪颖者不与读儒书，惟从瑶道士学，亦有科仪，其文不可晓，学优者则延诸道为受录，受录者得衣朱衣，髻缠朱布，称为‘一郎’‘二郎’‘三郎’，其妻亦以红布为髻笠。”[1] 一般的敬神或小法事活动，先生公只穿平时的服装，不着红色马甲，甚至不穿民族服装。

在东三排，油岭排先生公的便装和其他人并没有区别，只是在“耍歌堂”这样的大型节日、祭祀庆典时，才和旁人不一样。他们一般在本身穿着的服装外，加披一件大红色长袍，长度过膝，长袍上没有特殊的花纹和图案，这件长袍就是他们的法衣。此外，他们还有特殊的头饰——法帽。法帽由红头巾和绘有盘古王像及其他宗教图案的硬纸板帽檐两部分组成。硬纸板部分插在头巾内侧靠前额的一方，高高耸起，显得十分威严。

火烧排耍歌堂时大先生公的服饰[2]（蒋满娟 / 摄）

---

① 转引自何一鸾修、臧承宣纂、凌锡华增修：《民国连山县志》，481 页，南京，凤凰出版社，2003。载《中国地方志集成·广东府县志辑》第 14 册。

② 蒋满娟拍摄，地点：连南县大坪镇火烧排。

瑶族先生公盛装服饰（张佩拍 / 摄）

瑶族先生公服饰（唐常青 / 摄）

三、丧葬服饰

在西五排，死者寿衣较为复杂。死者子女或亲属需为其剃头淋浴，换上寿衣，这些寿衣一般生前已经准备好。寿衣一般用棉布或绸布做成，件数不等，视经济情况而定，一般为单数，扣子为铜扣。死者如果是女性，要穿 1 件便装打底，再穿黄、白、红 3 件绸缎衣，再穿生前自己亲自绣制的结婚礼服，最外面 1 件是用红布做成的“法衣”。脚穿绣花鞋。头上戴一顶纸帽冠，上面插满羽毛、纸花，缀上银器等装饰物。面孔用白布遮住。胸前佩戴挂袋，挂袋里装有稻谷。老年女子死后入殓，有将其裤裆剪开之举，意在还其穿裙之俗。下巴处放绣花针。男性死者的寿服与女性基本一样，只是里面穿五色绸缎衣，从里到外依次为白、绿、黄、红、黑，脚穿袜和白底黑面布鞋。军寮、马箭等排的男性死者还必须戴银质耳环，生前没打耳洞的下葬前要打耳洞。送葬的人身着平时服式，外面套一件用白布做成的短衫，不束腰带，头上包一层白色方巾。这一白色方巾有一定的尺寸：女子为宽 8 寸长 1 尺，男子宽 1 寸长 1 尺。可戴在头上，也可扎在手臂上。《连阳八排风土记·风俗》“丧”载，“凡丧，亲族送楮钱一束，焚之；白布一幅，盖骸……丧家穿白衣”[①]。《民国连山县志》卷五《瑶俗》载：“子妇披麻，辟踊哭泣，亲属皆丧服，亦行三年丧。但无斩、齐、功、缌之分，即嫁娶宴乐亦不禁也。既丧而卒哭，免丧而除服，虞、期、祥、禫不知也。”[②] 西五排瑶相信，只有身着盛装下葬，才能与祖先在阴间团聚。

在东三排，油岭排在丧葬仪式上，一般使用白色衣物。送葬的亲友，一般都在平时便装外再披一件白色孝服，头上另外包一层白色方巾，白色方巾也可以缠在手臂上。

入葬法衣（蒋满娟 / 摄）

入葬男性绣花裤[③]（蒋满娟 / 摄）

① （清）李来章撰，黄志辉注：《连阳八排风土记》，58 页，广州，中山大学出版社，1990。

② 转引自何一鸾修、臧承宣纂、凌锡华增修：《民国连山县志》，475 页，南京，凤凰出版社，2003。载《中国地方志集成·广东府县志辑》第 14 册。

③ 蒋满娟拍摄于火烧排。

第六节　排瑶服饰的功能及其变迁[①]

一、排瑶服饰的功能

（一）生产生活的实用功能

服饰最基本的功能在于遮身蔽体，抵御外界的风寒、伤害等，瑶族服饰最基本的功能亦是如此，只不过瑶族服饰设计的出发点还在于适应瑶族当地的生产和生活。排瑶的服装，男女均无扣，方便在田间劳作的时候身体散热，而腰带则起到了固定衣裤的作用。瑶族服饰的上衣和裤子都是较宽松的款式，系上腰带后还可以起到腰腹部保暖的作用。另外，女性系上腰带后，腰身也格外好看。男女的裤子均短而裤脚较宽，有利于在崎岖的山地行走；短裤虽然方便攀山活动，但又常常容易被山上的滚石、芒刺割伤，也容易被毒蛇、蜈蚣、蝎子等毒虫咬到，于是瑶族人民又为自己设计了绑腿，这样不仅很好地解决了问题，也能在冬天的时候增加一道抵御严寒的屏障。从排瑶服装打底布料的颜色来看，是介于黑色和蓝色之间的深浅不一的靛蓝色，这种颜色易于从瑶族地区生长的植物中获得染料。实际的生产生活经验也证明，这种颜色最接近于瑶族人生存的山林的颜色，在山间劳作时，能很好地隐藏自己，同时这种深色也是最耐脏的。此外，瑶族的挑花刺绣也有其实用的功能，比如瑶族的花裙一般用绒线绣，显得更有光泽，而帽子就用棉线绣，这样淋雨也不怕褪色了。另外，“瑶族刺绣的突出实用特点还在于结实、耐磨、经洗，一般都装饰在服装上最易磨损的围腰、领口、袖沿、衣脚、腰带、绑脚、头巾等处，既可增强服饰易磨损处的牢固性，又能给人以美的享受”[②]。

---

① 资料来源：张佩：《油岭瑶族服饰文化》（未刊稿）。

② 玉时阶、蒙力亚：《广西少数民族服饰文化》，86 页，南宁，广西人民出版社，1992。

河流、花草树木、鸟兽鱼虫本是大自然的杰作，但它们却和排瑶女性的生活息息相关。在原始的经济形态下，妇女们每日在山林中从事采集工作，她们整日所见的都是五彩的花草、树木、蜜蜂、蝴蝶，女性爱美的天性，使她们欣赏并热爱这些事物，并且希望将这些美丽的事物穿戴在身上，以此来美化自身。在瑶山，有俗语云："莎腰妹爱绣花，不会绣花找不到婆家。"这句话可以理解为，在"自给自足、男耕女织"的传统生活方式下，一个姑娘会不会绣花，绣得好与否，是衡量她是否聪明能干的重要标准之一，足以影响她们的婚姻和前程。排瑶姑娘们从八九岁便开始跟家中的长辈学习刺绣手艺，以便将来能够独立为心上人绣出精美的手帕，为自己绣出最美的嫁衣。她们将大量情感倾注于刺绣作品之上，他们将自己对心上人的浓浓爱意、对家人的真切关怀、对美好生活的执著向往都一针一线密密麻麻地绣在了服装上，这也是瑶族服饰饱含的动人情感之所在。

二、排瑶服饰的变迁

新中国成立以后，八排顺应时代发展，改穿现代服装，但是头上仍然束发为髻。整体而言，八排地区越是靠近汉族的区域，排瑶传统服饰特点保留得越少。相对而言，交通条件较差、旅游开发尚在起步阶段的西五排传统服饰特点比东三排传统服饰特点保留得更多。

现如今，八排民族服装的基本样式不变，但工艺、图案发生了变化。由于现代技术的提升，一些村民穿着购买机械生产的民族服装。在民族节庆或举行重大活动时，村民会身着盛装，结婚时多数仍会穿民族婚服。总体来说，平装的穿着频率大大下降，盛装和婚服的穿着频率变化不大。

（一）变迁原因

首先，现代的服装制作用料和方法已有所改变。在过去"自给自足、男耕女织"的农耕社会里，排瑶服饰的面料基本上都是自己种植的棉花或麻，自己纺织成做衣服的土布面料。现在机器纺织的布料以其耐磨、易洗、快干、不易褪色的特点，逐渐取代了自织土布成为排瑶人制作服装的主要其次，排瑶在服饰上绣盘王印章的图案，是为了歌颂盘王的功劳，是排瑶人祖先崇拜观念的有力印证。《隋书》卷三一《地理志下》中有云：“长沙郡又杂有夷蜑，名曰莫徭。自云其先祖有功，常免徭役，故以为名。”[①]“莫徭”大约就是不服徭役的意思，是当时人们对瑶族的普遍称呼。民间盛传的《评皇券牒》[②]中记载：“我盘古圣皇开天辟地，置立人民，先有瑶人，后有朝廷，功称无量，子孙补职供给券牒为凭，实系盘古瑶役（后）子孙，应（任）开垦耕种无租，千年不变改，万载永规应。”[③]传说《评皇券牒》上还盖有“马蹄印”章，此盘王印章行文所到之处，无不生效，瑶民们得以安居乐业。于是瑶族人民深感盘王恩德，在服装上都绣上盘王印章的图案，认为只要把它绣在衣服上，所到之处都能安居营生。历史上，祖先崇拜在瑶族中是非常盛行的，瑶族人民敬奉祖先神，一方面是让子孙后代永远铭记祖先们的功德，另一方面也祈求祖先能保佑后世子孙。

盘王印章的图案除了蕴含祖先崇拜的观念之外，也是排瑶同胞区分身份的标志。排瑶人下山到汉人居住的区域时，汉人一见到他们身上的“盘王印”就知道他们是瑶人。此外，各排之间的盘王印章图案也不尽相同，用当地瑶族同胞的话来说：一看帽子和肩膀上的盘王印，就知道他们是来自哪个排的了。千百年来，正是这种蕴含了瑶族人历史、文化、情感的绚丽服饰，将瑶族人紧紧聚合在一起，进一步增强了本民族的凝聚力和自信心。正如周生来所说：“瑶族人民几乎把节庆或对外活动中身着的本民族服装，当做是体现本民族尊严，维护本民族传统的表现，也正是因为有了这样一种民族意识和民族尊严，才使瑶族在与其他民族的广泛交往中始终以标志民族的鲜明个性和独特风格立于世界民族之林。”[④]

此外，排瑶传统的刺绣和服饰还是女性们表达情感的最好载体。山川

① 《瑶族简史》编写组：《瑶族简史》，54 页，北京，民族出版社，2008。

② 《评皇券牒》，又有《过山榜》《盘王券牒》《十二姓瑶人过山榜文书》等 20 多种名称，是长期在瑶族民间珍藏和流传的一种汉文文书，虽然名称各异、文体不一，长短也不尽相同，但基本上都包括了关于瑶族起源、迁徙、姓氏来由以及瑶族人民开发山区享有的种种权利，是研究瑶族的重要历史文献。

③ 《过山榜》编辑组、《中国少数民族社会历史调查资料丛刊》修订编辑委员会：《瑶族〈过山榜〉选编》，23 页，北京，民族出版社，2009。

④ 周生来：《浅析瑶族古代服饰的文化特质》，载《贵州民族研究》，2006（2）。

面料。在染色方面，现代工业使用的化工染料，不仅染色方便、不易脱色，大批量生产又使得价格低廉，相比起来传统靛染的工序复杂、耗费时力，靛染被取代在所难免。如今，靛染的工艺正面临失传。过去刺绣用的棉线、绒线、丝线的制作工序也十分复杂，如今也被现代工业生产的商品所取代。此外，部分简单的挑花和刺绣也可以用机器来完成。传统的盛装也不再是自产自销、人手一套，而是可以在市场上购买得到。虽然服装的质地上有些许变化，但这相对于整个排瑶服饰文化的变化来说，变化是微小的。

其次，在市场经济的冲击下，排瑶年轻一代人的价值观念正在悄然发生变化。在过去的排瑶地区，如果哪家的莎腰妹心灵手巧、绣花的技艺高超，那么她必然就是全家的光荣和骄傲，也是年轻阿贵哥们追求的对象，晚上去她家窗前“讴莎腰”的人肯定络绎不绝。在这样的价值观念下，排瑶姑娘必定会将学习刺绣、制作传统服饰作为人生的一件大事来认真对待，她们将大量情感以及闲暇时间倾注于刺绣作品之上，根据自己对本民族历史以及生活文化的理解，再辅以自己的审美、想象和创造，精心地创造出一件件富有浓厚瑶族文化气息的艺术品。如今在市场经济的浪潮下，越来越多的排瑶妇女接受了现代文化的教育，她们外出求学，到大城市寻找工作，社会对妇女的审美和评价标准也随之发生了改变，只要女人们勤劳、能干、有工作、会挣钱、持家有道，就是有能力的表现。至于服装，只要她们能挣到钱，在市场上也可以买到。年轻的瑶族女性们不再像自己的长辈一样虔诚地学习刺绣手艺，也不愿意花费时间和精力去做一件衣裳或裙子，如果要参加“耍歌堂”这样的庆典，可以让长辈们代为制作一套服装，或是采用机织的图案或花边，也可以达到色彩斑斓的效果。油岭排一位年届六旬的瑶族绣娘告诉我们：

我的大女儿也会绣，她没读过很多书，她出嫁的衣服都是自己绣的。小女儿在外面读书，就不会绣啦，她结婚的衣服是我给绣的。我的儿媳妇是汉族，是儿子在广州打工时认识的，也不会绣。我的孙子、外孙的衣服都是我做，我有时候懒得绣了，就用外面买的花边代替了。

（二）传承现状

虽然时代在变化，各种款式的现代服装也流向了排瑶地区，但是当地群众对于自己民族服饰的情感依旧，他们依然珍爱自己本民族的服装，无论是当地的婚礼还是要歌堂等重大活动场合，排瑶民众还是倾向于选择自己本民族的服饰。在调研时，笔者邀请一位排瑶老人合影，她很热情地答应。当天气温较低，她穿着一件厚外套，照相时她执意要脱掉外套，露出民族服装，她说："这个才好看。"排瑶人民对自己民族服装的深厚情感是其得以传承的最深厚的群众基础。

"连南排瑶民间的挑花刺绣艺术历史悠久、内容丰富，有着深厚的群众基础。如果开发得好、利用得好，瑶族民间挑花刺绣将会是连南的一个新的经济增长点。"[①] 为此，政府高度重视瑶族刺绣和服饰文化的传承与发展。2008 年连南县举办第一届瑶族文化艺术节，在艺术节上举办瑶族刺绣、服饰展，10 多位瑶族绣娘获奖；2009 年连南县文化局牵头成立瑶族挑花刺绣协会，开办瑶族刺绣培训班，并在全县各中小学开设专门的课程——瑶族民间刺绣；2009 年，"连南八排瑶挑花刺绣"成功申报广东省第三批省级非物质文化遗产。2013 年 1 月，经过 3 年规划与筹备的广东连南瑶族博物馆（后更改为连南瑶族自治县博物馆），在连南瑶族自治县成立 60 年之际隆重开馆，该馆专门设有瑶绣研发部，通过购买、调拨、捐赠等渠道获得的排瑶民间刺绣和服饰艺术珍品，都一一陈列于博物馆的展厅中，得到了保护。2019 年第十一届连南"盘王节耍歌堂"瑶族文化艺术活动的舞台上，高挑时尚的演员穿着经设计师设计有排瑶元素的现代服饰走上舞台，向大众展示排瑶刺绣和排瑶服饰崭新的面貌。

虽然有深厚的群众基础和政府部门的高度重视，排瑶刺绣服饰文化的传承和发展仍然有需要注意和改进的地方。过去，刺绣和服饰制作手艺的传承主要是依靠母传女、姐传妹、邻里互相借鉴学习。绣娘们从小就开始接受来自家庭的训练，有扎实的基本功，并通过长期的乡村生活，从长辈

① 龙雪梅：《瑶族刺绣的发展与创新——连南瑶族挑花刺绣的发展之路》，见政协连南瑶族自治县文史资料委员会、连南瑶族自治县文化广电新闻出版局编：《连南文史·非物质文化遗产专辑》，2010。

的讲述中、从民歌的歌词中、从“耍歌堂”等大型的节日活动中，耳濡目染习得传统历史文化知识，受排瑶审美文化的熏陶，自觉地将自己的情感和认知表达在刺绣和服饰作品上。她们每个人的作品都有鲜明个人风格和艺术特色，“每个人的聪明才智，既在集体创作的基础上得以继承、发扬，而又充实、提高、丰富了前人的成果，从而使排瑶民间传统服饰工艺具有鲜明的传承性和变异性，这就给排瑶民间传统服饰工艺注入了新生命的活力”[①]。而现在的专业绣娘们，她们的手艺是由有经验的绣娘统一传授的，她们的作品就缺乏这种创造性和生命的活力，有的只是流于简单的模仿和重复。因此在培养绣娘的时候，还应注重绣娘们对瑶族历史文化知识的学习，她们只有对排瑶刺绣、服饰充满深厚情感，才有可能全身心地投入排瑶刺绣和服饰的创作。

社会向前发展必然会带来排瑶服饰的深刻变化，因此在强调保护的同时，也应该适度进行排瑶刺绣与服饰的创新与开发，使之和现代化的时代相适应，只有这样，排瑶传统服饰文化才会更加繁荣、更加持久地传承和发展下去。

① 玉时阶：《瑶族传统服饰工艺的传承与发展》，载《广西民族大学学报》（哲学社会科学版），2008（1）。

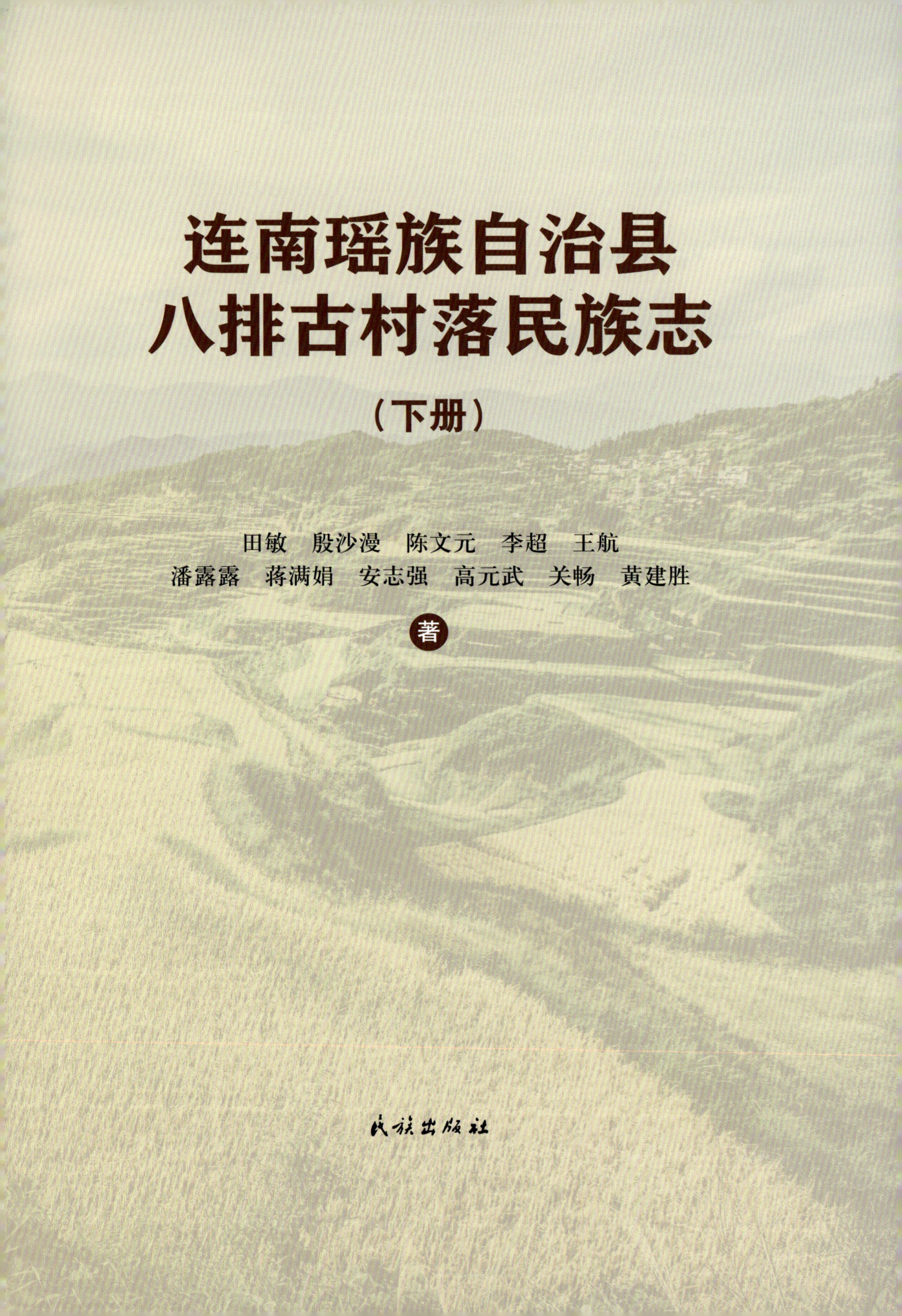

连南瑶族自治县八排古村落民族志

（下册）

田敏　殷沙漫　陈文元　李超　王航
潘露露　蒋满娟　安志强　高元武　关畅　黄建胜
著

民族出版社

《连南瑶族自治县八排古村落民族志》编纂委员会

总策划：

闵　飞　连南瑶族自治县委书记

刘泽和　连南瑶族自治县委原书记

房志荣　连南瑶族自治县县长

唐金文　连南瑶族自治县原县长

顾　问：

李筱文　省民族宗教研究院原副院长

盘小梅　省民族宗教研究院副院长

房卫民　政协连南瑶族自治县委员会原主席

许文清　连南瑶族自治县史志办原主任

李国兴　连南瑶族自治县史志办原主任

编纂工作领导小组：

组　长：李春益　政协连南瑶族自治县委员会主席

副组长：沈俊辉　政协连南瑶族自治县委员会副主席

陈锦叶　政协连南瑶族自治县委员会原副主席

房剑辉　政协连南瑶族自治县委员会原副主席

成　员：陈海光　李春荣　房　斌　房志荣　盘　鹍　唐九斤

编写工作组：

主　　编：田　敏　中南民族大学民族学与社会学学院院长、教授、博士生导师

编纂人员：田　敏　殷沙漫　陈文元　李　超　王　航　潘璐璐

安志强　蒋满娟　黄建胜　关　畅　高元武　周靖凯

陈海光　唐永春　唐常青　房　斌　房四贵　李春荣

罗穆良　房志荣　盘　鹍　房伟华　唐九斤　唐红英

目　录

第十章　饮食文化

八排瑶饮食文化独具特色。连南地区四季分明的气候、清新洁净的空气和得天独厚的水资源、森林资源，为当地瑶民提供了多样的健康食材和物质生活基础。经过不断地迁徙和定居，八排民众靠山吃山，靠水吃水，在适应大自然、与周围环境做出调适过程中，积累出适合自身生存和发展的饮食方式，形成一套相对独立又融合其他民族特色的饮食文化体系。

作为八排民众日常生活的“头等要事”，吃、喝不仅是日复一日的生产生活实践，饮食活动中对“物”的使用和规则的运行更是一个媒介，构筑八排人与人之间、人与神之间的社会关系和象征语言。因此，八排的饮食文化在历史长河中历经世代传承和积淀，其内涵深深蕴藏于排瑶民众的群体边界、认知哲理和价值观念中，是八排瑶集体生活经验和生活智慧的表达。

第一节　饮食类型

历史上，连南瑶族属于典型的山地农耕民族。瑶民世代以传统农业和狩猎为生，过着自给自足的生活。据乾隆《连州志》载：“犷性质粗悍……自耕而食。”[①] 八排地区的传统农业以种植水稻、玉米、番薯、黑米、红米、辣椒、生姜等农作物为主，饲养稻田鱼、鸡、鸭、牛、猪等禽畜，其中猪和鸡为饲养最多的禽畜；狩猎主要是靠男人在野外捕杀野猪、野兔、竹鼠、

① 杨楚枝：《乾隆连州志·卷八》，28 页，乾隆三十六年刻本。

山鸡等小型野生动物为主。连南八排的饮食种类繁多，有其独特的口感和类别。依据饮食的功能分类，传统的饮食分类主要有日常饮食、待客饮食、节庆饮食、祭祀饮食四大类。如今，在地方旅游业发展和乡村振兴政策的推动下，地方政府还带动农民开发出一系列特色农产品，主要有土猪、瑶家土鸡、稻田鱼、有机大米等，远销国内外。

一、日常饮食

八排以稻米和糯米制成的糕点为主食，也食用玉米、番薯、芋头等杂粮。常见的蔬菜有南瓜、萝卜、白菜、辣椒、茄子、芥菜等，也采摘野菜、竹笋、蘑菇木耳等。肉类主要以饲养的猪、牛、鸡、鸭、稻田鱼等为主。

（一）主食

历史上八排人民迁徙至“崎岖鸟道，跋涉为难”的大山中，修建房屋于700米以上海拔的缓坡上，交通极为不便，生活生存条件恶劣，可开发利用的食物原材料很受限制。但基于四季分明的气候，较为适合种植水稻，瑶民们就在山腰稍为平坦之处的荒地上开垦出水田，俗称“巴掌田”。

八排瑶民世代以大米为主食。瑶民的主食除了食用大米，过去还栽种“粳谷”，即山禾黑米，这种粮食产量低，但营养丰富，还可治胃病、脚气病。此外，还有一种迟熟的“中造田”，5月插秧，8月底才收获，种植的就是具有独特香味和软糯口感的老品种——香粳大糯，但由于产量低，传统的老品种稻都已被杂交水稻所取代。另外，瑶民还利用山谷间的空地开垦耕地，种植玉米、花生、番薯、芋头、黄豆、土豆等杂粮，丰富自己的日常食物供给。在耕地面积极为有限的旧社会，粮食和作物的产量低，贫苦的瑶民们经常用杂粮和大米一起混煮，作为主食。直至新中国成立后，国家在瑶族聚居区大力改进生产技术，引进新的粮食作物品种，瑶民餐桌上的食物供给和经济作物的种类才逐渐变得丰盛起来。目前，西五排所在地区被打造为连南县有机稻重点生产区域，种植的水果种类有山楂、枇杷、梨子、李子等，还有茶叶、木耳、冬菇、生姜等经济作物，并逐渐形成有

一定规模的地方土特产产业。

由于自然环境的关系，瑶族人外出做工路途遥远，都是早出晚归，因此，他们常吃炭火煨烧的食物。早上他们离寨进山耕地，带着番薯、芋头等杂粮，用炭火煨熟当午餐。有的也常煮米饭或粥装于葫芦瓢内，带进深山冷吃。一年有近三分之一的饭餐是冷食。

糯米制成的食物也是八排人家中常见的主食。尤其用糯米制成的糍粑，在八排的生活中占有重要地位，在庆祝节日时，家人通常要聚在一起打糍粑。做糍粑时，先要将糯米用清水泡发，再放入锅中蒸熟。蒸熟后置于臼中舂烂，接着取出分成小块，或蘸芝麻，或包入糖，或将其炸制食用。糍粑也是祭祀祖先的必备食物。耍歌堂前，每家也要准备好大量的糍粑，供活动期间食用。

对于具体主食方面，各排大致相同，但亦有细微差别，此处以案例分述之。

南岗排主食以稻米为主，杂粮有玉蜀黍（称包麦）、芋头、番薯、黄粟。一般而言，八排民众都是一日三餐。谷米不缺的人家，三顿都是白米饭。谷米不多的人家，就得以玉蜀黍掺米煮成“包麦饭”，或是掺上芋头、番薯煮成芋头饭或番薯饭。据《连南瑶族自治县瑶族社会历史调查》“南岗排调查”：“南岗人一向不习惯吃稀饭，在谷米缺乏时，即使光吃杂粮也不愿吃稀饭。他们认为稀饭是充不得饥、耐不得饿的。另有把玉蜀黍磨成粉状加上一些黄粟煮成糊的，这种食法也很常见。”[①] 另外，在南岗排，如果要进行农田劳作，一般瑶民会将一日中的主食带入田地中食用。据对南岗排调查资料：“大致是早上7时许至9时左右便用早餐。早餐过后便出外劳动。午餐在早餐时预备好，放进一种特制的饭碗（此碗制法：将一个圆瓜剖成两半，挖掉瓜囊使中空成碗状，晒干即成），两碗合成一个完整的瓜状，然后塞进一个小白布口袋，饭就不会倒出。把这布袋捆在背后，就像出门人背上一个小包袱。有时还用一个小竹筒装上一些青菜作下饭的菜。如果到难找水喝的山地去，还加带一竹筒清水。当然，饭、菜、水都

① 广东省编辑组《中国少数民族社会历史调查资料丛刊》修订编辑委员会：《连南瑶族自治县瑶族社会历史调查》，80页，北京，民族出版社，2009。

是冷的。有时，男子们用竹筒载一斤半斤酒当饮料，特别是天气冷的时候最常见。”①

横坑排与南岗排饮食结构大致相同，但亦有细微差别。据《连南瑶族自治县瑶族社会历史调查》“横坑排”调查：“这里的人（横坑排）一天吃三顿，以大米饭为主，次为玉蜀黍、番薯和芋头等。这些杂粮常掺在米饭里，比较困难的家庭常常就这样吃。有时两顿白米饭、一顿杂粮。”②至于横坑排主食的进食方式与进食时间亦与东三排的其他各排相似，为“小布袋装食用”，“每天三顿的时间安排，通常是早上八时左右用早餐，早餐后将米饭或杂粮用碗或干瓜壳盛着，用小布袋载着带到地里去，工作至中午吃。中午这顿是在野外进食，只有在家附近不远的地里工作时才回家吃中饭。回家吃的也大多是早上预备好的冷饭菜。晚饭常常在太阳落山后的七八点钟才吃。晚餐是一家人在一起吃，这时，男子们习惯喝些酒”③。

油岭排的主食情况与南岗、横坑大同小异。据油岭排盘鹃介绍：“油岭瑶寨以大米为主食，一日三餐吃干饭，很少吃稀饭，以玉米、番薯、芋头、小麦、黄粟、高粱、木薯等五谷杂粮为辅食。”④

西五排与东三排在饮食结构上大体相当，大多亦是以大米为主要粮食，习惯吃干饭。据杨鹤书考证：“在新中国成立前因受地主、山主的剥削，故只有富裕中农以上的人才能一天吃上三餐干饭。中农以及中农以下的贫雇农则以玉米、甘薯、黄粟、芋头等杂粮为主。这些农户即使有大米吃，也必须待到农历的九、十月收割后才能吃上一些。有些贫雇农由于没有水田耕种，所以终年只能吃杂粮充饥。其吃法是将大米与杂粮混合煮熟吃，玉米则磨成粉屑，加上煮成米糊来吃，或把整个包粟放在炉里烤熟来吃。番薯和芋头一般加水整个煮熟来吃。杂粮中常以黄粟、牛筋粟、三角麦、粟

① 广东省编辑组《中国少数民族社会历史调查资料丛刊》修订编辑委员会：《连南瑶族自治县瑶族社会历史调查》，80页，北京，民族出版社，2009。

② 广东省编辑组《中国少数民族社会历史调查资料丛刊》修订编辑委员会：《连南瑶族自治县瑶族社会历史调查》，182页，北京，民族出版社，2009。

③ 广东省编辑组《中国少数民族社会历史调查资料丛刊》修订编辑委员会：《连南瑶族自治县瑶族社会历史调查》，182页，北京，民族出版社，2009。

④ 盘鹃：《油岭村志》，107页，内部资料。

子等为次要食粮。”[①] 新中国成立后，随着西五排地区甚至整个八排地区经济水平的好转与提升，土地归民之后的直接结果使得瑶民生产积极性提高，衣食问题得到了保障。“粮食产量也有所增加，大部分瑶区大米达到了自给自足的能力，吃杂粮的已经很少了。以耕山为主的林业区，由国家统一供给大米，除了每月每人 30 多斤定额之外，还设有木材超产奖，每超产一立方木材可得到 15 斤奖售大米，其他，如玉米、芋头、番薯等杂粮只作为附加食物，故每天都可以吃到三餐干饭。如果要到很远的地方去劳动，他们便早晚吃饭，中午带些煮熟了的番薯或玉米等杂粮充饥。”[②]

（二）菜肴

从整体八排地区而言，菜肴佳品非常丰富，如按类别划分，则主要有素菜、荤菜（亦称“肉食”）两大类。

1. 素菜类

改革开放前，在艰苦环境的长期磨砺下，八排逐渐养成简朴节俭的生活习惯，人们日常多食用素食，如大苋（大韭菜、观音菜）、苦麻菜、南瓜、白菜、青菜、萝卜等蔬菜，制作和烹饪手法也很简单，通常用清水煮熟便食用，或是用菜油清炒，加些许盐、酱油、辣椒等作为辅料，起到调味作用即可。改革开放以后，随着经济水平的提高，菜品也逐渐丰富，平时下饭的菜多为自己种植的白瓜、葫芦、大蒜、萝卜、辣椒、青菜、白菜、茄子、南瓜、沙葛、菜心、葱等。有时也上山采些竹笋、苦斋菜等野生植物当菜。但对于具体菜品的食用习惯，各排之间也有差异和自己的特色。

南岗排菜品。南岗排的菜品在新中国成立之前表现较为单一，一般一餐只有一种菜品。据《连南瑶族自治县瑶族社会历史调查》载：“通常，南岗的瑶族吃饭时只有一个菜，就是青菜加上盐巴。普遍会用油煮菜，不过不常买油来煮。油豆腐是他们所喜吃的菜，但也不过是一个月吃那么几次。大多数的时候吃自己菜圃种的芥菜、南瓜、葫芦瓜、姜、辣椒、黄豆、豆

① 杨鹤书、李安民、陈淑濂：《八排文化——八排瑶的文化人类学考察》，30 页，广州，中山大学出版社，1990。

② 杨鹤书、李安民、陈淑濂：《八排文化——八排瑶的文化人类学考察》，30 页，广州，中山大学出版社，1990。

角、蒜、萝卜等。或吃在田野山间采集来的苦芥菜、野菜、竹笋、嫩蕨、野生菜等。所有这些菜，除盐外是很少用调味配料的。”① 但目前随着经济发展水平的提升，菜蔬种类已比较丰富，蔬菜除了自家种植之外，亦可到集市上购买，菜蔬种类呈现多样化。

横坑排菜品。横坑排在东三排中属于规模较小的排。他们的菜大多由自己耕种，也有一些蔬菜是从集市上购买而来的。有时，要上山采集竹笋、苦斋婆等食用。

油岭排菜品。油岭排的蔬菜品种较为丰富。据油岭排盘鹃介绍：“油岭瑶寨常吃的蔬菜有青菜、白菜、丝瓜、南瓜、白萝卜、辣椒、茄子、豆角、大苋、眉豆、黄花豆等，有时采挖野生苦斋婆、野蕨、木耳、石耳、香菇、行菇、松树菇、竹笋、山坑螺等。”②

西五排菜品。西五排与东三排饮食习惯大致相同。整体而言，西五排“平时下饭的菜多为自己种植的白瓜、葫芦、大蒜、萝卜、辣椒、青菜、大苋、白菜、茄子、南瓜、沙葛、菜心、洋葱等。有时也上山采些竹笋、苦斋菜等野生植物当菜。”③

2. 荤菜类

新中国成立前，八排地区能够食肉的家庭并不多。新中国成立后，随着经济发展水平的提高，瑶民的饭桌上，鱼类、肉类的食物逐渐得以丰富，各家各户饲养猪、鸡、鸭、鱼的数量开始出现富余，极大提高了瑶民的生活质量。

南岗排食肉情况。南岗排在过去大多只是在逢年过节才能吃到肉。如果是先生公职业，则食肉的机会比其他人多。据《连南瑶族自治县瑶族社会历史调查》载：“（南岗排）人们吃肉的机会不多，只有在一年中的几个节日或由于向祖先公祭祀，才买一些肉或杀只鸡。冬腊月尽，人们将自家养的猪宰了，便留下了二三十斤，挂在火炉膛上面，让火烟熏干，有客人

① 广东省编辑组《中国少数民族社会历史调查资料丛刊》修订编辑委员会：《连南瑶族自治县瑶族社会历史调查》，80页，北京，民族出版社，2009。

② 盘鹃：《油岭村志》，107页，内部资料。

③ 杨鹤书、李安民、陈淑濂：《八排文化——八排瑶的文化人类学考察》，30页，广州，中山大学出版社，1990。

来才吃一些。其余的肉食，则是猎获到的山雉、山猪。所有这些肉类只有一个烹调的办法，就是将肉切成小块，放进锅里加水放盐煮，不放任何调味的东西，肉熟了便行，这是一般家庭的情况。如果是先生公的家庭，因为给排瑶民众举办礼仪，获得一些鸡、猪肉等，肉食就较多一些。”①

横坑排荤菜食用情况。过去横坑排的肉品食用也很有限，大多只是在逢年过节时才会食用。据《连南瑶族自治县瑶族社会历史调查》载：“这里（横坑排）肉食虽不是经常有，但每届年节日，大抵村里都要杀猪。这些猪都是他们自己饲养的，每次杀猪，一家人可以有大量肉食。可能半个月或一个月都靠这些肉干（腊肉）来佐膳。鸡、鸭也有饲养，但只有在年节、待客或需要祭祀时才宰杀。”②

西五排日常餐桌菜肴（潘璐璐 / 摄）

油岭排荤菜食用情况。油岭排的肉食来源丰富多彩。据油岭排盘鹃介绍：“肉食来源主要依靠自己饲养鸡、鸭、猪、羊、牛等禽畜。旧传统油岭男子喜欢狩猎，农闲时上山猎回黄猄、山猪、箭猪、果狸、野兔、竹鼠、

① 广东省编辑组《中国少数民族社会历史调查资料丛刊》修订编辑委员会：《连南瑶族自治县瑶族社会历史调查》，81 页，北京，民族出版社，2009。

② 广东省编辑组《中国少数民族社会历史调查资料丛刊》修订编辑委员会：《连南瑶族自治县瑶族社会历史调查》，182 页，北京，民族出版社，2009。

雉鸡、白鹇、毛鸡、画眉，以及捕捉石蛙、林蛙、泥鳅、田螺等野味作为肉食的补充。”①

西五排肉食情况。整体而言，西五排中肉类食物来源主要有两种，一种为上山狩猎，收获有山猪、山牛、雉鸡、石蛙等，以前还有黄猄，后被国家列入保护动物，不再捕食。另一种为自己饲养鸡鸭禽畜。如遇年节或客人来访，特别是汉族老师、医生等上门，被视为上宾，多以肉类招待。杨鹤书认为：“肉类煮食的方法很简单，只把肉切成小块，加水和盐煮沸几回，便进行食用，有些肉还未煮熟，吃起来还带点血筋，他们认为这样才鲜嫩可口，营养丰富。对吃不完的兽肉、鱼和家禽肉则加工成肉块，用竹篾片等将肉块分别串在一起，并吊在火塘上方 1 米左右进行慢慢烟熏，这样熏干了的肉块可贮放一年半载，且皮脆肉爽、醇香扑鼻，常诱人垂涎。这样风味独特的熏肉多留作宴客或雨天缺菜时食用。”② 在肉食烹调方法上，大掌排、军寮排和其他排有明显区别是：鸡肉不能炒，只能水煮或蒸。

（三）辅料

八排的辅料种类较单一，主要有食用油、盐、酱油、生姜、辣椒，食用油有茶籽油、花生油、菜籽油、猪油等。茶籽油的原料来源于人们在山上种的茶树果实，将果实采摘以后榨成茶油食用，但目前农户种植的茶树数量很少，茶籽油变得非常珍贵，因其有药用价值，多用做保健和药用。瑶民日常大多用花生油和猪油烹饪，他们将自己栽种的花生拿到连南县城的榨油坊榨成油，或是直接在县城购买食用油。排瑶地区的烹调方式亦多种多样，烹调以炒、炸、炖、蒸、煎为主，伴以花生油、菜油、食盐、味精、生姜、葱、蒜、陈酒、酱油、米醋等。口味有香、甜、酸、脆、辣等。

瑶民深居山区，不产食盐，盐曾经是日常百姓最贵重的调料。历史上，排瑶人民常受缺盐之苦，曾有瑶民用 3 斤左右的大米才能与小商贩换购 1 斤盐。智慧的八排人民在缺盐之时也曾用盐肤木的果实代替食用盐，盐肤木的果实不仅有类似食盐的咸味，还可做成中药材，具有较高的经济价值。此

① 盘鹃：《油岭村志》，107 页，内部资料。

② 杨鹤书、李安民、陈淑濂：《八排文化——八排瑶的文化人类学考察》，30—31 页，广州，中山大学出版社，1990。

外，八排人民口味喜清淡，在辣椒传入连南地区后，农户也开始种植少量辣椒，并制作成餐桌上的辣椒蘸料。大坪镇的辣椒因为口感香辣而最为出名，除了熟食之外，人们还将其当做蔬菜生吃。农户在外出做农活的时候，都会带上一些辣椒当开胃菜，沾一点盐就可以与米饭一起食用。

（四）加工、食用方式

平日里，以农业耕作为生的西五排需要到离家很远的田间地头做工，终日置身于田野。一年时间里，他们有三分之一的时间吃的是“冷餐”和“烧餐”。所谓“冷餐”，是早上起来，把中午的饭菜做好，如果要出工，就用葫芦瓢把饭菜带到田间工地，到中午时冷吃冷喝。“烧餐”，就是带着番薯、芋头、玉米等上田间工地，到了中午，取干柴煨熟，如果在做工时捕捉到野兽，便当场剥皮取肉，用火烤着吃。[①] 有时他们为了省事，只带大米、薯类、咸菜进山，不带厨具。此外，每逢春夏交接时节，清明前后山间野菜、竹笋茂盛生长期间，瑶民还喜爱上山采山竹笋、黄金笋，挖毛竹笋、大竹笋，割大苋，摘苦斋菜等各种野菜，混合煮成野菜包。干农活的人见者有份，劳作之余在田间与大家共同享用美食，既能填饱肚子又可以消解劳作的疲乏，十分惬意。

在东三排的油岭排地区，瑶民喜食盐味较重的菜品。“因为上山下山劳作的缘故，出汗多，需要补充盐分，油岭排喜欢将蔬菜做得咸些。煮菜都用铁锅，大部分人家都在用柴火灶，小部分仍然使用火塘三脚猫。煮猪肉时先放铁锅里面炒，待炒出油后加入青菜或大苋等香料，出锅时再加盐；大部分人家都喜欢一锅熟，即猪肉白菜放进一锅煮熟；现在的年轻人待客时，喜欢分类装碟，肉归肉，菜归菜。节日菜肴主要有牛肉、猪肉、鸡、鸭、鱼、豆腐、粉丝以及各种蔬菜；平时主要以青菜为主，有时也看时令进行酿豆腐、酿竹笋、酿田螺等。”[②]

20 世纪 70 年代前后，粮食紧张，油岭人常在米饭里加玉米粉或者是粟米粉。有时也用煨或烤的方法来加工食品，如煨各种薯类，煨苦竹笋、烤

① 龙山城：《瑶族的饮食嗜好·清远文史（九）》，73 页，清远市连南瑶族自治县政协文史委员会，1995。

② 盘鹃：《油岭村志》，108 页，内部资料。

嫩玉米、烤粑粑等。也有冷食习惯。食品的制作都考虑便于携带和储存，故主食、副食兼备的糍粑、竹筒饭都是他们喜爱制作的食品。劳动时，常用葫芦装饭，在田间地头就地野餐，大家凑在一块，拿出带来的菜肴共同食用，而主食却各自食用自己所携带的食品。

油岭人喜爱吃腌制食品，如酸菜。也喜欢吃腊制食品，如腊猪肉、腊田鼠。也喜欢吃虫蛹，常吃的有葛藤蛹、野蜂蛹、蜜蜂蛹等。喜欢喝酒，一般家中用大米、玉米、红薯等自酿酒，这种酒度数约18—20度，有的每天早、中、晚三餐都喝，用于解除疲劳。待客常用自酿的米酒，有“进门是朋友，喝了酒是兄弟”之说，下酒菜多为自制的豆腐和特色“牛皮酥”。

（五）其他

在物资匮乏的时期，八排人民除正餐以外的食品很单一，制作原料主要是山间的野生果子如山楂、野生栗子等，或是自己栽种的番薯、玉米、芋头等。每年入秋以后，人们都要去山上采摘野山楂回来洗净切成片，将其煮熟或是晒干，加少许盐，混合至出汁，再晒两天左右，晒干后将山楂片密封封装，平时就可以拿出来食用了。

随着生产和经济的发展，八排地区的其他日常食品也变得多种多样，种类丰富。民间自制的大众化点心亦非常丰富，“主要有油饺、炸糖环、粽子、糍粑、油炸糕、米花橙、大笼糍、花生糖、麻子饼等”[①]。饮食店制作的休闲零食主要有油条、咸煎、蛋糕、包子、水饺等。

糯米是制作各种各样休闲食品的好原料，八排人民将糯米打成粉，做成糯米丸子（糖丸）、糯米酥，或是煮熟打捏成糯米粑，也可以与南瓜、番薯混合捏成饼状，用油煎炸，制成南瓜饼等，抑或是做成供哄逗小孩的“猩猩蛋”块糖。

糯米糍粑。八排的糯米是制作糍粑和甜酒的主要原料。糍粑的制作是先把糯米洗净，隔水用火蒸熟成干饭，再把这些干饭放在木臼里，用木锤把干饭舂烂，然后用手捏成扁圆状糍粑团。这种糍粑可放置数天，变硬了，

① 连南瑶族自治县地方志编纂委员会:《连南瑶族自治县县志》，687页，广州，广东人民出版社，1996。

在火上烤一下或放在锅里煮一下便会变软，吃的时候撒些芝麻仁或花生仁等在上面，也可蘸上蜂蜜或白糖，吃起来倍觉软糯鲜甜、香味可口。

用南瓜和糯米制成的南瓜饼（潘璐璐 / 摄）

八排地区的糯米糍粑分为多种，其中以糯米白糍和大笼糍为其代表。第一种为糯米白糍。糯米白糍是排瑶传统食品。其制作方法为将糯米用清水浸透滤干，蒸成熟饭，再经石臼用木棒舂烂成糊状，用手搓压分成厚约 2 厘米、宽约 15—20 厘米的圆形扁块，沾上熟芝麻粒即成。其食用方法有二：一是蘸黄糖或白糖、蜜糖拌食，软韧爽滑清香；二是将糍块拌生油生盐、生葱等佐料用铁锅炙热，软韧醇香。[①] 大笼糍是寨南与南岗排地区的传统食品小吃。其制作方法是用黄板杈或竹叶烧制成灰，滤成灰水，再混合糯米浆，然后将调好的米浆倒放在圆形蒸笼内，蒸笼底层及四周垫置蕉叶，用火蒸熟后晾干，切成宽高各 2 寸许、长约 1 尺即成。食用方法为将糍切成片块拌以生油煎熟后，蘸黄糖或蜜酱进食，滑软不腻；或拌以甜酒（黄酒），更芳香可口。[②]

除此，用糯米做的食品还有“糯米菜卷”和“糯米豆腐”。这两种小吃

① 连南瑶族自治县地方志编纂委员会:《连南瑶族自治县县志》，687 页，广州，广东人民出版社，1996。

② 连南瑶族自治县地方志编纂委员会:《连南瑶族自治县县志》，688 页，广州，广东人民出版社，1996。

流行于东三排以及三江、寨岗等地，其中以三江镇最为盛行。其制作方法为用生糯米或半熟糯米拌以葱子、冬菇、虾米、瘦肉、腊肉、腊肠、冬笋、马蹄、沙葛或咸鱼碎等佐料，用杓嘛菜（又名猪嘛菜、君达菜）或油豆腐包裹，每个 1 两重左右，用慢火蒸焖至熟透即可。味道香滑清爽，老少咸宜。

竹筒饭。在八排地区还流行一种特殊的食品，即竹筒饭。据《清远文史・连南文史专辑》载："竹筒饭常用于野炊。瑶民经常到几十里外的深山大岭植树或砍木运树，往往十日半月不回一次家。为了省事，他们只带大米、薯类、咸菜进山，不带炊具。薯类可用柴火烧熟后吃。他们就地取材，在山上砍来楠竹或毛竹，砍断竹节修成竹筒，即将大米放进竹筒用水浸泡，然后修一木塞，把竹筒口塞住，放进火堆里烧烤煨炙，约 20 分钟，取出竹筒，用刀劈开即可食用。"①

二、待客饮食

八排瑶自古以来热情好客，客人到来，主家都会尽自己最大的能力，在席间用备上的好酒菜竭诚款待。客人要走时，主家必会拿出野味、糍粑、花生、黄豆等土特产送给客人，不会让客人空着手离开。在交往中，茶、酒、烟是排瑶人民常用的几种待客食物。

（一）茶

八排地区茶叶种类多样，据《连南瑶族自治县县志》载："民间自制茶有：大叶茶、山楂叶茶。还有白芒黄连茶、寨南高界茶、板洞茶、大掌天堂山茶、金坑大龙山茶，都是高山绿茶，颇有名气。"②

八排人民历来喜爱用野生山楂叶泡水喝，几乎每家都备有茶水，供家人及宾客饮用。通常是从山上采摘的野生山楂树叶子。西五排村寨附近的山林里有很多野生山楂树，农历十月十六前后，山楂果实成熟之时，人们

① 清远市连南瑶族自治县政协文史委员会：《清远文史・第九辑》，75 页，清远市连南瑶族自治县政协文史委员会，1995。

② 连南瑶族自治县地方志编纂委员会：《连南瑶族自治县县志》，688 页，广州，广东人民出版社，1996。

将新鲜山楂叶采摘后晒干，每次冲泡便随时可取出一两片山楂树叶，用开水泡成茶汤，香味浓郁，饮用后具有生津开胃消食的功效。

随着时代变迁及先进种茶技术的传入，西五排种植的茶叶种类逐渐增多，制茶技术和程序提升，有的村寨还发展起了茶园。自 20 世纪 70 年代开始，大掌排就开始发展茶叶产业，在天堂山天堂湖周围种植 200 多亩的茶叶，称为天堂山茶场。由于大掌村的山水、气候、地理环境适宜种茶，如今在政府的推动和农户的积极响应下，在天堂山已开发有 5 个大小规模不等的茶园，全村种有 500 多亩的高山茶，年产量约 3000 斤。

（二）酒

八排瑶民喜好饮酒，无酒不成席，百事非酒不行。交际议事，必置酒，偶遇故人、接待宾客亦需买酒对饮，甚至交易、婚娶讲亲、置办酒席、商议族事、调解纠纷等亦以饮酒为定。邀约前往做客的宾客，也会带上自制的或是购买的白酒，不仅是地方礼俗，也是双方加深感情的方式。在丧葬及拜神祭祖等礼俗仪式中，酒更是必不可少的物品，是八排瑶民与神灵之间“交往交际”的桥梁。

排瑶传统，用碗不用杯，以喝自己酿的米酒为主，平日里有菜无菜都会喝上一二两。与瑶民喝酒，不能碰杯，若是碰杯的话，则代表必须要将碗里的酒喝净。由于喜爱喝酒，家家户户都会自制米酒。用山禾、糯米、大米为制酒原料，经过发酵、蒸煮等传统工艺，制成 20 度左右的水酒。自制米酒已成为八排各家各户必备技能。除了白酒，还有一种自产自饮的黄酒，又叫做甜酒，用糯米和甜酒曲做成，出嫁的女儿通常用该酒送给自己娘家的老人。

除此，杨鹤书曾在其书中记述过去排瑶民众嗜酒的情况：“平时男女都喝酒，男人饮酒可以不用菜，甚至连几粒花生仁都没有也能喝上半斤以上。这种嗜酒如命的不良习惯，往往造成酗酒闹事，甚至影响团结、影响健康，更严重者则丧失生命。过去，他们喝的酒多为自制的甜酒，这些甜酒的原料是糯米，制作是把糯米洗净煮熟成干饭，降温后加入酒药丸，用陶罐盛好，待发酵，2—3 天后出现色淡味甜的‘酒娘’，其时加入一定比例的清水把发酵

山楂茶以及用于泡茶的山楂叶（潘璐璐 / 摄）

天堂山自然风光（潘璐璐 / 摄）

过的干饭囊洗出，饭皮除掉，再把这种带有‘酒娘’的酒水封严加热，冷却后即成为含酒度约 20 度左右的甜酒，家家户户都会酿做。这种甜酒因为是用糯米为原料，平时适当喝些身体有好处，特别是妇女生育后尤其需要。”①杨鹤书所指的排瑶民众嗜酒酗酒之事，在现今八排地区，已经极为少见了。

① 杨鹤书、李安民、陈淑濂：《八排文化——八排瑶的文化人类学考察》，31—32 页，广州，中山大学出版社，1990。

（三）烟

排瑶男子大多喜欢抽烟。通常老年男人较偏爱自己种植加工的烟草，俗称“叶子烟”。几乎每位上了60岁的男人都自备有筋竹烟斗、烟叶、艾叶等吸烟物品。要抽烟时，老人麻利地把晾晒干的烟叶捏成一团，塞满烟斗，再将少量碎艾叶沫置于烟斗口的烟草上方，用于引火，点火后猛吸一口，便烟雾弥漫，味道十分浓烈。“到了瑶区，如果先敬一支烟给瑶民，再拿他的烟斗抽一口他抽过的烟叶，他会认为你够兄弟，比跟他对碗喝酒还高兴。”[①] 此外，根据杨鹤书20世纪90年代的调查：“排瑶男子尤爱吸烟。据馆藏排瑶男子使用的烟管，是竹制，长约23厘米，烟斗为铁制，曲形，长约3厘米，用布缝制烟袋。”[②]

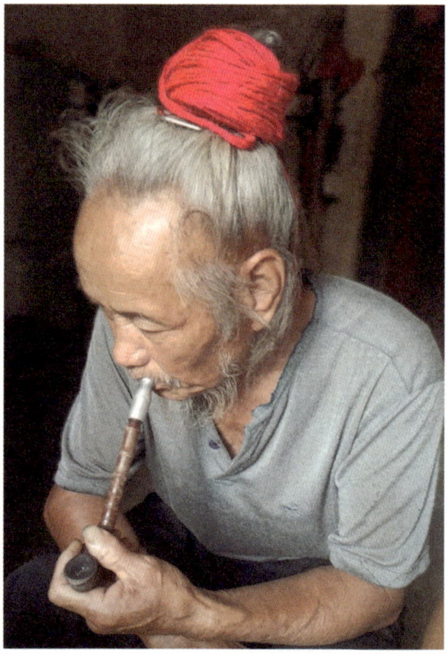

正在吸烟的瑶族老人（潘璐璐 / 摄）

① 清远连南瑶族自治县政协文史委员会：《清远文史·第九辑》，74页，清远连南瑶族自治县政协文史委员会，1995。

② 杨鹤书、李安民、陈淑濂：《八排文化——八排瑶的文化人类学考察》，32页，广州，中山大学出版社，1990。

三、节庆食品及祭祀食品

八排民间的传统节日主要有春节、三月三（开耕节）、六月六（尝新节）、七月七（开唱节）、十月十六（盘古王节）等。节日中餐桌上最不能缺少的就是猪肉，祭祀仪式中则需要备上鸡肉、酒、香、纸等。此外，特色传统节庆食品还有香粳米酒、白糍粑、柴火熏腊肉、烤稻田鱼、竹筒饭、野蕨糍等，尤其是白糍粑在生活中占有重要地位，各家亲戚会在春节、农历十月十六等节庆之时，或是清明节扫墓、有人去世之时都要打糍粑、做糍粑。传说在农历二月二、三月三打糍粑是因为过去鸟比较多，也爱偷吃谷种。人们做好糍粑后，偷吃糍粑的鸟的嘴就会被粘住，也就不会来偷吃谷种，打糍粑也有庆祝粮食丰收之意。

（一）春节食品

春节是八排地区最隆重的节日之一。从过年前的15天起，人们就要准备做炸糯米丸子、糯米果、白糍粑等年货。腊月二十八为小年，这一天要酿豆腐，吃鸡肉、猪肉、韭菜和腊肉。由于瑶民喜欢吃“大锅菜”，春节期间，他们就把鸡、鸭、猪肉、豆腐，等等，切成大块，放一把盐，加水煮熟，然后大盆大钵上桌[①]。大年三十夜吃完年夜饭后，八排地区有做“鸡叫”的习惯，大年初一闻到鸡叫就煮菜、祭祖、燃放鞭炮。有人从12点开始一直持续到天亮，也称为守年夜。此时，也是老人向年轻人教授诵读经书、教唱瑶歌、讲故事的好机会。凡是家中有好吃的，人们就会带着去到亲朋好友家中。以前，经常到山上抓山鼠、竹鼠、雉鸡等，腊干留着这时候拿来，聚在火炉塘旁，享受新年的快乐和亲朋的温情。

在火烧排，过年时还需要制作一种称之为“猩猩蛋”的零食，“猩猩蛋”是用糯米粉和方块糖放在油里炸制而成。传说以前排瑶的生活很困难，年三十的时候小孩子说要吃鸡蛋，但是家里没有，大人就只能用有趣的故事和零食取代鸡蛋，逗乐小孩。大年初一五点多的时候，火烧排居住在最高处的

① 龙山城：《瑶族的饮食嗜好·清远文史（九）》，72页，清远市连南瑶族自治县政协文史委员会，1995。

那家人和居住在最低处的那家人都要敲响簸箕，并跟小孩子说有猩猩过来偷东西，大人捡到了猩猩下的蛋，此时便把油炸的糯米团子拿出来，用善意的谎言来告诉小孩这就是“猩猩蛋”。

在连南八排地区，过年守夜、吃鼠肉干、学唱瑶歌，是连南瑶族的古老习俗。过去，瑶族青少年很喜欢捕鼠。每到秋冬季节，他们根据山鼠、田鼠喜于夜间活动的特点，经常于傍晚到荒山野岭安放石按和竹筒来诱捕。第二天清早去收，每次少者得三五只，多者得几十只。农闲时节，瑶民常上山去挖芒鼠，每天至少能捕捉到二三只。芒鼠小者斤余，大者二三斤重。

鼠肉清香味美，被瑶民视为上等佳肴，多烘干留作招待贵宾和过年守夜时吃。那些想学瑶歌的青少年，每到春节除夕晚上，相约带上鼠肉干和米酒，到老歌手家守夜，拜师学唱瑶歌。在火塘边，众人边喝酒、吃鼠肉，边唱瑶歌，通宵达旦。

关于排瑶捕鼠和除夕夜吃鼠肉干、学唱瑶歌，还有一个传说：相传在古时候，瑶族在平地里居住，有很多的歌书和经书，后因受官府的迫害，不得不迁徙到高山岭上居住，谁知歌书和经书被山上的老鼠偷吃了，剩下几本也是破烂不堪。歌师和瑶老们都很生气，要青少年捕鼠，凡是学瑶歌的人，到春节除夕晚上，都要带上鼠肉干到歌师家守夜，歌师方传唱瑶歌。于是，每到秋冬季节，瑶族青少年就上山捕鼠，除夕晚上吃鼠肉干、学唱瑶歌，也就形成习俗，代代相传。①

（二）“三月三”食品

农历三月初三是瑶族传统节日——开耕节，又称开春节，意味着春天来到，提醒大家准备开田耕地。在这一天，每家需要准备酒肉祭祀祖先，去村子上的庙祭祀，祈求风调雨顺。过了这一天民众就要收心劳作，开始一年最忙碌的农活时间。人们在这一天食用的食物主要有鸡、鸭、猪肉、汤圆（泥巴子）、白糍粑等。汤圆（泥巴子）是西五排民众喜爱的食物，人们用煮熟的糯米打成糯米粉，加入水白糖或黄糖冲兑，将其混合后捏成似

---

① 清远市连南瑶族自治县政协委员会:《清远文史·连南文史专辑》，107—108 页，清远市连南瑶族自治县政协委员会，1995。

杯口大小的圆块状，再用圆竹筒碾成片状，里面包上芝麻、碎花生、黄糖等，捏紧煮熟或蒸熟就可以食用了。

（三）“六月六”食品

农历六月六是尝新节。八排民众多在这天举行定亲仪式，两情相悦的男女在征得双方父母同意之后，男方家便请媒人前往女方家定亲，定亲的

六月六包的粽子（潘璐璐/摄）

军寮排的妇女在做白糍粑（潘璐璐/摄）

做糯米糖的竹筒（潘璐璐/摄）

时候要带上用糯米包的粽子，女方家在男方离开时也要将自家包的粽子给男方带回。在这天，还需要磨豆腐，杀鸡，备酒肉等食物。

（四）“七月七”食品

农历七月初七是开唱节，人们要做白糍粑、粽子、豆腐等。传说在这个时间内做白糍粑有表示身心健康的意思，尤其家里有小孩的，就必须要做白糍粑，代表全家人和小孩身体健康，请求祖宗保佑。

（五）“十月十六”食品

农历十月十六是八排人民纪念盘古王的节日。在这天必须要做的食物有糯米饼、白糍粑、糯米糖等，用于拜祖宗、赠送亲友以及自己食用。白糍粑用蒸好的糯米放于舂石中舂软，捏成半圆形，往中间加入备好的黄豆面、白糖等，再放入蒸锅里蒸透，便可食用；糯米饼的材料是糯米，人们用自己种的糯米打成粉，放在面盘上，用糖和入糯米粉中，加水捏成饼状。在锅里放油，将饼放入并炸熟。糯米糖的原材料也是糯米，妇女们用舂软后的糯米加上白糖、红糖和芝麻，捏成圆柱状，再用圆竹筒擀成圆片状，一根糯米柱可以擀成10块圆片，一块直径有12厘米，包紧，用油煎热即可。耍歌堂期间，家中男女老少包着做好的糯米糖，彼此间互相分享。

（六）红白喜事食品

喜事食品。排瑶地区在订婚阶段，男方会准备一定数量的猪肉、酒、豆腐、鸡等礼品，由媒人送往女方家。火烧排、大掌、军寮等排瑶还要举行第二次送聘，俗称“送盐包钱”。由男方准备食盐两包、茶油若干两、猪肉12斤、酒12斤。在完婚阶段，男家需要杀鸡宰猪，富裕者还要宰牛。出嫁前一天午夜，新娘要亲自动手，炒黄豆、泡香茶。另外，在结婚时，设宴3天，摆“瑶家12碗”，还要由男方各送一包“嫁肉”（每包猪肉6斤）给女性送嫁人。回门那天，新郎要带着鸡、酒、猪肉等礼品，陪同新娘一起回娘家。

白事食品。主要有玉米、酸菜、青菜，不能出现猪肉和猪油。改革开放

以后，白事不吃猪肉这个禁忌就解除了。先生公去世时，则需要杀牛，以显示隆重和尊敬。在八排地区的白事祭祀中主要用到的是鸡肉。尤其是出殡后3天内，死者的子女及至亲要轮流守坟，每日三餐都要送酒饭到坟前祭奠死者。守坟人的伙食均由丧家承担。守坟的几天，要花费几百斤大米、几百斤酒肉。而扫墓的时候，同样备上10斤猪肉、几十斤糍粑、一两只鸡及酒等祭品。要在逝者的坟边就地挖灶，将祭品煮吃。事后，主家要送先生公1只鸡及1块1.2斤重的猪肉。扫新墓一连3年都要连续举行，之后才作旧坟对待。

第二节　特色食品制作

特色菜肴和饮品最能代表一个地方一个民族的“味道”，也是外界最能直接感受和体验到的当地民族文化特质的元素之一。以下介绍连南八排地区几种传统特色饮食及其制作方法。

一、牛皮酥

2015年12月，排瑶牛皮酥制作技艺被列为第六批广东省级非物质文化遗产代表性项目名录。凡是进入瑶家的客人，都会受到热情的款待，而招待排瑶美食——牛皮酥，则是瑶家待客的典型礼节。牛皮酥制作技艺也是连南排瑶拿手的技艺。但一般来说，水牛比较珍贵，只有在家族举行“香歌堂”等大型民间信仰活动时才杀水牛，水牛皮不是时常都能获取的，普通民众会在杀水牛时购买一两块牛皮，吊在火塘上或钉在谷仓上风干，以便过年过节或是招待重要贵宾时做来食用。风干后再加以烹饪的牛皮酥风味独特，既有牛肉浓郁的香味，又有牛皮软糯、酥脆的口感，主要原材料为水牛皮和黄豆，加以瑶山中采摘配制的秘制香料，再配上精选的食材，加油盐、姜、葱等配料。烹饪制作过程繁多复杂，从选材到风干、烧、捶、清洗、焖炒等工序都十分讲究。

晒干用于制作牛皮酥的牛皮[①]（李超/摄）

第一，选材。牛皮一张（黄牛皮最佳），牛龄在5年左右，皮质厚实、软硬适中即可。

第二，风干。生牛皮不用褪毛，直接把牛皮切成小块吊在火塘上熏干，或整张牛皮钉在木屋外风干即可，不添加任何防腐剂或盐等调料。

第三，烧。食用时切下所需的分量，连毛一起放入火炉塘烧，在烧的过程中要注意火候，火小了烧不透，火大了容易烧成碳，整块材料就报废。

第四，捶。将牛皮烧透后取出，放在硬木墩上，用硬木锤反复捶打，捶完后，双手掰，看是否能掰开，如果掰不开，继续烧捶，直到牛皮松软，且能掰开。

第五，清洗。首先在烧捶前煮沸一锅水，将烧捶好的牛皮用手指掰成小块状，放入沸水中浸泡15分钟后，再用水温30—40度的清水反复搓洗，直到牛皮露出金黄色。清洗时还需注意不可用冷水，否则牛皮会变生硬，无法食用。清洗结束后滤干水分。

第六，配料。准备好食油、食盐、黄豆、姜、辣椒和排瑶特有的野生香草——古僚（瑶语）。

第七，焖。首先把上好的黄豆慢火炒至六七成熟，起锅备用。再烧热油

① 拍摄于连南瑶族自治县涡水镇；拍摄时间：2020年10月26日。

锅，将清洗好的牛皮和食盐入锅稍炒，然后用沸水作汤，不能用生水作汤，焖十分钟后加配料和黄豆，即可上桌；[①] 第二种煮法，不用火烤，直接放入煮饭煲里干煮，直至膨胀，再拿出来切成小块，放入油盐拌开即可食用。

捶打牛皮 [②]（李超 / 摄）

煮熟的牛皮酥（潘璐璐 / 摄）

① 连南瑶族自治县政协文史资料委员会、连南瑶族自治县文化广电新闻出版局编：《连南文史（非物质文化遗产专辑）》，110 页，政协连南瑶族自治县文史委员会，2001。

② 拍摄于连南瑶族自治县涡水镇；拍摄时间：2020 年 10 月 26 日。

杀牛时，八排人民还将牛血和牛肠做成牛血肠。杀牛的人把牛的血管割破，将血引入大缸里，再用盐和水搅拌均匀。同时将牛肠洗净，把肠子的一头扎住，把搅拌好的牛血灌入，再把另一端的口扎紧。灌装好以后就放在锅里用大火煮，将牛血肠煮透煮定型，再用牙签在牛肠上扎几个小孔，把多余的水排出来。血肠切成片状后，就可以放入葱、姜等配料炒。此外，瑶民还吃用猪肠、猪肚酿糯米等内脏做成的菜肴。

二、水豆腐

水豆腐也是连南八排民众于平日、节庆都要食用的菜品，原材料是用自己种植的黄豆。做豆腐通常有 4 个步骤。首先是泡黄豆。人们把优质黄豆挑选好洗干净，用干净的水浸泡 1 个晚上，泡至黄豆发涨。其次是磨豆浆。待黄豆泡发以后，就加一定比例的水，拿到石磨上磨，直至磨出生豆浆和豆渣。第三是过滤。这一步需要用白色的纱布将磨出来的豆浆和豆渣分离开，一边过滤一边挤压，如此反复操作，确保豆浆尽量滤出。第四是加卤水或石膏、煮豆浆。把过滤好的豆浆放入锅里用慢火煮，边煮边把卤水放进去，待凝固后，用四方木格及盖把豆腐压出来，就可以成一块新鲜的水豆腐了。过去，瑶民过年过节的时候都是自己做豆腐，许多家庭置有磨豆浆的石磨，现在通常 1 个村寨只有 1 个磨制豆浆的作坊，民众平时没精力做又想吃的话，就在作坊买。水豆腐可以加工成多种菜肴，比如炸成油豆腐或是做成酿豆腐。酿豆腐也是地方特色菜肴，制作酿豆腐也很简单，将大苋、猪肉、糯米等包在油豆腐里，蒸熟即可。

三、酸菜腌制

在缺油少盐的年代，八排瑶人民将各种蔬菜腌制成酸菜，用于调味。同时，酸菜便于储藏和携带，人们在田间劳作时，用酸菜就上一两口米饭，顿时便感开胃，疲乏感即消。酸菜有两种，一种是干酸菜，一种是水酸菜。水酸菜的原材料有青菜、芥菜、白萝卜和八月份采摘的豆角、辣椒、竹笋、

茄子等。制作方法首先把豆角洗干净，晾干水，把淘米水或米汤烧开后倒进缸里，等到温度降到常温，就把菜放进去，放入盐或块糖，糖很容易酸。接着密封陶罐。天热的话，放十几天就可以食用，天冷的话需要放置的时间就长一些。水酸菜可以用来煮火锅，也可以做其他菜的拌料。做水酸菜的要求比较高，要讲究天气和材料等条件，同时制作水酸菜的人不专心、手清洗得不够干净等细节的忽略也会影响水酸菜的口感和质量。

四、腊肉腌制

腊肉在连南西五排也叫“破光肉”，意为用柴火烤的肉。腊肉深受大家的喜爱，瑶民对腊肉的制作也比较讲究。在春节前夕，瑶族民众都会将杀好的猪、鸡、鸭、鱼及野味等肉类用盐腌制后用柴火熏烤，制作成腊味。人们每天晚上用火炉塘烧水，火塘里热烘烘的，就把腌制的猪肉放在灶腔里，再用菜锅反盖于灶上，用热气把腊肉烘干。也有吊在火塘上慢慢熏干，又叫“烟熏肉”，有人用蕉叶包住，吊在火炉塘上方保存，随时可以食用。走进排瑶家，会看到几乎每家厨房的火炉上方都有熏制腊肉的烤架。每到做饭烧柴的时候，火炉塘的柴火在熊熊燃烧，烤架上面的腊肉也得到了烟熏烤炙，直到整块肉被烟灰封存为止。这样保存的腊肉，在保质期内放得越久，味道越好。柴火熏制的腊肉质地纯净，色泽金黄，肥肉爽口，瘦肉鲜甜香韧，没有油腥味，越嚼越有味。做腊鱼前，先将鱼的内脏清理干净，往鱼身上抹些许盐，放进锅里蒸，蒸到快熟的时候，把鱼放到簸箕里，再挂在灶头上，让柴火慢慢熏干。这样保存的腊味，放到八九月也不会变质。火烟肉质地纯净，色泽金黄，皮脆甘酥，肥肉爽口，瘦肉鲜甜香韧，没有油腥杂味，越嚼越有味。除了腊猪肉，瑶家还做腊牛肉以及野猪、黄猄、野鸡、山蛙等腊肉。①

另外，吃熏肉的方法多种多样，其中有两种方法最普遍。一种为煮食，将熏猪肉用清水洗净，切成厚片，拔一把大苋（观音菜、大韭菜）洗净，切成寸把长，和熏猪肉一齐下锅，用猛火翻炒后水煮。另一种吃法，用熏

① 清远市连南瑶族自治县政协委员会:《清远文史·连南文史专辑》，75—76 页，清远市连南瑶族自治县政协委员会，1995。

猪肉炒黄豆，烹调时间略长些。不少瑶民拌炒辣椒和大蒽，吃起来更是别有风味。石韭绿色，辣椒是红色，味香色美，熏猪肉的肥肉色泽金黄，呈半透明状，肥而不腻，皮脆肉爽，醇厚韧香，余味无穷，是下酒的好菜。

吃熏猪肉还有一种特别的讲究。连猪尾的那块臀肉，块头最大，最肥美。如果到瑶家做客，吃到熏猪尾，这意味着主人已经拿出了最上等的珍藏。

五、焖狗肉

八排地处粤北边远山区，几乎每家每户都养狗。对于他们来说，狗可以看家防盗、上山狩猎，同时也是餐桌上的美味菜肴。自古以来，焖炒狗肉是八排用来招待贵客的上等菜肴，通常在农历十月份以后，以及大年初一时食用狗肉。岭南一带的人偏爱在夏至这一天吃狗肉和荔枝，这种习惯也逐渐影响到了粤北八排山区。他们逐渐改进烹饪狗肉的方法，同时，为了避免夏至日吃狗肉上火，对身体不利，西五排做焖狗肉时在山林中采一些中草药来降火，所以人们认为，夏至这天吃了狗肉，不但不会引起不适，反而会对身体有益。

焖狗肉的制作方法：杀一条约 20 斤重的狗，狗龄在 10 个月左右。狗肉尽量不要切得太大，便于其入味。把切好的狗肉放到锅里分解干水分，然后放适量的油（最好是茶油）炒至飘香。放足够的水，同时放薄荷、紫苏叶等中草药焖半个小时左右，接着放点料酒、酱油，然后再放切成碎末的几样中草药，煮 5 分钟左右，就大功告成了。

另外，值得指出的是，八排在过去有较多的人不吃狗肉，为此有两种解释：一种是对狗表示崇敬。认为狗是人的好朋友，打猎时是得力助手，不打猎时又为人看守家门。因此，每次打猎归来，人们总是取猎物的头和肚肠喂给狗吃。如果集体狩猎，狗也均分一份猎肉。由于这些原因，瑶人认为，狗死应该给予安葬，给予人的待遇。另一种是对狗有禁忌。①

① 王东甫、黄志辉：《粤北少数民族发展简史》，134 页，广州，广东高等教育出版社，1998。

六、米酒酿制

连南八排地区都有酿酒的习俗，几乎每家每户都有传统的酿酒工具。传统酒水有很多种分类，粮食酒有稻米酒、糯米酒等，虽然酒的种类多，但酿酒的工艺基本相同。

米酒的传统酿制过程比较复杂，一般来说，有4个步骤。第一步，先用籼米煮米饭。第二步，将煮熟的米饭放凉后，放酒曲，酒曲一般是从外面买的。第三步，将拌好酒曲的凉米饭装在陶瓷缸里发酵，如果天气比较热温度比较高的话，母酒5天就可以发酵完成，天冷的话要7—9天。第四步，将发酵好的母酒放在蒸酒器里蒸酒。蒸酒器从上至下一共有4层。第一层为“窝头”（炒菜锅），用于放发酵好的母酒。第二层为“厂敢”，“厂敢”为铝制空心的圆柱结构，于“窝头”和“厂敢”的中部，把母酒蒸发的气体全都聚集起来，使高温聚集。第三层为“厂”，“厂”过去是用木板做的圆锥形桶，上面小，下面大，现在是陶瓷材料做的。“厂”的里面有个涡轮，用于引流蒸馏水。第四层是铁制的锅头，用于盛放冷水，当火加热时，母酒蒸发的气体上升，遇冷水锅底，产生蒸馏水——酒，涡轮便把蒸馏的液体引流入“厂”底部的窝槽，窝槽一处连接一个小孔，便于将液体引流入外部的竹筒里，竹筒顺势将蒸馏水引流入陶罐中保存。一般1斤米可以蒸出1斤半的酒，10斤米可以蒸出十五六斤酒。蒸酒是全家人都可参与的，妇女和男人都可以蒸，酿酒整个过程没有什么禁忌。

糯米酒原料主要为糯米，先取适量糯米，然后浸泡10个小时左右，再用锅蒸熟。蒸熟以后，散凉至20度—30度，紧接着加酒曲搅拌均匀，之后用桶和盆等容器盛放，进行保温工作。接下来只需要等待24个小时，之后便可以发现有水酒流出来，并且伴有甜味。这时就可以揭开盖子，用纱布等材料过滤。糯米酒色泽偏黄，口感香甜，白事红事都会食用，男女皆喜爱。

七、甜酒酿制

甜酒也称为酒糟、黄酒。甜酒在西五排村寨的生产生活中同样占据着

用于酿酒的蒸酒器（潘璐璐 / 摄）

重要地位，传统制作方式很有特点。不仅是因为用料比较传统，而且甜酒与排瑶的妇女息息相关，蕴含着排瑶社会中独特的女性文化。妇女生育后在产褥期间需要食用甜酒；莎腰妹出嫁回娘家时也会给娘家带回甜酒，有时候也作为送给老人的礼品，以表孝敬。甜酒做得好坏，是象征妇女是否聪明能干和贤惠的标志之一。

甜酒一般都是用自己家里种的糯米作为原料。首先将糯米放在蒸笼里蒸熟，然后把糯米饭放在竹筛上铺开晾凉，接着加入专门制作甜酒的发酵酒曲发酵。传统的发酵酒曲通常是妇女从山里采摘药草回来自己制作，这两种药草瑶语发音为“者边红”“南丢棉”，意为做酒用的草，将这两种野生药草捣碎搅拌均匀，放置在糯米饭的下方，就会有一种香味。再准备好制甜酒的酒窝，将酒窝放置于陶瓷坛的上方，起到盛放糯米的作用。酒窝为上面大、中间小，呈斗笠形状的器皿。此后，在酒窝底部先铺好甜酒草，然后再把糯米饭放在甜酒草的上面，甜酒草不仅起到发酵的作用，还起到

过滤的作用。放置好后，在酒窝边上放置些许干稻草，用于保持温度，利于糯米发酵。随着糯米饭逐渐发酵，糯米汁就经过甜酒草过滤出来，滴进坛子里，这样酿制出来的甜酒就呈金黄色，口感浓稠。甜酒可以直接吃，发酵过的糯米饭也可以吃。目前西五排家庭中保存有传统酒窝和采摘甜酒草的人家已经不多，做甜酒的技艺已濒临失传。为了省事，妇女们往往从市场上购买酒曲来发酵，但做出来的甜酒品质就低得多。

由于有催乳通乳和生血的功效，甜酒是妇女产期必须吃的食物。除了吃甜酒，妇女在这期间的食物只能是大米、鸡肉和猪肉，一直到生产结束后四五十天，才能吃蔬菜。蔬菜在八排的饮食类别里，属于寒凉食物，认为对妇女产后恢复气血不利。

八、稻田鱼

稻田鱼是以传统农耕为生的民族依托山地优势开展的稻鱼共生生产方式。瑶民在房前屋后都要修建 1 个用于养母鱼和放养鱼仔的小鱼塘。在每年的春耕时节插秧后五六天就可以往稻田里放鱼种。鱼种是上一年在田里母鱼产的小鱼，捉出来后放在鱼塘里培育，过半年鱼种长大后就又放回田里。这时的鱼不仅可以吃稻田里的害虫、稻花和杂草，还可以翻动泥土促进肥料分解，其粪便也起到提供养料的作用，避免了打农药和施化肥，为水稻生长创造良好的条件，是农耕文明的传统智慧之一。每当农历八月秋收时节，收割稻谷时把水田的水放干，将长好的大鱼用工具捉出，在田边用柴火生火，众人便就地做烧鱼吃，更多的鱼则带回家做成腊鱼干或是煎鱼干。因水田里的水是从高海拔的山体上引流而来，水质洁净、清新，十分有利于稻田鱼的生存。在稻田里生长的鱼未受化学农药的影响，作为原材料制作的菜肴通常色香味美，口感极佳。

瑶民在家里煮鱼的方法也与广东岭南地区的方式类似，以煎、焖、炖、清蒸为主。通常作法是用小火将杀好的鱼慢慢煎 5 分钟左右，至鱼的两面变焦黄色，再盖上锅盖小火焖 10 分钟左右。焖煮时，放一碗水以及提前备好的姜和观音菜等配料，再用锅盖盖住，继续焖 5 分钟。另外一种做法是清

蒸，即将鱼煎好后，往鱼肚子里塞芝麻、花生、糯米等馅，再放入蒸锅里蒸熟就可以了。

九、瑶山银韭

八排地区有一种蔬菜，种植在河边、溪水边水源充足的地方，不施肥不喷农药，十五天就可割一茬，且香味十足。这种菜，排瑶民众称之“银韭”，连南客家人称“大汗”，其他汉族地区称“观音菜”。油岭瑶民用它跟炒熟的黄豆拌上鸡蛋，放到锅里煎，鲜香可口，是常见的下酒菜。

十、焖全猪与猪红肠

八排地区有一道特色美食，即“焖全猪”，亦叫“猪肉一锅焖”“猪肉一锅熟”，通常是逢年过节杀猪时做的菜。猪宰杀后，将猪血煮熟，再将洗净切好的猪头皮、猪杂、猪肉等放进锅内一起煮，放入观音菜做配料即成，是道请客的佳肴。

与焖全猪菜品相匹配的是“猪红肠”。逢年过节时，杀一头猪算是一件大事，自然要请客，请客必然少不了一顿精美的血灌猪肠。将未冷却的猪血与适量的盐混合后，灌入大肠，每隔 20 余厘米捆扎，用 70 度的水慢煮，轻翻，20 分钟后煮熟，捞上晾干，切片食用。也可留存两天，炒或蒸熟食用。

十一、其他

连南八排地区在节庆和日常待客时通常都要准备各种休闲食品，粽子、油糍、糖环、糍粑、南瓜饼就是节庆时节几种具有代表性的传统休闲食品，主要原材料都是糯米。农历六月初六、七月初七，大掌排等每家每户都要包粽子。若是处于恋爱中的青年男女到了谈婚论嫁的时候，男方家父母就会请媒人在七月初七这天前往女方家，带上包好的粽子上门讲亲。

油岭排的特色粽子。粽子是油岭瑶寨过节特别是五月五药浴节时做的食品，主要原料是竹叶、糯米和黄花豆。其做法是：将两片粽子叶重叠一半，将下面的粽子叶向上折起，以中心线为标准把右边往左边折叠90度，然后再往左边叠起，让它四周连起来，稍微用力按一按粽子叶周边，让它在手中形成锥形。然后把糯米等材料放入这个锥形之中，再把正面的粽子叶往里微微折叠。反面往正面折叠，压住正面粽子叶。然后左边粽子叶往右边折叠，右边粽子叶往左边折叠，再把残留在正前方的粽子叶往下按，最后用禾秆捆绑起来，放入锅里面煮熟即可。

木灰粽子也叫碱水粽子，颜色是金黄色的，粽子的香气更加浓郁，并且吃起来不会发腻。做法是：将选定的草木烧成灰，过细筛，加入清水后搅拌成糊状，再静静地放置一晚后取上面的草木灰水，再放到清洗好的糯米中充分浸泡，等到浸泡好的糯米已经涨得鼓鼓的以后就可以包粽子了。做法跟粽子一样，只是草木灰是一种碱性物质，里面含有人体所需的多种微量元素，食用草木灰粽子不会造成胃酸的症状，同时也能够补充一定微量元素。①

白糍。舂白糍是八排逢年过节、小孩满月以及举办相关民间信仰礼仪时的一种习俗。舂白糍时会请上邻居亲友帮忙，充满节日欢乐气氛。白糍的制作，先把糯米放在水中浸泡一个晚上，翌晨淘洗后放在箩筐中滤干水，然后放入木甑中禾管上的隔层上蒸煮，待蒸得用手指可把糯米捏烂时为度，适时地将蒸熟的糯米饭掏出放在石臼里舂。每次舂多少视石臼大小而定，四五斤米不等。舂的时候两三个力壮的人（多人的可以是四五个人一起舂）手持木杵不停地轮流往石臼里舂，直舂得糯米饭不见饭粒，变成胶糊状为止。此时持舂杵人要趁热用舂杵把“胶糊状”糯米团取出来，放在早已准备好的竹筛上，由一个熟练的阿尔趁热把糯米团分成一个个鸡蛋大小的糍团，再由其他人用竹筒米升分别将糍团均匀滚动压至扁圆形、厚度约为0.7厘米左右，摊放在大竹筛上晾干。因为糯米黏性大，杵舂很费力，制作白糍时要麻利。白糍做好后，视天气干湿程度而定，一般晾上五六天（以糍粑表面不粘手，可一块一块拿得起来为适度，太硬会爆裂碎开），最后将晾

① 盘鹏：《油岭村志》，112页，内部资料。

干的糍粑十几块叠在一起。秋冬季节，可保存3个月左右。食用的方法有：一是干吃；二是放在炭火慢慢烤，烤到白糍两面微焦黄并鼓起，松软，即可食用。或将白糍用筷子、竹枝等串于顶端，在火塘边用柴火烤来吃，可根据个人喜好蘸白糖或黄糖等佐料来食用；三是放在锅里煎或蒸来吃。

炸糖环。在缺衣少食的年代，排瑶地区的小孩最盼望的就是过年过节的时候可以吃到父母做的炸糖环。每逢节庆时节，排瑶家庭就会起个大早，将前一个晚上泡好的糯米磨成粉，加入水，搓成圆球的形状，将其放进锅里和块糖一块儿煮，然后捞出来盛放在盆子里，裹上干的糯米粉，用圆柱筒碾平，切成3条，3条首尾相接，粘在一起形成3个圆环，像一朵花，用油炸熟。

炸角子。制作炸角子首先要把煮开的油倒进面粉里，其次再加入一些雪碧饮料进去，搅拌均匀后，再用空瓶子将其碾平，把它的形状捏成饺子状，还要捏出花，然后再炸。待炸熟后即可食用。

南瓜饼。南瓜饼原材料是南瓜、糯米和番薯。做法和做油糍类似，都要先准备好糯米粉，再将南瓜切块煮熟，又将番薯剥皮，切块，煮熟。将煮软煮熟的南瓜和番薯碾碎，和糯米粉混在一起，放入糖水，混合捏成圆饼状，再放入油锅里炸，将表面炸成金黄色即可。

西五排瑶民除了在诸如农历十月十六那天做白糍粑、油糍等食品供亲人食用，也将其作为祭祀祖先和神灵的供品。原材料皆是糯米，糯米在瑶族社会中被认为有通灵的功能。平日的做法和吃法各个排也大同小异，但是彼此会互相交换和共享。人们通过制作和分享休闲食品的过程中增加了情意，拉近了亲朋之间的关系，排瑶的传统饮食文化和习俗也在制作食品的过程中得到传播和传承。

第三节　饮食习俗

饮食习俗是在悠久的历史长河中，一个群体根据外在自然环境结合自身需求，世代积累而成的日常生活饮食实践，世世代代得到该群体的认同并加以传递和发展，约定俗成，与饮食活动相关的所有意识观念和行为习惯。由于各地的气候、水土资源、口味偏好不同，各个群体的饮食习俗也就有所差别。排瑶地区的饮食习俗可分为食物储藏习俗、日常饮食习俗、酒席上的饮食习俗、过年饮食习俗、其他仪式中的饮食习俗、相关饮食禁忌等几类。

八排瑶世世代代延续下来的传统文化、饮食习惯，产生的基础是其赖以生存的自然地理生态。迁徙到粤北大山里的西五排长期过着艰辛的农耕生活，生产力低下。为了生存，祖辈们只有采取农耕与狩猎结合的方式生产生活。每逢冬日农闲时节，八排地区人们喜欢成群结队在野外打猎，将猎物加工熏制成肉干，供重大的活动和节庆食用、招待宾客。围绕狩猎制作和食用野味行为，又衍生出许多与之相关的传统风俗，如春节期间做“鸡叫”、吃野味肉干、守年夜、学民歌、学唱经书、学做刺绣，等等。然而，八排地区的各个村寨现在已经不是过去封闭的乡土社会，而是进入了人口、信息、资本等各个方面流动性都很强的现代社会，打猎食用野味也在现代社会的规则下被禁止，已成为一项古老的传统。

一、食物储藏习俗

八排瑶民在连南这片土地上，积累了对食物的分类、采摘、种植和储存的经验，这些地方性知识是构成排瑶的饮食习俗的重要内容。过去，八排村寨的路边或是房前屋后都有用木材建造的禾仓（又名谷仓），这些禾仓耐潮湿，外观小巧玲珑，防老鼠和害虫的糟蹋。用木板在一小块平地上搭

建而成，用于储存粮食和食物。到秋收结束后，瑶民就把丰收的禾把、玉米、黄粟、高粱、稻谷等粮食装入禾仓保管。在瑶族的观念里，谷物都是有灵魂的。收割后，要挑选几串颗粒饱满的谷穗、玉米棒等悬挂在禾仓前烧香敬拜，祈求禾魂给来年带来丰收。有的瑶民还将歌书、经书、族谱、田契等宝物存放在禾仓里。因而，禾仓被瑶民视为神圣之地，外人不能随便进入。[①] 番薯、花生、土豆等收回来后，瑶民就会在房屋旁边朝阳、地势高的山体挖一个宽 60 厘米左右，深两三米的地窖，这样窖里外的温度有了温差，番薯和土豆等放在里面就不容易坏，且能很好地防虫害。每到冬季，村民会把从地里挖出来的地瓜、芋头等食物放进窖里储藏，保鲜时间可达 8 个月以上。除此之外，瑶民喜爱腌制酸菜，每家每户都有很多盛放酸菜和甜酒、米酒的陶瓷罐，瑶民也会将陶瓷罐放在房屋的储物间或挖地窖存放，因此，一般每家都会有两三个这样的地窖。每当过年过节时，瑶民也都会在地窖口、牲畜圈口烧香纸、贴红纸，希望神灵保佑来年有好收成、五谷丰登。

二、日常饮食习俗

（一）餐桌礼仪

排瑶文化源远流长，长幼有序、讲究礼节是排瑶延续至今的传统。虽然每天吃饭进食看似很平常随意，但是却折射出排瑶人民严格遵守的规矩，蕴含丰富的伦理思想。瑶民每餐上桌前摆放碗筷的时候，筷子要对齐。座位是有讲究的，如是婚礼酒席要分主家陪酒席、贵宾席和一般亲戚朋友席，客人论资排辈。神龛下第一席为主家陪酒席，席上坐的都是主家房族中辈分高、德高望重、能说会唱的男性长老，他们以长辈和主人的口气不断唱歌劝酒和说赞扬女方的吉利话。西边的第一席为贵宾席。席上坐的是女方的舅父和男性老人。开席时，要待老人上坐后，年轻人才能相继入席。平时摆酒席，正中首位必给男性老者坐，年轻人不能乱占，否则被认为不懂

① 许文清：《神秘的瑶族禾仓 · 清远文史（九）》，88 页，清远市连南瑶族自治县政协文史委员会，1995。

规矩。

一般而言，平时就餐饭桌上年纪最大的老人坐中间，客人、妇女和小孩坐在两边。因为在军寮排相信祖宗是跟着在世的人的，大家有吃的喝的都要留给祖宗，所以吃饭时，由一家之主、威望最高的人先吃，这个人需要把所有祖宗的名字全部说完，把面前的米酒倒一点在地上敬祖先，口中喊一声“阿公喝酒”以后，其他人才可以动筷子开餐。席上不管菜多菜少，年轻人要主动将好菜夹给老年人吃。若是桌上有鸡、鸭、鱼肉，要将头和肝夹给同席的最长者，表示尊敬老人。①吃完饭后不能立即离开桌子，要等主人家把碗筷收拾好了以后才能走。若是在野外干活吃饭的话，一般都是用芭蕉叶包着米饭。

在南岗排的饮食礼仪中，过去“一般不用安排座位和陈设，只把盛着煮好饭菜的铁锅端来搁在地上，一家人便在火炉塘前（或围着火炉塘）蹲下来吃一顿。只有极少数人用饭桌，饭桌很矮小，仅尺把高、两尺来长阔，像一张四脚凳一样。用饭桌进餐是遇有客人时才用的。坐的小凳子多数是木墩。筷子碗等都和汉区一样，并没有任何特殊之处”②。

在横坑排中，家内用餐亦没有什么特殊礼仪要求。据载：“（横坑排）吃饭已不再像大排的瑶族那样围着火炉用餐，他们已有饭桌、长板凳，大家围着食桌坐下来用餐。餐具比较完备，煮菜用油和调味佐料也比较普遍。煮吃的地方不再见有火炉塘的三角铁架炉灶，他们已完全改用附近汉族村庄的泥砖砌成的有通风设备的火灶。”③

（二）火坑的使用和传说

八排传统住宅里，都有一个火坑，常设在左右厢房中央，用于烧水、做饭和取暖，在生活中占据重要地位。每到冬季，人们就会围着火坑，妇女们传授刺绣技艺、拉扯家常，男人们教唱瑶歌、传诵经书。火坑的瑶话

① 许文清:《瑶家酒席上的规矩·清远文史（九）》，82页，清远市连南瑶族自治县政协文史委员会，1995。

② 广东编辑组《中国少数民族社会历史调查资料丛刊》修订编辑委员会:《连南瑶族自治县瑶族社会历史调查》，80页，北京，民族出版社，2009。

③ 广东编辑组《中国少数民族社会历史调查资料丛刊》修订编辑委员会:《连南瑶族自治县瑶族社会历史调查》，182页，北京，民族出版社，2009。

发音为“行强公”。火坑挖地 8 寸深，约长 1.9 米，宽 1.6 米，火坑上有个铁三角架，亦称为“都当顶”，用于放置云鼎等炊具。火塘上空 1 米左右设有竹架熏棚，一年四季有笋干、木耳、野味、腊肉、腊鱼等。在排瑶的观念里，三脚架的每个间隔都有一个火童守着，确保人们平常用火安全，烧出的饭菜可口。

在军寮排还流传有火坑的传说：以前有个人特别想做皇帝，于是玉帝就派他在人间烧火煮饭，并同时派 3 个火童看住他。这个人后来不安心于煮饭，就自己买了很多东西，准备去经商，没想生意做不成，火童还把他家里的东西偷吃光了，这个人就用棍子打火童，火童很委屈，跟玉帝告状。玉帝非常生气，就把这个人派发去做乞丐。说明人们要对待好火塘，照顾好火童，才能做好饭，温饱自己和家人，是我们每个人在家庭中的责任。

目前八排瑶民多数搬到山下居住，火坑逐渐被人们所抛弃，纷纷建起了灶台。灶台一般有 3 层。第一层有 2 个空隔，第二层为加柴火的口，第三层为架锅的地方。第一层的两个隔间不能放柴火，人们认为，土地公要上天下地，放了东西会对土地公不好，火就会生不好，饭菜也会做不好。

西五排瑶家火坑（潘璐璐 / 摄）

每逢过年过节，都要祭拜灶王爷。灶王爷一般设在灶台的左上角，放上香炉，贴上“定福灶君”的红字符，就是安置灶王爷的位置。每逢正月初一、十五，人们都要烧香，倒茶，供酒肉，拜祭灶王爷。

三、酒席饮食习俗

（一）代表性食品——瑶家十二碗

过去八排传统的婚礼很隆重，男女双方在讲亲、订婚、结婚等环节时都要办酒席。讲亲需要吃白饭和盐包酒；订婚之日，男方家要准备肉、酒、油豆腐、鸡等礼物，请媒人送往女家，由女方家摆酒席宴请舅父叔伯等内亲。结婚酒席最为繁琐和隆重，男方家要设宴3天，宴请男女双方的亲戚，但随新娘送嫁的娘家人第一天中午在男方家吃完饭便返回。每天的酒席上必须要有猪肉、酒水、水豆腐、玉米、黄豆等。结婚酒席上的菜肴烹饪方法较简单，用一个大锅加水，把所有的肉、白豆腐、玉米这些都放进去，煮一大锅汤，然后再分给前来参加婚礼酒席的宾客，对于菜肴和碗盘的数量不讲究。随着时代的变迁和人们生活水平的提高，现在结婚酒席的菜肴愈加丰盛。酒席上一定要用鸡、鸭、鱼、猪、牛肉及豆腐、白菜等原料，做出12个菜肴，1个菜分别装1碗，以显示菜品的花样多，被誉为“瑶家十二碗”。这12碗菜一般包括猪肉1碗，猪脚汤1碗，猪杂1碗，鱼1碗，鸭1碗，鸡1碗，扣肉1碗，酿豆腐1碗，鱿鱼炒荷兰豆1碗，腊肠1碗，牛肉1碗，再加上1碗牛腩，变成12碗。目前有的家庭菜品逐渐丰富，将婚礼酒席上的菜肴增至16碗。

除了婚礼要摆“瑶家12碗”，现在在排瑶地区的满月酒、乔迁酒等酒宴，也都按瑶家十二碗的规格来设置，不失为八排地区饮食文化的一种变迁。

（二）婚礼饮食习俗

送盐包和炒黄豆是瑶族婚礼中最具特色的习俗。八排婚礼中的第二次聘礼，瑶话叫“盐包钱”，即正式送订婚聘礼。这次聘礼，用一个黑色布做的双口瑶绣袋，内装两包重约12两的食盐，用大竹叶包扎成圆筒形，再用

双条红绒线把头尾两边扎好，另加茶叶两包，用竹筒装的茶油若干钱，灯芯4条，白银7.2两，这就是“盐包钱”。[①]新中国成立之前，瑶族是在深山密林或半山腰上居住，交通十分闭塞，物质条件相当落后，缺衣少盐，食盐就成为粤北瑶山中最为珍贵的饮食资源之一，因此，在订婚聘礼上送盐包则有承诺责任之意。“炒黄豆”是用黄豆翻炒制成的小吃，随后逐步衍生为男女青年婚嫁时必备的礼仪。八排中的大掌排、火烧排等地方在姑娘出嫁的前一天晚上，准新郎由伴郎陪同，在舅父的带领下，携带鸡、猪肉、米酒、油豆腐等礼品到姑娘家。当晚，姑娘邀请几个相好的姐妹在闺房作伴，亲手炒黄豆，泡浓茶款待准新郎和伴郎。小伙子来到姑娘村寨时，不进村，而是在村边等候，要待伴娘再三来请才进村或进屋。吃过嫁娘的炒黄豆，准新郎和伴郎便立即离开。嫁娘则与相好的姐妹和以前曾经对歌、谈情的男朋友，一边吃炒黄豆，一边唱分离歌，诉说情谊直至天亮。

（三）丧礼饮食习俗

八排重视丧事办理。若家里有老人过世，近亲的年轻一辈就送鸡、白布一条、纸、香、酒等给主家，同辈的人就不用送什么东西。过去的丧事酒席上不吃肉和猪油，只能吃菜油或花生油。现在有的地方放开禁忌，油和肉都可以吃。老人过世1周年后，为了纪念亡者，都要为其举办名为“对年酒”的宴席。“对年酒”也叫“吃斋饭”。过去的“过世酒”和“对年酒”的酒桌上，主要有玉米粒和苦斋菜两种菜。那时的日子极其辛苦，日常生活的主要食物来源是苦斋菜和玉米，过世酒吃苦斋菜有追忆过去、怀念亡者的含义。

排瑶人相信万物有灵，相信人死后灵魂不死。“对年酒”意味着是把亡者的灵魂接回来，酒宴结束后再送他回去。排瑶社会为性别不同的亡者举办的“对年酒”在时间上有所差别。死者的“对年酒”举办4次，即头年的百天、一年、二年、三年各做一次。

马箭排的“对年酒”酒席要举办3天。从第二天开始设宴，宴席需要

---

① 唐剑明:《“送盐包”与“炒黄豆”· 清远文史（九）》，150页，清远市连南瑶族自治县政协文史委员会，1995。

摆一整天，通常宴席有100人左右，到第三天开始收拾、结账。必须要吃的食物有鸡、鸭、鱼、玉米及些许蔬菜。为了“对年酒”宴席，主人家需要杀1头100多斤的猪，还有鸡肉、鸭肉，大概要40只鸡、40只鸭，还有一些鱼。其中玉米要煮熟并剥成颗粒，鸡肉也需煮熟切块，分别装两袋，分给前来的宾客和亲属。50岁的亡故者，主人家一定要备有玉米，玉米代表人口多，表达对多子多福的向往。

此外，分家出去的儿子和出嫁的女儿来参加亡者的“对年酒”必须要带猪肉，煮熟以后就分给来参加宴席的人。猪肉一般要分3次，每人可分得三四块，一次是分儿子的，一次是分女儿的，还有一次是烧纸灰时分。

在大掌排，每年从大年初一开始的每个节庆，亡者的女性孙辈或小辈亲戚需要上山至其坟前为他送4次“饭”，如果这一年中超过了4个节日，就留一个节不送。送饭中，由亡者的女儿提篮子，篮子中装2碗煮熟的米饭，1只鸡，1块猪肉，先把准备好的米饭和鸡给亡者，在场的孙辈再吃。亡者的女儿和媳妇还要在坟前哭，诉说死者生前的故事。每逢节日，大掌排的女人都要上山为家里的亡者送饭，男性在节日这天则在家里做饭、做农活，等待女人回家。

八排丧礼酒席上的座次也颇有讲究，都要分主家陪酒席、贵宾席和一般亲戚朋友席，客人辈分高且论资入座。神龛下的席上坐的都是主家房族中德高望重、能说会道的男性老人。开席时，要待老人入席后，年轻人才相继入座。① 吃“对年酒”的时候，亡者的直系亲属才能坐在香案下的主家陪酒席上，其他宾客则只能坐在一侧的亲戚朋友席。

四、打猎共食习俗

春节是排瑶人民最为隆重的节庆之一。传统上，大年初一射击比赛，在寨内选择一块空旷地，在几十米开外悬挂一块约3斤重的猪肉作为标靶，谁用鸟铳射中了，就将这块猪肉作为奖赏，如此几次。

① 许文清：《瑶家酒席上的规矩·清远文史（九）》，81页，清远市连南瑶族自治县政协文史委员会，1995。

唐代诗人刘禹锡在连州作的《连州腊日观莫徭猎西山》等瑶族题材的诗歌中，就写有“围合繁钲息，禽兴大旆摇”的诗句，很好地渲染了瑶民集体围猎的气氛。“张罗依道口，嗾犬上山腰”，写出了猎人猎犬分工合作又默契配合，也写出了主仆同心。“猜鹰屡奋迅，惊鹿时蹋跳”一句，禽兽之惊惶形象而逼真。“箭头余鹄血，鞍傍见雉翘”反映出瑶族人民狩猎时的一些习俗。而末句“日暮还城邑，金笳发丽谯”，则写出了满载而归后的悠然——笛声传达出收获的喜悦。《蛮子歌》中的“熏狸掘沙鼠”“腰斧上高山”等句，看似白描，但瑶族人民生产生活的情景跃然纸上，这也正好反映了古代排瑶人民刀耕火种、椎髻跣足的情景。

过去，八排男人喜好打猎，在日常生产劳动中鸟铳不离身。每到秋冬时节，以家族为单位相约去山上打猎，或邀请其他宗族房系的打猎能手及亲朋好友一起。每当猎到野猪等大型猎物，猎手们抬着野猪等猎物大声吆喝着穿过寨子，向全村人炫耀战果。并在村口一个相对固定的地方宰杀野猪，将肉和骨头平均分成若干份，然后按家族每家每户分一份野猪肉，如家庭里有老人，分配者在分配过程中会相对配发的量多一些且肉质较精。参与狩猎的每一条猎狗都有分配，由其主人分别领取。如有其他房系族人在现场观看宰杀及分发野猪肉，都会按户分一份给他，来者有份，共同分享。野猪头则留下来作为此次狩猎者欢庆战果的下酒菜，还相互结伴去诱捕山鼠、挖芒鼠，猎取雉鸡等猎物，以备春节过年守夜时享用。

五、其他民俗仪式中的饮食习俗

除了重要的年节活动饮食，在八排地区，比较有地方特色的饮食习俗还蕴藏在各项人生礼节仪式中，比较有代表性的如架桥仪式、满月酒和妇女坐月子饮食习俗。西五排的架桥仪式活动目的是为了在人生重要的年龄阶段或重要节点上，保佑身体健康，生活一帆风顺，是一种带有地方民间信仰的传统仪式。桥分别有花（小孩）桥、中桥、大桥 3 种。架花桥时一定要用糯米制作成小汤圆，小汤圆做法比较简便，用糯米打成粉，加入水，捏成小圆球状，蒸熟，与其他祭品一同拿到架桥的地方，用竹签串起来成

“架大桥”仪式中的食物（潘璐璐/摄）

孩童形状，插入桥头、桥尾的泥土里或放置在桥头、桥尾旁，意味着给“桥公”“桥婆”吃。架中桥需要制作的食物是白糍粑；架大桥必须要带头饭、油糍粑去给架桥的人吃。架桥祭祀结束后，只要有过路人，都会邀请一起分享带去的酒肉、黄豆等食物。

架桥是排瑶人重要的人生礼仪，个人在公共空间中搭建的桥意味着为社区“做好事”，为他人在社区内提供可以共享的公共资源。人们认为，搭建桥的人是为自己积累功德，架桥的主人今后就会有福报，也承载了八排瑶民对自己和家中老人身体康健、万事顺意的美好希冀。因此，在架桥祭祀结束后，只要有过路人，都会让大家一起分享带去的食物。

在满月酒酒席中，西五排的饮食文化里必不可少的一道菜肴叫酿豆腐。做法是在制作好的豆腐里放入大苋、香芋、莲藕、肉末等，有的地方加入糯米，将其碾碎，压好，放在蒸锅上蒸熟即可。

妇女坐月子期间的饮食也比较讲究，此时妇女身体虚弱，又承担哺乳

和照顾小孩的重任，需要加强营养，生活条件好些的，每顿饭家人都要为其用鸡肉煲汤，要吃鸡肉，也可以吃猪肉，但是少吃。此外，自制甜酒也是产妇家里必备的食物，供产褥期的妇女催乳。

六、饮食禁忌

先生公、仙婆、问仙公[①]这三类在排瑶社会里起着沟通神灵作用的特殊人物不能吃狗肉，认为吃了狗肉从事宗教活动就不会灵通。因为亥和巳相冲，运程、年命带亥的人不能吃蛇，如属猪的人不能吃蛇肉；猪年也不能吃蛇；龙年不能吃狗肉。拜祭祖先一般用猪头；白喜事一周年吃对年酒时，初三、初四、初五 3 天不能干重活和危险的活，不能把钱、工具、盐、油、米、柴等物资借给他人，是对亡人守孝的意思；病人只能吃阉鸡；妇女结婚的时候不能吃牛皮酥。传说新中国成立前，人们的日子很苦，有一个妇女新婚之日，吃了牛皮酥卡住嗓子没气了，误被认为死了，家人就把她埋了。后来有人偷嫁衣，盗墓，这个妇女喉咙中的牛皮酥被挤压吐出来，活过来了。该新婚妇女夜晚摸黑回到父母家，直喊父亲开门。因喉咙被牛皮酥卡伤，声音沙哑。她父亲以为是他女儿变成鬼魂，回来吓人，就反手拿鸟铳开枪打死了。所以在西五排，男女结婚之时，有妇女不能吃牛皮酥的禁忌。

此外，八排中仍有部分排瑶有着特殊的饮食禁忌，[②]举例如下：

南岗排饮食禁忌。在南岗排有些田垌的田螺是没有人采食的，认为食用后会生黄疸；蛇是不敢食用的，认为吃了以后热天要睡泥地；男女在 30 岁以前是不能吃羊肉的。此外，据《连南瑶族自治县瑶族社会历史调查》载："（南岗排）人人都喜欢吃狗肉，不过也有部分禁忌，即认为凡是带有'七'字出生的人（逢七月或七日出生），吃了狗肉会生病；特别是'七'字生的妇女，吃了狗肉便会生育难，或生育残疾儿。另外，孵不出小鸡的蛋，孕妇、年轻人都忌食。据说吃了这种蛋，将来生下来的小孩不结实，

① 在西五排社会里，仙婆和问仙公是看米占卜的神职人员，主要是为他人占卜、预测、改运消灾等，两者所做相同，仪式和性别不同，仙婆为女性担任，问仙公为男性担任。

② 八排瑶地区的饮食禁忌内容大同小异，如各排有特别需要说明的则单独列举阐述，如西五排有共性者在文后统一概述。

过河渡海不安稳，会遭灭顶之祸，所以只有老年人才吃。”[①]

横坑排饮食禁忌。据《连南瑶族自治县瑶族社会历史调查》载：“……吃狗肉和各种山上猎获的野兽的肉，只是蛇肉是不吃的。也有些人不吃狗肉和牛肉，这是由于算命先生看过年庚，指出不能吃这种肉。但这仅仅是一种迷信上的忌食，而不是视为图腾的禁忌。孵不出鸡的鸡蛋，公认为不能让小孩吃，吃了便会脚步不稳，过河渡海时会遭殃；还认为吃了蛇会出黄汗。产妇有许多忌食的东西，产后未满月时，只能吃猪肉、鸡、生姜等，满月至百天内，不能吃竹笋、南瓜、狗爪豆、木薯、辣椒等。一年后才能吃鲤鱼、田螺等。”[②]

油岭排饮食禁忌。据盘鹃《油岭村志》中载：“其一,四方火塘内的三角锚是煮饭菜用的，脚不能跨在其上面或踩在三角锚上，否则被视为不敬。其二，喝酒时必须先倒几滴在地敬祖先，否则被认为是对祖先的不敬。其三，禁止孕妇摘果实，否则果树会流胶水，不产果实。其四，产妇分娩后头几天禁食猪油。其五，祭神忌用狗、猫、蛇、蛙。其六，猎兽后必须先祭奠山神才可分割食用。”[③]

上述排瑶地区的饮食禁忌，各排虽大体相同，但亦有细微差别。杨鹤书在 20 世纪 90 年代调研排瑶地区时，亦发现：“排瑶同胞按照自己的民族传统习惯，对一些食物采取禁食办法，这个禁食物品的种类，整个排瑶没有统一，各排有各排的风俗，例如南岗忌吃生葱生蒜，命运不好的人不吃狗肉。有些排已婚妇女才吃牛肉干；凡是在出生的年、月、日、时当中带有七字的人不能吃狗肉。有些排不能吃田螺，不吃蛇。30 岁以前不吃羊肉，孵不出小鸡的蛋只有老年人才能吃。”[④]

值得注意的是，排瑶地区的饮食禁忌虽存，但目前大多已不再严格遵守，不良习俗均已革除。

① 广东省编辑组《中国少数民族社会历史调查资料丛刊》修订编辑委员会:《连南瑶族自治县瑶族社会历史调查》，81 页，北京，民族出版社，2009。

② 广东省编辑组《中国少数民族社会历史调查资料丛刊》修订编辑委员会:《连南瑶族自治县瑶族社会历史调查》，182—183 页，北京，民族出版社，2009。

③ 盘鹃:《油岭村志》，113 页，内部资料。

④ 杨鹤书、李安民、陈淑濂:《八排文化——八排瑶的文化人类学考察》，32 页，广州，中山大学出版社，1990。

第十一章　民间信仰

民间信仰是社会意识形态之一，在不同的历史时期，不同的民族，其表现形式就各有差异。八排瑶的民间信仰内容丰富多样，集中体现为自然崇拜、鬼魂崇拜、祖先崇拜、道教诸神崇拜等，在社会演进过程中，经历了不同的发展阶段，有着独特的内涵和民族特点。

第一节　信仰类型

一、自然崇拜

自然崇拜是排瑶最原始的民间信仰，其特点是将自然物和自然力，如日月星辰、风雨雷电、飞禽走兽和树木石头，都被作为有生命、有意志而且有威力的神灵加以崇拜，以避灾禳祸。排瑶崇拜自然，相信“万物有灵”，认为天地间有看不见的“鬼”和“神”主宰着，山有山神，水有水神，树有树神等。新中国成立前，每个排瑶都设有一座土地公庙，遇有自然灾害，要请先生公到庙里念经祈祷，请求神灵保佑，消除灾害。如上山狩猎，要祭山神；开耕种地时，要祭土地公和五谷神；秋收时，要挑选几串颗粒饱满的谷穗和玉米棒悬挂在粮仓，象征谷魂和玉米魂归仓，给来年带来丰收。具体来说，排瑶自然崇拜的对象又分为以下几类。

（一）山神和土地神

排瑶自然崇拜的对象，与长期居住在高山密林，从事农林业生产密切相关。比如：排瑶民众认为山上有山神，地上有土地神。每年春节期间，必请先生公择定一年的生产活动日期，并祈告山神土地神，然后才开始各项生产活动。对各种农作物，也认为其有神灵。每年秋收前，要采集一些即将收成的农作物，供奉在神龛前，反映出对作物神灵的崇拜。

（二）树神

凡小孩体弱多病，就要将小孩寄拜于自然物，以祈佑健康成长。在大掌排，孩子如果发育得不好，就会认一棵大树做干爸或干妈，这被称作“拜神树”。神树的方位和孩子的生辰八字要相匹配，一般会选择樟树、枫树、榕木等树种中树龄较大的一株。在盘古王庙门前的瑶龙河和黄家冲河汇合处，生长着一棵神奇的“报洪树”（又称“相思树”“大青树”），树高数丈，挺拔茂盛，常年翠绿，人们视其为树神。每年雨季，当两河都暴发洪水时，“报洪树”叶便由青绿变成红色，此时人们便会做好抗洪准备。洪水过后，树叶又转为青绿色。排瑶民众称之为“盘古王显灵”。每到秋天，树上常掉下颗颗色彩鲜红、久不褪色的相思红豆，人们拾之赠送亲友，表达情谊。

（三）火神和水神

与日常生活关系密切的火和水，也是排瑶崇拜的对象。排瑶三餐煮食，严冬御寒，以及“刀耕火种”，都离不开火。因此，人们一直把火看成是神圣的东西，家家户户的火塘里终年保留火种，火塘就是火神的象征。架设在火塘中的“三脚锚”禁止任何人跨过，更不准用脚踏。认为“树有根，水有源”，水也有神灵。对水源，男女老少都自觉保护。在老人去世时，要到河边、溪旁、水井烧香，并放置几个硬币和纸钱，向水神买水为死者沐浴。

对自然神灵的崇拜，还体现在一些生产活动上的禁忌。如：在一些日

子，禁鼠、禁鸟、禁虫、禁风、禁雷公、禁月光和太阳。人们认为，凡遇这些忌日，一律不能进行生产活动，否则会遭其害，影响农作物的收成和人畜的平安。又如：遇到一些自然灾害，人们认为是神灵作祟，因而要举行祭祀仪式。如：发生虫害，要进行“赤田驱虫”；遇到天旱，要请先生公“求雨”；遇到台风，要祈祷神灵“关天门”等。在南岗排，如遇灾害，人们还会祭“龙头”。

二、鬼魂崇拜

鬼魂崇拜是排瑶民间信仰的重要内容。在排瑶群众的宗教意识中，“灵魂不灭”是一个十分重要的观念。他们认为人生前都有“魂”，当人死后，灵魂不灭，“魂”即变成“鬼”，瑶语称之为 mian。排瑶人把世界分为阳界和阴界，阴界又分为天府和地府。阳界住着人，天府住着神仙，地府住着鬼，鬼是人死后化魂变成的。排瑶人死后，要请先生公“指路”入阴界。入阴界有三条“阴司路”：一条“上桥路”，上天府为神仙；一条“中桥路”进地府的“中桥殿”为善鬼；一条“下桥路”，入地府的“下桥殿”为恶鬼。排瑶群众认为，神仙都是那些非凡的人变成的，如天上老君、真天真武玄天上帝、盘古王等，神仙能管鬼，为好人消灾解难；善鬼一般是不害人的“祖先鬼”，其生前既为好人，且得善终，因而被作为善鬼供奉在大庙，可以保佑人丁平安，六畜兴旺。

排瑶对于善鬼、恶鬼的划分标准具有二重性：一方面，以传统的道德观念来衡量，即生前为好人，死后自然成为善鬼；而另一方面，又受到“灵魂不灭”原始宗教观念的支配，认为死于非命者，不管生前是好是坏，死后灵魂必然变为恶鬼。

由于相信灵魂的存在，人们便自然而然地认为鬼会左右人间，或是庇佑，或是作祟。因此，无论是对善鬼还是恶鬼，人们都敬之畏之。认为善鬼能保佑“人口平安”“六畜兴旺”“五谷丰登”，故每逢年节，都要准备供品，敬奉祭祀，以示酬谢。而对恶鬼，认为所有的灾难都是他们作祟引起的。如有人患重病，便认为是被恶鬼缠身，必须请先生公作法，赶鬼禳灾。

由于人们认为死去的人在阴间同样要生活，因此对死者的处置十分讲究。对于不同年龄、不同身份、不同死因的人，采取不同的丧葬仪式。对于“寿终正寝”的成年人，尤其是先生公和老人，人们认为其死后会成为善鬼，因而丧礼特别隆重，在打斋时，要进行“中桥”斋，使死者到阴间后，进入最好的归宿——“中桥殿”安居；对最高级别的先生公未婚身故的男女，认为其死后灵魂不在阴间，而是登天成仙，故打斋时，行“上桥”斋，引导其灵魂上天；对未满月的婴儿，死后要将其尸体埋在床底下，以使其灵魂早日投胎转世；对于在外摔死、淹死、吊绞死、蛇咬虎咬而死等死于非命的人，认为其死后必成恶鬼，因此在办理丧事时，不得将尸体抬回村寨，在寨子旁边设一灵堂，请先生公念经作法，打“下桥”斋，将其灵魂送往“下桥殿”，以防止其返回阳间作祟。所有这些，都反映出在“灵魂不灭”观念的作用下，人们对鬼魂的敬畏心理。

三、祖先崇拜

八排瑶民对祖先的崇拜，主要是出于子孙后人对历代祖先的缅怀和纪念，认为生命是历代祖先一代接一代延续下来的，是先辈给的。崇拜祖先、孝敬祖先、敬仰祖先是八排瑶儿女最重要、也是最优秀的美德。八排瑶的祖先崇拜，反映了人们对祖先的敬畏心理，它包括两个方面的涵义：一是出于后辈对先人的缅怀和纪念；二是认为亲人虽然死去，但其灵魂不灭，在某些方面仍可左右活着的子孙的命运，因此，必须经常祭祀，才能得到祖先在天之灵的庇佑。八排瑶每一户人家的住宅中，厅堂都安放神龛，神龛上用红纸或红布写下历代祖先的名讳，每月初一和十五向祖先烧香奉茶，遇到节日还要烧纸，额外供奉鸡肉、猪肉、鱼肉、糍粑等食材。平时饮酒要先洒几滴酒在地上，以敬献祖先。祖先崇拜也表现在祖先坟地的选择上。祖先的坟地要选择在风水较顺适的山地，清明节前，后人要举行共同祭祀祖先的活动，这种祭祀活动被称作“挂纸”。祖先坟地不能随意破坏。八排瑶民认为，先祖们不但活着的时候保护人们，而且去世后，其灵魂依然在保佑着子孙后代。所以，无论喜事丧事，都要先烧香祭祀祖先，以祈福佑安。

南岗排瑶家庭神龛上供奉的神像（唐常青 / 摄）

排瑶的祖先崇拜具体表现在如下几个方面：

把盘古王奉为开天辟地的始祖。在排瑶地区广为流传的民间神话故事和歌谣中，都有关于盘古王开天辟地、创造人间、繁衍瑶族的情节。排瑶以农历七月七日为盘古王诞，十月十六为盘古王婆诞。新中国成立前，每个大的瑶排都建有盘古王庙，庙中供奉木雕的盘古王夫妇神像和本姓祖先神像，设有掌庙公和烧香公负责管理。每逢节日及每月初一、十五，由烧香公到庙宇焚香敬奉。

村寨建庙宇供奉祖先。油岭排的盘古王庙供奉有：盘古王夫妇、罗公、唐海公、唐四公、龙十九公夫妇、龙十五公夫妇、李海七郎、李海六郎、唐太五郎、房十海公、房十尤公、房十满公、大吉大利公、房君喜郎、唐农伯公夫妇、平王海修公、房十六公、长桥三郎、圣纸三郎、老君公、盘古王儿子及媳妇等三十六尊神像。这些神像，除罗公外，均为当地排瑶的祖先。根据油岭村老人的回忆：

> 我们这里山上的盘古王庙，在1958年以前一共有36个阿公像，现在只剩下5个，其他的在“文化大革命”的时候都被烧掉了，有个两米多高的像也被烧掉了，那个像要8个人抬，不简单啊。原来的36个神像中有打猎的、做法事的、会武术的，还有各种有功劳的人。最大的阿公像，叫“罗公”，是外地人，娶了瑶妹，也为村寨做出过贡献。

在排瑶地区，过去每逢大的节日，如三月三、六月六、七月七、十月十六等传统节日，都要派代表到大庙祭祀祖先。隔三十年举行的“香歌堂”，也以祭祀祖先为中心内容。祖先神龛神圣不可侵犯，平常不可悬挂衣物，不许乱放东西，不许产妇从神龛前经过。每年春节后，家族各户成员要举行共同祭祀祖先墓的活动称之为“挂纸”。

油岭村盘古王庙供奉的神像（连南瑶族自治县政协办公室提供）

排瑶的祖先崇拜，反映了人们对祖先的敬畏心理，它包括两方面的涵义：一是出于后辈对先人的缅怀和纪念；二是认为亲人虽然已经死去，但其灵魂不灭，在某些方面仍可左右活着的子孙命运，因此，必须常年祭祀，才能得到祖先在天之灵的庇佑。

四、道教诸神崇拜

道教在排瑶地区多以民间信仰的形式出现，影响甚广。新中国成立后，在排瑶地区发现有明代抄成流传的瑶族道经；还在南岗排发现两座明代万历三十七年（1609）建的古墓，碑上刻有墓主度戒后使用的道教法名。这说明在明代时，道教或已在排瑶地区广泛流传。长期以来，瑶族在保留本民族固有的民间信仰的同时，不断接受道教的影响，并将道教的经书、科仪等，加以改造和吸收，与本民族的信仰文化相融合。关于瑶族信仰，有学者指出“道教传入瑶族社会后，瑶族宗教信仰的内容发生了深刻的变化，既有道教的成分，又有原始宗教的残余，二者长期糅合形成具有民族特点的以道教为主的宗教信仰”[①]。还有学者指出：“在近代瑶族社会中，瑶族固有的原始宗教进一步与外来宗教，特别是道教相互融合、互相吸收，使瑶族信仰的道教有别于汉、壮族的道教，而有本民族的特色，从而构成了近代瑶族宗教信仰的一个基本特点。”[②]胡起望先生认为：瑶族的这种“两种长期糅合而形成具有民族特点的以道教为主的宗教信仰”和“有别于汉、壮族的”，“有本民族特色的”瑶族宗教信仰，应当是道教在华南少数民族中的重要一支，可以称之为“瑶传道教”或“师公教”，它既是道教发展史上重要的一部分，又是瑶族宗教信仰发展中所结出的丰硕果实。[③]

道教信仰多神，最早祀奉太上老君，晋代又奉元始天尊，其位置要在太上老君之上，晋末又奉灵宝天尊为尊神，位置更在元始天尊之上。此

① 赵廷光：《瑶族度戒与道教的关系》，见《论瑶族传统文化》，41 页，昆明，云南民族出版社，1990。

② 张有隽：《瑶族宗教信仰史略》，见《瑶族传统文化变迁论》，123—124 页，南宁，广西民族出版社，1992。

③ 胡起望：《论瑶传道教》，见《瑶族研究五十年》，北京，中央民族大学出版社，2009。

外，主宰天地事务的“四御”，即诸天之主，地位仅次于三清的玉皇大帝，还有勾陈上宫天皇大帝、中天紫微北极大帝、后土皇地祇，此外还有十方诸天尊，天、地、水三官大帝，掌管文化教育的文昌帝君，张道陵化身的降魔护道天尊，五岳神之首岳大帝，专司长寿的南极真人、总司风雨雷电的北方尊神真武大帝，以及各路神仙，等等。瑶传道教信奉的神祇除了道教的神祇之外，还包含自己的始祖神，等等，而某些道教神祇就其起源而言又很可能与南方古部族的祖先有关，这就构成了道教与南方少数民族的微妙关系。如：瑶经中的“盘古圣人”与“盘王圣帝”是分别来源于道教神祇与始祖传说中的两个不同的神，如果进一步追究道教神祇盘古圣人的起源，则与“盘王圣帝”的起源又是合二为一的。

由于瑶传道教既有道教神祇，又有本民族原来信仰的包括始祖神在内的各种神祇，因此盘瑶支系（包括过山瑶、排瑶）在信仰活动中就有“还盘王愿”（排瑶称盘古王）、过“盘王节”（盘古王节）的种种活动。这两个活动祭祀的神祇虽然都是同一个对象盘王，但是它们的意义却是不一样的。前者的起因是盘瑶十二姓民众在“漂洋过海”的搬迁过程中，忽遇大风浪，船只无法前行，因此各姓民众都在船头祈祷，请求盘王护佑，并许愿在平安到达陆地后，一定祭祀盘王以示感谢。后来十二姓瑶人果然在盘王的庇佑下到了陆地，因此用猪、牛、鸡等祭祀盘王，以示还愿。该活动年长月久相沿成习，就形成了还盘王愿的宗教活动。而“盘王节”，主要是在盘王诞辰举行祭祀始祖的活动，其意义在于慎终追远、缅怀先人。前者没有固定的日期，一般在遇到灾难时，为了禳灾祈福，要以户或村为单位，请先生公许愿祈福，然后再养猪还愿。

道教对排瑶民间信仰的影响，还具体表现在：先生公做法事时所诵的瑶经、供奉之神祇以及使用之法器如道鞭、神像挂图和符箓，等等，其影响不可谓不大，也不可谓不深。但是道教对排瑶信仰的影响仅限于经书、神祇、法器、符箓等的借用和模仿，仍停留在表面层面，而未达到其内里实质，仍未从根本上改变排瑶原有的信仰观念。

五、盘古王崇拜

排瑶尊盘古王为民族始祖，八排各地多建有盘古庙，盘古王崇拜是八排瑶主要的民间信仰之一。

（一）排摇古籍中的盘古崇拜

排瑶古籍中对盘古崇拜的记录多有之。《八排瑶古籍汇编》之《大传书·混沌》云："自从盘古分天地，流传法教到如今"；《除刑解克》云："自从盘古分天地，流传天下到如今。"《盘皇歌》有"盘古立置天地，伏羲姊妹置人民"等。

兹录《瑶族歌堂曲〈盘古书〉》之《古老歌》如下：

1. 置天地

盘皇盘皇出世罗，/ 盘皇盘皇置人生万物。/ 三十六段歌堂要唱遍 / 先唱盘古皇出世开天。// 盘古造地又造天，/ 造了天地造河床，/ 造了河床又造山口，/ 千山万水出河湾。// 盘古圣王置天地，/ 置天置地置青山，/ 置得青山无限阔，/ 又置江湖育万民。// 盘古造人先造女人，/ 又造男人让女的招郎结亲。/ 女人坐着高机织佃布，/ 男人撒播五谷把地耕。// 盘古定下二十四个节气，/ 耕田种地才有了定期。/ 开山耕岭嫌寂寞，/ 又造了百鸟声声啼。// 男人看山守夜会打盹，/ 盘古又造了野猪黄四处奔。/ 女人在家织布勤绣花，/ 盘古又造了松明来点灯。

2. 洪水患（兄妹婚的故事）

雷公与兄妹父斗，败而被擒。适父外出，兄妹为雷公美言诱惑，使之脱了困圈之难。临走，雷公拔下门牙酬谢兄妹救命之恩，宁兄妹埋牙于地，竟长成一个大葫芦。雷公上天后，发下大雨，

成洪水之灾，淹没世界。兄妹俩藏身于葫芦里得以逃生。洪水后，人间只剩兄妹俩。虽有龟、竹等动植物劝其婚配以繁衍人类，但兄妹俩认为有违人伦，加以拒绝。后经雷公神授，经滚石磨、抛石块、燃香、资吞等巫术仪式之灵验后，二人结为夫妇，繁衍子息，自此人类得以再生。

3. 祸事起

千家垌分三个垌，/ 下垌三百三十三家，/ 中垌三百三十三家，/ 上垌三百三十三家。/ 上垌有一座盘古大庙，/ 供奉盘古皇公婆老祖先。/ 连大庙共有千家户，/ 三垌排瑶民众都是盘古传。

……

从排瑶的大庙崇拜和文字记载可见，他们的祖神有两个：盘古王和盘古王婆。排瑶人认为，盘古王不仅是开天辟地的创世神，而且是创造排瑶民众的祖神。因此在庙祭中，经常把盘古王和盘古王婆叠合在一起，既敬奉“开天辟地”的盘古王公、盘古王婆，同时又敬奉被他们认为是“老祖先”的盘古王公、盘古王婆。

祭祀盘古王（田敏 / 摄）

（二）历史上八排的盘古王庙

据房先清的调查，在新中国成立前各排均建有盘古王庙。庙中厅供奉木雕的盘王夫妇偶像和各姓的祖先神像，由掌庙公和烧香公负责管理，每逢节日及每月初一、十五日，由烧香公到庙焚香敬奉。耍歌堂前，除了要将祖先请回到祠堂外，还要将盘古王一同请回，游神时，盘古王神像要放在最前面。

八排瑶崇拜的神祇以盘古王公、盘古王公婆为最高神，每个排的祖庙都将他俩供奉在"仙人轿"的正中。盘古王庙多设在排上最高位置或风水好的地方，其建筑多是一座 3 间房子，用杉木柱支撑，青瓦或茅草盖顶，中厅设"仙人轿"，中间放盘古王和盘古王婆神像，两侧放各氏族祖先神像。所有的神像用硬木雕成。"仙人轿"前放一张 6 尺长的供桌，摆放供品和香炉。盘古王庙由各排的掌庙公和烧香公负责管理。南岗排庙堂还加奉黄面公、黑面公、白面公三兄弟的神像。

排瑶民众奉盘古王为始祖，农历七月初七为盘古王诞辰，十月十六日为盘古王婆诞辰，是日备纸烛酒礼祭祀。耍歌堂、挨担堂时，抬庙堂的神像游瑶排。年节亦备香烛纸宝膜拜。发生械斗，亦到庙中拜祷，请祖神派阴兵相助。排瑶民众敬祖，饮酒之时，亦必先洒一点酒于地，说声阿公饮酒。

现在人们比较熟悉而且可见的是 20 世纪 80 年代后复建的涡水盘古王庙和南岗排的南岗庙、油岭排的油岭庙，其他的各庙供奉神像，据当地老人的回忆有如下情况：

1. 不寨（三排）庙神像

本方土主地神罗公火浮公、龙十九公、盘古王公、盘古王婆、沈平王公、又显公、唐海公、唐十二公、房十海公、房十二公、盘大六郎公、盘大七公、当飞公。另有 5 个公不知名，共 18 个公、36 个鬼。

2. 军寮庙堂（军寮排顶）神像

唐十二公、房十三公、沈十四公、李姓二娘、开天立世盘古王公、盘古王婆、利君白马先锋、房法财四公（一天打开连山）、房法财二郎、房法仙九郎（又称埋李婆）、房法仙五郎、莫里仙娘、六六三十六白马先锋、李

氏一娘、罗公教主。

3. 油岭庙（油岭排）三十六神像

本方土主大王、地仙罗公大王（一庙三十土面公）、开天立地盘古大王、盘古王婆、黄古黄念、圣主三郎（骑白马想出挨歌堂）、同老虎挨伙计，唐大六郎、补系六郎（哥）、游兵挨生意跌死。

4. 猪界庙（火烧排）神像

本方土主大王、唐十二公、李十八公大王、信州唐皇白公、房君法富五公大王、开天立地盘古大王、盘古王婆、唐君王婆、唐君法朝七公大王、唐君法佑五十一公大王。

5. 旺兴庙（横坑排）神像

本方土主大王、白家大王、放雨大王、房十五公、邓十五公、唐十二公、开天立地盘古大王、盘古王婆、龙十九公。

6. 行祥庙（又称南岗庙）神像

本方土主大王、本方地仙大王、五清地主大王、五清地仙大王、行清地内、房十三公、梅氏七娘、梅氏八娘、三刘刘十五公、邓十五公、地主黄面、白面、黑面公、邓君一庙神王、六六三十六将冥王、先代唐十三公、邓护开首大王、开天立地盘古大王、盘古王婆、五兴平王、五婆圣帝大王、南海三娘、西海四娘、龙十九公、李十九公、邓君孟公六郎、盘法红六郎、盘法通六郎、盘法交八郎、盘法华九郎、盘法兴三郎、邓法兴新境四郎（管庙公）、一庙神王、六六三十六将冥王。

7. 大平罡庙堂（香坪村大坪脚）神像

本方土主大王、黄十五公、李十八公大王、龙十九公大王、信州唐王伯公、开天立地盘古大王、盘古王婆、逢灯香起三位大王、邓十五公大王、俄广大王、分胜香起金山公、龙千九公、房君法周三公、左先锋、右先锋、房弟四郎先锋、先师管庙师主、后师王老师爷。

8. 引良庙堂（里八垌村）神像

本方土主大王、唐十二公大王、李十八公大王、房十五公大王、邓君十郎、开天立地盘古大王、盘古王婆、房君法灵一公、房十二公、房十九公、房一姑仙娘、邓弟九郎、六六三十六冥王、邵十四公。

9. 楼阴东庙堂（火烧排）神像

本方土主大王、唐十二公、李十八公、信州唐皇白公、开天立地盘古大王、盘古王婆、房法富五公、唐法有五十一公、六六三十六冥王。

10. 大掌岭庙（大掌岭排）神像

本方土主大王、李十八公大王、唐皇伯公大王、开天立地盘古大王、盘古王婆、邓十五公大王、分胜香起三位大王、龙十九公大王、邓君法养九十一郎先锋大王。

11. 新寨庙堂神像

本方土主大王、唐十二公、唐十三公、邓弟一郎、邓弟二郎、邓弟三郎、龙十九公、李十九公、盘十七公、法富七公、法朝四公、法树二公、法云六公、法钱二公、法传二公、法朝四公、有天大王、西虎大王、南海三娘、西海三娘、开天立地盘古大王、盘古王婆、摇王沈王五圣平王。

据清姚柬之《连山绥瑶厅志》载："庙立于野，凡隶排者皆祭之，如群姓之大社也。无木主，刻木为像，不必肖其人，亦不能辨为谁氏之祖祢，统呼之曰阿公……祭之日，男妇诸人，皆盛服于庙，具香烛纸钱，猪、牛、鸡、酒而祭焉。"

（三）涡水盘古王庙

根据八排瑶的传说，涡水是八排瑶最早的落脚点，历史悠久。在 20 世纪 70 年代末，县文化部门从涡水盘古王庙旧址掘出火砖，经专家考证是宋代的。庙中的主神为盘古王公与盘古王婆。盘古王公最为高大，木雕，梳道士髻，插钗，红袍，其装束与八排瑶民颇为相似。盘古王婆，戴凤冠，对襟绣裙。庙中的神还有：唐十二公（左四）、邓十五公（左三）、房十五公（左二）、妻房一妹（左一）、李（本）方土主大王（右四）、书马正大王（右三）、李十八公（右二）、房十二公（右一），盘古王前还有"烧香府公"，一共 11 位神祇。中间的 4 位神祇：盘古王公，盘古王婆，唐十二公，本方土主大王都高近 2 米，其他各神也有 1 米多高。男性神祇，除盘古王外，都戴着道冠。很显然，以上神祇，除了土主和烧香府公外，都是连南八排瑶的祖先神。

涡水盘古王庙遗址神像图（蓝碧春 / 摄）

涡水盘古王庙遗址地理位置图（唐俊 / 绘）

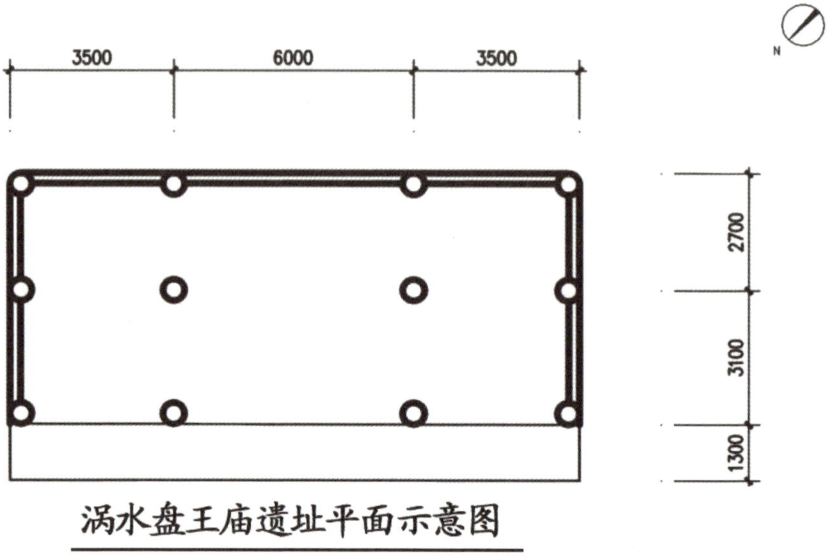

涡水盘古王庙遗址平面图（涡水文化站提供，数量单位：厘米）

涡水盘古王庙（连南瑶族自治县政协办公室提供）

六、“坛”崇拜

“坛”是八排瑶特有的民间信仰习俗，是祖先崇拜和自然崇拜的具体体现。“坛”一般设在野外，在有影响力的祖先生前或死后停留过的地方，或者是当地人认为具有神灵的地方（阴森处的大树、怪异的大石头、水潭等），当地人都设“坛”，每逢家人身体不适或家事不顺时，则携带酒肉纸香到相应的“坛”祭拜，求健康、求福气、保平安等。如大掌排的“洗公坛”就是设在一口泉水处，主要是用于洗神像或小孩洗身用，以求平安健康；南岗排的“肉团公坛”，主要是打猎时祭拜，以求打猎顺利、平安无事、有所收获；三排的“三兄弟坛”，即在房氏三祖公（海公、祐公、满公）生前停留过的地方设“坛”，路过该坛时，禁止大小便，并不得作为埋葬地，以示敬重。

南岗古排“龙头”坛（连南瑶族自治县政协办公室提供）

里八峒排良亚铜如坑坛（连南瑶族自治县政协办公室提供）

火烧排李十八公坛（连南瑶族自治县政协办公室提供）

大掌排洗公坛（连南瑶族自治县政协办公室提供）

第二节　信仰媒介

在排瑶地区，充当信仰媒介、主持民间信仰仪式的主要是先生公。

瑶族民间信仰活动主持者，过山瑶称其为“师公”，排瑶称其为先生公（瑶语 lɪe^{44}mian^{44}kung^{44} 漂别公）。先生公一般都不脱离农业生产，只是遇到有人需要请他们主持仪式活动时才放下农事。排瑶民众都认为，先生公是资历深、威望高的人。他们有一套法具，并掌握许多祖师相传的经典，还懂得驱鬼祛邪的法术。因此，排内凡是举行有关习俗仪式，无论是生产劳动和日常生活，抑或是节日婚丧生育都必须请先生公出面主持、念经作法。所以先生公在排瑶民众中往往享有崇高威望，颇受尊敬。

先生公有等级区别，举行香歌堂等重大的仪式，必须由法术高、道行

好、资历深、年纪大、威望高的大先生公主持。刚出师、资历浅的先生公只能做一些小型习俗礼仪，不能单独主持大型仪式活动，只能在大型仪式中给大先生公当助手。在有事主相请，或由寨内瑶老会议推举时，先生公才出面主持仪式。为事主或公众做习俗仪式，虽然可按惯例收取米、肉、酒、钱、布等报酬，但这并不是先生公主要的生活来源，他们平时还是要参加农业生产劳动。

先生公的承传方式是师徒承传，师徒之间并不一定有血缘关系。大先生公收徒弟，要看人品，以德为先的人才能收为徒弟。拜师者通常在过春节正月初一晚，拿着酒肉去师傅家里拜年。一般要 3—4 年才能出师。

先生公是八排瑶中的一个特殊群体，是地方原始信仰发展到一定阶段的产物，其独特文化与作用深深地影响着八排瑶的社会。先生公既是八排瑶社会历史演变发展的结果，更是八排瑶独特的生存环境和人文背景综合作用的结果。先生公群体的发展经历了漫长过程，也留下了珍贵的历史文化遗产，其丰富的文化信息值得后世借鉴。

一、先生公的起源和师承

先生公是连南八排瑶原始信仰礼仪、祭祀活动的组织者、执行者。排瑶先生公源于何时，由于史料缺乏，难以考实。据记载，“五排十一冲瑶人……于五经、四书、孝经、小学，一字不肯读，平日排师之所教者，皆瑶书也。瑶书有数种，如阎罗科、上桥书、扶道降神等名，皆鄙俚虚妄不经……排师多系楚之黄冠……”① 由此看，至少在清康熙年间，在排瑶地区传播宗教知识及主持仪式活动的，仍以外来的宗教职业者“楚之黄冠”（来自湖南的道士）为主，排瑶的先生公队伍应是此后才发展起来的。

相传，1600 多年前，瑶族就有了祭祀始祖盘古王的习俗。在祭祀活动中，逐渐演化出了一个群体——先生公。他们往往身披法衣，手执神杖、神刀、铜铃等法器，念诵瑶经，用瑶族特有的习俗礼仪祭奠瑶族始祖盘古王。由于在历史上八排瑶社会发展相对汉民族来说比较缓慢，在生产力十

① 《风土记·约束》“焚瑶书宣讲圣谕一则”。

分低下的岁月，对自然界的一些现象无法理解，于是自然崇拜和原始宗教应运而生，崇拜图腾、盘古王和祖先。八排瑶先生公的起源与此密切相关。八排瑶先生公是原始宗教信仰发展到一定阶段的产物，他们没有完全脱离农业生产劳动，有一定文化，兼为瑶医、瑶老，集数职于一身，在民间有较高的声望，是瑶族内部社会组织的核心人物。

由于先生公享有较高的社会地位，且在主持民间习俗活动时能得到一些经济上的实惠（合理报酬），因此，排瑶中不少人都想学做先生公。据20世纪50年代初的调查统计，仅南岗排就有101名先生公，可见先生公队伍之庞大。

先生公的培养，除少数父子传授外，大部分是采用师徒传授的形式。家长如想子孙成为先生公，先要让其学习文化，略懂汉文，打下念瑶经的基础，然后请求先生公收其为徒弟。先生公认为可以的话，徒弟便在春节时备上2斤酒、1块肉、1.2元钱“祖师银钱”到先生公家，确定师徒关系。

先生公授徒采取口授和自修相结合的方法。课程安排并没有统一的要求，因地因人而异。如南岗排，第一年学习医病、赶鬼、丧事等内容；第二年学习求雨、“香歌堂”“打道箓”等；第三年学习咒语和画符。在学习过程中，除诵读经书外，遇到有人请师傅做法事，徒弟即可以随同前往，从旁观察学习。徒弟在学习期间，为了表示对师傅的敬意和酬谢，年节及出师时，都要送一定数量的酒肉和钱给师傅。一般经过3—4年，如果师傅认为徒弟已经熟读所有经书，可以出师测试，便择定吉日。徒弟自备一只鸡、一筒酒和纸钱香烛（或徒弟备酒肉各1斤、封包1.2元白银、鲤鱼1条和鸡1只送给师傅）。再备祭品，由师傅领到山上偏僻处（不让别人看到），徒弟跪下来，让徒弟念诵经文，敬请各方鬼神，算是祭告天地，让各方鬼神知晓。经过测试，若师傅感到满意，就算出师，以后便可作为先生公单独帮人举办法事。完毕，师徒两人就地把祭品吃喝干净才转回家。自此以后，师傅被人请去做法事，徒弟也跟着学习，时间不定。但经过一段时间，人们知晓这个徒弟能做各种仪式以后，徒弟便可以开始单独为人做法事了。先生公招收弟子也并非依血缘而定。起初先生公要把自己的本事传给血缘关系亲近的人，但年龄、兴趣不适合等，无法传给自己的晚辈，

主持盘古王祭祀仪式的先生公（田敏/摄）

先生公主持“香歌堂”中的仪式“出歌堂”（连南瑶族自治县政协办公室提供）

所以后来传给非血缘关系的逐渐增多。

在先生公队伍中，按其道行的高低，大体可分为三个级别。第一级属全能型，即任何民间习俗仪式，都有能力单独主持。这一类型的先生公人数并不多。第二级是一般型，可以主持一般的仪式，但诸如“耍歌堂”“香歌堂”等大型的活动则没有资格和能力主持。这一类型的先生公人数较多。第三级是初出师门或能力较差的先生公，只能充当前两级先生公的助手。一般来说，先生公的本领大小，除了个人的素质外，与其执业的时间是成正比的。道行高、本领大的先生公经常被人请去做法事，而那些资历不深的，则极少有人问津。另外，在排瑶的村寨中，一般情况下，都会请本姓的先生公主持仪式，除非一些大型的活动，本姓的先生公无能力主持，才请其他的先生公，这在排瑶地区几乎成为一种默契。

八排瑶先生公的法具

序号	法具名称	法具制作	法具用途
1	筶贝	用牛角尖或竹子头锯开两半，长度约1—1.5寸，形如三角形	作用是用它来问卜决疑。两块合在一起抛下地时有3种情况：一种是两块都显着正面，是阳贝；另一种是两块都显着反面，即阴贝；第三种是一阴一阳，这便是胜贝。无论送鬼问病还是其他各种民间信仰活动，筶贝总带在先生公身上，常以胜贝为上，阳贝为次，阴贝最次
2	道鞭	用5块铜钱样的铜片，扣以链条，结在一条弓形似的小竹根一端，刻有龙头图案。铜片上镌有太上老君坐像及名讳、张天师神牌、十二时辰、八卦、十二生肖、二十八宿等图文	先生公常把这一串东西插在背领里，用时顺手从后拔出来，拿在手上上下摇动，发出当啷声
3	铜铃	是杯形的铜制铃，有软皮的手把柄	用于召鬼魂来品尝祭品
4	钢刀（瑶语为“西刀”）	长约8寸，端尖，刀把手是一个环，环又扣上几块圆铜片，刀身下方左右都有小铜环	用刀时，发出叮当之声，有助于驱邪治鬼
5	神杖（瑶语为“端地”）	长约5尺2寸，顶端刻有一坐佛，仗身刻龙纹，样子似佛教的禅杖	作用是挡煞封路

续表

序号	法具名称	法具制作	法具用途
6	钱格印子（瑶语为“辛秋”）	一条4寸长铁条，一端呈圆形，圆形空心中有一小圆，在纸上打印有一个铜钱的格印模样	祭祀用
7	架桥木（瑶语为“牙板”）	是一条不到1尺长的木头，削成一端平一端尖，像剑形，中间有龙纹	接祖先神灵时逢水过渡当桥用
8	大刀	是普通的刀枪军器	平常用得不多
9	神像挂图	神像挂图有4张，一张是三清宫图，似佛似道地分成三重天，下面还有一重似地府，鬼卒吹着牛角，坐在公堂上。两张是他们称为太上老君的骑着马、虎、蛇、狮的四种不同的画像。另外一张是所谓文丞武尉的门神像	祭祀用
10	道袍	类似无袖的背心，无领，颜色鲜艳，无冠，只有用厚纸皮剪裁成纸冠，上面画有盘坐佛像，类似佛教的冠帽	只有在隆重的场合如打道箓时，才穿道袍

资料来源：2013年11月广东连南田野调查。

瑶族先生公“端地”（唐常青／摄）

瑶族“香歌堂”仪式神像挂图（唐常青 / 摄）

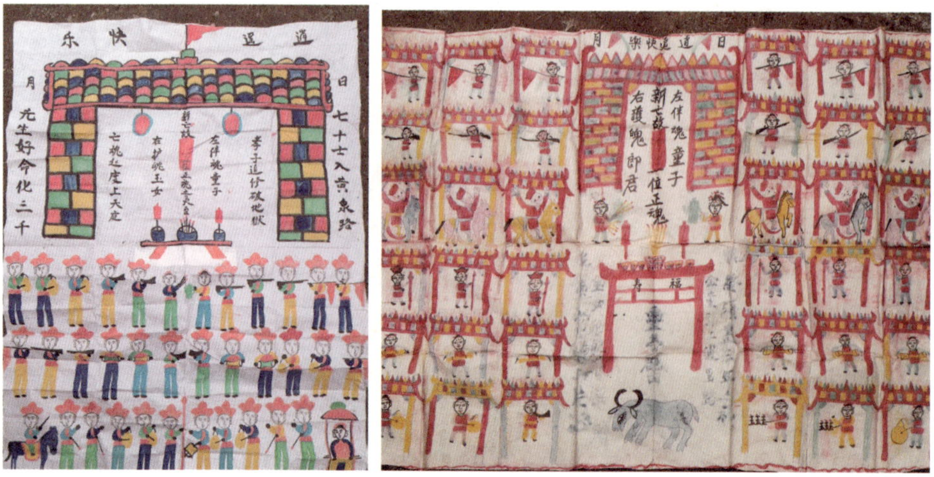

信仰仪式法图（唐常青/摄）

二、先生公的历史作用

（一）先生公是民间信仰活动的媒介

八排瑶先生公们粗识汉文、熟读甚至能背诵经书，熟悉八排瑶的传统，在八排瑶社会中享有崇高的威望，他们不但主持八排瑶一切重大的民间信仰活动，还在社会生活和文化教育等方面都起着重要的作用。随着原始宗教的发展，八排瑶先民崇拜的对象不断增多，相关祭祀活动越来越频繁而复杂，于是，人与神、鬼的沟通者——神职人员先生公、问仙公应运而生。

（二）先生公是八排瑶传统文化的传承者

民间信仰是八排瑶历史的产物和历史活动的重要组成部分，也是八排瑶文化的重要载体和表征。作为八排瑶民间信仰活动的执行者，先生公在从事相关活动的同时，也在传承八排瑶的历史文化。先生公在八排瑶社会中文化程度较高，见识较广，随着汉字的传入，先生公们将民间传唱的关于天地、人类和民族起源的神话，如盘古歌、水淹天以及有关生产生活、祭祀、自然现象和历史传说故事等内容用汉字记瑶音的方法进行记录、整理，逐步形成了一些传唱的手抄本，使八排瑶文化的传承、传播由原来的口耳相传变

成了文字传承，并采用讲唱结合的方法进行唱读，创造了固定的唱腔。这些民间文化的传承与传播，离不开先生公的作用。不仅如此，八排瑶先生公所使用的八排瑶经书，即先生公在举行各种仪式时所使用的文书，既是关于八排瑶民间信仰的文献，也是八排瑶重要的历史文献，还是八排瑶文化的重要表征。这些经书具有宗教学、语言学、历史学，特别是文学艺术等方面的价值。这些经书以特殊方式如实记录了色彩斑斓、扑朔迷离的八排瑶文化，从而引起众多人类学家的注意。这些经书千百年来没有正式出版过，它们的流传正是靠八排瑶先生公世代诵唱、手抄才得以实现。

（三）先生公是排瑶民众的疾病医治者

排瑶相信万物有灵，认为人之所以活着，是因为魂魄附身，如果受到外界的侵害，魂魄就会离身，就会生病或者死亡。所以，一旦生病，就需通过一定的习俗仪式，把魂魄招回来，才能消灾脱难。这类习俗仪式一般由先生公来主持完成。据油岭排村民讲述：

> 我们还是很相信先生公的，现在也是。先生公都是懂得瑶医、瑶药、会一点医术的，他们懂得山上的一些药草应该怎么用，还是看得好一些病的，所以很多人还是相信他们。

（四）先生公是排瑶民众的心理调适者

世界上任何一个古老的民族都曾经历过自然崇拜这一古老的信仰，八排瑶先民也不例外。一方面，他们对变幻莫测的自然界保持崇敬的心理；另一方面，当他们对自然现象无法理解时，又会产生恐惧心理，便会请先生公来主持一些仪式，需要先生公从心理上给予调适，使恐惧心理得以解除，使失衡的心理状态恢复平衡。因此，八排瑶先生公又是八排瑶民众的心理调适者。择吉和祈福是八排瑶在日常生产生活中如婚丧、祭祀、修宅、出行等，为避免冲犯神灵并求其保佑的心理调适表现。特别是在遇到厄运或一些不如意的事时，很多八排瑶民众通过请先生公来看日子，向神灵许

愿，以求得神灵的帮助，以获取内心的慰藉。

（五）先生公是排瑶民众早期社会教育的推动者

先生公是排瑶社会中不脱离生产劳动、非职业化的民间习俗活动的主持者。凡举行仪式，如节日、婚丧、生育祭祀仪式，都必须请先生公出面主持。先生公在排瑶社会中享有较高的地位，受到人们的尊敬。

过去，由于八排瑶经济文化落后，能用汉字读书写字的人很少，而八排瑶先生公能够用汉字手抄经书并且熟读吟诵，也算是八排瑶社会中的文化人了。瑶经教育是排瑶传统社会教育的一种形式。除少数父子相授外，大部分是采用师徒相授的形式。很多没有机会进学堂的八排瑶青年在先生公的指导下，读经书、抄经书，因而先生公在八排瑶早期教育中做过很多有益的事情，是早期的“教育工作者”。

信仰仪式（唐常青/摄）

先生公在八排瑶社会盛行的度戒活动中，为弟子讲解经义，训以戒词，经过度戒的年轻人如果想学做先生公，可以请先生公教识文字读经书，这是一种民间教育，在八排瑶社会比较盛行。跟先生公学习，首先是拜师。一般学徒要在春节期间备酒肉各 1 斤和 1.2 元钱，送到该先生公家，确定师徒关系。经过拜师后，即可以跟随先生公学习。学习内容一般以经书为主，共有 72 本，包括《道德经》《三字经》等，由先生公把经书抄给学徒，采取口授与自修相结合的方式。学习课程没有统一要求，因地因人而异。

先生公收徒弟，通常一次招收一个或几个徒弟，学徒学习文化有了一定基础后再请先生公教授瑶经，学作法事，一直到能念熟抄下全部瑶经，经过度戒后，才算出师。由于八排瑶这种习瑶经的事很普遍，一些人虽然没有进学校读过书，但也能认识很多文字，有的还能写出一手漂亮的汉字。

第三节　信仰仪式

民间信仰几乎渗透在连南八排瑶生活的每个角落，生老病死、婚丧嫁娶、农业生产等都伴随各种仪式。在农业生产方面，有驱虫、求雨、关风门等。日常生活中，有择日、架桥、建新房、送瘟鬼等。节日、生育、婚丧等也要由先生公来主持。概括来说，仪式的过程或繁或简，但都需要先生公诵经、作法、祭祀、与神灵或鬼魂沟通，以达到身体健康、生活安定等目的。排瑶的民间信仰科仪种类颇多，比较主要的介绍如下。

一、香歌堂

“香歌堂”，瑶语称“挨旦堂”“大传”，又称“旺歌堂”，20 世纪 50 年代时有学者称为“打道箓”，是连南排瑶一项祭祖度戒的信仰活动。排瑶认为，未参加“香歌堂”度戒的人，生前没有神兵保护自己，死后不能立神位、上神龛。男子经过“度戒”，方可头戴红巾。如果妇女生前没有参加

“香歌堂”度戒，死后出殡不能用座椅抬葬，只能用树枝干抬葬（瑶语称为“订更婆”），更不能入“花州”（指阴间）。如果阴府里有没有经过“度戒”的先人，会闹得后人穷困、人口和牲畜不安。女子要结婚后才能参加“香歌堂”度戒仪式。“香歌堂”由一姓或某姓中的一房举行，每隔20—30年举行一次，一般在农历十月十六日盘王节后的某个吉日举行。关于它的起源，据说是为了给阴间的祖先衣、食、钱、粮和为阳间生人日后得以超度而过州过府、打通关口。“香歌堂”的内容主要有3项：一是祭奠亡故的先人；二是为在世的人取“法名”；三是让参加者“过州”，接受仪式洗礼。目的是祈求村寨人丁平安，追求死后灵魂生活的幸福以及提高自身的社会地位。“香歌堂”活动期间，新承弟子（指未取“法名”的人），举办香歌堂房系未婚女子除外，身着盛装，敲锣打鼓，鸣放铳炮，场面盛大，极为壮观。过去“香歌堂”有许多禁忌，如有的瑶排不准外族人进斋坛观看。现随着社会发展，瑶民的观念有了改变。

二、节日祈祷仪式

农历三月三、六月六、七月七和十月十六这四大节日，排瑶都得在盘古王大庙向祖先公祈求。这是一种集体性的仪式活动。举行这些节日祈祷仪式时，先由先生公推举掌庙公主持祭礼。要歌堂是先生公们大显神通的时机，排瑶通常在农历十月十六日盘古王婆诞前后几天内举行要歌堂。届时，各排瑶民众必到本排盘古王庙聚会，宰牛杀猪，念诵瑶经，祭祀祖先，并将所有的祖公偶像抬出庙宇，进行两天的游神大典，每三四年举行一次，祭祀组织者要选有威望的先生公来主持。

要歌堂可分为如下几个程序：首先是准备阶段，不论大小歌堂，在举行歌堂的当年二月初，由全排先生公商定日子，把盘古王庙盖顶重修一番。到立秋后，先生公选定吉日举办要歌堂。第二步是祭祖神，即盘古王神，盘古王的祭祀在要歌堂的前3天便开始了。届时，歌堂头3人、歌度单（瑶语，先生公的助手，也是“弹指歌”的表演者）、手持纸幡的童男、教真佬（教歌度单唱歌与做动作的人）、打锣公、打鼓公、烧香人、长鼓队

等齐集盘古王庙上，陈设鸡、酒、米、肉祭品，开始在大庙上念经，祷告祖先一番，并设一长三四丈并经先生公祭过的竹幡。随后将祖先公偶像抬下来放在木架轿上，盘古王偶像放在最前，举行游神活动。导前的是大竹幡，随后是长鼓队、打锣队和神轿、歌度单，最后是先生公。先生公都穿红袍，手持神杖和剑，边走边念经，分别游神到各姓。例如，南岗排有三个“龙”，即唐姓、盘姓与邓姓，每姓各一龙。到第一龙时，第二龙的人便持酒菜祭品到第一龙接公。同样，第三龙的到第二龙接。沿途放鞭炮、土铳，当天将这些偶像安置在第一龙，先生公在这里念经，直到深夜。第二天人们把偶像抬起，依前一天做法，游神宿于第三龙。第三天则宿于第一龙。翌日把祖先公送回大庙，杀猪、宰牛、念经，向盘古王祖先们祈祷。

三、婚丧祈祷仪式

出嫁祈福。女子出嫁，按例要请先生公来家为她祝福，以男方送来的酒肉作祭品。先生公则替她祭告祖先公，请祖先公庇佑她到男家后夫妻和谐、家庭幸福。

迎亲。娶媳妇当天请先生公念经，由先生公写两道符带去新娘家，一道贴在油伞上，一道插在新娘的髻上，希望祖先神灵保佑一路平安到达。娶媳妇的男家，每一顿饭都得由先生公念经，请祖先公来饮酒并庇佑新婚夫妇，先生公告诫人们饮酒勿醉，不要打架吵闹，以防失火，不要说不吉利的话，等等。3 天后回娘家时，也请先生公给新婚夫妇开关，新婚夫妇从娘家回来时，请先生公再念经，说是把新婚夫妇收关时的“鬼魂”放出来，并赶走它们。

丧葬仪式。先生公主持挖墓迁葬，普通新墓满三年，便挖墓将骸骨另葬至一瓦缸中，择一风水好的地方再葬，这时由先生公念经。

丧事打斋。打丧事斋时，首先先生公在死者断气后，即用香烛祭过，说些好话让死者放心瞑目，即“修好”。第二是“指路”，告诉死者朝某方向走向阴府或天堂。第三步是挂油牌，用纸写着各种招魂到阴府或天堂的字句，挂在打斋厅中。第四是“开天门”，用白布挂在厅的右侧角，象征通往天堂的路。

随后的仪式有：接魂，在厅里烧 7 张疏文，杀 1 只鸡，先生公念经为死者接魂。读 24 道经。谢罪，先生公念经向天、地、人谢罪，祈求大赦死者生前罪过。出丧，死者出殡和到坟地时，先生公都要念经。

四、安龙仪式

“安龙”指村中或家宅中遇到人口不平安、病痛多或瘟疫流行等情况，人们便以为村里龙脉不佳，故请先生公来安抚龙脉。先生公在龙头处念经，请山神土地、列祖列宗。安龙一连举行 3 年。第三年还得杀 1 头猪。安龙后，3 天内忌鸣锣、放鞭炮、打枪，也忌在家动锄头、铁器。

五、农事祈祷仪式

赤田驱虫。一些群众发现自己的田地有害虫，便认为农作物受灾是这些虫瘟鬼作祟，因此，请先生公来驱虫，向所谓田头公念经。祭品需 1 只鸡、3 斤酒、一些肉和油豆腐、1 斤米和纸钱、香等。经过一次赤田驱虫后，在 3 天内不能在田地上操作，特别忌下粪、种青苗。

求雨。排瑶居住地，特别是南岗排，附近没有大山溪水，每年或大或小都有天旱之灾，一旦久旱不雨，便要求雨。在南岗，第一次求雨要请姓盘的先生公，并且要去相距一二十里的横坑乡的土名叫猪屎岗的地方去求。通常先生公穿便衣到达那里，放上纸钱、酒肉、香，念起求雨经，请满天鬼与海龙王。一连 3 天拜求，如天下起雨来，再去还愿。如 3 天不下雨，再求时便到盘古王大庙向祖先公求雨。求雨时，也是陈设祭品，念经后用茅草将某一神像捆起来，意思是让他去上天求雨，如下雨了，便松解茅草并还愿。求雨期间，全排人素食，不能带雨帽，不能施肥下田和挑青菜，以示诚心诚意。

按牛栏公。凡买牛回来的人，必须请先生公在牛栏立一牛栏公，备 1 斤酒和米，少许猪肉及纸钱、香。先生公念买牛经，愿牛栏公保佑这只牛健壮、有劲，出入牛栏不会迷路。

关风门。如果遇到台风吹到瑶山上，便认为上天的风门敞开，为了保

护庄稼免遭灾殃，通常是先生公拿一些香与纸钱到大庙去祈祷，求祖先公紧闭天上的风门，以免让庄稼受到大的破坏。

六、日常生活祈祷仪式

择日子。择时日一般得请先生公来家吃一顿饭。先生公翻看黄历定吉日。择日的范围很广，包括娶亲、嫁女、建房、修墓、扫墓、架桥、生产、命名、求子、打道箓、耍歌堂等都要择日。

架桥。这是一种祈福的信仰活动。按八排瑶传统习俗，家庭遇有时运不佳、人有疾病、六畜不旺时，则求巫占卦。需请问仙公卦算灾难来自何方，并请先生公做法事，在山邪所来的方向架桥祈禳，以解凶厄。《架桥书》即为送走厄运、灾难、疾病以及祈祷长生益、人丁兴旺时所用。“架桥”仪式分三种，到大掌排调研得知，一种为花桥，为唐姓家族 9 岁以下、邓姓家族 12 岁以下小孩所用，一种为中桥，即少年、青年和中年人所用；另一种为大桥，60 岁以上老人所用。“架桥”时分别用 1—3 根杉木扎成“桥”，上绑红布或红纸，两端书写“保佑信士弟子某某”的字样，安放到桥边的小溪、十字路口或大树底下，并供奉肉、米、酒、茶等祭品，请“桥头公”或“桥尾婆”保佑，让千百人过桥，以长命富贵、吉祥平安。

“花桥”（唐常青 / 摄）

"中桥"（唐顺 / 摄）

解古人钱。即替老人祈福。遇到哪家有年老久病的人，这家人便请先生公来赶鬼。赶鬼有两层意思，一是希望赶鬼除病，使病人早日恢复健康；若鬼未赶走，病未好转，便索性希望其早死，免得痛苦。这类性质的赶鬼，除先生公外，还得请掌庙公一同念经。事毕，掌庙公和先生公各得一两斤猪肉。

收金。这是瑶语的说法。过去双方搞是非，不管是排内或排外纠纷，都请先生公来向祖先公祷告，念经祈祷打败对方。这也算是向祖先公起愿，祭品用鸡和香、纸钱等。

建房造屋。凡是建造房屋的人家，首先是请排中最有经验的先生公来家吃饭，请他择好日子。到上梁那天，这家人备 20 斤糯米糍粑，杀 1 头猪、4 只鸡，祭品放在一供桌上，另外在梁下架一高台，梁上悬 1 个红布包，有纸扇 1 把、书 1 本，上贴些符咒纸。新建的房屋安神龛和祖先牌位，也要请先生公念经。接祖先公时，须用红纸将历代祖先名写上并贴好，然后祈求祖先公保佑家宅平安，人丁兴旺。

七、生育祈祷仪式

架桥接花。妇女不生育或婴儿夭折时，便得请先生公给她架桥接花一次，通常是请一位多子女的先生公，另请四五位子女多的亲人或邻人相陪，准备1具用弓形竹片扎成的贴有五色纸的红桥、红纸花6朵（或12朵）、白纸花6朵（或12朵）、小狗1只、144块糍粑（约6斤糯米）、5斤饭、1斤酒、1把油纸伞、一些油豆腐与香纸钱，到排脚十字路口或大树脚底下，陈列祭品后，先生公（可不穿红袍）便念瑶经，其他人杀狗，用狗血淋纸钱，将狗耳、牙、尾和12个铜钱埋在架桥的地方。先生公念完经后，将6朵红花交给儿女多的人带回去，放在她家堂的神龛上。

命名。指经过先生公接花后生育的子女在命名时，必须请先生公到架桥接花的地方去还愿一次。未经过架桥接花的人家生育的第一个儿女，也常请先生公来命名。

催生。妇女临生育时，一般请先生公预先来家念经催生。妇女产下婴儿后，接生婆得抱婴孩让先生公剪断脐带，然后由先生公边念经边将胎盘埋在产妇床下。

破六甲。是指如果家里有身体瘦弱多病痛的小孩，这时便得请先生公来家中，先生公作一稻草人，里面藏一鸡蛋，代表六甲娘娘，祭品若干。先生公念经后，从草人身上取出鸡蛋，并把它打破，意思是把六甲娘娘肚中六甲的灵魂还给小孩。把破蛋带回到小孩睡房，然后送走这个稻草人（六甲娘娘）。

除秽。排瑶民众认为，妇女生育后需除秽，必须请先生公到家里念经，向祖先祭告家里添丁。祭告时备一碗清水，念完经后产妇用此碗清水洗身，以图以后出门大吉大利。

八、民间信仰的变迁

新中国成立之后，在中国共产党的领导下，八排瑶的民间信仰文化发生了深刻变化。1984年，为了使瑶族节日宗教活动更有益于人们身心健康、

有利于瑶族的发展，由全国瑶族干部代表商议，决定以盘王节为瑶族的统一节日，时间定为每年的农历十月十六。在节日期间，由政府组织一些体育竞赛、文艺演出、科普宣传、商品贸易等活动，这既增强了节日的气氛，又大大冲淡了原先节日的宗教色彩，淡化了人们的神鬼观念。这一改革，对促进瑶族内部团结，增进瑶族与各兄弟民族间相互的认识和了解，发扬民族传统文化，提高民族自信心和自豪感，加强瑶族地区物质文明和精神文明建设十分有利。对于瑶族较多的宗教活动，也应正确引导其走向民俗化，从而淡化宗教活动中的神灵观念，实现瑶族宗教信仰的世俗化、道德化，这对于瑶族当代社会发展无疑是十分有利的。[①]

总体而言，历史上，由于科学未兴，排瑶人民为了祈福消灾，形成了一系列信仰活动。新中国成立以后，瑶族社会迅速发展，群众生活水平和认识能力提高，排瑶的信仰活动也逐渐减少。如今，排瑶的信仰活动早已剔除了封建糟粕，发生了与时俱进的变迁，成为与现代社会相适应的传统文化。

① 盘运：《广东排瑶民众间信仰变迁研究》，兰州，西北民族大学硕士学位论文。

第十二章　节日文化

瑶族在历史上频繁迁徙，大分散、小聚居，以及在与周围民族不断交往交流交融中出现了内部文化差异，因而形成了不同的瑶族分支。瑶族分支因其服装特点而被称为“红瑶”“花蓝瑶”“黑裤瑶”“白裤瑶”等，有的则因其居住特色被称为“东山瑶”“过山瑶”“平地瑶”等。不同的瑶族分支之间的文化差异在各自的节日文化中得以体现。广东省连南县八排瑶正是因其独特的居住条件，形成了鲜明的节日文化。即使是同属八排瑶，因“排”的不同，节日文化也略有不同。

节日文化是排瑶人民生存生活智慧的集中体现，也是排瑶社会历史文化的活化石。若想了解排瑶文化，必须要了解他们的节日。若想了解排瑶节日，首先要知晓他们的历法。瑶民的历法与干支纪年类似，不同的是在其历法中没有闰年的概念。若逢有闰月的一年，则记为 13 个月。道光《连山绥傜厅志》记载：“瑶人知年不知闰，遇闰年则曰十三月。”[①]

排瑶的节日大体可以分为三类：一是中华传统节日。即与汉族交往交流交融中采借的文化节日，名称可能相同，但是实际内容略有差异，如春节、清明节等。二是排瑶特色节日。如农历三月三“起愿节”、六月六“尝新节”、七月七“开唱节”、十月十六“盘古王节”四大节日，以及新春玩坡节、开耕节，等等。三是个别区域或房支特有的节日，如南岗排的老君节等。举办节日活动，既可以满足瑶民基本的生理和心理需求，也可以调节人与人、人与社会、人与自然万物的关系。节日是排瑶人民宝贵的文化财富，不仅丰富了瑶民的精神文化生活，同时也促进了地区经济发展，促

① （清）姚柬之：道光《连山绥傜厅志》，534 页，南京，凤凰出版社，2003。载《中国地方志集成·广东府县志集》第 14 册。

进了铸牢中华民族共同体意识工作的开展。

第一节　中华传统节日

一、过新年

排瑶和汉族一样过除夕和新年，他们统称过新年，但其活动内容及其文化内涵与汉族相较具有独特性。排瑶十分重视春节，主要表现在活动起始时间早、持续时间长、活动内容丰富等方面。

春节前的准备。从农历十二月十五日起，八排各村寨过年气氛开始变得浓厚。大家吹牛角、敲铜锣（在平时，除丧葬外，忌吹牛角和敲锣），以示迎接新年的来临。每天从黄昏至夜里，排中孩子们就以此为乐。排瑶群众约定，腊月十五日、新年至正月十五日期间，债主不得追债，违者罚酒供全寨人饮用。从腊月二十日起，各家开始准备过年物品，如杀猪、宰牛，将肉割成一块块吊在火炉塘上薰烤，酿酒、添置衣服鞋袜等。一般来说，富裕家庭会自宰一头猪，困难户则会几家合宰一头猪，猪肉贮存备用。二十六、二十七日打扫卫生，在灶头、太公太婆处烧香烧纸。二十八日为小年夜，从这天开始酿豆腐，即把糯米、猪肉、韭菜等包在油豆腐里面。八排民俗约定，出嫁的女儿在年前杀猪时要给母家送成条的肉。出嫁未满3年的女儿，母亲不能煮她送来的肉，待她返回夫家时要完整地送还给她。若出嫁3年期满，则可煮熟她带来的肉，但要切点肉给她带回去，表示希望女儿家的猪快快长大长肥。

除夕。清代李来章《连阳八排风土记·节序》记载："除夕：备酒、肉，祀祖宗，男妇聚饮。客至，宜款待者，瑶妇立侍左右。"[①] 除夕八排家家户户要搞卫生、杀鸡、备猪肉、磨豆腐、炸三角油糍粑，贴门头纸（一般是单数，多为五张，寓意五福临门，到正月十五日烧掉）、门神，放鞭炮。排

① （清）李来章撰，黄志辉注：《连阳八排风土记》，61页，广州，中山大学出版社，1990。

瑶十分重视祭祀逝去的亲人。除夕的清晨，瑶民要上山拜新坟，代表着与逝去不久的亲人过最后一个春节。这是一种告别，也是生者对死者的一种缅怀。男人把香、纸、鞭炮和酒肉塞进花袋里，妇女带上米饭，他们一起前往墓地带给逝者。抵达新坟时，来参加拜坟的人必须先给坟头上香，送纸钱，念诵他（她）在“香歌堂”期间捡到的法名（阴间名号），如“唐君×××郎”或“唐氏×××娘”，并与逝者说明自己的身份与辈分。男人要在坟前给逝者敬献酒肉，妇女要把带来的米饭摆放在坟前的石板上，以表孝敬逝者。祭拜以后就是团圆聚饮。新中国成立前八排过年的团圆饭是把猪肉、牛肉、鸡肉、鸭肉、鱼以及一些野生动物一锅煮，现在分开煮、分盘装。入夜后，屋外的大厅门口会悬挂起点亮的灯笼，各个房间会燃起煤油灯或者小蜡烛，以昭示新年明朗吉祥之意。除夕晚上，排瑶人人“守岁”。到了子时（目前改为午夜 12 点）每家每户都会点香燃烛，给神堂供奉果品，燃放鞭炮，迎接新年到来，届时铜锣声响彻山冈。晚餐后，老人向晚辈讲述排瑶的历史传说故事，年轻人则三五成群，对歌玩耍。一些年轻人还会带着鼠干去老歌手家学唱歌，通宵达旦。一般来说，吃完团圆饭以后还要吃夜宵。夜宵往往是用猪骨煲汤，也会有竹鼠等野味，还有鸡、鸭、鱼、猪肉等。除夕这天玉米是一定要吃的，因为它粒多，象征着人丁兴旺。除夕还有一些禁忌，如不准外人在家吃饭，尤其是外人不能坐神位下面的上席；过了零点才能睡觉，不准外人进屋睡觉；睡觉时不准把腰带解下来放在床头，认为腰带放在床头当年会被蛇咬。

正月初一。根据村民讲述，正月初一鸡叫的时候，排中居最高处的那户人家先放铳炮，一排一排地放，放到排底。还要在各个房间打簸箕，送瘟神，嘴里说着“快走，快走！”送“认婆”（排瑶民间传说类似猩猩、人猿，且能说话的一种物种的称呼），保佑家宅平安。大人常会哄骗孩子说有“认婆”过来偷东西，大人捡到了“认婆处”（认婆产下的蛋）。其实，“认婆处”就是用糯米粉和方块糖放在油里炸的一种团子。天亮以后，准备酒、肉、糍粑、茶各两碗，筷子两双，祭拜祖先。对此，《连阳八排风土记·节序》载：“正月初一日：鸡鸣，先击米箕，后击锣鼓，放铳，吹牛角。天明，

备酒、肉、糍、茶各二碗，箸两双，拜祖宗。”[①]道光《连山绥傜厅志》对拜祖宗的过程有较为详细的描述：“元旦日即拜山，备牲醴纸烛黄粱餦餭祭其先，每一丁折一芦秆串纸钱插墓上，以示口丁之盛，至清明日止。”[②]这天族老们一早就带领儿童们畅游山寨，称为“开寨”。成年人则扛起猎枪，上山进行射击比赛。据说这一天打猎会特别准，谁打的猎物多就可以多喝几杯酒。

正月初一排瑶年轻人会探望本族亲人和本排高龄老人，晚辈向长辈拜年说“添福添寿”“恭喜发财”等吉祥话，长辈给尚未婚配的小孩子发红包。按旧例，这天新婚夫妇在鸡鸣第二遍时就要起床，在自家的神堂上香、点茶（泡有生茶叶），焚烧纸钱，唱起《十二月情歌》的头两句：“正月初一，我俩拜年同心，回娘家报养育恩咧。”紧接着，新婚夫妇要精心打扮一番，然后肩背4斤猪肉、10斤酒和自己磨制的豆腐出门，回娘家拜年。到达娘家时，大多是天还没亮，这时女婿一边敲门，一边谎称天已经亮了，求丈人起床开门。父母也会真认为天亮了，起床开门，同时允许夫妇烧水做早饭。《连阳八排风土记》载：“是日，新婚亲送酒肉至岳翁家拜年，主人请亲族聚饮。计客多寡，婿出银作封，每客送银二分。越日各客请酒，用生肉二斤为酬。”[③]早饭准备好后，新娘要燃放鞭炮，告知街坊四邻她快快乐乐地回到了娘家，向大众传递出这么早准备好饭菜是很勤快的信号。之后一家人开始吃早饭，新郎要给丈人斟酒，新娘要为自己的母亲盛饭，以表孝敬。饮酒过后，父母便会要求女婿吃12碗饭，表示一年12个月都有粮食吃。这多为象征性的，实际上新郎吃2碗，新娘吃2碗，总计4碗，代表四季均有粮吃即可。天亮时，新婚夫妇就要与娘家人告别，再一同回家拜见公婆。有新生儿的家庭，大年初一要带着孩子去给所有沾亲带故的长辈拜年。如果是在妇女坐月子期间送过鸡的长辈，此时要回敬他猪肉和酒。没有送过鸡的长辈，则送他豆腐和酒。待孩子3岁以后，只要携孩子给近亲长辈拜年即可。旧时，正月初一子时西五排还会举行春节扫更活动，

---

① （清）李来章撰，黄志辉注：《连阳八排风土记》，60页，广州，中山大学出版社，1990。

② （清）姚柬之：道光《连山绥傜厅志》，534页，南京，凤凰出版社，2003。载《中国地方志集成·广东府县志辑》第14册。

③ （清）李来章撰，黄志辉注：《连阳八排风土记》，60页，广州，中山大学出版社，1990。

即扮演成各种各样的形象游村，有的扮成盘古王，有的扮成豺狼虎豹，有的扮成鸡牛猪羊……以示迎接新春、预兆丰年。

正月初二至十四日。按照排瑶习俗，正月初二嫁出去的女儿要携带酒、肉、糖丸（一般为12个，用糯米粉、白糖、酒等物制成）、白糖回娘家，探望父母、外祖父、外祖母和外曾祖父、外曾祖母（油岭排的大年初一是男的去娘家，女在婆家，孝顺对方父母，接受对方父母的教诲，兑现结婚时亲家双方承诺的男归嫁家教，女归婆家管的诺言。火烧排的在除夕拿酒肉、油糍粑等回娘家，通常是男的回）。上一年参与送嫁的人，一般为12、18、24、28、36人，男方家赠送每人6斤猪肉，正月初二这天要请新人吃饭。新人去每家吃一点，一般一天之内吃完，多为象征性的。正月初二、初三或初四晚上要春牛，有人化妆成牛，游上村、下村、大街。正月初六女方要请亲家公来吃饭，表示感谢。年初三至年初八是伙计互访时间，虽说正月十五前可以进行探访，但如果太迟，会被认为不礼貌、无诚意。

二、元宵节

农历正月十五为元宵节，亦称“上元节”“月半”，油岭排称之为“过小年”或“瑶人节”。平时逢年过节，子女们都送酒送肉孝敬父母，而这天则由父母送肉给子女，其用意是教诲子女莫忘父母之恩。白天，大家聚在一起打起铜锣，跳起长鼓舞，尽情歌唱。《连阳八排风土记·节序》载：“元宵：击鼓，挝长鼓，跳跃作态。长鼓，其形头大中小，黄泥涂皮，以绳挂颈，或云亦古制也。男女相杂，至山歧唱歌。”[①]《连山绥傜厅志·风俗》载：“上元日，吹牛角，歌瑶歌，具金鼓，其鼓皋陶亦以木为之。但两端圆径如一，中细如腰，然不与诸鼓同，上下皆蒙猴皮以绳络之，横系于项，手拊之，金则以莛击，乐作且跳舞，以为节，歌皆俚辞不足道，其节奏亦莫得而详也，名曰‘调花鼓’。”[②]晚上，瑶民像过春节那样烧香敬祖，还将过年时贴在门楣上的门头纸扯下来烧掉，表示年已经过完，一年的生产季

① （清）李来章撰，黄志辉注：《连阳八排风土记》，60页，广州，中山大学出版社，1990。

② （清）姚柬之：道光《连山绥傜厅志》，534—535页，南京，凤凰出版社，2003。载《中国地方志集成·广东府县志辑》第14册。

节开始，之后家人聚餐。

三、清明节

排瑶称清明节为“挂号节”。排瑶何时上山祭拜祖先，各排有差异，南岗排、油岭排春节前，甚至大年初一去山上“挂张”（祭祀祖先）。据《连山县志·排瑶志》“瑶俗”条记载：排瑶“元旦日即拜山，备牲醴纸烛、黄梁餦餭祭其先。每人折一芦秆，缀纸钱插墓上，以示丁口之盛衰，至清明日止”。[①] 军寮排、大掌排则在惊蛰到清明节期间。《连阳八排风土记·节序》载：“清明：凡祭新坟，亲族各送楮纸一束，焚于墓前。主人酬以米糍四块，肉两片，相聚轰饮。惟婿送楮纸一束，酒一埕。”[②] 对于排瑶来说，清明节是一个重要的节日，子孙们（有的排包括出嫁的女儿）要回家扫墓。扫墓分为两种：一种是给自己的直系祖先扫墓，另一种是给本家族的祖先扫墓。第一种的祭品由各家自备。第二种的祭品从“太公田”收入中支付，没有“太公田”的则由族内各家分担。祭品通常是用鸡、鸭、猪肉、豆腐等煮成一锅，大家去祖先坟头祭祀，烧纸烧香、放鞭炮。还要挂纸，就是竹竿上挂 4 张白色和一张红色的纸，家里有多少人插多少根竹竿。竹竿纸钱多，象征着这家人丁兴旺，这也是家族的荣耀。去回都要对着坟墓拜三拜，祭拜完以后，倒一些酒在地上，大家分食祭品后下山。按照八排风俗，必须在清明前完成祭祀祖先。祭祀当日在门口“挂青”（杨柳青枝），头插“千年矮”，以避邪，并以酒、肉祭祀祖先。据说这天阴间开放，祖先回来清点本家人口，所以在外的人要尽量赶回家过节，免得祖先遗漏了自己。万一赶不到家，家人便在拜祖先时代为祈告，并求其庇佑家宅人口平安。

相对而言，东三排的清明节并不隆重，一些排的瑶民甚至不过清明节。以油岭排为例，当地有盘、房、唐等大姓家族，其中只有盘、房姓过清明节，唐姓不过清明节。房姓在清明节时，一早烧香祭祖，分别在神龛和门口上“熟茶”和“生茶”，俗称“点茶”，让祖先也“尝新”。在这一天，

① （清）姚柬之：道光《连山绥傜厅志》，53 页，南京，凤凰出版社，2003。载《中国地方志集成·广东府县志辑》第 14 册。

② （清）李来章撰，黄志辉注：《连阳八排风土记》，57 页，广州，中山大学出版社，1990。

门口要挂上杨柳青枝，称作“挂青”，以表示春天来临。前去祭祖的莎瑶妹要在头顶戴上“万年青”，以求明眸避邪，在腰上缠住柳枝，以求腰柔似柳，劳作不累。盘姓过清明节时，早餐后共聚祠堂、清点人丁、共进午餐，然后按人丁分发油豆腐，寓意添丁添福，子孙满堂。

第二节　排瑶特色节日

一、玩坡节

玩坡节在正月初一至初六期间举行，各排时间不一样。瑶语称 hi fa kui（喜花贵，又称“游坡”或“玩坡”），意为“去山坡游玩、谈心”，相当于“情人节”。新中国成立前，这项活动在排瑶各地流行。因活动地点多设在山坡上，故人们称之为“玩坡”。这一节日历史悠久，相传始于明代。《连阳八排风土记》载：“少年男女，唱歌山坳，其歌男炫以富，女夸其巧，相悦订婚……”[①] 可见，排瑶以歌代言、以歌传情、以歌为媒、以歌定情的“玩坡”习俗由来已久、源远流长。

大年初一这天，人们吃过早餐，当听到“龙位”的铳炮声响起，便前去集体闹春。全寨人提酒拎肉，未婚男女盛装打扮汇集到固定的“龙位”上，将酒肉集中到一起。“龙位”其实并没有“龙”，不过是用石块铺垫、供人们安放贡品之地。每个村寨有几个固定不变的“龙位”，一般多位于寨边。如油岭排有何墩、房坪、大行旁、大棚、喝酒墩、瓜边门关、阿七墩等 9 个龙位。之后先生公上香敬酒，宣布“今天是黄道吉日，各家各户听好，放牛出栏咯（瑶语即自由玩坡去）！”大致意思是阿贵哥与莎腰妹可以走出家门，大声欢唱，谈情说爱。

玩坡节期间，未婚及新婚男女青年穿上最新、最漂亮的衣服，头上缠着红、黄绒线和野鸡毛。莎腰妹头上还缠上一层“白木通”的白花心并插

① （清）李来章撰，黄志辉注：《连阳八排风土记》，60 页，广州，中山大学出版社，1990。

上银针，戴上银项圈、银耳环，一大清早成群结队涌向历年活动场所，即瑶语所说的“混沾”。在这里，有的男女集体对唱情歌、互吹叶子哨，有的成双成对蜜语谈情，有的在指定地方参加打靶比赛，也有的独个儿在吹牛角（排瑶规定，从农历十二月十五至第二年的正月十五为吹牛角时间，其余时间除“耍歌堂”外禁吹牛角）。青年男女往往会携带粑果，以备两人晏乐之需。小伙子如果看中了某个姑娘，就可以随意用“戈帮”（一种用深山里砍来的小竹子制作的劈啪筒）追打她。如果姑娘不喜欢这个小伙子，就用头帕或花伞挡住；如果喜欢，则站住让他打。靶子是对方的后颈，其他地方禁止射击。进攻一方要先说几句礼节性的话才向对方打“戈帮”，如“不打不相识，今天打一枪认识认识”，等等。大掌排的青年男女如果看上彼此，就对看上的女青年礼貌地说：“莎腰妹，打一噼啪筒来认识一下”，才走上前去打。女青年会在原地或故意躲在同伴身旁，让看上的男青年打。女青年看上中意的男青年，也是“先礼后兵”以示爱意。两人相识后，就在树荫下、花丛中对唱情歌。排瑶千百年来流传着一句俗语：“不会高飞不是鹰，不会唱歌莫谈情。”建立感情后，姑娘就送一只绣花袋给小伙子，小伙子则回送一副银质的项圈或手镯给姑娘，作为恋爱的信物。未婚男女通过当天的接触，如果彼此情意相投，以后便可继续来往。一些在此之前已相好、并已互换信物的男女，如果不想再保持原来的关系，则须在这一天把信物退还给对方，以示断绝情谊。

排瑶人的爱情是热烈的，也是自由的。节日期间，已婚男女也可以和以前的情人对歌叙旧，互诉思念之情，别人绝不能干扰和非议。所以这个节日又被称为“开禁节”或“放牛出栏节”。“玩坡节”是千百年来排瑶青年男女反抗封建包办婚姻、追求婚姻自由、渴望幸福生活的集中表现，对研究排瑶社会历史和婚姻习俗都具有重要的价值和历史意义。2016 年春节期间，首届瑶族玩坡节在油岭排举办。2018 年 6 月，玩坡节被列入广东省第七批非物质文化遗产代表性项目名录。

二、二月二

农历二月二，也叫敬鸟节、粘鸟节、忌鸟节。目前，在八排地区只有涡水、金坑等片区的排瑶民众还保留着这个传统节日。这天，排瑶家家户户都要做糯米粑给“鸟”吃。排瑶民众把连夜舂出的糯米粉状物，放进筛子内，加入少量水反复揉搓成胶糊状，且具有一定韧性，就揉捏成铜钱大小的圆团，用开水煮熟后，将小糯米粑分别串在约 15 厘米长竹枝上，每串 2—3 个，大约十几串，分别插到神台 1 串，其他的插入田头地角、菜园边或房前屋后的树枝上，边插边学鸟叫，意即唤小鸟来吃，莫损坏庄稼，以祈五谷丰登，因此这种小糯米粑名叫“鸟仔粑”。据说鸟雀啄了粑粑，就会把嘴粘住，就不会糟蹋五谷了。这天，排瑶民众一般不下地劳动，如果下地劳作，认为鸟雀就会飞到他家的田地里啄食农作物而导致歉收。早上，孩子们吃着“鸟仔粑”，相约结伴在寨子周边装弶捉鸟雀。这个节日，排瑶通常是不杀鸡、不吃猪肉，跟平常日子一样，这是区别于八排地区“三月三”“六月六”“七月七”“十月十六”四大传统节日的地方。

三、三月三

农历三月初三又称“开耕节”。排瑶认为，三月三前应当基本把水田犁好、耙好、插田，也要将花生地挖好、整好，并开始种花生。在火烧排这一天也叫“田了节”，当日碰到朋友就会问“你田插完了吗?”另一个人回答道“插完田了”。这天，排瑶各家各户都做糯米糍粑、杀鸡、买猪肉、磨豆腐，敬奉祖先。各排亦派人到盘古庙杀牲祭祖许愿，他们把祈愿的吉祥语如“五谷丰登”“风调雨顺”“六畜成群”等字样放在祖先神台上。另外，也向祖先祈人口平安愿，把吉祥语如“人丁兴旺”“出入平安”等字样放在祖先神台上。倘若当年农事顺利、人畜平安，则杀鸡酬谢，非常虔诚。如果当年要举行“耍歌堂”活动，先生公和掌庙公、烧香公一起去祖庙上供品，祭祀还愿，故此节日又被称为“祈愿节”。为了保证生产顺利进行，过了三月初三就要封歌、封舞、封猎，集中力量搞耕种。《连山绥猺厅志》载：

“三月三日赛饭食神。”[①]《连山县志》亦载：“上巳赛谷神。”[②]现在三月初三，排瑶过得比较简单，就是在家里神台上烧香，在碗里放几块肉拜神即可。

旧时，农历三月初三对娃娃亲，要请媒婆去问亲。对上了，男方要包两包银子，一包 1.2 两，总共 2.4 两的银子，交给女方，这样婚事便算定下来了。此外，当年结婚的新娘三月初三要梳头发，即“上头”，象征着她从女孩到妇女的转换。

此外，三月初三也称“回娘节”。之所以有这个别称，是因为在上一年出嫁的姑娘，今年的这一天必须带着新郎一同回到家中，帮助娘家耕种劳作。在《连阳八排风土记》记载：“三月初三日，谓之开春节。备酒、肉祭祖宗，请岳婿饮酒。”[③]由此可见，“回娘”的习俗由来已久。

四、四月初八

四月初八父母节，只有排瑶房姓海公一支过这个节日。据传，房姓始祖有三个儿子，分别为海公、佑公、满公。有个人背海公过河，被冲到了阳山的东关，找到海公像的那一天正是四月初八。这一天阴人晒衣服，也称钓鬼日。这一天最好是既有太阳，又有雨，这样就给祖先洗衣服、晒衣服，这是祭房姓祖先。这一天阳人不能洗衣服，认为鬼在当天要晒衣服，这样鬼与人就会冲突。也有说四月初八是瑶族房姓祖先的忌辰，因而称为“父母节”。其子孙后代为纪念他们，是日各家各户备酒肉祭祀三公并宴请亲友。《连阳八排风土记・节序》载：“四月初八日，谓之牛王诞节。备酒、肉，祀祖宗，请岳翁来饮。”[④]

---

① （清）姚柬之：道光《连山绥傜厅志》，535 页，南京，凤凰出版社，2003。载《中国地方志集成・广东府县志辑》第 14 册。

② 何一鸾修，臧承宣纂，凌锡华增修：《民国连山县志》，481 页，南京，凤凰出版社，2003。载《中国地方志集成・广东府县志辑》第 14 册。

③ （清）李来章撰，黄志辉注：《连阳八排风土记》，60 页，广州，中山大学出版社，1990。

④ （清）李来章撰，黄志辉注：《连阳八排风土记》，61 页，广州，中山大学出版社，1990。

五、药浴节

农历五月初五为油岭排“药浴节”。相传油岭排曾有一位老翁，体弱多病，有仙人指点他说：“五月端午，百草成药，将其熬成药汤，泡洗身体，百病可除。”于是这一天，老翁坚持上山采集七指棘、苦竹叶、杉树叶、米节藤等草药，返屋后，烧火煮水，泡“百草药”浴。老翁浴后神清气爽，身体健康。于是每年五月初五他坚持药浴，最后活到一百多岁后无疾而终。在原来艰苦的环境中，无病无痛是一种福气，当地的瑶民便以这位传说中的老人为榜样，在每年的五月初五采草药洗药澡，世代沿袭。现如今，村庄中的农人由于农事繁忙，或者其他原因，瑶民不再亲自上山采药。而在节日当天，父母叫自己的孩子去溪河里洗澡。大人们认为溪河水可以洗去晦气，身上不长痱子，不会感冒发烧，一年健健康康。

排瑶药浴节与汉族传统的端午节在同一天举行，并且也有类似习俗——用艾叶擦洗身体，此节日也是排瑶与汉族交往交流交融的结果。端午节这天，汉族是要吃粽子的。如今，在与当地汉族的交往中，瑶民在这一天也会自己包粽子，其做法与当地客家手艺基本相同，内馅以黄豆和五花肉为主。

六、六月六

农历六月初六，又称“尝新节”。以前由于这一天位于年中，各种农作物尚未成熟，可谓“青黄不接”，没有什么好菜，只好用陈年黄豆磨些豆腐，所以也称为“穷人节”。在瑶民的传说中，在尝新节后出生的孩子往往命好一些。因为尝新节后，作物成熟，年少的孩子可以吃得好些。反之，尝新节前出生的孩子由于食物不充分，会命苦些。不过，随着连南社会经济的发展，瑶民吃饱穿暖已经不再是问题。农历六月初六，玉米和早稻快成熟了，旧俗农家于此日买猪肉、杀鸡、磨豆腐，并采几串稻穗、玉米，到盘古王庙和土地庙奉神，表示对土地公、谷魂和祖先神灵的感恩。并趁

机教诲自己的孩子，凡事不要浪费，要勤俭节约，“富时勿忘穷时过”。大多数出嫁女也在这天回娘家，亲戚间也相互往来。同时，每家把衣服等物品暴晒在阳光下，据说可以驱虫防蛀。《连山绥傜厅志·风俗》载：“六月六日赛土神。”[①] 又载：“凡遇赛神，皆歌舞以为乐。”[②] 现在祭祀一般是在家里，在香堂正中间（代表祖先）、左下方（代表五郎神位）、大门口左右两边（代表左神官和右神将）、灶头三脚架（代表灶神）五处烧香烧纸，香为单数。从田里割几束稻穗，晒干剥米，煮成熟饭，用在香堂祭祖，并说道：“今年的稻谷熟了，来吃吧！”

排瑶认为，世上的万物都是有灵魂的，不能触犯，触犯了就会给家里带来灾难。谷有“谷魂”，玉米有“玉米魂”。到六月初六“尝新节”，稻谷、玉米快成熟了。这天，瑶民家家户户点香燃烛，摆上祭品，表示对谷魂和玉米魂的感恩。收割时，由老人先摘几串颗粒饱满的谷穗和玉米棒拿回家挂在粮仓，象征它们的灵魂归仓，给来年带来丰收。

过了此节，正式进入夏收夏种的大忙季节。排瑶要在六月初六前后把早稻、花生和玉米等收获完毕，并转入晚稻插秧。由于抢收早造果实，抢种晚造作物，农事活动异常繁忙、紧张，故称之为“双夏节”。

六月初六也是定亲节，男女双方到了谈婚论嫁的年纪，就由媒婆和男方一起带上酒、糍粑等定亲礼物去女方家定亲。如果女方家不接受，就等到农历七月初七再去或转向别家。

七、七月七

农历七月初七，又称“开唱节”，相传这一天是盘古王的诞辰。盘古王是瑶家始祖，他开天辟地，造人丁五谷，造瑶经瑶歌。为纪念盘古王，排瑶这天大唱《盘古王歌》，赞颂盘古王的哺育抚爱之恩情，因此称为“开唱节”。《连阳八排风土记·节序》载：“七月初七日：谓之七月香节。备酒、

① （清）姚柬之：道光《连山绥傜厅志》，535页，南京，凤凰出版社，2003。载《中国地方志集成·广东府县志辑》第14册。

② （清）姚柬之：道光《连山绥傜厅志》，535页，南京，凤凰出版社，2003。载《中国地方志集成·广东府县志辑》第14册。

火烧排房伟华家七月七祭祖（蒋满娟 / 摄）

肉、茶、盐、米饭各二碗，箸二双，祀其先祖。此节排瑶最重。有事于外者，必归其家。”①《连山绥傜厅志·风俗》载：“惟七月七日会男女，名曰耍秋。排冲诸君吾子咸集，屠豕椎牛，共牢而食，食既而歌，以为献酬。其男女自成，名以上相悦则答歌，歌合纳红巾以为采。”②据 1950 年调查，此节每户出米 4 两作为祭祀费用，届时选代表往排中盘古庙致祭（男女老少均可参加），同时选出两名擅唱的老歌手在祭祀时唱《盘古王歌》等，瑶语称为“耀青”。这天晚饭后，未婚小伙会去姑娘屋外唱歌（“讴莎腰”），如果姑娘喜欢这个小伙子就会出来，但是父母往往会阻止。此节过后至次年开耕节，瑶人可以在山寨随便唱什么歌，包括情歌在内。

① （清）李来章撰，黄志辉注：《连阳八排风土记》，61 页，广州，中山大学出版社，1990。

② （清）姚柬之：道光《连山绥傜厅志》，535 页，南京，凤凰出版社，2003。载《中国地方志集成·广东府县志辑》第 14 册。

七月初七这一天确定当年要“耍歌堂”的各个排冲的各房族人和先生公都要集中于盘古大庙，择定“耍歌堂”的具体日子。同时，当年要“耍歌堂”的各房族人还要把盘古大庙的菩萨和各家各户的祖先偶像拿出来洗干净，然后把它放回原处。

七月初七要送结婚礼，女方家要做粽子，作为给男方家的回礼。如果七月初七与女方家说好了，十月十六以后就可以结婚了。

现在排瑶七月初七的活动主要有三项：一是祭祖。地点一般在家里一楼的堂屋，中间贴着写有祖先姓名的红纸，称为“香堂”。香堂正下方、左下方、大门两侧以及灶台三角架这五个位置分别代表祖先、五郎神（五岳的统称）、左神官、右神将以及灶神。在这五个位置烧香烧纸，纸钱上滴有杀鸡留下来的血。香堂正下方放有整只鸡、一块猪肉、女儿或者外甥带来的酒、一碗鸡血作为祭品。最后告知各位神今天是七月初七，请他们下来享用祭品，过一会儿把黄纸烧掉。这一祭祖仪式由家中最长者完成。二是家庭团聚。这一天嫁出去的女儿都要回家与父母团聚。三是参加政府主办、民间承办的开唱节活动。为了推动旅游发展、传承民族传统文化，现在政府出资打造七月七开唱节。2014 年前开唱节集中在南岗排举行唱瑶歌比赛，2014 年后先分散在各个村寨举办初赛，后集中在有“千年瑶寨”之称的南岗排举行县级决赛。

八、七月十三

老君节盛行于南岗排。农历七月十三，先生公的徒弟们到师父家拜太上老君，并与师傅聚餐。后来逐步演变为各种小团体用合作所得收益聚餐。比如，有些人合力兴修水利，受益的人每年交一定数量的钱或稻谷，由兴修水利的人轮转收用；有些人则合资买牛，第二年回收利息再投资买牛；有些妇女利用空闲时间开荒种黄豆，收成之后，把黄豆做成豆腐再分配。以上这些团体皆称之为“老君会”，这体现了瑶民团结协作的生活智慧。

九、八月初九

农历八月初九是南岗排房姓祖先海公的忌辰。相传海公原名为铁鬼子，后因不慎跌入海中而改名为海公。南岗房姓都是海公的子孙，因而，这一天当地房姓人都要准备酒肉祭拜海公，并邀友人一同用餐。

民间传闻，以往房姓每隔 27 年就要在八月初九举行“要歌堂”，把海公的塑像抬到其子孙分布的村寨巡游。有一次过河时，塑像不慎坠入河里，被水冲至同灌口村，于是人们在那里建立庙宇，祭祀海公，因此房姓便不再在“要歌堂”时抬着海公像巡村。

十、八月二十五

农历八月二十五，为油岭唐姓人特有的节日，是为庆祝祖先唐海公生日，所以又称“敬祖节”。在前一天即廿四，唐姓人以宗族为单位集资购买公牛宰杀，第二天早上把牛头敬奉给祠堂里的祖先。之后按人口摊分牛肉，剩余部分由众人煮熟，大摆长席宴，一同庆祝。

十一、九月九

农历九月初九给排瑶房姓祖先海公要歌堂。活动时间为两天，其间把盘古王、海公神像放置在临时法坛里，海公在上。据说海公是一个土霸头，很凶狠，耳朵上各插着一把刀。由于唐姓是房姓的外甥，所以这一天唐姓也来拜海公。九月初九给海公要歌堂，一般参加的人不多。

十二、十月十六

农历十月十六，相传是盘古王婆诞辰日，又相传盘古王于这天仙逝，故称盘古王节。时值秋收结束，有的排又称收割节或还愿节。是日，八排人们均在盘古王庙举行隆重的祭祖活动，还推选数位老歌手唱《盘古王

歌》。各户皆以酒肉、豆腐、糍粑等丰富食品过节。

十三、耍歌堂

"耍歌堂"为瑶语音译（瑶语 ai^{41}ko^{44}tong^{53}），意为庆丰收，是排瑶规模最大、最隆重的传统娱乐活动。耍歌堂在农历十月十六日前后举行，目的是为了纪念盘古王的诞辰。

（一）耍歌堂的传说

传说排瑶祖先到达连南地区后，在涡水旺埂结寨定居，并在山寨附近建了一座盘古王大庙。大庙正厅设"仙人桥"，摆放盘古王公、盘古王婆，各姓祖先和帮助瑶人避难对瑶民有救命之恩的汉人黄家大王、廖家大王、邵十四公、邵弟一郎、邵弟二郎、莫落大王。以后瑶人逐渐增多，人们又分散到各个山头去建寨居住，明代形成了"八排二十四冲"，称为"八排瑶"。分散后，由于山高路远，大家很难相见，便在各个大排建立盘古王大庙，并定下 3 年或 5 年每个排在盘古王节后举行一次"耍歌堂"活动，共同纪念盘古王。

民间歌谣《八排来源传说》中提到，排瑶先人从湖南道州迁来连南，最早定居在旺埂。见邻近汉人在庙里"打道箓"的场面非常热闹，便相约在旺埂建立自己的"盘古庙"，可以让众多的兄弟姐妹相聚。后来旺埂发生天灾人祸，只剩下住在寨边的 8 户人没死，他们重新寻找到新的住地后，便把旺埂盘古庙堂的大树砍成 8 段，把盖庙宇的茅草斩成 8 块，8 户人分别到了现在的八排位置。年复一年，八大排各自人丁兴旺，住地亦不断向小排、小冲扩散。由于山高路远，各排冲的人们难以相见，便在各大排建立盘古庙，好让分散的子孙回来祭祀先祖以及与宗族同胞聚会，并约定每三五年耍一次歌堂。

关于耍歌堂的来历，调查中有多个版本的说法：

一说很久以前，一位仙人向排瑶的一位老祖宗法宝公传授法术，其中一项法术就是杀 1 只鸡祭祖。先人吃上 3 年方可吃完。于是人们在祭祀之

前先杀一只雄鸡供奉在神案上，3年以后再宰杀一只，如此循环形成3年一次的祭祖活动。

一说要歌堂是为了祭祖、敬神，若3年不做一次，世上人丁六畜将不得安宁，故要歌堂通常是3年举办一次。

还有传说以前八排瑶有一男子在河中捕鱼，突然涨水，这男子飘到一个大石头上，生命垂危，但尚有一点气息，一蛇背其到阴间，他看到祖先在跳舞，觉得好看，他的祖先看到他尚有一点气息，就送他回阳间。他回阳间后，模仿祖先跳舞的动作跳舞并进行传授，后来演变成要歌堂。

（二）要歌堂的历史

排瑶将盘古王视为始祖，盘古王节则是瑶民对他的祭祀仪式，每年农历十月十六日举行盛大的祭祀活动。瑶族盘古王节与要歌堂活动历史悠久，唐代诗人刘禹锡被贬连州时作《蛮子歌》，提及瑶族盘古王节："视界祀盘瓠。"据《夷俗考·南蛮》记载："盘瓠之后，曰瑶……岁首祭盘瓠，杂糅鱼肉酒饭于木槽，群聚而号为尽礼。"[①]要歌堂历史上称为"高堂会"。《连阳八排风土记·节序》载："十月：谓之高堂会，每排三年或五年一次行之。先择吉日，通知各排。届期，至庙宰猪奉神，列长案于神前，延道士坐其上。每人饭一碗，肉一碟。口诵道经，瑶人拜其下，以其筊卜吉凶。富者穿五色绣衣，或袍或衫，必插鸡羽于首。足穿草履，或木屐，或赤足，不袜。系金银楮纸于竹篙上，手执之，击锣挝鼓，赛宝唱歌。各排男女来会，以歌答之。至夜，宿于亲戚之家。间有以银牌、红布作贺者。客回，主各酬以生肉。"[②]《连山绥傜厅志·风俗》载："瑶岁有墓祭，无庙祭。庙立于野，凡隶排者皆祭之如同姓之大社也。无木主，刻木为像，约高二尺或一尺许，或四五像、一二像，不必肖其人，亦不能辨为谁氏之祖先，统呼之曰阿公，其谒庙也，燃其木炭如上香，然其人有贸易者，输钱六十为祭费，积三岁或五岁乃一祭，先期卜日，告其齐祭之日，男妇诸吾皆盛服集于庙，具香烛、纸钱、猪牛鸡酒而祭焉，曰拜祭阿公。其拜也两手据地，顿首无

① 转引自练铭志、马建钊、李筱文：《排瑶历史文化》，79页，广州，广东人民出版社，1992。
② （清）李来章撰，黄志辉注：《连阳八排风土记》，61页，广州，中山大学出版社，1990。

数，既拜而食，既饱而歌，鼓角齐鸣，男女杂坐，拂衣而喜备亵仾昂顿足起舞，乐莫极于斯也。费多者醵三日，名曰‘耍歌堂’。”[①] 这段记载表明，排瑶耍歌堂在当时就已甚具规模，十分兴盛。据《广东新语》卷七载：“岁仲冬十六日，盖田野毕也，诸瑶至庙为会，名曰耍歌堂，男女集跳舞唱歌。同时自由结婚，礼仪简单”。[②]《连山绥傜厅志·风俗》载：“十月十六日，名曰散地节，盖曰野功毕也。”[③] 关于排瑶“十月高堂会”，又有称“耍歌堂”是一种以排为单位祭祀各姓祖先的活动，新中国成立后的调查已经证实，庙中木主乃各姓祖先雕像。清道光年间的耍歌堂，其实就是康熙年间的高堂会。1953 年，连南瑶族自治县成立，油岭排于当年农历十月十六举行盛大的耍歌堂活动。

排瑶每隔三五年便举行一次耍歌堂，一般选择在秋收后的农历十月十六日前后，历时 3—5 天甚至 7 天不等。由于瑶族支系较多，各地举行盘古王节活动的时间也不尽相同，或农历七月初七、七月十五，或十月十五、十月十六，没有统一的盘古王节时间。1984 年 8 月，全国瑶族干部座谈会在广西南宁市举行，经过讨论协商，一致赞成把全国瑶族的盘王节统一定在每年的农历十月十六日，可每年举行，也可以每隔几年举行一次，并于当年农历十月十六日在南宁举办了全国首届盘王节活动。排瑶耍歌堂是纪念祖先、追忆历史、喜庆丰收、崇拜英雄、传播知识的隆重活动，也是青年男女谈情说爱和人们会亲结友的民间娱乐盛会。排瑶认为，农历十月十六日是盘古王婆诞辰日，故又称“盘古王婆节”。盘王节和耍歌堂都是瑶族祭祀祖先的传统节日，过山瑶称为盘王节或“拜盘王”，排瑶称为“盘古王节”。现在统称“盘古王节”，官方也称“盘王节”。过去这一节日以祭祀祖先为主要内容，现发展为纪念祖先、庆贺丰收相结合的民间节日。

① （清）姚柬之：道光《连山绥傜厅志》，535 页，南京，凤凰出版社，2003。载《中国地方志集成·广东府县志辑》第 14 册。

② （清）屈大均：《广东新语》，238 页，北京，中华书局，1985。

③ （清）姚柬之：道光《连山绥傜厅志》，535 页，南京，凤凰出版社，2003。载《中国地方志集成·广东府县志辑》第 14 册。

（三）耍歌堂的过程

耍歌堂时间为 3 天。活动从始至终都非常隆重和热闹，届时家家户户酿酒做糍粑，杀猪杀鸡等。事前还会邀请外村的亲朋好友前来庆贺。

2020 年 11 月 28 日，连南瑶族自治县三排镇油岭村举行耍歌堂活动，中南民族大学博士研究生殷沙漫、王航、李超、黄建胜和硕士研究生周靖凯等人组成调查队对其具体内容和过程记录如下：

择日。由掌庙公和先生公在农历六月六日、十月十六日两次商定耍歌堂的具体日期，然后通知大家，以便筹备并通知亲朋。六七月始，各家各户就开始积蓄粮食、大豆、催肥猪、牛、鸡、鸭等。长老（以前的“天长公”“头目公”）、先生公等长辈必须预早聚会，商定歌堂开支款项，用以修缮排里的庙宇、油漆翻新祖先塑像、购买酒肉、香烛等歌堂用品。各家各户事先告知亲朋好友，邀请他们届时上排玩耍。同时，宰牛杀猪、杀鸡鸭、磨豆腐、做糍粑、酿米酒，以便招待宾客。

修庙髹公。择日后，在农历七月的某日，要对供奉在盘古王庙的祖先偶像重新油漆，即修葺大庙，也称“下公”。每户要编织二张茅草排，以将大庙的上盖重新换掉。给神像刷油漆时，如发现有霉烂破损的，还要请先生公择日，用樟木重新雕刻。

插旗。当年农历九月二十日起开始“打旗号”，在一根保留竹叶的竹竿上挂满各种粮食，放置在庙里最显眼的地方，以便让大家都知道当年本排要“耍歌堂”。为此大家要做好以下准备工作：一是各自都要准备好一套绣花盛装衣服、一条绣花腰带、一条绣花头巾、一条跨腰花袋、一对绣花脚绑带，还有各式各样的项圈、耳环、手镯等一大批装饰品。二是各家各户要备好酒肉，以迎接亲朋好友的到来。先生公在整个耍歌堂活动中扮演着最为重要的角色，从择日始至活动终的大半年时间里，先生公的工作贯穿耍歌堂活动的每一个环节中。一般由本排最有威信的先生公担任整场活动的主持者，为主祭人；由 4 名先生公常助其左右，还有多名先生公一起组成活动的策划者、筹备者、组织者。先生公的准备工作十分繁复，其中还包括祭典活动所需的道具，如宗教法器、经书、经文纸幡等。先生公需准

备的主要宗教法器包括经书、神杖、道鞭、神刀、铜铃、杯筊、牛角、钱格印子、符咒、法衣、神像挂图、关公刀等。经书主要有《造桥》《香花》《收红尸》《发牒》《罗罡结界》《又变》《兵床》《迎兵》《夜来为兵》《长沙王》《昭王赦罪解结》《开光》等十二本耍歌堂时所用的瑶经，统称为“歌堂书”或“十二本书”。还要准备届时“呈示”即烧给天神祖先的文告，谓为“申疏”等。除以上具体工作外，还需组织民众组建牛角队、长鼓队、铜锣队、唢呐队、男丁队、妇女队、儿童队、猎队，选定“法真”扮演者等。临近节日时，需组织大家准备好节日所需的各种材料及道具，如毛竹、梯架、火把等。

抢公。耍歌堂之日，瑶家户户早起，清晨先鸣放土铳三响，接着铜锣叮当、牛角嘟嘟、长鼓梆梆，迎来传统节日。它是第一天活动的前奏。所谓“抢公”，即是在规定的时间内（从 0 时至早上 8 时），各房、姓的人把本房的祖先偶像从大庙抬回本房堂内，同时也可以把其他房或姓的祖先偶像抢先抬回。按惯例，当其他房、姓的偶像抬到本房香堂后，若未放铳炮，则可抢回；如已鸣炮，被抢的一方便不能用强硬手段夺回，只能老老实实地用一二百斤酒、几十斤猪肉及 100 多块糍粑向对方赎回。为避免祖公被别人抢走，各房、姓的人都尽早把自己的祖公抬回来。在抢公之前有长鼓舞表演，每一个动作都是在与祖公互动。本来“抢公”仅是一种喜剧性的谐趣活动，为了避免不必要的纠纷，现在已经改用抽签的方式决定哪姓人“抢”走盘古王和盘古王婆像。

告祖公。它是耍歌堂最重要的活动内容。活动第一天，先生公、掌庙公齐聚盘古王庙，大庙的神龛上供奉着盘古王公、盘古王婆、房沙帮一妹（有说是盘古王的女儿，也有说是盘古王的侄女）、土地公、各姓始祖偶像和历代祖先神位，神龛前的拜桌上摆有一只小鸡、两碗酒、两碗鲜鸡血、一些生猪肉，烧香，吊一串五色纸，放三声土铳，先生公念经，跳长鼓舞。庙内有一位女性神像，胳膊下有两把刀，名叫房沙帮一妹，据传是盘古王婆的侄女，她曾在清朝打里八洞排时通过裙子使用法术打退清军。因此这一天要把绣花裙、绣花条送给房沙帮一妹和盘古王婆。到了择定的时辰，在大庙门口鸣放 3 声铳炮，便开始“告祖公”。先由掌庙公点燃香

先生公在神龛前念诵“歌堂书”（周靖凯 / 摄）

现场制作“告祖公”所用的铳炮（周靖凯 / 摄）

游神队伍（周靖凯 / 摄）

手持“九州”旗帜的瑶民（殷沙漫 / 摄）

烛，主祭先生公祷告祖先，祈求保佑村寨平安、人畜兴旺、五谷丰登。然后由 4 位先生公在神龛前念诵“歌堂书”，数名长鼓手则在大庙内击鼓跳舞。整个仪式历时约一个小时。关于排瑶的祀神仪式，李来章《连阳八排风土记》载：“祀神前，用人数队，戴革兜，穿皮甲，持枪链相逐，次以一人抱木像，旋转而行，口作鬼啸，又次，老瑶数人穿红袍或绣衣，皆持白扇，拱手遮面，口中亦作鬼啸，每数武，聚舞喧哗，焚楮放炮。”①

游神。设一三四丈长的青竹幡（竹竿保留了竹尾枝叶，竹竿的顶端挂一条红布和若干色纸），经先生公祭过，随后将祖先公偶像抬下来放在木架桥上，举行游神。据说这只幡无论如何也不能让它跌翻下来，否则这几个持幡者便要被罚 1 只鸡来祭幡。3 声土铳炮响开道，4 位身强力壮的青年小伙举着 2 支竹幡开路，4 位先生公带着经书、神杖、道鞭、邪刀、铜铃、钱格印子等法器跟在后面，随后是一罗伞幡和一面大红旗，旗上书“ ×× 年 ×× 排耍大歌堂敬祖先”等字样。旗帜后面是身着盛装的各房、各姓游行队伍（按照事先抽签情况决定顺序），队伍中有用两把椅子抬着的法真，法真是瑶族的英雄，传说打架很厉害。在这个过程中，敲锣打鼓、放铳炮不间断。抬盘古王进村时，各个姓氏会互相争夺第一个拜盘古王的机会，场面激烈。游街时，抬盘古王的人会在各个姓氏家前停下，由先生公念经。游村时会有人发糍粑，发糍粑是十二姓（堂宗）轮着来的，轮到的堂宗要用祖田产的糯米，不够的每家每户加一点，用来制作糍粑。固定一个地方进行发放，一般给一户分一个大糍粑、一个小糍粑，给长鼓舞领队多分一份。到达耍歌坪稍作休息，由一位先生公领唱《盘古王歌》，两个徒弟跟着合唱，称为“长者开场”。在这个过程中，小伙子们把中意的姑娘围住，一起对着姑娘唱弹指歌（有节奏地边弹手指边唱歌），以博取欢心。耍歌堂的弹指歌内容是不能自编的，一定要按早已形成的传统歌词来唱。所以，耍歌堂之前男青年必须拿着酒肉、烟叶请老歌手教会几首歌才能参加弹指歌会。因此，耍歌堂除了有祈求祖宗保佑家畜兴旺、五谷丰登外，也是青年男女选择配偶的好时机。《广东新语》卷七载：“岁仲冬十六日，诸瑶至庙为会阆，悉悬所有金帛衣饰相夸耀。瑶目视其男女可婚娶者，悉遣入庙。

① （清）李来章撰，黄志辉注：《连阳八排风土记》，62 页，广州，中山大学出版社，1990。

男女分曹地坐，唱歌达旦，以淫辞相和。男当意不得就女坐，女当意则就男坐。既就男坐，媒氏乃将男女衣带度量长短，相若矣，则使之挟女还家。越三日，女之父母乃送牲酒使成亲。”① 白天活动结束后就把祖先偶像供奉在其中一姓的祠堂内，用 120 个糍粑祭祀，晚上有人值守。第二天过了中午以土铳炮为号，鸣响 3 声，锣声和鼓声又响了起来，接着又抬着祖公木偶巡游街巷，晚上把祖先偶像供奉在另一姓的祠堂内。

踏州。踏州，又称游州，是要歌堂活动的一个中心环节，目的是怀念祖先由遥远的北方跋山涉水迁徙到瑶山的艰苦历程。同时，排瑶也传说，人死后要经过九重山、九重河、九重桥才能到达“阎王殿”，才能回到祖先的身边，找到归处，享受子孙供奉。因此，排瑶民众必须要参加踏州仪式。在歌堂坪上插上 9 组竹竿，每隔两米插上一组，组成方块形阵式。竹签上悬挂着写有青州、良（梁）州、宜州、雍（幽）州、润州、寅州、扬州、荆州、徐州等地名，表示祖先迁徙历经的州府地点。届时，由先生公、族长摇着铜铃、舞着刀剑、念着经书在前面开路，领着队伍过九州。长鼓队、牛角队、男丁队、女歌队等排着长龙，围绕竹竿所标州府地点转来转去，每个地点转九圈，表明瑶家后人永远不会忘记祖先艰苦创业的路程，场面十分壮观。

追打“三面公”。“三面公”即黑面公（头戴牛皮宽边帽，身穿厚棉浸过桐油的背心，脸用锅底黑烟灰混油涂上，是邪恶的代表）、黄脸公（略用一些泥粉涂抹在脸上，是贪婪的代表）、白脸公（略用一些白粉涂抹在脸上，是懒惰的代表），由本排跑得最快的三个青年男子担任，他们手里拿着一大块猪肉四处逃跑。先生公们给“三面公”念经。人们拿着刀枪去追赶、驱散，代表着人们驱赶贪懒、获取生活安定富足的意志。追到“三面公”筋疲力尽为止，最后猪肉归扮演者所有。

乐歌堂。游神踏州仪式结束，在集体用餐和稍作休息后，人们在傍晚时分来到歌堂坪，拉开“讴歌跳舞”的序幕。瑶排的姑娘身穿盛装，颈挂银圈，头盘着白木通心、野薏米串的头饰，排列在歌坪上方。按例先由主持的先生公走进歌堂坪中间，引吭高歌领唱，然后众人同声和唱。若没有

① （清）屈大均:《广东新语》，178 页，北京，中华书局，1985。

追打黑面公（周靖凯 / 摄）

长者带头，其他人是不能唱的，这叫“长者开场”，同时伴随着铜锣、牛角、唢呐声。此时长者所唱的主要是排瑶的歌堂歌，多是记录瑶族先民生活的史诗般的歌谣。歌堂歌的唱本称为《盘古书》，亦称《盘皇歌本》。歌词的内容十分广泛，包括歌颂盘古王、讲述民族历史源流、传说故事、农事知识，等等。如油岭等排的《歌堂歌·优嗨歌》。“优嗨歌”中的“优嗨”，是群众对领唱者的欢呼应和声。“优嗨歌”由排瑶男子以一领众的方式演唱，伴之以牛角号，是要歌堂的必唱曲目，曲调高亢、粗犷、悠扬，主要内容是歌颂盘古王的功德以及反映喜庆丰收的情景。此外，历史歌还有《旺都精》（瑶族长鼓舞歌）等。随后，由各姓房系男青年组成的长鼓队击鼓起舞，他们头缠红布头巾，高插白雉翎，身着盛装，在姑娘面前边舞边唱，舞姿粗犷、步伐刚健。一般先从情歌唱起，然后唱盘问歌，继而唱初交歌、深交歌。姑娘们随即对歌回答，争相斗唱，整个歌堂坪沉浸在一片欢乐中。男女对唱类情歌有《讴莎腰》《弹指歌》《格乐当》等。同时也举行长鼓舞、敲铜锣、吹牛角、射箭、爬竹竿等竞技活动，一直延至入夜。

退公。整个歌堂活动结束后，把祖先偶像抬回庙里，杀鸡宰牛，供牛尾、牛腿、牛鸡、生鸭以及鸡血、鸭血祭祖公，还要烧很多香纸。如果火

旺盛，香火到处飞散，说明魂来收钱了。最后由先生公宣布此次歌堂活动结束，同时宣布下一届的举办年份。

按排瑶惯例，农历十月十六日以前要把当年种的庄稼全部收获归仓，以示“五谷丰登敬盘古王”。如果田里农作物到了盘古王节还未收割完的，其他人可以去收割，主人不追究任何责任，故也称“收割节”。由于农作物均已收割完毕，又称“丰收节”。这一天，当年嫁到本寨来的新娘要各出两斤粳米、黄粟或大豆，做“大众粑”，酿“大众酒”，磨“大锅豆腐”，煮“大锅粟米粥”。上交 12 根柴火，供制作上述食物使用。此外，在当年要“耍歌堂”的各排冲、各姓房系宗族的先生公需要再次集中在盘古王庙，最后择定下次耍歌堂的日期，故称“歌堂节”。

这种纪念活动历史悠久，它一方面纪念盘古王诞辰，另一方面庆祝丰收，趁此欢乐。1992 年，连南瑶族耍歌堂被国家列入“中国友好观光年”100 个节庆活动之一。2005 年，排瑶耍歌堂被列入广东省级非物质文化遗产名录。2006 年，经国家文化部确定、国务院批准，耍歌堂被列入全国第一批非物质文化遗产名录。此后，连南瑶山每年都举行耍歌堂活动，吸引了众多的国内外游客前来观看。传统的耍歌堂已成为各族人民和各国朋友同欢共乐的喜庆娱乐活动。需要说明的是，上述耍歌堂的活动是由县镇文化部门组织开展。

附：

南岗排耍歌堂活动纪实

2013 年 11 月 9 日，南岗排举行耍歌堂活动，地点在南岗千年瑶寨的“歌堂坪”，歌堂坪是一个约 300 平方米的坝子。耍歌堂开始前，由本排推选的“歌堂公”“头目公”“先生公”等长辈预先聚会筹备，商定有关事宜，摊派各家各户捐钱捐物，组织人员修缮庙宇，油漆翻新祖先塑像，购买歌堂用品等。然后，各家各户准备酒肉糍粑、节日盛装，告知远方亲朋好友，邀请他们届时前来玩耍共乐。

11 月 9 日，南岗排家家户户早起，男女老少打扮一新，随着

九响土铳声，锣鼓齐鸣、牛角嘟嘟，众人齐聚庙堂。此时，瑶排山寨，人来人往，盛装显缤纷。长鼓队跳着刚劲粗犷的长鼓舞，龙腾虎跃，非常壮观。而锣声、鼓声、牛角号声、炮声震撼群山，响彻群山，瑶寨成了一片欢乐的海洋。活动现场由一名女主持人报幕和讲解，观众达数千人。

1. 鸣炮

上午 11 点，九响土炮后，参加耍歌堂的人们到庙宇集中。

2. 出歌堂

九响土炮一放，举行游神大典，即出歌堂。由先生公带领，随后由两名男子分别手擎一根约 7—8 米枝叶茂盛的大竹幡，竹幡上挂着稻穗、玉米、花纸条、红绸布等，以示五谷丰登、人丁兴旺。几名男子举起用黄绸做成的罗伞，他们是开路先锋，两个先生公紧随其后，而众青年抬着 1 个牛头、1 个猪头。这时祖先塑像的队伍也到了，后面是各个排的代表手持旗子有序跟随，继而是长鼓队、牛角队、铜锣队、唢呐队、歌舞队和身穿盛装的妇女队、男人队、儿童队、老人队以及扛着大刀、铁叉、乌统等器械的武队，鼓角喧天，载歌载舞，赶往歌堂坪。到达歌堂坪后，全体人员随着歌堂队伍出游，展现迁徙的情景。

3. 师爷舞

来到歌堂坪，人们便集中到临时搭建供奉祖先的庙宇进行师爷舞（举行祭祖仪式），师爷舞由身披法衣、手持神鞭、神刀、神棍的先生公围在祖先塑像台前进行，先生公念经祭祖，向祖先塑像烧香，敬酒敬肉，招请祖先“参与”歌堂游村活动。这时，游行队伍里的人群大声吆喝，吹口哨，手舞足蹈，祈求祖先保佑全村人民平安、万事如意等，表现出排瑶人民对祖先的虔诚、崇敬。跳师爷舞也是祭祀祖先的一种仪式，颇具有神奇色彩。

4. 过州舞

出歌堂的众人抵达歌堂坪后，便进行过州舞表演。过州舞分过九州仪式和还盘王念歌两个部分。仪式开始，9 个小男童先用 9

根竹旗树立在歌堂坪上，形成“之”字形，耍歌堂队伍由先生公带领沿着“之”字形行游表演。相传隋唐时期，排瑶的祖先从远方经湖南洞庭湖一带迁徙到连南时，过了九州十府，历经千辛万苦，终于来到连南定居下来，表演反映了瑶族人民勤劳勇敢和不怕千难万险的性格。

5. 长鼓舞

表演过州舞后进行长鼓舞表演，一群男青年身穿着吊有小银铃、银鼓、银牌等的上装和绣花裙，头戴红头巾、插野鸡毛和五色纸花，色彩斑斓，跳起长鼓舞。长鼓是吉祥的象征，长鼓舞节奏明快独特，形式粗犷雄劲，充分体现了瑶族人民文化艺术的风格神韵。长鼓舞有单人舞、双人舞、四人舞、群体舞等，队形有交叉形、四方形、圆圈形、列队形等，边击鼓边跳舞。

6. 民俗歌曲联唱

跳完长鼓舞后是瑶歌演唱，首先由歌王带领一个小男孩走上台，用歌曲的方式向小男孩讲述排瑶的历史，唱歌颂祖先的歌，小男孩也随之唱起了排瑶的童谣，声声悦耳。接着是男女青年通过对歌，选择自己的配偶，大家还一起欢唱劳动歌。

7. 法真表演

瑶歌联唱之后进行法真表演，这是以纪念排瑶英雄唐法真为主题的表演。相传唐法真是一名勇猛的排瑶将领，多次率领瑶民击退外来袭击。打仗时很勇敢，刀枪不入，遭朋友嫉妒而被害。他死后变成鬼，经常显灵，保佑族人打胜仗，故后人把其当作神明敬奉，被誉为民族英雄。排瑶人民为了纪念他，每逢耍歌堂都进行法真表演。在表演时，由一个英俊威武的男青年装扮成唐法真，一手抓鸡，一手持宝剑，挺立站在众人扛着的木梯之上，由数名持长枪的武士簇拥着到歌堂坪。法真一手举鸡，一手举刀，用牙咬住刀背，将鸡头割断以示祭祖还愿，然后把鸡头抛向天空，此时众武士向天鸣枪。法真表演表达了排瑶人民对民族英雄的敬仰和崇拜，对安定美好生活的向往和追求。

接着是追打黑面人。表演时，一人用锅底黑灰抹脸扮成邪恶之神，持一块猪肉冲向歌堂坪，法真率领众武士和数名手持大刀、铁叉和木棍的大汉在后面追打，黑面人在歌堂坪的人群中逃窜，最后被法真和众武士及手持大刀、铁叉、木棍的大汉一起驱赶出歌堂坪，跑进树林中，以示邪神被赶跑，往后瑶民安居乐业、万事胜意，表现了纯朴善良的排瑶人民嫉恶如仇、坚信正义将战胜邪恶的信念。

表演结束后，人们纷纷给民族英雄法真挂红敬酒，此时鞭炮齐鸣，震耳欲聋。

8. 欢唱歌堂优嗨歌

带着对美好生活的向往和喜悦，由一人领唱众人和的“优嗨歌”开始了。民族歌舞团、瑶山艺术团和歌舞队都参加了优嗨歌的演出，有三五成群的男青年与戴银插花的姑娘们对唱，有边唱边舞的“弹指歌”。歌词内容有叙事说史、传播知识、倾诉情意、唱古颂今等。对唱、演唱的场面生动雀跃，此起彼伏，气氛和谐欢乐。排瑶耍歌堂除瑶经里保留的歌堂歌外，据说还有360余首流传民间的传统歌堂歌，内容包括叙述民族历史源流、民族英雄故事、生产生活知识、伦理道德、赞美生活、歌唱爱情等。

9. 乐歌堂

耍歌堂进入尾声，由全体演员一起向朋友们挂红敬酒，赠送的红色丝带上写着“旺相”二字，祝福朋友们事事顺利，并邀请嘉宾、朋友互动，与瑶民们一起联欢。

在人类历史发展的过程中，文化变迁是不可避免的，八排瑶的耍歌堂也随着时代的变迁而变化，主要有以下几个方面：

一是由民间主办向政府参与、民间承办发展。排瑶在新中国成立前后经常举办各类节庆活动，1965年唐桥辛二公等20多名排瑶男女青年代表广东排瑶耍歌堂长鼓队赴北京参加全国少数民族文艺表演，受到党和国家领导人的接见。但是，“文化大革命”期间，排瑶耍歌堂被视为封建迷信活动，遭禁10多年。直到1988

年耍歌堂长鼓舞再次被邀请到北京参加全国少数民族文艺表演。1987 年、1988 年连南县先后两次组织排瑶民间耍歌堂团参加广东省第一、二届欢乐节表演，之后耍歌堂活动才在各村寨慢慢恢复。1990 年连南瑶族自治县宣传、文化部门成立耍歌堂、盘王节活动领导小组，对耍歌堂这一优秀文化遗产进行了大量的宣传、保护、挖掘和指导，并在油岭排、军寮排举办盛大的耍歌堂活动，还通过报纸、电台、电视台做了广泛宣传。1992 年耍歌堂被列为“中国友好观光年”100 个节庆之一，各村寨以姓氏家族为单位的香歌堂活动才公开恢复。现在农历十月十六日盘古王节后的吉日有姓氏家族举办香歌堂活动，规模有大有小，内容各排各寨也有一些差异。1997 年，南岗镇和南岗油岭新村分别被广东省文化厅命名为“广东省民间艺术（耍歌堂）之乡”和“广东省民族民间艺术（长鼓舞）之乡”。2000 年、2003 年南岗油岭新村和南岗镇分别被国家文化部命名为“中国民族民间艺术（长鼓舞）之乡”和“中国民族民间艺术（耍歌堂）之乡”。随之，耍歌堂活动逐渐由民间主办向政府参与、民间承办转变发展。

二是耍歌堂程序方面的变迁。以前耍歌堂活动的程序主要有：择日、修庙髹公、打旗号、抢公、告祖公、游神、退公等。现在由政府主办、民间承办以后，耍歌堂活动表演成分增加，程序进一步简化，主要包括：祭祀盘古王仪式、出堂歌、祭祀歌堂坪、过九州、长鼓舞、唱歌堂歌、瑶族民歌、法真追赶黑面人等。

三是活动内容方面的变迁。以前耍歌堂活动内容以祭祀为主，现在的耍歌堂活动是连南八排瑶集纪念祖先、追忆历史、庆祝丰收、酬谢还愿、传播知识和群众性娱乐活动等为一体的最隆重、规模最大的传统民间盛会。

四是活动功能方面的变迁。耍歌堂活动是一个集八排瑶民间文艺展演、民族服饰展览、民俗文化体现等为一体的民族文化综合体，能纪念祖先、崇拜英雄，又娱乐群众、传授知识、加强交流，具有良好的社会功用。现在党和政府十分重视民族传统文化

的保护工作，充分利用八排瑶耍歌堂——国家级非物质文化遗产这一品牌效应，来促进当地民族文化和旅游事业的发展。

第十三章　音乐舞蹈

第一节　乐　器

中国的传统乐器种类丰富，各民族都发展出独具特色的乐器文化，排瑶也不例外。排瑶历经几番迁徙，定居于连南八排各寨，传承长鼓等乐器文化，排瑶传统乐器文化的发展与当地的生态环境、人文历史有着密切联系，以小型多样、地域性强、民族性凸显为特点。

一、乐器种类

周代，我国已有根据乐器的不同制作材料进行分类的方法，分成金、石、丝、竹、匏、土、革、木八类，叫做“八音”。据此对八排乐器进行分类，主要有竹、金、木、革4大类，竹类有笛、排箫、木叶等吹奏乐器，金类主要是由铜器制作而成的铜锣、唢呐、铜铃等，木和革类主要是长鼓等乐器。

长鼓是八排地区最具代表性的乐器。《岭外代答》一书记载：“瑶人之乐，有卢沙、铳鼓、葫芦笙、竹笛。卢沙之制，状如古箫，编竹为之，纵一横八，以一吹八，伊嘎其声。铳鼓，乃长大腰鼓也，长六尺，以燕脂木为腔，熊皮为面；鼓不响鸣，以泥水涂面，即复响矣。葫芦笙，攒竹于瓢，吹之呜呜然。笛，韵如常笛，差短。大合乐之时，众声杂作，殊无翕然之声，而多系竹箫以相团乐，跳跃以相之。”[1]另外，在《桂海虞衡志》一书

① （宋）周去非：《岭外代答》卷七《乐器门》按：《岭南丛述》卷十五引用。

中也记载："瑶人乐，状如腰鼓，腔长倍之，上锐下侈，亦以皮鞔植于地，坐拊之。"① 据此可知，瑶族的木制、革制乐器种类丰富，其中"铙鼓"即长鼓。

八排乐器种类还可从演奏方式来区分，主要有吹奏类、击奏类两种。吹奏类代表性乐器有：芒笛、牛角、芒箫、木叶等。芒笛为竹制管身，管身开有吹孔、膜孔、两个出气孔及6个按音孔，一律用横吹姿势演奏；牛角无制孔，吹奏者只需在牛角口留出部分空间，让强大充足的气流在牛角内部引起鸣响即可；木叶同样是利用其独特的形制，掌握好吹奏技巧便可发出悦耳的音乐，无需对木叶进行加工。在演奏时，芒笛音调具有优美、柔和、雅致的特点，牛角的声音浑厚高昂，木叶声调则富有情趣、轻快活泼，精致细腻。这些乐器还常使用在"讴莎腰"时，为了调动情绪、抒发感情，常吹奏芒笛、芒箫、木叶，木叶还用于吹奏如《十二月歌》等情歌，这类歌曲借物言志、借景生情，犹如我国古代的诗歌、绘画一样，讲究意境、神韵，抒发感情的方式内敛含蓄。

击奏类代表性乐器有长鼓、铜锣等，这些乐器在排瑶民间器乐中有很重要的地位，每个乐器不仅可以互相配合演奏，也能独立演奏，有各自的功能。在战火纷乱的年代，牛角和铜锣有警示作用，长鼓则用于祭祀、沟通神灵，现在基本都用于表演或是重要的节庆、聚会场合。打击乐器的衬托，对丰富节日内容、增强舞台效果和彰显音乐表现力都具有重要作用。牛角、铜锣、木鼓这几种乐器合奏的表演形式，在排瑶节日风俗活动中很常见，演奏起来气势磅礴，热烈且酣畅，呈现出威风响八面的风采。这种合奏充分发挥了排瑶打击乐器的特色，以各种乐器不同音色的多样化组合，通过丰富又多变的节奏以及力度变化来表现各种气氛和情绪，或热烈红火，或轻巧活泼，或庄严雄壮。

二、乐器使用

多样化乐器的应用是瑶族音乐逐步发展成熟的标志。在八排中，长鼓、

① （宋）范成大：《桂海虞衡志》《志器》。

铜锣、牛角使用最为频繁。在过去，瑶民们住得比较分散，相距遥远，易发生匪乱，在瑶族村寨牛角对召集部落集合、防匪防敌起过很大的作用，不管村庄发生任何紧急情况，就以吹牛角号作为讯号，周围村庄听到讯号后，也以牛角号声作为回应，并召集大家或是派武装民团把守要道，拦截敌人，形成联防。所以牛角也是当地的一种司号乐器。

随着社会的发展，目前铜锣、牛角一般多用在盛大节日或仪式集会时，即家族歌堂或正月（农历十二月十五日至正月十五日）期间才能演奏。在过春节前 15 天吹响牛角，以此为号令，引出活动序幕，也预示着农历春节临近，一年辛苦忙碌的日子到头，每家每户要庆祝丰收，劝导大家在春节休息好，为新的一年做准备。同时，告诉人们开歌时间即将到来，男女青年可以在这段时间讴莎腰，互诉衷情，年轻人也可以在这段时间向老人请教，学习瑶歌和瑶经。

牛角看似简单，吹起来并不容易，要懂得用气和运气，如果不经过学习和训练，一般人很难吹响。牛角演奏方式有独奏或是众人齐奏，皆为仪式活动上的即兴演出。传统的长鼓表演多见于家族歌堂和祭祀活动等重大场合，鼓由舞者携带，挂于其胸前，左手持竹片，右手敲击鼓面，发出有节奏的声响，一边敲打的同时一边起舞，需要舞者手脚并用，有较好的身体协调性。牛角、铜锣和长鼓通常是几种乐器同时配合使用，有长鼓时，必有牛角，且为众人齐奏。牛角和铜锣的使用也有禁忌，除了正月间和家族歌堂等特殊时间段以外，都不能吹响牛角和敲打铜锣，且排瑶的女性是不能吹牛角和敲铜锣的。

牛角号是一种娱人娱神的乐器，也是一种力量的代表。它的初始功能是作为战时的司号起到召集、鼓劲的作用，后慢慢过渡到宗教活动中使用，最后成为自娱自乐的一种道具。

牛角号声音浑厚、洪亮，吹时需要十足内气，所以它是男人专用的耀武扬威的乐器。吹时，右手紧握牛角尖，左手稳托牛角尾，昂首挺胸，鼓足力气而又要知道及时换气。号手们根据不同的场合，不同的场面，将之区分开而发出不同的号声：“嘟嘟嘟嘟”的像冲锋号，“荷荷荷”的像集结号，“哎呶嗨呶荷”的像迎接号……

牛角号出现最多的场合是耍歌堂等节庆活动，号手们往往七八个或十余个人成一字排开，昂首立在田野上，整齐划一的号声齐鸣，在空旷山野回荡，起到渲染场面、烘托气氛的作用。打猎时也使用牛角号，起到集结猎手和驱赶猎物的作用。秋冬时节，闲来无事，瑶寨小伙子们三五成群，握着心爱的牛角号，找个空旷的地方，互相切磋，看谁气足，吹的号响，比号声长，而能吹出音美声长的小伙子，往往能得到莎腰妹的青睐。

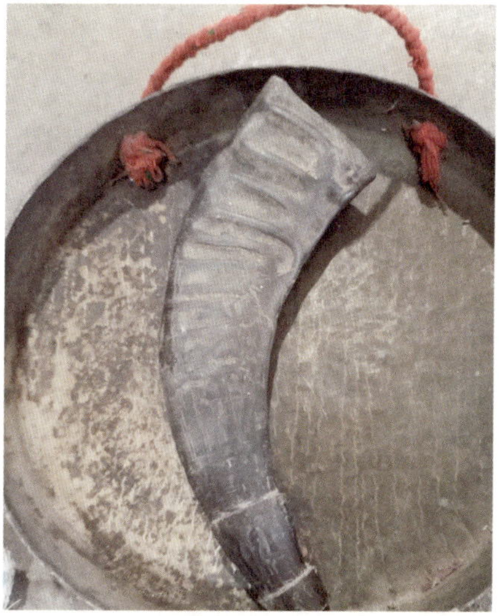

西五排（军寮）的铜锣和牛角[①]（潘璐璐/摄）

唢呐多用于婚礼等喜庆、气氛热烈的场合；铜铃多是先生公使用，除此之外先生公还使用鼓、锣、锡角等物件。芒笛、芒箫的使用则没有那么多的禁忌，除了在六月六、七月七等节日吹奏，在日常生活中也可以吹奏，常用于年轻人休闲娱乐和消遣打发时光，或是用于男女青年谈情说爱时互相传递和表达彼此情意。如妇女在田间劳动时，为了壮胆，或是为了请男人帮忙、说说话，缓解疲劳和休闲娱乐，就用芒叶卷成喇叭状，吹出有旋律的声音来传达心中的话语，此时芒笛声成为了妇女表达心声的载体。很多时候，芒笛和芒箫只要吹出声音就可以，没有固定的音乐和曲调。

① 拍摄：潘璐璐；地点：连南县大坪镇军寮排，2021 年。

除此之外，木叶和五月箫也是排瑶传统的吹奏类乐器。调研时，大掌排擅长吹奏叶子的人是72岁的唐光辉，因为掌握吹奏叶子的技巧，他获得了多项奖励，也被地方上的乡亲尊敬地称为“叶子王”，据其讲述：

> 我们这里吹木叶是在讴莎腰的时候进行，曲调都是情歌调。大概在12岁的时候，玩坡节我就和同伴去天堂山玩，那时青年们都在天堂山讴莎腰，都吹木叶引起莎腰妹的注意，于是，我对吹木叶感兴趣，就自学了几天，还是没有学会。到最后，我一个人在天堂山吹木叶到晚上，吹累了，不知不觉就在坟边睡着了。一直到我十五六岁去讴莎腰的时候，才学会用叶子吹奏瑶歌。

五月箫，类似于汉族的牧童笛，音域颇广，可吹奏各种曲调，主要在油岭排流传，是东三排最有特色的乐器。传说五月箫只在农历五月青黄不接时，由乐手在田边或地边对着禾苗吹奏，向谷魂诉说瑶民生活的苦难，祈求庄稼丰收，其曲调十分低沉压抑、充满哀怨。

大掌排“叶子王”唐光辉及其获奖证书[①]（潘璐璐/摄）

① 拍摄：潘璐璐；地点：连南县大坪镇大掌排。

油岭排老人吹奏五月箫①（唐红英/摄）

三、乐器制作

八排的民间传统乐器大多来源于当地生活工具，制作材料取自周边的山林田野，演奏方式也更具多元化，是八排民众生活智慧的结晶。

（一）长鼓制作

瑶族长鼓，又叫“汪都”（瑶语音译），鼓身细长，呈两个倒接的喇叭状，流行于广西、广东等瑶族聚居区。据学者考证，在宋代，瑶族就已使用长鼓，当时称“铙鼓”。南宋范成大《桂海虞衡志》：“铙鼓，瑶人乐，状如腰鼓，腔长倍之，上锐下侈，亦以皮鞔植于地，坐拊之。”② 长鼓的鼓身用木材制作，整段原木经车旋而成，中腰较细而实，两端稍粗而空，形成两个共鸣鼓腔，蒙以牛皮、羊皮或山兔皮，鼓皮由鼓钉固定在两端，全长 80—110 厘米，腰径 4—5 厘米，面径 12 厘米左右。鼓身通体涂漆，饰

① 拍摄：唐红英；地点：连南县三排镇油岭排。
② （宋）范成大：《范成大笔记六种 · 桂海虞衡志》，209 页，北京，中华书局，2002。

有云头、日月、龙凤、花草或鸟兽等彩绘花纹，色调鲜明，富有民族风格。2013 年 12 月，瑶族长鼓制作技艺被列入广东省第五批非物质文化遗产名录。

瑶族长鼓的传统制作方式以手工为主，制鼓材料有：整根木头、羊皮、牛皮、油漆、尼龙绳、铁圈、竹筒（小竹节）、布带（一般为白色或红色）以及其他装饰物。制作工具有：斧子、柴刀、锥子、锯子、长鼓刨（两种专用）、长鼓钻以及砂布。一般分为以下几个步骤：

1. 取材

长鼓的取材一般选用结实、轻便、不易被虫蛀的堂柏树或桐木，排瑶语叫做“gin diang”，堂柏树的树干是空心的，适合做长鼓的鼓身。取材是制作长鼓的第一步，需先砍树，将树干锯整齐，削树皮，削去树皮之后，检验中心部分是不是非常坚固，检查结束后就按需要量尺，慢慢削成一头大一头小的喇叭状，两面的鼓头按 1∶1.2 的比例制作。大的一头叫鼓头，有 18—22 厘米。小的一头是鼓尾，有 12—15 厘米。

2. 打模型、抛光、上色

打模型需要用一把特制的长勾刀将长鼓的鼓身两端挖空磨平，打模型完毕之后，要进行表面打蜡、抛光和上色等程序。打蜡需要用桐油或者其他材料进行打蜡上漆，使鼓面表面看起来光滑平整，之后待其自然风干即可。在过去，有的鼓不进行上色处理，又有的用野生红果擦鼓，将鼓身擦成红色。若出现掉色的情况，又继续擦补色。现在的长鼓制作为了美观，用红色的化学染料对其进行涂色。

3. 绘花纹

风干和上色后的长鼓需要涂上瑶族传统代表性图案，排瑶人民根据自身喜好，大多在鼓面两端外围圆圈上画山形纹、蛇形纹和鱼尾纹等纹样，使长鼓更显生动。

4. 上鼓面

处理完鼓身的系列工序之后，鼓的两头依然是呈空心状，需要选择动物皮革来对其进行蒙面。鼓面的选择不仅要起到封闭作用，还需要具有耐用、有弹性等特点。这样敲击鼓面时，发出来的声音才响亮和清脆。所以

皮革材质一般选择黄牛皮，偶尔也用羊皮。裁剪出适合鼓面大小的牛皮以后，用红色的线绑紧、固定，随后再准备一根结实耐用的白色尼龙绳，穿过之前在鼓头和鼓尾打好洞，绑八次，扎牢、拉紧、系紧，之后再用小铁钉钉牢，确保鼓面上的皮革不会与鼓面脱离开来。

5. 成型固定

在上下两个鼓面环周锥 5 个孔，用双股尼龙绳将上下两个鼓面拉直，每根双股尼龙线用一个直径约 1.5 厘米、长度 2 厘米的花竹竹节套住，作用有二，一是调节音响，二是固定鼓身。

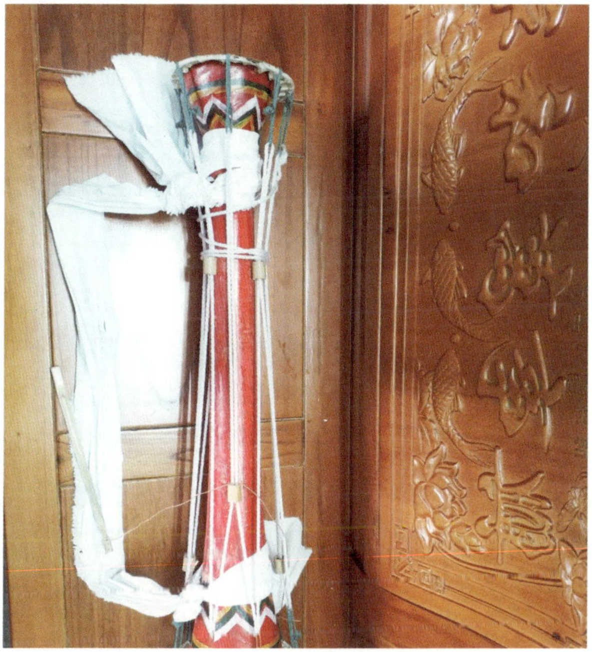

西五排（军寮）长鼓[①]（潘璐璐 / 摄）

6. 绑带和装饰

用白色布带绑在长鼓鼓身两侧，以便表演时背在身上。至此整个长鼓制作完成，最后配以一定装饰物，如穗带或法器等。

传统制鼓技艺曾经是八排男性不可或缺的技能，会制鼓的能人一般也都是跳长鼓舞的好手。在“文化大革命”中，长鼓曾经被视为落后和糟粕。

① 拍摄：潘璐璐；地点：连南县大坪镇军寮排。

受现代化的影响，现在机器制作比纯手工制作更为简单和便捷，使得传统长鼓制作技艺面临失传境地，愿意学习制作长鼓的排瑶民众越来越少。目前，为了迎合市场和商业的需要，东三排的长鼓制作技艺仍在部分地区流传，西五排及其他地方的人多向东三排的工匠们购买长鼓。

随着乡村旅游业的蓬勃发展，长鼓文化产业在连南日渐形成规模。目前在县城，随处可见以长鼓图案为元素的建筑物和景观标识，如路灯、楼房外观的花纹以及各种小饰品。当地手工匠人经营自己的长鼓工坊，为连南、连山等地的民众提供各种长鼓。文化的商品化也为经营者们带去了经济收益，纯手工制作的长鼓大致可以卖到每支350元左右，价格根据长鼓的大小而不同，如果长鼓的形制更大，价钱也就更高。一般来说，手工制作的长鼓结实耐用，最多可供2—3代人使用，敲击出来的音调多元、音量浑厚，是机器生产的长鼓不可与之媲美的，但是手工制作长鼓耗时较大，耗费精力较多。

以前做鼓，一个星期都做不了1个，现在有了制作机器，一天能做两三个鼓。制作长鼓的程序比较复杂，有取材、模型、画花纹、过油、打蜡、

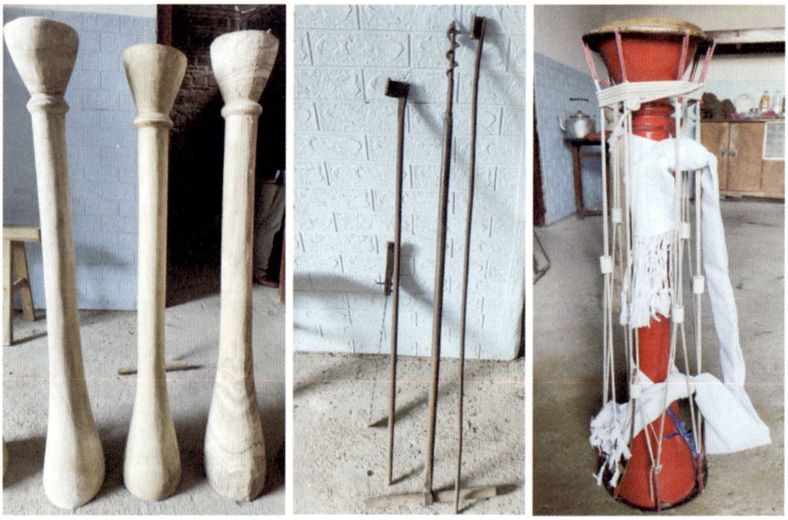

长鼓木坯、制作工具和成品[①]（潘璐璐/摄）

① 拍摄：潘璐璐；地点：连南县三排镇油岭排。

蒙皮（山羊皮，牛皮）、拉绳、风干等过程。长鼓大致有3种规格：1.2米长的，90厘米长的，80厘米长的，我们可以根据身高来选择规格。我现在自己还发明制作机器，提高我做鼓的效率，少花一些时间，也让鼓好看一些。现在我这里有8个师傅，2个做牛皮，2个挖孔，2个画纹路，还有2个上油漆。我现在做的是原创手鼓，因为挖掘不出原来的手鼓是什么样的。这里的鼓基本能满足几个地方的需要，有缩小版的，升级版的，有花鼓，还可以调音质。大小长度可以调节，看客人的身高和木材，现在什么木材都可以做了。①

东三排地区长鼓制作技艺的代表性传承人为唐大打大不公，1944年10月生于连南瑶族自治县三排镇油岭村，为广东省非物质文化遗产——瑶族长鼓制作技艺项目代表性传承人。他自幼喜好长鼓，20岁开始跟随民间长鼓制作艺人学习瑶族长鼓制作技艺。1980年在自家老屋设立了自己的长鼓制作工作坊，边农耕劳作边进行瑶族长鼓制作，并招收子侄3人教授长鼓制作技艺。自1991年起受当地文化部门聘请，分别为三排镇的南岗、油岭，大坪镇的军寮、大掌等地学员进行培训传授瑶族长鼓制作技艺，学员累计达28人。1997年专门制作30个瑶族长鼓送给所在村油岭民间长鼓舞队并担任该队顾问，2001年为该村油岭小学制作20个瑶族小长鼓用于学生传承学习，并受聘担任该校校外辅导员。此后，其制作的长鼓遍布全县瑶族村寨歌舞队和各中小学校。在长期的学习制作实践中，集百家之长，不断研发制作了龙凤大长鼓、成人表演长鼓、学生传习长鼓和花鼓等系列长鼓。其作品分别被中国瑶族博物馆、湖北通城民族博物馆、湖南江华瑶族博物馆、广西金秀瑶族博物馆等收藏陈列。同时也被北京舞蹈学院、中南民族大学、广东技术师范大学等高等院校用于教学和表演活动。2014年唐大打大不公被确定为广东省非物质文化遗产瑶族长鼓制作技艺代表性传承人，2019年被评为广东省“民间文化技艺大师”。②

① 访谈对象：连南长鼓制作技艺传承人唐买社吊。

② 资料来源于唐大打大不公长鼓制作工作坊内“简介”；资料采集地点：油岭排唐大打大不公家内；资料收集时间：2020年10月23日。

长鼓制作部分工具[①]（李超/摄）

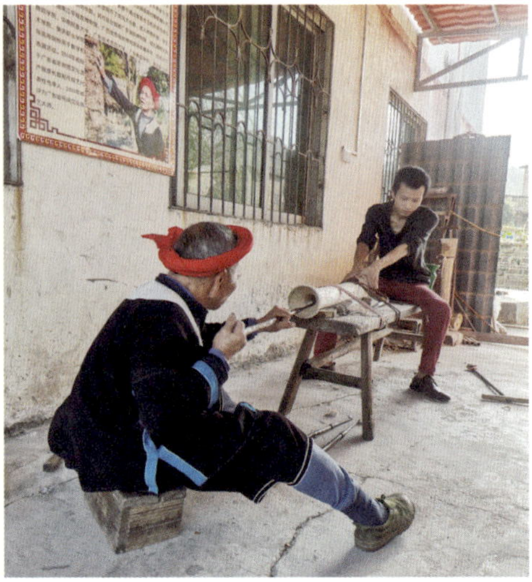

长鼓制作[②]（李超/摄）

（二）芒笛制作

芒笛的制作材料有大芒草叶和盐肤木皮两种。用大芒草叶时，只需取下芒草叶，以一头为底端，围绕底端逐层往上卷，卷至成人手掌那么长即可，使其呈现出底端窄、头部宽大的圆锥状。圆锥底端的小孔即用嘴吹奏

排瑶妇女在制作芒笛（殷沙漫/摄）

排瑶老人吹芒笛（殷沙漫/摄）

① 拍摄地点：广东连南瑶族自治县油岭排；拍摄时间：2020年10月23日。
② 拍摄地点：广东连南瑶族自治县油岭排；拍摄时间：2020年10月23日。

气流通过的口。芒草叶在八排瑶运用广泛，可用来做草标，在男女恋爱时也可用来充当指路标。还有一种芒笛是用盐肤木皮制作，盐肤木在排瑶山区比较常见。人们将盐肤木树皮撕剥下来后，逐层向上卷，卷成手臂般粗，呈底端窄、头部宽大的圆锥形喇叭状最好。吹奏时，没有特定的曲调，让芒笛吹出声响即可。

（三）芒箫制作

芒箫用当地的斑竹和单竹制作，一般短的用斑竹，长的用单竹。人们在竹面上凿 7 个圆洞孔，竹子中间的竹节用来做簧片，打磨光滑后就可吹奏。大掌排称芒箫为“芒杠”，制作材料是树干空心的野生树种，将树砍下后，剥掉叶子，截成喜欢的长度，一般有长 1 米左右，树汁有毒，要晾干、风干后才可以吹奏。在西五排，几乎每人都会吹，同芒笛一样，只要吹响即可，没有特定的曲调。

（四）牛角号制作

牛角号取材于屠宰后的水牛牛角，再用石灰沤制一段时间，将里面的骨头取出，然后把尖的一端锯掉 2 厘米左右，掏成圆锥状作吹口，用烧红的铁线烧穿内壁，最后把牛角外壳削成上下两级即成。[①]

第二节　民　歌

瑶族是一个能歌善舞的民族，排瑶长期在山区聚族而居，其音乐文化仍保持着浓厚的民族传统色彩，尤其是民歌。

清代诗人屈大均曾有“瑶俗最尚歌，男女杂沓，一唱百和”的诗句来描写瑶族歌舞的场景。历史上，瑶族民众将生活中的苦难和收获以及喜怒哀乐等丰富的情感，用歌唱的形式进行表达，逐渐形成特有的民间音乐文

① 盘鹊主编：《油岭村志》，148 页，内部资料。

化。“南岭无山不有瑶，百里瑶山处处歌”，唱歌是瑶族人民文化生活中的一个重要组成部分。无论在生产劳动、婚恋、通信、探亲访友、殡丧礼仪等方面，还是在新春佳节、喜庆丰收和传统庆典中，或是在田野、山坡、丛林、木楼等地点，无处不飞歌，唱歌是传播知识、喻事明理、交流感情、教育后代的主要手段。2012 年 2 月，排瑶民歌被列入广东省第四批省级非物质文化遗产代表性项目名录。

一、排瑶民歌的文献记载及类别

（一）有关瑶族音乐的历史记载

关于瑶族民间音乐的历史记载散见于《岭外代答》《广东新语》《连阳八排风土记》《阳山县志》《连山县志》等历史文献中。屈大均《广东新语》载：

> 新兴女子有刘三妹者，相传为始造歌之人，生于唐中宗（684—709）年间，年十二，淹通经史，善为歌，千里内闻歌名来者，或一日，或二三日，卒不能酬和而去。三妹解音律，游戏得道，尝往来两粤溪洞间，诸蛮种类最繁，所过之处，咸解其言语，遇某种人即依某种声音作歌，与之唱和，某种人奉之为式。尝与白鹤乡一少年登山而歌，粤民及瑶、壮诸种人围而观之，男女数十百层，咸以为仙，七日夜歌声不绝，俱化为石，土人因祀于阳春锦石岩。岩高三十丈许，林木丛蔚，老樟千章蔽其半，岩口有石磴，苔花绣蚀，若鸟迹书，一石状如曲几，可容卧一人，黑润有光，三妹之遗迹也。月夕辄闻笙鹤之音，岁丰熟则仿佛有人登岩顶而歌。三妹今称歌仙，凡作歌者，无论齐民与俍、瑶、壮人、山子等类，歌成必先供一本，祝者藏之，求歌者就而录焉，不得携出，渐积遂至数箧，兵后，今荡然矣。①

① （清）屈大均：《广东新语》卷八《文语》，按：（民国）吴景超《新兴县志稿》引用。

以上文献记载描述了被瑶、壮、侗等民族奉为歌仙的民歌创始人刘三妹的故事，也体现出瑶族民众爱歌、善歌的特点。

历史上，东西两粤皆尚歌，而西粤土司中尤盛。邝露《赤雅》记载："峒女子与春秋时布花果笙箫于山中，以五丝作同心结，及百纽鸳鸯囊带之。以其少好者结为天姬者，峒官之女也；余则三五采芳于山椒水湄，歌唱为乐，男子相与踏歌赴之，相得则唱酬终日，解衣结襟相遗以去。"[①] 此描绘瑶族聚居地民间歌谣的发展盛况，另有载："瑶俗最尚歌，男女杂沓，一唱百和"。[②] 记述了瑶族年轻男女以歌谣为媒介来进行交往交流，并且参与度和积极性都很高。此外，唱歌、对歌也是排瑶传统婚俗仪式的重要内容。

（二）排瑶民歌的类别

排瑶民众称唱歌为"讴真"（瑶语音译），过去是青年男女交往、表达恋情的一种重要方式，也是日常生产生活的重要内容，是否会唱瑶歌为衡量排瑶男女是否优秀聪慧、能干的标准之一。八排民间歌谣有自己的曲调和歌词，但没有曲谱。除了历史上流传下来的相对固定的古歌歌词之外，很多歌都是人们即兴创作的，涉及内容相当宽泛，从日月、星辰、山水、金石、草木、禽畜到鬼神，无所不包。那些由上古时期一直流传至今的历史类民歌叫"大歌"，歌词不能随意改动，如《盘古王歌》《八排瑶来历歌》等，并且以是否会唱"大歌"来划分歌手级别，不会唱"大歌"的人不能称之为歌手。排瑶民歌的类别主要有历史类民歌、情歌、劳动歌、哀歌、叙事歌、酒歌和新编民歌六大类。

1. 历史类民歌

排瑶的古歌、叙事歌、歌堂歌统称为历史类民歌。排瑶历史上没有文字，人们便将神话传说和日常生活内容创编为歌，成为八排民众口头文学的主要载体。这些民歌能够记述排瑶历史、展示地域文化，代代相传，记载了排瑶民众生产生活的历史轨迹，折射了八排民众的世界观、哲学观、生态观，其内容和表现形式都有较强的民族性和地域性。八排历史类民歌

① （明）邝露：《赤雅》。
② （清）李调元：《南越笔记》。

主要在家族歌堂、丧葬祭祀、敬拜祖先和歌堂坪等场合演唱，表演者多为先生公、歌师、歌手等男性中老年人。这些民歌内容丰富，包括从开天辟地、人类诞生与繁衍、瑶族历史迁徙、古代社会制度等都在歌曲中有所体现。目前在八排地区广为流传的古歌有《水淹天》《优嗨歌》《歌度单歌》《打里八峒之歌》《反清歌》《八排瑶来历歌》等。

其中，歌堂歌是东三排民歌中特有的内容，仅限在每年农历十月十六前后举行的耍歌堂活动中演唱。如油岭排的歌堂歌曲调高亢而悠扬，节奏自由流畅，其中最经典的曲目当属《优嗨歌》，主要内容是讲述瑶族人民辛勤劳作、战胜一切困难，表达获得粮食丰收后的喜悦之情。演唱这首歌，先由甲、乙分别领唱前两句，而后众人齐声合唱。在反复吟唱的部分，前面甲、乙的领唱词略有变化，而众人齐声合唱的部分则固定有“优嗨”的歌词出现。众人唱“优嗨”表示赞同前面领唱人所唱的歌词内容，因此该曲调被称为“优嗨歌”。

2. 情歌

西五排情歌。西五排情歌主要有 4 种。一种是阿贵哥（未婚男青年）为了表达对中意的莎腰妹（未婚女青年）的爱慕情意，夜晚时分在莎腰妹闺房窗外与其对唱的情歌，这种唱歌形式也叫做“讴莎腰”。过去，每当农闲或节日的夜晚，在瑶家山寨，都能隐约听到甜蜜的情歌细语在空中荡漾。阿贵哥独自一人或是三个一群、五个一伙，相约来到自己爱慕的姑娘家的窗下唱情歌。演唱时，可以由一人主唱，也可以由几个阿贵哥轮流和莎腰妹对唱。如果莎腰妹对其没有好感，就默不作声，任由求爱者“独唱”，或从窗口递出竹柴火把，让阿贵哥们照路另找意中人；倘若歌声打动了莎腰妹的芳心，莎腰妹便会起床对歌，与阿贵哥互诉衷情，隔窗递烟送茶，或者开门送上花腰袋作为定情物，以示相许，阿贵哥则将手镯或者银项圈送上，以示定情。

第二种是唱“弹指歌”，主要在耍歌堂期间唱，内容不固定，只要是情歌都可以作为“弹指歌”的内容。其中，比较受排瑶男性喜爱的歌堂情歌为《四季歌》。在耍歌堂之前，参加弹指歌会的青年必须拿着烟和酒去和老歌手学会几首歌，才能参加弹指歌会，否则不能登场。演唱时，首先由上

了年纪的男性上场开歌，然后其他男青年组队登场，而莎腰妹们则聚在一起绣花、闲聊。两三个男青年站成一排后，站在最边上的人要手持木棍做支撑，左手跨在旁人的裤腰上，一边面对莎腰妹唱歌，一边弹响手指、做下蹲动作。下蹲动作结束后，左脚再往前跨一步，接着右脚收回、合并左脚，右手同时做打指的动作。下蹲动作表示对女方的尊敬，打指表示对莎腰妹的爱意。此时，女方是不开口答歌的，而是侧着身专心致志地听男青年弹指唱歌，默默关注哪个小伙子唱歌最动情、指弹最响亮、舞姿最优美，从中偷偷寻找意中人。莎腰妹若是有看中的阿贵哥，就可以与其对唱情歌。

第三种是山地对唱的情歌。逢年过节时，排瑶青年男女在早饭后，就相约到村外唱歌、会情人。对唱情歌不仅是一种演唱方式，也是一种约会行为。对唱形式可以是几个小伙子与几个莎腰妹集体对唱，也可以是一对一地对唱，但前提是男女青年双方对彼此都有情义。一般为男性先主动开口唱，女性再与其对歌和互动。情歌对唱是一种灵活性和随意性比较大的歌体，歌词内容由男女双方自编自创、自由发挥，随机应变，但双方对唱的内容要相符合。在对唱中，不仅可以试探对方的心意，也能透露出个人的唱歌水平。唱情歌没有什么忌讳，只要是面对喜欢的人、有足够胆量就可以勇敢地用歌声表达。唱得越多，就越能掌握对歌的技巧。因此，善于对歌的人，无论男女，通常都会受到很多异性的青睐。一般来说，情歌对唱的主角只能是单身未婚男女青年，但在过去，盘王节耍歌堂时，会准许已婚男女与过去的爱慕者私下幽会对唱情歌，两人共同回忆过去的情分，并相互鼓励珍惜好当下的生活。这一天，在排瑶社会民俗中家庭里的其他人，包括当事人的丈夫或妻子，都不能责怪和阻挠对方，充分表现出对旧时代封建包办婚姻形式的抗争以及对自由恋爱的追求。

第四种情歌是“分离歌”。分离歌为两个情投意合的有情人，因最终不能双宿双飞的情况下演唱的情歌，演唱形式同样为男女双方对唱。世间最遗憾的事莫过于恋人就要嫁他人以及情人间由于错过而分离。在莎腰妹出嫁的前几天晚上，曾经相恋的有情人会与其唱起分离歌，莎腰妹也会根据当时情景自由发挥，与男性对唱，表达自己真实的情感。分离歌实质是对现实和包办婚姻的一种无奈和控诉，每唱到其动情和悲伤之处，双方都会

流泪抽泣、哽咽，无法继续唱下去。

东三排情歌：在油岭民歌中，情歌所占的比重最大，其类型大致又可以分为 3 种：一种是白天在山野外唱的，被称为“行路歌”，又称“讴波咧”；另一种是夜晚在姑娘家窗口唱的，被称为“天黑歌”，又称“讴莎瑶”；还有一种被称为“格乐当”，只在油岭和三排一带流传。“格乐当”是类似风车的玩具，未婚女子将彩纸或者鲜花插在小竹竿上，让风吹着转动，唱着“格乐当”去寻找心爱的小伙子对歌。白天唱的情歌高亢开朗，节奏自由，夜间唱情歌则委婉柔美、亲切深情。

3. 劳动歌

西五排的劳动歌。主要内容是讲述生产知识，人们经常唱的劳动歌有《收禾歌》《节气歌》《开山歌》《放木歌》《四季歌》等。唱这类歌的时候，多是过年过节或平时下雨、下雪天在家时，围在火炉边唱。还有的是在劳动过程中男女对歌，边唱歌边干活，越唱越卖力，相互之间如同进行劳动竞赛，争相表现自己既是劳动能手，又是唱歌能手，以此来博得对方的好感。有时随着一曲高过一曲的对歌之后，劳动歌变成爱情歌，人们心情越来越激动，活也停了，变成单纯的男女对歌。[①]

东三排的劳动歌。东三排的劳动歌同样是以劳动生活为主要内容，一般在山野伴随着劳动歌唱。其曲调轻松活泼、生动风趣，极富节奏感，它一方面具有指挥动作、统一步调、鼓舞情绪、减轻疲劳的客观效果，另一方面也饱含了人们主观上的心理活动。山野打猎、田间劳作都是谋生的重要手段。在出猎前、播种时，常常会念唱咒语似的歌谣，以期获得好的收成。流传于东三排的劳动歌主要有《打猎歌》《伐木歌》《绣花歌》等。

4. 风俗歌

风俗歌又称生产知识歌，通常在夜晚的火塘边唱，主要有《气节歌》《敬酒歌》《妇女养小孩歌》，还有先生公做法事时唱的《祭祀歌》等。这两类歌的曲调，风俗歌节奏明快，悠扬响亮；祭祀歌节奏缓慢，音调低沉。

八排民歌演唱形式、音阶、调式相对来说都比较单一。以油岭排瑶歌

① 杨鹤书、李安民、陈淑廉：《八排文化——八排瑶的文化人类学考察》，173 页，广州，中山大学出版社，1990。

为例，演唱形式为单声部，曲式结构基本上以一个主导乐句为基础，运用重复变化的手法，发展扩充为一首歌曲。其曲调大体分两种：一种属开放性的曲调，以长音、高音较多而类似山歌，演唱时一般用真嗓大声唱，给人以开朗明快的情绪感染，如《歌堂歌》《出路歌》《打猎歌》《伐木歌》；一种属叙事性的曲调，节奏较为紧凑，曲调婉转流畅，大幅度跳进和延长音不多，演唱时多以假嗓小声唱，如《故事歌》《歌乐堂》《讴莎瑶歌》。油岭的瑶歌多从呼唤句开始，终止句的收束因人、因曲调不同而有所不同，或以下滑延长音结束，或进行到下滑延长音后以短促的同音度本音结束。演唱时，多在歌头、歌中、歌尾附加“呢哟”“哎衣”“嗦咧罗”“衣耶”“噢喂”“色罗”“优喃嗨”等语气衬词来烘托气氛。歌曲的音阶、调式较为单一，全曲只有一个主音和调式。音阶属五声音阶体系，多数旋律只用 la、do、mi 三音列构成，也有用 do、mi、so、la 或 la、do、re、mi 四音阶，极个别基本上仅用 do、so 两个音贯串全曲。调式有宫调式和羽调式两种，多数是混合拍子和散拍式的自由节奏，普遍出现切分音。①

二、民歌内容和特点

（一）排瑶民歌的内容特点

1. 历史类民歌承载八排的历史记忆

《水淹天》是八排人民歌颂人类始祖盘古王开天辟地的歌谣，赞美盘古王开创人类社会、繁衍后代的功德，内容富有诗意，音律古老、沉绵而独特，深受八排人民喜爱。

《歌度单歌》是由上了年纪的老人在耍歌堂等场合，以及先生公在做仪式时，为祖先和“阿公、阿婆”拜祭时演唱，求祖先庇佑后代。歌唱者右手持折扇，演唱时做扇风动作。折扇作为古代仪仗礼文化的标志，在排瑶地区有为祖先遮风蔽日、尊敬先祖的象征意义。

《八排瑶来历歌》记述了八排瑶民被迫迁徙、定居各地的历史，讲述了排瑶祖宗离开故地，去往崇山峻岭的地方开启新生活，繁衍子孙的故事。

① 盘鹏主编：《油岭村志》，153 页，内部资料。

歌词中唱到："走散的瑶民都是兄弟姐妹，过去的时候，在山上居住，每天为了求生存上下奔波，汗流浃背，这样的日子年复一年地重复。挑在肩上的重担，将肩膀压出深深的血印……现在大家住得好，爱家乡爱我们的美丽乡村，我们变得越来越好。"整首歌用朴实的语言纪念排瑶民众居住于老排时的生活，以及对往日艰辛日子的回忆和对未来的美好期盼。

《盘古王歌》追溯了人类始祖盘古开天辟地的壮举和万物的起源，投射出八排民众与自然和谐相处的生态观，向人们解释各种自然现象的发生以及人与人之间的伦理关系、社会治理原则等内容。《盘古王歌》在家族歌堂和日常生活中都可以演唱，在歌堂场合需要先唱《盘古王歌》，才能唱其他的歌。因为在排瑶的自然观和世界观里，万物生发都是有秩序和有规律的，先有盘古开天地，才有排瑶今天的日子。但是在日常生活演唱就没有那么多的禁忌，随时随地都可以演唱。

以上这些古歌承载了八排丰富厚重的历史文化，演唱起来仿佛在与他人讲述一个悠久的历史传说，娓娓道来，旋律起伏不大，歌词内容一般不能改编。

2. 情歌、劳动歌大量运用比喻和拟人手法

分离歌的内容主要是呈现相爱相恋的俩人多年来建立的深厚感情和决心结为终身恋人，最终却被现实拆散的动人片段，共诉封建包办婚姻的弊端。同时，双方也要互相安慰对方，男青年希望莎腰妹要自爱、自尊、自重，要做一个好媳妇，莎腰妹安慰小伙子今后另外找一位比自己更勤劳、更美丽、更贤惠的莎腰妹来组成美满幸福的家庭，等等。

弹指歌是以沧桑的曲调，叙述曾经西五排人民分家自立，艰苦创业的由来，以及西五排的人民如何分家，如何面对依依不舍的感情，表达人们向往真善美的崇高追求。经过人们的演绎，原本用来歌颂兄弟同心同德的民歌，升华成男女互诉衷情，表达情意的爱情民谣。弹指歌通常为男青年单方演唱，作为男女双方情歌对唱的引子，在男女双方第一次相遇，处于陌生阶段时演唱。此时，男性青年偏爱用《四季歌》和《十二月歌》来作为歌头，引导莎腰妹与其对唱情歌。男性青年唱的歌头内容有赞扬、有责问，比如对莎腰妹唱歌的大意为："今天我看到你，我喜欢你，但我也心不

服。你站在那边，听不到我送的情意，如果你真的有情意，就用耳朵认真听。哪怕你过来，不管我们能否发生感情，有心就过来坐下来，两人在一起说什么都好。”男青年在向莎腰妹表达爱慕之情的同时，也问责对方为何不喜欢自己。此后，若莎腰妹中意男方，则会继续和男方对唱情歌，若是不中意对方，莎腰妹也会用歌声婉拒。

《十二月歌》为男女恋爱双方对唱的情歌，演唱场合多在室外、山坡，男女谈情说爱的时候，通常用自然界中的植物来比喻对方以及恋爱的过程。歌词是 5 字—8 字—5 字的结构。歌词内容从一月逐步唱到十二月，一月唱种竹，二月唱种树，三月唱耕田，四月唱下稻种、下秧苗、插秧，五月唱出穗，六月唱稻谷变黄，准备割禾、打禾，人们也通常选择在这个时段定亲，七八月唱收稻谷等，一直唱到十二月结束。

情歌对唱的特征为一方问情，一方做答，主要起到男方试探和暗示女方的作用。男女双方对歌完全是根据当时的情景和心情即兴创作。排瑶男女青年对情歌颇有编创天赋，对唱情歌不限时间、不规定内容。若是情到深处，可以唱三天三夜。如男人在对歌中把自己的家庭条件比喻为难耕的稻田，说明虽然家中条件不好，但也可以慢慢耕耘，虽然自己比不上有钱人家，但只要对方有在一起的真心，就可以努力把日子慢慢过好。聪明的莎腰妹在对歌中也会回应对方，将自己的家庭比喻得更加不如男方，低调又谦逊地表达自己的容貌不扬、家庭条件差等，来试探男方会不会嫌弃自己，是否愿意与自己展开恋情。又如唱到猕猴桃开什么花、结什么果，表达开花结果有一个过程，用来暗示对方既然是初相识，都要坐下来谈心，慢慢了解。有时又将莎腰妹比喻成一朵花，夸奖莎腰妹像山花一样开得很好，暗含提醒对方要珍惜时间，赶快摘花，既然相识，就赶快讲亲的内涵。

情歌对唱的另一个显著特征是大量运用比喻和拟人手法，借物抒情。歌词内容多是借用日常农耕生活以表达自己的爱恋之情，将心理活动和日常生活描绘得栩栩如生。歌词的语言表达含蓄婉转，淳朴真挚。男方或女方通常将对方形容为一种植物或者动物，用大自然美好的事物来形容人。比如常将男子比作树、好烧的木柴，将女子比作竹子、映山红；又如将稻谷、竹子、枣子和山上的鲜花等植物的生长周期、自然规律比作男女之间

的感情和缘分；将稻田插好以后的田间管理，如看田、除草等行为比作男女之间感情的经营和管理，等等。诸此种种，目的都是以美好的事物传达出对彼此的欣赏和喜爱。

而丰收歌等劳动歌的内容是以诗歌的韵律来叙述人们辛勤根植农作物，并歌颂人们收获劳动成果时喜悦之情的歌谣。

3. 教育民歌蕴含深刻的社会生活准则

爱理歌，又称讲理歌，是八排最具代表性的教育民歌，一般是由家中长辈对出嫁女子说教的歌。即将嫁出去的女子，其身份也将从一个未婚的莎腰妹转变为人妻。新娘出嫁后到丈夫家里与丈夫、公婆及其他亲戚相处，会面临很多新的问题，为了避免莎腰妹在新家庭里出现不适应，八排民众创编了教育出嫁女子的歌谣。《爱理歌》不仅是八排文化对年轻女性的社会规训，也是男女双方两个家庭必须要接受和习得的婚姻礼俗。演唱场合是女子嫁到男子家中，两家亲戚围着客厅饭桌进餐，由双方长辈对唱，此时新娘则需要站在客厅一边的角落静静聆听。这一过程中，女方长辈围绕新娘出嫁后如何正确处理家庭关系，教导其要勤劳做工，夫妻之间要相互协助，要礼貌对待公婆等内容演唱；男方长辈则唱新娘嫁过来，一家人会相亲相爱，新娘

2020 年三排镇“百里瑶山 · 村歌嘹亮”初选大赛（殷沙漫 / 摄）

也会得到大家所有人的关怀，以及鼓励两个新人在今后的生活中和睦相处，互帮互助，树立好榜样。

总的来说，八排民间歌谣既是本民族历史的真实写照，又是本民族风土人情的艺术再现，有着独特而广泛的社会功能和绚丽多彩的表现形式，与地方信仰和音乐文化紧密相关。

（二）排瑶民歌的艺术特点

民歌除了有实用的功能之外，更是一种集创作、演唱于一身的艺术形式，有其自身的艺术特征。排瑶民歌就是一种极具意味的美学形式，其艺术特征大致可以归纳为以下几点：

1. 情感美

歌谣是一种强烈情感的自然流露，而这种情感必须是发自肺腑的由衷之言，排瑶民歌中最珍贵的东西，莫过于这种真挚的情感。对于中国共产党，他们深情地讴歌："共产党来了大天亮，瑶民翻身出火坑。共产党的恩情比山高，我们千代万世记心上。"对于美好的爱情，他们大胆地追求："日想妹来夜想妹，昨夜做梦见到妹，擦醒眼睛没见妹，手捶心头脚踢被。""只要每天看见你一眼，九天不吃饭我也心甘；只要每晚听到你的声音，九夜不睡觉我也情愿！"多么强烈的情感，多么直白的表达。此外，东三排流传的情歌中还有一种"格乐当"，其特别之处就在于它是女方首先对男方抒发爱慕之情的歌曲。"格乐当"是一种类似风车的玩具，用彩纸或鲜花制成，将其固定在一根小竹竿上，风吹过的时候就会旋转，它是莎腰妹送给自己心上人的礼物。莎腰妹们一边唱歌，一边拨弄手中的"格乐当"，清亮的歌声和迎风旋转的"格乐当"，会拨动阿贵们的心弦，阿贵也就应声对唱了起来。莎腰妹看中了对歌的阿贵，就会将手中的"格乐当"抛过去送给他。通过对唱，男女之间相互了解、增进感情，父母一般都不会阻拦。如果说自由恋爱是排瑶社会的传统习俗，那么油岭排少女用歌谣主动追求爱情的方式，还相对少见。这种不受传统礼教约束的情感表达，完全没有吞吞吐吐和忸忸怩怩，有的只是直爽和坦率。八排民歌之所以历经千百年而仍具有活力，就在于它抒发的是瑶民们的真情实感。这种情感美正是排

瑶民歌的艺术特征之一。

2. 旋律美

民歌是内在情感的流露和喷发，但情感毕竟是内在的东西，要经过外化才能被人感知。情感的外化主要依托于民歌的曲调与歌词内容。民歌是要演唱的，所以节奏、旋律是否悦耳动听，是其是否能够受人喜爱并长期流传的重要因素之一。排瑶民歌正是满足了排瑶人民对音乐审美的需求，才使得排瑶民歌得以在民众中广为流传。以油岭排歌堂歌代表曲《优嗨歌》和情歌代表曲《讴莎腰》的简谱为例：

谱例 1：《优嗨歌》

1=F　宽广 激昂的

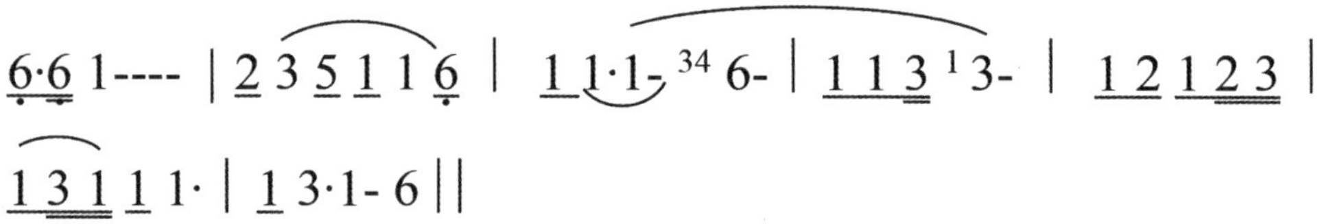

谱例 2：《讴莎腰》

1=G　中速 温和 轻声吟唱

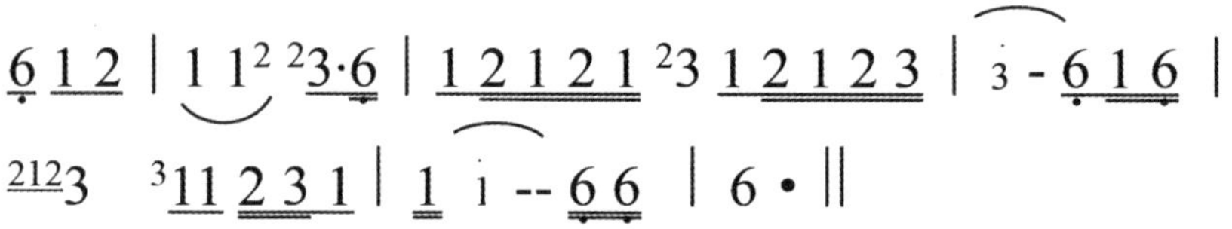

此处对油岭排民歌的曲调进行简单的分析，其一，歌曲的调式单一，旋律平稳流畅，起伏并不大；其二，歌曲基本上以“do”“rei”“mi”为主旋律，旋律淳朴，简单易记，吟唱起来，也给人以朗朗上口的感觉；其三，尾音比较饱满，演唱者可以自由发挥，将其拉长，以展现自己的音色。此外，歌词并不固定，可以随着吟唱的场域、时间和吟唱者的心情不断变化，即兴演唱，张口就来，更利于抒发情感。旋律简单、流畅的音乐之美，是油岭民歌的重要艺术特征，也是其得以广泛传唱的重要因素。

3. 意境美

词与曲是密不可分而又相得益彰的有机整体，音乐旋律能够帮助诠释

歌曲的内容，歌词才是歌曲的本意所在。排瑶人民在不同的历史时期，创作了大量优美流畅而又形象生动的歌词。他们巧妙地运用比兴、对偶、排比、反复、问答等方式，创造了八排民歌的意境之美。

比就是比喻、打比方。朱熹说：比者，“以彼物比此物也”，说的就是这个意思。用比喻能够准确找到自然界、生产生活中熟悉的事物作为表达的依托，让听者更容易产生共鸣，理解演唱者的真实情感。所谓比，实际上是以外物为媒介，而以情感为轴心的。简单地说，讴莎腰在瑶族社会中就是赞美姑娘，看谁唱得好，除了看嗓音，主要是看唱的内容。若比喻和拟人手法用得好，此人即会得到“会说话”的褒奖。如歌中唱到：

美丽的姑娘啊，
你就像三月的桃花，你就像四月的梨花。

桃花娇艳美丽，梨花雪白纯洁，用来比喻心爱的姑娘美丽而又纯洁，是再恰当不过的了。再比如《永远不分离》中唱道：

阿哥是一条山溪，我就变成一条鲤鱼，
鲤鱼活在溪水里，永远不分离。
阿哥是一枝梅花，我就变成一只蜜蜂，
蜜蜂落在梅花上，永远不分离。
阿哥是一只山鹰，我就变成一朵白云，
白云跟着山鹰飞，永远不分离。①

对爱情的坚定忠贞是抽象的，但是山溪和鲤鱼、梅花和蜜蜂、山鹰和白云却是具体形象而又通俗易懂的，这样一比，将无形化作有形，这种真挚的感情就跃然眼前了。

“起兴，是歌手们以所见之景、所见之物、所历之事为触媒，引发思绪、抒发情怀的一种方法。如果说用比喻是民歌的传统，那么起兴则更是

① 《连南瑶族民歌》，17 页，广东省连南瑶族自治县文化局编印，1983。

民歌的擅长。”[①] 起兴句中所表达的不一定就是要歌咏的主要对象，但是它却能起到抛砖引玉的作用，也对后面的歌词起到韵律上的限制作用。比如瑶族民歌中常唱到“一条绒线长又长，手牵情丝绣凤凰”，这是歌曲的开头。后面可以即兴地唱出绣娘对心上人的情意长，愿意配成双，甚至有一日能同堂，由“绒线长”“绣凤凰”抛砖引玉，打开话匣子，同时也规定了后面歌曲中的韵脚。再比如，“今天晚上，月光明亮，山风凉爽，时辰正吉祥。先辈传下的故事，大家都不要遗忘”，这样的开头也起到了同样的作用。

此外，在前文列举的歌词中，很容易找到对偶、排比和反复的例证，这几种手法的运用无疑强化了歌词所要表达的情感。问答式的歌词一般常用于情歌对唱中，一男一女，你问我答，情真意切。歌词中比兴、对偶、排比、反复、问答等方式的灵活运用，将一幅幅生动鲜活的排瑶人民生活的场景画面展现在大家面前，并给人以想象的空间，这种意境之美是排瑶民歌的又一重要的艺术特征。

4. 再生美

八排民歌的另一个重要艺术特征是它的再生性。油岭排的民歌旋律简单、朗朗上口，虽然简单，但它们却是灵活多变、常唱常新的。只要掌握了各种基本的曲调，歌词就可以随意填写、即兴发挥。如：情歌《讴莎腰》的基本曲调一致，但歌词就是千变万化的。唱情歌时，每位阿贵都挖空心思赞美自己心上的莎腰妹，个人的感受不一样，审美不一样，再加上唱歌的时间、环境不一样，打的比方也就不一样，但只要能合辙押韵，唱到莎腰妹的心坎里，就是首好情歌。再如排瑶婚礼仪式上，席上的各位长辈为新娘唱歌，一方面要介绍自己，另一方面要祝福新人。虽然曲调基本一致，但其中的内容可谓千变万化。这样一来八排民歌常唱常新，歌词内容不断变化再生，使其拥有鲜活的生命力和可再生的美感。

三、民歌词句和传承变迁

（一）西五排音乐词句

① 李惠芳：《中国民间文学》，178 页，武汉，武汉大学出版社，1999。

一切文化艺术形式都在特定的生态环境中孕育、发展。瑶族人民长期在深山里生产生活，有以歌助兴，以歌记录各种交往形式、耕种时令、神话传说等习俗，由此而产生出大量表现内容、手法、功能不同的各种民间歌谣。八排民歌的歌曲是词曲结合的整体，由词和曲两个部分组成。由于文化生态、地理环境、人文心态、语言上的差异，西五排和东三排的音乐特征表现差异较大，东三排的民歌音调嘹亮、旋律优美，而西五排的民歌音调则比较低沉，旋律变化小。

在西五排内部，不同类别的歌曲所反映的内容和表现的功能不同，不同歌曲的音调特征也有一定区别，但各排各类别的民歌曲牌和内容基本相同，排与排之间可以对唱，所异之处主要是因为各排方言的不同而产生的音调上的细微变化。一般来说，山歌内容与演唱场合不定，即兴抒怀；历史类民歌内容比较固定，结构短小精悍，音乐形象、音调比较单一。

以《歌度单歌》和《优嗨歌》为例。《歌度单歌》在西五排地区广受欢迎，多用于祭拜祖先，求祖宗保佑的场合演唱，其歌词有9段，由大坪镇军寮村歌师房良九斤公用汉字记瑶音整理：

不公不婆老立，家里真不歌堂，真不盖老立。
（阿公阿婆诶，大家做好歌堂真好，家乡好。）
不公不婆老立，难却歌堂烧香鹤老领。
（阿公阿婆诶，做起歌堂烧香好；）
烟烟老立，家里不却香盂盂立。公婆欢喜相难鹤领。
（拜祖先拜公婆，大家烧香，香烟粉粉上升，阿公阿婆好喜欢。）
烟烟和老立，间却夔白真真老领。
（阿公阿婆诶，做起白糍粑真的好。）

烟烟和老立，请开食酒家计角老领。请到龟批伙，吾到礼意老领，请到龟苔吾相意时老领，请到龟是西亚老欢喜老领。

（分到猪肉，喝到米酒真开心。分到鸡头鸡爪不好意思。分到鸡腿很喜欢。分到团糕一点不喜欢。分到白糍大家很喜欢。）

烟烟和老立，请到夔亭亚心亚粒吾福老领。请到夔白家里统

统家计意鹤领。

（做起歌堂，敲起铜锣，打起横鼓。）

烟烟和老立，家里难却歌堂那那民家计欢喜老领。

（要拜祖先，拜阿公阿婆，大家都很喜欢，歌堂是传下来的规矩。）

烟烟和老立，家里食饱开酒统统祝也母表领。

（给祖先给阿公阿婆烧香斟茶啊。）

烟烟和老立，家里年年难角歌堂，家里统统米来加闹古民努何祖鹤领。

（祝福他们保护全村、全寨人，个个平安，六畜兴旺。）①

歌词以“烟烟和老立”作为每一段的引导语，引出后面的内容。每段歌词的字格为 5+6/8/13/15 不等，后面的词句根据内容需要而做变化，以老领 / 鹤领为结束语。词句直白朴实，富有地方特色。

类似于《歌度单歌》词句结构的还有民歌《阿海歌》。《阿海歌》共 6 个段落。每个段落都以“难难鹤嗨”作为开篇语气词，以“鹤立”“西鹤嘿”为感叹语结尾，系 7 字或 8 字体。每段歌词的字格结构为：“难难鹤嗨 +8+8 鹤立 + 西鹤嘿”，“难难鹤嗨 +8+7 鹤立 + 西鹤嘿”“难难鹤嗨 +7+7+14 鹤立 + 西鹤嘿”“难难鹤嗨 +7+8+7+7+8+7 鹤立 + 西鹤嘿”“难难鹤嗨 +7+7+7+8+7+10+7+7+7+7+7+7+7+7 鹤立 + 西鹤嘿”“难难鹤嗨 +7+7+8+8 鹤立 + 西鹤嘿”。该曲词句比较规范，记录了盘古王和莎房山的关系以及八排瑶民分家的历史，歌曲无伴奏，音调起伏变化不大，歌手于每段结尾部分拖长音。

（二）东三排音乐词句

唱歌是八排男女老少的主要文娱活动之一。老年人一般在举办耍歌堂的时候尽情歌唱；青年男女则在劳动过程中或晚上三五成群地唱歌。由于他们长期居住在深山，解放前生活困苦，物质缺乏，文化生活也必然贫乏。“虽然其歌词内容丰富，但韵律方面则非常单调，节奏也不鲜明。女声较柔

① 歌词为房良九斤公根据瑶语发音，用同音或近音的汉字代替。括号内字为汉语大意翻译。

和但并不优美，声调也较迟缓，形式上均为以说唱为主的叙事歌，但不同排有不同的调。”① 八排民歌围绕瑶民千百年来的生产生活歌唱，各排没有太大差异，但依然有各自特点和流行的曲目。以下抄录几首情歌：②

1. 夜歌（讴莎腰）

（男唱）阿妹啊——
今晚来到你窗前，
口里唱歌心中想。
一心想着知心人（啰）！
九条大街不怕走，
走遍十姓寻妹来。
台桌无脚难平稳，
哥无爱人心不安。
盘古立世分男女，
男人要有女郎伴（啰）！
我年二十劳动好，
无田耕呀耕山坡，
无人帮手无商量，
无伴出门真孤单（啰）！
阿妹啊——
你生得聪明又貌美，
若得同你成一家，
出门成双入门不离，
家门各样有条理（啰）！
你是否有了心爱人？
你有无心意听我唱？

① 杨鹤书、李安民、陈淑廉：《八排文化——八排瑶的文化人类学考察》，172 页，广州，中山大学出版社，1990。

② 连南瑶族自治县文化广播电视新闻出版局、连南瑶族自治县非物质文化遗产保护中心编：《广东连南瑶族婚俗》，109—116 页，广州，羊城晚报出版社，2017。

说句话来让我知吧！
唱条歌来安我心吧！

（女唱）啰咧！
我思念的人来啰！
你说的话句句真，
大家都是穷苦人，
男儿长大要娶亲，
女儿长大要嫁人。
十八岁阿哥美貌壮健，
二十岁阿哥聪明伶俐。
你真是心甘情愿来爱我，
我真心实意和你结成双（啰）！
不计较你家有多少田地，
也不嫌耕地耕山冈，
若夫妻同心合力干，
生儿育女定会家兴旺！
我左手给你竹柴一扎，
我右手给你火柴一个，
让你点亮火把返家堂，
不要多心把忘（啰）！①

2. 天黑歌

（讴莎腰精　油岭排）
歌词译意：
放下饭碗，
拿起十八节烟斗，

① 流传地区：南岗排；唱述：盘亚林三（唱）、邓三妹（和）；收集翻译：许文清。

走了九条大街，
跑了十条正巷，
来到你家窗口，
走到你的屋檐下。
莎腰妹哎，
你应不应呀，
天这么黑，
今晚蹲了一夜，
天亮不见你回声。
……①

3. 格乐当歌（格乐当精　油岭排）

歌词译意：
（1）格乐当，格乐当，
同辈情人呀，
你呀快快来呀！
今日天气晴朗，
我红纸扎起格乐当，
白纸扎起格乐条，
等累了不见你来。
（2）唐十一贵，唐十二贵，
我扎起红纸格乐当，
唱得嘴巴出了血；
扎起白纸格乐条，
瞧得眼睛起了雾，
等累了不见你来，
你来的话，我给你红纸格乐当，

① 演唱：唐买些大爷不；记谱：伍国栋；译词：许文清。

你到的话，我给你白纸格乐条。[①]

八排男女都会唱歌，瑶歌种类繁多，主要有节气歌、耕种歌、砍柴歌、节日歌、恋爱歌等，现在唱的大多是根据时代发展新编的山歌。据调查访谈，选取几首代表性歌曲，根据其大致意思摘录部分节选如下：

4. 南岗排瑶歌[②]

（1）百里瑶山

南岗村中住得好，南岗村是好地方；
九条龙路开得好，十条马路来得精；
一眼望去很美丽，一抬头看到天公；
一堆小山来行祥，九个墩头跟得紧。
……[③]

（2）砍柴歌

男：莎腰妹，请你等一等，听我说句话，你长得很漂亮，不知道你有没有意，我要跟你谈恋爱。

女：我有心要和你谈恋爱，又怕你有了别的莎腰妹。

男：我没有别的莎腰妹，我只选择你。

女：既然你选择了我，我也喜欢你。今天没有时间说多话，明天回去再定好日子。

……[④]

（3）耕种歌

① 演唱：唐买些大釜不；记谱：伍国栋、何芸；译词：许文清。

② 访谈对象：唐六妹，女，65岁，排瑶民歌市级非遗传承人，南岗村人。瑶歌由受访者现场表演。

③ 瑶歌内容是歌唱瑶山的自然景色和人们的淳朴善良与勤劳互助，大致内容的瑶歌还有《南岗好地方》《南岗赞歌》等。行祥，是南岗瑶寨的别名。

④ 瑶歌内容是讲述瑶家姑娘上山砍柴与爱慕她的瑶家小伙儿相遇，小伙儿向姑娘表达爱慕的对唱。瑶寨青年男女一般是父母包办婚姻，但也可通过对歌形式谈恋爱，然后通过双方父母同意即可结婚。

过了元宵节，
父母叫我们去做工，
拿起锄头去锄地，
种竹、种树、种玉米、种花生、种黄豆。
过了三月三，
就要去耕田，撒谷种。
过了六月六，
收黄豆、收玉米、收花生。
又要种二季，
种完番薯去拔草，
农忙过后要砍柴。
立冬种豌豆与小麦，
十二月来绣花穿新衣，
过春节。[①]

5. 横坑瑶歌[②]

（1）横坑山里的三月三（歌词大意）

横坑乡村，对洞河水，
年过正月地生种，春来二月物发芽。
人群上上下下上山是种树，人群来来往往过山是种竹。
如今三月份即将到来，当今三月三也将来临。
父老乡亲，兄弟姐妹们，
人人开口讲三月三的故事，个个开口唱三月三里的歌谣。
讲那三月饱红的山果，唱那三月山洞的溪水，
饱红的山果养育人们，山润的溪水浇灌田地。

① 瑶歌内容以时间顺序讲述瑶寨人民一年中不同时段的劳动场景。相近内容的瑶歌还有《劳动歌》《节气歌》《丰收歌》等。

② 横坑瑶歌歌词由房水生提供。

生物生在三月三里，人来勤在三月三间。
年老祖先开山面广，兄弟姐妹垦山开地。
种下那树行行见得出尾，种起那竹棵棵生机勃勃。
男子耕田扶田倒，女子耕地扶地开，
三月三的歌谣代代传，三月三的故事人人讲。
山洞的溪水养育人们，高高的大山保佑人们的平安。

（2）瑶歌唱响三江街

大雾山尾山山高，山山连着高良墟。
起眉山街，街街平，街街连至三江街。
大不河尾，尾尾长，尾尾流到沿陂尾。
涡水河水，水水清，水水流至三江口。
八排二十四坑高楼平地起，
瑶民日子一年比一年好。
老老少少欢欢喜喜，
哥贵弟妹人人得意。
红旗飘飘过周堂，
锣鼓应应闹歌堂。
瑶歌唱响高良墟，
长鼓打响三江街。
小孩捡得好法名，
新承弟子过九州。

（三）排瑶音乐的传承和变迁

由于时代的变迁，排瑶民众的人文心态、审美意识也在发生变化，对自己的传统文化更自信和包容，接受了许多外界文化元素，使得目前的瑶族民间歌曲夹杂了现代流行音乐的内容。当下，民歌爱好者们参加政府部门组织的地方民歌大赛，积极性得到极大提高，歌手们纷纷登上舞台，以

传统民歌为蓝本，结合新时代主题编写了各种类型的新民歌。新民歌的蓬勃发展，让八排民间音乐的内容和表现形式更加丰富和多元化。民歌在传承中不断得到发展，也让现代音乐更加富有地方特色。

油岭排是八排传统文化保存较为完整的村寨，油岭民歌也是八排中最具代表性、保存最完好的。改革开放后，油岭排率先弘扬优秀民族传统文化，第一个恢复举办八排传统文化盛会“耍歌堂”活动，其浓厚的民族民间文化底蕴得到了国家有关部门的肯定。1996 年，油岭瑶寨被广东省文化厅授予“广东省民族民间艺术之乡”称号；1998 年，又被国家文化部授予“中国民间艺术之乡”称号。

在瑶族民歌曲调基础上发展的瑶族舞曲也被大众广泛接受，深受欢迎。如《瑶族舞曲》，创作原地就是在南岗千年瑶寨地区，是由著名作曲家刘铁山、茅沅以瑶族民间歌舞为素材创作而成的管弦乐曲，自 1953 年创作首演六十多年来上演不衰，已传遍世界。传承并发展排瑶民歌对保护珍贵的人类非物质文化遗产、保护文化的多样性、加强八排瑶地区民族认同感、维护民族团结、促进八排地区的经济社会发展等无疑都是具有重要意义的。

排瑶民歌传承人唐买社公在当地号称“歌王”，在百里瑶山，无人不知，其声音高亢嘹亮、优美抒情，是八排瑶中少有的男高音。唐买社公生于 1943 年，因家庭出身不好，只念完小学，但他在歌唱方面却颇有天赋，对排瑶历史文化也很了解，熟悉排瑶民歌的各种唱腔和曲调，据其讲述：

> 我是 10 岁开始学唱歌的，那一年刚好油岭举行耍歌堂活动，我们 16 个人一起学唱歌还有长鼓舞，到现在就剩下 6 个人，其他人都过世了。在剩下的 6 个人中，也只有两个人会唱瑶歌了。目前也有招收徒弟和去学校教学生，一般是给小学三年级以上的学生教授，一直教到六年级。另外，也有音乐舞蹈学校的人专门来学习的，我女儿、孙子也都会唱瑶歌。我们唱歌很讲究在什么情况下唱什么歌，红白喜事、重大节日都要唱歌。

目前，排瑶民歌的传承发展正面临困境。一方面，八排民歌的传承出

现后继无人的现象，其首要表现就是“人走歌走”。民歌传唱主要靠口耳相传，而现在年轻人纷纷外出打工，无心学歌，传统排瑶民歌，尤其是那些记载民族历史文化的叙事长歌已经没有多少人会唱了。随着一批老歌手的相继离世，不少优美动听的民歌也随之而去。另一方面，民歌的生存环境被不断破坏。排瑶民众唱歌，往往随性而发，在劳动时、恋爱时、节日时、祭祀时都有歌谣相伴。但现今的情况是，对歌不再是年轻一代的恋爱方式和择偶标准之一，村里的节庆、祭祀、红白喜事等活动规模也在不断变化，因此民歌生存的土壤受到影响，随之而来的就是其活力的丧失和生命力的衰竭。可喜的是，党和政府有关部门高度重视排瑶文化的保护和传承工作，每年定期举办“盘王节”和“耍歌堂”活动。作为八排节日文化的重要组成部分，排瑶民歌又重新找到了自己的位置。与此同时，对被确定为省级、国家级的排瑶民歌传承人，都会给予一定补贴，让他们肩负起传承民歌的艰巨任务。另外，让民歌进入中小学的课堂，将排瑶民歌深深根植于孩子们的记忆中。这样一来，瑶族民歌就会像种子一样，随着他们外出求学和生活，播散到更远的地方。

大坪镇民间歌手走上舞台①**（潘璐璐 / 摄）**

① 拍摄：潘璐璐；地点：连南县大坪镇镇政府前。

第三节　长鼓舞

舞蹈作为人类最古老的艺术形式之一，在人们的日常生活中具有十分重要的作用和意义。长鼓舞是排瑶民众世代相传的传统舞蹈，是瑶族文化的重要组成部分，也是广东省连南瑶族自治县最具代表性的舞蹈种类。李来章在《连阳八排风土记》中就描绘了瑶民在元宵佳节时跳起长鼓舞的情景：“元宵，击锣挝长鼓，跳跃作态。长鼓其形头大中小，黄泥涂皮，以绳挂颈，或云亦古制也。男女相杂，至山岐唱歌。”[①] 八排地区的人们用长鼓舞来传情达意、沟通神灵、祈福欢愉，因为其真实地反映了排瑶的历史生活，满足了排瑶人民日常生活需要和审美需求，在瑶山得以代代相传；又由于其浓郁的民族色彩、独特的祭祀礼仪和悠久的历史底蕴，显示出排瑶人民勇于开拓、热爱生活的品格。

长鼓舞的动作特点是粗犷洒脱、刚健有力，节奏明快、敏捷，时而腾空旋转，时而如猛虎扑地。舞蹈语言较为丰富，能表达较为复杂的内容，把瑶族人民上山下岭，勤劳勇敢和雄劲刚强的性格表现得淋漓尽致，惟妙惟肖。如大掌排的《种树鼓》，模仿“找地方”“垦土”“植树”“管理”“伐木”等林业生产的全过程。南岗排的《参神舞》，则通过模仿拜祭神明的各种礼仪，反映排瑶在生产力低下的岁月里，为摆脱困境，追求幸福，祈求神灵庇佑的虔诚心理。此外，还有油岭排的《歌堂长鼓》、南岗排的《欢乐长鼓》、军寮排的《团圆鼓》等。这些舞蹈从各个方面反映排瑶的生产活动和生活习俗，表达了自身的思想感情和理想愿望。新中国成立后，会跳长鼓舞的村民除在瑶山欢庆佳节和迎接宾客时打鼓起舞之外，还组成长鼓队，多次被邀请到北京、上海、广西、广州、香港及新加坡等地演出。2008 年 6 月，连南排瑶长鼓舞被列入第二批国家非物质文化遗产名录。八排瑶中每个排的长鼓舞既有共性，又各具特色。其历史来源、社会功能、表现形式、

① （清）李来章撰，黄志辉汴·《连阳八排风土记》，60 页，广州，中山大学出版社，1990。

象征意义，使得排瑶长鼓舞在社会传承和历史发展变迁中别具一格。

关于八排瑶长鼓舞的来源，在马箭排流传着一个传说：过去在东盘王时期，民间有一个叫李倩成的音乐爱好人士，被皇室挖掘后受到重用，邀请他去尝试和开发皇宫乐器。他得到皇上的认可后，觉得要做一番成绩出来。但皇宫的音乐文化很有限，他就去民间挖掘。后来他发现瑶族有长鼓，汉族有腰鼓，于是挑选民间的人去皇宫献艺，发现瑶族的长鼓确实是好东西，便在皇宫和民间逐渐发展和推广长鼓舞。随着时间的流逝，人群不断迁徙到不同的地理环境中，人们将各自的生活内容用长鼓舞加以演绎和传承，使得每个支系的长鼓舞在内容、形式、风格上具有共同特性之外，还各有特色。总体来说，西五排的长鼓舞在明代就已经开始盛行，历史悠久，通过舞蹈还原了八排的生活景象，表现了排瑶民众朴实、吃苦耐劳的精神。

长鼓，因其鼓身较长而得名，持长鼓而舞称为“长鼓舞”。每逢春节、三月三、十月十六盘王节、耍歌堂或其他祭祀场合，八排男子都喜欢跳长鼓舞来庆贺。李来章在其《连阳八排风土记》一书中描述排瑶的长鼓为：“长鼓其形头大中小，黄泥涂皮，以绳挂项，或云亦古制也。”[①] 长鼓，西五排的瑶语叫“汪都”，约四尺长，鼓身细长，两头大，呈喇叭状，用沙桐木制成，两端蒙上黄牛皮或羊皮做鼓面。两边的鼓面大小不一，小的一端为鼓头，大的一端为鼓尾。鼓头敲起来声音较高亢清脆，鼓尾敲起来的声音较低沉厚重。长鼓舞的动作大多来自平时的劳动生活，如开山、砍柴、建房、制鼓，有的还模仿飞禽走兽等。无论是舞蹈形式还是内容，八排各自的长鼓舞都体现了每个排独特的内涵和价值。

一、长鼓舞的类型

目前，按照风格特色长鼓舞分为两种类型：一类是流传于西五排军寮排、马箭排的团圆鼓，火烧排、里八峒排的十二姓鼓和大掌排的种树砍树鼓，共 3 种；一类是流传于东三排的长鼓舞，主要有油岭歌堂长鼓、南岗欢乐长鼓等。

① （清）李来章撰，黄志辉注：《连阳八排风土记》，60 页，广州，中山大学出版社，1990。

（一）军寮排团圆鼓

军寮排把长鼓叫做“担轰都”，因为动作节奏柔缓也被称为“走路鼓”，又因为是由很多人围着圆圈起舞，所以又称为“大圆圈鼓”。在过去，勤劳的军寮排民众在每年农历十月十六盘古王节都要庆祝丰收。传说在这一天，男女老少选择一个较大的厅堂，做糯米糍粑。先把糯米蒸熟后，放在石舂或木舂里舂。男的负责将蒸熟的糯米打烂，女的负责搓成椭圆形半个手掌大小的糍粑，部分姑娘负责传递已做好的糍粑，部分阿贵负责用鼓状型的圆木顶接糍粑。由于长期如此，为了减轻重量，一些人把原有做糍粑用的鼓状圆木挖空，好奇地蒙上黄猄皮，用6—8条染色麻绳拉紧两头，再涂上红、黄、白等色彩，美化成鼓身，然后用一条彩带绑在两头“鼓颈”，固定住黄猄皮。于是，这个鼓既可以在人们做糍粑时接糍粑，又可以敲响，让人们欢愉地跳舞，然后一代传一代，军寮排的长鼓也就由此产生了。

军寮排长鼓舞不仅叫团圆鼓，也被称为“啄木鼓”和“刁树鼓”，对此，在当地还流传着这样一个传说：以前天上有个人叫张果老，他因为触犯了天规，被玉帝推下人间。为此他感到很不服气，于是用樟介树做成鼓敲，敲得很响，同时还敲锣以惊动天庭，用这种方法来表达对玉帝的不满。玉帝觉得太吵了，就放了很多虫下来，将人间的樟介树吃光。于是，人们就想办法用沙桐树来做鼓，但沙桐树没有樟介树敲得响亮。有了长鼓以后，军寮排民众发现没有舞蹈动作搭配，鼓敲起来就比较单调，人们便想办法加上动作。后来人们看到两种鸟，一种鸟叫“买白介心曜”，还有一种鸟叫“记兴班鸟”。“买白介心曜”在田边走跳的姿势很优美，啄木鸟在森林转圈飞舞的姿势很轻盈，人们看到这两种鸟很好看，也觉得很有意思，便模仿“买白介心曜”跳跃的姿势，模仿啄木鸟觅食时飞舞的本领，将一坛酒和猪肉放在大厅中央，分男女竞技，谁单脚背着长鼓模仿啄木鸟觅食的动作，然后跳到大厅中央，谁就得到这块猪肉和这坛酒。军寮人由此编出了长鼓舞的动作。

长鼓舞传承人展示“走路鼓”舞（潘璐璐 / 摄）

（二）火烧排十二姓鼓

火烧排属大坪镇，其长鼓舞也有自己的特色。根据大坪镇三个不同的姓氏，长鼓舞有三种：一种是唐姓人跳的九犇（瑶音念 niu）鼓，一种是房姓人跳的三公鼓，还有一种是整个大坪镇都通用的十二姓鼓。十二姓鼓始源于明洪武年间（1368—1398），至今还流传在火烧排和里八峒两个排。传说在很久以前，房姓三兄弟（大房、小房、十二九房）共孕育了 12 个子孙，这 12 个兄弟成家立业后，对父母和长辈都很孝顺，逢年过节都回家看望 3 位长老。若干年后，房姓 3 兄弟相继去世，于是 12 兄弟各自做了 3 位老人家的灵牌，放在家中灵堂内，进奉供品报答养育恩情。每逢节庆日，他们都打着长鼓祭祀、祈求保佑，每一个动作重复打 3 次，拜 3 次，表示尊重。12 个兄弟相继去世后，子孙们也按祖先们的惯例，每逢重大节日，如农历十月十六的盘古王节要歌堂时，大家都会背着长鼓，将每一个动作重复打 12 次、拜 12 次，就形成了火烧排和里八峒排 12 个动作的十二兄弟长鼓舞。十二兄弟长鼓舞所使用的长鼓其外观与其他排的差别不大，长短

则根据人的身高来制定。目前的十二姓鼓舞也同样适用于表演场合，只要想学都可以跳，并无严格限制。

（三）大掌排种砍树鼓

大掌排的长鼓舞用当地瑶语叫做“阿都”，由于舞蹈动作大多模仿当地人开荒造林，所以称为“种砍树鼓”。民间传说大掌的“种砍树鼓”舞蹈由牛郎织女流传而来。牛郎和织女自从被分开后，两人为了见面，每逢农历七月初七，牛郎就用长鼓为媒，在人间敲响长鼓。织女在天上听到声响，便下凡间与牛郎相会。牛郎织女的故事被当地人演绎和渲染，不仅赋予长鼓具备人神沟通的功能，背后还暗含了悲情和怀念故人的隐喻。至今在大掌排，长鼓只能在葬礼仪式中使用，喜庆场合是禁止跳长鼓舞的。

过去的大掌排较为荒芜。自旺埂庙（今涡水盘王庙）的部分人分居迁徙到大掌排后，以狩猎为生，但仍难以维持生存，日子十分困难。为了生存，勤劳、勇敢的人们开始开荒造林，于是人口逐渐兴旺。林木大了，人们便用来做家具、建造房屋，逐渐形成了大掌排的吊脚楼建造及其他木质家具制作工艺，并不断传承给后代。同时，大掌排的民众们相信万物有灵，认为不仅林木有灵魂，人死后灵魂不死。人过世后最重要的莫过于为其打制棺木让其遗体安葬，并在葬礼上跳起长鼓舞、念起古瑶经，让死者灵魂得到告慰。

（四）油岭排歌堂长鼓与南岗排欢乐长鼓

东三排长鼓舞以油岭排的歌堂鼓以及南岗排的欢乐鼓为代表。过去，跳长鼓舞多为男性，现在有越来越多的女性参与进来。长鼓用绑带挂在左肩上，鼓身横悬在腹前，双臂舒开，两只手的腕部止好搁在两个鼓面的上缘，左手持竹片，拍击左端鼓面，发出“嗒”声，右手五指并拢，拍击右端鼓面，发出“咚”音。连续拍击，便连续发出“咚嗒”“咚嗒”“咚咚嗒”的声音。击法有重拍和轻拍，或者调节竹管，发出的声音不同。跳的时候，膝微屈，腿外张，提踵踮足，表演形式通常有单人舞、双人舞、集体舞。单人舞较自由，边走边跳，仰俯摆动，左右快慢旋转，单足旋转，连旋和

交替旋，舞姿多半蹲式，动作刚柔相济，无需音乐伴奏。双人舞或集体舞则要求步伐整齐，鼓越多，声音变化越多，气氛越热烈。有一领众和，也有一齐击拍，这时往往伴随着牛角声、铜锣声、唢呐声、口哨声及土铳声，鼓手们随着节拍，双足频频弹跳，有高有低，不时旋转身体，油乌晃亮的长鼓也随着身体的回旋在空中画着弧圈，众多的长鼓在场中画出五彩缤纷的弧圈，夹杂着青年男女的悦耳歌声，使整个活动达到高潮。[①] 东三排的长鼓舞舞蹈动作丰富，难度较大，速度较快，风格鲜明，观赏性强。舞者一旦把鼓斜挂在肩上横于腹前，两手向旁伸展，一个剽悍粗犷的形象即刻显现出来了。

关于油岭排的群众善跳长鼓舞还流传着一个故事。传说很久以前，盘古王的女儿房莎十三妹从天庭下到凡间，热恋着一个勤劳而又英俊的阿贵唐冬比，两人结为夫妻。唐冬比的哥哥是个贪婪狠毒的坏蛋，他想方设法要害死唐冬比，霸占房莎十三妹。后来阴谋败露，房莎十三妹战胜了唐冬比哥哥的邪法，使他的阴谋没有得逞，但房莎十三妹私奔人间的事让盘古王知道了，盘古王责怪她在人间惹事，于是把房莎十三妹召回天庭。房莎十三妹和唐冬比怎么也舍不得分离，可又不能抗拒盘古王的意旨。临别时，房莎十三妹向唐冬比传授了上天相会的办法。唐冬比按照房莎十三妹的嘱咐，不畏艰难险阻，跋山涉水，战胜了途中的毒蛇猛兽，来到南山，寻得琴树，做成长鼓。等到十月十六日盘古王婆诞辰这一天，他打起长鼓，跳了 36 个旋圈，终于使自己像山鹰一样向天庭飞去，得与房莎十三妹团圆。从此，人们为了纪念房莎十三妹和唐冬比的忠贞爱情，把长鼓舞世世代代相传下来。

南岗排的欢乐长鼓则有另外一个传说：相传长鼓是瑶族猎人冬兵专门为铲除妖怪老山羊而制作的。冬兵通晓法术，能驱妖降怪，专门为瑶民除害，大家都把他当做英雄来敬拜。有一年，瑶山来了一只羊妖，常常出来损害老百姓的庄稼。一天，冬兵正好碰见老山羊出来损坏庄稼，就赶紧追了过去，老山羊逃回老窝一棵空桐树的树洞里去了，冬兵就守住洞口，待

① 杨鹤书、李安民、陈淑廉：《八排文化——八排瑶的文化人类学考察》，广州，中山大学出版社，1990。

瑶民赶来后活捉了老山羊精。大伙把空桐树砍下，挖空树心，做成两头大、中间小的长鼓，扒了羊皮，吃了羊肉，把羊皮蒙上长鼓的两头做鼓面，敲打起来。大家高兴地唱歌跳舞，这一天也正好是农历十月十六日盘古王节，大家兴奋地跳了三天三夜的长鼓舞。后来便将这个舞蹈取名为“欢乐长鼓舞”。南岗的瑶族同胞们尊敬祖先延续传统，把欢乐长鼓舞传承了下来。

盘王节耍歌堂是油岭排和南岗排的长鼓舞的展示平台，也是排瑶民众祭拜和缅怀祖先的盛大节日。庆典当天，鼓手盛装打扮，先在本房系的厅堂祭拜祖先，在厅堂内或门前跳“祭祀舞”。然后，跟随在被人们抬着的盘王塑像后面，跳着“行路鼓”汇集到歌堂坪上。此时歌堂坪上已是人潮涌动，全村男女老少以及远近前来观光的游客把宽阔的歌堂坪挤得水泄不通。三声震耳欲聋的土炮响过后，全村男女老少在先生公的引领下表演“过九州”。老人们跟随在先生公后面，长鼓队则跟在老人们的后面以欢快的舞步行进。紧接着是牛角队、铜锣队、唢呐队和全村的大人小孩。“过九州”结束后就拜祭盘王，先生公表演祭祀舞蹈，接着就是长鼓队一套接一套地表演“歌堂鼓”。此时，歌堂坪上铳炮轰鸣，“咚啪、咚啪”的长鼓声伴随着牛角声、铜锣声、唢呐声和高亢的歌声，掌声、欢笑声、欢呼声等，各种音响交织在一起，犹如一首雄壮的交响乐曲，响彻云霄，震撼山冈。①

二、长鼓舞的舞蹈形式

西五排的长鼓舞与东三排的长鼓舞的风格差别较大，东三排的长鼓舞以跳跃旋转的动作为主，以速度快、粗犷奔放、刚中带柔见长，西五排则以双腿半蹲较低，身体有节奏地上下起伏，速度较慢、优美矫健、柔中带刚的特点较为突出。②几个排内部的每种长鼓舞在跳法和内涵上又各有特色，但这些舞蹈动作语言内涵都十分丰富，大都来源于排瑶人民的生活实践，模仿人们生产生活的外在形态。在表演形式上，分单人舞、双人舞和群舞，有时数十人一起跳，场面非常壮观。在打法上，主要是多人或两人一起打

① 范秀炎、吴卫清：《瑶族长鼓舞》，15页，广州，广东教育出版社，2012。
② 范秀炎、吴卫清：《瑶族长鼓舞》，15页，广州，广东教育出版社，2012。

的齐奏法。

（一）道具和音乐

长鼓舞顾名思义，为持长鼓而舞。长鼓为跳长鼓舞必不可少的道具和乐器，西五排瑶民称其为“都”，跳长鼓舞则为“哎都”或“打都”。西五排和东三排的长鼓外形基本上相同，为中间细窄、两端大的喇叭状，鼓身为空心的圆柱体。西五排的长鼓长约 70 厘米，东三排的长鼓约 85—100 厘米。鼓的两头大小不一，大的一头为鼓头，直径约 18 厘米，稍小的一头为鼓尾，直径约为 15 厘米。将木料掏空制成鼓身后，就可以为鼓身上色，涂上红色油漆，绘上红、黄、蓝、绿等色的菱形、三角形、半圆形等图案。

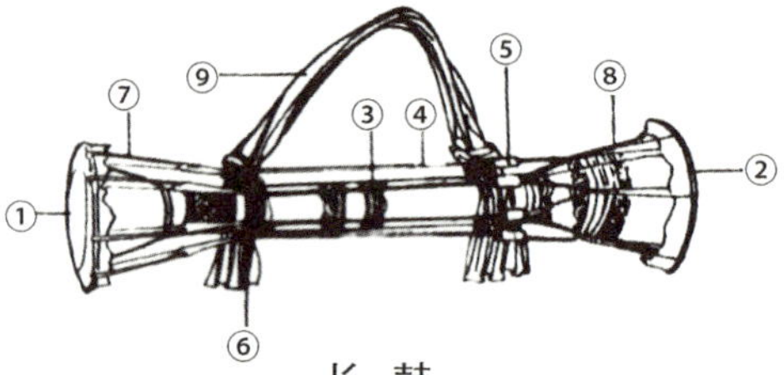

长鼓构造说明[①]

制作成形的鼓身（潘璐璐 / 摄）

长鼓的击法有两种：油岭歌堂鼓的“鼓头”“起换堂”“圈靠背”“穿东方”“鼓尾”等鼓点由领舞者击前半拍，其他人击后半拍；军寮圆圈舞则全体舞者齐奏。敲击鼓时，便会发出清脆的击鼓声。长鼓的鼓身缠绕有一根白色的布背带，用于舞者斜挂。每个长鼓还会配一根长约 25 厘米、宽 1.5 厘米的竹片，用于敲击鼓面。因此，长鼓和竹片都是长鼓舞中不可缺少的道具，两者是不可分割的一个整体。有的村寨在节庆时为了庆祝，人们跳起长鼓舞，敲锣鼓、吹唢呐、牛角等，为村寨增添浓郁的节日气氛。[①]

① 范秀炎、吴卫清：《瑶族长鼓舞》，广东教育出版社，2012。

（二）舞蹈服饰

八排传统的长鼓舞表演者一般为男性，在准备跳长鼓舞时，他们都要穿戴起节日盛装。一般上衣为黑青色对襟长袖开衫，腰间系有白色镶边腰带，下身为黑青色阔腿长裤。只有大掌排的男性下身着五分裤，绣花绑腿绑在小腿上，外围穿刺绣围裙。各排的衣袖口、领口以及长裤裤边皆镶有绣花边。脚着黑色土布鞋，头顶缠红布，内插上白色翎束。有的排还会在衣服后背钉上银背牌，在众人齐跳鼓舞时，银背牌的响声与舞者们脚底与地上摩擦的声音相互交错，使得长鼓舞别具一格。

东三排长鼓舞的舞者头缠红布头巾，上插翎束（将一支雏鸡翎和两支白鸡翎束在一起），上缀五枚至七枚不同形状银质饰物；下穿藏蓝色土布肥腿短裤（长至膝盖处），再穿上绣花百褶裙（在藏蓝色土布上用彩绒绣花，色彩以红为主，间有黄、白、蓝、绿等色）；系一条两端缀白线绳，线绳上穿系数十枚铜线的白布腰带（系结于腰后，腰带两端垂下 40—50 厘米）；小腿缠一条在藏蓝色土布上用绒线绣花边制成的绑腿；脚穿黑布鞋；左肩可斜挂一只绣花袋。

（三）基本动作

长鼓舞的舞者和鼓者皆为同一人，舞蹈的伴奏就是舞者击鼓时发出的鼓点，每个排的长鼓舞鼓点节奏略有差别。所以不仅需要舞者对鼓点和舞步的熟练，还需要舞者长期的训练，才能做到手脚并用，且上身、下身动作配合协调一致。在准备起舞时，舞者要保持基本站姿，即两脚自然站立，将鼓的背带斜挎于左肩，鼓身横置或稍微倾斜置于胸前，左手持竹片，将竹片握夹于虎口处以稳固竹片，手臂置于鼓尾之前，手腕向后弯曲。右手手掌正对鼓面，身体直立，两眼目视前方。击鼓时，有左右手交替击鼓，左手四根指头发力，使竹片击打在鼓面上发出“嗒”的响声，右手自然弯曲，拍打时发出“咚”的响声；也有左右手同时发力敲击，发出“杠”的响声。3 种响声相互配合交替，形成各个排长鼓舞不同的鼓点节律，组成全舞的伴奏曲谱。鼓点的节奏多为一拍一击鼓，大坪的火烧排、里八峒排和大掌排还有一

拍两击鼓、四击鼓或碎击鼓。[①]

长鼓舞的基本动作除了手上的敲击鼓面以外，很多动作还有如上半身的左右拧转、腿部的点地、下蹲、转、左右前后跨步以及头部的转动等。起跳时，双膝保持放松状态，下蹲时双膝自然弯曲，继而根据各排的组合型动作流畅地完成，表演时需靠腿部、腰腹部的力量保持重心稳定和身体平衡，具有一定的技巧性。西五排的长鼓舞相较于东三排来说，动作普遍较缓和、轻柔，但各排舞蹈动作虽然速度较缓慢，也呈现出快、慢，高、低，前、后，左、右，强、弱等互为衬托的特征。东三排的快慢节奏和动作轻重对比则更为鲜明，鼓点抑扬顿挫，显示出强烈的个性，给观者强烈的视觉和听觉感受。下文分别介绍西五排和东三排几种代表性长鼓舞的动作表现形式。

1. 军寮排大圆圈鼓舞

军寮排的大圆圈鼓舞由众人围成圆圈，同时齐奏而起舞。因表演场地受限，一般有 20 个人左右表演，最少也有 16、18 个人，人数必须是偶数。队形除了站成大圆圈，还有八字形、两人对跳、斜排等。盘王节是排瑶人民纪念盘古王的重大日子，各家各户都要载歌载舞举行庆祝活动。在这一天，军寮排民众都会跳长鼓舞、吹牛角、敲铜锣、唱盘古王歌等，表达对祖先的怀念以及对美好未来生活的祈愿，众人齐跳长鼓舞逐渐成为军寮排民众要歌堂等庆典活动必不可少的内容之一。由于大圆圈鼓舞的节奏在排瑶鼓舞中是最缓慢的，因此又称之为走路鼓舞。

军寮排的走路鼓一共有起鼓、量步、开鼓、摇鼓 4 个招式，5 个小结，鼓点有“咚”（o）“嗒”（x）“杠”，“咚”（o）拍鼓尾，“嗒”（x）打鼓头，“杠”音是鼓尾和鼓头同时拍的双音。舞者跟随鼓点做动作，众人齐跳，无人在前方领头。

第一节：起鼓

瑶语名：鼓中你。

队形：舞者站成左右两竖排，1 对 1 站立，舞者 1 人面向前方，1 人面向后方。

① 范秀炎、吴卫清：《瑶族长鼓舞》，13 页，广州，广东教育出版社，2012。

动作：腿部做半蹲 9 次，拍鼓尾 9 次，同时腰部带动上半身左右摆动，由右到左各摆 1 次；每半蹲 3 次结束，同时左脚向左 180 度方向做原地踏步转，右脚跟上做半蹲动作。此时以身体背部面朝前方结束。

字谱：3/4　咚咚咚　咚咚咚　咚咚咚　咚嗒　咚嗒嗒

鼓点：3/4　ooo　ooo　ooo　ox　oxx

第二节：量步

瑶语名：要得窝。

队形：队形为两竖排，呈头窄尾宽的八字形，1 对 1。

动作 1：左脚继续 180 度踏步转回正前方，朝向为正面。膝盖带动身体做半蹲，此时身体左右摆动。再重复相同动作将面朝反面。左脚往左吸腿踏步，右脚合并半蹲，右脚向右后方退步，上身朝下俯身，左右手同时敲击鼓面，右脚往右边踏步，还原，半蹲 2 次。此时身体背朝前方。

鼓点：3/4　咚嗒　咚嗒嗒　咚嗒　咚嗒嗒，咚咚嗒　杠　咚嗒嗒

3/4　ox　oxx　ox　oxx　oox　杠　oxx

动作 2：左脚带动身体往左做 180 度转向，身体朝正面，膝盖半蹲 1 次。右脚朝右边吸腿踏步，左脚合并，半蹲，即往外量步一次。结束后右脚再往右后方 180 度旋转，左脚往左吸腿踏步，右脚合并半蹲，即往内量步 1 次。重复 8 次量步，身体背朝正面结束。

鼓点：3/4，咚嗒　咚咚嗒　咚咚嗒　咚咚嗒　咚咚嗒　咚咚嗒　咚咚嗒

咚咚哒　咚咚哒

3/4，ox　oox　oox　oox　oox　oox　oox

oox　oox

第三节：开鼓

瑶语名：房北榜都（360 度）

队形：舞者围成一个大圆圈。

动作：左脚为轴做半蹲，右脚同时向右后方退步做 4 个方向旋转，眼睛向左上方看，旋转一个方向 90 度，右脚合并左脚半蹲 1 次结束，身体背朝正面。

鼓点：1/2　咚咚咚咚咚嗒

1/2　ooooox

第四节：摇鼓

瑶语名：夯哈 + 北榜都。

队形：围圆圈。

动作 1（夯哈）：左脚带动身体转一圈 360 度（oox），身体依然是背朝正面。

鼓点：3/4　咚咚嗒

3/4　oox

动作 2（北榜都）：左脚向左踏步右脚点地（oox），上半身依次向右下方晃动至左下方，腿也同时弯膝，向左后方做踏步动作，身体朝向左方，即为一次摇鼓。此后，在前、右、后每个面跳 1 次摇鼓的动作，共 4 次，身体背部朝向正面结束。

鼓点：3/4　咚咚嗒　咚咚嗒　咚咚嗒　咚咚嗒　咚咚嗒　咚咚嗒　咚咚嗒

3/4　oox　oox　oox　oox　oox　oox　oox

咚咚嗒　咚咚嗒

oox　oox

第五节：开鼓，结束

瑶语名：房北榜都（开鼓 180 度）。

动作 1：左腿屈膝往左踏步，右脚合并（第一至四拍，第一个咚咚嗒），右脚向右后方踏步，带动身体向右后方转 180 度，左脚合并，身体正面朝前，即为 1 个开鼓动作（第五至八拍，第二个咚咚嗒）；左脚踏步转 180 度，重复 8 次，结束时身体背朝前方。

鼓点：3/4　咚咚嗒　咚咚嗒　咚咚嗒　咚咚嗒　咚咚嗒　咚咚嗒　咚咚嗒

3/4　oox　oox　oox　oox　oox　oox　oox

咚咚嗒　咚咚嗒

oox　oox

动作 2：右脚带动身体往右后方退步 90 度，身体向右下方稍微倾斜，眼睛望向左上方，身体正面朝右方为一个动作，前、左、后方再重复 3 次，

半蹲。左脚往左后方踏步旋转 180 度，右脚合并半蹲，身体正面朝前，结束。

鼓点：4/4　咚咚咚咚　1/2 嗒　1/2 咚嗒

　　　4/4　oooo　　　x　　1/2 ox[①]

2. 火烧排和里八峒排十二姓鼓舞

流传于火烧排和里八洞排的长鼓舞有十二姓鼓、房姓海公鼓、唐姓九犇鼓 3 种，3 种长鼓舞的瑶语发音皆为“打嘟”。鼓的外形相同，均为中间直径为 70 厘米，两边鼓头直径分别为 80 厘米和 90 厘米，长 1.2 米的中间细两头大，呈空心漏斗状。虽然外观一致，但打法各有差别。目前，海公鼓和九犇鼓的打法已经失传，只有十二姓鼓仍在民间流传。

传统十二姓鼓也叫十二堂鼓，动作主要模仿人们生产劳动、打猎、敬神等，动作平缓但坚定有力，节奏既稳健又明快。表演场合主要是在几十年一次的“香歌堂”，属于家族歌堂活动的内容之一，用于祭祀先祖和请神，其他场合则很少表演。传统的十二姓鼓共有迎盘古王神（也叫迎公鼓）、盘古游神等 12 个动作，整套动作耗时约 10 分钟，基本动作有旁点跳转、弓步跳转、弓步晃鼓跳转、点脚步、弓步下摆鼓、对鼓头、对鼓跳、对鼓转、大八字蹉步。[②]“香歌堂”是传统的以家族为单位的盛大祭祀庆典。活动期间，所有族人都要穿着祭祀盛装过九州、捡法名，男人们跳长鼓舞，吹牛角、敲铜锣，女人们准备食物、接待宾客等，为本地重大的人神共娱的传统活动。过去，在火烧排老排的入口附近有一块较为宽阔的田坝，人们就选择在此地为香歌堂表演长鼓舞。参与表演的舞者最少 2 人，最多有 30 人，族人以能参与耍歌堂跳长鼓舞为荣。在表演过程中，舞者跳到环村路的路口处，会获得其他族人为其准备的糍粑一份。

香歌堂仪式跳长鼓舞时，由先生公先在火烧排的引良庙和丁盖庙将所有的神都请出来，在田坝打鼓迎接盘古王公，将包括“迎公鼓”、盘古游神鼓等 12 节全部动作跳完，每个动作跳三个 8 拍。但目前在西五排的火烧排和里八峒排流传的长鼓舞主要有以下动作：

① 2019 年在军寮排田野调研，房边冲生、房志斌沙表演，潘璐璐采集、记录。

② 范秀炎、吴卫清：《瑶族长鼓舞》，13 页，广州，广东教育出版社，2012。

第一节弓步跳转之一，两脚左右分开，左手持竹片保持不动，右手直接敲击鼓面，顺时针旋转鼓头，每转一圈 4 拍，合两圈一个 8 拍，全节共计三个 8 拍。

第二节同样是弓步跳转之二，同样的顺时针旋转鼓头，左手持竹片敲鼓，右手保持不动，同样每一圈 4 拍，全节仍然是三个 8 拍，在旋转鼓头时上身保持同步顺时针旋转。

第三节对鼓跳，身体左转，右手同时击鼓一次，完成转身动作，身体侧面前倾，抬左脚同时用右手敲击鼓面，右手敲击鼓面结束后迅速把手从鼓面抬起放到鼓身上，这时右脚同时跟上，右脚和左脚相近的同时保持一个轻轻跳跃的姿势。此时上身向前倾斜，用左手敲击鼓面，如此反复共计走两步半，此动作反复做直到与神坛保持一定的距离。

第四节，重复第一节的动作。

第五节，重复第二节的动作。

第六节对鼓转，8 个节拍完成前走两步半和转身的动作，抬左脚，重心落在右脚，同时敲鼓面，以左脚为中心向左旋转 90 度，然后再以右脚为中心向右旋转 90 度，同时敲击鼓面，最后左脚后移身体旋转 180 度，敲击鼓面。

第七节大八字蹉步，右脚迈一小步，上身前倾，右手击鼓，身体向左小幅度旋转然后再转回，此时鼓头低垂鼓尾高抬。此时身体右转 180 度，原地跳跃同时旋转 90 度，敲击鼓面，当动作停止的时候左手持竹片敲击鼓面，此动作重复 3 次。

第八节大八字蹉步，反向重复第七节的动作内容。

3. 大掌排种树砍树鼓舞

与军寮排、火烧排、里八峒排不同，传统的大掌排种树砍树鼓舞保留有浓郁的习俗色彩，常运用在葬礼、家族歌堂等祭祀场合，由先生公模仿祖先开荒造林至制作棺木的动作，演绎人们建造美好家园、与大自然和谐相处的历史，抽象为将过世族人灵魂送归阴间的过程，反映了大掌排民众朴素的信仰观、生态观以及其独特的地理环境、文化传统和民族心理。同时大掌排种树砍树鼓舞与其他排长鼓舞的动作相互融合，将大掌排的生产方式、生活方

式、居住环境加以提炼和分类，分为开门鼓、社稷鼓、鉴酒肉鼓、接公鼓、断路鼓等 5 大类，并把砍山到制作棺木的全过程编排为砍山舞、祭日舞、烧山舞、锄地舞、拔苗舞、种树舞、管理舞、砍树舞、打墨舞、锯板舞、合板制作用具舞、收藏舞等 12 个舞蹈组合，即开荒、烧山、除地、拔树苗、种树、除草、砍树、去树枝、锯树、抬树、加工（锯木板、打墨、打直线、抛光）、合板等 12 个连续性固定环节。

按范秀炎、吴卫清在《瑶族长鼓舞》一书中的记载，大掌排的种树砍树鼓舞的基本动作有弓步晃鼓、弓步旁点吸腿、踏跳吸腿转、颤动步、大八字摆鼓、蹲颤摆甩鼓、弓步划弧、旁点吸腿步、进退步等。[①] 民间对每个动作都有自己的阐释，民众更喜欢将动作名称具象化，而且整个舞蹈的各个动作时间长短参差，如开荒时间较长，锯树则相对较短；鼓点节奏有慢有快、柔中带刚，如开荒、抬树等需要大力气的动作，节奏就较激烈、急剧，加工打墨、除草等精细动作，节奏就较缓慢、柔和。节拍为 2/4 拍，速度比军寮大圆圈舞稍慢。手部动作主要是手拍鼓头，竹片敲鼓尾的动作较少。动作的抽象性、内涵的宗教性、内容的叙事性为大掌排种树砍树鼓舞的一大特色。

人类早期就有渴望通过虔诚的祭祀、狂热的歌舞和占卜等活动与神灵沟通，求神灵的恩赐，反映原始宗教形态的行为。这种杂糅了原始巫风特征的身体舞蹈形式依然对大掌排的瑶民社会和风俗产生重要影响，大掌排目前仍保持着跳长鼓舞以娱神娱人的风俗。大掌排瑶民相信万物有灵。人死后其灵魂不灭，仍然可以为后代子孙谋福。先生公作为沟通人、神、鬼的桥梁，被认为是通晓人神的智者，同时也担任大掌排长鼓舞舞者的角色，为亡者送魂，为病患治病消灾、避凶趋吉等。先生公在跳长鼓舞的同时需要念诵经书，能同时熟悉掌握经书和舞蹈的先生公不仅要有天分，还要有毅力和吃苦耐劳的学习精神。

在舞蹈场合，先生公的参与人数一般为偶数，通常为 2—12 个人，队形变化不大，大部分环节为 2 人相对而舞，边击鼓边舞蹈。在舞蹈结尾时，舞者围成圆圈做合板的动作，意味着将亡者放入棺木中。此时，由其中 1

① 范秀炎、吴卫清：《瑶族长鼓舞》，13 页，广州，广东教育出版社，2012。

名威望最高的先生公（大先生公）念唱经书，在其带领下，经书的内容与长鼓舞的动作相互呼应配合。

跳长鼓舞是大掌排丧葬仪式必不可少的内容。若是家中有人过世，家族族人要在出殡前一天晚上，请先生公为其做仪式，引渡亡者灵魂与祖先团聚。跳长鼓舞前，先生公要烧香烧纸、杀猪、杀鸡，用酒、肉供奉祖先神灵，祭拜结束后才能念诵经书、跳长鼓舞。先生公跳长鼓舞时，念诵经文的先生公将亡者的出生到死亡的历程以及死亡当年的 12 个月份都详细讲述给过世的祖先和神灵，为亡者在阴间指路，引荐给管理亡者的祖宗和土地公等神灵。跳长鼓舞的过程中，先生公还要开展“过九州”仪式。在亡者堂屋摆 9 个茶油灯，由先生公带领亡者的儿子或孙子绕着茶油灯过九州。尾随先生公后过九州的后辈就起到代替亡者过九州，让逝者在阴间就住上好地方，过上幸福安稳的生活。

仪式结束后，主人家会杀鸡宴客，送上辛苦费给前来为亡者做法事的先生公以表感谢。长鼓舞几乎贯穿整个仪式，从半夜一直持续到天亮。舞蹈过程也是让亡者灵魂和神灵相互认识，为亡者灵魂到阴间能过上好生活的祈愿过程。若为先生公过世，念诵的经文和舞蹈内容会与普通人有所区别。

过年过节拜祖宗，葬礼仪式、家族香歌堂时，先生公需要长鼓的时候就去祠堂取用。过去大掌排有 12 支长鼓，代表着一年中的 12 个月。大掌排种树砍树鼓舞最隆重、集中的时候则为 12 个先生公一起跳，即几十年举办一次的香歌堂仪式。此时，也要由先生公主持跳长鼓舞，邀请出祖先的神灵，再带领家族成员前往歌堂坪开展系列祭拜活动。

4. 南岗排欢乐长鼓舞

南岗排的长鼓舞传承人盘连州贵现场给我们演示和讲解了南岗排长鼓舞[①]：一套完整的动作一般包括 11 个动作，最多的时候有 72 个动作，但现在表演一般只表演 11 个动作，一套动作大约需要 10 多分钟。表演形式可

① 访谈对象：盘连州贵，男，53 岁，瑶族长鼓舞省级非遗传承人，南岗村人。受访对象现场展示、动作分解描述引用了袁正一：《南岗瑶族长鼓舞的艺术特色与教学思考——广东连南瑶族自治县南岗排长鼓舞采风报告》，见广东省民俗文化研究会：《民俗非遗研讨会论文集》，广东省民俗文化研究会，2015。

以是两个人表演，也可以是多人表演，但必须是成对表演，通常 8 人、12 人、16 人、24 人、36 人成对演出。表演时的 11 个动作分别是：

鼓头。即整个舞蹈的开始部分，相当于音乐当中的“序曲”。如为多人表演，表演者需根据领鼓第一声鼓点的指挥，在其后半拍开始跟随领鼓一起舞动。特点是表演者们动作一致但节奏不同，与音乐中的“轮唱”有异曲同工之妙。

挪位。主要是表演者在舞蹈中交叉移动位置。演员首先是在 4 个方向各自做着统一的舞蹈动作，通过轻巧的舞步相互更换着自己的位置，有交叉更换也有顺时针交换位置。

抖脚。由于瑶族长鼓舞多为表现农耕时的情境或是丰收后喜庆的场面，而“抖脚”有力地表现出人们在田间活动的场面。在这一部分的舞段里，表演者都在基本步伐上多加了一个抬脚屈膝，用脚后跟的力量往前踹的动作。这样一个具有修饰性的动作，很像是农民们踩在田里，脚上沾满了泥巴互相玩耍的场景。

捡种。在南岗排长鼓舞中，表现劳作场面的动作很多。这套动作向我们展示的是瑶族劳动人民耕作中播种的场景。

捉虫。这一套路主要运用上身瞬间向下弯腰，并配合双脚同时向地面跺脚的动作，来表现农民在田间抓虫的场面。

斗鼓。以两人为一组的形式，背对着背进行舞蹈。当中有背对着做相互间位置的穿梭，也有两人背对背转圈的动作，一对一形同斗鸡，展示劳动比赛情景。

跟紧。这一套动作当地人还有一个很有意思的名字叫“打屁股”。从名字就能看出这又是一组表现农民玩耍的场面。两人一组，其中一人做追赶前一个人的动作。表演者步伐轻巧活泼，就好像是真的要追上去打前面一个人的屁股一样，生动有趣。

围圆圈。表演者们将队形围成一个圆圈，以身体右侧对圆圈中心，顺时针运动。舞者身体动作粗犷有力，步伐幅度较大。舞者们时而深蹲，时而向上跳起，时而大步向前迈进，并伴有愉悦的叫声，让人仿佛看到了瑶族人民丰收时围着篝火转圈的欢乐场面。

单脚跳。南岗排长鼓舞非常要求舞者具有良好的协调能力，因其轻快的步伐及大幅度的身体动作的配合，还要用长鼓拍打出欢快鲜明的鼓点节拍，使舞蹈有着较大的难度。如果不经过长期的训练，是很难完成这些高难度动作的。而这一套动作正是复杂且有一定难度的步伐上多加了一个单脚跳起的动作。可以说这一个小小的跳起动作在整个舞蹈中起到了点睛的作用，也可以看作是一个技巧性动作。

向东风。舞者始终围绕着东南西北 4 个方向表演。表演者从东边开始，各自对着东南西北 4 个方位，用同样的节奏和动作来舞蹈，并有各表演者 4 个方位的调度。

“鼓王”演示长鼓舞（殷沙漫 / 摄）

唐牙三公表演长鼓舞（黄建胜 / 摄）

封鼓。封鼓相当于一场仪式的结束，也是一个故事的尾声。它象征着人们将一年的收获和愿望封存起来并告知神灵，希望来年更加美好。这一段的舞蹈动作也与第一段有着前后呼应。整个南岗排长鼓舞除了舞蹈场面表现了瑶族人民劳动的场景及丰收的喜悦外，它更像是人们与神明（盘古王）的沟通，蕴含着人们对来年丰收的渴望，也有着对美好未

来生活的希望。①

5. 油岭排歌堂长鼓舞

油岭排、南岗排的长鼓舞动作具有刚劲有力、强与弱、高与低、左与右对比鲜明的特点，主要动作有站立击鼓、踩蹲击鼓、扭摆蹲、勾脚跳、蹉步勾脚跳、吸腿跳转、盖鼓、双盖鼓、上步盖鼓、跨步跳盖鼓、蹲颤转、踹腿跳转蹲、上步跳转等十四节。以下内容节选自范秀炎、吴卫清二人所著《瑶族长鼓舞》一书中记载的油岭排长鼓舞基本动作：

第一节：站立击鼓

字谱：2/4　嗒嗒　嗒杠　嗒咚　嗒杠

鼓点：2/4　oo　ox　xo　ox

　　　　　xx　xx　xo　xx

动作：两腿自然分开站立，两肩下垂，眼睛平视左前方，按照鼓谱每拍击鼓一下。

第二节：踩蹲击鼓

字谱：2/4　嗒嗒　嗒杠　嗒杠　嗒杠

　　　2/4　oo　ox　ox　ox

　　　　　xx　xx　xx　xx

动作：准备：左脚向左前方半步点脚，上身略向左，重心在右脚，目视左前方。第一至二拍：保持准备姿势不变，每拍“左击鼓”1下。第三拍：上身略右倾以腰拧动，从慢到快向左转动，带动鼓尾由前向上再往后划半个立圆，“左击鼓”1下。第四拍：上身快速转向前，带动鼓尾从后向下划半个立圆，同时右腿屈膝下蹲，左腿屈膝向后勾脚，脚尖向下顺势有力弹起靠拢右腿下蹲双击鼓。第五至第六拍：迅速立起回复“准备”姿态，其他同第三拍至第四拍的动作。第七至第八拍：同第五拍至第六拍的动作。

① 袁正一：《南岗瑶族长鼓舞的艺术特色与教学思考——广东连南瑶族自治县南岗排长鼓舞采风报告》，见广东省民俗文化研究会：《民俗非遗研讨会论文集》，11页，广东省民俗文化研究会，2015。

第三节：扭摆蹲

字谱：2/4　嗒杠　嗒咚　嗒咚　嗒杠

鼓点：2/4　ox　ox　ox　ox

ox　xo　xo　xx

动作：第一拍：右腿微屈向前上一步，左脚顺势提起，靠向右小腿，同时稍下左旁腰，并略向右送胯。第二拍：左脚向前上 1 步，右脚即靠至左脚后不着地，同时稍向左送胯，“双击鼓”1 下。

第四节：勾脚跳

字谱：2/4　嗒咚　嗒咚　嗒咚　嗒杠

鼓点：2/4　ox　ox　ox　ox

xo　xo　oo　xx

动作：第一拍：左脚向左前踏一步，上身略向左倾，目视左前方“左击鼓”1 下。第二拍：右腿勾脚前吸（或右腿脚尖外撇屈膝向左前方抬起），上身略向右倾，左脚轻跳 1 下，右脚随即落下，右击鼓 1 下。第三、第四拍：同第一拍至第二拍的动作。第五、第六拍：同“扭摆步”第一拍至第二拍的动作。第七拍、第八拍：同“踩蹲击鼓”第三拍至第四拍的动作。

第五节：蹉步勾脚跳

字谱：3/4　嗒嗒咚　2/4 嗒咚　嗒杠　嗒杠

鼓点：3/4　oox　2/4　ox　ox　ox

xxo　2/4　xo　ox　xx

动作：第一拍：起左脚向左横“蹉步”一次，同时“左击鼓”1 下。第二拍至第九拍：同“勾脚跳”第一拍至第八拍的动作。

第六节：吸腿跳转之一

字谱：2/4　嗒咚　嗒咚　嗒咚　嗒杠

鼓点：2/4　ox　ox　ox　ox

xo　oo　oo　xx

动作：第一拍、第二拍：左脚原地踏一下随之跳起，右腿勾脚屈膝吸起，上身略向右倾，同时左转 1/3 圈，第一拍左击鼓，第二拍右击鼓。第三拍、第四拍：右脚落地后随之跳起，左腿屈膝勾脚吸起，上身略向左倾，同时继

续左转 1/3 圈，第四拍右击鼓一下。第五拍、第六拍：左脚落地后随之跳起，第六拍右击鼓一下，其他同第一拍至第四拍的动作。第七拍、第八拍：同“踩蹲击鼓”第三拍、第四拍的动作。

第七节：吸腿跳转之二

字谱：2/4　嗒咚　嗒杠　嗒咚　嗒杠

鼓点：2/4　ox　ox　ox　ox

xo　xx　oo　ox

动作：第一拍、第二拍：同“勾脚跳”第一拍至第二拍的动作。第三拍、第四拍：右脚原地跳 1 下，左腿屈膝勾脚提起，右转 1 圈，左脚随之落下，第三拍左击鼓，第四拍双击鼓。第五拍、第六拍：同“扭摆步”第一拍至第二拍的动作。第七、第八拍：同“踩蹲击鼓”第三拍至第四拍的动作。

第八节：盖鼓

字谱：2/4　嗒咚　嗒杠　嗒咚　嗒杠

鼓点：2/4　ox　ox　ox　ox

xo　xo　xo　xx

动作：准备。面向 5 点。第一拍至第四拍：同“踩蹲击鼓”第一拍至第四拍的动作。第五拍：左脚撤向左后，上身稍向前俯，同时“左击鼓”一下，重心顺势移至左脚。第六拍：右脚向左上 1 步左转半圈，两脚距一步屈膝，右膝比左膝稍弯，弯腰前俯左扭，同时右手扶鼓头使劲斜盖向前下方，顺势双击鼓或右击鼓一下，目视前下方。第七拍、第八拍：左脚踏地一下，右腿保持屈膝勾脚稍抬起，上身稍向后仰同时右转半圈，随即双腿半蹲，上身稍前倾，第七拍左击鼓，第八拍双击鼓。

第九节：双盖鼓

字谱：2/4　嗒杠　嗒咚　嗒咚　嗒杠

2/4　ox　ox　ox　ox

xx　xo　xo　xx

动作：第一拍、第二拍：同“踩蹲击鼓”第三拍至第四拍的动作。第三拍、第四拍：同“盖鼓”第五拍至第六拍的动作。第五拍、第六拍：上

身不抬起，重复一遍第三拍至第四拍的动作。第七拍、第八拍：同“盖鼓”第七拍至第八拍的动作，但右转一圈。

第十节：上步盖鼓

字谱：2/4　嗒杠　嗒咚　嗒咚　嗒杠

鼓点：2/4　ox　ox　ox　ox

xx　xo　xo　xx

动作：第一拍、第二拍：同“踩蹲击鼓”第三拍至第四拍的动作。第三拍：左脚旁迈一步，同时左击鼓一下。第四拍：同“盖鼓”第六拍的动作。第五拍：左脚向右上一步右转半圈，同时“左击鼓”一下。第六拍：同第四拍的动作。第七拍、第八拍：同“盖鼓”第七拍至第八拍的动作。

第十一节：跨步跳盖鼓

字谱：2/4　嗒杠　嗒咚　嗒咚　嗒杠

2/4　ox　ox　ox　ox

ox　xo　xo　xx

动作：第一拍：左脚向左前跨一大步，顺势略下左旁腰，目视左前方。第二拍：右脚靠向左脚的同时起左脚向左跳起，双击鼓一下，双脚落地后屈膝半蹲，上身略向左倾，目视左前方。第三拍至第八拍：同“双盖鼓”第三拍至第八拍的动作。

第十二节：蹲颤转

字谱：2/4　嗒咚　嗒杠　杠咚　嗒杠

鼓点　2/4　ox　ox　xx　ox

xo　xx　xo　xx

动作：第一拍至第四拍：同“盖鼓”第五拍至第八拍的动作。第五拍、第六拍：保持半蹲姿势，双膝上下伸屈带动身体每拍上下起伏一次，同时以左右脚交替为轴，另一脚离地，原地每拍向左转半圈，第五拍双击鼓，第六拍右击鼓。

第十三节：踹腿跳转蹲

字谱：2/4　嗒杠　嗒杠　嗒咚　嗒杠

鼓点：2/4　ox　ox　ox　ox

xx　ox　xo　xx

动作：第一拍、第二拍：同“踩蹲击鼓”第三拍至第四拍的动作。第三拍、第四拍：同“跨步跳盖鼓”第一拍至第二拍的动作。第五拍：左脚向左迈一步为重心，右腿顺势勾脚带动小腿踹至左小腿前，目视左前方，同时左击鼓一下。第六拍：左腿屈膝跳一下右转半圈，同时右击鼓一下。第七拍：右脚向右迈一步重心，目视右前方，同时左击鼓一下。第八拍：左脚靠右脚，双腿屈膝半蹲，目视左前方，同时双击鼓一下。

第十四节：吸腿跳转蹲

字谱：2/4　嗒杠　嗒杠　嗒咚　嗒杠

鼓点：2/4　ox　ox　ox　ox

xx　ox　xo　xx

动作：第一拍至第四拍：同“踹腿跳转蹲”第一拍至第四拍的动作。第五拍：左脚向左迈一步为重心，右腿顺势屈膝勾脚吸起，左击鼓一下。第六拍：左脚跳起左转半圈，右击鼓一下。第七拍、第八拍：同“踹腿跳转蹲”第七拍至第八拍的动作。

第十五节：上步跳转

字谱：2/4　嗒咚　嗒杠　嗒咚　嗒杠

鼓点：2/4　ox　ox　ox　ox

xo　xx　xo　xx

动作：第一拍：左脚向左前迈一步为重心，目视左前方，同时左击鼓一下。第二拍：右脚靠向左脚的同时左脚跳起，双腿屈膝并拢左转半圈或一圈，落地成半蹲，同时双击鼓一下。第三拍：右脚向右前迈一步为重心，目视右前方，同时左击鼓一下。第四拍：左脚靠向右脚的同时右脚跳起，双腿屈膝并拢右转半圈或一圈，落地成半蹲，同时双击鼓一下。第五拍至第八拍：同第一拍至第四拍的动作。[①]

① 油岭排长鼓舞此处的字谱、长鼓、动作均来源于范秀炎、吴卫清所著《瑶族长鼓舞》，13页，广州，广东教育出版社，2012。

三、长鼓舞的当代变迁

排瑶长鼓舞历经上千年的传承演变，至今仍流传在八排群众生活中。直到20世纪五六十年代，在各村寨仍较多地保留着传统舞蹈的形态。由于八排的社会发展不平衡，他们的表演方式和内容也各有差异，反映出八排不同的生产生活状态、风俗文化、道德观念、信仰体系、社会组织等丰富的地方文化。

（一）表演内容濒临失传

排瑶历史上无文字，使得在古籍和先生公的经书中很少留下长鼓舞的踪迹，与其有关的文化事项和表演形式无法得到完整记录。

传统长鼓舞保留着上古时期原始民间信仰遗风，与地方祭祀习俗文化息息相关。这种基于民间祭祀活动的传承，在传统信仰渐渐缺失的当下，越发显得单薄，导致有的长鼓舞内容及核心内涵逐渐被人们遗忘或加以改造，有的长鼓舞种类走向失传。如曾流传于火烧排的房姓海公鼓、唐姓九犇鼓舞目前已经无人知晓。又如，在大掌排，跳长鼓舞曾经是每个先生公必备的技能之一，先生公也将长鼓舞编写入自己的经书中，让其得到传播和记录，但因为曾被视为封建迷信和经书的丢失，目前熟知大掌排种树砍树鼓舞蹈内涵的先生公都已过世。再如，目前军寮排只有1名大圆圈鼓舞的代表性项目传承人，熟知其内涵的房解沙三公老人已过世，造成对于舞蹈文化内涵及其价值面临着失语的境地。

长鼓是由舞者和匠人手工自制的舞蹈道具，在排瑶传统长鼓舞技艺无人为继的境地下，长鼓的制作技艺也逐渐失去存在价值。自古以来，排瑶的舞者、先生公、木匠都会自己上山寻找木材制作木鼓。木鼓制作工艺凝结了代代劳动人民智慧的结晶，制作工序复杂，需要耐心细致。但由于木鼓舞生存空间的变迁，排瑶传统木鼓制作手工技艺也濒临失传。

（二）表演形态有所改变

时代的发展和更迭不可避免，产生于特定时代的舞蹈文化生存空间和

表现形式发生了急剧的转变，尤其是改革开放以来，我国从城市到乡村，每个角落的生产生活方式、社会结构、经济类型等各方面都在发生转型，每个个体都在被动、主动地接受和体验现代化的冲击，这与排瑶长鼓舞展现出新的表现形式几乎是同步的，作为排瑶的传统仪式舞蹈——排瑶长鼓舞逐渐融入广大民众的日常生活中。

长鼓舞表演形态的改变最突出的表现即是长鼓舞表演特定时空的变化。传统民间文化的特定时空一般包括民间仪式、祭祖祈神、年节聚会、生产劳动、婚丧嫁娶、谈情说爱等各种民俗事项。在交通条件改善、人们物质生活水平提高、思想观念逐渐开放的背景下，长鼓舞的祭祀功能逐渐从宗教信仰中脱离开来，长鼓舞成为各村寨的民间舞蹈，演变为排瑶民众在闲暇之余展示自己的喜怒哀乐、表达情感、强身健体的日常生活方式。2008年连南瑶族长鼓舞被列入国家级非物质文化遗产名录后，文化部门采取一系列手段加强对长鼓舞的保护和传承，一定程度上也推动了长鼓舞的变迁进程。

（三）特定群体发生变化

长鼓舞的特定群体指在相应的社会文化空间下，承载长鼓舞形态及其内涵体系的表演、传播、解释、传承的个体或群体，他们是长鼓舞及其族群文化发展的历史见证，是长鼓舞活态文化的创造、承袭和保护主体，也是民间文化的受众群体。特定群体受独特历史文化氛围的浸染，是确保民间文化事项活态传承和延续的关键。在过去排瑶村寨，瑶家男性无不擅长跳长鼓舞，这些人到今天大多已作古。由于女性对现代歌舞文化接受较快，女性日常结群行为对长鼓舞的传承传播也提供了良好的社会环境，社会逐渐对长鼓舞的祭祀现象给予更多的包容，开始接纳女性跳长鼓舞。目前，跳长鼓舞的人群不局限于男性，随着民间群众艺术需求的兴起、文化部门的推广和改编，以及现代广场舞的流行，长鼓舞在瑶族农村也开始有了新鲜的血液，焕发出新的面貌，越来越多的40岁左右的中年女性成为表演长鼓舞、传承长鼓舞文化的主角。各排目前都有自发组织的歌舞队，队员们将自己耳濡目染的日常生活、节庆、传统歌舞都编排成了民众喜闻乐见的

节目，成为外界了解排瑶文化的一扇窗口。

另外，地方传统优秀文化传承和保护的新生力量是青少年已经成为全体共识。排瑶长鼓舞蕴藏着八排悠久丰富的传统文化内涵，为了不让排瑶长鼓舞出现老、中、青 3 代传承断层，让长鼓舞和排瑶的文脉得到传承，地方政府和地方民间文化精英共同联合，将长鼓舞传承人及长鼓带进校园，开展“非遗进校园”活动，培养“排瑶长鼓舞小传承人”。长鼓舞在校园的传播，不仅提升了青少年对家乡传统文化的认知度和自信心，让学生零距离地体验濒临失传的长鼓文化，领略传统文化的精髓，更使得对家乡传统文化的热爱精神转化为当下的自我实践。大坪镇的房伟华是一名 70 岁的退休小学教师，作为当地传统婚俗、信仰、歌舞文化的传承人，空余时间在村委会、学校免费教村民和青少年跳长鼓舞，热心致力于排瑶长鼓舞文化的传播和传承。在县文化主管部门的协助下，挖掘、整理出瑶族长鼓舞的一种舞蹈——十二姓鼓并成立长鼓队，多次参加县里举办的瑶族民间文艺调演以及首届瑶族长鼓舞大赛、首届瑶族文化艺术节等活动。

舞台上的长鼓舞表演（殷沙漫 / 摄）

第十四章　礼仪道德

礼仪道德是人们在社会交往中由于受历史传统、风俗习惯、民间信仰、时代潮流等因素的影响而形成，既为人们所认同，又为人们所遵守，以建立和谐关系为目标的各种符合礼的精神及要求的行为准则和规范的总和。礼仪道德在民族生活中占有重要地位，它是物质生活和精神生活的综合体现，特别集中表现在精神生活领域，是精神文明发展水平和思想文化观念的标尺。随着时代的发展与变迁，排瑶民众在融入现代社会后，仍保留着较为传统的礼仪道德观念。这些礼仪道德观念是在特定历史条件下发展而来的，是他们言行举止、待人接物和立身处世的准则，有利于在八排社会中形成良好的礼仪道德风尚。

第一节　人生礼仪

人生礼仪是指人在一生中几个重要的环节上所经历的具有一定仪式的行为过程，主要包括诞生礼、成年礼、婚礼和葬礼。表明进入重要年龄阶段的祝寿仪式和一年一次的生日庆贺方式，也可视为人生礼仪的组成部分。人生礼仪的决定因素不只是人的年龄和生理的变化，而且是在生命过程中的不同阶段，社会对个人的地位规定和角色认可。排瑶地区的人生礼仪大致分为出生礼、成年礼、婚礼[①]、寿礼和丧葬礼。

① 婚礼部分在本书的第二章已详细论述，故不再讨论。

一、出生礼

排瑶的出生礼俗与其他民族稍有不同，自出生之日起直至满百日都要举行一系列风俗活动，这些出生礼俗一般包括喝命名酒和满月酒、做百日糍粑等，出生礼俗也包含着特有的忌讳。历史上，火烧排小孩通常在1—3岁期间，过3次生日。随着年龄增长，生日仪式便不再举行。

婴儿出生时，家人要在大门上挂一把扫把或放置一把稻草，以示此家有妇人生产，家有大喜之事，同时也是为了赶煞气。看到门上挂的扫把等物件，刚经历不喜之事的人就不会入内。例如家中有人刚刚去世或遭遇其他不幸，看到大门上的扫把就不会主动前往。此外，婴儿的外公外婆需送锄头、镰刀、银项圈、一把黑竹伞和一把铁锹给出嫁的女儿。妇女干活的时候，会带上黑伞和铁锹，在地里用铁锹固定住黑伞，方便带着孩子在伞底下做工。这种黑伞的使用有两种场合：一是妇女做工时，用于遮阳；一是老人去世后遮掩遗体，之后跟棺木一起下葬。

产妇坐月子时吃土鸡滋补身体，把鸡煮熟，放在火塘晾干，每顿吃几块，一般是用生姜煲汤喝。小孩满百日的时候，会请祖辈来，举行百日宴。外公不能来，只能外婆来，来的时候都不带礼物，宴席上以猪肉、糍粑等做成美味佳肴，喝酿制的米酒。

产妇坐月子期间有特殊的忌讳，据房茶介一介绍①，产妇一个月之内不能进厅堂，外人也不可以进入产妇卧室。如果有外人叫产妇，产妇不能答应。产妇坐月子未满百日的时候，不能吃鲤鱼，因鲤鱼有斑，传言吃了鲤鱼，大人和小孩便会长斑；不能吃牛肉，因为牛大喘气，吃了大人和小孩都会大喘气；也不能去看耍歌堂，如果去看了，死后便不能进香堂。妇女生产时，按照风俗，外婆当天可以来看，若当天不来，便只能等到满月之后。产妇在40天内最好不要碰冷水，洗头洗澡也需注意。在大掌，小孩的胎盘处理较为讲究，需把胎盘埋在产妇睡的床底下，头朝哪一头，胎盘就埋在哪一头。民间认为，如果胎盘掩埋处理不恰当，小孩就会经常吐奶。

---

① 讲述人：房茶介一，中学退休老师，80岁，大坪第九组成员，文化程度：初中二年级，访谈时间：2019年7月29日，访谈地点：房茶介一家中，调查组参与人员：李超、蒋满娟、高元武。

婴儿出生后需要请先生公主持起名仪式，即“拉花篮”，也有的称之为“命名酒”。[①] 先生公主持出生礼的时候会使用“筶”。把两枚“筶”同时扔到地上称为投掷“筶”。先生公到家之后，如主人家的婴儿是男的，杀公鸡1只，如是女的，杀小母鸡1只，滴鸡血于纸钱上，然后焚香、祭祀祖先牌位，先生公同时念经，把族内添丁的事情告诉祖宗。起名仪式通常是在满月酒这天举行。

各排的出生礼大同小异，下面以军寮排、南岗排、油岭排的出生礼为例详细阐述。

军寮排的出生礼。先生公主持出生礼的程序有四步：第一是起名字，第二是“收耗”（瑶语音译），第三是接花，第四是孩子父母拜神。起名需由先生公卜卦确定，嘴里念叨“我给你起名为某某，你答不答应”，并投掷筶，要3种卦象都按顺序显现一次，才算取名成功。“收耗”是指主礼的先生公根据生辰八字算出对孩子成长不利的超自然事物，再做法事“送走”，即解小儿关煞。这些法事依据的经书是《满月经》。所谓“接花”，是指将婴孩胎盘埋到父母的床下，具体过程为先生公拿一个竹篮，装上两杯酒、两杯茶、一块猪肉、一只鸡、一段黑布、红心杉挂上“纸江”（瑶语音译）。在大掌排除了以上物品，还要供上烧纸、香、苹果、猪肉、鸭肉、梨、饼等物品。在准备完毕后由先生公念经，唤床头大公、床头大婆、“花尔花别”这些神来享用供品，寄希望于这些神灵能够保佑初生的孩子，其中“花尔花别”为瑶语，指孩子哭闹时进行的习俗文化行为。

历史上，由于排瑶生活于群山环绕之地，物质生活并不富裕，因此不是每家都会张罗命名酒和满月酒，据房茶介一回忆：

> 以前生活不好，没东西吃，当初没有搞满月酒的习俗，起名字也是请先生公简单的做一下法事后命名，产妇以甜酒炖鸡为主，出生礼要请外婆，并无外公，家族的其他长辈，无需带礼物来喝酒。小孩出生到了百日也是如此。

① 政协连南瑶族自治县文史委员会：《连南文史资料·第五辑》，56页，政协连南瑶族自治县文史委员会，2001。

关于排瑶的名字，在民族志书第四章“婚姻与家庭”对排瑶家庭“命名制度”进行了详细描述。一般男孩老大称“一贵”，女孩老大称“一妹”，所起的名字都是保留“宗族的辈字和父亲名字中间的两个字”①。但随着时代的发展，年轻人对于起名字有了新想法，请先生公起名的现象越来越少，父母自己为下一代起名字的越来越多。比如大坪的房文婷②，原名房衣行满一妹，后改为现名。

我现在的名字叫房文婷，按照排瑶瑶族的老传统我的名字叫房衣行满一妹，当初也请了先生公，后来因为叫起来拗口改为房文婷。现在没有那么多传统了，现在很多年轻人，尤其是在外面打工的，很多时候给小孩起名字也是父母自己决定，因为外地没有先生公。

满月酒也是排瑶较为重视的出生礼俗之一。婴童经先生公起名之后，到满月之际便要举办满月酒席，主家会取出米酒，筹办酒菜，与亲朋好友一起喝酒庆祝。亲戚朋友会送鸡、猪肉和钱若干。据文献记载，送鸡的客人一般都是至亲，送钱和猪肉的人与其关系稍微疏远一些，两者之间还是有稍许差别，但是随着时代的变迁，有些礼俗也随之变化。③满月酒之后，原本不能走出门的产妇可以给婴童带上漂亮的花帽，配上响铃铛，抱着与各位亲朋好友见面，也可以抱着婴童外出走动，到亲朋好友、邻里家串门，同时会收到他们对婴童的夸奖称赞与祝福。

百日酒是出生礼的最后一道礼俗，也称“百日糍”，瑶语称之为“糍罗酒”。在婴童出生后的第 99 天晚上，由主人邀请亲朋好友前来帮忙，一起动手做糍粑。先把浸泡过的糯米放入蒸锅中，待蒸好后，再把糯米饭放入石臼中捶打，然后由巧妇捏成圆球形，并粘上芝麻和红糖水。做好的糍粑

① 唐辉：《排瑶文化纪实》，33 页，广州，广东人民出版社，1995。

② 讲述人：房文婷，女，38 岁，火烧排人。访谈时间：2019 年 8 月 8 日。访谈地点：火烧排房文婷家中。调查组参与人员：李超、蒋满娟、高元武。

③ 政协连南瑶族自治县文史委员会：《连南文史资料·第五辑》，58 页，政协连南瑶族自治县文史委员会，2001。

由主人分给前来相助的亲朋好友，并且在晚上设宴。“百日糍”的第二天，主人家会把糍粑分给左右村邻的亲朋好友，一般是8个或10个，讨“好事成双”的吉利。

此外，在排瑶礼俗中，诞辰也被予以一定的重视。据沈记辉介绍，以前受制于条件，每年给小孩过生日的礼俗较为简单。里八峒排的小孩只过1岁、2岁、3岁的生日，其他年龄段的生日基本不过。一岁生日较为隆重，过生日的时候要叫上外婆，猪肉、鸡、豆腐是常备菜，2岁生日来的人相对较少，但3岁生日较2岁生日来的人多。儿童生日宴席的座次，老人坐在厅堂的香案下面，其他人可以随便坐。

南岗排的出生礼。在新中国成立前，南岗排的孕妇在生孩子时，一定要请先生公在产妇家念经书和做法事，祈求各方神灵保佑产妇顺利生产，当产妇生下孩子的时候，也要请先生公一边念经，一边剪断脐带，然后把胎盘和脐带埋在产妇的床底下，他们认为这样做能使所生的孩子得到神灵庇护，并祈祷孩子不再生病、平安健康地成长。在孩子出生后，还要请先生公来给孩子祈福和命名，然后根据自家的经济能力给予报酬，一般为米、鸡、肉或钱。等到孩子满月时也摆酒席。当孩子百日那天，家人要带着孩子到庙里请先生公做百日受礼活动，接请各方神灵来给孩子赐福，保佑他健康成长、永世平安。

随着医疗水平的提高和人们思想观念的转变，如今的排瑶孕妇一般都会选择去医院生产，也很少举行孕产相关的礼仪活动，但孩子在百日的时候仍然比较受重视，同样会宴请亲朋好友。①

油岭排的出生礼。在油岭排的出生礼俗中，需设两种酒席，即“命名酒”与“满月酒”。据油岭人盘鹃介绍，“命名酒”是指当婴儿呱呱坠地后，主人家的大门就挂出禾扫把，表示吉祥之家，禁止着白色衣服的人进入（因白色为孝服色）和他人入内借东西（传说是防止把婴儿的魂牵走）。隔几天，主人就请先生公及近亲长辈到家中，商议给婴儿命名。首先，由先生公燃香上祖宗神位，念起经文，酒洒在地。然后，先生公取出特制的两片黄牛角片（瑶语称“诰”），往地下一摔，若是两片的面相向，则称

① 罗杨、唐孝祥：《大美村寨·连南瑶寨》，125—126页，北京，中国社会出版社，2015。

“二”。依此类推，但不能重复。[①]以此作为婴孩取名的方式。

另外，油岭排的“满月酒”与其他排的有所不同。婴孩被命名以后，主人先通知亲戚朋友到家中喝“坐月酒”，亲戚朋友要送鸡上门给主人贺喜，但不一定要饮酒吃饭。而从排瑶的“坐月”礼品中，可以看出与主人家的亲戚关系远近如何。送鸡的客人，一定是主人家的近亲和朋友；送猪肉或给钱的，亲戚关系已经是比较疏远的了。等到孩子满月这天，主人家会再次通知亲戚朋友，这时才是真正的“满月酒”，当地之称“膨罗”（瑶语音译）。在满月这天，母亲会给婴儿戴上吊有银铃铛的花帽，到亲戚家串门，每到一户都要逗留一段时间，抑或吃上一餐“眷恋”（瑶语音译）饭。亲戚要抱抱婴儿，说些夸赞之类的话，让母亲开心，以解除她坐月子一个月的苦闷。[②]

二、成年礼

排瑶男性的成年礼是香歌堂“度戒”（瑶语音译），全国各地瑶族同胞多有此礼俗。

在西五排，如果孩子在 9 岁以前，体弱多病，就会被认为有“关煞”，要“架桥”，这时架的桥叫“婴儿桥”。所谓“架桥”，是找一条水沟，用竹篾架起拱桥的形状，然后请先生公过来念经，再由他带孩子在桥头来回过 3 次，称为“过桥”。等到男孩长至 11 岁，女孩长至 9 岁，也要“架桥”，这个仪式要用小木条做桥，这种仪式称之为“成人桥”，由先生公念经并带孩子过 3 次桥，此时便认为他们成年了。

在东三排，南岗排瑶民过去深受“身体发肤受之父母”的观念影响，无论是男女老少都要留着长发并将头发盘束起来。在男孩 9 岁那年，要举行成年礼仪，具体内容为男孩的家人首先要挑选一个举行仪式的良辰吉日，然后把男孩领到全寨的大庙，由瑶老或是先生公举行“束发”仪式，先祭

① 盘鹏：《油岭排生小孩风俗趣闻》，见《连南文史资料·第五辑（排瑶史料专辑）》，56—57 页，政协连南瑶族自治县文史委员会，1988。

② 盘鹏：《油岭排生小孩风俗趣闻》，见《连南文史资料·第五辑（排瑶史料专辑）》，57—58 页，政协连南瑶族自治县文史委员会，1988。

拜祖先，再念瑶经，讲述先祖艰辛的迁徙过程、杰出人物的贡献，让孩子以自己的先祖为荣，并学习先祖的优秀品质，之后将原来孩提时梳成辫子状的头发解开，盘成传统的头髻，然后众亲属便纷纷祝贺。这一传统的成年礼仪式只是代表了该男孩正式成年，但想要婚娶就一定要等到16岁，而女孩则要等到14岁之后才被允许。在油岭排，一般不允许还没参加过家族“香歌堂”的男人缠红头巾，认为他们还没有成年，只有参加过家族“香歌堂”活动，举行过捡法名仪式，才算是成年。在举行“香歌堂”时，需邀请亲朋好友前来见证，然后把他们的“法名”写进族谱，才能缠上红头巾，而女孩到16岁就邀请舅舅前来参加诞辰，在她们的发髻插上白羽毛，就算成年。

三、寿礼

寿礼是尊老敬老的一种礼俗，李来章对排瑶贺寿的礼俗有如此描述：“亲族用肉一碗，酒一壶来庆。准婿办鹅一只，酒一埕，布衣一件为祝，岳翁以银一两酬之。”[①] 但此话较为笼统，很难分清老人过寿的具体做法，也适用于整个排瑶地区。

结合文献和调查情况，连南八排地区的老人过寿年龄因性别而异，男性过寿年龄一般为60岁、70岁、80岁，女性过寿年龄一般为51岁、61岁、71岁、81岁，通常会做几个特别的菜，饮米酒，稍做庆祝。里八峒的老人过大寿主要是请亲戚朋友吃饭、喝酒，以表庆贺。一般寿星于桌首就座，寿宴常备菜肴有猪肉、鸡、鱼、豆腐等。军寮排和马箭排的老人过寿时，需要做法事，请先生公依据《解神煞书》来诵经，并奉上一碗米、一只鸡、猪肉、香和纸钱等祭品，来祭拜祖先。在寿宴结束后，这些祭品由先生公带走。在过去，参加寿宴的人一般会送酒，每人都往寿星碗里倒一点酒，意为给寿星添福。

东三排与西五排在寿礼上的相关仪式大同小异，均由晚辈提前通知族人，届时宴请宾客，共同恭贺老人长命百岁。

① （清）李来章撰，黄志辉注：《连阳八排风土记》，59页，广州，中山大学出版社，1990。

第二节　伦理道德

伦理道德是“人们共同生活及其行为的准则和规范，是评价人们行为善与恶、美与丑、正义与非主义、光荣与耻辱的标准”[①]。在历史发展过程中，为了适应民族栖息地的自然生态环境，同时调和社会内部组织，八排瑶族与各民族一样，形成了独特的伦理道德体系，并有着自身独特的表现内容和表现形式，构成了中华民族传统伦理道德的组成部分。具体而言，可分为家庭伦理和社会伦理两个方面。

一、家庭伦理

家庭是组成社会最基本的分子，培育家庭道德风尚将关系到社会的稳定和长足发展。排瑶地区在构建家庭伦理方面尤为重视，具体内容可分为孝道伦理、婚姻伦理和亲子伦理三大类。

（一）孝道伦理

在家庭伦理内容中，尊老爱幼是亘古不变的主题。在排瑶社会生活中，父母一直把尊老敬老作为家庭伦理教育的主要内容。

在具体的家庭生活细节中，强调孝道，提倡孝敬父母，帮带兄弟姐妹。家庭吃饭聚餐的时候，长辈要坐在上首。子女虽然分家出去，但也要承担相应的义务，比如看望父母，生病照顾，父亲年迈，儿子要替他耕田干活等。分家不代表不孝敬老人，不尊重父母。李来章在《连南八排风土记》中记载：“敬老：凡相聚议事，必设凳以延老者，无凳则以银酬之，名曰‘坐凳银’，此礼犹为近古。”[②] 排瑶今日仍然传承了这一尊老敬老的风俗。

① 林耀华：《民族学通论》，441 页，北京，中央民族大学出版社，1990。

② （清）李来章撰，黄志辉注：《连阳八排风土记》，62 页，广州，中山大学出版社，1990。

我们这边吃饭的时候，老人家要坐中间，妇女、小孩这些都可以坐在两边。但有个独特的规矩，就是吃完饭后不能立即离开桌子，要等主人家把碗筷收拾好了以后才能走。[①]

以前，西五排每家每户的厅堂都安置了供奉祖先的神龛，上书祖先名号，每逢节日都依照传统呈上供品，焚香敬酒祭奠先祖，追思先祖的养育之恩。

在传统民族节日中，老人也承担着重要的角色。以春节为例，春节前夕，家家户户都要筹备鸡、鸭、猪、豆腐等食材，在黄昏之时，由家族老者带领前往排瑶庙里祭祀祖先，再由先生公念经做法事，奉上酒肉供品，然后以鸣火铳或者燃放鞭炮为结束。回到家中，家庭成员围坐在火塘边，听老人讲本民族的神话传说，迁徙历史。已婚的青年男女还要携带酒肉回娘家敬老。李来章在《连南八排风土记·节序》中记载，“出月初一日……备酒、肉、糍、茶各二碗，箸二双，拜祖宗”“三月初三日：谓开春节。备酒、肉，祀祖宗”“清明：焚于墓前”“四月初八日：备酒、肉，祀祖宗”“七月初七日：备酒、肉、茶、盐米饭各二碗，祀其先祖”“除夕：备酒、肉，祀祖宗”[②]。

排瑶青年结婚，以“尊老爱幼”为内容的教导环节也是婚礼重要内容。迎亲喜宴当天，新郎家大摆迎亲宴席，送嫁人要吃两餐再离席，第一餐吃过后，休息一会儿，又入屋坐回原来的位置吃第二餐，叫做“垫喜”。这一餐的主要目的是为送嫁人教导新娘而设的，当这餐饭吃过一半时，新娘放下碗，送嫁长老便以唱歌形式，教导新娘要尊老爱幼，本分做人，勤劳持家，叫做“教理”。

在东三排，尤其是油岭排，瑶民对老人有三敬之礼，即“见面礼”“优先礼”和“敬重礼”。“见面礼”即晚辈遇见长辈时，要主动打招呼；平辈之间见面的问候语是“吃饭了吗？”遇到陌生人，常用“伙计，你从哪里

---

① 房伟华，男，瑶族，中学退休教师，71 岁，大坪村人，省级婚俗传承人。访谈时间：2019 年 7 月 28 日，访谈地点：房伟华家中。

② （清）李来章撰，黄志辉注：《连阳八排风土记》，60 页，广州，中山大学出版社，1990。

来？”很少行握手礼。“优先礼”，即吃饭时，老人动筷子后，年轻人才能动筷；过桥遇到老人，晚辈需主动让路；没挑着东西的人，要主动给挑东西的人让路；打到猎物时，优先给猎狗和射中猎物的人分配猎物。“敬重礼”，即不管有无血缘关系，对老人都称阿公、阿婆；喝酒时，先倒酒在地，以敬祖先；遇见担东西的老人或背着孩子的妇女，都主动帮他们挑东西或背孩子。

（二）婚姻伦理

排瑶男女婚姻自主，双方是平等自由且真正的爱情结合，婚后夫妇地位平等，共同生产劳动，协力维护家庭生活；在离婚、招赘等方面也较为简单，没有繁琐的礼仪约束。

在婚姻伦理观方面，父母一般会教导孩子如何寻找另一半，但只是提建议，不会给孩子包办。比如在军寮排，父母就会给自己的孩子提出择偶标准，教导男孩寻找会唱山歌、贤惠、勤于操持家务、孝敬公婆的姑娘，教导女孩寻找身材健壮、恭谦有礼、吃苦耐劳、友善友邻的小伙子，当然父母也会叮嘱三代以内，同祖宗的不可谈婚论嫁。

具体而言，平等自由的婚姻伦理主要体现在以下几个方面：

第一，坚守一夫一妻制。排瑶社会不准男性纳妾，更难容一妻多夫的现象，据当地人讲述：

> 我们瑶族是一夫一妻制，以前女的18岁、男的20岁就可以结婚了。而且我们这里都必须要经过72礼的程序之后才能结婚。我家里有3个儿子，1个女儿，都在家务农。大儿子的婚礼是根据新时代的习俗要求进行的现代婚礼。孙子是按照以前的风俗来办的，但这种传统的风俗仪式有20多年没有进行过了。[1]

第二，男女婚姻自主。过去，排瑶订婚主要是通过男女青年自主决定，一般以“讴莎腰”方式来进行，通过唱山歌向女青年求爱。“莎腰”指未婚

① 访谈人：房伟华，男，71岁，大坪村人。

女青年。但也有少部分人通过“订小亲”的方式进行，这种现象主要在东三排一带。[1]“婚姻不预订，每岁以七月七日会男女，曰要秋。张筵于野，男女及年者偕其父母造焉。共牢而食，食既而歌，相悦则答歌。纳红巾以为采。寻请期于归”[2]。

李来章在《连阳八排风土记》载：“少年男女唱歌山坳，其歌男炫以富，女夸其巧。相悦订婚，宿于荒野”，“少年男女唱歌山坳”便是排瑶青年未婚男女通过唱山歌的形式自主决定婚姻的记载，“相悦订婚，宿于荒野”。[3]“男女唱歌”“相悦订婚”反映出排瑶民众的婚姻自主性之强。

“讴莎腰”充满着浪漫的自主婚姻色彩，在具体过程中，门当户对、封建礼仪教条等内容并没有过多体现。具体而言，“讴莎腰”均在夜间进行，在此之前，男女青年往往利用劳动、节日（如要歌堂）以及赶集等机会，寻找心仪对象。一般男性了解到女方的情况后，就利用晚饭后的时间，来到女方卧房的窗口下，倾诉情意。若双方情投意合，就互相交换礼物，意为定情。等到机会合适了，就通知双方父母，订婚、结婚。据访谈人房买机八讲述：

> 结婚前找一个介绍人，双方同意，定下来。一年后就结婚。没有礼金，一年 12 个月就给 13 块钱。那个时候一天的工钱是几毛钱，相当于一个多月的工资。我跟我老婆是“讴莎腰”时认识的，后来相处有感情，就商定结婚了。

需要说明的是，访谈人房买机八是在改革开放以前按照当时的传统婚俗习惯结婚的。但是随着社会经济发展，交通条件的改善，改革开放之后青年男女外出务工人数的不断增加，“讴莎腰”的形式日益式微，恋爱方式、婚姻观念、婚姻对象已经发生了翻天覆地的变化，传统的八排瑶婚俗逐渐淡化。不过，现在西五排年龄高的长者仍然能够回忆年轻时候“讴莎腰”的情景，而“70 后”“80 后”能够切身体会到自己婚姻形式的变化。

① 练铭志：《广东北江瑶族情况调查》，420 页，广州，广东人民出版社，1992。

② 何一鸾：《连山县志·瑶排志·瑶俗》，民国四年修十七年铅印本。

③（清）李来章撰，黄志辉注：《连阳八排风土记》，57 页，广州，中山大学出版社，1990。

据房文婷回忆：

> “80后”“讴莎腰”的人已经很少了，自由恋爱的人慢慢多起来。各个排语言大体一样，语调就会有一点点变化。火烧排和里八峒唱歌、说话都差不多。1988年的时候还有“讴莎腰”，1989年就没有了，就是男的在屋外面，女的在屋里面，两个人说说话。

一般春节过后，正月初一到初六，男女到村边，男的一边，女的一边，男女吹叶子哨，如果相互中意，就会牵手，在空旷的地方坐下来谈恋爱。如果双方愿意，男方会请媒婆去女方家，男方会送10斤左右的稻谷给媒婆。嫁妆一般有担水的带钩水桶、饭桌、两张凳子和10个碗等。

除了“讴莎腰”、叶子哨外，在西五排还通过弹指歌来自主寻找另一半。在耍歌堂活动中，男的会叫上三四个朋友唱弹指歌，女的站在另一边听。男的多是有选择性地唱弹指歌，一般是向着姑娘弹唱，这是西五排的一种恋爱方式。

排瑶男女青年受制于“父母之命，媒妁之言”的束缚较少，即便有订“小亲”，一旦遇到意中人仍可以解除婚约。父母一般不反对，多是通过媒婆转告“小亲”另一方，以解除婚约。可见，媒婆是在男女双方自由喜欢之后才会在其中起到穿针引线的作用，整个婚恋过程中，男女双方的主动意愿超过父母之命和媒妁之言。

第三，男女婚姻自主还体现在双方权利与义务的主体平等。婚姻双方的权利平等，既是婚姻缔结上的平等，也是婚姻解除上的平等。访谈人房伟华表示：

> 排瑶中离婚现象比较少，如果真的离婚也可以，一般是男孩跟父亲，女孩跟母亲，并且要把客厅神案上挂着的“魂魄布”（新娘入嫁时挂在神案上如手帕大小的白布或手帕）拿下来带走，告诉祖宗离婚了。

因订婚要解除婚约的，如果是女方提出，一般要返还男方在订婚时所花的费用；如果是男方先提出，则不能要回订婚钱。解除婚约的仪式，由排内的老人主持，或请原来的媒人安排。男方、女方要请主持人喝酒，以示3面言定，婚约正式解除。若结婚后要离婚，一般是亲房劝解，再由排内老人劝解。若男方坚决要离婚，要给女方10担谷的赡养费，两人的田地均分，结婚时女方带来的东西全部返还；若是女方坚决离婚，亦要把结婚时她带来的东西清还，但无权分得田地，且要赔偿男方结婚时所花的费用。在离婚问题上，排瑶内的老人起到重大的协调和见证的作用。随着社会法治观念不断增强，当下离婚基本上都去法院办理手续，而夫妻不和吵架需要调解的，就请村中长者。

（三）亲子伦理

亲子伦理是指父母与儿女之间的伦理关系，这其中也包括亲生子女、收养子女之间的伦理关系。排瑶社会中的亲子伦理内容主要为追求父母与儿女之间的孝、慈。孝就是儿女对父母的尊重与孝敬，主要体现在赡养、敬老、祭奠；慈是指父母对儿女的关心与慈爱，具体表现在抚养、传授生产技能等方面，其中，赡养和扶养是亲子伦理关系的核心。

尊敬父母体现在生活的方方面面。比如，排瑶家庭一日三餐，都是共桌用餐，首先要父母坐于首位正位，儿女要坐于次位，如此方体现对父母的尊敬。吃饭的时候，要主动给父母盛饭，饭后要主动收拾碗筷。此外，与父母聊天说事时，儿女晚辈禁止跷二郎腿，说话的时候要有礼貌，儿女谈吐之间更不准说脏话，否则会被视为非常不礼貌。在马箭排，祖宗牌位前的桌子且靠近牌位的那一边只能家族的人坐，外人不能坐。

赡养父母在亲子伦理里占据极其重要的位置，如果儿女不主动赡养老人，会被整个排的民众所指责。给父母提供生活物资和细心照料是赡养的基本要求。但父母一般都坚持不给儿女增加负担，只有实在不能自我料理的情况下，才会在儿女家养老，倘若老人能自己做饭，一般都自己单独居住，而儿女定期前去看望是必不可少的。历史上，排瑶经济社会发展较为缓慢，但是儿女通过养鸡喂鸭，上山狩猎等方式获得肉类食品，与父母分享。房坚贵

二回忆了父母健在的时候[①]，自己是如何上山狩猎与父母分享的：

> 当田里没有收成或者收成不好，我就上山打猎，山上猎物也多，每天都有收获，少则三两只，多则十几只，打回来之后就处理一下给父母送去，每个月都能送一两次，有时候送很多，老人家不缺肉，农闲的时候也去。

慈爱是亲子伦理的另一个侧面。历史上由于八排地区的医疗条件有限，出生率高、死亡率也高，孩子一出生，父母就会邀请先生公举办一系列活动，通过仪式期盼孩子健康成长。母亲会亲自给小孩绣制本民族的传统衣物，如编制童帽等。除了物质生活上的抚育之外，教育孩子也是慈爱的重要表现。家庭教育的主要内容是传授排瑶的生产生活经验，教导孩子为人处世、友爱乡邻，女儿从母亲处学习绣花、织布、酿酒、做家务、孝敬公婆，儿子从父亲处学习上山打猎、农业生产。此外，父母还通过言传身教把瑶族山歌、舞蹈等民族文化传统传承给后代。

对于收养子女方面，亦体现出八排地区和谐的家庭伦理关系，过去出于继嗣或劳动人手等原因，领养子女的现象较为普遍。据练铭志考证："据不完全统计，解放前，南岗排有 20 人，火烧排有 14 人。这些领养的孩子中有排内的、排际间的和瑶汉之间三种。领养对象有男孩、女孩，其中以男孩居多；年龄一般在 10 岁以下。被领养者一经决定领养关系，即改从养父姓，并按八排习俗重新予以命名，正式成为领养家庭的一员，养父母视之如已出，彼此间以父（母）子（女）相称。被领养者享有子女一切应享有的权利和义务。'房'族和社会亦甚表欢迎，认为是家庭和'房'族都增添了丁口，因此，人们绝无任何歧视的言行。当被收养者长大成人，侍奉双亲一如血亲，养老送终，极尽人子（女）之孝。"[②]

此外，八排地区的亲子伦理还体现在家庭子嗣公平继承财产方面。家庭财产主要包括土地、山林、房屋、耕牛、农具和其他生产生活用具，这

① 房坚贵二，男，瑶族，大坪村，访谈时间：2019 年 8 月 5 日，访谈地点：房坚贵二家中。

② 练铭志、马建钊、李筱文：《排瑶历史文化》，310 页，广州，广东人民出版社，1992。

些均由儿子（养子）继承，女儿无继承权。若无儿子，这些财产则由近亲男性继承；无近亲则充公作为日后祭祀之用。财产除留部分土地或山林作为双亲养老（死后祭祀）外，由儿子平分，无长幼之别。排瑶分家析产是随儿子结婚而依次进行。在双亲去世前，所分土地只有使用权，所有权仍归双亲所有；直到双亲故去，所有权才归属儿子。而女子出嫁带过来的陪嫁田，在其死后要归还娘家，然后按上述原则处理。

二、社会伦理

先生公、瑶老在八排社会中的地位尤其突出，是八排社会伦理的主体领导力量。主要是通过节日风俗、日常规范等方式在起作用，表现在以下几个方面：

（一）遵守承诺，诚信立世

排瑶重诺言，守信用，形成优良的社会风尚。南宋周去非《岭外代答》在描写今广西的瑶族社会的风尚是“瑶人无文字，其要约，以木契合二板而刻之，人持其一，守之甚信”。据八排老人回忆，遵守承诺是立身于社会的重要条件，也是排瑶成年之后步入社会必须遵守的社会公德。农忙，邻里建房造屋，婚庆喜事，如答应前往相助，必会风雨无阻，准时赶到。

草标是排瑶以诚信立于社会的一种特有表现。在山林、田地、草场等处经常出现，置于已经砍伐好的柴草上，或者是未开垦的田地旁，抑或者是拴在选中的树木绿竹之上，以表有所归属，其他人看到这些标志便不会违规占为己有，是“示之以诚，不相犯矣”的重要体现。

李来章《连阳八排风土记·向化》记载了军寮排关于言行守信的事件。事情起自沙坊武生雷兆丰、雷之豫的衣帽在连州红罗坪被瑶民抢劫一空，后经过勘查路段是军寮、马箭两排管辖，李来章拘捕了两排瑶族头目青菜，“断令赔银六两”，“秘缉真贼，具结乘管路分”，同时李来章当面告诉青菜：“嗣后有事，尔等排是问”，并且放走了青菜，“今放尔等归排”“需如期赴缴”。李来章对排瑶头目青菜的信任，引起了僚属的轮番“叠谏”，认

为“青菜者，五排之渠魁也”，“气傲而心狡，历来官长皆加宠待”，一旦放走必定不会返回复命，“若去，必不返”。李来章坚信瑶族同胞会守信如一，定当如期携款赴约。果不其然，“至期，遵断缴银如数”，“令二雷生当堂领取”。从此以后五排大治，“五排守法，皆不为民害云”。李来章以诚信待瑶胞，五排瑶胞同样以“重然诺”报之。

（二）夜不闭户，路不拾遗

八排社会风气和谐，盗窃事件极少发生，秉持“物各有主，非己莫取”的信条。在村寨中，柴草、谷物放置在外也不必担心会丢失；在野外，村民常在山腰处修建牛棚，白天将牛放至山坡吃草，牛会自己回棚，晚上也不需要过来照料看守，一般无人盗窃。

当地瑶民诚实守信，讲义气，重承诺。聚事订盟，以酒为证。过去，对于重要的盟誓，会饮鸡血酒。平时友好往来，只要有约在先，总会准时赴约。一般群众发生争执，经调解断决，各方均不另生事端。

排瑶没有自己的文字，互相借贷、议事、调解纠纷、定约、定亲等事宜，没有文字凭证，每议成一事，双方把酒碗举于额前，一般说一句：“就这样定！”两方手臂交叉，形成连臂，各自喝酒，称为“交心酒”。

瑶民有句俗谚：“不是自家财，不进自家袋。”路不拾遗，是连南瑶家的好风尚。山间路边、溪边、树上放着雨帽、花袋、鞋、衣服、食物等东西，一般都没人偷偷拿走。家猪也很少圈养，牛栏距村10多里，满山放牧。有些人在水碓舂米，估计舂好再去取回白米。过去的人们夜不闭户，人不守舍，猪狗鸡鸭乃至粮食金钱，也不会被盗。

（三）勤劳勇敢，互帮互助

过去，排瑶生活在偏僻陡峭的山区，土地资源匮乏，除了在山间有少量梯田外，就只能开发山坡的旱地。“瑶人生活，无论贫富，其衣食住行，均艰苦。除在年节佳日得集会庆祝而作欢乐歌舞外，都是辛劳，为着生活作艰苦的奋斗。”[①] 这种艰难的生产生活也培育了排瑶人民勤于劳作的优良

① 李默、房先清：《连南八排瑶族研究资料》，107页，广州，广东省社会科学院，1987。

美德。

排瑶家庭成员各尽其能，通力协作，小孩也要打猪草，喂养家禽，放牧牛羊，妇女需参与家庭劳动，上山种田，砍柴等。成员之间是平等的，虽然男性在家庭中占据主导地位，如管理生产、处理儿女婚姻等事情，但绝不是专断，而是通力协商解决。据房茶介一回忆：

勤劳的人会收获众人的尊敬，反之，懒散的人将会被人指责。家中的长辈常常用“女不嫁懒汉”来教育晚辈要勤劳努力，在选择相亲人选时，勤劳是必不可少的准则。在瑶族传统家庭道德教育中，长辈非常重视培养晚辈勤劳的品质。

八排子女自幼随父母上山劳动，到成年便掌握了生产知识，人人都有自食其力的本领。尽管瑶民旧时的生产条件十分艰苦，每年除几个大节日稍得休闲，长年累月刀耕火种，辅以狩猎和采集，才能勉强维持生计。长期高强度劳动，练就了瑶民勇敢、粗犷、豪迈的性格，培养了吃苦耐劳的精神。他们在山里背负肩扛，上岭下坡，光着脚板，如履平地。常把衣衫脱光，到山溪洗净晾晒于树枝上，然后光着上身，顶着烈日去干活。裸露的皮肤汗水淋漓，油光闪闪。打猎、采药和放运木材，攀崖走壁，爬藤跳涧，动作敏捷，来往自如。[①]

互帮互助的优良美德是排瑶人民在生产生活中缔结良好社会组织关系的基础。历史上封建王朝多次对瑶民进行围剿，瑶族同胞艰难迁徙，在山坡开垦梯田。在反抗官军和生产劳作中，须得瑶族同胞之间通力协作，互帮互助方可取得成效。房茶介一回忆：

在山坡上开辟水田等，都要依靠团结互助的力量。瑶族人民团结互助，平时如若一家有事总有百家来帮，不收报酬。在遇到生产、盖房、修路、婚丧嫁娶等需要大量人手帮忙的活动时，只要备好建筑材料、工具等，劳动力是不用愁的，村上的人就会以

① 王东甫、黄志辉：《粤北少数民族发展简史》，174 页，广州，广东高等教育出版社，1998。

家庭为单位，派出人手帮忙。主人只需要招待膳食，不需要开支分文工钱。排瑶里的百姓都是相互协助，团结互助，在建房子、农耕等大家都相互帮助，族人，友人，村子里的左邻右居都会过来帮忙。做丧事的时候，很多族内外的人都来帮忙。

八排地区都较为团结，大家互帮互助。排瑶遇到本姓、本房的成员被人侮辱，或公共利益受到侵犯，往往闻风而动，群起相助。同样，如果架桥修路，或要兴办学校及其他公益事业，也会一呼百应，捐献钱物，合力做好。平时，无论尊卑，待人以礼。各家各户友好往来，和睦相处，世代相传。一家有事，众人相帮。如建屋舍、修牛栏猪圈，大家凑钱凑粮，帮工相助。各家农事，诸如插秧、割禾、烧山、放牧等，如因故延误，知情者必主动相邀，换工支援。排里有人办白喜事，大家都提着酒菜上门帮忙。某人嫁女或娶亲，主家一声呼唤，大家出谋献策，选出总管、司仪、送嫁、迎亲、侍客、歌手、厨师、勤杂各项人员，不许推卸责任。某家媳妇生孩子，人们当即捉鸡买猪脚，提篮鸡蛋上门贺喜。某家有丧事，一声土铳炮响，排里老人串联各家各户亲临丧家，一面劝慰，一面商议治丧。丧家缺钱少粮，众人亦大力支持。

赴宴极守规矩，举筷饮酒，互相谦让。如缺一人没到，即放个大碗，每夹菜一次，先放一块入大碗，留给缺席者。在新中国成立以前，有人坐牢打官司，大家也解囊相助，不用归还；遇到饥荒，排内钱粮借助，或收割后归还，或言定归还日期，不计利息。

此外，排瑶帮工建房的习尚，更能体现瑶民助人为乐，不计报酬的高贵品德。瑶家建筑住宅时，对前来帮工的人，主家只招待饮食，不另付工钱。这种协作建房的风俗，今天依然盛行于广大的瑶族聚居区。某家需建新居，择日之后通知各寨亲朋好友。前来帮工的人一般都备好粮食、酒肉、蔬菜，甚至挑来柴草，以减轻主家的负担。

（四）谦恭礼让，睦邻和谐

谦恭礼让，睦邻和谐是家庭伦理的又一个重要内容，施教者主要是父

母和瑶族长老。儿童的言谈举止要符合谦恭礼让的传统，外出遇到邻里需主动打招呼，对待父母、长辈要和气，接受瑶老的物件、倾听瑶老的教诲都要彬彬有礼；在家吃饭时，要把上座让给父母、瑶老、先生公等，并且主动为客人沏茶。据当地人讲述：

> 父母会常常对儿女进行口头教育，让孩子不要做偷蒙拐骗的坏事。客人上门，孩子们要倒茶，要知道如何称呼客人。给人盛饭不能太满，要双手端上。一家人吃饭是重要的家庭教育时间，这时候可以坐下来慢慢聊。

（五）民主平等、公平公正

民主平等、公平公正的观念体现在排瑶社会生活的各个方面。如在家庭内部，夫妻、子女各尽所能，共同分担家中劳作；丈夫掌管财政，但不专断，有事均征询妻子意见；夫妻双方都有提出离婚的权利；儿女长大成人，父母不会坐等子女赡养，待儿子成亲后，即令其分居，并且尽量自食其力，不给孩子施加重压。父母不居功，儿女常怀劬劳之念，在双亲丧失劳动力时，极尽人子侍奉之孝。

此外，平等观念还表现在瑶老制的运行中，“瑶老制的主要成员天长公、头日公，不仅要由全排全体成年男子民主选举产生，而且要定期轮换，让大家都有任职的机会。又如在处理问题时，天长公虽为会议召集人，但他的意见不具有权威性，更不能擅自决定。在讨论表决时，他也以普通一员的身份出现，并无特权。还有，在一些关系到全体瑶民利益的重大问题时，必召开全体男子大会讨论并一致通过，然后才做出决定，充分体现了排瑶的民主观念”①。历史上，“当排瑶渔猎之时，只要到场，不论是出力的渔猎者，还是背上的孩子、手抱的婴儿，或是路过的陌生人，都可分得一份与渔猎者相等的猎物，所谓‘见者有份’。因为在他们看来，所有这些在

① 练铭志、马建钊、李筱文：《排瑶历史文化》，339页，广州，广东人民出版社，1992。

场的人都是平等的，都应得到一份。”[1]

（六）敬重娘家，维系亲情

在八排地区，妇女具有较高的家庭和社会地位，而舅父在监督和保护女性权益的过程中，发挥着重要作用。一般逢年过节，要以加倍厚礼送给舅父。要歌堂等大节，更要请舅父来欢度。孩子出生，请舅父到家吃酒命名。外甥结婚，柬请舅父赴宴，若舅父未到，则不能开宴。舅父到后，当坐首席，还要额外增加一份“嫁肉”。外甥女出嫁，舅父是送嫁的首席代表。子大分家，须请舅父到场见证。家里有人去世，须立即讣告舅父，才能办理丧事，等等。

总之，不管红白喜事，都必须请舅父参加。如果没有亲舅父，也要请表舅父代替，以示不忘恩负义，敬重娘家。

三、禁忌

（一）生产禁忌

正月禁忌。正月初一尽量不洗衣服，不抬水，不出远门，不去山上种地，人们认为，如果去地里干农活，会有老鼠、山雀来吃稻谷。部分妇女正月初一不能回娘家，到正月初二才回。正月初三，各排忌鬼，禁止外出劳动。南岗排的正月十三、军寮排和里八峒排的二月初一以及横坑排的二月初二禁鼠，忌外出劳动，否则认为庄稼会遭鼠害。南岗排的正月十五、横坑排的二月初三、军寮排和里八峒排的正月二十五禁虫，忌外出劳动。南岗排在正月二十和横坑排的二月初一禁鸟，忌外出劳动。南岗排和横坑排的正月二十九、军寮排和里八峒排的二月初一至初四禁风，忌外出劳动，认为否则庄稼会遭风灾。

其他月份禁忌。二月初一为雷神、太阴和太阳神日，忌外出劳动，否则认为庄稼会遭灾害。据《排瑶文化纪实》载：“每年春季响的第一声雷，无论谁先听到都要大喊大叫：‘听到雷响了！’并且人们要互相转告。这一

[1] 练铭志、马建钊、李筱文：《排瑶历史文化》，338 页，广州，广东人民出版社，1992。

天，人们便不去劳动了。不管是在去劳动的路上听到的，抑或是正在野外劳动时听到的，都要马上收工回家。回到家后，立即把各种作物的种子，如花生种、谷种、玉米种、番薯种等等，取几粒或少许放在锅里炒熟吃掉，其意思是把当年的灾害如虫害、风害等天灾都给炒死，期望当年人丁兴旺，五谷丰登。”① 农历二月初二，可以开耕。四月初八，不能动牛，此外，房姓人家要在这一天过节，因为他们认为这一天是房十海公、房十佑公、房十满公 3 位白公的生日。谷雨那天不用耕牛，认为牛脚会坏。

（二）饮食禁忌

第一，丧事菜品主要有玉米、酸菜、青菜，禁止出现猪肉。改革开放以后，白喜事菜品不吃猪肉这个禁忌就解除了，但还有部分排瑶地区仍有所保留。

第二，结婚等红白喜事忌食狗肉，认为食用狗肉不吉利。

第三，先生公、仙婆、门仙公忌食狗肉，认为食用后自身的功力便不能显现。

第四，生辰八字带亥的人禁止吃蛇。

第五，若家中有人去世，在其祭日、扫墓日、百日这 3 天不能把家中的东西借出去，意为守孝。

第六，生产的妇女禁吃牛皮酥、狗肉。

第七，忌食牛蒜和生葱，认为食用后会肚子痛。

第八，忌饮山上用石头垒蓄的水，认为饮用后会患病。

第九，“薄命人”忌吃狗肉，否则认为其子女会经常患病。

（三）婚俗禁忌

第一，男女一方到对方取生辰八字时，如路遇蛇拦道，老鼠、野兽出没，大石从山上滚落以及丧葬等事情，即退还八字；八字取回家后，如公鸡不准时啼叫、家人打破碗碟、做酒发酸等，均视为不吉利，亦将“八字”退回；等等。

① 唐辉：《排瑶文化纪实》，122 页，广州，广东人民出版社，1995。

第二，商谈婚事时及结婚宴席上，3 天内家中忌打烂碗具或损坏家具，否则认为不吉利。

第三，订婚、婚庆等日子，禁说“死亡”“受罪”“夭折”等不吉利的话，订婚时宴请外家亲戚，忌用“空亡”“受死”日子，否则认为家人会患病或伤亡。

第四，结婚忌择黄历上“破日”“危日”，婚礼期间，新郎不能进厨房，新婚夫妇不能同房。

第五，新婚之日，新娘进新郎家时，新郎要回避；新娘命中与某些亲人有“相克”时，要避免与他们相见。同时忌徒步过河、过桥，认为徒步过河过桥必断，必须由新郎背负新娘涉水而过。

第六，新娘到了男方家以后，要看时辰进门，忌 12 点进门，最好是下午 1 点半进门。

第七，新娘婚后首次出门远行或进行劳动要择日，忌用“空亡”“破日”“危日”等日子，且返家时，需捎回一些柴枝。

第八，家中有人去世，女性只能第二年出嫁，意为已走了 1 个人，不能再走人。男性可以娶妻，意为家中已走了 1 个人，添 1 个人自然很好。

第九，新娘首次回娘家，返回的时候要担一担柴。

第十，根据排瑶的习俗，兄弟姐妹结婚，必须按年纪大小依次进行，不可打乱次序。如果老大未结婚，老二及以下的弟妹不得先于老大结婚，否则被视为违反乡规和不道德。但如果老大因身体、生理或其他特殊情况无法成亲时，得先由老大提出，族中父老同意方可让老二先结婚。不过，俗例同时又规定，若老大满 30 岁仍未结婚，则老二可以先行结婚。

（四）丧葬忌讳

第一，人去世后，未经先生公举行“开路”仪式，亲属忌哭，否则认为死者会在阴间迷路。

第二，家人去世，守孝期间禁止上山、到水田劳作，需等 3 年以后才能建房，认为如果很快新建了家屋，亡人回来会找不到家。另外，灶台和大门要朝一个方向。

第三，父母死后的100天内忌剃头。

第四，未婚的男性死者，头上插上鸡毛。对于中途夭折的人，要拿邪刀为其开路，称之为“解神煞”。

第五，非正常死亡者，若死亡地点在野外，则遗体不能抬入厅堂。

第六，守孝人7天内忌外出劳动，丧宅的人忌用刀、枪、斧等金属器具。

第七，孝男孝女忌吃荤，死者未出殡前，孝男孝女以及前来吊丧的亲人不能吃鱼、猪肉或牛肉，只吃素菜和糙米饭，以示深切哀悼。

（五）生育禁忌

第一，家中妇女生产，会在门前挂上扫帚，忌讳有人进屋。

第二，小孩子不满月则不能出卧室，满月第一天，要烧香、烧纸，用茶敬祖先。

第三，家中有婴儿未满月，忌讳穿白衣服、白鞋子进屋，认为不吉利。

第四，小孩子未满月，产妇禁止进入设有祖先神龛的厅堂，否则认为祖宗神灵会把小孩的魂魄带走。

第五，妇女生孩子后1个月内即“坐月子”期间，禁止穿白色衣服的外人进入屋内，认为生孩子是一件大喜事，有人去世的时候才穿白衣服，视为不吉之兆。

第六，妇女分娩后1年内忌吃牛肉、母猪肉、狗肉、南瓜及竹笋，否则认为会患病。

第七，妇女产后未满月，忌出门。如有特殊情况必须外出，则要随身携带一束禾草（象征刀剑），以驱邪挡煞。

第九，产妇分娩后40天内，忌用冷水，不串门，忌进厅堂（“仙人桥”神龛所在），一个月内用草药熬水洗浴，忌用冷水。

第十，忌已嫁和未嫁的姑娘在娘家生小孩，家有孕妇的男子忌上山打猎。

第十一，孕妇家中不能砌灶，不能在门槛上砍杂物，不能在屋前后挖沟和在墙壁上打钉。

第十二，孕妇不能参加丧事、不摘生果、不杀牲等，否则认为会造成流产或生怪胎。

（六）其他禁忌

其一，房姓认为“七”不吉利，逢七（初七日、十七日、廿七日）不能做大事。建房子的数字规格，如长宽高、砖石数量等中也不能有七。

其二，大年三十当晚，家里贴红纸以后，债主不能上门讨债，直到正月二十日以后方可。

其三，耍歌堂之年不能建新房，必须在耍歌堂前完成房屋建造，否则 3 年后才能再建。

其四，灶台的三角架不能踩，烧柴的时候有树根的那一头先烧。

其五，在举办盘王节的时候，任何瑶民不得在庙里随地小便。

其六，家中如果有人患病，要在门前挂禾草束或草鞋，忌生客入宅，忌在屋内梳头和扫地。

其七，家人患病已请先生公“送鬼”者，“还愿”前不能借东西给外人。

其八，八排地区的山林里会有用茅草和芒草一起编成的草标，这些草标具有一定的含义，路人经过看到后，会禁止一些行为。草标主要有树标、山标、神标、警标等四种。

树标。瑶族人有个传统习惯，凡男子到了 18 岁后，就自己上山去寻认三四棵长势茂盛的幼杉树，用以老年后做寿材。为了不让别人砍伐，他们就在树上放一个草标，这就是树标。

山标。瑶族同胞封山育林，不用文字来告示，只需口头通知一下群众，然后在封山的树林里插上草标，人们看见了，就会自觉地不去砍柴、割草和放牧了，这就是山标。山标的用途很广，在山上打柴或割草时，如果来不及收拾好，只要在其上面放个草标，几个月后，人家也不会取走。有时人们在山上发现一块好的荒地，来不及开垦，只要插上草标，后来者就不会再去开荒了。

神标。以前，排瑶对草标看得很神圣，如果妇女和小孩出门或者夜间

行路，他们便用茅草结一个标，插在腰带里，以示避鬼驱邪，保佑平安。如果妇女生小孩，也结一个草标，挂在自家的门口或窗上，意即不让生人和邪气进屋。这种标就是神标。

警标。这种标识常常插在已种了庄稼的地里，告示放牧者必须管好牲畜，如果牲畜践踏坏庄稼，主家即可取草标去向放牧者要求赔偿损失。猎人也用此标，如果他在打猎的地方安放猎套、药箭、火炮或挖有陷阱，为了不伤人畜，就在其外围扎上草标，警告人们不要进入此处，以免受到伤害。按传统规矩，谁如果见到警标而不听警告走进猎区受伤，猎人概不负责。

瑶族对草标的使用非常严谨，平时都不会随意移动草标，也不能随便拔除别人的草标。如果谁不遵守规矩，就会受到舆论的谴责。

第十五章　教育体育

第一节　排瑶教育

八排地区位于连南北部，是海拔500米以上的山区，西五排所在地尤其如此，交通不便，社会经济发展较迟缓，加上排瑶没有自己的文字，教育基础较为薄弱。

从历史的纵向角度观察，排瑶教育可以分为古代教育、近代教育和现代教育3个时期。先生公是古代排瑶教育的主要教授者，也是排瑶中知识水平较高、受到排瑶民众尊重的群体，主要教育机构是其主办的“私塾”（当时的瑶族民众认为，孩子上私塾识字能做“先生公”，为此，在八排地区通常称私塾为“送鬼学校”），排瑶经书是主要的教材，儿童是主要的受教育者。清末民国时期，近代教育理念和科学知识开始传播，由政府和教会主办的新式简易学堂开始出现，先生公主办的私塾仍然存在。中华人民共和国成立以后，排瑶教育发展进入新时期，特别是从20世纪60年代开始，政府组织八排瑶民搬迁，从原来的山上迁移到平地，教育条件极大改善。

从排瑶教育主体角度分析，根据传授知识主体的不同可以把排瑶的教育分为家庭教育、社会教育、学校教育3种类型。父母、年长的家庭成员等是家庭教育的主体力量，而家庭教育是社会教育和学校教育的基础。社会教育是排瑶各族长、先生公、老人等，利用公共场合和节日活动及生产劳动时间对年轻一代教授传说故事、民族历史、节日文化、生产技能等的教育。学校教育是在学校中实施的教育，有固定的场所、专门的教师和一定数量的学生，有一定的培养目标、管理制度和规定的教学内容，在连南

八排地区的学校教育主要是在近代以来建立的学校中实施的教育活动，有别于过去由先生公主导的知识传授。

一、家庭教育

民国时期，廖炯然在《瑶民概况》一书中指出排瑶无家庭教育可言："瑶人家庭因父母终日工作于外，不明教育意义，因之一般儿童从无获得父母好感，抑且儿童玩具一无设备，终日喧嚣殴打，嗜酒吸烟，尚无家庭教育之可言也。"① 其认为排瑶民众终日忙于生活，无暇顾及儿女教育，此种观点有待商议，但也反映出八排家庭教育观念较为落后的现象。

排瑶人民虽没有自己的书写文字，但本民族的传统文化传承不绝，其中一个重要原因便是家庭教育起到极其重要的作用。从学理上讲，"狭义上的家庭教育是指在家庭生活中，由家长，即由家庭里的长者对其子女及其他年幼者实施的教育和影响。广义的家庭教育，应当是家庭成员之间相互实施的一种教育，在家庭里，不论是父母对子女，子女对父母，长者对幼者，幼者对长者，一切有目的、有意识施加的影响，都是家庭教育。"② 那么，排瑶儿童成长的第一步也是从家庭获得知识经验。

八排家庭教育的主导方毫无疑问是父母，并且父母的教育兼具社会性和自然性于一体，如父亲在家庭教育中主要传授生活经验、生产技能、安全知识等内容，而母亲多为教导子女做家务、刺绣缝纫、山歌传唱等技能。通过家庭教育提升下一代日常生活的经验储备、为人处世的能力，对以后下一代缔结婚姻、与人合作经营生产方面都有重要的影响，所以每个排瑶家庭都极其重视家庭教育，对子女疏于管束往往会受到排内民众的指责。

生产、生活技能是家庭教育的重要内容之一。水田耕作、旱地种植是排瑶地区主要生产形式，在长期的历史生产中总结了丰富的经验，家庭教育便是把生产经验传授到下一代的主要途径。晚辈与长辈一起劳作，潜移默化地把农业生产相关的农时、农事、农技传授给了晚辈。山区地少，土

① 廖炯然：《瑶民概况·民国》，66 页，北京，中华书局，1948。
② 赵忠心：《家庭教育》，5 页，北京，人民教育出版社，1994。

壤较为贫瘠，间作耕种、轮作耕种、休耕等农业生产经验也是必须传承的内容。八排历来有“女不嫁懒汉”的传统，家中子女在日常生活中早早地学会了部分农业生产技术，其中狩猎是男性的必备技能，男孩一般在12岁左右就随长辈上山学习狩猎的基本技能。

刺绣是排瑶女性最为擅长的手艺。在马箭排，10岁左右的女孩就开始学绣花，而大掌排的女孩则早在七八岁就学，不过学习绣花并没有固定的年龄，根据自己的情况而定，妈妈一般是绣花启蒙老师。八排传统观念认为，姑娘的绣花手艺的精湛程度是衡量其聪明贤惠的重要标志之一，这关系到姑娘未来的婚姻嫁娶①，而女孩送给心上人的订情信物也必须是自己绣的花挂袋或腰带。在过去，每一个瑶族女孩都要有出嫁和耍歌堂的衣服，在为人妇以后，要负责一家老少的穿衣问题，各种类型的服饰都必须为自己和家人准备。因为绣花任务重，姑娘、妇女们在闲暇时间聚在一起互相学互相教，针法、花样不断得到传承和创新。

传统习俗也是家庭教育内容之一。排瑶社会的农历三月三、六月六、七月七、十月十六等重大节日，都是传统习俗传承的重要载体，也是家庭成员参加的重要活动，参与的祭祀活动、节日食品制作等都是言传身教的好机会，晚辈就是在家庭传统习俗的具体实践中学习和了解排瑶传统文化并一代代传承下去。

家庭教育是排瑶传统道德不断延续的重要力量。排瑶把传统道德当作重要的家庭教育内容。父母常常会对儿女进行口头教育，让孩子不要做坑蒙拐骗的坏事，在路上见到乡亲要打招呼。客人上门，孩子们要倒茶，要知道如何称呼客人，给人盛饭不能太满，要双手端上。一家人围坐吃饭是重要的家庭教育时间，这时候可以坐下来慢慢聊，过去的父母很少教孩子读书写字，父辈讲神话故事成为晚辈了解民族历史的重要途径。

排瑶山歌、长鼓舞也是家庭教育的重要内容。排瑶有很多教育子女的歌谣，历代经久不衰地传唱，如叙述历史的古歌，讲述盘古王的《水淹天》，赞美盘古王开创人类社会功德的《阿海歌》，是描述盘古开天辟地最详细、最经典的歌谣，字句富有诗意，音律古老、沉绵而独特，深受排瑶

---

① 玉石阶：《瑶族传统服饰工艺的传承与发展》，载《广西民族大学学报》，2008（1）。

人民喜爱。还有《弹指歌》，是以沧桑的曲调，叙述历史上西五排人民分家自立、艰苦创业以及对真善美的追求。再有《军寮丰收歌》，以诗歌的韵律，叙述人们辛勤耕作和收获劳动成果的喜悦心情。

二、社会教育

据文献记载："瑶人因生活简单，绝无团体组织，如图书馆、阅报社、娱乐场等，尚未设立。各种社教工作无从设施，瑶区文盲达千分之九百九十五以上。前年广东省立连县社会教育实验区移设于三排山溪地方，推行瑶区社会教育，不无稍补也。"①

排瑶社会教育的主导力量是先生公，主要包括掌庙公、烧香公、天长公、头目公等。先生公在排瑶社会中具有重要地位，其本人能文断字，掌握和背诵许多祖传的瑶经，是排瑶里较有文化知识的公众人士，社会地位较高。排瑶社会教育的方式是年长者在公共场合对年轻人进行教育，教育内容主要是排瑶的传统道德、民族迁徙的历史、神话传说故事、传统礼俗和生产生活技能等。据访谈人房茶介一描述：

> 教育小孩很多是围绕在火塘边，男女老少听长者讲述排瑶故事、历史传说。讲述瑶族迁徙的历史，历史名人故事，神话故事，向年轻人传递社会生产技能。耍歌堂也是社会教育的主要场所，通过演唱历史歌曲回忆瑶族的历史。先生公、掌庙公等念经唱歌既是祭祀神灵，也是教育（讲述）历史，传播生产技能。

军寮排的房良九斤公简单总结了先生公在排瑶社会教育所起作用的方方面面：

> 各排的瑶老在村落社会教育中扮演重要角色，因为他们有威信，比较能讲。以前有家庭纠纷、邻里纠纷，村里的族老，就会

① 廖炯然：《傜民概况》，66页，上海，中华书局，1948。

> 出来讲道理，现在成立了瑶老工作站，有些事经由瑶老调解很有作用。如村里铺设线路，村民认为会破坏风水，就请做瑶老的先生公给他们解释，由此说服他们。除此之外，还会教村民唱山歌。村里的事务，只要涉及老传统、老文化，就不能绕开瑶老。瑶老还会教育村民不要近亲结婚。通常在红白喜事这种场合下，会举一些例子教育大家，此外还会讨论村里的大事，因为这时候人比较集中。村里搞建设，有的人的地要被占，他们不乐意，这就需瑶老进行说服教育。

八排的社会教育主要是以先生公的瑶经教育为主，当然其中还夹杂着历代相传的民间神话、历史传说以及近代少量私塾教育等形式。

在东三排，社会教育往往由父母长辈利用一些节庆日子对孩子进行教导熏陶。据油岭排盘鹃讲述：

> 油岭排的社会教育，主要是老人们利用重大节庆活动，如初一拜年、玩坡节、开耕节、开唱节、耍歌堂等，对年轻人进行宣传教育。在初一拜年中，教育子女以孝为先，尊重父母孝敬老人；在玩坡节，主要用歌的形式，向年轻人灌输“追求自由”的思想，通过自由恋爱追求人生的幸福；在开耕节中，用农耕的表演形式，教育子女尊重劳动，爱惜粮食；在开唱节中，教育子女热爱民族文化，传承民族文化；在耍歌堂中，通过模仿的形式，教育子女不忘历史，铭记苦难，追求幸福。排瑶没有自己的文字，千百年来能够传承并弘扬自己民族的文化，当与这种社会教育有关。①

先生公的瑶经教授。瑶经教授是排瑶地区极具特色的一种文化传承方式。历史上八排教育资源缺乏，特别是民国之前的时期，先生公的瑶经教授就显得十分重要。“瑶人无所谓文化，间有一二私塾，亦是以僧道所诵佛经为课本。日用文件，虽沿用汉字，但其文义，汉人不能解。”② 李来章在

① 盘鹃：《油岭村志》，143 页，内部资料。

② 莫辉熊：《连阳瑶民状况的概要》，载《民俗》，1928（6），24 页。

《连阳八排风土记》记载："五排十一冲瑶人，于五经、四书、小学，一字不肯读。平日排师之所教者，皆瑶书也。瑶书有教种，如阎罗科、上桥书、扶道降神等名，皆鄙俚虚妄不经。"① 先生公使用的瑶经是以汉字记瑶音写成，没有先生公的指点难以理解。瑶经学习主要在私塾中进行，这些私塾主要是由排内的先生公主持，学习的教材就是先生公使用的各类瑶经。

据房茶介一回忆，在过去，火烧排、里八峒等排都没有师资力量，先生公就是排瑶知识的掌握者。先生公分为两种：一种是送病鬼公，一般是在厅里拜神，请鬼来，送鬼走，要念经、烧纸烧香，把牛头放在案上，要杀牛、羊、猪等作祭品，如果法事做不好，就关门 7 天，开门后放簸箕、扫把在门外；第二种是主持丧葬仪式的先生公。房茶介一讲述了学习瑶经的场景：

> 我们那时候一般八九岁就开始学瑶经，每天放学回来还要在厅堂念给祖宗听。那时候的学校是租了一间房子，学校搞了一个神台，中间贴了孔子神像，正月十五要拜孔子。我们那时候，男的 90% 是文盲，妇女 100% 是文盲。当时父母最大的希望就是孩子能成为先生公，女性是没有权利学主持或从事民间信仰活动的，女性就是学绣花。
>
> 里八峒排有一个学校，1951 年办的学校，沈姓办的学校，火烧排的先生公，最多的时候有五个学生，教书的先生叫沈大比四公，教材是老师自己编写的，还有一部分就是经书，十岁以上的学生都可以来学习。老师的薪酬是各位学生筹集的米。因此，我们称这个学校为先生公学校。

房茶介一讲到的先生公学校，在今天里八峒排中，建立里八峒先生公学校的是火烧排的沈大比四公，1951 年开始办，学生有 5 人，年龄在 10—15 岁之间，每位学生每年给先生公缴纳稻谷 50 斤、柴一捆和照明用的竹枝一扎。这所学校因生源非常少，办至 1956 年便关停。学生每天在学校学习各种瑶经，放学后就回家在厅堂对着祖先的神龛背诵学习的内容。在这所先

① （清）李来章撰，黄志辉注：《连阳八排风土记》，广州，中山大学出版社，1990。

生公学校，先生公还教写毛笔字，同时教写买卖田契的格式。

八排瑶经的内容囊括了排瑶的生产生活、传统习俗、信仰活动、伦理道德等，也是对八排社会秩序的一种规范。先生公传授的瑶经除了除灾驱病的用意之外，还有部分内容兼有传统道德教化的作用，如《玉皇赦罪》有记载："头拜赦罪，依强谋占欺贫之罪，身体污秽江河之罪，横言乱语骂天骂地之罪，放债之日依强一本两利之罪，贪花醉酒横言乱语之罪，大秤小斗出入不公平亏人之罪，宰杀牛犬马羊开刀破肚之罪，打母骂父骂邻房之罪，百般共躬行法不正不救之罪，放火烧山乱斩竹木草莽之罪，百般枭兄食弟骂男骂女之罪。"[①] 这段经文虽然是先生公做法事时诵读的，但非常明确地转述传统道德的内容，包括要求众人不得"依强谋占欺贫"，经商做买卖不得"大秤小斗出入不公平亏人"，作为儿女不得"打母骂父骂邻房"等道德内容。

排瑶经书还有传授农业生产经验的内容，如《迎兵》有一部分内容记述了一年中农事的安排："正月吃了年朝饭，各家门外听雷声。二月社前阳鸟叫，各家门外整犁耙。三月耙田人撒谷，蛤蟆鸟叫应春声。四月田中都插满，田洞生起立成行。大力牛牯向前去，农夫随耙置禾粮。五月差人去看水，亦有各人看旱天。六月半朝禾生起，合似江边人晒拈。七月半朝禾结连，八月禾花满洞香。九月担禾归屋簿，各人收倒上禾仓。粳米将来作饭吃，糯米将作酒浆香。"[②]

三、学校教育

历史上八排地区除了少数先生公识文字外，大多数瑶族同胞都是文盲。直至清朝康熙年间，除了不断对八排地区用兵围剿，多次使用武力镇压排瑶外，推行儒家文化教育，特别是宣传清朝的皇恩浩荡，如时任知县李来章在其《连阳八排风土记》中就有相关的记载，其把康熙皇帝的圣谕编成"圣谕

① 李默、房先清：《八排瑶古籍汇编》，150 页，广州，广东人民出版社，1995。曹宣雷：《排屋与课堂：粤北瑶族乡村教育中的传统道德、文化及其传承》，2017，转载。

② 李默、房先清：《八排瑶古籍汇编》，96—97 页，广州，广东人民出版社，1995。曹宣雷：《排屋与课堂：粤北瑶族乡村教育中的传统道德、文化及其传承》，2017，转载。

衍义三字歌”，让排瑶的儿童识读背诵，欲达到文化认可、政治认同的目的。

时至民国初期，排瑶地区的学校教育仍然未推行，据《瑶民概况》载：“瑶民本身实无学校，只有少数私塾，塾同三数人不等，均有瑶巫人主持，日授《瑶经》一二小时而已。现安化管理局于大坪脚、油岭、大掌岭、三排、上洞、采坑等处分设短期小学校六所，从新建筑校舍，积极推行，惟风气未开，来学尚少，尚待劝道。此外并无选送有少数瑶人分赴三江、连城等地留学，惟瑶人无得有完全小学程度者。”①

对于“瑶寨私塾”，据《连南瑶族自治县县志》载：“清代前，本县瑶寨诸排，聘请湖南道士为排师，所教皆瑶书。瑶书有阎罗科、上桥书等，还有汉族的五经、四书、孝经、小学等书。清康熙四十三年（1704），连山县令李来章巡历诸排，搜瑶书尽焚烧之，拘其师，差押驱逐出境。康熙四十四年，延请通儒，赴排启馆，教训瑶童，令馆师于农历每月初一、十五日宣讲《十六条圣牌》《圣谕衍义三字歌》，使瑶童熟读，知孝悌忠信之义。且每排发银5两，买办木料，建圣谕亭1座。民国时期，瑶排村寨私塾，多则1排1间，少则数排合办1间。教授瑶经为主，亦有教授《千字文》《三字经》等。大排有塾师2—3人，小排有1人。学童多则10多人，少则4—5人，每年学童200多人。学童上学时间，有时在下午，有时在晚上，在晚上读书称‘入半学’。凡瑶民子弟均可入学就读。民国十六年（1927）至民国三十八年（1949），金坑乡泥楼、瓦角冲和莱坑办私塾3间，学童近40人，延请塾师3人。塾师聘金，按学童摊取。学习内容，主要传授《三字经》《千字文》等启蒙识字教材。”②

排瑶近代学校教育始于中华民国成立后，具体时间是民国十六年（1927）政府成立了化瑶局之后，近代学校开始建立。民国十八年（1929）在大掌排、军寮排设立了小学校，这也是西五排最早的一批近代学校。这两所学校招生主要是瑶族儿童，计军寮小学有17名学生，其中男生15名女生2名，大掌小学有学生16名，其中男生11名女生5名，以上统计资料来源于文化馆所藏照片。这两所小学校后因为经费不足等原因，民国

① 廖炯然：《傜民概况》，66页，上海，中华书局，1948。

② 连南瑶族自治县地方志编纂委员会：《连南瑶族自治县县志》，567页，广州，广东人民出版社，1996。

二十年（1931）停办。

1954 年 7 月 1 日，连南瑶族自治区民族学校干部班全体师生合影（唐常青提供）

民国二十三年（1934）在火烧排和大掌排分别租用民房开始办小学教学，教学设备极其简陋，随后政府拨款重新建立小学校各一所，每所小学校只有 1 个一年级的教学班。民国二十八年（1939）广东省教育厅核准，连阳安化管理局在瑶区办国民小学，西五排中大掌排建有小学 1 所，“办学经费由省政府拨给，建校费 1.15 万元，每年正常经费 1.284 万元，任教先生每人月薪 70 元”[①]。这部分建校经费和每年的办学经费还使用在包括东三排在内的其他 5 所学校。

1949 年，民国政府广东省文教厅选定连南县作为发展瑶民教育的重点，分别在军寮排、火烧排等排建立学校若干所，在牛路水村办有夜校。

中华人民共和国成立后，党和人民政府重视教育事业的发展。1951 年向各方招收人才充实教师队伍。1956 年贯彻“两条腿走路”的办学方针，改造私塾，发动群众兴办民办小学，同时开展扫盲运动。

① 连南瑶族自治县地方志编纂委员会:《连南瑶族自治县县志》，570 页，广州，广东人民出版社，1996。

1952年连南瑶族自治县成立时，境内没有一间学校，民国时虽试办过一些学校，但都因时局动荡、财力不逮，无果而终。1953年，将原属连县的三江和原属阳山县的寨岗2个汉区划入，才有几间像样的中小学，然而适龄儿童的入学率极低，其后在党和政府的关怀下，教育事业逐步发展起来。1979年为贯彻广东省在清远召开的教育工作会议精神，县教育局于金坑公社召开普及小学教育现场会，部署全县的普小教育工作。翌年，教育局组织各公社中心小学校长和部分大队学校领导对全县普小工作进行检查评比时，发现全县适龄儿童入学率、巩固率、普及率不高，瑶族学生流动性大、留级生多、教学质量低（入学率为90.33%、巩固率为66.73%、流动率是1.58%、留级率达25.2%），读完小学毕业的只有30%左右。由于经费不足、办学条件差、校舍残破短缺，台凳缺1221套，危房面积达12702平方米。除县城三江镇外，都不能通过验收。

事后各区乡（大队）均采取措施，制订乡规民约，想办法让儿童上学。尤其每学期开学，教育局干部、各学校教师与当地农村干部都对适龄儿童定人定点、分片包干，全力动员。三排、南岗、九寨、白芒4个石灰岩瑶区，每学期每生补贴作业本和书费从1元增加到2元。对于人口过于分散（如金坑公社的金坑大队，1925人分散居住在13个山头，最远的狮颈村离村委要走4个多小时，最近的桥头尾村也要走40多分钟。当时只得设11个教学点，办复式班）的瑶族聚居区，县又采取寄宿制、补贴制和奖学金的办法，把高年级学生集中到当地中心小学或乡小学就读，使之能完成学业。

据《连南瑶族自治县县志》载：

> 1982年，县政府组织人力对瑶区小学教育进行调查，10个瑶区的适龄儿童入学率只有79.4%，巩固率为79.3%，读完小学毕业的约30%。多数适龄儿童读完初小后因经济困难无法到完全小学住宿就读到高小毕业。如南岗区（含油岭、南岗、横坑、百斤洞、吴公田）有小学一年级学生504人，而读五年级的只有32人。为改变小学教育落后状况，县委、县政府根据瑶族居住分散，道路崎岖、生活贫困的特点，于1982年决定，对离校较远的、又有7

至12周岁儿童达20人的小村，允许办一间小学，并派教师1人，可进行复式教学。7—12周岁儿童达不到20人的，可就近办一个教学点，派一名教师巡回隔天上课，让失学儿童就近上学。同时还对瑶族学生继续实行免收学费、书本费，对有特殊困难的，每月发给1—2元助学金。到1984年，多数村寨设有学校或教学点，方便了适龄儿童就近上学。是年，学生入学率从79.4%增加到90%以上，巩固率从79.7%提高到了89.77%。[①]

到1985年，全县适龄儿童25395人，已入学25219人，入学率达99.3%；开学初在校生20756人，学年末一个未少，年巩固率达100%；开学初期，五年级学生2761人，毕业2637人，毕业率占95.5%；12—15周岁13075人，仍在小学的4791人，小学毕业以上的6484人，认识2500个常用汉字和会四则运算的1664人，普及率占98.3%；非正常流动151人，流动率0.7%；留级生1436人，留级率为6.9%。是年11月，经市政府普小工作验收组的验收，连南各区（镇）的“六率”已达上级规定的标准，基本完成小学五年制普及教育。

从普小到普九，全县的小学生要多接受4年（小学从过去的五年制过渡到六年制，加上初中3年）的教育，就必须大量增加校舍、各种教育教学设施和师资，这些软硬件缺一不可。对于经济发展严重滞后的连南来说，财政压力非常大。1986年我国颁布实施了《中华人民共和国义务教育法》，为了创造条件贯彻落实“普九”工作，县委县政府做出了巨大努力。

按照“一无两有”（无危房、有课室、有台凳）的规定，“普小”后，连南尚有危房（校舍）12800平方米，其中一级危房8300平方米（包括45间课室），短缺校舍15600平方米，其中课室93间，面积6520平方米；需要拆建校舍23900平方米，按每平方米120元计，需款286.8万元；需添置课桌凳1560套，按每套20元计，需款3.12万元。此外，需粉刷原有校舍、平整室内和走廊地面等，亦需5.95万元。以上3项，共需款295.87万元。在设

① 连南瑶族自治县县志编纂委员会:《连南瑶族自治县县志》，570—571页，广州，广东人民出版社，1996。

备方面，全县缺教学仪器室 80 间、实验室 41 间、仪器柜 900 个、电教台凳 360 套，各中小学图书馆的充实、体育场所的扩建、54 个班寄宿制（1986 年有 36 个班，到实现“普九”需增加 18 个班）的床架、木板、被子、蚊帐、铁桶及学生的补贴等，如果按现有投入的规模，亦需 10 年以上才能达标。

师资方面，连南瑶族自治县内的教师学历水平较低，难以满足“普九”需要。据 1980 年统计，初中教师达标率（具有大专毕业以上文化程度的）仅占 26.4%，小学专任教师达标率也只有 32.2%，师资水平低对提高教学质量的影响是不言而喻的。至 1986 年，小学专任教师 999 人，达标的（1966 年前和 1981 年后高中毕业的小学教师算作文化合格的教师）有 639 人，达标率 63.96%，其中公办教师达标率为 58.7%，民办、代课教师为 76.4%；初中教师 327 人，达标的 165 人，达标率占 50.5%；高中教师（含职业中学）67 人，达标的 19 人，达标率占 28.4%。鉴于以上情况，要实现“普九”，不但要着力提高现有师资水平，而且还要增加初中班 75 个，4558 人，初中教师 198 人。除了上级每年分配给连南 9 人，当时也还缺 100 多人。不足部分的解决办法，是每年选送高考学生到华南师大、韶关师专、韶关教育学院去代培（代培费 60 万元），并鼓励在职教师参加大专函授学习和成人自学考试等渠道来解决。

至于拆建危房、扩建和新建校舍，以及购置教学仪器、实验器材、体育器材、图书资料等所需数目庞大的资金，除上级拨款外，县政府还采取下列办法进行筹措：一是开征 3% 的教育费附加；二是从 1993 年 9 月 1 日起，城镇每吨水、每度电各加收 1 分钱；三是中小学生每学期须交“普九”专项经费，城镇中学生 20 元，小学生 10 元，农村学生减半，瑶族聚居区学生又再减半；四是广泛开展社会集资，全县各机关团体、厂矿、企业事业单位干部、职工共同参与，要求处级干部 200 元、科级干部 150 元、一般干部（含党政机关事业单位的职工）100 元、企业职工 50 元，分别由各单位统一交县集资办学办公室，统筹用于“普九”事业。在连南县实施“普九”的过程中，香港同胞出于对祖国的热爱和对山区贫困学生的关怀，亦纷纷解囊相助，如香港智行教育促进会、明爱社、川彦社、萤聚社、新界社团联会、潭伯羽中学以黄球先生、廖英池女士、钱雪家夫妇、曾富铭

夫妇、李昌时夫妇等，都作出了较大的贡献。

经过这些努力，增建校舍、购买各种设备的资金有了保障，紧缺的教师资源得到充实之后，“普九”才能从“决定”变成真正的现实。

为了达到“普九”的“三率”要求，各乡镇领导干部，教育局各股室负责人，各学校教职员工艰苦奋斗，分期分批分片，反复下乡动员学生返校学习。对于家庭困难的学生，采取多种措施劝其返校学习，有的学校采取以物代钱的方式，有的学校采取暂缓缴费的措施，有个别极其难以做通思想工作的家长，则由镇政府出面做工作。各校教师这时期也被频繁派往各村寨，劝导辍学学生返校就读。有些瑶寨山高路陡路途遥远，有时春雨潇潇泥泞难行，有时北风呼啸、天寒地冻，有时三更半夜还得奔波在漆黑的瑶山村寨里。教师们克服重重困难，无怨无悔。

1996 年 9 月，省市“普九”评估验收组到连南考评验收，连南瑶族自治县的基本情况是：

1. 全县适龄儿童入学率 99.7%，升初中的 97.8%，7—15 周岁“三残”儿童入学率 80.7%；在校学生辍学率，小学控制在 0.38% 以下，初中控制在 2.1% 以下；毕业率：小学 99.1%，初中 99.7%；15 周岁人口初等教育完成率 99.4%；17 周岁人口初级中学完成率 93.6%；青壮年非文盲率为 99.62%；15 周岁文盲率为 0；6 周岁幼儿入学率达 85%，基本普及了学龄前儿童一年教育。

2. 全县小学、初中教师任职要求，小学达标率 96%，初中达标率 88.2%。

3. 硬件建设方面，1986—1996 年，新建校舍 88 幢，面积 53360 平方米，维修校舍面积 5462 平方米，中小学校舍基本实现钢筋混凝土结构楼房化，40% 的学校建有校门和围墙，初中生人均占校舍 5.9 平方米，小学生人均占校舍 3.7 平方米。中小学仪器室从原来的 73 间 1815 平方米，发展到 94 间 2884 平方米；实验室从原来 41 间发展到 72 间 4995 平方米，常规教学仪器、电教设备价值 250 多万元，比上年增加 96 万多元；添置教仪柜 600 多个，实验台凳 1100 多套。全县 15 所中学共有仪器室 39 间，实验室 37 间，教学仪器配备率按省标准达标 93% 以上，实验开出率 85% 以

上。体育器材配备率为 89.3%，图书配备，小学生人均 10.1 册，中学生人均 20.6 册。除金坑、涡水两所中学因地形所限无法扩大运动场外，其余各中学均有 200 米以上环形跑道和 100 米直跑道的田径运动场，民族中学建有 400 米环形跑道的标准运动场。经省、市普及九年义务教育评估组检查验收，连南“普及九年义务教育”达标。

至 2020 年，八排地区的学校情况如下：

连南排瑶地区学校情况统计表[①]

序号	学校名称	建校时间	具体地址	学生人数	开设年级	开设课程	师资力量
1	横坑小学	1953 年	三排镇横坑堆东村	468	幼儿班 1—6 年级	语文、数学、英语、体育、美术、音乐、思品、信息、科学、综合、校本、班会、写字	18 人
2	南岗小学	1993 年	三排镇南岗天堂坳村	65	幼儿班 1—3 年级	语文、数学、英语、体育、美术、音乐、思品、道法、科学、综合、校本、班会、写字	5 人
3	三排镇中心幼儿园	2011 年	三排镇南岗王东坪村	160	小、中、大班级	语文、数学、体育、美术、音乐、科学、健康	10 人
4	牛栏洞教学点	1989 年	南岗村牛栏洞自然村	94	幼儿班 1—3 年级	语文、数学、英语、美术、音乐、道法、体育、信息、科学、综合、校本、班会、写字	4 人
5	百斤洞小学	1954 年	三排镇百斤洞村	226	1—6 年级	语文、数学、英语、美术、音乐、道法、体育、信息、科学、综合、校本、班会、写字	11 人
6	南岗中心校	1968 年	三排镇南岗村委利高冲	788	1—9 年级	语文、数学、英语、美术、音乐、道法、体育、信息、综合、校本、班会、书法专题、地理、历史、物理、化学、生物	66 人
7	三排中心学校	1957 年	三排镇山溪村	247	1—9 年级	根据国家课程标准开齐开足课程	36 人

① 数据来源：连南瑶族自治县政协办公室提供。

续表

序号	学校名称	建校时间	具体地址	学生人数	开设年级	开设课程	师资力量
8	三排小学	1945 年	三排镇三排村	158	1—6 年级	根据国家课程标准开齐开足课程	10 人
9	龙翔小学	1954 年	三排镇蜈蚣田村	248	1—6 年级	根据国家课程标准开齐开足课程	16 人
10	东芒小学	1982 年	三排镇东芒村	140	1—6 年级	根据国家课程标准开齐开足课程	10 人
11	大埂小学	1970 年	三排镇山溪村委大埂村	54	1—3 年级	根据国家课程标准开齐开足课程	3 人
12	油岭小学	1980 年	三排镇油岭村	61	1—6 年级	根据国家课程标准开齐开足课程	9 人
13	牛头岭小学	1980 年	三排镇牛头岭村	48	1—3 年级	根据国家课程标准开齐开足课程	6 人
14	连南福华小学	1999 年	三排镇连水村委	147	1—6 年级	根据国家课程标准开齐开足课程	9 人
15	大坪镇中心小学①	2020 年	大坪镇大坪村	190	1—6 年级	根据国家课程标准开齐开足课程	40 人
16	旺洞越秀小学②	2020 年	大坪镇大掌村旺洞口马更	150	1—6 年级 幼儿班	根据国家课程标准开齐开足课程	31 人
17	桥头小学③	2020 年	大坪镇军寮村	195	1—6 年级	根据国家课程标准开齐开足课程	26 人

21 世纪，县委、县政府开展了一次乡镇机构撤并工作，从原来 12 个乡镇减少到 7 个，同时期也组织了较大规模的高寒山区移民搬迁工作，在县城建设了几个较大规模的移民新村，部分村庄整村搬迁，如鱼岔坑、泥楼、竹新等。另外，还有的瑶区村民携家带小的到县城租房居住，为的是方便生活、就业以及小孩能够得到教育条件较好的县城学校教育。由于瑶区人员大量流动，县委、县政府对全县瑶区各中小学进行了撤并调整。

① 2020 年 8 月，根据布局调整需要，大坪小学由村小升级为镇中心小学，更名为大坪镇中心小学。现管辖桥头小学、旺洞越秀小学、大古坳教学点、羊功其爱心教学点、大坪镇中心幼儿园。

② 旧校区由于受地质灾害影响于 2018 年 4 月异地新建。

③ 前身为大坪中心学校、大坪中学，校址是原桥头小学旧址。

横坑小学校门（连南瑶族自治县政协办公室提供）

横坑小学教学楼（连南瑶族自治县政协办公室提供）

南岗中心学校大门（连南瑶族自治县政协办公室提供）

南岗中心学校教学楼（连南瑶族自治县政协办公室提供）

三排中心学校大门（连南瑶族自治县政协办公室提供）

三排中心学校教学楼（连南瑶族自治县政协办公室提供）

第二节　体育游艺

据实地调查及查阅文献，关于排瑶民众的体育运动、民间游艺等内容的讲述和记载较少，究其原因，很可能是因为过去排瑶物质匮乏、生活困苦，鲜有闲暇；再加上高山密林间场所有限，很难开展规模较大、形式多样的体育活动。

一、民间体育

（一）射击

过去排瑶每家每户都至少有 1 把火药枪（地方叫“粉枪”，瑶语叫“侧仓”），用作自卫、打猎。据《傜民概况》记述：

> 傜民素称勇敢好斗，故对于自卫问题，极其注意。男子每届成年，父必置备粉枪一杆，腰刀一柄予其子，以资自卫。①

可见过去排瑶有尚武之风，作为武器和猎具的火药枪在生产生活中有着重要作用，如此背景下，用火药枪射击打靶的民间体育运动在排瑶中产生。射击打靶运动也契合人们的狩猎生产活动，并且对场地要求不高。《傜民概况》中亦记载了民国时期排瑶在农历新年举行射击打靶比赛的场景：

> 又傜人壮丁比赛射击，亦于此日举行，于相当距离间贴一红纸作“靶”，一经命中，即有酒肉奖励。故傜人枪法颇多准确……②

① 廖炯然：《傜民概况》，81 页，上海，中华书局股份有限公司，1948。
② 廖炯然：《傜民概况》，77 页，上海，中华书局股份有限公司，1948。

据田野调查了解，春节射击打靶的习俗在中华人民共和国成立后还有所保留，具体情况各排不一。如在军寮排，参赛者射击的“靶”确如文献所记——是放在100米外的红纸，击中之可奖三斤猪肉。而在马箭，靶子就是猪肉，打中的猪肉可归射击者所有。但据说马箭因为年轻人少，这种活动不是很多。大掌排的射击运动不限春节，在农历六月六、七月七、十月十六时亦会进行，但与其他排不同的是，活动没有专门的奖励，而是选手将打靶成绩作为赌酒的依据，输了的人要请众人喝酒。大掌排青年们还会在除夕夜朝天鸣放火药枪，代替燃放鞭炮，以此渲染节日热闹气氛。东三排油岭排在大年初一“闹春”活动中也有打枪风俗，且和西五排中的马箭排一样，是以猪肉作标靶和奖励。因为有许多“莎腰妹”在旁边观看，所以男青年都想一显身手，为之后的“觅情”做准备。①

广东瑶族博物馆所藏排瑶火铳②（安志强/摄）

20世纪90年代，出于治安考虑，地方的火器都被公安机关收走，这类民间体育项目也不再进行。但群众还是找到了其他方式进行替代，瑶语叫“优发”的运动：于比赛场地放好木架，木架上竖立瓶子，每个瓶子下悬挂

① 清远市连南瑶族自治县政协文史委员会编：《清远文史九·连南瑶族文史专辑》，214页，连南印刷厂，1995。

② 拍摄时间：2019年7月25日；拍摄地点：广东瑶族博物馆；拍摄人：安志强。

2 斤左右的猪肉；参赛者各拿 5 个竹圈，于离木架两米之外的地方抛掷，若能套住瓶子，则赢得对应的猪肉。这个项目虽然简单，但奖励丰厚，故常常引来多人参赛，旁观者亦甚多，多在春节期间进行，整个场面充满欢声笑语，十分热闹。①

（二）武术

过去，由于生存环境所迫，瑶族人习武成俗，以强身壮体，遭遇侵犯时，自卫还击。武术在排瑶地区较为流行，主要有气功、轻功、拳术、刀术、矛术、棍术、凳术、射箭、火药枪射击等。在拳术方面，排瑶流行“瑶拳”“龙虎拳”等。每到冬闲期间，瑶民请师招徒，舞拳弄刀，练习武术。每年春节，瑶民自发组织武术队，走村过寨，舞狮拜年，每到一处，先舞狮子，后表演武术，为节日增添热闹气氛。中华人民共和国成立后，瑶民的人身安全有了保障，练习武术的人逐渐减少，有的武术已濒临失传。②但也有人坚持习武，如大掌排邓氏家族，既习武又行医，一边开武馆教授瑶拳，一边开“正骨堂”，医治跌打骨伤，为弘扬排瑶传统文化贡献力量。

二、游艺竞技

连南排瑶地区的游艺竞技活动多样，种类繁多。

打竹枪。竹枪又叫“噼叭筒”，瑶话叫“巴从”，这是一种用竹子做成且可以发射小弹丸的活塞玩具，弹丸通常用小果实或小纸团制成。平时少年儿童们用来相互射击玩闹。但在一些场合，如农历大年初二至初六的“玩坡节”上，竹枪则成了年轻的阿贵哥向心仪的“莎腰妹”表达爱慕之意的“帮手”。阿贵会用竹枪“打”自己心仪的“莎腰妹”，若“莎腰妹”也喜欢这位阿贵，则任弹丸打在身上。两人相识后，才开始对唱情歌、表达爱意。若“莎腰妹”不喜欢这位阿贵，则会用头帕、花伞挡住飞来的弹丸，表达自己的拒绝之意。

① 访谈对象：房表哥六，男，村主任；房哥沙一尔，女，村委会委员；访谈人：安志强；访谈时间：2019 年 7 月 29 日；访谈地点：军寮村委会。

② 连南瑶族自治县文化馆编：《连南民俗大观》，四川师范大学电子出版社，2020。

抛竹签比赛。瑶话叫“汪冈”，规则就是看谁抛出竹签后能够接得多，并以此赢取对手的竹签。

“穿山甲”前滚翻。过去青年们会在稻田里把稻梗铺开来当垫子，然后在上面做前滚翻，来比试谁翻得多。

抛石子。瑶语叫“阿格优”。规则是在抛、抓、接石子的过程中，手中石子的数量应随环节的递进而越来越多。抓不起石子或接不住石子的人，就被淘汰出局。同时抓几个石子时，谁抛的环节多，谁就赢。

滚铁环。瑶语叫“阿格楞”。滚铁环是20世纪六七十年代盛行于全中国的少儿游戏，在瑶排也不例外。孩子们放学后，总会比滚铁环，看谁快、稳又持久。

木头板车。瑶话叫“亮架”。木头板车类似今天的滑板，是装有轮子的木板。少儿们选择下坡路段，借着重力作用，向下滑行冲刺。

高跷。瑶话叫“马倒”。瑶排的高跷一般用杉树木材做，最高能做1米多。青少年们找到较高的台子，就可以借此踩上高跷。除了体验游戏本身的刺激外，青少年们还常常进行多人竞赛，比试彼此的速度、勇气和协调力。

打陀螺。陀螺是一项两人（队）在比赛场地上按守、攻顺序进行且互换守、攻的比赛运动。陀螺多用硬质木制成，圆形、锥尖，直径约10厘米，高度约12厘米；鞭长约2米。双方遵照规则，从守方放陀螺开始，由攻方将自己的陀螺抛掷，击打守方陀螺，将守方陀螺击出比赛场区或比守方陀螺在比赛场区内旋转的时间更长。比赛只计攻方得分，以当场比赛的累计得分决定该场胜负，得分多者获胜。①

扭扁担。扁担是排瑶人民生产中离不开的一件主要工具，它是用硬质木做成，两头稍小中间略宽。春耕时节扁担用来挑大粪到田地里，赶集用来挑所购买的物品，人民公社时期用来挑国家分配的大米，秋收季节用来挑稻谷、柴等。八排偏远山区以前没有什么体育运动，所以在生产队一起挑粮食回仓库休息时，两个人各一端进行扭扁担，看谁的手腕力气大，从而起到练手腕力的作用，后来发展成为排瑶人民的一项体育项目。具体方

① 连南瑶族自治县文化馆编：《连南民俗大观》，四川师范大学电子出版社，2020。

式为，两人分别用双手紧握扁担的两端，在发出开始令后，双方向相反方向用力扭，谁先使扁担在对方手里转动或放开即获胜。

掰手腕。掰手腕也是排瑶传统体育项目，同样比的是力气，常在传统节日或空闲时间进行。比赛时，参赛者统一采用右手或左手（互握拇指，不戴任何防护物）进行比赛，双方手肘着台面，并成一直线。比赛姿势有站立式和坐下式，不掰的另一只手可握住比赛台上的握把，躯干不能触及比赛台。比赛采用 3 局 2 胜制，以拳头端部倒地决定输赢。

爬杆。这是排瑶的一项民间竞技运动。举行比赛或表演时，在场中两端各立一根直径约 20—25 厘米木杆，两端之间五六米距离宽，横架一条 7 米左右木杆，在两端中间立着 2 根 10 多米高的竹竿（或木杆），杆间间隔 1 米左右。杆身要光滑。比赛时，小伙子穿着鞋或赤着脚纵身一跳，两手和双脚抓（夹）着木杆，一步一步地爬到杆顶。谁先爬到杆顶就算胜利。为了增添比赛的气氛，杆顶上挂着一串鞭炮，爬到杆顶点燃鞭炮便是胜利者。①

中华人民共和国成立后，在 20 世纪 60—70 年代，排瑶传统竞技曾一度停止活动。改革开放后，排瑶传统竞技活动逐步恢复和创新，县体育部门亦组织瑶族运动员组成少数民族体育代表团，参加省、市举办的少数民族运动会。排瑶运动员先后参加了射弩、打陀螺、武术、蹴球等项目比赛。在 1999 年举办的全国第六届少数民族传统体育运动会中，排瑶选手潘英鹏夺得打陀螺项目男子个人铜牌，率先为广东省少数民族传统体育实现奖牌零的突破。

三、民间棋艺

棋类游戏方面，排瑶群众或通过自身创造，或通过向其他民族借鉴，种类较为丰富。每当对弈的时候，他们或顺手取石块、木炭等画棋盘，或随手摘树叶、石子等作棋子，看见什么就利用什么，没有什么讲究。瑶寨中的怪棋众多，或在街头或在地边，只要有一尺见方的平面，随时随地都

---

①　连南瑶族自治县文化馆编：《连南民俗大观》，四川师范大学电子出版社，2020。

可以进行，并不受场地的限制。

关于棋类游戏，八排地区中还流传一个类似南朝《述异志》中晋人王质那样的传奇故事。传说曾有位叫房二贵三的人上起微山打猎，后在山顶上看到一群仙公在一块巨石上下“三子棋”“六子棋”。房二贵三看入迷了，忘记了自己上山的目的，直到太阳西沉，他才恋恋不舍地下山回家。回到瑶寨后，他惊讶地发现，人间已过去100年，他的同龄人早就不在了，其孙子已是满头白发的老人。据说排瑶人们现在常玩的“三子棋”和“六子棋”，就是房二贵三从仙公那里学会、并流传下来的。[①]

（一）牛角棋[②]

“牛角棋”，因棋盘形状极似牛角，因而得名。这种棋看似简单，下起来却令对弈者十分头痛，往往要费上两三袋烟的工夫才能见胜负。

牛角棋棋盘

规则：牛角棋分“黑方”和“白方”，黑方执两枚棋子，白方执一枚棋子。下棋时。黑方先把两枚棋子放在牛角下端平行线的两个角上，白方则

① 流传地区：连南瑶山；采集地点：白芒瑶寨；采集时间：2014年3月；讲述：房哈里公；整理：许文清。

② 以下民间棋艺的部分信息，来自盘鹃著《诗画瑶山——油岭瑶寨散记》以及涡水镇文化站提供的《涡水镇校本教材》等资料，特此说明。

随意摆放仅有的一枚棋子。双方可以前进，也可以后退。但在进退中，双方都要把握好输赢的规则，即持双子的黑方任务是“围”，将白方逼进牛角尖，就算胜利；持单子的白方任务是“躲”，就是白方能够运用智慧将仅有的一枚棋子躲开黑方的围剿，退到底部的平行线，就算胜利。

（二）六子棋

“六子棋”，顾名思义，就是双方各执 6 个棋子。

棋盘盘面有纵横各 4 条等距离、垂直交叉的平行线，共构成 8 + 8=16 个交叉点，在六子棋中简称为“点”。棋盘整体形状以及每个格子纵、横向都相等，显正方形，格子可大可小，视需要而定。具体如下：

六子棋盘面

1. 对弈双方各执一色棋子，先将棋子摆放在自己面前棋盘的一、二两条平行线外围“点”上，中间的四个“十字”点留空待用。

2. 第一盘黑先白后出棋。以“★”表示黑棋、“☆”表示白棋为例，开始下棋后，若行走中显“★★☆”态势，即一条直线上两枚黑子同时对一枚白子时，说明白子已经被黑子炮击，白子就会被取走；如果在两条直线上，动用一枚黑子就显★★☆态势，那么，两枚白子就会同时被打掉，称为“双炮击”。经过一番搏杀后，如果是白子被消灭尽，白方就算是输了；

或者下到一半后，一方发觉自己已处于劣势，认为再怎么努力也挽回不了败局时，就会主动放弃，要求重新再来。

3. 第二盘以后，规定输者先行。

（三）挑担棋

“挑担棋”也称十二棋，即黑白双方各有12枚棋子，下棋时既可以“炮击”，也可以“挑担”，十分有趣。棋盘盘面由3个一个套一个的正方形组成，逢角各划一条对角线，中间再划一条直线，形成蜘蛛状的网盘。

具体下法：“挑担棋”黑白双方各执12枚棋，共有24枚棋子。对弈双方按照自己的思路，你一个我一个地先把棋子摆满棋盘的“点”。在摆放过程中，如果出现“★★☆”局面，那就用炮击方预先准备好的棋子将被炮击的棋子压住（视为对方这枚棋子已被消灭），作为标志待双方把棋子摆完后取走，空出的格子便是运动线路。这时不能仅看双方棋子的多少，而要看对手的棋子是否能够集中兵力，或灵活机动，否则会被看成是“死棋”。

这种棋子一般是后下者先走，即对弈双方把摆棋时被炮击的棋子取走后，由后下者先行棋。如果出现“★★☆”的情况，就像“六子棋”一样被视为是炮击，因此也可以“双炮击”；如果出现像“★☆★”这样的情况，那就说明被挑担了，意思是处于两头的对方棋子已经被挑走了。

当一方的棋子被收拾干净或被围困无路可走时，另一方才算胜出。如果一方中途就认为自己的局势会败北，也会出现自动“投降”的情况，这样双方就收拾棋子，重新再来。

（四）赶猪棋

顾名思义，赶猪棋就像赶猪一样，能够被一群群地赶走，被一群群地消灭掉。当然，赶猪是有规则的，只有当棋子位于一条直线上且背后没有本方的棋子时，才能实施“赶猪”战略。

1. 棋盘

盘面有纵横各五条等距离、垂直交叉的平行线，共构成$5 \times 5=25$个交叉点。棋盘整体形状以及每个格子纵、横向都相等，与六子棋基本相同，

但多了“ × ”状的两条对角线。棋盘可大可小，视场地和需要而定。赶猪棋棋盘最明显的特征就是中间多了两条对角线。

2. 具体下法

赶猪棋和挑担棋一样，是在六子棋的基础上，增加了仿佛赶猪一样的棋路。

对弈双方各执黑白一棋子，先在位于自己一边的棋盘边缘六个点摆上棋子，然后黑子先行，双方遇有炮击时就炮击，拿走被炮击的棋子。如果在直线（包括对角直线）上遇到“☆★★”或者“☆★★★”的情况，就被白方视为“赶猪”，黑方的棋子就被取走；反之白方也一样。如果遇到☆★★的情况，就会被视为赶“双猪”，被赶“双猪”的4个黑子就会出局；反之也一样。一方被另一方“炮击”或“赶猪”，棋子被消灭干净后，就是输了。

（五）“吱吱”棋

“吱吱”棋，因棋盘像车轮，下棋时又模仿车轮的声音，所以得名。棋盘是在六子棋的基础之上，在棋盘四角增加了半圆，状如车轮。同时，在

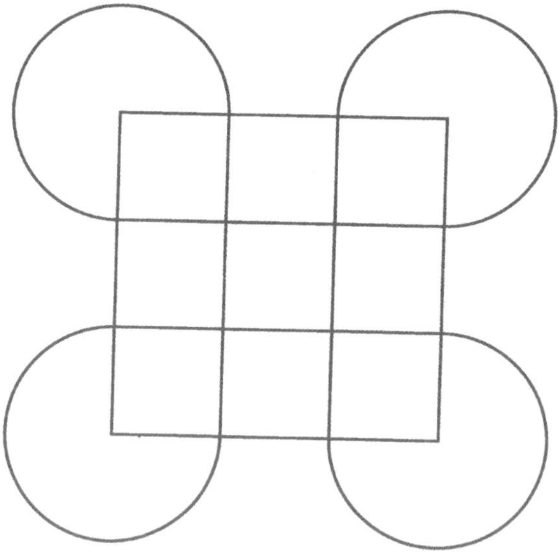

“吱吱”棋盘面

下棋时若遇到辗棋（消灭对方棋子）的情况，嘴里会发出像车轮一样的叫声，所以称“吱吱”棋。

具体下法：下法与六子棋基本相同，区别在于当一方的一枚棋子处于轮线上时，可以沿着轮线将对方的棋子吃掉，直到用“炮击”或“轮击”将对手打败。

第十六章　瑶医瑶药

第一节　瑶　医

过去，排瑶繁衍生息的地方是海拔相对较高的偏远山区，气候潮湿，道路险峭，物质匮乏，生活困苦，医疗条件差，当身体健康出现问题的时候，瑶医和瑶药发挥了重要作用。现今，在中国共产党的正确领导下，八排地区的物质条件有了巨大改变，生活水平不断提高，现代医药也走进各个村寨，但传统医药还是作为独具特色的民族文化被传承下来，仍在村民日常医疗中发挥作用。可以说排瑶医药在当今地方多元的医学体系中，完成了从主导到补充再到非物质文化遗产的角色转换。

一、瑶医理论

早期排瑶受祖先崇拜、自然崇拜等原始信仰的影响，认为自然界是一个充满灵魂的世界，神鬼无处不在，人需与天、地、鬼神和谐相处，否则认为会带来疾病与灾难。随着社会历史的发展，排瑶与不同族群之间密切交往交流交融，瑶医理论也吸收了许多新的内容，如道教“阴阳五行”学说、“天地人”三元学说等。

瑶医最具自身特点的一种理论学说是“盈亏平衡理论”，其基于万物有灵和“天地人”三元论等朴素认知。瑶医认为人分为两部分，一是肉体，一是灵魂。灵魂通过“神”为“天”所控制，肉体通过“精”为“地”所控制，二者之间则为“气”。“气”保持生命功能的正常运行，“气”乱则

病。人的肉体和灵魂必须保持平衡、和谐，相互合作，有机统一，以构成“盈亏平衡”关系。所以“盈亏平衡”就是健康，“盈亏失衡”即为疾病。瑶医审症治病的方法是根据机体不平衡之所在，采用各种药物或非药物的治疗方法，调整或促使机体与周围环境及机体各脏腑之间盈亏达到平衡，从而使病体恢复正常。①

二、瑶医疗法

据调查访谈，分布在八排地区的瑶医较为独特。排瑶作为瑶族小支系，聚居连南，其用药主要局限在当地。在排瑶内部，因东三排和西五排地理位置有差异，瑶医在用药上也略有差别，但其医药理论、疗法是相同的。

诊断方法。和中医一样，瑶医在诊断疾病时，同样运用望、闻、问、切以及甲诊、掌诊、舌诊、耳诊、面诊等基本方法。

单方、验方的煎药口服，药酒口服、外搽、外贴疗法。在瑶排地区使用药酒是十分普遍的，在此以药酒口服为例作一介绍。药酒对治疗风湿、烧伤、关节炎、骨髓炎等疾病具有较好功效，一般多用当地特有的动植物药材来浸泡。如用黄精酒补血，用蜈蚣茶散结去肿，用五指毛桃泡酒补血健骨，用伸筋草泡酒进行保健，用土甘草泡茶清热解毒，用姜汁和食盐擦额头治疗头痛，用黄狗头的毛止血，用南瓜心囊、鹅蛋白掺生油、火水油、煤油等治疗烫火伤。

药浴法。药浴法是八排地区治病、保健的重要方法，即将采集的草药进行煎煮，再将药液倒入高约100厘米、上口直径为70厘米、下底直径为60厘米的大木桶（当地称“黄桶”或“庞桶”）中，最后用药液浸泡、擦洗身体，达到治疗疾病、健体养生的效果。其原理是人通过泡浴，将自身毛孔打开，药物由此被吸收进入人体后，随血脉由表及里，达到脏腑，产生效果。药浴功效也有多种，如治风湿、妇女月子养生、治疗跌伤等。不同功效的药浴所用药材不相同。如治疗感冒时，就用生姜、山捻叶、梨叶、山楂叶和冬绿叶等煮水沐

① 李彤：《瑶医“盈亏平衡理论”研究》，载《中国民族医药杂志》，2011（9）。

浴。[①] 2019年，“连南瑶族药浴”被列入连南县级非物质文化遗产名录。

穴位的火灸疗法。过去条件有限，瑶医灸治病人身体上的脉穴，主要用燃烧的灯草或蘸油的纸。如小孩肚痛，用灯草蘸油燃烧、烤灸脐间，称为“破灯毒”。现在一般用新鲜的艾叶。如成年人肚痛、全身关节痛、莫名肿毒等，会用艾叶灸治，称其为“破爱毒”。不过也有瑶医用燃烧的麻绳熏疗，如有小孩发烧不退，就点燃麻绳熏患儿额头和身体上的穴位。

蛋灸法。亦称“汤身法”，即将鸡蛋煮熟去蛋黄，保留热水，用蛋白裹住银质戒指，再用毛巾裹住，沾上热水在患者额头、颈部、背部、脑部轻抚擦拭，然后取出银质戒指用草木灰擦洗。如此反复多次，直至银质戒指不呈颜色。银质戒指呈红铜色的为“热风”，紫色的为“冷风”。当地称为“放气”。

针刺法。过去瑶医治疗水肿，多将针扎入病人患处，放出毒脓、血水，然后敷以草药愈合。

穴位的推拿、刮痧、点穴疗法。病人如疲倦过度、全身无力，瑶医会为其刮痧。如对有疟疾等发冷发热症状的患者，在其背、脖子各关节处用手掌或铜钱刮至皮肤红紫。[②]

驳骨复位疗法。过去排瑶群众居于高山，生产生活中难免发生意外，造成骨折、关节错位，当地瑶医对此积累了丰富的技术经验。患者经瑶医治疗后，康复阶段只需在家中外敷草药或内服药酒即可。2019年，“瑶族接驳法”被列入连南县级非物质文化遗产名录。以下收录西五排几位瑶医及其主治病种。

---

① 全国人民代表大会民族委员会广东省少数民族社会历史情况调查组编：《广东省连南瑶族自治县南岗、内田、大掌瑶族社会调查》，27页，全国人民代表大会民族委员会广东省少数民族社会历史情况调查组，1958。

② 全国人民代表大会民族委员会广东省少数民族社会历史情况调查组编：《广东省连南瑶族自治县南岗、内田、大掌瑶族社会调查》，27页，全国人民代表大会民族委员会广东省少数民族社会历史情况调查组，1958。

西五排注册瑶医

姓名	性别	出生年月	文化程度	户籍或住址	主治
房比边五	男	1971 年 12 月	小学	军寮第六组	风湿、跌打、刀伤等
李志明	男	1961 年 11 月	初中	牛路水村委多哥养村	牙疼、肝炎、麦粒肿、淋巴结等
邓强	男	1979 年 10 月	中专	大掌四组	接骨
邓暗保斤	男	1958 年 4 月	小学	大掌旺洞三组	接骨
邓行保八	男	1961 年 4 月	小学	大掌旺洞三组	接骨
沈水桂	男	1983 年 9 月	大学本科	涡水镇	接骨、风湿

三、瑶医的传承

瑶医的治疗方法及药方历来口耳相传，传承范围一般都是医者家传，且通常传内不传外，传男不传女。现今随着时代的发展，思想观念不断革新，瑶医传承不再限于以往的条件，出现了父亲传授给女儿、女儿传授给自己儿子的案例，也有瑶医对外广收学徒的案例，可见瑶医的传承途径开始打破传统。但遗憾的是，如今有志于传承瑶族医药的人越来越少。一是因为现代医疗水平越来越高，无论是身体还是应对伤病的能力都越来越强。二是因为瑶医、瑶药除了临床治疗外，还要进行野外采药等实践工作，较为艰苦。

不过，如今很多瑶医摆脱了“游医”身份，为国家医疗体系所认证，上文表中西五排的几位瑶医便是如此。还有的瑶医取得传统医药类项目的立项，成为非物质文化遗产传承人。目前连南瑶族自治县造册登记的瑶医共 226 人，其中较有代表性的瑶医 34 人，突出代表性的瑶医 14 人。

据《连南瑶族自治县 2020 年鉴（初稿）》载，经相关部门的多年搜集、整理、统计，现收集瑶药植物类 320 种，核实瑶药 112 种，特殊瑶药 12 种，偏方、验方 210 条，典型病案 120 个，开展科研课题“广东连南瑶族民族植物学研究”，编写《广东连南瑶药名录》，完成瑶药目录和部分瑶药的整理。积极筹建连南瑶族自治县瑶医瑶药研究发展中心，已完成方案建设、图纸设计和资金预算。2019 年 9 月 18 日召开连南瑶族自治县瑶医药学会第一次会员大会暨成立大会，共吸纳 58 名民间瑶医、中医类别人员和瑶医工作者

加入学会成为会员，学会设会长1名、副会长2名、理事4名和监事3名。2019年组织瑶医8人参加传统医学医术确有专长人员医师资格考核考试，考核合格并进入笔试环节2人。[①]

第二节　瑶　药

一、瑶药传说

八排地区盛产中草药材，素有“药材仓库”之称，常见药材有土黄连、黄精、黄柏、五味子、土党参、灵芝、杜仲、金银花、马鞭草等。排瑶民众对这些丰富药材资源的使用由来已久。排瑶神话《甘基王》中描述，英雄谈花单射下天上的12个太阳，但又因为世间不能没有太阳，其妻便用一种草药救活了一个太阳，使其重新回到天空中。[②]这种草药被称为“救日草”。传说，这种草连根拔起来在太阳底下长时间晒也晒不死，因为它对太阳有救命之恩。与草药相关的传说还有很多，如《七枝莲姑娘》传说，讲述仙女莲姑为救被毒蛇咬伤的大娘，将自身变成草，救了大娘，而这种草就是“七枝莲”，又叫“七叶一枝花”，瑶民称之为“蛇药王”。《夏枯草的传说》讲述的是一条眼镜蛇被瑶族老人李阿公打断成4截，可他发现四脚蛇衔草药给眼镜蛇敷，已敷好的3截伤口没有留下一点痕迹，李阿公吓跑了四脚蛇，发现那个草药是开着蓝色小花的兰花草，叫“夏枯草”，于是夏枯草成为医伤接骨的良药。又如《马连鞍》，叙讲了一个自以为是“通天晓”的秀才赴京考试，途中腹痛难忍，但由于他自恃清高，谁也不理他，一老汉看不过眼，扯把草塞进他的鼻孔，片刻腹痛消失。他求老汉告诉他药名，可以连马带鞍送给老汉，老汉说：“此药就叫马连鞍。”[③]这些流传在八排地区的传说故事折射出当地瑶药使用的历史记忆。

① 《连南瑶族自治县2020年鉴（初稿）》。

② 见本书第十七章民间文学中神话部分的“甘基王”。

③ 蒲朝军、过竹主编：《中国瑶族风土志》，442—443页，北京，北京大学出版社，1992。

二、瑶药资源

连南瑶山丰富的药材资源至晚在民国时期已有一定程度的开发，当时广泛销售到周边地区。如 1948 年的《傜民概况》记述：

傜区特产药材，则以黄精、龙胆草、葵、木贼等为最有名出产。附近圩市生草药店所售药草，多从傜山采办。[①]

1950 年的《广东北江瑶族调查》记载当地盛产“木通、仁藤、地胆头、楠木皮、大山皮、天葵”等药材，其中黄精更是年产 300 担以上。[②]

作为中华传统医药的一部分，瑶族医药同其他民族医药有很多相通之处。对于本地草药，瑶医都亲自上山采摘，如在西五排，瑶医们常去的采药地点是军寮排一带。采药时间也有讲究，很多药需在清明节前采完，此时用的是药材苗；等到 8 月后采用的草药，价值一般在其根部。瑶医采药回来，还要对其洗净、切片、晒干、磨粉和包装，而一些有毒的草药则需注意蒸熟再晒，并反复进行，以此消解毒性。对于所用草药，瑶医也是在不断了解、摸索。

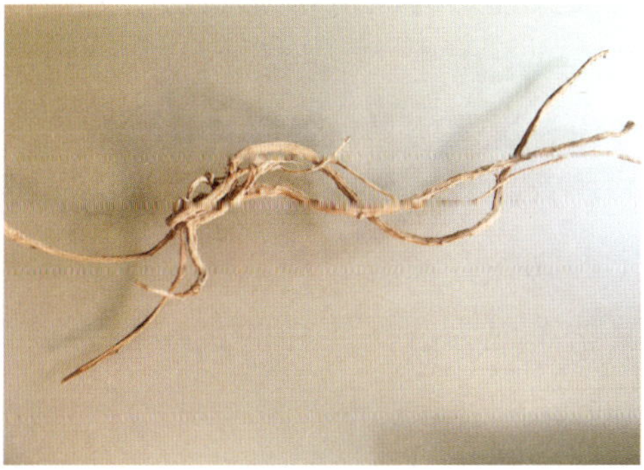

军寮瑶医家中的药材[③]**（安志强 / 摄）**

① 廖炯然：《傜民概况》，57 页，上海，中华书局股份有限公司，1948。

② 广东省民族事务委员会：《广东北江瑶族调查（1950 年）》，见李默、房先清：《连南八排瑶研究资料》，98 页，广州，广东省社会科学院，1987。

③ 拍摄时间：2019 年 7 月 30 日；拍摄地点：军寮六队；拍摄人：安志强。

下表收录连南瑶山常见药材及功能。

连南瑶山常见草药及功能[①]

草药名称	功能
马鞭草	治疗肺病
鸡十丁	补血益气
伸筋草	保健
土甘草	清热解毒
八角莲	治疗蛇毒
五指毛桃	健脾补肺，调经，通奶
肿节风	清热解毒凉血，活血消斑散瘀，祛风除湿通络，治疗肿瘤
三叶木通	舒肝健脾，抗癌
蛇莓	清热，凉血，消肿，解毒
鱼腥草	抗菌，抗病毒，提高机体免疫力，利尿
竹叶榕	主治风湿骨痛，跌打损伤
白背叶	根具有柔肝活血、健脾化湿、收敛固脱的功效，叶具有消炎止血的功效
黑细辛	祛风除湿，和瘀消肿，止痛
泥鳅串	败毒抗癌，凉血散瘀，清热利湿，消肿止痛
石上柏	清热解毒，抗癌，止血
十大功劳	清热解毒，止咳化痰
百合	养阴润肺，清心安神
黄精	补脾，润肺生津
玉竹	养阴，润燥，清热，生津，止咳
红花倒水莲	化痰止咳，活血调经
黄花倒水莲	有补益气血、健脾利湿、活血调经之功能
七叶一枝花	败毒抗癌，消肿止痛，清热定惊，镇咳平喘
金银花	清热解毒，炒炭凉血止血
石苇	利水通淋，清肺泄热
金钱草	清热利尿，祛风止痛，止血生肌，消炎解毒，杀虫

① 表中部分信息由调研组田野调查搜集整理，部分资料由连南瑶族自治县瑶医药整理小组提供，特此说明。

续表

草药名称	功能
夏枯草	清泄肝火，散结消肿，清热解毒，祛痰止咳，凉血止血
茅根	凉血止血，清热解毒
牛膝	补肝肾，强筋骨，活血通经，引火下行，利尿通淋
伸筋草	祛风散寒，除湿消肿，舒筋活络
贯众	杀虫，清热，解毒，凉血止血
金粉蕨	清热解毒，凉血止血
野牡丹	消积利湿，活血止血，清热解毒
藤婆茶	具有清热解毒、抗菌消炎、祛风除湿、强筋骨、降血压、降血脂、保肝护肝等功效
虎舌红	散瘀止血
大罗伞	具有清热降火、消肿解毒、活血去瘀、祛痰止咳等功效
天南星	燥湿化痰，祛风止痉，散结消肿
三叶青	清热解毒，祛风化痰，活血止痛
金不换	清热解毒，镇静，理气止痛
半边莲	清热解毒，利尿消肿
火炭母	清热解毒，利湿消滞，凉血止痒，明止退翳
地念	涩肠止痢，舒筋活血，补血安胎，清热燥湿等
广东王不留行	活血通乳、催生下乳、产后胸腺疏通
九里明	清热解毒，明目，止痒等功效
车钱草	清热利尿，渗湿止泻，明目，祛痰
溪黄草	具有清热利湿、退黄祛湿、凉血散瘀的功效
千斤拔	祛风除湿，舒筋活络，强筋壮骨，消炎止痛
山豆根	清热解毒，消肿利咽
醉鱼草	具有祛风除湿、止咳化痰、散瘀之功效
金岗头	清暑散热，化气导滞，止血
玉叶金花	清热解毒，去湿，止咳，止渴
合欢树	树皮及花可做药用，有安神解郁，活血止痛，开胃利气，宁心静气的功效
勾藤	清热平肝，熄风定惊
柴胡	透表泄热，疏肝解郁，升举阳气

续表

草药名称	功能
钩吻	破积拔毒，祛瘀止痛，杀虫止痒，镇痛，镇静，抗炎，散瞳，抗肿瘤，有毒性
虎杖	具有利湿退黄、清热解毒、散瘀止痛、止咳化痰的功效
海金沙	清热解毒，利水通淋
盐霜柏	根与叶用于凉血散瘀，果实用于收敛镇咳、凉血解毒
六月雪	健脾利湿，舒肝活血
半边旗	清热利湿，凉血止血，解毒消肿
夜来香	清肝，明目，解毒
淡竹叶	甘淡渗利，性寒清降，善导心与小肠之火下行而利尿通淋
博落回	驳骨，消肿，解毒
黄栀子	泻火除烦，清热利湿，凉血解毒
满山香	行气止痛、活血散瘀
蛇舌草	清热解毒，消痈散结，利尿除湿

三、病症药方

此处列举一些当地常用的具体病症药方：

风湿药。凡具有祛风活血、补气补血功效的药都归入，比如银颈舌、宽筋藤、半枫荷、鸡血藤、银花藤、争枝不藤、九龙藤、麻骨风、更炮否、鸭脚木等。

跌打药。是具有破瘀作用的药物，孕产妇及妇女月经期禁用或慎用，主要草药有青蒿、鸟不站、透骨消、大罗伞、两面针、官户草等。

治疗疽疮。如犁头草、争枝不（黑老虎）叶、儿滴黄和了哥王叶等，需对其掏烂进行外敷；治疗瘙痒则有千里光、鸡屎藤和辣蓼草等，需煮沸，患者以其洗浴。

治风寒感冒。药材有紫苏叶、薄荷叶、生姜、葱和红糖等，可综合使用，如治偏头痛可用生姜煮水，双手浸泡 15 分钟。

药浴。排瑶有用草药水洗浴的习惯，他们认为药浴可以舒筋活络，祛风驱寒，强身健体。过去，瑶族人住在高山峻岭，多雨多雾，容易得风湿症，而药浴便多用于预防，便从深山老林里采回石楠蘑、冷骨枫、箭杆枫、臭叶枫、小钻、大钻、松针叶、棕榈叶等药物，将其熬水洗澡。在瑶寨中，每家常备有一个长约 3 尺、宽约 2 尺、高约 3 尺的腰子形木桶作洗浴用。平日身体不适，可先熬草药洗澡，有时能起到一定治疗效果。在农历端午节、重阳节，许多人应节药浴。过去在岁交之日，有家家必熬药水、人人必药浴的习俗。年三十午后，各家熬好药水，先用大碗盛满药作内服，其余的装入浴桶内作药浴。妇女生小孩后，满三朝便开始药浴，以后每隔两三天药浴一次。小孩出生十来天后，即随母药浴，满月之日也进行药浴。浴前，产妇均吃中草药蒸的鸡肉，以祛风驱淤补体，幼儿药浴则是防风防湿。由于药浴的特殊功效，瑶族妇女坐月子后，极少患“产后风”、妇科病，身体恢复很快。[①]

第三节　传统疗术

一、传统疗术来源

以上所述排瑶医药，虽有历史渊源，但在过去主要针对轻伤或慢性病，而且成熟的瑶医、瑶药经验知识也是瑶族民众在和汉族民众的长期交往交流交融中，逐渐形成的。在中华人民共和国成立前的漫长时间内，面对更多的难治疾病，排瑶常常将其视为神灵作祟，请先生公做仪式“送神”。对不同的疾病，所做的仪式也不同。小病杀鸡，大病杀羊，重病杀牛。如有邓倬堂之瑶排八首为记：“瑶族信好巫，有病更勿药，祈禳神无灵，自谓逢不吉，立庙祀阿公，舞蹈杂饮酌，不辨谁祖祢，同把炭香灼。”[②] 请一个先

① 连南瑶族自治县文化馆编：《连南民俗大观》，97 页，四川师范大学电子出版社，2020。
② （民国）凌锡华：《连山县志》卷十五，民国十七年铅印本。

生公无效，就请 2—9 个。[①] 如果到了杀牛、请九个先生公念咒送神，仍不愈，则认为病人的阳寿已尽，听其待毙。亦如《连山书院志》载：

> 或去而习道士术，乘夜跳鬼，科醮之言……然土人信之甚笃，有疾率用此辈，不服医药。[②]

又如《傜民概况》中记述：

> 傜人生病不信药，概请巫人念经逐鬼。初病时，杀一鸡，请一巫作法；不愈杀二鸡，请二巫作法；再不愈，则易杀猪羊甚至杀牛请数巫人作法。倘再无效，只有听天由命，任其病死而已。是为“神弃”，计每年死于“神弃”不知凡几。[③]

至于作法驱邪的传统疗术是为何？清代《连山绥瑶厅志》记述得清楚：

> 瑶道自为教，亦有科仪，其文不可晓。学优者，则延诸道为受箓。受箓者，服朱衣。凡瑶之有疾病者、疙瘍者造焉，使其众分而祷禜之，有愈有不愈。不愈者，则曰神所恶，非祷之不诚也，无医无僧。[④]

这里的受箓服朱衣者，就是先生公，而能否送走邪神、治愈病人往往成为检验新入行的先生公是否灵验的标准。对其仪式场景，有如下记载：

> 巫师亦不必特殊服装，仅以鸡血滴于纸币之上，向上下四方撒米，并酾酒于地，口中并念念有词，病者之家人，即以病者所裹之头巾或所围之腰带，向巫师张举，巾或带之内，盛以糯米，

---

① 《县委关于连南县瑶族历史情况收集：1953—1 至 1953—12》，21 页，连南，连南县档案馆（全宗 58，目录 G1.1 案卷 57）。

② （清）李来章：《连山书院志：序》，康熙四十八年刻本。

③ 廖炯然：《傜民概况》，80 页，上海，中华书局股份有限公司，1948。

④ （清）姚柬之：《连山绥猺厅志：风俗·第四》，道光十七年刻本。

> 此糯米经巫师为之□咒后，仍交由病者之家人，包扎于巾或带之内，回家后，易以纸币，置于病者身旁。除以用作牺牲之鸡献于巫师外，并另酬以银钱。其数约在国币一元上下。①

据调查了解，“杀鸡为牲，附以米酒香纸”“仅以鸡血滴于纸币之上，向上下四方撒米，并酾酒于地”是排瑶先生公祭神灵的常见仪式，通过这些祭祀仪式来告知病人的祖先庇佑子孙。病者生辰不同、疾患不同，先生公作法时的场所、动作也不同，如场所一般在家中、门口、屋檐、路边、山上或桥上等，并且根据病者的不同状况，先生公念诵的经也不一样。他们会依照自己的各种“看病书”，来选取“合适”的经文，②如《救病利瘟和瘟经》《收花经》《大重游车书》《医生救人经》等。各种经书繁冗，以《医生救人经》为例，就分请神、存变、归兵出门、入屋坛槌落地、敕水、领兵打营、和神、造船引邪、招魂、解油车、上路请神退病、降罡三堂（点州三堂）、整红藤口语、化变病人、敕符、出门外沙场回、救病送船、断路口言、九孔闭气、大送号头等二十二节内容。

二、传统疗法

过去，先生公所作仪式的步骤与祭品如下。

初病赶邪。请先生公来家里吃一顿饭，然后备 1 只鸡、1 斤米和 1 些酒及香纸，到外面路口赶邪，所有祭品最后都给先生公作为报酬。

病未愈再赶邪。经过一次赶邪的病人，如果还没有治愈的话，得再请先生公第二次赶鬼，瑶语称“君油赤”。这时再奉上 1 只鸡、1 斤米、酒、油豆腐和香纸等祭品，并且再念一次经。第二天早晨继续备鸡、猪肉、豆腐和酒等，到“黑面公”（瑶语音译）去拜黑面公、黄面公和白面公，祈求他们的饶恕，使病人恢复健康。

---

① 胡耐安：《粤北之山排住民》，16 页，曲江各大书局，1940。

② 访谈对象：房边良九斤公，男，1946 年生，先生公；访谈人：安志强；访谈时间：2019 年 7 月 27 日；访谈地点：军寮村五队。

先生公祭神仪式①（安志强/摄）

赶大邪。一个病人经过两次请先生公赶邪而无法恢复健康，便得再来一次赶大邪。这次需3个先生公主持，并且杀一头四五十斤重的猪或宰1头牛。在家里准备好火炭、饭、米、酒、青菜、黄豆、牛（或猪、鸡）血各4碗，另外点4盏灯。先生公也各有1碗酒、肉，念诵各种经文，边念边喝酒，并将生牛嘴、耳朵、尾巴、牛脚等做成一盘、放在一边拜，经过这一次赶大邪，病人家里要斋戒3天，不得食荤，等先生公念一次“开门”经才能开斋。仪式结束后，3个先生公各得1斤米之外，还得到半头猪或半头牛。主人家当晚还要请先生公拿牛头、3斤米和1只鸡到外面排脚岗头（在小学校前一棵大枫树下）念经，名叫“飞大白虎”。念完经后，煮吃了牛头（或猪头）才回去。

如果病人的症状较重，经过杀牛赶邪后，就由一个被认为有法术和经验的先生公把病人带回自家去治疗，根据病情的变化，继续念经。若病情无好转，这位先生公便把病人送回病者家去，再杀牛赶第二次大邪。病人家若无

① 拍摄时间：2019年11月12日；拍摄地点：军寮。

钱应付，那就只好“听天由命”。

至于给先生公的酬谢，一般为 100 元左右，其依据标准约等于一个劳动力做一天农活的收入，而祭神用过的鸡肉或猪肉会交给先生公。①

对瑶族传统疗术的相关记载还有：

> 瑶民知识未广，不知医药。遇有疾病，唯请道巫禳解。往往默祷神前，若病愈，许以鸡鸭为酬。倘无效，则再祷，以次许以猪牛羊等牲畜。设亦无效，则曰神所深恶，听之而已。②

如今，排瑶群众若有疾痛，以去医院、卫生所治疗为主。曾经在瑶排中占主导的巫医之法已然式微。但民间群众也会问询先生公的意见，作为自己治病、保健的参考，如群众会向先生公提供自己的生辰八字，再由其结合阴阳五行、天干地支图来判断他们需要注意保养的地方，并建议群众去医院做何检查。

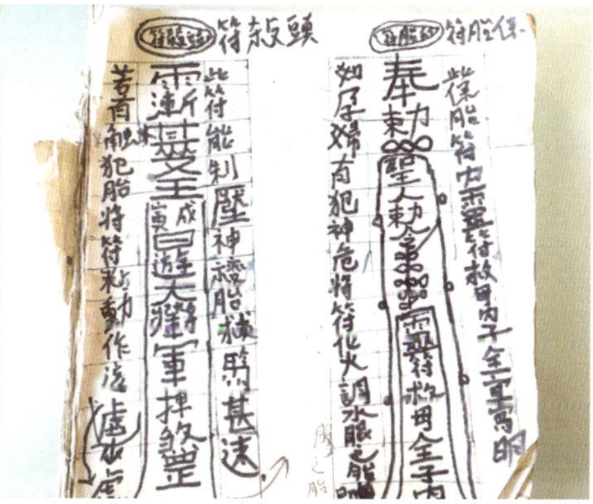

先生公看“小儿关煞”用书及瑶医看病符文③（安志强 / 摄）

① 访谈对象：房买机八，男，66 岁，村民；访谈人：安志强；访谈时间：2019 年 8 月 4 日；访谈地点：马箭八组。

② 广东省民政厅编：《广东全省地方纪要（附图）第 3 册》，221—246 页，广东省民政厅第一科庶务股，1934。

③ 拍摄时间：2019 年 7 月 28 日；拍摄地点：军寮。

第十七章　民间文学[①]

民间文学是民众在生活文化和生活世界里传承、传播、共享的口头传统和语词艺术，具有口头性、传承性、集体性和变异性的特点，其文类包括神话、史诗、民间传说、民间故事、民间歌谣、民间叙事、民间小戏、说唱文学、谚语等。排瑶历史悠久，民族文化积淀深厚，在漫长的历史长河中形成了具有本民族文化特征的民间文学作品，这些作品是八排历史、文化和民族生活的重要记录和见证，而八排地区也成为我国少数民族文学研究的重要沃土。经实地调查和文献查阅，八排民间文学作品丰富，种类繁多，兹录部分于此。

第一节　神话传说

一、神话

神话是指远古社会，人类在同大自然的斗争中和社会生活中，为了表达自己的理想、愿望，并对世界起源、自然现象、社会生活进行解释，通过想象和幻想创作的神奇故事。排瑶的神话反映开天辟地、万物起源、人

① 为了使本节内容更加丰富、全面，课题组在尽可能使用一手田野资料的情况下，亦引用了很多前人在八排搜集、整理的经典材料。并因篇幅所限，在引用过程中对部分文本做了节选或缩略处理。另外考虑到历史上，排瑶群众曾广泛迁徙至今天连南县内的香坪、涡水、盘石、大麦山等乡镇（相关历史可见本书第一章），其口头文学也多流传于当地。在借鉴前人成果过程中，我们关注了前人在上述几个地区搜集的散文类民间文学，特此说明。

类起源、社会发展等方面的内容，其中广为流传的两则神话《盘古王开天辟地》（又名《洪水淹天》）和《甘基王》独具代表性。

洪水神话其实不止流传在八排地区，在众多族群中也流传着与洪水有联系且关乎宇宙毁灭和人类再生的神话，如《女娲补天》和《大禹治水》就是典型代表。但八排的《盘古王开天辟地》这则神话彰显了八排的文化独特性，在叙事上，人类始祖不是兄妹，而是一对姑侄。

《甘基王》神话也充分体现了八排民间叙事的特殊性。苗、瑶、畲等民族有“盘瓠神话”的经典族源叙事文本，其基本叙事单元为：外敌入侵→帝王应诺→灵兽请战→灵兽立功→帝王反悔→公主践诺。《甘基王》神话与“盘瓠神话”的叙事单元链非常相似，只不过盘瓠神话中的主人公是一条龙犬，而《甘基王》神话中的主人公“甘基”是蛤蟆。另外《甘基王》中还包含了其他经典的模式化叙事情节。如甘基王之父谈花单射下十二个太阳、甘基王之母怀胎三年、皇帝包麦六和甘基王互换衣物而导致不能恢复自己身份等情节，与传统的射日神话以及相关英雄降世的模式化情节非常相似。

由此可看出，各民族的民间文学在相互交流、相互影响的基础上，以自己民族的生活和文化为前提，再对其他民族文化进行选择、取舍、吸收和改造，最后形成具有本民族文化基因的各类作品。

（一）盘古开天辟地

《盘古开天辟地》[①]：

远古的时候，天离地又低又矮，人在地下说话的声音，天上都能听得到。人的相貌也长得十分奇怪：嘴巴长到额头上，眼睛生在下巴底，耳朵长在脖子里，乳房生在腰背后。

那时，天分为 13 个角。在一个角里，有一个名叫洛神乔（有的排又称“好命婆”）的风流姑娘，她 16 岁就结了婚，但婚后二十多年都没有生育。她又急又愁，就爬过九座大山，涉过九条

① 连南瑶族自治县非物质文化遗产保护中心编：《广东连南瑶族歌堂文化》，126 页，广州，羊城晚报出版社，2019。流传地区：连南排瑶；采集时间：1982 年 6 月；采集地点：连南大坪瑶寨；讲述：唐丁当公（大坪人）；收集：刘保元、许文清、张景祥；整理：许文清。

大河，走到龙芒山顶，找到专管天下生儿育女的神仙，向他寻讨“生儿药”。这个神仙名叫雷都仙念，他送了七粒黄豆给洛神乔，要她一春吃一粒，分作七年来吃完。

谁知洛神乔生儿心切，回到家后，把七粒黄豆一次吃光了。她子时吃下肚，丑时怀身孕，寅时肚子痛，卯时就生出了七个男婴。

洛神乔生出了七个男婴后，又走上龙芒山顶，对雷都仙念拜了三十六拜，请他给七兄弟起名字。

雷都仙念给七兄弟起了名：一个叫眼亮一,一个叫耳灵二,一个叫大力三,一个叫铁骨四,一个叫眼泪多，一个叫长脚六,一个叫发冷七。

七兄弟的名字起好了，洛神乔心里又发慌，她的乳房长在腰背后，不能给七兄弟喂奶。雷都仙念知道了，叫她上净恩山顶挖山芋头和采狗耳叶喂养七兄弟。

净恩山顶上长的山芋头和狗耳叶是仙品，七兄弟吃了后，很快就长大了。他们个个是“恶仔”（瑶语，即能干、强悍的意思），名声传遍天下十三角。眼亮一能看千里远，耳灵二能听万里音，大力三能挑两座山，铁骨四刀斧砍不动，眼泪多眼开泪成河，长脚六日行万里路，发冷七不怕烈火烧。

天皇闻知人世间出了“恶仔”七兄弟，慌得站不安，坐不稳，立即派出九千九百神勇、十万五千天兵，准备抓眼亮一去皇府殿数金银，然后把他的六个兄弟全部都杀死。

耳灵二的耳朵灵，在地下听到了天皇的话，他把恶讯告诉了兄弟们。七兄弟急忙赶到呆琅山，跟九千九百神勇和十万五千天兵打起来。结果七兄弟打败了天兵神勇，吓得天皇让位退出了皇府殿。

七兄弟坐了皇府殿，把天下所有的山珍海味都尝遍，只没尝过雷公的肉。

一天，七兄弟坐在一起商量，要捉雷公来尝鲜，但想来想去

都想不出办法来捉雷公。后来他们起了歹心，用喂狗的碗装屎，喂猫的碗盛尿，送给老母亲吃。

洛神乔气愤难平，拜了大地拜苍天，呼叫雷公下凡劈砍无情七兄弟。

雷公的形状像公鸡一样。它在天上听到洛神乔的哭诉，怒发冲冠，立即磨斧锉锯，下凡劈砍七兄弟。

耳灵二的耳朵灵，听到雷公在天上磨斧霍霍响，慌忙叫兄弟们寻来鸡罩放在门旁，又去河里捞来青苔铺在屋顶上，然后躲在屋檐下，等着雷公下凡来。

雷公左手提着“红端斧”，右手拿着“青端锯”，怒气冲冲下凡间。它一展动翅膀，乌云便翻滚起来，暴风猛刮起来，霎时电光闪闪，雷声隆隆，天昏地暗，大雨倾盆而下。

雷公腾云驾雾，直向七兄弟住的房子冲下来。谁知雷公冲得太凶，脚刚踏到屋顶，便被青苔滑倒，摔下地里。

雷公摔倒在地上，因翅膀没水飞不起来，被七兄弟用鸡罩罩住，关进了谷仓里。

七兄弟抓住了雷公，立即分头去挑盐担酒，准备杀雷公来尝鲜。

雷公被七兄弟关在谷仓里，口又干又渴，想吼声音吼不出，想飞翅膀飞不动，很是焦急。这时，正好盘古（又名盘十六）和莎方三姑侄来谷仓旁，见谷仓里关着雷公，便好奇地走过去看。雷公见到他们姑侄，眼睛一转就耍起花招来。它装着苦脸，挤出几滴眼泪，大声哭叫起来：“好姐姐啊好哥哥，我的喉咙干得快要冒火了，求求你们可怜可怜我，快去取些水来给我喝吧！”

盘古和莎方三竟被雷公装的可怜相感动了，急忙回家用木勺装来水，又用芒梗做成水管插进谷仓里，让雷公用嘴巴来吸水。

雷公吸了水后，全身充满了力气，翅膀也展动起来了。它大吼一声，猛力一挣，把谷仓炸得粉碎，盘古两姑侄吓得大哭起来。

雷公鼓起翅膀飞出谷仓，想把世间的人都杀光，但它又想到

了盘古和莎方三两姑侄的救命之恩，便把他们叫了过来，说道：“你们不要害怕，我不会杀害你们的！我拔一颗牙齿送给你们，以报答你们的救命之恩。听到青斑鸟叫了，你们要赶快去种，过三天就要发大水，然后天下的人都会死光，世上只留你们两姑侄传后代！”

雷公拔下牙齿送给盘古两姑侄，便右手招来风，左手招来雨，腾云驾雾飞回天庭去了。

三天过去后，天黑起来了，地暗起来了，狂风刮起来了，暴雨下起来了，洪水发起来了。一只青斑鸟飞过天空，大声叫喊：“种葫芦！种葫芦！”盘古两姑侄听到后，想起了雷公的话，赶紧种下了雷公的牙齿。

盘古两姑侄于子时把牙齿埋下地，丑时就破土冒出芽，寅时生藤开黄花，卯时长出个葫芦，像房子一样大。

葫芦刚刚长出来，一只青斑鸟又在天空叫起来：“钻葫芦！钻葫芦！”

盘古两姑侄听到后，立刻把葫芦割开一个口，掏出瓜籽包好带在身上，赶快躲进了葫芦中。

盘古姑侄两钻进了葫芦里，刚盖好盖子，雷公就把天河决了堤。霎时间，大雨倾盆而下，千山万岭洪水翻腾。

暴雨下了七天七夜，大地万物被水淹。古树拔根漂上天，鱼虾成群天上窜。天翻成地，地翻成天，天地混沌难分辨。

盘古两姑侄，坐着葫芦在天上飘荡；飘过苔州顶，苔州高山已崩裂；飘过呼山尖，呼山深谷已填塞。滔天的洪水，淹没了大地万物。

过了七天，洪水退了下去，葫芦从天上降落在呼山顶上，盘古两姑侄走出葫芦，到处去巡察。走了九天九夜，地上看不到人烟，看不到山岭树木。看不到飞禽走兽。地上什么也没有了，两姑侄难过得哭了起来。

洪水退完以后，天地混沌难分，盘古两姑侄决心重新造天地。

盘古用衣袋装石垒天柱，他在东方垒一根，南方垒一根，西方垒一根，北方垒一根，把天撑了起来；莎方三用衣襟装泥来垒地脚，她东方垒一只，南方垒一只，西方垒一只，北方垒一只，把地稳固起来。

天升起来了，大地稳固了，盘古又去开天，莎方三又去辟地。由于盘古贪抽烟，把天开窄了；莎方三不停地奔忙，把地开宽了。

天造小了，地造大了，天盖地盖不合，地和天合不拢，盘古心里又难过又焦急，莎方三却笑了起来。她对盘古说："你不用焦急，也不用忧愁，天造小了我会拉大，地辟宽了我会箍缩。天拉大了，地箍缩了，天就能盖住地啦！"

莎方三说完话，抓住天边往下拉，把天拉得又圆又大。把天拉宽后，她又用筒裙带把地箍拢起来。由于地缩小了，地面上高低不平，这样就有了山岭，有了沟壑，有了平峒，有了江河。

盘古和莎方三造好天地后，又撒葫芦籽造人类。他们东方撒一把，西方撒一把，南方撒一把，北方撒一把，把葫芦籽统统撒完了。由于撒葫芦籽时天上吹来一阵大风，把葫芦籽全部都吹掉在平地上。第二天，平地有了人烟，葫芦籽变的是汉族人，他们世世代代住在平地。

汉人造出来了，平地有人住，但山岭还没有人住。两姑侄都没有葫芦籽啦，怎样才能造得出人来耕山岭？世上男人总比女人大胆，盘古向莎方三提出求婚。

莎方三说："两姑侄怎能配婚呢？如果你隔山种上青竹，两山的根相连在一起，两山的竹枝相交在一起，我才和你结婚！"

盘古在两面山都种下了青竹，第二天，竹子长满山，两面山的竹根紧紧相连，两面山的竹枝依依相交，莎方三含羞地低下了头。

世上总是女人聪明，莎方三又撒腿往山脚奔跑，她要盘古追上抓住她才能和他结婚。

莎方三沿着山脚奔跑，盘古跟在后面紧追。跑呀，跑呀，盘

古老是追不上。这时，一只青斑鸟在天上喊叫：“往回跑！往回跑！”盘古听见了，回头就往后跑，莎方三没听见，仍沿着山脚向前奔。那座山是圆形的，不久，两人就会合在一起了。

盘古和莎方三结婚不久，莎方三就生下了一个葫芦一样的肉团，没有眼睛，没有耳朵，没有手脚，没有鼻子。盘古气急了，用刀把肉团剁得粉碎，到处乱撒。

第二天，丢到地下的葫芦变成了人。盘古很高兴，便给他们起了名：撒在火塘的叫唐，撒在凳子上的叫邓，撒在盆里的叫盘，撒下箩筐里的叫罗，撒在房门的叫房，撒在李树上的叫李……然后将他们分到各个山头去，让他们自己建房耕山，繁衍子孙，后来他们便将自己的名作为姓。据说排瑶的姓氏就是这样来的。

盘古和莎方三造出瑶民住山岭，又造出野猪、黄猄满山跑，造出五谷撒山岭，让瑶民以耕山种地为生。有了人，有了五谷，人间又繁荣兴旺起来了。

瑶民为了纪念盘古和莎方三，把他们奉为瑶族始祖，将盘古尊称为“王”，并将农历七月七日定为盘古王的生日，设“开唱节”，唱盘古王歌来纪念他。尊称莎方三为“婆”，将农历十月十六定为盘古王婆的生日（又相传盘古王于这天仙逝），设“盘古王节”，以纪念他们夫妇。“八排二十四冲”的瑶民，商定凡建立瑶寨，必须在山寨顶或邻近风景优美的地方建立盘古王庙，设烧香公和掌庙公，每月初一、十五日和逢年过节去庙里上供品，烧香祭祀，三至五年举行一次耍歌堂，大家会聚盘古王庙，杀猪宰牛祭祀，唱盘古王歌，跳长鼓舞，敲铜锣，吹牛角，放铁铳炮，请先生公念瑶经做法事，隆重纪念盘古王和盘古王婆。

（二）甘基王[①]

今天晚上，月光明亮，
山风凉爽，时辰正吉祥。
先辈传下的故事，大家都不要遗忘，
现在趁这个吉祥的晚上，我唱一唱古代的甘基[②]王。

一

远古的时候，在罕江界堆，新墟缅顶[③]，
在高高的瑶山岭上，在密密的大森林中，
有一个富饶美丽的瑶寨，寨里住着个谈花单。

谈花单是“恶仔”[④]，八排二十四冲都闻名。
他的九世父母，他的十代公婆，
都葬在高山岭上——九条龙脉来得拢，
十条马迹汇得合[⑤]，是世上少有的好地方。

谈花单“恶仔”出世，生得聪明又勇敢，
七岁左手能拔铜弩，八岁右手能拿铁箭，
在森林里追逐黄猄，在高空中射落飞雁。

大枫树换了十五次叶子，枇杷树结了十五次果实，
谈花单长到十五岁，他比同岁人要懂事。
整个寨子里，数他最勤劳，七百七十七座山岭他走过，
九百九十九种野兽他打遍，他成了百发百中的好猎手。

---

① 广东省连南瑶族自治县文化局编：《连南瑶族民歌》，56—84页，清远，广东省连南瑶族自治县文化局，1983。
② 甘基，瑶语，意为蛤蟆。
③ 新墟缅顶，地名，瑶语音译，这里是泛指，并不准确。
④ 恶仔，意指强悍、能干的人。
⑤ 十条马迹汇得合，过去瑶民信风水命运，此句意为好龙脉。

日月不停地倒换，冬天过了又是春天，
二十年的光阴过去了，谈花单长成个英俊的青年。
树长高了要生枝，马长大了要配鞍，
谈花单娶了个美貌的妻子，不久就生下个聪明的男孩。

瑶山上出个好猎手，近邻远寨把名传，
谈花单的箭术使大家钦佩，
谈花单的名字传到了包麦六耳边。

包麦六是皇帝，住在皇府殿，
他管理着六个省，养有九千九勇，十万五兵。
他百样都不缺，他千样都齐全，
只缺个精悍的兵头，为这事他日夜心神不安。
闻听到谈花单武艺高强，包麦六心中非常喜欢，
他急忙传下圣旨，要谈花单进宫受见。

谈花单告别妻儿，手里拿着铁箭，
身上背着铜弩，离开瑶山去皇府殿。
他涉过七十七条河溪，又翻过九十九座高山，
来到念州街尾，箭州缅顶，①
大胆地走进了森严的皇府殿。

包麦六坐在龙椅上问他："你是有名的神箭手谈花单？"
"我是瑶山上的打猎手！"谈花单回答的十分坦然。
"谈花单啊好伙计！你的聪明受到众人的夸奖，
你的武艺受到大家的赞扬，
但是啊，山鹰不高飞怎能炼硬翅膀？

① 箭州缅顶，指地名。

我这里正缺少一个武艺高超的兵头，
只有你才能把这个重任担当。”
包麦六拿出珍藏的兵符，亲自放在谈花单的手上。

谈花单接过兵符，当了包麦六的兵头。
一年四季，春夏秋冬，他带领着兵马练习武艺。
他带的兵丁个个骁勇，他教的将领武艺高强。
包麦六见兵强马壮，从此饭吃得饱，觉睡得香。

二

十五年的时间过去了，谈花单的心事天天增加。
他想念着远方的妻儿，他想念着远离皇宫的家。
离厩的黄牛想着厩，出窝的燕子想着窝。
失群的斑鸠想找伴，离乡的人啊想回家！

谈花单的心事瞒不过包麦六，包麦六准许他起程回家乡。
谈花单告别了皇帝和士兵，骑着一匹白马回到了瑶岭。
谈花单离家十五年，儿子慢慢长成少年。
孝心的儿子思念远方的父亲，做梦都盼望父亲返回瑶山。

父亲要回家了，儿子高兴得一夜没睡觉，
天没亮他就背起弩弓，走到山溪边等候。
山上锦鸡高声鸣啼，溪里游鱼上下嬉戏。
儿子在溪岸来回奔跑，用弩弓射击水中的鲤鱼。
孝心的儿子啊，射了鲤鱼又射白鱼。
他要用鲜美的鱼肉接待父亲，以尽他孝敬父亲的情义。

山风吹去了晨雾，十二个太阳升上了山顶，
顿时大地燥热得像火塘，烤得大树叶焦，禾苗枯黄。

谈花单骑着白马在路上奔驰，
远远看见一个少年射鱼百发百中。
他又惊奇又不服气，便催马跑到那少年的身旁。

“阿贵啊，你能射中游鱼，但这还不算你有真本事！
如果你射中了我这匹马的腿，
我才算你是个真正的弩弓手！”
谈花单傲慢地说完这些话，
立即催马在山路上奔跑。

少年不知谈花单是他的父亲，
对着奔跑的白马举起了弩弓，
“嗖”的一声箭响，马腿应声折断，
谈花单随马跌落地上，摔得鼻青脸肿，狼狈不堪。

谈花单气得像头暴怒的野猪，
爬起身来把少年推倒在地上，
然后用绳子捆住他的全身，
把他丢到溪边的一块大石上。

谈花单思念久别的妻儿，
扔下少年就往家里猛跑。
少年躺在石头顶上，
被烤得痛苦地大喊大叫。

十二个太阳像十二团火球，
晒得石头冒青烟，
少年痛苦地拼命挣扎，
不一会就断气归了天。

谈花单回到家里，见到了久别的妻子，
他又四处张望，寻找日夜想念的儿子。

妻子乐得笑开了口，说儿子思念父亲心切，
天没亮就出了家门，到山外的溪边等候。
谈花单听了妻子的话，心里好像被刀戳，
他慌忙拉住妻子的手，转身就向山溪边奔跑。

谈花单跑到石头跟前，只见儿子被晒成了灰。
他惨叫一声倒下地，哭得声音像打雷。
“儿子啊，你的命为什么这样惨，
竟然死在父亲的手！”
他像一只受伤的黄猄躺在地上，
悲痛得浑身都颤抖。

这时十二个太阳升上了天中，火辣辣的阳光射到他身上，
他心里燃起了复仇的怒火，决心要射落十二个太阳。
谈花单拿起儿子留下的弩弓，
疾步如飞跑上了高高的山顶。
他举弩对准天上的第一个太阳，
“嗖”的一箭把它射落地上。

谈花单又拉开弩弓，
把其余的太阳全部射落地。
十二个太阳死了十一个，
只剩一个受伤射进了东山的草丛里。

天上没有了太阳，大地立即变成一片黑暗，

毒蛇猛兽到处横行，人们分不清白天和夜晚。
世间不能没有太阳，
谈花单的妻子上东山去寻找。
她在草丛里找到受伤的太阳，
用“救日草”把它救活又托回天空。
从此太阳每天从东山升起，挂在天上照耀着人间，
人们得到了光明，万物得到了生存。

三

少年被太阳晒成灰，
又化成一股精气回到母亲的身体，
母亲把他整整怀了三年，
生出来的却是一只丑陋的甘基！

甘基仙子出人世，生下三天便会说话行走，
三个月会呼风唤雨，五个月会下塘游泳。
妻子生出甘基的消息，很快传到了谈花单的耳里，
他正想要回家探望，边界传来了战争的消息。

在茫茫的大海中间，有一个地方叫么理国，
国王是个贪婪的暴君，他的相貌长得像恶魔。
他自称是勇猛无比的战神，做梦也想征服整个世界，
让天下的土地都归他掌管，所有的百姓都做他的仆人。

正当瑶岭的树木长得最旺，正当瑶山的鲜花开得最香，
正当瑶寨的猪牛长得最肥，他挑起了罪恶的战争。
谈花单听到恶讯，立即下令兵马出征，
决定用正义制止横蛮，用刀箭保卫百姓的安宁。

谈花单告别了皇帝，带起十万五兵，
领起九千九勇，浩浩荡荡向边界出征。
队伍到达边界，遇上气势汹汹的么理国士兵，
一场血战便立即展开，山野里响彻牛角的号音。

兵头对兵头，士兵对士兵，
你冲过来我杀过去，勇敢的人在战场上显示本领。
从早晨厮杀到黄昏，从黄昏厮杀到黎明，
被杀死的人成山堆在荒岭上，
活着的人越战越英勇。

战争打了九十九天，每棵树都有刀箭的伤痕，
每片叶子都有鲜红的血迹，断刀残箭丢满了山野。
谈花单虽然很善战，他的士兵虽然很勇敢，
但么理国的士兵又多又凶，谈花单难以把战争打赢。

消息传到了宫廷，暴躁的包麦六十分震惊，
他认为谈花单带兵无能，轻率地将他革职为民。
谈花单刚把兵符交给包麦六，
送信的士兵就跑进了宫殿，
报告么理国的兵马打进了边界，
黑压压的大旗遮住了蓝天。

包麦六闻讯又急又慌，
忙叫人到处贴出皇榜，
告示有谁能带兵打败么理国，
美丽的三公主将做他的新娘。
告示贴出整整三天，没人敢来揭榜应诏。
凶猛的敌人步步逼近，包麦六的心像在火上煎熬。

四

谈花单告别士兵和皇帝，回到了久别的家乡。
夫妻重逢的欢乐和幸福，使他忘记了忧愁悲伤。
乡亲们听说谈花单归来，争先恐后地跑来看望，
房屋里挤满了人，热闹的像“耍歌堂”一样。

谈花单在人群中，寻找自己的儿子。
妻子低声告诉他，甘基住在水塘里。
谈花单闻讯心惊奇，他急忙朝门外走去，
对着水塘大声呼叫：“甘基！甘基！”

甘基闻声跳出水塘，几步跃到父亲的面前。
它朝父亲拜了三拜，蹲在一旁默不开言。
“啊，这就是我日夜思念的儿子？！”
看到甘基像青蛙一样的丑容貌，
谈花单气得浑身直冒火，
猛地拔出了身上的宝刀！

谈花单向甘基猛砍了三刀，甘基都灵活地躲过。
它朝父亲跪了三跪，猛地跳上了厅中的神桌。
它大声对父亲说：“阿爸啊，你莫杀害我，
赶快带我去见包麦六，我有本事打败么理国！”

甘基的话使父亲感到惊奇：“莫非甘基降生是天意？”
他顿时化怒为喜，立即把甘基带到了宫廷。
包麦六看见甘基的丑怪相，笑得泪水涌出了眼眶：
“甘基啊甘基，你真不自量！
你这副丑模样，怎么带兵打胜仗？！”

包麦六的话使甘基勃然大怒，他双眼喷出两团火花：
“我是天神降生的仙子，谁敢把我侮辱！
没本事我就不揭你的榜，你若不相信我的本领，
请你立即召集皇宫的兵马，跟我比比谁的武艺高强！”

包麦六听了甘基的话，心理还半信半疑，
他传令召集宫中的士兵，立即和甘基比试武艺。
城楼上响起比武的号角，人群像山洪朝着宫廷前汇集。
包麦六来到队伍跟前，下令比武立即开始！

九千九勇排成队，十万五兵列成行，
他们高举着大刀长矛，大嚷大叫跟甘基比开了武艺。
甘基被兵勇们围在中央，眼看就被大刀剁成肉酱，
只见他双脚猛力一蹬，纵身飞上了天空！

兵勇们挥舞着大刀长矛，欲砍砍不到，
欲刺刺不着，急得在地上乱喊乱叫。
甘基轻轻地驾着祥云，“割割割”大叫几声，
霎时狂风猛刮，冰雹猛泻，太阳立即失去了光明。

兵勇们吓得四处逃散，有的摔倒跌断了脚杆，
有的大哭大叫狼狈不堪，有的趴在地上浑身打颤。
狂风和冰雹慢慢消失了，大地又恢复了平静，
甘基拍手哈哈大笑，包麦六看得胆战心惊。

“神通广大的甘基啊，你的本领使我万分高兴！
有你带兵去边界打仗，一定能赶走凶恶的敌人！
我给你带九千九勇，我给你领十万五兵，

你要是打败了么理国，我准许三公主和你成亲！”

包麦六的话很合甘基的心，
他挑选了三十六个最勇敢的士兵，
从容地告别了父亲和皇帝，
当天就出发赶到了边境。

五

自从么理国的士兵打进了边境，
晴空上顿时布满了密密的乌云，
鲜花从此凋谢零落，
鸟儿也不愿欢跳啼鸣。

他们抢走了瑶人口中的粮食，
他们夺走了瑶人山上的牛群，
看到美丽的姑娘就要掳掠，
供那昏暴的皇帝奸淫蹂躏。

么理国皇帝的暴行使甘基万分愤怒，
他决心打败敌人为瑶山百姓解除痛苦。
双方的兵马在山岭上相遇交战，
他冲来杀去像只凶猛的下山虎。

从早晨厮杀到黄昏，
么理国的兵马溃不成军，
被杀死的兵勇尸体堆成山，
活着的丢下刀箭逃回了宫廷。

战败的消息像一阵惊雷，

震得么理国皇帝从龙椅上蹦起，
他像恶神一样大喊大叫，
恨不得将甘基剁成稀泥。

他立即发出命令，要兵勇们坚守边境，
谁要往后退一步，割下脑袋挂在城门。
兵勇们沿着边界来回巡逻，
以为甘基过不了海来跟他们交战。
正当兵勇们暗自庆幸，
甘基坐着山芋叶飘到了海岸！

兵勇们见甘基只身渡过了大海，
一个个惊吓得目瞪口呆。
等他们惊醒过来，甘基已经杀进了营寨。
兵勇们立即汇集起来，团团围住了甘基，
他们挥舞着大刀长矛，想把甘基杀死。

甘基机灵地躲过大刀长矛，
纵身飞上了一棵大树尖上，
他“割割割”地大叫了几声，
天空顿时乌云翻滚，雷声隆隆，
暴雨连续下了七天七夜，
兵勇们被淋得昏昏沉沉，
他们气得把那棵树砍倒，
甘基又跳上了另一棵树。

兵勇们把所有的树木砍倒，
甘基被迫从树尖跳到地上，
兵勇们正想围拢过来砍杀，

它纵身飞进了兵营里的火塘。

它嘴里含起一块通红的火炭，
疾风一般飞向烟雾弥漫的宫殿，
守卫的兵勇吓得没命地躲闪，
它愤怒地把整座宫殿点燃。

烈火腾空，染红了天，皇帝和兵马化成了灰烬，
甘基站在废墟上又唱又跳，高兴得热泪打湿了衣襟。

六

战争结束了，牛角不再响，
挣脱了苦难的百姓，聚会在甘基的身旁。
男人围着甘基唱歌，女人围着甘基跳舞，
从黄昏唱到黎明，从黎明跳到黄昏。
聪明美丽的三公主，
站在高高的城楼上，
远远看着人群中的甘基，
她爱上了这个为民除害的英雄。

甘基见了父亲谈花单，
又去拜见包麦六皇帝。
他谢绝了包麦六送的厚礼，
只要求把三公主嫁给他做妻子。

口甜如蜜的包麦六，却反悔了自己许下的诺言，
他对甘基冷笑了几声，开口把圣旨改变：
“丑陋的甘基怎能娶美貌的公主？
低贱的百姓怎能进王宫当驸马？

我不能把鲜花插在牛屎上，
我不能把宝石丢进烂泥巴！”
忘恩负义的包麦六，露出了歹毒的心肠，
他下令把甘基赶走，将宫廷的大门紧紧关上。

像一把利剑刺在肺腑，像一支毒箭扎在心窝，
甘基痛苦得仰天大哭，泪水像下雨般哗哗掉落。

鲜花得不到雨露，会一天天枯黄凋零，
甘基娶不到心爱的三公主，脸上一天天堆起皱纹。
天神降生的甘基啊，被痛苦折磨得浑身冒火，
他脱去衣服下河洗澡，现出原形变成个英俊的小伙！

三公主是个善良的姑娘，她非常气恨横蛮的父亲，
这天她悄悄地来到河边，想劝慰甘基不要忧伤。
无意中看到甘基现出原形，三公主又高兴又惊奇，
她呆呆地站在河岸上，双眼紧看着水中的甘基。

甘基悄悄地爬到岸上，三公主害羞得双手掩住眼睛，
她正想要躲进花丛中，却听到了甘基甜蜜的歌声——

“美丽的三公主啊，你是我心上的鲜花，
请你不要用双手遮住脸，让我仔细看你一下。
我的生命之树，已被爱情的烈火烧焦啦！
每当我想起你哟，难过的泪水如雨下。

九天九夜了，我吃不下一口饭，
九夜九天了，我喝不了一口茶。
美丽的公主啊，没有太阳，月亮不会发光，

没有溪水，鱼儿不能生存；
没有爱情，心花就要凋亡。
如果你是一只小鸟，我愿化成一对翅膀，
如果你是天上的月亮，我愿变成一颗星，永远伴在你身旁！
只要每天看见你一眼，九天不吃饭我也心甘；
只要每晚听到你的声音，九夜不睡觉我也情愿！”

三公主被甘基唱得两耳发烫，像有只小鹿冲撞着她的心房；
她用垂下的头发遮住了脸颊，又羞又喜地低声歌唱：

“长在高山上的是杉树，长在沟壑里的是金竹，
长在崖畔上的是杜鹃花，长在我心中的是大青树！
诚实的阿哥啊——瑶山上最勇敢的人，
你是长在我心中的大青树！愿你根深叶茂，永生在我心间。
我知道你是穿了‘蛤蟆衣’，父亲才不准你进宫殿；
我爱你一颗诚实的心，愿做你终身的‘莎缅’（瑶语，老婆）。
为了我们的幸福爱情，望你一定要去拜见我父亲；
不管天崩地裂，我啊，永远和你相依为命！”

甘基轻轻拉起了三公主，一对情人沿着溪畔，
穿过鲜花盛开的山坡，走回庄严雄伟的宫殿。

七

甘基跟着三公主走到宫殿，被卫兵挡在门外不准进。
三公主只好单身走进宫，把喜讯告诉给父亲。
包麦六听了三公主的叙述，紧闭着眼睛一声不响，
过了好久他才抬起头，睁开双眼把话讲：

“甘基是个天降的妖魔，你是高贵的皇帝女，

一棵树结不出两种果，我决不让你跟他在一起！
如果你要和甘基成亲，除非盐生虫狗长角，
咸鱼返生回大海，公鸡下蛋母鸡啼！”

三公主听了父亲的话，放声大哭泪如雨下；
她痛恨父亲恶毒如蛇，狠心将他们的幸福砍杀。
听到三公主的哭声，甘基纵身飞进了皇宫。
它双手叉腰站在厅正中，对着包麦六大声把话讲：

“包麦六皇帝啊，我本是天神降生的仙子，
我的面目生得丑陋，是因为穿了天神赐的‘蛤蟆衣’。

有了这件‘蛤蟆衣’，我才能呼风唤雨，所向无敌！
如果你不相信这件衣的法力，请你穿在身上试一试！”

包麦六听罢甘基的话，眉头紧皱双眼眯起，
半信半疑地望着甘基，要他脱下神奇的“蛤蟆衣”。
甘基脱下“蛤蟆衣”现原形，包麦六看得口呆目惊！
他连忙脱下龙袍丢一边，接过“蛤蟆衣”穿上身。

包麦六穿上“蛤蟆衣”，发出一声可怕的吼叫，
立即变成了一只癞蛤蟆，在皇宫里乱蹦乱跳。
甘基急忙把龙袍穿上，只见一股香气吹动，
轻飘飘地飞上了龙椅，大臣们慌忙下跪拜他为皇。

包麦六见甘基坐了龙椅，心里又惊慌又焦急，
它想施展法术杀甘基，却被一阵狂风刮进阴沟里。
包麦六从此变成了癞蛤蟆，它害怕阳光羞于见人，
白天躲在阴沟里，晚上才跳出来觅食。

刚刚坐上龙椅的甘基王，立即向百姓传下圣谕：
他要娶美貌的三公主，过三天就举行婚礼！

八

吉祥的日子终于来临，甘基和三公主举行隆重的婚礼。
进宫廷祝贺的百姓啊，像夜晚的繁星数不清。
鼓手把长鼓打响，歌手放开喉咙歌唱。
宫廷上空，祝福的声音在回荡：

“美丽的三公主啊，你的心像月亮般洁净，
你的人品像金鹿般善良，你的美德我们永记心上！
勇敢的甘基王啊，你是民族的英雄，
你是瑶家的骄傲，你的功绩我们永远记心中！

甘基王啊三公主，请接受我们的衷心祝福：
愿你们像鱼和水，永远不分离，
愿你们吉祥幸福，生活甜如蜜！”

醉人的米酒随风飘香，优美的歌声传遍山乡，
甘基王的故事啊，被瑶家代代颂扬……①

二、传说

传说是指过去流传下来并有一定事实根据的记述和口传故事，传统的民间传说可分为历史传说、人物传说、地方风物传说和动植物传说等。这些传说大多源远流长，类型清晰固定，成为民众知识系统的重要组成部分。

① 流传地区：连南瑶排；采集地点：县文化馆；采集时间：1980 年 3 月；唱述者：唐买些大不釜，房哈里公；搜集：许文清，张景祥；翻译整理：许文清。

八排地区流传着各种传说，是排瑶民众生产生活的智慧结晶，凝聚了他们对世界、对生活的认知以及对真、善、美的崇高追求。据实地调查和查阅文献，兹收录排瑶地区的部分历史传说、人物传说以及地方风物传说。

关于排瑶历史传说，主要以记述“排”的起源、兴盛、衰落为主，以及姓氏来源，从中一窥历史上地方与国家、不同阶层与不同族群、各姓氏与支系之间的关联信息。例如前文提到的《八排瑶来源的传说》[①]，讲述了历史上排瑶民众因天旱与汉族同胞争水而引发了官府收缴银两田产，最后不得已分散外出谋生，历经艰难坎坷才得以安身立命的故事。此处收录六篇历史传说，其中《南岗排的来源》讲述了最初在南岗排居住沈姓两兄弟因产生矛盾而分别离开，而唐姓是在南岗不断发家的主要姓氏，随后邓、房、盘等姓相继迁来并落户。《军寮排的四次灾变与人口迁徙》描述了军寮排在4次灾变中引发的人口迁徙、不同姓氏分散居住的故事。《马箭排的兴衰》讲述了马箭排不同姓氏的来源以及大姓邓氏是如何经由一位风水先生的捣鼓而由盛转衰的历程。《大掌排房、龙两姓的兴衰》讲述了大掌排的房姓和龙姓因生活奢侈而被风水先生“施法”导致家族没落，最后搬离大掌排的故事。《油岭唐姓来源》讲述了一位从神州而来的唐郎白公曾住在山洞中，因庇护常常偷窃的三兄弟而被当地人要求搬离山洞，迁到油岭，并由此发家的故事。《油岭排与南岗排的分界碑》讲述了油岭排与南岗排因土地争端而持续争吵械斗，经由官府调和立下两排之间的分界碑，最后和平相处的故事。

关于排瑶人物的传说，以祖先、英雄、能人、神祇等的传奇故事为主，如罗隐秀才、老君公等。此处收录了几篇人物传说，其中《罗隐秀才》中的罗隐秀才是八排瑶中的典型传说人物，在不同文本中又称其为“罗仙秀才”，他拥有一支神笔和一张能嘴，凡是写出来或说出来的事都能应验，其法力固然很强，但也常做坏事，为人们所惧怕、愤恨，是一个具有破坏性的反面人物。《旺埂盘古王庙供奉神像的传说》讲述了排瑶在盘古王庙所供奉神祇的来历，其中《缩马出征大王的传说》与前文提到的《大掌房、龙

① 广东省连南瑶族自治县文化局编辑：《瑶族民间故事》，7—9页，广东省连南瑶族自治县文化局，1983。

两姓的兴衰》传说有相似之处，而《莎方一妹》这个传说亦是之前《里八峒兴衰的传说》的另一版本，但更完整、更详细交代了“莎方一妹”这个人物，其拥有超自然力，且“能和鬼神打交道”，还被人尊称为“灵应沙房一仙姑”。其他传说，如《老君公的传说》中的老君公，有的排瑶民众又称之为“真贤真父公”，据说是罗隐秀才的儿子，他通晓法术，擅长降妖除魔。《南岗排房十五公的传说》中的房十五公，被认为是南岗房姓的祖宗，其母亲怀着他时，用鸡血冒充月经骗过仇家的追杀，为房氏保留一丝血脉。后其母改嫁邓氏，故他也被称为邓十五公。

关于排瑶地方风物的传说，主要以地名、习俗、神庙为叙事对象，展现了排瑶地区的自然山川、风俗习惯、信仰崇拜等内容。此处收录十篇地方风物传说，其中《黄埂盘古王庙的传说》在总体内容上与前文的《八排瑶来源传说》《罗隐秀才》都有重合部分，但在具体叙事方面有其特殊性，且记录了早年排瑶在黄埂盘古王庙里供奉的神祇，故予以分类收录。通过比较这些文本，我们看到了相关叙事在不同瑶排、不同姓氏中的差异。《油岭李家桥的传说》《仙人桥的传说》《老鹰岩的传说》展示了排瑶民众对自然地理、社会环境以及人造景观等方面的丰富想象，但其思想内核还是讴歌爱情、劝人向善等人文情怀。《瑶家吃山鼠肉学唱瑶歌》《排瑶长鼓传说》《敬公酒》《变脸人的传说》《排瑶房姓过四月八》《两种鸡肉》等传说充分表现了具有排瑶文化特征的传统习俗与生活风貌。

据资料记载和调查访谈，整理部分流传较广的传说如下。

（一）历史传说

1. 南岗排的来源

南岗，瑶语称为“行祥”。从前，最早到南岗排居住的只有沈姓两兄弟，他们是从涡水旺埂迁来的。后因两兄弟打架，小沈去了百斤洞，大沈去了三排。唐姓从湖南道州迁来连南，先后在涡水、长塘、新寨等地游耕，于宋朝迁来南岗。房姓从道州迁到阳山东保塘住了一段时间，后搬到横东坑住，约在明代搬到南岗，

至今约有20多代。邓姓从道州迁到连州，约在宋代，由九陂迁到南岗定居。他们是怎样到南岗建寨居住，有这样一个传说：

有一天，大唐家养的母猪没人看管，就去了南岗山上寻吃。当时，养有母猪的人家不见了猪，就到处找。找来找去，最后找到了南岗这个地方，看到这里森林茂密，土地肥沃，风光优美，又见母猪繁育了一窝猪仔，即知南岗是一个繁衍子孙后代的好地方，便回去告知族人，搬到这里建寨居住。

当时还没有寨名，后来人住多了，人们常去山上砍柴，寨里为保护森林，相约砍柴时要砍一棵留一棵，“行祥”之名就此而来。当时大唐最先搬上去住，就住了中心地带马鹿昂，小唐却在现在房姓的屋址上住，邓姓住昌夫街，房姓住干不街。

因为住的分散，邓四公便想办法调整居住位置让各姓人住在一起，即唐姓住左边，邓姓住中间，房姓住右边。盘姓迁来南岗至今已有26代人。传说他们原住在里坑尾。有一年，排里举行耍歌堂活动时，正好遇上百年没见过的大雪，下了一个多月，把所有通道给封死了，因粮食吃光了，邀来的亲戚朋友一个个给饿死了。当时，盘姓七兄弟各自藏好了粮食，他们吃完粮后，也流落到了南岗排，给唐姓做了儿子。以后，盘姓为能在南岗排长住下去，越来越勤劳，越做越富裕，最终在南岗排站稳了脚跟，即恢复了盘姓。

后来，南岗排人口逐渐增多，邓姓即带领全排人建庙。他们无论大小男人，1人1块茅草，1人1棵杉树，把庙建起来了。因为是邓姓带头建的庙，瑶长瑶练就选邓姓人管庙，烧香公也如此。以后每举行一次耍歌堂，就轮流给一姓人管庙。这样，南岗排就慢慢发展成为八排瑶的8个大排之一。①

2. 军寮排的4次灾变

① 流传地区：南岗排；采集地点：南岗排；采集时间：2002年12月；讲述：邓马铃一公；搜集：唐剑明，房伟东；整理：唐剑明，房伟东。

当年，军寮排从五排分开以后，有400—500户左右。军寮排在本排发生过4次事故，其中2次是火灾烧了房子。第一次，有个阿妮叫房沙老无尔，她嫁过去的一家是涡水坑刀开齐家族的，她娘家是李大力家族，时间大约是1600年。当时有一些阿贵哥来和老无尔的小姑子讴莎腰，不慎点燃了房子。但是火灾源头是谁家，就算谁闯的祸。那个时候小姑子还没有出嫁，老无尔担心这件事影响她的小姑子，就将这个罪名揽在了自己的身上。房沙老无尔一家当时在当地很富有。所以问她家公怎么办，她家公就说没事，烧就烧了，我们有钱赔。因此老无尔回家还有说有笑，无忧无虑，像没事一样。她回娘家后，父亲问她该怎么办。老无尔便说我家公说没事，除非将山地、林地都卖完，现在赔就赔吧。老无尔的哥哥还是弟弟听到她这样说了，就在老寨的寨门（莫里东，地势最高的地方）喊：我姐姐说没事，有的是钱赔。这样一喊，事情就被火上浇油。那些遭火灾的人家就开始叫她赔，青砖瓦房，每一座瓦房都要赔72块白银，草房和木房赔34块白银。听说当时其实没有烧那么多房子，房姓有大房小房，军寮每年54两田税，大房占48两，其他家族只占6两田税。其他家族看到后，借这个机会也趁火打劫，让大房去赔。从那以后，军寮大房就开始外迁，主要是迁到白芒，也就是现在的大麦山镇那边。分流的家族有房买纪家族（支系一个是买光、一个是来些、一个是大头），到大麦山镇上洞村，还有一个家族是亚公亚路（家族名称，瑶语音译），去了香坪镇，另外一个是房比边家族（支系一个是坳不大光，一个是五老，一个是比槽），去了大麦山白芒，塘犁坑地带。还有一个是房罗拜，分到大麦山九寨一带，还有一个家族是房瑶洞家族，去了香坪。

第二次发生火灾的时间是壬申年，距今大约180年左右。当时李脑永二伯的儿媳妇生了个儿子，家里人给小孩换了尿布后拿去柴房烤，结果引发了火灾。为了保护儿媳和孙子，李脑永二伯

就把事故揽到自己身上，也进行了赔偿。按茅草17块白银，瓦屋34块银元的标准赔，烧到的小鸡小狗等牲畜，栅栏、泥巴等也要赔。李脑永家族实在住不下去了，就开始迁居，先搬到古边湾，再到大竹湾，最后到了牛路水定居。另外一个家族李也他，搬到鸡公头山背后的倒楼，然后又搬到牛路水老排。后来李姓后代都跟着搬，有李瑶堆、李买万、李脑永、李甘其、李亚哥、李也他、李金光间白、李金光水，他们最后都去了牛路水。

第三次事故是军寮和油岭争地盘，地点在大兵坑沟一带的林地。双方争抢37年也没有结果。这过程中，有李京焦、李丁代、李瑶海开始迁徙到牛路水，李房养家族部分迁至盘石塘其尔。李买比家族去到涡水必坑。

第四次，房法传公在罗变亚烧房子，房表哥家族部分迁到牛路水。

经过这4次灾变，军寮的人口就分散居住了。[①]

3. 马箭排的兴衰

马箭排最早的人是沈姓，后来有了邓、许、房、李等姓。他们都是各个寨子过来讨生活的。村里最早的庙是沈十四公起的，他是从南岗过来的。具体什么时候说不清楚，反正很早了。沈姓就是这一支，后来也没有人了，最后去了大竹湾。姓邓的是大掌过来的。曾经有两位大户，一个是财主，叫邓瑶坚公；一个是铁匠，叫许三公。邓瑶坚公请许三公打造矛、刀、剑，看他打得好，就把女儿许配给他的儿子，结为亲家。有一天，从外面来了个风水先生，骑马走到许三公的一片田地，大概是今天大坪中学那个位置。田里的雇农们在用一种瑶话叫“捏都”的植物叶子盛饭菜。这种叶子的背面在特殊光线环境下看是银白色，就让风水先生误

① 流传地区：军寮排；采集地点：军寮村五组；采集时间：2019年8月；讲述：房边良九斤公（军寮人，73岁）；搜集：潘璐璐；整理：安志强。

以为是银碗。嫉妒生恨的风水先生便在财主瑶坚公面前挑拨说，铁匠许三公真富有，他家雇的人都用银碗吃饭。瑶坚公一听不服，心想，你用银碗吃饭，我就请大家吃饭，还送他们每人 1 块银元。结果第二天远近的男女老少都来了，场面混乱，有的人拿过一次又拿一次。这一下，瑶坚公就是有钱，家业也给败光了，马箭也就开始衰落了。后来又有风水先生听闻马箭有两个大户，故意使坏，到马箭排上面的山顶敲了铜锣并把铜锣倒扣起来，败坏当地的风水。这样一来，马箭更不行了。有个军寮的新娘子出嫁牛路水，到了之前过路先生敲铜锣的地方，变成了石头。这让其他新娘以后都不敢从那里经过。马箭败了后，人们四下迁徙。现在大麦山还有姓许的，都是许三公的后代，清明他们还会回来拜坟。后来又有各排的人，到马箭生活。最终他们成了新的马箭人。①

呈现银白色的“捏都”叶子②（安志强 / 摄）

① 流传地区：西五排；采集地点：马箭村八组；采集时间：2019 年 8 月 5 日；讲述：房买机八，牛路水人，66 岁；搜集：安志强；整理：安志强。

② 拍摄时间：2019 年 8 月 5 日；拍摄地点：马箭村八组。

4. 大掌排房、龙两姓的兴衰

最先是房氏和龙氏在大掌老排居住，后来唐姓（唐行白公）从油岭搬过来，再后来是邓姓搬过来，逐渐形成大掌九姓十族的居住分布格局，房姓和龙姓过去很富裕，在村子比较平坦的地方（后来的学校背后）住，日子过得很奢侈，用金盆洗脚，得罪了风水先生。后来，风水先生就把那里的龙脉用铜盆盖住，又多开了一条从天堂山开往香坪的路，山头和两边的两条路很像抬尸椅，从此龙脉就被破坏了，龙家和房家就慢慢败了下去，有70户人家便从大掌搬到天堂湖去住，后搬至香坪，仅剩下一小支大古坳大东有小部分的房姓家族，大约在房氏13代时，就分离出大古坳村。①

大掌老排风光②（安志强/摄）

① 流传地区：大掌村；采集地点：大掌村花针湾；采集时间：2019年12月；讲述：邓担备四，大掌人，76岁；搜集：潘璐璐；整理：潘璐璐。

② 拍摄时间：2019年8月6日；拍摄地点：大掌老排。

5. 油岭排唐姓来源

油岭唐姓已经有1000多年历史了，始祖叫唐郎白公，是从神州来的，神州不知在什么地方，没有家人，来到这里住在一个山洞里面。

这里居住有3兄弟和1个妹妹，[①]年纪小时母亲就去世了，埋在老排村边，坟头向着南（原话，指坟朝向南）对着一个山尾，先生公说，这样安葬的话，儿子会像老鼠一样偷东西。这3兄弟偷东西的技术很厉害，他们上山偷谷子，失主问寨里人：见到那3兄弟的人影吗，别人说，只见到3只老鼠。

一天，3兄弟偷了1头牛，被失主追赶到郎白公住的山洞口，他们想躲进去，就向唐郎白公请求说："我们想躲进洞里，你有什么办法救我们？救了我们就把妹妹嫁给你。"

唐郎白公便让他们躲进洞中，追赶的人来了，唐郎白公便施法术让洞口的菜长得很高很茂密，掩盖住牛来过的痕迹，把牛藏入山洞中。追赶的人来到洞前，问：有没有牛来过？唐郎白公说没有，并说洞口的菜长得那么茂密没被牛踩过的痕迹。追赶的人就走了。

唐郎白公救出了3兄弟，后来就与其妹妹结婚了。再后来，3兄弟偷东西经常躲在唐郎白公住的山洞中。不久，这事被别人知道了，唐郎白公就被大家要求住到洞外面。唐郎白公对3兄弟说，洞里住不下了，要去油岭住一段时间。然后，给他们每人1把伞，遇有人追赶时，在山上一撑开就能安然跳下山崖。3兄弟继续偷东西并用伞躲开追赶者。后来有人穷追不舍，他们便跑回母亲的墓旁变成3棵竹子，人们追来看不见3兄弟的人影就把山上的竹子全砍了，其中3棵竹子有血流出来，3兄弟死了，唐郎白公便在油

① 这里的三兄弟应该就是房氏三公，他们的故事可见后文人物传说部分。

岭住了下来，成为唐姓的始祖。①

6. 油岭排与南岗排的分界碑

在几百年前，南岗已发展到990户人家，油岭也发展到1000户人家，由于人口增加，耕地不足，因此就发生了土地争端的事情。南岗人认为大东坑这块地方是自己的，但油岭人又认为是自己的，于是互不服气争了起来。开始时，只是少数人的争吵，后来发展成为全排的争斗，械斗经过9年多，是非闹了10年半，前前后后总共20多年，两排都出现红旗飘飘，白旗闪闪，在连知峒这个地方械斗起来，南岗人把油岭人赶到野鸡境，油岭人把南岗人赶到岸晚，赶到杀人湾，互相攻打，损失很大，影响生产无法进行。因此，双方派出代表到三江衙门请县官出来调停，南岗派邓十三公去，油岭派发罗一公去，两人到了衙门说了来意，“官人”同意出来调解，吩咐油岭1000户由发罗一公带到连知峒建筑9间瓦屋，南岗990户由邓十三公带到连知峒筑10间砖房。“官人”坐着轿上来，经过桐油峒、假甲坪、土坪到达连知峒，9间瓦屋招待仆人，10间砖屋招待三江大官，他们花了10多天时间勘界调解，帮南岗、油岭办好了这件大事。县官交代：油岭由发罗一公传话、南岗由邓十三公传话，召集两排众人到单境地方听取裁决。大官人宣布：你们南岗和油岭是两兄弟，大家都是瑶人，要团结不要斗争！现在立好界碑，纠纷之事办理清楚了，地界也分开了，从今以后，大家就不要再争斗了！于是，大官人拿起雷公斧破一块神仙石，立下界碑，由水井沟作为界线。从此以后油岭和南岗不再闹是非，两排亲如兄弟，互相来往，世代友好，至今十几代人都没有发生过大的纠纷。②

① 流传地区：排瑶地区；采集地点：油岭排；采集时间：2012年7月；讲述：唐罗好婆；搜集：唐剑明、房伟东；整理：唐剑明、房伟东。

② 流传地区：连南瑶区；采集地点：油岭排；采集时间：2012年7月；讲述：唐罗好婆；收集整理：唐剑明、许文清。

（二）人物传说

1. 罗隐秀才[①]

从前有一个名唤罗隐秀才的人，他肚子里本来没有文墨，可是不晓得他从哪里拾来一管神“笔”，也不晓得从哪儿练就一张神“嘴”，居然能舞文弄墨，他的嘴一经说出的话，事情就跟着他嘴上的话起变化。同样他那管笔写出什么字句，或是指向什么东西，这些事物也随之起了变化。因此人人都不敢惹他，生怕招来祸端。罗隐秀才就凭他这张嘴和笔生活，再也不事生产了，而是到处游山玩水。今天在东家，明天又跑到西家，他好不逍遥。

有一天罗隐秀才逛到社下乡的旺埂村，他不晓得这个村是什么名堂，见到了这村上的人，便问了起来。村中的人告诉他这是“旺埂村”。罗隐听到“旺埂”两字，便对村上人说，这样的地名很不吉，旺埂就是“黄”埂，“黄”埂是指病死的人抬出去埋葬的意思，这样的名字，就是说你们村上的人会死个精光。不出所料，果然这旺埂村的人，一个个病死，村子便荒凉了。

罗隐秀才又走到另外一个村子前面，一棵大树繁茂得很，他借这大树荫下坐下来乘凉，一阵阵风吹过米，树枝碰着树枝，发出“兀招！兀招！”的声响。他自言自语地说：这树动的声响很难听，改成“兀败！兀败！”还是好些。这么一来，一个原是富足的村庄，让他的神嘴一说出这些话来便败下去了！过了些时日，有一天罗隐秀才逛到军寮附近，正爬着上坡路的当儿，一些鸟雀走过的路上，留下了鸟爪的痕迹，他自以为是一些字迹，蹲在地上想看个究竟，但是由于爬上坡来有八九分倦意，索性倚着一块大石头休息，竟沉沉地闭上眼睛睡了一觉。在熟睡中，不由自主地

① 全国人民代表大会民族委员会广东省少数民族社会历史情况调查组编：《广东省连南瑶族自治县南岗、内田、大掌瑶族社会调查》，150—151 页，全国人民代表大会民族委员会广东省少数民族社会历史情况调查组，1958。

撒下了一泡尿，待他一觉醒来时，他好生奇怪，弄得裤子和屁股都湿透了，竟不自觉地冲口而出："这石会出水的啊！"果然这石头便涌出了源源不绝的泉水，从此人们用这泉水来灌溉水田，倒是一件好事。

再有一次，罗隐秀才独个儿又摇摇摆摆地跑到望鸡岭（地名）附近的里坑洞，见到一群小孩在那儿玩着，他走到小孩们跟前，问他们在这山岭地面干什么？孩子们都说，先生公没有来教书，偷跑出来玩耍。他见前面有一座烧灰瓦窑，便跑到窑旁坐下来憩息一会儿，一群孩子也跟上去。罗隐秀才问孩子们读过什么书，会不会写字，还要孩子们写几个字看看，孩子们以没有笔墨纸为由推脱，都不肯写。他耐不住性子，从怀里掏出他的笔，并且说："这是罗隐秀才的笔，你们别乱涂写。"孩子们都听说过罗隐秀才这支笔的厉害，就不大相信，认为这个人是骗他们。孩子们说："罗隐秀才的笔很厉害，怎样会在你的手里？"罗隐秀才听着孩子们嚷起来，心里高兴得很。他说："你们不相信这是罗隐秀才的笔吗？也难怪你们，罗隐秀才这支笔，指坏了天下人家，它指天天崩，指地地裂。"这话刚说出口，不提防孩子们把笔指向这一座烧灰窑。说时迟、那时快，整座石灰窑便倒塌下去了！不偏不倚地把罗隐秀才殁头殁脑地盖个密。把罗隐秀才活活地埋葬在里面。孩子们吓得惊魂失魄地逃散。从此人们知道了罗隐秀才变成了石灰窑的地主公，在这附近烧石灰要杀鸡备酒祭祀他，这些石灰烧出来又细又白。

2. 旺埂盘古工庙供奉的神像的传说

过去，旺埂盘古王庙内陈列两排 11 个先祖神像，第一排中间摆放 1 个祖先神像，第二排摆放 10 个祖先神像。第一排中间摆放的神像是该庙烧香公的神像；第二排中间摆放的神像是盘古王公、盘古王婆，右边是张召二郎、缩马出征大王、成主三郎、灵应沙房一妹，左边是黄家大王、廖家大王、李十八公、唐十五公。

烧香公传说

古时候，旺埂寨里有一姓沈的人，从小就没有了父母，没田没地，无依无靠，孤苦伶仃，生活很贫穷。有一次，寨里在盘古王庙举行聚会，商议瑶寨事务，会后摆酒席。瑶老们吃喝之时，这姓沈的人见状心想：他们大鱼大肉吃喝，而我三餐都难顾。他便鼓起勇气，走到席间向老人们诉说自己的苦处。说到动情处，泪涕俱下，请求老人们给条生路。听完他的诉说后，老人们纷纷表示，既是同寨人，不是远亲就是近邻，应该伸出援助之手，不让他挨饿受冻。议论一番后，考虑到盘古王庙缺一个扫地烧香的人，就决定由他做掌庙公，负责打扫卫生并逢初一、十五和节日给庙中供奉的祖先烧香敬茶，其生活用品由全寨人捐给。从此，这沈姓人全身心投入盘古王庙的管理工作，几十年如一日，把盘古王庙打理得整整齐齐，干干净净，得到全寨人的尊敬。他去世后，全寨人认为他为供奉盘古王庙祖先做出了贡献，不要草草埋葬了事，不能让他成为孤魂野鬼，应让其享受人间烟火，保佑子孙后代兴旺发达。因此，立其雕像，摆在庙中前排，名曰烧香公，让他生时在阳间为祖先烧香，死后在阴间继续为祖先烧香，并与祖先一起享受子孙后代的供奉。

缩马出征大王的传说

缩马出征大王是三兄弟的统称，姓房，大掌人，这三兄弟从小就聪明能干。长大后经高人指点，精通瑶经和法术，能处理各种事务，特别是瑶人与汉人争田争地等纠纷都请这三兄弟出面协调解决，他们每一次都据理力争，维护族人的利益，因此在族人中享有很高的威望，其家族势力也不断壮大，富霸一方，在族人中已到了说一不二作威作福的地步。有一年，三兄弟请一位风水先生给自家祖先坟地看风水，回到家时，三兄弟拿了一个银盆盛水给风水先生洗脸洗脚，风水先生连脚带鞋一洗，三兄弟的母亲

看到后，看不过眼，就当场对风水先生说，那盆是银制的，不能这么洗脚。风水先生听后，就说不知道是银制的。事后，风水先生觉得没面子，恼怒之下就捉了一只猫，用煤油浇其身上，点火后放走它，那只猫就到处乱窜，点燃了柴寮，又点燃了房屋，引起整个村寨大火。虽经奋力扑救，但给村寨造成了巨大的损失。顿时，村寨一片哗然，大家对三兄弟的怨气以此作导火线一并爆发，全村人就对三兄弟兴师问罪。三兄弟自知理亏，抵挡不住全村人的攻击，被驱逐到天堂山水塘边居住，从此三兄弟与族人结怨。在一年的春节年初一,三兄弟又遭到了族人的驱逐，迁往香坪后，再也没有音信了。

后来，族人念及他们为大家做了许多有益的好事情，又害怕他们法术高强，结怨太深会回来报复，便按其大哥的模样刻了一尊神像，取名缩马出征大王，安放在盘古王庙供奉。

李十八公的传说

李十八公是里八峒人，是当地李姓人的祖先。李十八公年轻时拜黄十五公为师傅，学习经书和法术，学成后为族人治病驱魔，并传授其所学给后人，深得族人的尊重。有一次，他在仙洞（火烧排）放牛，牛群发生混斗，他在驱赶牛的时候，被斗红了眼的公牛挑死。人们发现后，就把他的尸体绑在两根木棒上抬着回村。在途中，到一个叫三角溪的地方，由于绑得不结实，尸体跌落，村里人就于此地给他设坛念经超度。到一个名叫洞如坑的地方休息，村里人也给他设坛念经超度，祈求他保佑族人平安兴旺。由于他生前享有很高的威望，他传授过瑶经法术的地方，族人都给他做雕像立在庙内，享受族人的供奉。因此，不但旺埂庙立有其雕像，里八峒排、大掌排、火烧排等地的盘古王庙也立有其雕像。

盘古王公和盘古王婆的传说

盘古王公和盘古王婆，就是排瑶史诗《水淹天》中的人类始祖房十六

和莎方三（相关内容参见前文）。

成主三郎的传说

据说成主三郎与张召二郎生活于同一年代，年轻时拜张召二郎为师，学习瑶经法术，后随师傅招收徒弟和宣传瑶族经文法术，为排瑶“耍歌堂”的形成和发展立下了汗马功劳，因此，现今的瑶经当中，有“张召二郎骑白马，成主三郎骑南蛇”的经文，与张召二郎同属主管“耍歌堂”的神，排瑶每举行“耍歌堂”活动，先生公都念瑶经把他们请出来祭祀。

廖家大王的传说

传说廖家大王是帮助八排瑶祖先避难的汉人，是三兄弟的总称，被瑶民敬奉为主管田地的神。古时候，在今涡水镇大埂村有一块大石头，是廖家一郎、二郎、三郎设坛之处，当地的村民每年逢农历六月六尝新节，必备酒肉并捉活鱼两三条，于此祭拜，感谢救命之恩，祈求禾苗茁壮成长，五谷丰登。

唐十五公和黄家大王的传说

相传唐十五公是南岗排唐姓人的始祖，他率领族人迁徙到连南山区游耕，后在旺埂建寨居住，旺埂寨衰败后，又带唐姓人到南岗建寨。黄家大王是八排瑶远古祖先，又称炎黄大帝，瑶族先祖曾跟随他征战，立下战功，法术高超，李十八公是其弟子。[①]

莎方一妹

传说莎方一妹是里八峒人，是一位聪明、美丽、灵应（灵应

---

① 流传地区：连南排瑶；采集地点：连南排瑶；采集时间：2010 年 10 月。讲述：唐六一公（涡水镇黄家冲村人，75 岁）、房亚皇六公（大坪镇大坪村十八组人，73 岁）、房恶介沙三公（军寮村二组人，75 岁）、房比边九斤公（军寮村五组人，66 岁）、房沙二公（大坪村四组人，84 岁）、沈辛帮八公（涡水镇必坑冲村人，75 岁）、盘法任三（涡水镇马头冲村人，92 岁）、房下里公（大麦山镇白芒村人，80 岁）；搜集：李春荣、李林；整理：李春荣、李林。

即能与神鬼打交道）的少女。那时里八峒五谷丰登，人丁兴旺，十分富裕。山寨共有四姓人，五条大街十条小巷，财雄势大，买田买到连山府，买地买到永和圩（今连山县永和镇），一派欣欣向荣的景象。由于里八峒财旺家业大，引起近邻奸商土豪眼红嫉妒，土地争端和民事争议纷纷而起，连山七垌人和上坪四寨人为争夺瑶民的田地，将诉状送到了县衙和州府。引发官司后，里八峒积极应对，选派唐屋街唐大爷、邓屋街邓贵财、沈屋街沈二富、房屋街房府爷和陈屋街陈富母5人为代表，据理力争。但衙门官府长期以来歧视瑶人，加之官员收受了连山人送的黄金白银，因而偏袒连山人欺压里八峒瑶人，致使里八峒瑶人"告州州吾准，告县县吾信"，引起了更大的矛盾。官府强令里八峒将瑶民祖祖辈辈耕作的田地无偿给连山人，瑶民觉得没道理，就不愿给。于是当地的两个地方官蓝府顶和陈府目，招兵买马，攻打里八峒。里八峒瑶人义愤烧胸，拿起刀枪，在瑶山要隘设埋伏，与蓝府顶和陈府目的兵马展开了殊死的搏斗，最终全歼了蓝府顶和陈府目的兵马，取得了胜利。事情闹到这个地步，衙门官府不断向京城皇帝呈送奏章，编造瑶民造反闹事反抗王朝的谣言。皇帝便下令派五省官兵围剿瑶山。顿时，官府的兵马再度汹涌而来团团围住瑶山。瑶民和官兵激烈厮杀，死伤不少人，里八峒危在旦夕，正当危难之际，莎方一妹挺身而出，拿起绣花裙，左滚右翻，呼风唤雨，飞沙走石，杀得天地一片昏暗，官兵人头落地，多得可以垒成田基，鲜血流成溪。为了保卫家园，莎方一妹与里八峒瑶人并肩作战，誓死抗击官兵。最后，由于敌众我寡，里八峒被官兵摧毁，莎房一妹和里八峒瑶人分散躲入深山密林之中。后来，莎方一妹在西岭密林里被老虎咬死，尸骨全无。后人为纪念莎方一妹，按照她的模样雕刻成神像放到盘古王庙里世世代代祭祀。[①]

① 流传地区：连南排瑶；采集地点：里八峒；采集时间：1980年12月；讲述：沈三公；搜集整理：许文清。

3. 老君公的传说

在连南瑶山，老君公是位有名的人物。他通晓法术，能驱妖降魔，专门为民除害，在八排二十四冲里，个个瑶民都把他当作救星来敬崇。他的出世，充满了神奇的色彩，让人拍案惊奇。人的腋窝为什么会长毛呢？这与老君公神秘出世有关。

相传，老君公的阿爸是罗隐秀才。说是罗隐秀才被坍塌的石灰窑埋了个严严实实后，石灰窑上长出一棵桃树，当年就结出一个又红又大的桃果，十分诱人。砍柴的人们来来往往，看到这个独果，经冬仍不掉落，都觉得十分奇怪，不敢上前采摘。

树枝开始萌芽的时候，有位莎腰妹到山上砍柴，路过石灰窑时看见那棵桃树上又大又红、经冬未落的桃果，倍感惊奇，便摘下来尝了一口，觉得又甜又脆，十分好吃。谁知，莎腰妹吃下水果，很快就怀上了身孕。人们见她未婚先孕，都憎她骂她是伤风败俗的野女人。莎腰妹有口难辩，跳到大河也洗不清，原来与她对婚的“玛能”（瑶语即对未婚男子的称谓）拂袖而去，就连她的父母兄弟也觉得丢脸，将她赶到了草寮，不准回家居住。莎瑶妹一肚子的苦水没处倒，只得忍受着众叛亲离的苦楚，住进了草寮，等待这肚子里的“东西”降生。

人说怀胎十月。可是，10个月过去了，这肚子里的“东西”没有生下来。一年过去了，又一年过去了，好像这苦命的莎腰妹所经受的耻辱还不够，磨难还不够，肚子里的“东西”就是整年整月折腾着不见出来。身心憔悴的莎瑶妹想到了死，想用死来洗脱耻辱。她来到悬崖边，留恋地望了一眼生养她的瑶寨，就要纵身跳下去。

这时，她听到了隐隐约约的说话声：“阿妮，你千万别跳啊。”

莎腰妹左看右看，就是不见人影，觉得好生奇怪。

“我知道，你是无辜的，可你也不能这样呀。”那声音又在说。

这回，莎腰妹听得清清楚楚，是肚子里的“东西”在开口跟

她说话。

她又听肚子里的“东西”接着说：“如果你想用这种办法一了百了，那是愚蠢的，是万万使不得的。你想想，如果你这样死了，搭上两条人命，人们更加说你骂你，就是做鬼也不安宁。不如把我生下来，我一定好好善待你，多做好事报答你，让寨里人个个都尊敬你。”

莎腰妹猛然听到肚子里的“东西”未出世先开口说话，不禁惊出一身冷汗，连跳悬崖的力气都没有了。她呆愣了一会儿，惊魂甫定，想：这“东西”说的也在理哩。如果我这样就死了，不明不白的，寨里人肯定不会同情我，怜悯我，干脆把这“东西”生下来再说。主意已定，她又返回草寮，静候“东西”降生。

三年后的一天，明净如洗的天空突然乌云翻滚，电闪雷鸣，狂风大作，暴雨滂沱，草寮上的茅草被连片揭走，天地间混沌得合二为一。莎腰妹正躲也没处躲，忽然肚子里的“东西”开口道：“阿妮，快开门，我要出来啦！”从未生育过的莎腰妹不清楚“开门”是什么意思，只顾手忙脚乱地找地方躲避。刚刚找着一块茅草托住避雨，莎腰妹即感到腋窝疼痛异常，继而裂口洞开，一个白白胖胖的毛头小孩从里面钻出来，站在地上，任由雨水淋浴。莎瑶妹的腋窝裂开了口，血流如注，痛得她嗷嗷直叫。小毛孩见状，赶紧说：“阿妮，快抓把草塞住。”莎腰妹一听，胡乱抓起一把草，塞住伤口，血果然止了，痛也消了。从此，草在腋窝处生了根，人类也就有了腋毛。

小毛孩出世时天气异常，莎腰妹想可能是上天有意安排的，便给他取名叫“老君”。老君长大后，与他专做坏事的父亲罗隐秀才背道而驰，驱妖降魔，为民除害，专做好事，受到人们爱戴，尊称他为“老君公”。忍辱负重，怀胎3年而生下老君公的莎腰妹，也因此得到人们的尊敬。[1]

---

① 流传地区：油岭排；采集地点：油岭排；采集时间：2014年6月；讲述：唐桥辛二公；搜集：盘鹃；整理：盘鹃。

4. 南岗排房十五公的传说

很多年前，南岗排住的房姓，人口很多，繁荣兴旺。他们就决定 3 年或 5 年举行一次“耍歌堂”活动。当时，南岗还没有建庙，耍歌堂要回涡水旺埂庙去抬神像，山陡河宽路不好走，年年如此太辛苦，于是一个歪心的后生说：“这次我们去抬神像，在过河时大家佯装不小心，把神像丢下河让水冲走算了，免得次次抬得那么辛苦。”大家认为这是一条“巧计”，便附和同意了。就这样，他们几十个后生哥把神像丢下了涡水河里。

神像被丢下河后，正好遇上发了 7 天 7 夜的洪水，被冲到了东江关里。洪水退后，一个汉人去东江关打鱼，第一次打上来的就是这尊神像，他便把神像丢回河里。接着他连撒了 7 次网，打上来的仍是这尊神像，而一条小鱼也没有打着。最后，他把神像放在一个山洞里，再回来打鱼，这次不同于上 7 次，网上来的都是些肥大的鱼，后来天天如此，3 年后这个汉人成了大财主。

话说神像被汉人放回山洞后，它开始来南岗找房姓的人报复，把房姓的男人一个个处死了。有一个孕妇，老公被神像处死后，嫁到了邓法有公处，神像不服，查到邓法有公处，问邓法有公，是不是有个房十来过你处，邓法有公答，房十没有，邓十有一个。邓法有公随后用鸡血滴湿了孕妇的衣服，神像见孕妇有血，以为来了月经，认为没事就走了。后来，孕妇生下的这个孩子，就是现在南岗房姓的祖宗房十五公（也叫邓十五公）。[①]

5. 房氏三公的传说（两则）

其一：

① 流传地区：南岗排；采集地点：南岗排；采集时间：2002 年 12 月；讲述：邓马得一公；搜集：房伟东、唐剑明；整理：房伟东、唐剑明。

很久以前，连州人与我们排瑶有些矛盾，房氏三公兄弟就用草编成长长的草编子，在草编子上面插了许多香，并且用这些草编子把连州城围了起来。香燃到尽头后，就点着了草编子，草编子又点着了连州城，然后把连州给烧了。

还有一次，三公兄弟在连州偷了衣服，没跑多远被连州官兵追杀。三公兄弟就逃到了石门洞这个地方。官兵也马上就到，围堵在山下，准备围攻三公兄弟。三公兄弟发现这个石门洞里面居然有各种不同类型的衣服，于是他们就想了个办法，等会就穿一套衣服从洞口出来现一下身。山下面的官兵看见后，以为上面有很多人，不敢攻上去。三公兄弟在洞里还发现了很多竹筒和小黄米饭，他们就把小黄米饭放在竹筒内，挤压成粪便的形状，随后三兄弟就从山洞后逃跑了。等官兵追上来，看到这些巨大的“粪便”，以为洞内有巨大的怪兽，所以就不敢再追三公兄弟了。①

其二：

油岭人传说，房氏三公在官军的追捕中被一位姓唐、排行第八的公爹所救。而后三兄弟为报答唐郎的救命之恩，将自己的小妹许配给他。唐郎与房小妹生的孩子成为了唐姓在油岭的开山鼻祖，被后人推崇为“唐郎八公”。②

而房氏三公在外甥做过“百日糍”（油岭瑶寨庆祝婴儿过百日的特有活动）后，决定再次出山，偷窃官府的仓库。然而他们刚进仓库接触到货物，就被官兵发现。他们不管三七二十一就往外冲，择小道弃大路，想找个地方躲藏起来，可是总找不到能够隐藏的地方，只好拼命地往前跑啊跑。后面的追兵成百上千，呐喊声此起彼落，不绝于耳，声势吓人。

看着官兵气势汹汹誓不罢休的情景，房家三兄弟深感大难临头，腿跑软了还是拼命地跑。上瑶山的路本来就陡，一连跑了好

① 流传地区：里八峒；采集地点：里八峒村；采集时间：2019 年 7 月；讲述：房荼介一，男，里八峒人，80 岁；搜集：李超、蒋满娟；整理：安志强。

② 即前文历史传说《油岭唐姓来源传说》中的“唐郎白公”。

几座山，越跑越感觉到这山路更加难走，每往前挪动一步比登天还难。三兄弟奔跑难，官兵追赶更难。官兵看见三兄弟停下来喘气，他们也停下来喘气，就这样一前一后，紧追不放，始终保持着一段距离。

翻过了一个山坳，又到了一个山坳。房家三兄弟发现这里树高林密，草盛竹茂，云雾弥漫，顿时大喜过望。他们就像死到临头的人忽然抓住了一根救命稻草，匆忙钻了进去，隐蔽起来。

官兵追到跟前，遇着这漫天大雾，一时迷失了方向。他们四下搜寻，劳而无获，非常懊丧。可这样空手回去，也不好交差，一时进退两难。领头的把总眉头一皱，心生一计，命令士兵揣起枪拿起弩，朝树林里乱开枪乱射箭。

“叭叭叭——”枪声四起，叶飞枝断，烟雾缭绕。过了一阵，但听树林里一片哗啦啦响，竹子四下倒伏，几只棕黄色的老鼠吱吱叽叽叫着窜出来，身上流着红红的血，围着官兵的脚跟团团转。官兵一见，以为遇上了鬼，大惊失色，一个个狼嚎鬼哭起来，争先恐后地落荒而逃。

官兵逃走后，几只老鼠窜回树林，一切又恢复了平静。从此，房家三兄弟再也没有回到生养他们的瑶寨——油岭。油岭瑶民为了纪念他们心目中的英雄，便把房家三兄弟的传奇人生编成故事，世代相传。①

6. 大山的传说

多年来，南岗排流传着有关“大山”的传说故事。

相传很久以前，“大山”是朝廷里的一员武将。他生得虎背熊腰，力大无比，是条魁梧奇伟的猛汉。他上马操刀，所向披靡，为朝廷立下许多汗马功劳，深得当朝皇帝的赏识，赐给他不少财

① 流传地区：油岭、三排；采集地点：油岭排；采集时间：2013 年 8 月；讲述：唐买社大不公；收集整理：盘鹏。

宝。有道是“英雄难过美人关”。大山在战场上是位硬汉，但在情场上却是个软蛋。他暗恋了一位如花似玉的妙龄宫女，几次想开口却又怕被回绝，因此害上单相思，终日郁郁寡欢。

且说那位宫女，生得确实是个美人，有着沉鱼落雁之貌，羞花闭月之容，男人见了没有一个不动心。朝中一位年轻英俊的重臣看上了她，勾引了她，正当二人脉脉之情如一溪春水，快刀难斩断时，被皇上无意中撞见，把他贬到了南疆，镇守南蛮之地，变成了现在大麦山镇上的“起微山”。至今，起微山上终日仍有云雾，人们都说那是女人的祸水哩。

一日，文武百官上朝，有臣禀奏皇上说南蛮又起骚乱，要求皇上派兵镇压。有人建议在南蛮之地建一座连接汉民的州郡，方便就地出兵。皇上准奏，请众臣商议由谁挂帅合适。商议了半天，没一个敢自告奋勇。皇上龙颜大怒道：“养兵千日，用兵一时，你们这些缩头乌龟，事到临头没一个吭声，推出去统统砍了！”这时，大山站出来，双手一揖道：“皇上，微臣愿意前往南蛮建设连州。”皇上听了，转怒为喜道：“爱卿啊，由你挂帅，朕就放心了。”大山道：“皇上，此番远征日期长久，请允许微臣提个请求。”皇上道：“莫说一个，就是十个百个都行。”大山说：“只请求哪位宫女与微臣结为夫妻，一同前往。”皇上一拈长须道：“好，准奏！”就这样，大山和宫女结成夫妻，携手来到了瑶山。

南岗排上原来都是黄土山，要找一块石头打好地基砌围墙十分不易。为建设连州郡，力大无穷的大山一手携妻子，一手拉着用铁链拴着的石头，从很远很远的地方走向南岗。也不知过了几天几夜，也不知流了多少汗水，南岗排眼看就要到了。可是此时，他的妻子猛地看见她原来的情人“起微山”正在满头雾水地瞧她，也不禁朝那边张望，大山知道妻子对老情人仍有情有意，一气之下停步不走了。从此，大山变成石头，立在南岗排前面；他的妻子也变成了石头，成为立在大山后面张望的“女人山”而大山拉来的石头，也变成座座小山，弯弯曲曲地散落在山地里。

后来，皇帝知道了这件事，也很悲伤。为防止继任的臣子触景伤情，延误工期，便另选郡址，把连州郡建在现在的连县上。[①]

（三）地方风物传说

1. 旺埂盘古王庙的传说

涡水旺埂盘古王庙，建在涡水河与黄家冲河交汇处的山嘴边，是连南八排瑶最早建的第一座盘古王庙，原称旺埂庙，后改称黄埂庙，是最早迁移到涡水旺埂寨居住的沈氏家族领头兴建的。《旺埂盘古王庙的传说》记录了早年排瑶在旺埂盘古王庙里供奉的神祇，讲述了罗隐秀才自称“天上下凡来算命的踏地神仙”，并对轻视他的人们表演了呼风唤雨的神迹。具体内容如下：

传说八排瑶的九姓（唐、房、李、邓、沈、陈、龙、朱、盘）人，从湖南道州迁徙到连州“考张坪、虎马坪”（地名）居住了三年，随后又迁到“高良圩”（三江）居住了多年，由于受大族人的欺负，排瑶人便迁移到瑶山居住。其中有一位名叫沈五成平王，带领沈姓族人及一些曾与他结拜兄弟的唐氏人，跋山涉水，翻山越岭，来到了涡水河畔的旺埂建寨，安家落户，开荒造田耕地，通过数年的辛勤劳动，人丁兴，六畜旺，五谷丰，大家过上富足的生活。住了数年后，沈五成平王主持家族人修建盘古王庙。经过地理先生的指点，建庙地址选在离寨不远的涡水河与黄家冲河水交汇处的山嘴地里，庙门对着一块小盆地，视野较为空旷，好山好水，是一块风水好宝地。选好动土日期，全寨人齐心动工，用了不久的时间就建好了盘古王庙，庙案中间摆放盘古王公、盘古王婆的雕像，两边还摆放张召二郎、廖家大王、黄家大王、缩马出正大王四位先祖雕像，祈求这四位大王保佑旺埂寨和住在涡

① 流传地区：连南瑶区；采集地点：南岗排；采集时间：2002 年 12 月；讲述：邓一，南岗人；收集：盘鹏；整理：盘鹏。

水河边的瑶民，人丁兴、六畜旺、五谷丰。

建好庙后，在农历十月十六日邀请了附近瑶排的父老乡亲和周边的汉人伙记（即汉人朋友）到旺埂，庆祝盘古王庙竣工和祭祖活动。并商定以后每隔五年的农历十月十六日在此庙举行一次祭祀盘古王及先祖的“耍歌堂”活动。

在举行第五次祭祀盘古王及先祖的“耍歌堂”活动时，从山外来了一名身穿破旧衣服、肩背一条布袋的汉人道教师爷，他名叫罗隐秀才。中午喝酒吃饭时，族人见他穿得破破烂烂，以为是叫花佬（乞丐），便没有招呼入座。罗隐秀才走到庙里，站在庙门说：为什么不请我吃中午饭？说完顺手将其自带的毛笔反手一掷就钉在庙宇中间的主柱上，又将肩膀背布袋一掷，布袋自然地挂在庙宇主柱的毛笔上。沈五成平王见到后惊奇地说：这位是“恶人”[①]啊！快拿酒肉来好好招待他！负责分酒肉的人按照沈五成平王的吩咐，立即将肉放到罗隐秀才的手掌上，酒就装在葫芦瓢给他喝。罗隐秀才看这些人碗筷都舍不得给他，极不高兴，自言自语说：为什么这样不尊重我？但他还是吃了放在手掌上的猪肉，喝了装在葫芦瓢里的酒。这时，沈五成平王走到他面前说：“伙记吃饱没有？吃饱了就跟我出庙前去看那两棵树，那两棵大树上有两条粗枝像人两只手拉住一样，风吹起来的时候，发出‘呀—就、呀—就’的声音，很好听（瑶语，呀就，意为成就、成功的意思）。”罗隐秀才接过话说：“伙记，我听了不是这个声音，我听到的是‘呀—败！呀—败’（瑶语，呀败，意为失败、败家的意思）的声音。”

沈五成平王听了，急忙说：“伙计，‘不是呀—败、呀—败’的声音，你听错了！”罗隐秀才接着说：“我没听错，是‘呀—败！呀—败’！的声音。”由于中午对他招待不周，已得罪了这“恶人”，沈五成平王听他这么说也不想与他争了。

他们来到山上，罗隐秀才问沈五成平王：你们住的寨在哪里？

① 指有本领、有能耐的人。

叫什么寨？沈五成平王说：叫旺埂寨，离这里不远，走半个时辰就到了。罗隐秀才说去寨里看看，沈五成平王也不多说，由他去。罗隐秀才一人走去旺埂寨，见到一妇女，就问道：这个叫什么寨啊？这妇女答道："旺埂寨。"他又对这妇女说："这个寨不叫旺埂寨，是叫'黄光'寨，生一个，'黄'（黄，死的意思、'光'是死完的意思）一个，扛（抬走的意思）一个，生九个，扛九个。"就这样，旺埂寨被罗隐秀才用邪道秘诀诅咒，破了风水宝地。邻近的大更寨也受到牵连跟着受难，从此败落。旺埂寨 180 户人最后死剩 36 个男人，沈五成平王也死了，埋在旺埂山上。大更寨 70 户人最后死剩 36 个妇女，后与旺埂寨死剩的 36 个男人自由结合，到另外的地方谋生。盘古王庙的铜铃、神杖、神刀、道鞭、告、鼓、铜锣、镲八件道具被八个瑶排分去，庙的主横梁被锯为八段，盖庙的茅皮被分成八块。张召二郎、廖家大王、黄家大王、缩马出正大王四位先祖雕像被请去九寨盘古王庙安放。①

排瑶先生仪式法器：铜铃、犀刀、镲、道鞭、神杖②（安志强 / 摄）

① 流传地区：连南排瑶；采集地点：涡水镇马头冲；采集时间：2010 年 10 月；讲述：不详；搜集：李春荣、李林；整理：李春荣、李林。

② 拍摄时间：2019 年 7 月 26 日；拍摄地点：军寮村四队。

究竟西五排各分到了盘古王庙中的什么法器？据调查了解为：军寮为铜铃、大掌为犀刀、里八峒为镲、马箭为道鞭、火烧排为神杖。据说，彼时排瑶因八件法器而区分，之后差异愈发加大。①

2. 瑶家吃山鼠肉学唱瑶歌的传说

过年守夜，吃山鼠肉干，学唱瑶歌，是瑶族的古老习俗。山鼠肉清香味美，被瑶民视为上等佳肴，多烘干留作招待贵宾和过年守夜时吃。那些想学唱瑶歌的青少年，每到春节除夕晚上，相约带上山鼠肉干和米酒，到老歌手家守夜，拜师学唱瑶歌。在火塘边，众人边喝酒、吃山鼠肉，边唱瑶歌，通宵达旦。关于这个习俗的来源还有一个传说：

相传在古时候，瑶族人在平地居住，有很多歌书和经书，后因受官府的迫害，不得不迁徙逃命。祖先们跋山涉水过九州后，到达连州，进入连南高山岭上居住，谁知歌书和经书被山上的老鼠偷吃了，只剩下几十本也破烂不堪。歌师和瑶老们都很生气，要青少年捕山鼠，凡想学瑶歌的人，到春节除夕晚上，都要带上山鼠肉干到歌师家守夜，歌师方传唱瑶歌。于是，每到秋冬季节，瑶族青少年就上山捕山鼠，放到火塘架上烘干。除夕晚上吃山鼠肉干、学唱瑶歌，也形成习俗，代代相传。②

3. 排瑶长鼓传说

相传很久以前，盘古王的女儿房莎十三妹从天庭下凡人间热恋着一个勤劳而又英俊的唐冬比，最终两人结为夫妻。房莎十三妹私奔人间的事给盘古王知道了，怕她在人间惹事，要召房莎十三妹回天庭。房莎十三妹和唐冬比难舍难分，又不能抗拒盘古王的意旨。临别时，房莎十三妹向唐冬比传授了上天相会的办法。

① 访谈对象：李打米金光公，男，1945 年生，先生公；李大力三公，男，1942 年生，原村委会书记；访谈人：安志强；访谈时间：2019 年 7 月 26 日；访谈地点：军寮村四队。

② 清远市连南瑶族自治县政协文史委员会编：《清远文史第九辑 · 连南瑶族文史专辑》，105 页，连南印刷厂，1995。

唐冬比按照房莎十三妹的嘱咐，不畏艰难险阻，跋山涉水，战胜了途中的毒蛇猛兽，来到南山，寻得琴树，做成长鼓。等到十月十六日盘古王婆诞辰这一天，他打起长鼓，跳了36六个旋圈，终于使自己像山鹰一样向天庭飞去，得与房莎十三妹团圆。[①]

4. 油岭李家桥的传说

油岭古寨有两座巧夺天工的石桥，坐落于支白坑（地名）的同一条小溪上。它们历经了数百年的风风雨雨，至今仍屹立在那里，成为油岭古寨的见证和油岭瑶民共同的骄傲。

前面的那座叫“李一尔（瑶语读妮）桥”，承接油岭古瑶寨左路，跨度长5米，弧高4米，用打制的长条石灰石块精砌而成，桥面较为平整。后面一座叫“李一公桥”，承接油岭古瑶寨的中路和右路，跨度长6米，弧高3米，内部结构比较粗糙，没有灰浆，看上去好似就地取材胡乱堆砌而成，桥面也凸凹不平。李一尔是李一公的媳妇，所以油岭人把这两座桥称为“公媳桥”。

这两座桥一“粗”一“精”，粗的当地称“公桥”，精的当地称“母桥”，各具特色。

相传，很久很久以前，李氏在油岭是非常有钱的大户，田地多山林也多。可是，由于内部不和，相互攀比，闹出许多矛盾。特别是李一尔的丈夫死后，公公李一公为防止儿媳妇改嫁把财产带走，事事总是想高人一头，以获得寨人的好感。这年，他做了件前无古人的事，拆掉横跨在支白坑小溪上的木桥，请工匠造了座石桥。看到人们的称赞，李一尔很不服气，也出巨资，在同一条溪上精造细建了另一座石桥。由于李一公是男人，抽烟，喝酒，做事马马虎虎，所以他建造的那一座桥比较粗糙；而李一尔作为女人，做事细致，她用衣襟包石头来建桥，所以她建造的那一座

① 流传地区：连南排瑶；采集地点：不详；采集时间：2020年11月；讲述：唐买社吊（长鼓技艺传承人）；搜集：殷沙漫；整理：殷沙漫。

桥特别精致。

但公媳俩的攀比，终究给油岭瑶寨带来了实实在在的方便，造福了千秋万代，所以油岭瑶寨的瑶民至今仍铭记着他们，把这两座没有文字记载的石桥称为“李家桥”。①

5. 仙人桥的传说

南岗排下的山溪上，有一座明朝时用青方石砌成的拱桥。它内接瑶寨外联汉村，是南岗排瑶民赶集赴圩、生产劳动每天都经过的主要桥梁。传说它是在天兵天将的帮助下建成的，所以人们都把它称作“仙人桥”。

相传，很久很久以前，南岗排上有一个名叫亚林火的“恶单”（瑶语，即能干的后生），他心地善良，助人为乐，还通晓天书法术，常常借助天兵神勇为当地的瑶民办好事实事，深得人们敬爱。

一次，山洪暴发，卷走了一个正在过山溪的妇女。那天晚上，这名妇女托梦给他说：“亚林火，人们都叫你恶单，你为什么不造座桥，方便寨里人呢？”那时，山溪上没有牢固的石桥，人们来往两岸，都走由两三根木头架成的木桥，十分危险。亚林火在梦中听到妇女的话，觉得在理，第二天便来到山脚下的溪旁，察看那滔滔洪水。洪水汹涌着，咆哮着，似千军万马厮杀，又仿佛那些被冲走的冤魂在呐喊，十分恐怖，让人毛骨悚然。亚林火艺高胆大，沿着溪岸一路走来，不小心被一株老竹头绊倒了。他忍痛爬起来，吐了口唾沫，狠狠地说：“没长眼睛的老竹头，你跟我作对，咒你永远长不高。”果然，那株老竹至今仍生在那里。年年萌发新笋，就是不见长高长旺。

亚林火被竹头绊倒后，没心思再往前走，就把桥址选在了这里。洪水退后，他请寨中的公爹（瑶家对老人的尊称）们召集“厚干”（瑶语，即后生），集中到老竹头处的溪边凿石造桥。时间

① 流传地区：油岭、三排；采集地点：油岭排；采集时间：2014 年 8 月；讲述：唐买社大不公；搜集：盘鹃；整理：盘鹃。

一天一天过去了，厚干们的手和肩膀都渐渐起了水泡，可造桥用的石头还没有凿够挑够三分之一，进度相当缓慢。亚林火觉得这样下去，桥不但造不好，还会累垮厚干。于是，他一面叫寨中的老人妇女杀猪宰牛慰问造桥的人，一面暗自思忖造桥的办法。

这天晚饭，工地上的酒菜异常丰富。劳累了一天的厚干们狼吞虎咽，吃足喝饱，个个红光满面，很快酒力发作进入了梦乡。鸡啼第三遍的时候，要是往日，这些厚干们早就起床了，这天却不见一个醒来，直到日头照着屁股，他们才睡醒，个个精疲力竭，不想动弹，好像连续劳动了三天三夜一样。亚林火知道他们疲劳的个中原因，嘴上不说，只指着已经造好的石拱桥道："伙计（瑶语即朋友）们，你们看，那是我们的石拱桥！"厚干们睁开眼一看，哟嗬嗬，雄伟壮观的石拱桥出现在眼前，把他们惊得目瞪口呆，丈二金刚摸不着头脑。

原来，亚林火为加快工程进度，故意叫人慰问厚干，让他们吃饱喝醉，以便施用法术。那天晚上，他趁厚干们入睡时，点燃 3 炷香与玉皇通话，请求调天兵天将前来助阵。鸡啼头遍时，天兵天将飘然而至，抽走了酣睡中的厚干们的精力，抡斧劈石，搬石砌墙，出奇的快，不到 3 炷香的工夫，一座全用石块垒成的拱桥便大功告成。厚干们的精力被抽走了，他们昏昏沉沉入睡，也就看不到天兵天将神奇壮观的造桥场面了。后来，亚林火酒醉泄露了天机，人们方知道这桥是天兵天将帮助造好的，便把它叫做"仙人桥"。又因亚林火被竹头绊倒选定桥址，所以也有人管它叫"竹头桥"。①

6. 变脸人的传说

为什么南岗排的葬礼有黑面人出现？为什么南岗排的人生病就到黑脸冲去烧香送神？这些习俗的来由，有一个关于变脸人的故事。

① 流传地区：连南瑶山；采集地点：南岗排；采集时间：2002 年 12 月；讲述：盘亚兰二；搜集：盘鹏；整理：盘鹏。

很久以前，有位衣衫褴褛、蓬头垢面、脸色黑得出奇的汉人乞丐。在平地的汉人村庄里，他常常挨家挨户乞讨，人们不是嫌他生得丑，就是嫌他衣服脏，每次都得不到半点施舍，因此他对这些没有人情味的汉人村庄特别是那些大户富户，十分痛恨。

一天，这位乞丐远远望见山顶上的云雾中有一座若隐若现的瑶寨，于是想看看那里的人们对他如何，便信步来到南岗排。寨里的瑶民见乞丐远道而来，无论男女老少，凡遇上他的都不嫌弃，热情地请回家中。尽管瑶排上的人很穷，但只要家中拿得出的，瑶民都毫不吝啬地取出来，盛情款待这位远方来客。瑶民的热情好客深深感动了这个乞丐，他有意留下来，寻找机会报答这些不分贫富贵贱，进门即兄弟相称的山里人。

这年，正值南岗排三年一度的“耍歌堂”。“耍歌堂”是瑶族祭祀祖先的隆重盛大传统节日，需要大量的猪、牛和鸡等祭品，还有米、酒、糍粑等食品，花销很大。往年都是靠每家每户集资应付。这次也不例外，寨中的长老们聚集在盘古王庙里，推举负责入户集钱米的“家都人”，保证“耍歌堂”活动如期举行。十来位的长老，推来推去，因为寨里人穷，凑钱粮不易，所以大家都不愿意出头当这个受气的“家都人”。实在没办法，最后大家一致同意，用抓阄的办法来决定。轮到亚兰公抓阄，一抓就中，他恨死了自己这只“没有洗干净”的手。

乞丐正在路边晒太阳，看见亚兰公唉声叹气走来，忙问他怎么啦。亚兰公如实相告，眼神流露出万般无奈。乞丐了解详情后安慰说：“耍歌堂是好事，可凑钱却是件难事。这样吧，我想想办法，看能不能帮点忙。如果明天早上你开门看见大水牛，你就收下，什么也别说，记住啦！”亚兰公点点头，将信将疑地回到了家里。

乞丐早就对平地汉人村不肯施舍的富户人家记恨在心。为实现对亚兰公的承诺，他决定到那里走一趟，让那些富户人家出出血。于是，乞丐大摇大摆地来到平地的汉人村，假扮成地理先生

模样，这里瞧瞧，那里看看，轻而易举地打探清楚富户人家放牛的地方，牵走了一条健壮的大水牛。

且说平时滴水不漏的财主听了长工报告，大水牛被“黑脸”地理先生盗走了，心疼得不得了，捶胸顿足，大骂牧牛的长工，喝令他找不回大水牛就永远当牛使唤，同时许以大钱，动员村民四处寻找。按照长工描述的盗牛人模样，一村民很快在山道上发现了优哉游哉的乞丐和那条慢吞吞行走的大水牛。乞丐听到有人追来了，也不躲避，只张开右掌往脸上一抹，立即变出个白脸人模样。村民见赶牛人不是黑脸，随便盘问几句，就放走了。财主听了大怒，咆哮着说，不管黑脸白脸，只要模样像，统统抓！村民又重返原路，东寻西找，就是找不到白脸人。将近傍晚时分，才远远看见山凹上有个赶牛人，追近来细瞧时，赶牛的即是个衣冠整齐的黄脸人，与白脸人黑脸人有天壤之别。村民摇摇头，暗怪自己运气不佳，枉费了力气。乞丐凭借神奇的变脸术，闯过一关又一关，把牛赶回了山寨。

翌日早晨，亚兰公开门出来，果然看见有条大水牛拴在自家门口，猛然记起乞丐说过的话，不声不响地将牛赶进了自家牛棚里。牛有了，各家各户的负担减轻了，八排二十四冲的瑶家哥贵（瑶语，即兄弟）前来祝贺，南岗排的“耍歌堂”活动一片欢腾。

时过不久，失牛的财主派佣人上南岗排打探，刚好碰上“家都人”亚兰公，便问他瑶寨有没有会变脸的人，说是变脸人偷走了他家主人的大水牛，要抓他回去交衙门处理。亚兰公听说乞丐会变脸，吃惊不小，但脸上没有表露出来，只说南岗排没见过这样的怪人。佣人打探不出什么消息，又往其他排寨去了。亚兰公惴惴不安地将乞丐用变脸术偷牛的事，跟众长老说了。瑶家人原本对偷盗行为嫉恶如仇，但念在乞丐是为全寨人做事，且牛死不能复生，全寨人又赔不起，于是大家对此心照不宣。

乞丐看见全寨长老都对他敬而远之，知道事情败露，便想离开山寨。长老们却挽留他说：“你是我们南岗排人的哥贵。哥贵做

的事，我们共同承担。留下来吧，事情都过去了，你还记着它干什么呢？”盛情难却，乞丐既感激又惭愧，说：“我是个乞丐，你们不嫌弃我，善待我，将来我一定好好报答你们。”乞丐言出必行。凡南岗排有人生病，他就变化出黄脸、黑脸和白脸，为病人驱邪赶鬼。说也灵验，大凡经乞丐变脸医治的病人，不出两天，病痛全消，恢复健康。从此，南岗排人对他更加敬重，奉若神明。乞丐也不推让，有求必应。

一晃3年过去了，转眼又到了“耍歌堂”的日子。这年南岗排恰逢天旱，作物减收，日子难熬，“耍歌堂”要用的钱米凑来凑去总凑不齐，使得“耍歌堂”选定的日期一推再推。乞丐受瑶民恩惠，一心想报答，宁愿冒犯众怒，也要南岗排人欢乐。于是重操变脸术，到平地的另一个村又走了一趟。

这天清晨，新推举的“家都人”的媳妇开门出来，瞧见有一条大水牛拴在门前，赶忙进屋喊到：“阿公阿公，快来看，不知是谁拴了条牛在门口。是不是有人故意栽赃，害我家呢？！”公爹知道是乞丐所为，急忙奔出门口看，却不见乞丐，找遍南岗排都无影无踪。后来，人们才知道，原来这乞丐是个神丐。

南岗排人对神丐既恨又敬。恨的是神丐总是偷盗，败坏南岗排人名声；敬的是神丐乐于助人，替人消灾解难。为惩罚他，南岗排在“耍歌堂”时请人扮成偷鸡摸狗的黑脸人，让人追杀鞭打，还在死人的葬礼中请人扮成黑脸人引路开道，为纪念他，南岗人为他在架桥冲（又称黑脸冲）造了一座假坟，每当家里有人生病就去烧香叩拜，还用木头雕了黄、黑、白3张同脸型不同颜色的像，放在庙里供人朝拜，请他保佑寨人年年兴旺，岁岁平安。①

① 流传地区：南岗排；采集地点：南岗排；采集时间：2002年11月；讲述：盘亚兰二；收集：盘鹏、房伟东；整理：盘鹏。

7. 老鹰岩的传说

过去大掌老排附近有座山（瑶话叫“约郭顶雷”），山顶有块巨石形似老鹰。瑶语中“老鹰”发音“da liang”，这也便是村寨“大掌”名称的由来。当时的大掌生产兴旺、生活富裕，甚至出了个“三百担谷”地主，买地都能买到连山县那边去。人们通过风水的角度对大掌的繁荣进行解释，认为原因有二：其一是老鹰岩的“鹰嘴”对着连山永和，“屁股”对着大掌，因此是将永和的财富“吸了”过来，“屙”在了大掌。这就导致大掌很富有，而永和很穷困。其二是大掌风水呈“村后九个金狗，村前十个金鸡”之势，因此兴旺。

永和人听说后，自然不满，便上山把老鹰岩的“鹰嘴”给凿了。说来也怪，自此两地风水轮转，永和一天天兴盛起来，而大掌老排却不若从前。大掌人后来也会去老鹰岩，当时敲石头还有回响，但最近几年已无声音，人们都认为“老鹰”是真死了。①

8. 敬公酒的传说

南岗排的瑶民十分崇敬祖先，逢年过节，甚至平常饮酒，必先洒酒敬祖，然后才开饮。这种习俗的由来，有这样一个传说：

古时候，瑶山上有一对夫妇生养了一个独子，他们对独子千般疼爱，尽管家里很穷，但一有钱买棉布就先给独子缝新衣，有什么好吃好喝的也留着给他吃。在父母的关爱下，这独子渐渐长大成人，年老力衰的夫妇俩给他娶了媳妇，分家让出瓦房，自己搬到草寮里居住。起初，这独子对父母尚有感恩之意，逢年过节都带些酒肉到草寮探望，可后来有了孩子，生活负担越来越重，妻子就不准他往草寮里跑了，并在一旁监视着。日子一长，草寮

① 流传地区：大掌村；采集地点：军寮村五组、牛路水村；采集时间：2019 年 8 月；讲述：唐光辉（大掌人，72 岁）；搜集：陈文元、潘璐璐、安志强；整理：安志强。

里不再有独子的身影。可怜的父母知道媳妇在作梗，也就忍声吞气，不跟媳妇斤斤计较。就这样不相往来了几年，厌世恶俗的老父亲撒手人间，儿子草草将他埋葬了事。老母亲简居草寮，孤苦伶仃，日子过得十分悲凉。

自从父亲过世后，不知怎的，已为夫为父的独子夜夜发噩梦，本平安无事的家庭也灾难不断：平日无伤无痛的妻子，现在病痛不断；原本养鸡鸡旺喂猪猪肥，现在不是鸡发瘟全病死了，就是猪越养越僵，像是长不大的“石头”，他因此寝食不安，一筹莫展，日渐消瘦。

这年的六月初五晚上，也就是瑶家传统节日六月初六“尝新节”的前夜，死去的父亲托给他一个梦，说：“阿单（瑶语，即儿子）啊，爸妈待你像心肝宝贝，你待爸妈还不如猪狗。你想想看，没有阿公（祖先）哪有你爸妈，没有爸妈哪里有你呢？你总不会是石头山崩出来的吧？对不孝敬祖宗、不孝敬老人的人，上天会惩罚的，你现在不是遭到报应了吗？”这独子一惊非同小可，从梦中清醒过来，出了一身冷汗，忙把梦中的话儿告诉妻子。妻子半信半疑，但想来想去也是有道理，便与丈夫商量把家婆接回去。

六月初六这天，正是青黄不接的时候，全寨人都在简简单单地过“尝新节”，唯独这独子一家与众不同，杀鸡宰鸭，还挂了串鞭炮在门外放，很有点过“春节”的派头。他妻子一改往日的冷淡，亲亲热热地把家婆接回家中，推为上座。这独子更是手忙脚勤，在厅堂上专设了一个列祖列宗的神龛，燃上香，摆上酒肉，焚烧纸钱，叩请祖先保佑子孙后代，风调雨顺，五谷丰登，六畜兴旺，家泰人安。然后到家门口，焚烧纸钱，嘴里喃喃着“阿公喝酒！”然后一家人欢欢喜喜、快快乐乐地举筷吃喝。

说来也灵验，这独子一家经过洒酒敬祖，得到了祖先庇佑，灾消邪散，人越活越精神，日子越过越甜美。子孝母安，他的老母亲健康长寿，一百多岁才无病而终。后来，寨里人知道了这回事，认为不管人走到哪里，都有祖先神灵跟随，于是不管到哪里

都要洒酒敬阿公，并将家中父母和寨里老人视为“天地”，尊老敬老蔚然成风。从此，逢年过节和平日饮酒必先敬祖的做法，成为习俗，一代一代沿袭下来。①

9. 排瑶房姓过四月八的传说

四月初八是排瑶房姓的一个节日。在东三排之一的南岗，据说四月八是房氏祖先的忌辰。但我们在西五排的军寮、火烧排、里八峒等地听到了不同的说法。

一种说法是，四月八，只有房姓的一个堂宗过，他们是海公的后代。传说，有个人背海公过河，不慎跌落水中。海公溺亡，被冲到了阳山的东关。人们找到海公的那一天正是四月八。后来人们认为这一天阴人在晒衣服，这天也叫作钓鬼日。最好这一天有太阳出来，还能变天下雨，这样就能给祖先“洗衣”“晒衣服”。

另一种说法是，四月八是海公的生日。这一天房姓人家不准洗衣服，还要在香堂烧纸钱祭祖宗。祭祖宗的话，给满公的是牛血，而这是有缘由的。传说当年海公在九头村那个地方偷了汉族的牛，并和佑公准备把牛吃掉，只给满公喝牛血。他们就叫满公拿着牛肚去河边洗，满公把牛肚灌满了水，敲起响，叫着“有敌人来啦！”吓得海公和佑公逃跑了。满公回去看着有煮熟的牛肉，自己吃了。所以以后祭祀三兄弟，给海公、佑公好的供品，给满公就是一碗牛血。四月八也叫鬼过节，不能洗衣服的原因是户外有鬼在晒衣服，须不相侵扰。

还有一种说法是，四月八是为了纪念房姓三公和他们的妹夫满打百公。传说有人追杀房氏三公，满打百公看到后，仗义帮三公躲藏。追杀者赶到后，问询百公三人去向，百公替他们打了掩护。后来房姓三公出于感激，将妹妹嫁给了满打百公。再后来，

① 流传地区：连南排瑶；采集地点：南岗排；采集时间：2002 年 12 月；讲述：盘亚兰二；搜集：盘鹃、房伟东；整理：盘鹃。

有些房姓人家供祖先，也会把满打百公的名字写上去。[①]

10. 两种鸡肉的传说

在西五排的一些仪式中，如亡人周年活动中的招魂仪式上，人们会供奉两种鸡肉。据说当地房姓先祖有 3 位，分别叫房海公、房佑公、房满公。这 3 兄弟有个做生意的妹妹，经常借住在唐家。有一次妹妹被人冤枉了，还要追杀她。唐家阿贵便救了她。于是，3 兄弟就决定把妹妹嫁给他。结婚后，他们在一起做饭都没有盐可放。直到有一次，唐家阿贵在饭里加了辣椒，使饭变得好吃起来。所以以后的人们才决定在祭祀祖先的饭中加入一味调料——辣椒。如今祭祖仪式上奉上的鸡肉，第一盘没有味道，第二盘有辣椒味，表达忆苦思甜、纪念祖先之意。[②]

第二节　民间故事

民间故事一般从生活现实出发，但又不局限于现实，常常带有幻想色彩。排瑶的民间故事，大多是和当地风俗、地名以及自然现象有关，也有讲述机智、善良人物如何智斗恶霸、土豪。其目的大多都是宣扬福报因果、社会和家庭伦理，寓理于事、教人向善。可分为生活故事、动物故事、奇闻异事 3 种。

八排地区的生活故事，以日常生活为底色，以善良、勇敢为主题，讲述了排瑶民众对人性真、善、美的崇高追求。此处收录 6 篇，其中《孔洞

① 流传地区：西五排；采集地点：军寮 1 组里八峒；采集时间：2019 年 7 月；讲述：房大力晚公（军寮人，男，78 岁）、房四妹（大坪人，女）、房茶介一（大坪人，男，80 岁）；搜集：潘璐璐、安志强、李超、王航；整理：安志强。

② 流传地区：西五排；采集地点：火烧排；采集时间：2019 年 7 月；讲述：房清德，军寮人，男，82 岁；搜集：李超、高元武；整理：李超。

米粒》讲述了火烧排有一个能流出米粒的小孔洞，人们贪心想从中获得更多的米而将孔洞挖大，最后只会冒出沙子和有害的水，传达了对贪婪之性的讽喻。《三魂公的故事》讲述了火烧排瑶民因常受山脚下一村人的欺负，听信了三魂公的建议，通过修建一条路的方式来改变风水，使得那个村子日渐没落的故事。《瑶山大力神》讲述了一个被尊称为“火生大力神”的人，能肩挑千斤，手举巨石，他心地善良且嫉恶如仇，巧妙地与外来挑衅事端的人进行较量与调和的故事。《孝顺子孙得好报》讲述一个孤儿为孝敬奶奶而自己吃剩饭，把劳动获得的新米留给奶奶吃，最后被一只公鸡引路带到有银币的山洞，从此收获财富且改善生活的故事。《生银婆》讲述了一位热心且擅长接生的老妇人和她的女儿在寒冷的冬天，帮助了一位受冻想洗澡的老太婆，不料这位老太婆洗完澡后给她们回馈了许多银子，让这对穷苦的母女过上了富足的生活。《房九斤救人》讲述了热心勇敢的房九斤救下海龙王的女儿后，获得了一颗宝珠，使他能听懂鸟兽的话，但为了救助村民，舍弃自己的生命最后变成石头的故事。

排瑶的动物故事，以风趣幽默、诙谐生动的讲述，传达了排瑶群众对大自然与人之间的丰富想象。此处收录三篇，其中《蜘蛛救瑶人》讲述了瑶族人民在被追剿镇压的过程中，因躲逃至一山洞，被众多蜘蛛结网相救，遂得以化险为夷的故事。《天马下凡》讲述了孙悟空管理的天庭御马脱离掌控而私下凡间马头山饮水游玩，主人大白金星得知后，却带着天马继续在马头山游玩赏乐且种植了茶树和枫树，在被凡人马头冲祖先沈姓和盘姓发现后，他们远离并留下这一地，从此沈姓与盘姓便在马头山安营扎寨。《阿贵和青蛙》讲述了一个心善的阿贵哥救下被人嫌弃的青蛙并将其养大，青蛙回馈给阿贵哥一个能起死回生的青蛙蛋后引发的系列事端。

排瑶的奇闻异事，多与法力、神术有关，人物主角骁勇善战，敢于同恶势力斗争，从这些叙事中可以看出排瑶民众嫉恶如仇、求真向善的心性。此处收录四篇奇闻异事，其中《唐二贵打老虎》讲述了勤劳勇敢的唐二贵在意外获得“神斧”后，为民除害，勇敢与恶虎相斗，最后收获爱情的故事。《房牛山贵与仙女》讲述了一个仙女因同情贫苦的房牛山贵，便与其成亲、为其建房，却遭到财主的嫉妒，仙女又为他解围，最后不得已又返回

天庭的故事。《诚实的翻单》讲述了自幼贫苦、被人看低的翻单好心将两位路人和一条蛇的疑问带给紫薇山的神仙，随后诚实的将答案告知他们，但却引发误解，翻单因祸得福，最后收获财富与爱情。《香碗水》讲述了先生公买得公身强力壮，通晓法术，与5个恶鬼做斗争，最后得以为民驱鬼除害、获得尊重的故事。

以下按生活故事、动物故事、奇闻逸事3类分别摘录一些有代表性的民间故事。

一、生活故事

（一）孔洞米粒

火烧排上面有几个石墩头，石墩周边有一个小孔洞。过去这个洞里，经常有米粒流出来。这个事情被一对父子看到了，他们每天都来捡冒出来的米粒。而他们每天捡的米粒，刚好够父子两个人吃。后来村子里的人都知道了这个洞，大家都去排队等吃米。有个人站出来提议把这个孔洞挖大一点，这样呢，流出来的米就可以多一点。大家一听有理，就把这个洞挖大了。可这个孔洞自从被挖大了之后，再也不冒米粒出来了，而是冒出沙子和水。村里的小孩子喝了这里的水还会肚子疼。①

（二）三魂公的故事

1949年前，火烧排还没有搬迁。在山脚下有一房姓人家住的村子，那里的人比较野蛮霸道，经常偷东西。当时火烧排的人经常受到他们的欺负。这个村子对面，有一片水稻田，其主人叫三魂公。这片田地形状如“弓”形。当时，有一位先生公对三魂公说：“我有办法让你的田地增加收成。”三魂公问：“那该怎么办

① 流传地区：大坪镇；采集地点：大坪村9组；采集时间：2019年7月；讲述：房茶介一，大坪人，80岁；搜集：李超、高元武；整理：李超。

呢?”先生公就说:“在稻田中间的一个地方,修一条直直的道路穿过田地。”三魂公就听了先生公的建议,并且照做了。后来,房姓村庄就经常有人去世,人也越来越少,没有了新生儿,最后没落了。原来水稻田和那一段直路通道非常像一个拉弓射箭的形状。风水上的说法是,房姓村子就是弓箭正对着的地方,是箭靶头,自然遭了厄运。据说三魂公的坟墓就在那个村子左边的山上。[①]

(三)瑶山大力神

清朝乾隆末期,南岗排唐姓火生房系有个后生,因家里穷,平时以芋头番薯当饭,以野地百草作菜。百草为百药,百药消百病,百草给了他健壮如牛的身体和神奇的力量,挑稻谷,担玉米,他用的是禾桶,一挑就是上千斤,七八个人收割一天才够得上他一担的分量。贫穷给了他做人的本领,人有难,他相帮,虽持强,不欺弱,这种美德让整个南岗排人十分敬佩,都尊称他为“火生大力神”。

一天,火生大力神正在梯田上犁耙,忽听一个瓮声瓮气的人对他说:“伙计,你知道火生大力神在哪里吗?”他扭头一瞧,见来者牛高马大,虎背熊腰,正两手叉腰立在田埂上,于是喝住牛说:“你找他有事吗?”来者骄横道:“人称他是大力神,我要与他一比高低。不把他踩在脚下,我誓不为人!”

原来,来者是阳山县黎埠镇一带的人,曾打遍连阳四县都无对手,自诩为“天下无敌”。这人平时很傲气,横行霸道乡里,人们对他恨之入骨,却敢怒不敢言。近日听说瑶山南岗排有个火生大力神,能肩挑千斤,手举巨石,很不服气,便寻到瑶山挑衅,发誓要打败瑶家“恶单”,显显“天下无敌”的威风。

火生大力神见来者十分傲慢,狗眼看人低,心中有气,但想

① 流传地区:大坪镇;采集地点:大坪村 9 组;采集时间:2019 年 7 月;讲述:房伟华,房茶介一(大坪人,80 岁);搜集:蒋满娟、李超;整理:安志强。

想做人总得以和为贵，加上瑶家历来都有“有缘皆兄弟”的口训，便强忍怒气，洗脚上田，和蔼地说：“哥贵（瑶语，即兄弟），我想火生大力神不会跟人打架。你远道而来，辛苦了，不如到我家喝碗酒，相识一下做个伙计，怎么样？”

“我不喝你们瑶家什么杂酒！”来者不可一世道：“你带我去找到他，给你十倍的工钱。”

火生轻蔑地看他一眼，说：“如果你一定要跟他比，我也没办法。不过，我是不会带你去的。”

来者一听，怒眼圆睁，双拳握得格格响道：“你敢不带路，我揍扁你！”

火生大力神毫不畏惧地说：“想打你就来吧。要是你三拳打不倒我，你就滚回去。”说着，挺胸而立，暗暗运气。

来者初到瑶山就碰上颗软刺，恶向胆边生，挥拳就打。谁知他一拳打不动火生大力神，二拳手麻心痛，三拳就要往对手下阴部去打。火生大力神见他心狠手辣，顿时怒从心头起，出手架住那人的拳头，闪电般将他轻轻托起，旋了一圈，把他抛出两丈多远。

来者趴在地上动弹不得，翻着白眼暗暗叫苦。火生大力神自知出手太重，于心不忍，便跑过去扶起他，劝说道：“伙计啊，火生大力神比我高大，你就别找他啦。”言下之意，就是我这么小都打不过，还想拿鸡蛋碰石头吗？

“哼，哼——”来者拍拍沾在屁股上的灰尘，心里十二分不服。他想，未与火生大力神交手，倒先败给无名小卒，传出去这脸往哪儿搁呢？于是退后两步，摆出再打的架势。火生大力神见状，拱拱手道：“伙计，刚才你谦让了，多有冒犯，多有冒犯。为表示我的歉意，我想先请你到家中喝酒，再带你去找火生大力神，怎么样？”来者看火生大力神有未打先认输之意，多少给回些面子，也就顺势下了台阶，跟他走上南岗排。

走到半路，忽然迎面走来一群包红头巾的瑶民，见到他们两

个便打招呼道："火生大力神，你又带了伙计回家喝酒啊。"来者一听"火生大力神"五个字，非同小可，两腿一颤，跪拜在地："你是火生大力神？哎呀，我真是有眼不识泰山，狂妄自大，冒犯了，冒犯了，请多多原谅！"

"哪里，哪里。"火生大力神急忙扶起他，拍拍他的肩膀，语重心长地说："我是种田的粗人，自食其力，不在乎大力不大力。要知道，山外有山，做人要和善才是最根本的！"

来者听后点头称是，心服口服，再也没有傲气了。而火生大力神以人为善、降服恶人的故事，被传为佳话，流传至今。①

（四）孝顺孙子得好报

从前，瑶山有一个男孩，是个孤儿，只有一个奶奶，连名字都没有，人们只叫他阿贵。他对奶奶十分孝顺，每天帮别人放牛，一天得一斤米，自己每天在雇主家吃剩饭，一斤米留给奶奶吃。为了日后安葬奶奶，平时放牛时观察有什么好地方，看看风水。村里有一个先生公，阿贵请他勘看，问先生公："我看这块地方风水好，你看合适吗？"先生公说："可以，你喜欢就好。"

后来奶奶逝世了，阿贵按先生公的指点晚上子时背奶奶的遗体去那个地方埋葬，他穷的连一只鸡都买不起，先生公说："没有鸡打斋，怎么下葬你奶奶啊？"

没有鸡，奶奶就没法下葬，阿贵看见山上住有一户人家，就去问那家人讨一只公鸡。那家人不给，阿贵说："你为什么不给我啊！先生公说了，不给也得给，我以后有钱了就会来还给你的！"那家人因为怕先生公，只好把鸡给了他。

阿贵回到安葬奶奶的地方，抓住鸡割出血滴在地上。鸡没有死，跑掉了（习俗上鸡血给死者，鸡给先生公，所以，滴过血已

① 流传地区：连南瑶区；采集地点：南岗排；采集时间：不详；讲述：盘亚兰二；搜集：盘鹃、房伟东；整理：盘鹃。

经完成死者安葬）。先生公叫男孩去追那只鸡。鸡跑不远就掉一根鸡毛，男孩边捡鸡毛边跟着，跟到一个山洞，鸡不见了，却见到山洞里面有一堆银币。男孩拾起两块，回去给先生公。先生公问："是你放牛的雇主给你的吗？"阿贵回答："是啊，是给我安葬奶奶的。"先生公走后，阿贵每日都带一些银子回家。

阿贵长大用钱建起房子之后，又想娶雇主的女儿。这两人小时候每天一起玩，感情很好，就请人去说媒，女孩父母不答应，说："虽然长得帅，但太穷了。"媒人说："穷人好啊，有力做工啊。"女孩父母还是不答应。一连请了9个媒人去她家提媒，都不答应。女方父母后来说："拿9块银元来就把女儿嫁给你。"男孩便请那9个媒人各带一担银子送给雇主，男孩很快就娶到了女孩，过上了幸福的生活。①

（五）生银婆

很久以前，在粤北的一个瑶寨里，住着一个老寡妇和她的女儿。老妇人和女儿过着艰难的日子。

老妇人心地善良，经常帮村里的妇女接生，治点小病小痛，虽然自己家里生活困难，但从来未收过别人的分文银子，因此，村里的人都很敬重她。

一年冬天，下了一场大雪，连竹笕的水都断流了，老妇人家里做饭都没有水了，她们只好将门前的积雪一把一把地搬到锅里，生起火，让雪化成水后才做饭。

这天半夜，母女俩躺在只有几块破布作被的床上，冻得翻来覆去无法入睡。忽然，门外响起了敲门的声音，阿妹耳灵，立即告诉妈妈说："这么冷的天，谁来敲我们的门？"老妇人心想：也许是有人叫自己去接生吧？便叫女儿去开门。

① 流传地区：排瑶地区；采集地点：油岭排；采集时间：2012年7月；讲述：唐罗好婆；搜集：唐剑明、许文清；整理：唐剑明、许文清。

阿妹起身把门打开，只见一个蓬头垢面，眼屎鼻涕糊满脸的老太婆冻得直打颤，那模样十分可怕，吓得她赶快把门一掩，惊慌地跑回来。老妇人向女儿问清情况，心想：那一定是个比自己更苦的人，外边大冷天，让她进屋来暖暖身体吧。她便点燃了松明火，将门打开。那老太婆一进门就恳求说：“阿姐，我从很远的地方来，一个月没有洗澡了，让我在你家洗个澡吧！刚才，我在寨子里挨家挨户叫门，想洗个澡，但没有人肯让我进屋，你就让我在这里洗吧！”老妇人听了，很是同情，便答应了。

女儿赶忙去烧火，老妇人赶紧去打水。一看，水缸里的水早就用完了，怎么办呢？老妇人想，为人为到底吧！于是，她顶着寒风，到屋外用瓜瓢一瓢瓢地把雪盛回来，放到锅里去煮。等水烧热了，就叫老太婆去洗澡。但那老太婆洗澡时不停地叫唤水不够，让老妇人快点取雪来再煮。老妇人没法，叫女儿帮自己不停地去搬雪，不停地烧水，一直到鸡叫第三遍，女儿累得躺在火塘旁睡着了，老妇人也累得昏过去了，老太婆才洗完澡出来。她把阿妹唤醒，说：“阿妹，阿婆走了，澡堂里的银子是留给你们的。”说完，出门走了。

阿妹走进洗澡堂一看，盆里的洗澡水都变成了银子，便赶忙喊醒了妈妈。老妇人看了看银子，说：“她穷得这个样子，我们不能要她的银子。阿妹，快去把阿婆追回来，把银子还给她。”阿妹连忙追出门外，大声地喊：“阿婆——”由于早晨云雾浓，看不见人影，只听见前面“嗳”地应了一声。阿妹又喊：“阿婆，你等一等！”前面又回了一声：“阿妹，你快回去拿个布袋来，跟着我的脚印走，阿婆等你！”

阿妹赶快跑回家去拿了一个布袋来，只见雪地上留下老太婆的脚印，每个脚印都有一块银子。阿妹一边跟着脚印走，一边把银子拾进袋里，还一边“阿婆！阿婆！”地喊个不停。前面也不断地应着“嗳、嗳”的声音。但阿妹拾得银子把口袋都装满了，还没有追上老太婆。

阿妹走呀，拾呀，一直走到摩星山的崖壁前，脚印没有了，她便着急地大声喊：“阿婆——”过了一会，只听见山谷里传来老太婆的声音：“阿妹，你若用谷壳搓成绳，芒花捏成索，把这大山绕上三圈，阿婆就回来了！”阿妹听了，更加着急：谷壳哪能搓绳呀，芒花哪能捏成索呀！山谷里又传来回音：“你回去吧！把银子都带回家，你们母女就一辈子都不愁吃穿了！”可是，阿妹还不断地喊：“阿婆——阿婆——”山谷里也不断传来“嗳——嗳——”的声音。阿妹喊呀叫呀，一直喊到中午，始终见不到老太婆的面，她才背着银子回家去。从此，她们便用这些银子买粮食吃，买衣服穿，母女俩过着幸福的生活。

直到现在，只要对着摩星山喊一声，山上便立即发出回音，据说生银婆还在山里呢！①

（六）房九斤救人

以前有一个打猎的人，名字叫房九斤。有一天，房九斤出去打猎，在一个山脚下听见有人叫喊：“救命呀！救命呀！”他仰头一看，看见一只大老鹰抓起一条花蛇从他面前飞过来，说时迟，那时快，房九斤一箭就把大老鹰射了下来。救了这条花蛇的命。这条花蛇一掉到地上就变成了一个非常漂亮的莎腰妹。原来她是海龙王的女儿，叫岩妹。今天早晨出来玩耍时被大老鹰抓了去。房九斤送岩妹回到了她家，海龙王高兴极了。他对房九斤说：“你救了我的女儿，我家的东西你想要什么，就要什么，随便你挑。”房九斤想了一想说：“我是一个打猎的人，想的就是要多打鸟兽。”海龙王说：“那就送你一颗宝珠，你把它放在舌头底下，就可以听得见鸟兽说话了。但是你要记住，千万不要被人知道。要是讲出去，你马上就变成石头仙，永远走不动了。”房九斤点点头，含着宝珠离开了海

① 流传地区：连南排瑶；采集地点：九寨庙应岗；采集时间：1982年6月；讲述：许盘六；搜集：刘保元、许文清；整理：许文清。

龙王的家。从此以后，房九斤就能听得见鸟言兽语了，哪里的鸟兽多他都知道。他天天出去打许许多多的鸟兽回来，分给大家吃。

有一天，房九斤在他们村后的石山上打鸟，听见众鸟在商量："明天我们去哪儿做窝呢？这座山后天中午就要崩塌了。"房九斤听到这个消息，又见许多鸟兽纷纷离开这座石山，就赶快跑回村子去告诉大家，叫大家赶快搬离这个村子。

但是，大家不相信房九斤说的话，不愿离开村子。到了第三天早晨，大家还是没有动静。房九斤为了救大家，十分无奈，只好把自己怎样救海龙王女儿，怎样得到宝珠，又怎样听到鸟兽议论今天中午山崩的事告诉了大家。房九斤立刻就变成了一块像人一样的石头仙，再也走不了了。

大家听了房九斤的话，见房九斤变成石仙，就赶紧搬起东西，抬起房九斤的石头像离开了村子。他们刚一离开，石山就崩塌了，石头把整个村子都压埋了。

全村人得救了，大家感激地说："房九斤为了救我们大家献出了他自己的生命，我们世世代代都不要忘记他。"①

二、动物故事

（一）蜘蛛救瑶人

相传瑶族人很早以前就居住在长江流域以南。瑶王率领瑶族子民在长江流域以南开辟了一方天地。由于瑶王治理有方，瑶民们在这里安居乐业，繁衍生息，狩猎耕种。天朝皇帝非常赞赏瑶王，以"先有瑶瀛，后有朝臣"高度评价赞扬瑶王并赐予他一枚方形印章，号令天下人们要以此印为信物，免除瑶人的一切徭役，因此当时瑶族又被称作"莫徭"。

① 流传地区：连南瑶山；采集地点：金坑瑶寨；采集时间：1984 年 1 月；讲述：房四一公；搜集：房亚水；整理：房亚水。

由于皇帝赐给瑶王的印信威力无穷，上至官府下至黎民百姓，只要看到印信，就如看到皇帝，一切难事都会迎刃而解，瑶民们的生活更加安乐了，外族土司非常嫉妒瑶王，一心想吞占瑶族人民的这方肥沃土地，更想拥有瑶王的这枚印信。于是土司唆使自己的儿子去接触瑶王的女儿，骗取了瑶王女儿的爱情，最后成婚，并不断地取得了瑶王的信任。土司的儿子在一次瑶王熟睡时偷走了瑶王的印信，带回来交给了土司。

土司见时机已成熟，就派兵强占了瑶族的土地。瑶王想召集族人，兴兵迎战，但是没有了信印，号令失去了威力，再也无法反抗土司的霸占了，只能眼睁睁地看着自己的土地被土司占有，最后被赶出了家乡。由于瑶族当时正兴旺，朝廷担心有朝一日瑶民会起来反抗朝廷，于是趁这个机会开始配给土司兵马镇压瑶民。

上有官兵征剿，下有土司兵马的追赶，瑶族人被迫逃难。逃亡到瑶山时，前有悬崖，后有追兵，走投无路，只好躲进一个山洞。瑶民们一进入山洞，立刻就有成千上万的蜘蛛在洞口织满了蜘蛛网。官兵和土司兵马赶到洞口，不知瑶族人躲到了什么地方。有人说："可能躲在洞里？"有人仔细察看了山洞，向带兵的首领报告说："洞口都结了这么多蜘蛛网，瑶人不可能在洞里面。"他们没有找到瑶族人就返回去了。瑶族人化险为夷，转危为安，就在瑶山险要之处建寨，聚族而居，依山自保，繁衍子孙。

自蜘蛛在山洞结网救了瑶民后，瑶族人就把蜘蛛当作救命之神来崇拜。如有人受了惊吓生病了，就找先生公来"喊魂"。先生公念经时一定要念到蜘蛛出现时，才会用树枝小心地包起蜘蛛带回病人身边，意为魂已招回，病人会很快康复的。小孩摔倒时，其母亲会念"望咕朝……望咕朝……"（瑶语"望咕朝"就是蜘蛛，就是灵魂），意为让蜘蛛像救祖先一样，保护受惊吓的人有惊无险，平平安安。①

---

① 流传地区：连南瑶山；采集地点：三排瑶寨；采集时间：2009年9月；讲述：唐三公；收集整理：龙雪梅。

（二）天马下凡

相传，齐天大圣孙悟空在天庭任职弼马温时，管理天庭的御马，但是由于孙悟空天性好动，喜欢自由，不受约束，造成御马无人管理，经常跑到凡间游玩。一天，天神太白金星的坐骑，一匹通体白色的马，动了凡心跑到人间游玩，偶然间发现了马头山这个人间仙境，生命之泉的甘甜水深深吸引了天马，使其经常跑到马头山喝水解渴、休息。天马的异常引起了太白金星的注意，悄悄跟踪而至，发现这个人间休息、游玩的仙境，于是在马头山泉边搭了草屋和石桌作为休息之地。为了方便，太白金星从天庭带来了茶树（现在的马头冲大叶茶）和枫树的种子，在马头山种满了茶树和枫树，此后带着天马经常到马头山喝茶、游玩，金秋季节欣赏满山的枫叶，成为一仙一马在人间的休闲之地。

马头冲祖先沈姓和盘姓归生兄弟经常到必坑老寨（在马头冲对面）山上放牛。某天，天气晴朗万里无云，发现对面马头山一团白云时而上下移动，以为是白雾。但是之后连续出现了白云移动的奇象，引起他们的注意，两人结伴爬山越岭来到马头山一探究竟，两人发现了满山的茶树和枫树，草屋和石桌，甘甜的泉水。两人意识到闯入了神仙的禁地，为了得到谅解，一直等待神仙回来解释。太白金星发现凡人来过马头山后，乘着白马回了天庭，又不舍得马头山这个人间仙境，于是在山上留下一个马头的影子，期待凡人走过再回来。沈盘两姓兄弟久久没有等到神仙回来，为了更好地等待，两人决定在马头山安家落户，并以中间为界，上为盘姓，下为沈姓。①

① 流传地区：连南瑶排；采集地点：涡水镇文化站；采集时间：2020 年 11 月；讲述：盘见三、沈八斤六、唐升飞；搜集：殷沙漫；整理：殷沙漫。

（三）阿贵和青蛙[①]

过去瑶族还住在平地上的时候，出了一个小阿贵。阿贵家很穷，只有他和母亲生活。十三四岁的时候，他去一间私塾读书。私塾的学童们为了供奉先生，在私塾的水塘旁种了一些蔬菜和果树。可奇怪的是，那些水果蔬菜一到成熟就不见了。后来大家发现，是水塘中的一只青蛙吃了水果蔬菜。大家要把青蛙剥皮给先生下酒，阿贵动了怜悯之心，救下了青蛙，还把青蛙带回家，用饭团喂养。

青蛙长大后，有一天突然生了个鸡蛋大小的青蛙蛋，还托梦给阿贵说这个蛋能起死回生。阿贵醒来后，就拿着蛋去试。果然，他用蛋点了死蜜蜂，死蜜蜂就复活了；用蛋点了死田鼠，死田鼠就复活了。他很高兴，又去救一个死人，死人醒了以后，却图谋不轨，拿着阿贵的青蛙蛋就跑。幸亏有人帮阿贵捉住这个忘恩负义的人。阿贵拿回了青蛙蛋，但这件事也被人们知道了。

县官听说后，也对青蛙蛋动了歪心思，就把阿贵关进牢房，让他交出青蛙蛋。阿贵在牢房里，蜜蜂、田鼠都来帮助他，应该是报他的救命之恩。后来，衙役们去看阿贵，却看到了一头老虎。这件事吓得县官只好释放阿贵，还赔偿了他一些银两。

阿贵出狱后，用银两接济穷人，还用青蛙蛋复活穷苦可怜的人。但对于恶人，阿贵从来都不会救。

① 全国人民代表大会民族委员会广东省少数民族社会历史情况调查组编：《广东省连南瑶族自治县南岗、内田、大掌瑶族社会调查》，314—316 页，全国人民代表大会民族委员会广东省少数民族社会历史情况调查组，1958。

三、奇闻逸事

（一）唐二贵打老虎[①]

唐二贵是个身强力壮、勤劳善良的年轻人，因为家里无田无地，他十多岁就去帮一户有钱人做工，天天上山砍柴。有一次他在山上歇息睡着后，梦到一位白须老人赠他一把神斧，告诉他只要一斧就能有一担柴。唐二贵醒来后发现，自己果真如梦中一样获得了神斧。

高高兴兴回家的唐二贵在路边遇到了一位哭泣的姑娘。原来姑娘是大掌人，刚从自己的寨子逃出。因为最近几年大掌的山岭里，有一只猛虎，常常出来伤害人畜。寨子里便每年用一个少女祭虎，以求平安。马上就要轮到这位姑娘了，她实在不甘心丧生虎口，便逃了出来。唐二贵听后义愤填膺，立誓要杀了老虎、为民除害，便让姑娘带他回到大掌寨。

第二天，唐二贵就独自上山打虎。开始的四天四夜他都没有找到老虎，到了第五天他正睡眠时，被老虎的吼声惊醒。于是唐二贵便手持神斧，勇斗猛虎，最终将其杀死。

等到唐二贵带着老虎尸体回到大掌，已距出发有七天七夜。人们都以为他命丧虎口，打算绑起那个姑娘去祭虎。唐二贵的胜利归来让大家欣喜异常，从此再也不受虎害威胁。唐二贵也收获了那位姑娘的爱情，在大掌安了家，过上了幸福的生活。[②]

---

① 广东省连南瑶族自治县文化局编辑:《瑶族民间故事》，15—20 页，清远，广东省连南瑶族自治县文化局，1983。

② 流传地区：连南排瑶；采集地点：大坪乡；采集时间：1982 年 9 月；讲述：李昌夫；搜集：许文清、张景祥；整理：许文清。

（二）房牛山贵与仙女[1]

房牛山贵自小是孤儿，一直在一个财主家放牛、种地，只有三餐剩饭，饱受剥削，十分困苦。有一年大雪纷飞之时，房牛山贵上山砍柴。一个仙女看到后十分同情，便下凡人间，为他建新房，与他成亲，还给他银子偿还财主的债务。财主知道后，垂涎仙女美貌，便无耻地请求房牛山贵和他“换老婆、换财产”。

仙女妻子给房牛山贵出主意，让他答应财主的请求。财主满心欢喜，来到房牛山贵家，不料被仙女灌醉。这时玉帝派天神带走了私自下凡的仙女。而财主第二天醒来一看，自己躺在一个粪坑旁，周围什么都没有。他想回自己的家去，但立了字据又收不回来。只好沿街讨吃，做了乞丐。而房牛山贵拥有着过去财主的财富，过着非常幸福的生活。[2]

（三）诚实的翻单[3]

从前，瑶寨里有一个名叫翻单的年轻人，生活贫穷，到处流浪。但他诚实善良，从不随便拿人家的东西，甚至别人掉在地上的钱，他也不因为饥饿而捡起来自己买东西吃。有个算命先生，对此十分不屑，因此嘲讽说翻单就是再投过胎也还得做乞丐。翻单听了十分气愤，就和算命先生打了个赌，看看紫微山上的神仙是不是也如是说。

一路上，有两个人和一条蛇嘱托翻单帮他们问神仙问题。一个要他问自己的女儿为什么不会说话，一个要他问自己的三棵柑树为

① 广东省连南瑶族自治县文化局编辑：《瑶族民间故事》，58—61 页，广东省连南瑶族自治县文化局，1983。

② 流传地区：连南排瑶；采集地点：白芒瑶寨；采集时间：1982 年 7 月；讲述：房坚一公；收集：许文清、张景祥、纪远平；整理：许文清。

③ 广东省连南瑶族自治县文化局编辑：《瑶族民间故事》，54—57 页，广东省连南瑶族自治县文化局，1983。

什么不结果，那条蛇要他问自己修炼300年为什么还不升天。翻单一一答应了。到了紫微山，神仙只准翻单问3件事。守信诺的翻单问了路人托付他的3个问题。神仙说："那个哑女见到情郎就会说话了。那3棵柑树下埋有几缸金银，只要把它挖起来就会结果了。那条大蛇因宝气太重，只要把嘴里的宝珠吐出来就可以升天了。"

回家的路上，翻单把神仙的话告诉了大蛇。大蛇吐出宝珠，果然升天了。翻单又把神仙的话告诉那种柑果树的人。最后走到哑女门前，哑女一见翻单便能开口说话了。哑女的父亲十分吃惊，翻单便把神仙的话照实告诉他。结果这个父亲十分不满，以为贫穷的翻单假借神仙的口想做自己女儿的情郎，便赶走了他。

翻单无奈回到家中，到了半夜又听到种柑树的人来到他的门口，骂骂咧咧地把3个缸子放下就走。原来这个人听了翻单的话去挖柑树底下，结果不见金银，反而是3缸子蜈蚣和蛇。翻单再次被冤枉，想出门解释，可一看3个缸子里居然全是金子，这下翻单便发了大财。

翻单发了大财的消息，很快传遍了瑶寨。一天，那个算命先生将信将疑地来到翻单家，一见翻单的家里全是金银宝珠，立即吓昏了。等他醒来以后，哭丧着脸说："翻单呀翻单，我有眼无珠，看错人了，今后，我一辈子也不算命了！"接着那个哑女的父亲也带着哑女来到翻单家，要把女儿嫁给翻单。哑女不哑了，翻单成家了，再也不用讨饭了。[①]

（四）香碗水

从前，南岗瑶寨有个先生公名叫买得公，他身强力壮，通晓法术，专为瑶民驱鬼除害，南岗排的人都把他当救星，在八排二十四冲也是出了名的。

① 流传地区：连南排瑶；采集地点：白芒瑶寨；采集时间：1982年8月；讲述：房加贵公；搜集：许文清、张景祥；整理：许文清。

有一天，有五个恶鬼来到南岗排，看见一帮淘气的小孩在玩耍，就问："买得公的家住哪里"？小孩用手指着买得公的房屋说："在那里。"可那五个鬼就是看不见，其中一个鬼又问："小孩，买得公家门口放着什么东西？你们去帮我们看看"。几个小孩去看后，回来说："买得公家大门口两边各放着一碗水。"五个鬼说："你们去帮我们把水倒了。"几个小孩再去买得公家，把大门两边碗里的水倒了一点，五个鬼就看见了买得公房子的龙角。再叫几个孩子去把水倒完，买得公的房子就看得一清二楚了。

五个恶鬼来到了买得公的家，大声问道："买得公在家吗？"买得婆说："不在，去井洞做工了。"其中一个鬼说："买得婆，你去叫买得公回来。"买得婆立即来到鲁东塘，向下井洞方向大声喊："买得公，有人来找你，要你马上回来！"买得公答说："你回去泡茶，先让他们喝茶吧"！买得婆回去不久，又返回来说："那五个人不喝茶，只闻了一下气味。"买得公回答说："知道了，你先回去吧！"

买得公骑在犁上从井洞回来，飞快向五个鬼冲去，打死了其中四个，买得婆坐在火炉堂正烧火煮饭，她见老公一连打死了4个人，立即慌了，哭着说道："买得公，你杀那么多人，怎么尝得起命啊！"买得婆这么一说，买得公浑身的法术就散了。藏在香案里的那个鬼顺手拿起一条大棒用力打在买得公头上，买得公当场就被打昏了。临死前，他对买得婆说："你拣3块火炭放入我口里。"买得婆怕买得公痛，只拣了2块火炭放入他的口中，他临死时施展法术，烧掉了三州庙的2间房子。原来那五个鬼是从三州庙来的，而三州庙是3间房，那2块火炭只是烧了2间。

从此，南岗排瑶民就学买得公放香碗水到香案上（因放在家门外，人家容易倒掉）以驱恶鬼除妖害。[①]

① 流传地区：南岗排；采集地点：南岗排；采集时间：2003年6月；讲述：房大兵三公；搜集：房伟东、唐剑明；整理：房伟东、唐剑明。

第三节　民间歌谣

在八排地区，民间歌谣和其他口传文本一样，具有传承记忆、仪式展演、传播知识和教育后代的社会功能。从形式上来看，排瑶民间歌谣多为说唱为主的叙事歌，根据内容可分为：歌堂歌、历史歌、知识歌和劳动歌、情歌、风俗歌、新民歌等类型。

歌堂歌，有《优嗨歌》《弹指歌》《歌度单歌》等，是在耍歌堂活动中，排瑶男子随着歌堂程序变化而唱的一系列仪式歌曲，歌词反映了排瑶群众的祖先崇拜、道教信仰等内容。此处收录两首歌堂歌，其中《大掌排歌堂歌》以“广州上来”提句，表现了大掌排瑶的历史迁徙以及安身立命与广州的联系，涉及了劳作耕种、丧葬习俗等内容。油岭排《优嗨歌》唱述了在排瑶特殊的耍歌堂活动中，地方群众喜爱唱民歌、擅长舞蹈的情景，彰显了活动现场活跃热闹、人们热情洋溢的风貌。

历史歌，瑶语称之为“讲古歌”。在过去，阅历丰富的长者十分擅长讲“古”，人们也十分爱听“古”，“讲古歌”便是用吟诵性曲调唱出一些传说故事。此处收录五首历史歌，其中《汉、瑶分田》唱述了过去排瑶苦难生活缘由的历史传说，掌管天地万物的盘古王让探尿虫带话给凡人，探尿虫把“山上资源丰富”给说成了“山下资源丰富”，结果汉人获得了多田的平地，瑶人获得了少田的山地，因此生活艰苦。《五垌民称水歌》反映了排瑶先祖迁徙、最后定居旺埂的历史记忆。《里八峒歌》是流传于排瑶地区的经典历史歌，唱述了里八峒因和连州地区有土地纷争而被诬陷谋反，最终被官兵血腥镇压的兴衰历史。《八排瑶来源歌》唱述了排瑶迁徙到连阳以及之后分家的故事，交代了八排的次序，反映了排瑶弟兄的心性。《排瑶历史传说歌》从“水淹天”讲起，唱述了东三排之间的关系。

知识歌、劳动歌是排瑶在生产劳动中将积累的经验以歌谣的形式进行传唱，起到赞美劳动、鼓舞人心、传承知识的作用。此处收录两首知识歌、

劳动歌，其中《三月三节日歌》唱述了排瑶地区从播种到收获的整个传统农耕过程，因农历三月三是排瑶的开耕节，这一天人们通常要下田播种，并祭拜神灵祈求一年生产平安。《打猎歌》反映了排瑶猎手为保护庄稼而猎杀野猪的勇敢和负责任的精神。

情歌是排瑶歌谣的重要内容，因为过去排瑶男女的婚姻是以歌为媒，好的情歌可考验男女双方情感是否真切、才思是否敏捷、表达是否深情。此处收录四首情歌，其中《夜歌》采自大掌排，求爱的阿贵夜晚到莎腰妹的窗下，用情歌表达爱意，恳请对方能起来和自己对歌，因为莎腰妹若与之对歌，则说明被其打动；若置之不理，则说明这个阿贵被拒了。《格乐当》采自油岭，与第一首不同的是，此歌是由莎腰妹向心仪的阿贵哥表达心意。《情歌》是对歌，采自南岗，唱述了男女双方互猜心意，同诉衷肠的情感。《讴莎腰》由“探情”“求婚”两部分组成，生动体现了排瑶青年男女从试探心意到谈婚论嫁的恋爱过程。

风俗歌一般涉及排瑶地区的风俗习惯以及各种生活事项，既有对文化的记述，也有对自然的认知，其内涵更多的是表达一种情绪或情调。《拜祖歌》来自大掌排，在描述祭祖仪式的同时，也自然流露着对祖先崇敬、思念的情感。《十二个月花朵》唱述了排瑶地区一年四季十二个月盛开的花朵，表现了排瑶民众对自然的细腻观察与热爱之情。《婚礼歌》是新郎、新娘各自父母在婚礼上的唱和之曲，由“认亲”“保佑新娘”“敬茶”“敬烟”“敬酒”等单元组成，充分体现了排瑶的婚俗礼节以及对新婚家庭的祝福。《哭丧歌》哭唱去世者的事迹和与逝者分离的难舍之情。

新民歌是随着时代变迁而产生、与传统歌谣相区别的歌曲，在曲调、韵律、作词、内容等方面有所创新，排瑶地区的新民歌体现了讴歌新时代、弘扬新观念、赞美新生活的情感。此处收录3首新民歌，其中《赛过开天盘古王》表达了新中国成立后获得解放的排瑶群众对中国共产党和对祖国的认同。《女人当家》反映了排瑶女性对获得平等自由的自我价值的新认知。《我家在瑶寨》反映了改革开放以来，排瑶群众生活所发生的新变化，以及对新时代、新生活的热爱之情。

具体歌谣文本摘录如下。

一、歌堂歌

1. 大掌排歌堂歌[①]

一

广州上来一洞田啰，
十八只牛犁一边嘻，
犁到边“都道农”[②]啰，
插到两边好收成嘻。

二

今日打开田屯头啰，
打开屯头人人唱嘻，
唱歌唱来最动听啰，
几时得同唱个歌嘻。

三

高山葬土无穴地啰，
平地葬土葬出官嘻，
平地葬土出官仔啰，
做官容易写书难嘻。

四

广州上来十八街啰，
门墩穿枋十八条嘻，

① 全国人民代表大会民族委员会广东省少数民族社会历史情况调查组编：《广东省连南瑶族自治县南岗、内田、大掌瑶族社会调查》，319 页，全国人民代表大会民族委员会广东省少数民族社会历史情况调查组，1958。

② “都道农”即人人知。

前盖琉璃瓦盖屋啰，
门边柱墩雕了花嘻。

五

荷花艳艳生在石龙石眼啰，
好女生在别人大家中嘻，
大家招到远来客啰，
大木招到远来风嘻。

六

想起好娘难舍离啰，
愿得离来难得离嘻。
愿得离来同凳坐啰，
同凳坐下唱个歌嘻。

七

人老笑谈无心记啰，
头发斑白心犹青嘻，
白毛心焦白毛了啰，
担转衣服无转头嘻。

2. 油岭排“优嗨歌”[①]

老歌手出来唱歌了，
大家都出来合唱吧。
老鼓手出来跳舞了，
大家都出来跳舞吧。

---

① 广东省连南瑶族自治县文化局编：《连南瑶族民歌》，97—100页，清远，广东省连南瑶族自治县文化局，1983。

老歌手已出来了，
大家快点来唱呀！
老鼓手已出来了，
大家快出来跳呀！
老歌手的歌是这样唱道：
九月和十月是庄稼成熟的季节，
秋天是收获的时候。
粮食成熟了，九样粮食都要收完进仓；
庄稼该收割了，十样庄稼都要收进屋里。[①]

二、历史歌

1. 汉、瑶分田

在原始盘古王时候，
懒理王指使探尿虫传话给人，
说“山顶出水，山硬出水”。
可探尿虫错说“山坳出水，山坑出水”。
使得九份田在平地街（汉人），
我哥山芒（瑶人）得到九份山，一份田。
没米下锅，
吃的是杂粮野菜天天饿肚子。[②]

① 流传地区：油岭；采集地点：油岭；采集时间：不详；唱述人：唐买些大不釜；搜集：费师逊、许文清；整理：费师逊、许文清。

② 流传地区：西五排；采集地点：大坪镇政府；采集时间：2019 年 7 月，唱述人：沈如拜二尔（大坪村五组人，58 岁）；搜集：安志强；整理：安志强。

2. 五峒民称水歌

当日先生左手拿起银秤，称起连州六条水，一钱不少，

右手拿起银秤，称起寨当河水三厘三分，

世称上当日三江河七厘七分，称上大龙小龙四厘四分，

称入当日金坑河水是四厘四分，称上京寄大河三厘五分八，

是称不出十二分深。

他们先生高起量，三江河水大了。

先生观里左手拿起银称，称入涡水河，称出七厘七分八，

称入当日连山河六厘六分九，称吾出十二分深。

弟称上猪惊河，吊负惊，

称出白沙黄，本山惊。

下河称钱不少，上河称一两不净是称不出十二分，

是称入连山河，称出莫古甲河称出郑坑惊，

称出哥行河，称出六厘六分九是称不出出十二分深，

五峒人哥贵弟妹，我们得到六厘六分九，当许得老十二分初让。①

3. 里八峒歌②

里八峒，原是个好住场。

九条龙头管得好，十条喜马招得真。③

管出里八峒，四姓五釜街，

姓姓有名，釜釜有姓，

唐屋街有唐大爷，邓屋街有邓贵财，

① 流传地区：西五排；采集地点：大坪镇政府；采集时间：2019年7月；唱述人：唐亚交四尔（大掌村大道坪3组人，48岁）；搜集：安志强；整理：安志强。

② 全国人民代表大会民族委员会广东省少数民族社会历史情况调查组编：《广东省连南瑶族自治县南岗、内田、大掌瑶族社会调查》，164—166页，全国人民代表大会民族委员会广东省少数民族社会历史情况调查组，1958。

③ 过去瑶民信风水命运，此句指好龙脉。

沈屋街有沈二富，房屋街有房府爷，
陈屋街有陈父母。
五马归财管得好，田洞禾苗长得肥。
八寨算了里八寨，八峒算得里八峒。
打横有里八，打直有里八。
里八峒出了七十二个“恶仔”，
里八峒还有七十二个“恶妮”。①
家家有禾收百担，户户有谷藏万斤。
算盘过数九千九，“厘等”秤来十万多。②
买田买到连山府，买地买到永和圩，
买到七十二株“禾王”洞，③
争端纠纷从此起。
连山七峒“官百姓”，加上上坪四寨人，
一人出法，千人同意，
上州入纸，下州入书，
州告州，县告县，
告到三江街，高良圩，
告到连州街，新州府，④
告州州准，告县县信。
我里八峒瑶民仔，告州州吾准，
告县县吾信。
更可恨，那蓝府顶，陈府目，⑤
出钱招兵九十九，州内点兵十万余，
红旗飘飘上连州街，白旗闪闪到新州府。
第一商量打南岗寨，打油岭村。

① 恶妮，即有本事、又能干的妇女。
② 指用厘等来称。
③ 禾王，据说每株可长九十九条，每条可长九十九支，每支长九十九粒，每粒有手指般大，故称之为禾王。
④ 新州府，指连州府的意思。
⑤ 蓝府顶、陈府目，均为音译，指当时朝廷的官。

但拿起千镜里，
照到南岗尾，油岭顶，
没有七十二个“恶仔”，
也没有七十二个“恶妮”，
第二计划打里八峒。
勒高马头，拉紧马鼻，
红旗飘飘上关门坳，白旗闪闪到鸡笼关，
红旗飘飘上白沙洞，白旗闪闪到木古寨，
红旗飘飘到塘梨坳底，白旗闪闪到江州峒面，
扎下营寨，进攻瑶排。
我里八峒瑶人，义愤填膺，
拿起刀枪，埋伏路口，
想谋蓝府顶，想杀陈府目，
但三十六（顶）轿，七十二（人）抬，
轿轿同一样，抬抬是一色，
哪是蓝府顶？哪是陈府目？
没法来分辨。
军寮排里有个灵应的摩利婆，①
说有三个蜜蜂跟着脚的那一顶是蓝府顶，
有三个黄蜂跟着尾的那一抬是陈府目，
谋到了蓝府顶，杀死了陈府目，
事情闹得凶，官府兵马来进攻，
打开里八峒，连砖带瓦都搬空。
砖传砖来瓦传瓦，块块传到连山城，
砌起了城墙，还做了宝塔。
打开里八峒，还想放火烧庙堂，
幸得灵应沙房一，②

① 摩利婆，是一个灵应的女神。
② 沙房一，是一个灵位的女神。

黄裙飘风，红裙飘雨，
才救出了我祖宗神明的大庙堂。
沙房一，真神通，
一句话来讲得应，二句话来讲得灵，
拿起刀枪杀兵马，
一刀杀来千百万,二刀杀来千万兵。
杀死“府顶”兵马九千九，杀死“府目”官兵十万多，
“铜钱”过点原来七缸半，① 败走回营只有三缸多。
我里八峒瑶民真正“恶”，为了家园“唔忿输”。
到底寡来难敌众，强弱优劣更悬殊，
打散了我里八峒，打烂了我四姓五釜街；
搞坏了龙头，砍断了龙尾，
地龙过了气，山水走了风，②
九条龙头管唔起，十条喜马招唔真，
我四姓五釜街，人穷走山冲，
鱼穷走坑潭。

4. 八排瑶来源歌

八排是八寨，
八寨是八峒。
九个父母，
十个王公。
道州冲出世，
夫生街翻身。
穷山种不出粮食，
恶水养不了人丁。

---

① 铜钱，指兵马的意思，这里是借喻。
② 指风水破坏失散之意。

父亲说：
儿啊随大家的看哪里风水好？
母亲说：
儿啊依大家的看哪里能养人？
儿子说：
父亲哎，出门要拜公，
母亲哎，走路要敬婆。
父亲拿起罗盘紧跟儿子出了门，
母亲拿起望远镜尾随儿子身后。
父亲用罗盘在龙贵照了一下，
母亲用眼镜在山头看了一眼。
罗盘一照照上跑马贵，
眼镜一看看清多条山。
跑马顶有人住了，
岩面墩有人占了。
父亲用罗盘照上湖广顶，
母亲用眼镜看上讲黑街。
湖广顶真的有养人风水，
讲黑街真的有生人地方。
到了湖广顶，
到了讲黑街，
有恶们出了世①，
有恶单出了相②，
容不了身，
立不了足，
掉头返回山，
转身到原地。

① 恶们，厉害的人。
② 恶单，厉害的人。

父亲用罗盘照到连州街让东顶，
母亲用眼镜看到钱州府有条河。
到了连州街让东顶，
已经有人占了地方。
无法立身又掉头回来，
拿出罗盘重新四方照。
三江街真是养人好风水，
三江街真是生人大地方。
在三江街立了身，
在三江街安了家。
看看哪个山头可以耕种，
看看哪个平地可以养人。
父亲用罗盘照到梅村，
母亲用眼镜看到沿陂。
到了梅村边沿陂旁，
发现有大峒有双河。
父亲拿起铜称来称水，
称到连山河的水三分三。
红旗带路，
白旗开道。
刚到连山就看见有母鸭守了连山峒，
一到七古村就有只公鸭守了飞机岭。
掉头又用罗盘照地方，
照到红八岭有点可以养人。
掉头又用眼镜看地方，
看到老古湾有点可以生人。
父亲拿出铜称来称水，
称到涡水河的水四分四。

红旗带路，
白旗开道。
进涡水河八十八弯，
爬涡水河九十九拐。
到罗八良（田）神仙石头安了家，
开山耕种养了家糊了口。
住了七年生了七兄弟，
住了八年生了八个仔。
父亲说，儿啊：
请来你皇公，
要凳没凳坐。
请来你皇婆，
要垫没垫用。
兄弟要商量，
家族要同心。
砍来古甘柴做庙柱，
砍来都哈树做庙门。
砍来杉木做横梁，
割来茅草盖坡面。
建起一间大庙给皇公坐下，
建起一间大庙给皇婆休息。
人口发展到上千，
人丁兴旺到上万。

人口多了就有些争执，
人丁旺了就有些难管。
人多耕地要广，
牛多草地要宽。

人口多了要另找生养地耕种，
家族大了要另建一座庙教育。
找到了大石岭，
变成了说理地。
子孙不要学坏，
媳妇不要学丑。
儿子问，爸啊：
你有养老的地方吗？
儿子问，妈啊：
你有自己的地盘吗？
父亲带着儿子到了辛塘顶，
母亲带着儿子到了花兴街。
父亲说连山峒是我的养老地，
母亲说铁坑峒是我的老地盘。
父亲用罗盘照到西方有五点生人的地方，
军寮原来是大哥，后来让给了缅斗（马箭）。
军寮第二、大度（火烧排）第三、大掌第四、里峒第五。
母亲用眼镜看到东方有三点生人的地方，
横坑原来是大哥，后来让给了油岭。
油岭是大哥，南岗是第二、横坑是第三。
油岭村五六百户，
南岗村六七百户，
横坑村三百三家。
八排是八寨，
八峒有八庙。
八排二十四冲，
八排三十六村。
兄弟分得均，

世世都团结①。

5. 排瑶历史传说歌②

辰卯日在癸卯年，
天下大旱来，
南海和北海。
旧事又重提，
想起原出处，
前代男人种一葫芦瓜，
救出沙房三浮过海。
后代女人种得白瓜，
救出房十六省过省。
建立大明国，
救出姑侄俩。
姑作妻房配侄情难堪，
无奈天赐良缘养育千百人。
初时生下原是九儿子，
儿孙屡代十房人，
从此住在高山称瑶人。
瑶人繁衍成百家，
瑶人演变有百姓。
瑶人管辖高山廿四坑，
再加二十四庙八十四冲。
平地倚仗有兵马，

① 流传地区：东三排；采集地点：油岭村；采集时间：2020 年 10 月；提供人：盘鹏（油岭村人）；搜集：殷沙漫；整理：殷沙漫。

② 全国人民代表大会民族委员会广东省少数民族社会历史情况调查组编：《广东省连南瑶族自治县南岗、内田、大掌瑶族社会调查》，152—153 页，全国人民代表大会民族委员会广东省少数民族社会历史情况调查组，1958。

一天占管十三国，
二天连占二十六个城。
大石岭起分人丁，
辛唐顶起分支派。
一村变成八个姓，
一房再变二十八房人。
分出罗公立下油岭排，
分出唐十二公立南岗，
分出沈十七公立横坑，
立下了三大岗。
油岭大哥，南岗排次，横坑是三弟。
龙十九公来指定：
分出罗公住在“主排洞”，
唐十二公住下南岗坪里洞，
沈十七公住下“寒岭径”。
一处生有七姊妹，
一处长得三兄弟。
天上忽然现出浮云十二朵，
南岗排边山冈顶，
依照老君仙人话：
“伙计啊！循规蹈矩对得天地公理在。”

三、知识歌、劳动歌

1. 三月三节日歌[①]

① 全国人民代表大会民族委员会广东省少数民族社会历史情况调查组编：《广东省连南瑶族自治县南岗、内田、大掌瑶族社会调查》，318—319 页，全国人民代表大会民族委员会广东省少数民族社会历史情况调查组，1958。

盘古王开天辟地，二十四节令定下来。

盘古岭下十八片山。

我俩今天坐在坪地上，左手执枝条来右手拈白叶。

坐到黄花灯起照台椅。

做官粮米平平过，二百四银对半折边匀。

两人坐到三十六黄盘七十二把镜。[①]

商量日子容易过。

厚书才翻第一篇，九经传来第二篇。

好似年庚诗篇好。

冬去春来清明未至下田间，谷雨不等要开耕。

锄地须垦山，社前社后开到地无闲。

左手提起铜犁尾，右手把住铁犁柄。

提起铜犁开田洞，拿起铁犁走黄洞。

犁开泥土五寸厚，铲起泥皮四寸阔。

泥团松松左方倒，泥块片片右边落。

左手铜犁开下九田头，右手铁犁铲十八田角。

坡头放水坡尾坝，大片田土弯弯灌满水，大水茫茫灌着田。

耙好田头九块地，十八个田角也开齐。

田上多草人工多，婴儿叫饿耐心喂。

十八趟人工泥沉底，二十四回耘地土更深。

田间长草土肥美，地上草长包麦高。

工多十八番毋须包麦点数计。

多做九天拔草清，多做十日包麦旺。

草清好留包麦苗，一天长来高又高。

坡头田水先得养，一穗九十九粒壮又壮，

禾秆旺强乘饭起，穗尾壮大能挂菜。

米粒称来六刃九，谷粒沉重七刃二。

粒粒均匀粒粒壮，壮成欢乐心更畅。

① “三十六黄盘七十二把镜”指避雨亭。

2. 打猎歌[①]

我是一个打猎手，
天天上山去打猎，
肩头挂着火药袋，
手里拿着鸟铳枪，
伙计呃——
去啰，去啰，去啰！
为了保护地里的粮食，
我们去寻找那凶恶的野兽。
快来，快来，快来！
你看呀——
野猪吃苞米！野猪吃苞米！
瞄准打呀！
“砰”！打死啰！[②]

四、情歌

1. 夜歌[③]

莎腰妹呃，
起来跟我唱歌吧！
你今天做工累了，

① 广东省连南瑶族自治县文化局编：《连南瑶族民歌》，1—2 页，清远，广东省连南瑶族自治县文化局，1983。

② 流传地区：东三排；采集地点：油岭村；采集时间：不详；唱述人：唐乔新二（油岭村人）；搜集：许文清、张景祥；整理：许文清。

③ 广东省连南瑶族自治县文化局编：《连南瑶族民歌》，3—4 页，清远，广东省连南瑶族自治县文化局，1983。

还是在龙床上睡着了？

我的命运真不好啊，
出门无个伴，
入门不成双，
二十岁还做单身汉！

莎腰妹呃，
你生得漂亮又聪明——
银水粉起没那么好，
金水粉起没那么真。①

我真想念你啊！
白天想你吃不下饭，
晚上想你睡不着觉，
问妹愿不愿同我结夫妻？

莎腰妹呃，
快些起来吧，
用刘三妹古言，刘二四道理，②
安慰我单身郎的心吧！③

2. 格乐当④

① 形容女性极其美丽的意思。

② 古言、道理，唱情歌的意思。

③ 流传地区：西五排；采集地点：大掌；采集时间：不详；唱述人：不详；搜集：许文清、邓建民；整理：许文清。

④ 广东省连南瑶族自治县文化局编：《连南瑶族民歌》，101—102 页，清远，广东省连南瑶族自治县文化局，1983。“格乐当”是瑶族莎腰妹用纸花或采来的鲜花扎成的像纸风车一类的玩具，作为定情信物。也有作“歌乐档”。

勤劳聪明的阿贵呃，
你为什么不到妹身边？
今日天开云雾散，
阿妹采花上高山，
采花做个"格乐当"，
哥妹相好定百年。[①]

排瑶青年定情信物"格（歌）乐档"[②]（安志强/摄）

3. 情歌（男女对答）[③]

男：姑娘啊！姑娘啊！
　　难得你睡得这么甜啊！
　　想起了你心好痒啊！

① 流传地区：东三排；采集地点：油岭；采集时间：不详；唱述人：唐明古三尔；搜集：海耳、许文清；整理：许文清。

② 拍摄时间：2019年8月2日；拍摄地点：军寮村委。

③ 全国人民代表大会民族委员会广东省少数民族社会历史情况调查组编：《广东省连南瑶族自治县南岗、内田、大掌瑶族社会调查》，158—159页，全国人民代表大会民族委员会广东省少数民族社会历史情况调查组，1958。

思念你我多惆怅。
莎方三要说话哩！
房十六也要唱歌。
伙计们正在思量，
心事多多乱纷纭。
左手带着火芒梗，
燃起烘烘亮火光。
伙计们走遍九大街，
踏尽十条正巷，
脚步急忙到你莎方十一妹爹娘家去。
左右口角一遍一遍叫你莎方十一妹，
你睡在床上怎么这么甜哟！
我想起你——
虽非十日可以唱，五天可以谈的人儿，
我想你也不用紧闭着嘴。

女：哟！你是邓一贵还是邓二贵？
你多么有心到我爹娘家去！
你不用唱也愿你来，
邓一贵还是邓二贵啊！
不晓得别姓人有没有你的心爱人？
邓一贵还是邓二贵啊！
你说的话我是爱听的，
恐怕别姓人早已定下你了！
算了吧！

男：你莎方十一妹还是十二妹哟！
打哪儿探知我有别姓心爱人？
别相信那些胡说吧！
除了你哪儿还有谁在我心？
本该有一双人儿，
可是我依旧是孤零人。

出门没有个伴，
入门也没有个亲，
你莎方十一妹还是十二妹哟！
我左右嘴一齐对你说吧，
爹娘生我一岁起，
养我这么多年，
还是个穷苦的人儿，
没有一片田地，
怕是嫌我穷吧？
同年岁的姑娘们哟！
唱起莎方三的道理就不想分开，
提起房十六来就不愿回家。
女：你邓一贵唱起歌合我心，
你邓二贵说起话正合我意，
大家都是穷苦人，
只要同心合力，
一齐下地干，
也不要计较爹娘留多少田地，
两个人下劲干，
种些薯芋也不是不会吧？
生男育女也有个家的样子。
男：你莎方十一妹啊！
有心和我配个对，
左手拉下链，
右手拿掉锁，
别怕羞，
让我进门坐下你火炉堂，
谈过一清二楚，
好结成一双。
女：哝哟！

邓一贵还是邓二贵啊！
道理别多啰唆！
话多不会当米煮饭，
话多也不能当盐煮菜。
你邓一贵还是邓二贵啊！
你说话合我心意，
你歌唱对我心眼，
就这么样吧！
照你的话去做，
别胡乱着了别姓人儿的迷惑。
我左手燃起芒梗，
照亮了九街十巷，
回到你爹娘家去，
再不要胡思乱想吧！

4. 讴莎腰（节选）[1]

求婚

男：盘王造天又造地，
造出月亮配太阳；
造出人丁千千万，
造出男女配成双。
哥年二十妹十八，
哥要娶妻妹嫁郎。
哥爱妹美人品好，
哥爱妹勤劳动强。
妹若不嫌哥命苦，
娶你一起度时光。

① 广东省连南瑶族自治县文化局编：《连南瑶族民歌》，13—15 页，清远，广东省连南瑶族自治县文化局，1983。

女：八月桂花满山香，
　　妹绣锦袋日夜忙。
　　十月十六“耍歌堂”，
　　阿妹要去会情郎。
　　王公传下老规矩，
　　问歌晓得哪几样？
男：王公的话哥记得清，
　　王公的话哥记得详。
　　砍一条桦木做担杆，
　　搬平山地做屋场。
　　挑来红泥打砖坯，
　　砍来杉树做屋梁。
　　买一只铁铸三角锚，
　　厅中砌个火炉塘。
　　到连州花街买云鼎，
　　去三江街缅买铁锅。
　　打两个银碗装米饭，
　　打两对金筷哥一对来妹一双。
　　开块山地九丈九，
　　种上粳禾包麦作米粮。
　　再锄山地三丈三，
　　种上白虎好烟秧。
　　鸡啼三声哥起身，
　　天光出门上山冈。
　　挖山种地不怕苦，
　　勤耕勤种度时光。
女：王公的话你记得清，
　　王公的话你记得明。
　　做人要做诚实的人，
　　黄金不要掺铜银。

“耍歌堂”满山野花开，
阿哥摘花莫多心。
“耍歌堂”妹将花袋送给你，
哥把银项圈带在身。
阿妹戴上银项圈，
与哥永世结同心。①

五、风俗歌

1. 拜祖歌②

阳人望除夕，阴人盼清明。
买得连州纸筒筒，广州纸张张。
黄纸当黄金，白纸作白银。
九圩十巷寻纸店，重价买回排里烧。
几时收到几时用，候到除夕日西沉。
左手拿剪刀，右手执纸张。
铜剪剪下连州纸筒筒，铁剪剪开广州纸张张。
高挂门廊上，
担了龙肉敬家堂，担了龙酒拜祖先。
杀鸡奉祖先，好来还了一年愿。
黄白纸钱敬祖先，祖先高座层次分，
上下祖先座次明。
银盘盛肉金盅载着酒，祖先笑颜享用保我丁财旺相。

① 流传地区：东三排；采集地点：油岭村；采集时间：不详；唱述人：唐坚一公、唐大口三公；搜集：张景祥；整理：许文清、纪远平。
② 全国人民代表大会民族委员会广东省少数民族社会历史情况调查组编：《广东省连南瑶族自治县南岗、内田、大掌瑶族社会调查》，317页，全国人民代表大会民族委员会广东省少数民族社会历史情况调查组，1958。

2. 十二个月花朵

一月青菜花开，
二月糖梨花开，
三月野果花开，
四月黄瓜花开，
五月莽草花开，
六月豆角花开，
七月苕海花开，
八月稻禾花开，
九月菊子花开，
十月茶籽花开，
十一月红木杉花开，
十二月耙藤花开。[①]

3. 婚礼歌

认亲：

今天是饮酒高兴的好日子，
这次是结成亲家的大吉日。
认识你这样好的亲家公，
盼到你那般亲的亲家婆。
在大厅的三角圆台坐下，
在厅堂的八仙方桌坐齐。
银碗盛起清明好茶，
金杯装上白露好酒。
欢欢喜喜结对，
高高兴兴认亲。

① 流传地区：西五排；采集地点：大坪镇政府；采集时间：2019 年 7 月；唱述人：唐关保一尔（大谷坳四组人）；搜集：安志强；整理：安志强。

我们是比兄弟还好的亲家，
我们是比亲家还亲的兄弟。

保佑新娘：

新娘到婆家，保佑她如意。
新娘到婆家，保佑她平安。
新娘到婆家，保佑她长寿。
新娘到婆家，保佑她行运。
新娘到婆家，保佑她子女成群。
新娘到婆家，保佑她六畜兴旺。
新娘到婆家，保佑她尽享天伦之乐。

敬茶：

今天是喝酒高兴的好日子，
这时是认亲欢喜的好时刻。
那么好的亲家公来了我们都高兴，
这样美的亲家婆到了大家都喜欢。
请到厅堂圆形饭台坐下，
请到厅堂四方仙桌坐齐。
我用银碗盛起清明好茶，
我用金杯装上白露好水。
我们亲家喝杯清明茶水透透气，
我们亲家饮口白露茶水定定神。
喝了清明茶水让亲家公都高兴，
饮了白露茶水让亲家婆都欢喜。
从此，天天是最好的亲家公，
从此，时时是最亲的亲家婆。

敬烟：

今天是大哥我试酒的好日子，
这时是二儿子提亲的好时刻。
我们亲家公有时间欢聚一起，
我们亲家婆有机会相会厅堂。
长凳上坐下，方凳中交谈。
你我都高兴，大家有笑脸。
品尝黄金烟尾，
交换双叉烟叶。
我是你最好的亲家公，
你是我最好的亲家婆。
一生一世是真亲家公，
千年万代是真亲家婆。

敬酒：

今天是亲家喝酒的好日子，
这时是结对成亲的好时刻。
我们亲家公才有机会聚在宽敞的厅堂上说话，
我们亲家婆才有时间聚在明亮的大厅里交谈。
我们亲家公在三角圆台坐下，
我们亲家婆在四方仙桌聚集。
手握手说高兴的话，面对面讲明白的理。
话说到心里去了，理讲到心坎上了。
高高兴兴用龙碗装满腊肉端上三角圆台，
欢欢喜喜用龙杯斟满好酒摆上四方仙桌。
亲家公高高兴兴举碗碰杯，

亲家婆欢欢喜喜举筷吃肉。
喝完好酒心里很美，
吃尽好肉心里很甜。
从此世世是我的亲家公，
从此代代是我的亲家婆。[①]

背着孩子的排瑶妇女[②]（安志强 / 摄）

六、新民歌

1. 赛过开天盘古王[③]

瑶民世代敬盘王，

① 流传地区：东三排；采集地点：横坑村；采集时间：2020 年 11 月；唱述人：盘鹏（油岭村人）；搜集：殷沙漫；整理：殷沙漫。

② 拍摄时间：2019 年 11 月 10 日；拍摄地点：油岭排。

③ 广东省连南瑶族自治县文化局编：《连南瑶族民歌》，1—2 页，清远，广东省连南瑶族自治县文化局，1983。

世世代代苦难当；
今日来了毛主席，
子孙万代幸福长。

共产党，像太阳，
照到瑶山瑶山亮；
瑶民翻身做主人，
松杉五谷满山岭。

毛主席，恩情长，
赛过开天盘古王，
盘王开天留下人间苦，
毛主席救苦救难救瑶民。

2. 女人当家

是我们，我们是女人。
现在女人可以当家做主，
女人当了家就要顾家，家才完美。
女人十七八年龄到，
二十岁年轮满是要嫁人，
要成家。
女人就像水做的，
就像牡丹花一样美。
我们女人命，十八工种给我们女人做，
我们要在盘古王山开花（做工）。
这样才是女人，
女人要当家。
顾家的女人甚是好，

我们永远都是那样美。
每一朵都是那样红，
每一朵都像花一样美。
女人顾家好，顾家的女人才会拥有幸福。
不知我说得在不在理，
这是做女人的道理。[①]

3. 我家在瑶寨

瑶寨，瑶寨是我家。
瑶寨，哎！
改革开放四十年，瑶寨建设美如画。
瑶寨旧貌换新颜，红砖新房一排排，
电视冰箱洗衣机，大车小车通村里，
校园琅琅读书声，孩子开心上学校。
哎！哎！
瑶寨，瑶寨是我家。
瑶寨，哎！
春风吹得百花开，青山绿水是金山。
瑶寨四季瓜果多，风吹稻花香十里。
拿起渔网打田鱼，酿好米酒等您来。
载歌载舞喜洋洋，日子过得比蜜甜。
哎！哎！
美丽的瑶寨，我的家乡是瑶寨。
哎！瑶寨！瑶寨是我家，哎！[②]

---

① 流传地区：西五排；采集地点：火烧排；采集时间：2019 年 7 月；唱述人：房文婷（火烧排人）；搜集：蒋满娟；整理：蒋满娟。

② 流传地区：西五排；采集地点：大坪镇政府；采集时间：2019 年 7 月；唱述人：房奕玲（牛路水人）；搜集：安志强；整理：安志强。

4. 瑶歌唱响三江街

大雾山尾山山高，山山连着高良墟。
起眉山街，街街平，街街连至三江街。
大不河尾，尾尾长，尾尾流到沿陂尾。
涡水河水，水水清，水水流至三江口。
八排二十四坑高楼平地起，
瑶民日子一年比一年好。
老老少少欢欢喜喜，
哥贵弟妹人人得意。
红旗飘飘过周堂，
锣鼓应应闹歌堂。
瑶歌唱响高良墟，
长鼓声响三江街。①

① 流传地区：东三排；采集地点：横坑；采集时间：2020 年 11 月；唱述人：房荣光（横坑人）；搜集：殷沙漫；整理：殷沙漫。

结 语

2019年9月27日，习近平总书记在全国民族团结进步表彰大会上指出："一部中国史，就是一部各民族交融汇聚成多元一体中华民族的历史，就是各民族共同缔造、发展、巩固统一的伟大祖国的历史。各民族之所以团结融合，多元之所以聚为一体，源自各民族文化上的兼收并蓄、经济上的相互依存、情感上的相互亲近，源自中华民族追求团结统一的内生动力。正因为如此，中华文明才具有无与伦比的包容性和吸纳力，才可久可大、根深叶茂。"

在2021年中央民族工作会议上，习近平总书记进一步指出，铸牢中华民族共同体意识是当前民族工作的主线和纲，一切工作要向此聚焦。做好新时代党的民族工作，要把铸牢中华民族共同体意识作为党的民族工作的主线。铸牢中华民族共同体意识，就是要引导各族人民牢固树立休戚与共、荣辱与共、生死与共、命运与共的共同体理念。铸牢中华民族共同体意识是维护各民族根本利益的必然要求，只有铸牢中华民族共同体意识，构建起维护国家统一和民族团结的坚固思想长城，各民族共同维护好国家安全和社会稳定，才能有效抵御各种极端、分裂思想的渗透颠覆，才能不断实现各族人民对美好生活的向往，才能实现好、维护好、发展好各民族根本利益。

习近平总书记的这些重要讲话，是当前开展民族工作的重要指导，也是编写本书的指导思想。

纵观本书可以看出，八排古村落民族志是解读中华民族多元一体格局下中华民族共同体形成与发展的鲜活素材，是当前开展铸牢中华民族共同体意识的可贵资料。

八排瑶作为瑶族的一个支系，较好地保留了独具特色的族群语言与文化，其传统文化传承有序。同时，在长期的历史发展过程中，从中原出发，到世居岭南，一部八排瑶迁徙、发展的历史，就是中国历史上多民族交往交流交融的历史断面，是中华大家庭各民族团结交融的一个典型案例。从八排瑶的历史起源和历史发展上看，瑶族起源于先秦时期长江中游的三苗、荆蛮，秦汉时期的武陵蛮、槃瓠蛮、长沙蛮等，与今日苗族、畲族有共同的族源；八排瑶关于人类起源的“水淹天”神话，与汉族等许多民族的洪水神话大同小异；关于八排先民迁徙形成的传说，其中有不少与汉族等各民族的交往交流故事；耍歌堂等节日中的盘古崇拜、八排传统村落中的盘古庙，与汉族神话中的盘古开天地的盘古也不无关联；至于耍歌堂、香歌堂中“过九州”仪式中的“荆州”“雍州”“青州”“徐州”“扬州”等“九州”，大部分是中原汉族地区的历史地名，更是较为明确地记录了八排瑶从中原南迁岭南的历史足迹。在有关八排瑶来历的传说中，也说到其祖先早先在洞庭湖周围居住，以后才迁徙到了南方。传说中提到的八排瑶十二姓，即陈、张、黄、李、冯、唐、盘、沈、邓、赵、王等，明显与汉族有着密切的交融关系。

从八排瑶的生活习俗、民俗文化方面看，八排瑶日常生活中的日常用语、衣食住行、婚丧仪礼、节日庆典、伦理道德等，在具有自己鲜明的族群文化特色的同时，也更多的显示着瑶族与当地汉族及各少数民族文化交流交融的内涵。比如，八排瑶语言中保留有不少汉语词汇，这些汉语借词有的借自北方话系统的通用语，有的来源于一些汉语方言，包括粤方言、湘方言等，更多的是客家方言。八排瑶语言中大量采借汉语词汇与瑶汉之间长期的民族交流交往交融直接相关，今日排瑶中的大部分人，特别是男子，都是兼通瑶语和汉语的双语人。其他如民间习俗的很多内容，与汉族民间习俗较为相似；八排瑶先生公使用的先生公文书，其文字是典型的汉字与八排瑶语言发声特点相结合而成的自创字（土俗字）；节日习俗方面，汉族地区的春节、清明节、端午节等节日，也是八排瑶民的重要传统节日，在采借汉族传统节日习俗的同时，加入了众多八排瑶的民族习俗，是汉族节日在瑶族地区的传播和融合的结果。

凡此种种，无一不是历史上八排瑶人民与汉族及其他各族人民交往交流交融的历史记录，也成为八排瑶独具特色的文化遗产，是中华传统文化的重要组成内涵。

习近平总书记指出，铸牢中华民族共同体意识，要正确把握共同性和差异性的关系，增进共同性、尊重和包容差异性；正确把握中华民族共同体意识和各民族意识的关系，引导各民族始终把中华民族利益放在首位，本民族意识要服从和服务于中华民族共同体意识；正确把握中华文化和各民族文化的关系，各民族优秀传统文化都是中华文化的组成部分，中华文化是主干，各民族文化是枝叶；要正确把握物质和精神的关系，要赋予所有改革发展以彰显中华民族共同体意识的意义，以维护统一、反对分裂的意义，以改善民生、凝聚人心的意义，让中华民族共同体牢不可破。

正确把握“四对关系”，为我们进一步深入准确地解读和理解八排瑶历史文化提供了遵循。八排瑶历史文化是中华民族文化的组成部分，是中华民族文化主干上的枝叶，八排瑶文化特色是中华民族文化共同性特征下的特色文化。也正是在这个意义上，八排瑶古村落民族志的编写，能够为当前连南民族地区传统文化保护与传承以及地区乡村振兴工作，为中华优秀文化整理、保护与传承工作，为铸牢中华民族共同体意识工作，做出积极的贡献。

附　录

一、连南瑶族自治县2021年人口数据表

连南瑶族自治县2021年人口数据表（2022年1月）

序号	乡镇（个）	村（居）（个）	户数（户）	户籍人口（人）	其中		备注
					男（人）	女（人）	
合计	7	75	22901	99990	53251	46739	
1	三江镇	合计	3034	13349	7083	6266	县城（11村居）
2		三江居委	1304	4253	2330	1923	
3		城西村委	37	296	154	142	
4		新和村委	9	226	89	137	
5		五星村委	19	133	60	73	
6		联红村委	27	233	103	130	
7		六联村委	17	173	74	99	
8		东和村委	47	325	150	175	
9		大龙村委	116	684	347	337	
10		内田村委	371	1837	984	853	
11		金坑村委	578	2695	1466	1229	
12		塘冲村委	509	2494	1326	1168	
13	大麦山	合计	4639	20321	10696	9625	10村居
14		白芒村委	1012	4535	2363	2172	
15		望佳岭村	374	1424	759	665	
16		黄连村委	156	641	313	328	
17		上洞村委	958	4480	2369	2111	
18		后洞村委	431	1941	1054	887	
19		塘梨坑村	274	1241	676	565	
20		新寨村委	981	4116	2127	1989	
21		中心岗村	248	1209	616	593	

续表

序号	乡镇（个）	村（居）（个）	户数（户）	户籍人口（人）	其中		备注
					男（人）	女（人）	
22		塘凼村委	142	631	347	284	
23		大麦山居委	63	103	72	31	
24	三排镇	总计	5975	27834	14704	13130	11 村居
25		东芒村委	501	2057	1077	980	
26		连水村委	517	2186	1154	1032	
27		三排村委	549	2371	1249	1122	
28		牛头岭村	233	1055	580	475	
29		山溪村委	759	3005	1573	1432	
30		油岭村委	870	3640	1910	1730	
31		南岗村委	1247	5547	2972	2575	
32		横坑村委	610	3822	2003	1819	
33		百斤洞村	254	1834	974	860	
34		吴公田村	313	2112	1080	1032	
35		三排居委	122	205	132	73	
36	大坪镇	合计	3698	13521	7334	6187	5 村
37		大坪村委	1205	4502	2451	2051	
38		军寮村委	866	3088	1641	1447	
39		大掌村委	664	2362	1320	1042	
40		牛路水村	519	1928	996	932	
41		大古坳村	444	1641	926	715	
42	涡水镇	合计	1915	8234	4536	3698	7 村居
43		涡水居委	108	143	114	29	
44		大竹湾村	124	498	274	224	
45		必坑村委	400	1654	902	752	
46		马头冲村	270	1251	677	574	
47		涡水村委	381	1817	981	836	
48		瑶龙村委	393	1812	997	815	
49		六联村委	239	1059	591	468	

续表

序号	乡镇（个）	村（居）（个）	户数（户）	户籍人口（人）	其中		备注
					男（人）	女（人）	
50	香坪镇	总计	2645	11932	6464	5468	7 村居
51		香坪居委	117	197	143	54	
52		香坪村委	582	2658	1451	1207	
53		七星村委	288	1307	709	598	
54		龙水村委	522	2388	1280	1108	
55		盘石村委	533	2583	1365	1218	
56		排肚村委	307	1476	807	669	
57		塘其儿村	296	1323	709	614	
58	寨岗镇	总计	995	4799	2434	2365	
59		寨岗居委	253	884	455	429	24 村居
60		阳爱村委	6	53	30	23	
61		香车村委	4	32	13	19	
62		铁坑村委	5	57	23	34	
63		社墩村委	9	70	29	41	
64		石坑崀村	3	25	13	12	
65		金光村委	2	27	11	16	
66		成头冲村	2	23	6	17	
67		老虎冲村	8	64	20	44	
68		安田村委	6	115	36	79	
69		金星村委	5	30	15	15	
70		金鸡村委	12	125	57	68	
71		廻龙村委	9	79	31	48	
72		官坑村委	14	75	35	40	
73		新埠村委	8	31	16	15	
74		万角村委	7	76	33	43	
75		东升村委	1	26	12	14	
76		山心村委	9	74	30	44	
77		称架村委	15	185	81	104	

续表

序号	乡镇（个）	村（居）（个）	户数（户）	户籍人口（人）	其中		备注
					男（人）	女（人）	
78		吊尾村委	39	291	140	151	
79		新寨村委	12	103	50	53	
80		石径村委	68	407	195	212	
81		白水坑村	144	582	321	261	
82		山联村委	354	1365	782	583	

二、连南瑶族自治县学校情况统计表

连南瑶族自治县学校情况统计表（2021 年 9 月统计）

序号	学校名称	建校时间（年）	学校地址	在校生人数（人）	瑶族学生（人）	开设年级	师资力量（人）	升学率%
1	连南瑶族自治县民族高级中学	2005	广东省清远市连南瑶族自治县三江镇沿江西路48号	3098	1890	7—12 年级	241	初中 100，高中 89.82
2	连南瑶族自治县石泉小学	2019	连南瑶族自治县体育馆附近	1963	1169	1—6 年级	89	100
3	连南瑶族自治县三江镇中心小学	1904	广东省清远市连南瑶族自治县三江镇朝阳路117号	1719	862	1—6 年级	89	100
4	连南瑶族自治县淳溪小学	1919	广东省清远市连南瑶族自治县三江镇城西村委会	1005	737	1—6 年级	50	100
5	连南瑶族自治县民族小学	1953	广东省清远市连南瑶族自治县三江镇城西村委会	1066	1023	4—6 年级	66	100
6	连南瑶族自治县顺德希望小学	1999	广东省清远市连南瑶族自治县三江镇东和村委会	1772	1291	1—6 年级	88	100
7	连南瑶族自治县大麦山镇中心小学	1997	广东省清远市连南瑶族自治县大麦山镇新寨村委会	278	277	1—6 年级	22	100
8	连南瑶族自治县大麦山镇九寨小学	1980	广东省清远市连南瑶族自治县大麦山镇新寨村委会	173	172	1—6 年级	10	100

续表

序号	学校名称	建校时间（年）	学校地址	在校生人数（人）	瑶族学生（人）	开设年级	师资力量（人）	升学率%
9	连南瑶族自治县大麦山镇中心岗小学	1953	广东省清远市连南瑶族自治县大麦山镇中心岗村委会	167	160	1—6 年级	12	100
10	连南瑶族自治县大麦山镇白芒小学	1954	广东省清远市连南瑶族自治县大麦山镇白芒村委会	584	584	1—6 年级	28	100
11	连南瑶族自治县大麦山镇上洞小学	1954	广东省清远市连南瑶族自治县大麦山镇上洞村委会	425	425	1—6 年级	23	100
12	连南瑶族自治县寨岗镇中心小学	1935	广东省清远市连南瑶族自治县寨岗镇金星村委会	1311	256	1—6 年级	79	100
13	连南瑶族自治县寨岗镇官坑小学	1953	广东省清远市连南瑶族自治县寨岗镇官坑村委会	148	14	1—6 年级	12	100
14	连南瑶族自治县寨岗镇迴龙小学	1951	广东省清远市连南瑶族自治县寨岗镇迴龙村委会	134	10	1—6 年级	11	100
15	连南瑶族自治县寨岗镇社墩小学	1951	广东省清远市连南瑶族自治县寨岗镇社墩村委会	181	17	1—6 年级	9	100
16	连南瑶族自治县寨岗镇山心小学	1938	广东省清远市连南瑶族自治县寨岗镇山心村委会	114	4	1—6 年级	10	100
17	连南瑶族自治县寨岗镇金鸡小学	1951	广东省清远市连南瑶族自治县寨岗镇金鸡村委会	151	6	1—6 年级	10	100
18	连南瑶族自治县寨岗镇安田小学	1967	广东省清远市连南瑶族自治县寨岗镇安田村委会	197	14	1—6 年级	11	100

续表

序号	学校名称	建校时间（年）	学校地址	在校生人数（人）	瑶族学生（人）	开设年级	师资力量（人）	升学率%
19	连南瑶族自治县寨岗镇马安小学	1953	广东省清远市连南瑶族自治县寨岗镇石坑浪村委会	228	14	1—6年级	17	100
20	连南瑶族自治县三排镇三排小学	1941	广东省清远市连南瑶族自治县三排镇三排村委会	158	157	1—6年级	10	100
21	连南瑶族自治县三排镇东芒小学	1982	广东省清远市连南瑶族自治县三排镇东芒村委会	140	140	1—6年级	10	100
22	连南瑶族自治县三排镇油岭小学	1980	广东省清远市连南瑶族自治县三排镇油岭村委会	61	61	1—6年级	9	100
23	连南瑶族自治县三排镇百斤洞小学	1954	广东省清远市连南瑶族自治县三排镇百斤洞村委会	197	196	1—6年级	11	100
24	连南瑶族自治县三排镇龙翔小学	1954	广东省清远市连南瑶族自治县三排镇蜈蚣田村委会	248	241	1—6年级	16	100
25	连南瑶族自治县三排镇横坑小学	1953	广东省清远市连南瑶族自治县三排镇横坑村委会	369	369	1—6年级	18	100
26	连南瑶族自治县三排镇福华小学	1999	广东省清远市连南瑶族自治县三排镇连水村委会	147	147	1—6年级	9	100
27	连南瑶族自治县大坪镇中心小学	1950	广东省清远市连南瑶族自治县大坪镇大坪村委会	190	188	1—6年级	27	100
28	连南瑶族自治县大坪镇旺洞越秀小学	1978	广东省清远市连南瑶族自治县大坪镇大掌村委会	125	125	1—6年级	13	100

续表

序号	学校名称	建校时间（年）	学校地址	在校生人数（人）	瑶族学生（人）	开设年级	师资力量（人）	升学率%
29	连南瑶族自治县大坪镇桥头小学	1976	广东省清远市连南瑶族自治县大坪镇军寮村委会	191	187	1—6 年级	14	100
30	连南瑶族自治县香坪镇盘石小学	1954	广东省清远市连南瑶族自治县香坪镇盘石村委会	192	192	1—6 年级	10	100
31	连南瑶族自治县香坪镇东水小学	1956	广东省清远市连南瑶族自治县香坪镇塘其儿村委会	70	69	1—6 年级	8	100
32	连南瑶族自治县大麦山镇望佳岭教学点	2000	广东省清远市连南瑶族自治县大麦山镇望佳岭村委会	32	32	1—2 年级	4	100
33	连南瑶族自治县大麦山镇龙塘教学点	1953	广东省清远市连南瑶族自治县大麦山镇白芒村委会	23	23	1—2 年级	2	100
34	连南瑶族自治县大麦山镇后洞教学点	1950	广东省清远市连南瑶族自治县大麦山镇后洞村委会	20	20	1—2 年级	2	100
35	连南瑶族自治县大麦山镇塘梨坑教学点	1953	广东省清远市连南瑶族自治县大麦山镇塘梨坑村委会	44	44	1—2 年级	3	100
36	连南瑶族自治县大麦山镇火龙冲教学点	1984	广东省清远市连南瑶族自治县大麦山镇白芒村委会	91	91	1—2 年级	5	100

续表

序号	学校名称	建校时间（年）	学校地址	在校生人数（人）	瑶族学生（人）	开设年级	师资力量（人）	升学率%
37	连南瑶族自治县大麦山镇黄连教学点	1954	广东省清远市连南瑶族自治县大麦山镇黄连村委会	13	13	1—3年级	2	100
38	连南瑶族自治县寨岗镇阳爱教学点	1953	广东省清远市连南瑶族自治县寨岗镇阳爱村委会	60	5	1—4年级	6	100
39	连南瑶族自治县寨岗镇东新教学点							
40	连南瑶族自治县寨岗镇寨南教学点							
41	连南瑶族自治县三排镇大埂教学点	1970	广东省清远市连南瑶族自治县三排镇山溪村委会大埂村	54	52	1—3年级	3	100
42	连南瑶族自治县三排镇牛头岭教学点	1983	广东省清远市连南瑶族自治县三排镇牛头岭村委会	48	48	1—3年级	6	100
43	连南瑶族自治县三排镇牛栏洞教学点	1989	广东省清远市连南瑶族自治县三排镇南岗村委会	71	70	1—3年级	4	100
44	连南瑶族自治县三排镇南岗教学点	1994	广东省清远市连南瑶族自治县三排镇南岗村委会	36	36	1—3年级	4	100
45	连南瑶族自治县三排镇油岭老排教学点	1952	广东省清远市连南瑶族自治县三排镇油岭村委会	2	2	1—2年级	1	100
46	连南瑶族自治县涡水镇必坑教学点	1996	广东省清远市连南瑶族自治县涡水镇必坑村委会	40	40	1—3年级	4	100

续表

序号	学校名称	建校时间（年）	学校地址	在校生人数（人）	瑶族学生（人）	开设年级	师资力量（人）	升学率%
47	连南瑶族自治县涡水镇马头冲教学点	1958	广东省清远市连南瑶族自治县涡水镇马头冲村委会	26	26	1—3 年级	4	100
48	连南瑶族自治县涡水镇瑶龙教学点	1992	广东省清远市连南瑶族自治县涡水镇瑶龙村委会	35	35	1—3 年级	4	100
49	连南瑶族自治县涡水镇六联教学点	1956	广东省清远市连南瑶族自治县涡水镇六联村委会	5	5	1—3 年级	1	100
50	连南瑶族自治县涡水镇新村教学点	1997	广东省清远市连南瑶族自治县涡水镇马头冲村委会	3	3	1 年级	1	100
51	连南瑶族自治县羊功其爱心教学点	1958	广东省清远市连南瑶族自治县大坪镇	49	49	2—3 年级	5	100
52	连南瑶族自治县大坪镇小板洞教学点	1981	广东省清远市连南瑶族自治县大坪镇小板洞	3	3	1 年级	1	100
53	连南瑶族自治县大坪镇大古坳教学点	1954	广东省清远市连南瑶族自治县大坪镇大古坳村委会	1	1	1 年级	1	100
54	连南瑶族自治县香坪镇山口教学点	1997	广东省清远市连南瑶族自治县香坪镇香坪村委会	22	22	1—2 年级	3	100
55	连南瑶族自治县香坪镇大路塘教学点	1964	广东省清远市连南瑶族自治县香坪镇龙水村委会	4	4	2 年级	1	100
56	连南瑶族自治县香坪镇七星教学点	1958	广东省清远市连南瑶族自治县香坪镇七星村委会	5	5	1 年级	1	100

续表

序号	学校名称	建校时间（年）	学校地址	在校生人数（人）	瑶族学生（人）	开设年级	师资力量（人）	升学率%
57	连南瑶族自治县香坪镇移民教学点	1975	广东省清远市连南瑶族自治县香坪镇龙水村委会	27	27	1—2 年级	3	100
58	连南瑶族自治县香坪镇排肚教学点	1954	广东省清远市连南瑶族自治县香坪镇排肚村委会	41	41	1—3 年级	4	100
59	连南瑶族自治县田家炳民族中学	1953	广东省清远市连南瑶族自治县三江镇城西村委会	2859	2240	7—9 年级	201	100
60	连南瑶族自治县大麦山镇中学	1994	广东省清远市连南瑶族自治县大麦山镇新寨村委会	350	349	7—9 年级	38	92.00
61	连南瑶族自治县寨岗中学	1956	广东省清远市连南瑶族自治县寨岗镇万角村委会	714	68	7—9 年级	75	99.60
62	连南瑶族自治县寨南中心学校	1967	广东省清远市连南瑶族自治县寨岗镇吊尾村委会	797	212	1—9 年级	67	100
63	连南瑶族自治县三排镇三排中心学校	1957	广东省清远市连南瑶族自治县三排镇山溪村委会	355	353	1—9 年级	36	100
64	连南瑶族自治县三排镇南岗中心学校	1968	广东省清远市连南瑶族自治县三排镇南岗村委会	788	788	1—9 年级	66	100
65	连南瑶族自治县涡水镇中心学校	2005	广东省清远市连南瑶族自治县涡水镇涡水村委会	268	267	1—9 年级	30	97.37
66	连南瑶族自治县香坪镇中心学校	1976	广东省清远市连南瑶族自治县香坪镇香坪村委会	411	408	1—9 年级	42	100

三、连南瑶族自治县非遗传承人一览表

连南瑶族自治县非遗传承人一览表

序号	姓名	性别	民族	籍贯	出生年月	文化程度	政治面貌	健康状况	从艺起始年	项目名称	项目类别	入选国家级、省级代表性传承人时间及批次	项目所在地（通讯地址）
1	唐桥辛二公	男	瑶族	广东连南	194[illegible]年2月	小学	群众	良好	1953年	瑶族长鼓舞	民间舞蹈	2008年3月省级第一批、2018年5月国家级第五批	清远市连南县三排镇油岭新村东坡村195号
2	唐买社公	男	瑶族		1944年		群众			瑶族耍歌堂	民俗	2008年3月省级第一批、2018年5月国家级第五批	清远市连南县三排镇油岭新村东坡村195号
省级非遗传承人													
1	唐彬	男	瑶族	广东连南	1943年2月	小学	群众	健康	1962年	瑶族耍歌堂	民俗	2008年3月省级第一批	清远市连南瑶族自治县三排镇南岗村

续表

序号	姓名	性别	民族	籍贯	出生年月	文化程度	政治面貌	健康状况	从艺起始年	项目名称	项目类别	入选国家级、省级代表性传承人时间及批次	项目所在地（通讯地址）
2	房恶介沙三公	男	瑶族	广东连南	1937年		群众		1949年	瑶族长鼓舞	传统舞蹈	2008年3月省级第一批	
3	房良九斤	男	瑶族	广东连南	1946年2月	初中	群众	良好	1956年	瑶族耍歌堂	民俗	2020年4月省级第六批	清远市连南瑶族自治县大坪镇军寮村
4	盘连州贵	男	瑶族	广东连南	1967年8月	小学	中共党员	健康	1976年	瑶族长鼓舞	民间舞蹈	2014年10月省级第四批	清远市连南瑶族自治县三排镇南岗管理区十二磅村41号
5	房伟华	男	瑶族	广东连南	1948年6月	中专	中共党员	健康	1976年	瑶族婚俗	民俗	2010年11月省级第二批	清远市连南县大坪镇大坪村七组
5	房七公坚	男	瑶族	广东连南	1955年3月	初中	群众	健康	1964年	瑶族婚俗	民俗	2010年11月省级第二批	清远市连南县三排镇南岗村
7	沈佩英	女	瑶族	广东连南	1947年5月	小学	群众	健康	1959年	瑶族刺绣	传统技艺	2010年11月省级第二批	清远市连南县大麦山镇新寨村
8	张树妹	女	瑶族	广东连南	1952年5月		群众	健康	1959年	瑶族刺绣	传统技艺	2012年12月省级第三批	清远市连南瑶族自治县寨岗镇板洞居委会30号
9	唐古民三婆	女性	瑶族	广东连南	1943年10月	小学	群众	健康	1961年	排瑶民歌	传统音乐	2012年12月省级第三批	清远市连南县三排镇油岭新村东坡村87号

续表

序号	姓名	性别	民族	籍贯	出生年月	文化程度	政治面貌	健康状况	从艺起始年	项目名称	项目类别	入选国家级、省级代表性传承人时间及批次	项目所在地（通讯地址）
10	唐罗古五	男	瑶族	广东连南	1968年2月	中专	中共党员	良好	1974年	排瑶民歌	传统音乐	2017年4月省级第五批	清远市连南县天顺山庄D16栋705房
11	盘枫	男	瑶族	广东连南	1980年10月	高中	中共党员	良好	1996年	排瑶民歌	传统音乐	2020年4月省级第六批	清远市连南民族文化传习中心
12	唐大打十斤	男	瑶族	广东连南	1977年4月	初中	群众	良好	1988年	瑶族银饰制作技艺	传统技艺	2017年4月省级第五批	清远市连南县三江镇瑶族风情街A8栋商铺
13	唐大打大不公	男	瑶族	广东连南	1944年10月	小学	群众	健康	1980年	瑶族长鼓制作技艺	传统技艺	2014年10月省级第四批	清远市连南县三排镇油岭新村16队
14	唐买社吊	男	瑶族	广东连南	1977年7月	中专	群众	健康	1989年	瑶族长鼓制作技艺	传统技艺	2020年4月省级第六批	清远市连南县三排镇油岭东陂村15队
市级非遗传承人													
1	房边冲生	男	瑶族	广东连南	1967年7月		群众			瑶族长鼓舞		2012年8月市级第三批	
2	唐瑶何贵尔	女	瑶族	广东连南	1954年5月		群众			瑶族刺绣		2012年8月市级第三批	

续表

序号	姓名	性别	民族	籍贯	出生年月	文化程度	政治面貌	健康状况	从艺起始年	项目名称	项目类别	入选国家级、省级代表性传承人时间及批次	项目所在地（通讯地址）
3	房积旺	男	瑶族	广东连南	1988年9月	中专	群众			瑶族长鼓舞		2021年1月市级第七批	
4	唐罗古莎二妹	女	瑶族	广东连南	1960年9月					瑶族刺绣		2009年12月市级第二批	
5	唐六一	男	瑶族	广东连南	1937年11月					排瑶民歌		2012年8月市级第三批	
6	房二单	男	瑶族	广东连南	1955年2月					排瑶民歌		2012年8月市级第三批	
7	房二贵沙	女	瑶族	广东连南	1958年2月				1990年	瑶族扎染		2016年8月市级第五批	
8	房建文	男	瑶族	广东连南	1964年9月				1985年	牛皮酥制作		2016年8月市级第五批	
9	唐六妹	女	瑶族	广东连南	1955年1月				1972年	排瑶民歌		2016年8月市级第五批	
10	沈妹一婆	女	瑶族	广东连南	1942年4月				1960年	排瑶民歌		2016年8月市级第五批	
11	李东芬	女	汉族	广东连南	1963年9月					客家大笼糍制作技艺		2021年1月市级第七批	

续表

序号	姓名	性别	民族	籍贯	出生年月	文化程度	政治面貌	健康状况	从艺起始年	项目名称	项目类别	入选国家级、省级代表性传承人时间及批次	项目所在地（通讯地址）
12	房春花	女	瑶族	广东连南	1969年5月					瑶族刺绣		2021年1月市级第七批	
13	房伟艳	女	瑶族	广东连南						瑶族刺绣		2016年9月市级第六批	
县级非遗传承人													
1	房初一三	男	瑶族	广东连南	1970年5月					瑶族长鼓舞		2014年4月县级第四批	
2	唐海宁	男	瑶族	广东连南	1965年3月					瑶族耍歌堂		2016年4月县级第五批	
3	房六贵	男	瑶族	广东连南	1968年6月					牛皮酥制作		2016年4月县级第五批	
4	唐继勇	男	瑶族	广东连南	1971年10月					玩坡节		2018年3月县级第六批	
5	唐大话三贵	男	瑶族	广东连南	1976年3月					瑶族长鼓舞		2018年3月县级第六批	
6	邓生一妹	女	瑶族	广东连南	1973年4月					瑶族刺绣		2018年3月县级第六批	
7	李甘亚达	男	瑶族	广东连南	1965年5月					排瑶民歌		2020年8月县级第七批	

续表

序号	姓名	性别	民族	籍贯	出生年月	文化程度	政治面貌	健康状况	从艺起始年	项目名称	项目类别	入选国家级、省级代表性传承人时间及批次	项目所在地（通讯地址）
8	唐古民二妹	女	瑶族	广东连南	1975年5月					排瑶民歌		2020年8月县级第七批	
9	唐六妹	女	瑶族	广东连南	1973年3月					排瑶民歌		2020年8月县级第七批	
10	许二仔	男	瑶族	广东连南	1971年9月					排瑶民歌		2020年8月县级第七批	
11	唐方明	男	瑶族	广东连南	1985年3月					排瑶民歌		2020年8月县级第七批	
12	邓俊莺	女	瑶族	广东连南	1973年8月					瑶族刺绣		2020年3月县级第七批	
13	莫卫星	女	瑶族	广东连南	1961年10月					瑶族刺绣		2020年8月县级第七批	
14	祝梅英	女	瑶族	广东连南	1976年9月					瑶族刺绣		2020年8月县级第七批	
15	唐浩人	男	瑶族	广东连南	1984年10月					瑶族婚礼		2020年8月县级第七批	
16	李买二一	男	瑶族	广东连南	1960年10月					瑶族耍歌堂		2020年8月县级第七批	
17	唐中工一贵	男	瑶族	广东连南	1978年1月					瑶族耍歌堂		2020年8月县级第七批	

续表

序号	姓名	性别	民族	籍贯	出生年月	文化程度	政治面貌	健康状况	从艺起始年	项目名称	项目类别	入选国家级、省级代表性传承人时间及批次	项目所在地（通讯地址）
18	唐大琪	男	瑶族	广东连南	1967年11月					瑶族耍歌堂		2020年8月县级第七批	
19	邓龙明	男	瑶族	广东连南	1991年10月					瑶族长鼓舞		2020年8月县级第七批	
20	唐考专吊	男	瑶族	广东连南	1976年5月					瑶族长鼓舞		2020年8月县级第七批	
21	黄瑞颜	男	汉族	广东连南	1989年6月					瑶族长鼓舞		2020年8月县级第七批	
22	唐家祥	男	瑶族	广东连南	1989年12月					瑶族长鼓舞		2020年8月县级第七批	
23	唐桥妹二	女	瑶族	广东连南	1965年1月					排瑶创世纪叙事长诗——《水淹天》		2020年8月县级第七批	
24	邓沙十三	男	瑶族	广东连南	1958年11月					瑶经		2020年8月县级第七批	
25	房立梅	女	瑶族	广东连南	1982年3月					瑶族银饰制作技艺		2020年8月县级第七批	
26	唐大打贵	男	瑶族	广东连南	1973年11月					瑶族长鼓制作技艺		2020年8月县级第七批	

续表

序号	姓名	性别	民族	籍贯	出生年月	文化程度	政治面貌	健康状况	从艺起始年	项目名称	项目类别	入选国家级、省级代表性传承人时间及批次	项目所在地（通讯地址）
27	唐大打吊	男	瑶族	广东连南	1984年9月					瑶族长鼓制作技艺		2020年8月县级第七批	
28	李阳贵	男	瑶族	广东连南	1981年9月					瑶族长鼓制作技艺		2020年8月县级第七批	
29	房海龙	男	瑶族	广东连南	1985年10月					瑶族扎染		2020年8月县级第七批	
30	唐好专吊	男	瑶族	广东连南	1980年5月					牛皮酥制作技艺		2020年8月县级第七批	
31	房永利	男	瑶族	广东连南	1975年10月					牛皮酥制作技艺		2020年8月县级第七批	
32	盘细妹	女	瑶族	广东连南	1963年3月					大笼糍制作技艺		2020年8月县级第七批	
33	雷如兰	女	汉族	广东连南	1970年11月					大笼糍制作技艺		2020年8月县级第七批	
34	邓强	男	瑶族	广东连南	1979年10月					瑶族药浴		2020年8月县级第七批	

四、连南瑶族自治县非遗传承基地概况

1. 广东瑶族博物馆

广东瑶族博物馆，位于连南瑶族自治县县城三江镇六联村，是国家4A级景区，总投资1.2亿元，占地面积31883平方米，建筑面积14566平方米。展览主题为“瑶岭长歌”，分为远古寻踪、瑶山春秋、古韵流芳、神工能匠及瑶绣工坊几个部分，以清晰的历史脉络、文博的视野全面和系统地展示全国瑶族四大支系三十个分支乃至世界瑶族的历史文化。设有广东省非遗中心、瑶绣坊传承基地、瑶族银饰（省级非物质文化遗产）的制作、传承、产销中心等，是目前全国瑶族文物最多、最系统、最齐全的瑶族专业博物馆。

广东瑶族博物馆（连南瑶族自治县政协办公室提供）

2. 油岭村“耍歌堂”民俗基地

油岭民俗瑶寨、古寨即广东省民族民间艺术之乡、中国民间艺术之乡、

中国传统村落、广东省文化和旅游特色村油岭村，包含油岭古排、油岭新村、歌堂坪、天坑、瑶族文化传承基地、鸳鸯洞等景点，当地的排瑶民众“会说话就会唱歌，会走路就会跳舞”，民族文化底蕴丰厚，氛围浓郁，能歌善舞的排瑶人孕育出了世界名曲《瑶族舞曲》。油岭古寨是八排瑶发展千年的历史见证，是连南地区乃至华南地区保存最为真实、完整的排瑶古寨，是研究排瑶历史变迁、传统文化的活的博物馆。是全国知名的“活着的古村落”，也是国内外驴友和古村落旅游爱好者的天堂。在这里能体验正宗的瑶寨长桌宴和瑶族歌舞。

3. 十月十六非遗文创园

连南瑶族自治县拾月拾陆文化发展有限公司成立于 2020 年 2 月，是一家专注瑶族非物质文化遗产保护、传承与传播的文化创意企业。其投资兴建的拾月拾陆瑶族（非遗）文化创意园位于连南县三江镇城西墩头，于 2021 年 6 月份开园，占地面积约 1.2 万平方米，建筑面积约 6000 平方米，是集衣（瑶族刺绣）、食（瑶族美食）、住（田园观景民宿）、行（瑶族文化呈现区）、游（精品旅游线路打卡点）、购（特色商品街区）、育（研学体验）于一体的综合性非遗文化创意园。作为清远地区第一个以非遗文化为主题的创意园，园区将“旅游 + 文化”“旅游 + 教育”“旅游 + 农业”相结合，是清远市农文旅融合的试点项目，现为清远市第一批中小学生研学实践教育基地、连南县非物质文化遗产传承基地。园区内设有活动体验中心、展览馆、会议室、工作室、公益书吧、民宿、餐厅、农耕体验园、休闲餐饮等培训设施及服务区域。

园区坚持教育与研学相融一体的模式，共促非遗文化的传承和发展。在充分利用当地少数民族资源优势基础上，坚持拓展科教研学，通过各种浅显且通俗易懂的方式，寓教于乐，让非遗“活”起来、“火”起来，壮大非遗技艺传承大本营，打造连南非遗项目文化体验基地。为促进园区研学体验的开展特地成立研学组，聘请 9 位具有丰富研学经验的专家、人员作为主要的讲解人员，其中非遗项目国家级传承人 1 人，非遗项目省级传承人 4 人，具有教师资格证 3 人，中级研学导师 1 人，在读初级研学导师 1 人。

园区活动方面，固定并长期开展瑶族刺绣、瑶族银饰、瑶族扎染等非遗项目研学体验活动（现有研学课程 12 门）以及自然科学体验、自然农耕体验、节庆习俗体验，传承并传播瑶族文化。截至目前园区共举办活动 62 场，累计参与人数近 3000 人，其中非遗研学活动占比 30%。

4. 连南瑶族自治县田家炳民族中学

该学校创办于 1953 年，位于广东省西北部，占地面积 73160 平方米，校舍 27853 平方米，运动场地面积 28685 平方米，是县城唯一一所半寄宿制初级中学，生源来自县城各小学的毕业生和部分高寒山区移民子女。现有 66 个教学班，学生 3057 人（其中少数民族 2361 人，寄宿 1399 人），学校办学设施设备齐全，有体育馆、音乐室、舞蹈室、乐器室、美术室、书法室、手工刺绣室、美术作品展览馆及多媒体教室等，功能类教室，器材齐全，功能完备，能满足师生的民族文化传承需求。

一直以来，学校非常重视瑶族文化的教育教学，为了进一步提高学校领导、教师、学生对瑶族传统艺术文化的认知和教育教学水平，提高艺术教师自身瑶族传统艺术文化素养、技能，鼓励和带动学生对瑶族传统艺术文化的兴趣和爱好，该校已聘请了国家非物质文化遗产传承人“民间歌王”“鼓王”“牛角王”为该校的瑶族传统文化艺术教育校外顾问。以常态的课堂教学为主阵地实施学科渗透，挖掘学科内可渗透的瑶族传统文化元素，依托校本资源，整合瑶族传统文化资源。发动全校师生充分挖掘各类优秀、健康、向上的地方瑶族传统文化资源，开发并整合成符合初中学生身心特点和发展的教育资源，以多种形式呈现于课堂，多方位地在一些学科教学中渗透。音乐学科在跳长鼓舞、唱瑶歌教学时，让学生了解当地的民族艺术文化。美术学科开设瑶族刺绣课程丰富学生的知识，寓民乐教育于各种教学手段之中，并贯穿教学的全过程。开展有特色的学生社团活动。开设瑶歌、长鼓舞、绘画、书法、手工、瑶族刺绣等课程，弘扬瑶族传统文化，将课堂教学衍生出的兴趣点进行深入研究，有意识地引导学生对本地方的瑶族文化进行深入了解，促进瑶族传统艺术文化的发展，尽可能使得每一位学生至少掌握唱瑶歌、跳长鼓舞、刺绣等其中一门瑶族传统技艺，做到班班有特色，生生有特长。坚持课内与课外相结合，普及提高相结合。

一方面要求艺术老师上好艺术课，提高课堂教学质量；另一方面开展各种学生社团活动，做到活动经常化、多样化，面向每一位学生。

学校每年举办一届校园文化艺术节，期间设文艺汇演暨原生态长鼓舞大赛以及瑶族刺绣、手工、摄影、绘画、书法、剪纸等活动。通过活动，为学生展示才华，激发和培养学生瑶族艺术文化素养提供平台。

5. 油岭小学

该校地处连南瑶族自治县三排镇油岭排山脚下，距县城仅 16 千米，其前身是油岭新村小学。学校创办于 1980 年，占地面积 3286 平方米，建筑面积 1539 平方米。学校开设了 1—6 年级 6 个教学班，是一所镇属村级完全小学。当地的瑶族文化源远流长，瑶民热情好客，能歌善舞，素有“会说话就会唱歌，会走路就会跳舞”之称。1996 年油岭村被国家文化部授予“中国民间艺术之乡”称号，2012 年学校被列为连南县“非物质文化遗产传承基地”之一。

6. 连南瑶族自治县瑶银工作坊

该工作坊于 2013 年成立，是非遗项目瑶族银饰制作技艺项目保护单位，主要是制作、加工当地结婚与大型活动的瑶族银饰必需品，如银锣、银发钗等。工作坊的主要宗旨是为了更好地保护与传承瑶银制作技艺，目标是打造独具瑶族文化特色的银饰品产业，促进当地的旅游纪念品行业发展，带动当地劳动力就业。工作坊开创现场订做与网上私人订做的经营模式。工作坊保留传统的银饰制作技艺，并专门设立了一个有 6 名成员组成的非遗文化保护工作部，定期下乡走访各村落挖掘银饰历史文化资料及征集旧的老银饰品，记录瑶族老人口述银饰上的图腾历史故事，抢救面临濒危失传的瑶族银饰制作技艺。

7. 连南瑶族自治县名瑶工艺坊

成立于 2016 年，2017 年注册为连南县古寨歌堂文化传媒有限公司。长鼓制作技艺已经列为省非物质文化遗产，专业制作的非遗系列产品有长鼓、原创排瑶手鼓、花鼓、牛角艺，该类产品都分为通俗版和精品收藏版。旅游非遗纪念品、手信版有：小长鼓、原创排瑶手鼓、五月箫、非遗花鼓。

名瑶工艺坊以瑶族长鼓制作技艺项目，开展非遗长鼓文化传承活动

“学习班”，培育出一批熟练掌握非遗长鼓技艺的瑶族传统技能人才队伍。2018 年 7 月名瑶工艺坊在县城高级中学举办两期瑶族长鼓制作技艺项目培训班，学员达到 1380 名。2019—2021 年 12 月在连南县名瑶工艺坊传承基地举办了多次批瑶族长鼓制作学习班，技艺出师（学徒）达 68 名。2019—2021 年制作产品数量分为原创排手鼓（中、小）4360 个、长鼓 2800 个，开展展演活动 58 场，研学课题 82 项，总销售额达 580 多万元，取得了显著的效果。

8. 千年瑶寨

千年瑶寨位于距离连南县城 20 千米的南岗镇，它是一个比较古老的瑶寨。寨中街道横直有序，民居古朴整齐，整个寨子的格局十分完美，因而有“大哥排”“首领排”之称。寨旁的千顷梯田由山脚向山脊层层延伸，景色很动人。这里一向是摄影爱好者和画家们采风的胜地。此寨始建于宋代，至今已有千余年的历史，保留明清古建筑 398 幢，留存房间 999 间。据专家考证，千年瑶寨是全国乃至全世界规模最大、最古老、最有特色的瑶寨，堪称世界建筑奇观。2018 年，在千年瑶寨建成“瑶寨非遗展示馆”，占地 300 多平方米，打造非物质文化遗产传承基地。

9. 涡水镇中心学校

该校于 1975 年创建，先后以涡水公社中学、涡水公社中心小学、涡水中学、涡水镇中心学校等为校名进行办学。2005 年 9 月，涡水中学和涡水镇中心小学合并，成为了连南县第一间九年一贯制学校——涡水镇中心学校。兼管辖下三个教学点的教育教学工作，即瑶龙教学点、马头冲教学点、必坑教学点。全镇总人口 8000 多人，在校适龄幼儿及义务教育阶段学生 394 人。目前，学校占地面积 5750 平方米，建筑面积 5266 平方米，全部教室实现多媒体设备教学。功能场室设有音乐室、体育室、物理实验室、生化实验室、美术室、电脑室等。学校开设民族文化特色教学活动，长年聘请民间艺人向学校传授瑶族民歌、舞蹈及瑶族传统体育活动等。

10. 南岗中心学校

该校坐落在连南县著名 4A 级景区——南岗千年瑶寨的山脚下，是由创办于 1968 年的南岗中学与王东坪小学于 2007 年 8 月合并而成的一所教育

特色鲜明、教学目标明确的九年一贯制学校，同时代管横坑小学、百斤洞小学、南岗教学点、牛栏洞教学点及三排镇中心幼儿园。学校占地面积约25790平方米，建筑面积9834平方米，运动场面积9600平方米，有200米环形运动场1个，篮球场4个，图书室有图书39160册。学校现有教学楼2幢，教师宿舍楼4幢，学生宿舍楼2幢，学生饭堂1幢，综合办公楼2幢。设有录播室、物理室、化学室、美术室、书法室兼展览室、科学室、图书阅览室、心理辅导室、团队室、梦想中心、“萤火虫乐园”、音乐舞蹈室、少年宫等功能场室。学校积极推进素质教育，重视发展学生的特长，设有美术、书法、刺绣、瑶族长鼓等10多个兴趣小组。学校先后荣获省艺术教育先进单位、县普教系统先进单位、县文明单位、县文明学校等荣誉称号；学校的原生态歌舞多次在市县的各项比赛中获得一等奖。

参考文献

一、史书类

［1］（西汉）司马迁．史记．北京：中华书局，1959.

［2］（东汉）班固．汉书．北京：中华书局，1962.

［3］（南朝·宋）范晔撰，（唐）李贤等注．后汉书．北京：中华书局，1965.

［4］（北齐）魏收．魏书．北京：中华书局，1974.

［5］（唐）姚思廉．梁书：卷三十四：列传第二十八·张缵传．北京：中华书局，1973.

［6］（唐）魏征．隋书·地理志．北京：中华书局，1973.

［7］（后晋）刘昫，等．旧唐书．北京：中华书局，1975.

［8］（宋）司马光撰，胡三省注．资治通鉴．同治八年（1869）江苏书局仿宋本刊，中国国家图书馆藏．

［9］（宋）欧阳修，宋祁．新唐书．北京：中华书局，1975.

［10］（元）脱脱，等．宋史．北京：中华书局，1977.

［11］（明）宋濂，等．元史．北京：中华书局，1976.

［12］明世宗实录．万历五年（1577），据广方言馆本补用嘉业堂本校．

［13］明实录．台北："中央研究院"历史语言研究所，1962.

［14］（清）万斯同．明史．上海：上海古籍出版社，2008.

［15］（清）张廷玉，等．明史．北京：中华书局，1974.

［16］（清）张廷玉，等．清朝文献通考．上海：商务印书馆，1936.

［17］（清）毕沅．续资治通鉴．北京：中华书局，1957.

［18］（清）傅恒，董诰，等．皇清职贡图．乾隆二十六年（1761）内府

刻本，哈佛燕京图书馆藏．

［19］（清）和珅，等．乾隆《大清一统志》．光绪壬寅（1902）秋上海宝善斋石印，中国国家图书馆藏．

［20］嘉庆重修一统志．上海：上海书店出版社，1984.

［21］清实录．北京：中华书局，1985.

［22］影印文渊阁四库全书·钦定八旗通志．台北："商务印书馆"，1982.

［23］清会典事例．北京：中华书局，1991.

［24］赵尔巽，等．清史稿．北京：中华书局，1977.

［25］广东民政厅．广东全省地方纪要．1934.

二、笔记著述类

［1］（唐）樊绰撰，向达校注．蛮书校注．北京：中华书局，1962.

［2］（宋）乐史．太平寰宇记．台北：文海出版社，1980.

［3］（宋）王存，曾肇，李德刍．元丰九域志．光绪八年（1882）金陵书局版，中国国家图书馆藏．

［4］（宋）范成大原著；胡起望，覃光广校注．桂海虞衡志辑佚校注．成都：四川民族出版社，1986.

［5］（宋）赵彦卫．云麓漫钞．上海：商务印书馆，1936.

［6］（宋）李焘．续资治通鉴长编．北京：中华书局，1995.

［7］（宋）周去非著，杨武泉校注．岭外代答校注．北京：中华书局，1999.

［8］（宋）祝穆．方舆胜览．北京：中华书局，2003.

［9］（宋）朱辅．溪蛮丛笑．兰州：兰州大学出版社，2003.

［10］（元）陆文圭．墙东类稿．台北："商务印书馆"，1983.

［11］（明）张学颜，等．万历会计录．万历九年（1581）刻本，中国国家图书馆藏．

［12］（明）陈继儒．陈眉公集．万历四十三年（1615）史兆斗刻本，上海图书馆藏．

［13］（明）蒋鐄．九疑山志．万历四十八年（1620）刻本，首都图书馆藏．

［14］（明）于谦．于忠肃集．天启元年（1621）孙昌裔刻本，天津图书馆藏．

［15］（明）叶盛．叶文庄公奏议．崇祯四年（1631）赐书楼刻本，中国国家图书馆藏．

［16］（明）何乔远．名山藏．北京：北京大学出版社，1993.

［17］（明）于慎行．谷山笔麈．北京：中华书局，1994.

［18］（明）章潢．图书编．扬州：广陵书社，2011.

［19］（清）汪森．粤西丛载．康熙四十四年（1705）梅雪堂刻本，中国国家图书馆藏．

［20］（清）朱骏声．说文通训定声．道光二十八年（1848）刻本，中国国家图书馆藏．

［21］（清）祁寯藻．䜩䟢亭集．清咸丰七年（1857）刻本，中国国家图书馆藏．

［22］（清）陆凤藻．小知录．同治癸酉（1873）仲冬淮南书局重刊，中国国家图书馆藏．

［23］（清）王锡祺．小方壶斋舆地丛钞．上海著易堂印行，光绪二十七年（1901）南清河王氏铸版．

［24］（清）谈迁．枣林杂俎．上海：大达图书供应社，1935.

［25］（清）刘献廷．广阳杂记．北京：中华书局，1957.

［26］（清）葛士濬．皇朝经世文续编．台北：文海出版社，1966.

［27］（清）褚人穫．坚瓠余集．扬州：江苏广陵古籍刻印社，1984.

［28］（清）屈大钧．广东新语．北京：中华书局，1985.

［29］（清）夏燮．明通鉴．上海：上海古籍出版社，1990.

［30］（清）李来章．连阳八排风土记．康熙四十七年刻本。

［31］（清）李来章撰，黄志辉校注．连阳八排风土记．广州：中山大学出版社，1990.

［32］（清）徐开任．明名臣言行录．台北：明文书局，1991.

［33］（清）顾祖禹．读史方舆纪要．上海：上海书店出版社，1998.

［34］（清）周广业．经史避名汇考．北京：北京图书馆出版社，1999.

［35］（清）黄钊．石窟一征．北京：国家图书馆出版社，2010.

［36］（清）顾炎武，黄珅，顾宏义校点．天下郡国利病书．上海：上海古籍出版社，2012.

［37］（清）罗天尺，李调元，等撰，林子雄点校．清代广东笔记五种．广州：广东人民出版社，2015.

［38］白云译注．史通．北京：中华书局，2014.

三、方志类

［1］（明）姚良弼修，杨宗甫纂．嘉靖惠州府志．嘉靖三十五年（1556）刻本，中国国家图书馆藏．

［2］（明）谭大初．嘉靖南雄府志．上海：上海书店出版社，1990.

［3］（明）黄佐纂修．嘉靖广东通志．广东省地方史志办公室誊印，1997.

［4］（明）符锡．嘉靖韶州府志．广州：岭南美术出版社，2009.

［5］（清）熊兆师．顺治阳山县志．上海：上海书店出版社，2003.

［6］（清）刘士麒．康熙新修翁源县志．康熙二十五年（1686）刻本，中国国家图书馆藏．

［7］（清）刘允元．康熙连山县志．康熙三十二年（1693）刻本，中国国家图书馆藏．

［8］（清）金光祖修，莫庆元纂．康熙广东通志．康熙三十六年（1697）刻本，日本京都大学近卫本．

［9］（清）王宜亨，王效通，王兆升．通州志．康熙三十六年（1697）刊本，中国国家图书馆藏．

［10］（清）裘秉钫纂，庞璋修．康熙乳源县志．1957 年油印本．

［11］（清）张洗易．康熙乳源县志．上海：上海书店出版社，2003.

［12］（清）陈丹荩修，黄许嵘纂，冯皋疆增补，刘正刚点校．康熙清远县志二种（点校本）．康熙元年纂修，康熙十一年（1672）增刻本．广州：

暨南大学出版社，2020.

[13]（清）刘士骥修，刘正刚点校．康熙清远县志二种（点校本）．康熙元年纂修，康熙二十六年（1687）刻本．广州：暨南大学出版社，2020.

[14]（清）孙能宽，等修，叶适，等纂．雍正归善县志．上海：上海书店出版社，2013.

[15]（清）郝玉麟，等修，鲁曾煜纂．雍正广东通志．雍正九年（1731）刻本，哈佛图书馆藏．

[16]（清）金鉷修，钱元昌，陆纶纂．雍正广西通志．雍正十一年（1733）刻本，中国国家图书馆藏．

[17]（清）陈哲．乾隆清远县志．乾隆三年（1738）刻本，北京故宫博物院藏．

[18]（清）梁弘勋，等修，蔡必升，等纂．乾隆南雄府志．乾隆十八年（1753）刻本，中国国家图书馆藏．

[19]（清）杨楚枝修，吴光纂．乾隆连州志．乾隆三十六年（1771）刻本，故宫博物院藏．

[20]（清）阮元，陈昌齐．道光广东通志．道光二年（1822）刻本，中国国家图书馆藏．

[21]（清）王永端．康熙新修广州府志．北京：书目文献出版社，2000.

[22]（清）曾日瑛，等修，李绂，等纂．乾隆汀州府志．上海：上海书店出版社，2000.

[23]（清）谢启昆修，胡虔纂，广西师范大学历史系中国历史文献研究室点校．嘉庆广西通志．南宁：广西人民出版社，1988.

[24]（清）谢崇俊修，颜尔枢，等纂．嘉庆翁源县志．上海：上海书店出版社，2003.

[25]（清）余保纯，等修，黄其勤纂．直隶南雄州志．台北：成文出版社，1967.

[26]（清）黄培爣，刘济宽修，陆殿邦纂．道光英德县志．上海：上海书店出版社，2003.

[27]（清）吴之錤修，周学曾，尤逊恭，等纂．道光晋江县志．上海：

上海书店出版社，2000.

［28］（清）姚柬之 . 连山绥瑶厅志 . 台北：成文出版社，1974.

［29］（清）袁泳锡 . 同治连州志 . 上海：上海书店出版社，2003.

［30］（清）王闿运，汪敩灏，等 . 同治桂阳直隶州志 . 长沙：岳麓书社，2011.

［31］（清）额哲克，等修，单兴诗纂 . 同治韶州府志 . 上海：上海书店出版社，2013.

［32］（清）徐宝符，等修，李秾，等纂 . 同治乐昌县志 . 台北：成文出版社，1968.

［33］（清）戴肇辰，苏佩训，史澄 . 光绪广州府志 . 上海：上海书店出版社，2003.

［34］（清）李文煊修，朱润芸，等纂 . 光绪清远县志 . 台北：成文出版社，1967.

［35］汪宗准、冼宝干 . 民国佛山忠义乡志 . 民国十五年（1926）刻本，中国国家图书馆藏 .

［36］欧汝钧 . 民国阳山县志 . 台北：成文出版社，1938 年铅印本 . 清远连南瑶族自治县政协文史委员会 . 清远文史·第九辑 . 清远连南瑶族自治县政协文史委员会，1995.

［37］连南县志办公室 . 连南瑶族自治县县志 . 广州：广东人民出版社，1996.

［38］连南瑶族自治县政协文史资料委员会、连南瑶族自治县文化广电新闻出版局编 . 连南文史（非物质文化遗产专辑）. 政协连南瑶族自治县文史委员会，2001.

［39］何炯章修，谭凤仪纂 . 民国仁化县志 . 上海：上海书店出版社，2003.

［40］陈赓虞，等修，陈及时纂 . 民国始兴县志 . 上海：上海书店出版社，2003.

［41］凌锡华 . 广东连山县志 . 上海：上海书店出版社，2003.

［42］刘运锋 . 民国乐昌县志 . 上海：上海书店出版社，2003.

［43］朱汝珍等．民国清远县志．上海：上海书店出版社，2003.

［44］韩建勋，伍岳嵩修，何诗迪纂．民国连县志．北京：国家图书馆出版社，2010.

［45］《乳源瑶族志》编写组．乳源瑶族志．广州：广东人民出版社，2000.

［46］《过山榜》编辑组，《中国少数民族社会历史调查资料丛刊》修订编辑委员会．瑶族《过山榜》选编．北京：民族出版社，2009 年．

［47］连南瑶族自治县年鉴编纂委员会．连南年鉴（2017）．广州：广东人民出版社，2017.

四、资料汇编类

［1］广东省编辑组（李凤等）．连南瑶族自治县瑶族社会调查（连南南岗、内田、大掌）．广州：广东人民出版社，1956.

［2］广东省少数民族社会历史情况调查组．广东省连南瑶族自治县南岗、内田、大掌瑶族社会调查．内部编印，1958.

［3］罗香林．客家史料汇篇．香港：中国学社，1965.

［4］广东省连南瑶族自治县文化局．瑶族民间故事．清远：广东省连南瑶族自治县文化局，1983.

［5］广东省连南瑶族自治县文化局．连南瑶族民歌．清远：广东省连南瑶族自治县文化局，1983.

［6］黄朝中，刘耀荃主编，李默校注．广东瑶族历史资料．南宁：广西民族大学出版社，1984.

［7］覃兆福，陈慕贞．壮族历代史料荟萃．南宁：广西民族出版社，1986.

［8］广东省民族研究学会，广东省民族研究所．广东民族研究论丛（第 1 辑）．广州：广东人民出版社，1986.

［9］李默，房先清．连南八排瑶族研究资料．广州：广东省社会科学院，1987.

［10］广东省编辑组．连南瑶族调查报告．不详，1987.

［11］《民族问题五种丛书》广东省编辑组 . 连南瑶族社会调查・精神文化 . 广州：广东人民出版社，1987.

［12］广东省民族研究学会，广东省民族研究所 . 广东民族研究论丛（第 4 辑）. 广州：广东人民出版社，1988.

［13］刘耀荃编，练铭志校补 .《明实录》广东少数民族资料摘编 . 广州：广东人民出版社，1988.

［14］北京图书馆古籍出版编辑组 . 北京图书馆古籍珍本丛刊卷 81 子部・丛书类欧虞部集 . 北京：书目文献出版社，1988.

［15］李国祥，杨昶 . 明实录类纂・广东海南卷 . 武汉：武汉出版社，1993.

［16］清远市政协、连山壮族瑶族自治县政协文史资料委员会 . 连山壮族史料专辑 . 1994.

［17］李默、房先清 . 八排瑶古籍汇编 . 广州：广东人民出版社，1995.

［18］清远市连南瑶族自治县政协文史委员会 . 清远文史九・连南瑶族文史专辑 . 连南印刷厂，1995.

［19］广东省民族研究学会，广东省民族研究所 . 广东民族研究论丛（第 8 辑）. 广州：广东人民出版社，1995.

［20］广东省民族研究学会，广东省民族研究所 . 广东民族研究论丛（第 9 辑）. 广州：广东人民出版社，1996.

［21］广东省民族研究学会，广东省民族研究所 . 广东民族研究论丛（第 10 辑）. 广州：广东人民出版社，2000.

［22］谭棣华，曹腾騑，冼剑民 . 广东碑刻集 . 广州：广东高等教育出版社，2001.

［23］朱洪，李筱文 . 广东畲族古籍资料汇编——图腾文化及其他 . 广州：中山大学出版社，2001.

［24］政协连南瑶族自治县文史委员会：连南文史资料・第五辑，政协连南瑶族自治县文史委员会，2001.

［25］张劲松，等 . 蓝山县瑶族传统文化田野调查 . 长沙：岳麓书社，2003.

［26］《连山壮族瑶族自治县概况》编写组，《连山壮族瑶族自治县概况》修订本编写组．连山壮族瑶族自治县概况．北京：民族出版社，2007.

［27］广东省编辑组《中国少数民族社会历史调查资料丛刊》修订编辑委员会．连南瑶族自治县瑶族社会历史调查．北京：民族出版社，2009.

［28］广东少数民族史料汇编．广州：广东人民出版社，2011.

［29］练铭志．广东北江瑶族情况调查（校注版）．广州：广东人民出版社，2012.

［30］中国第一历史档案馆、广东省民族宗教研究院．《清实录》与清档案中的广东少数民族史料汇编，广东人民出版社，2011.

［31］罗志欢，李龙潜．清代广东土地契约文书汇编．济南：齐鲁书社，2014.

［32］苗仪、黄玉美．韶关族谱家训家规集萃．广州：暨南大学出版社，2018.

［33］李筱文，许文清．广东排瑶史料辑录．广州：中山大学出版社，2019.

［34］广东省文学艺术界联合会，广东省民间文艺家协会．广东民间故事全书·清远连南卷．广州：岭南美术出版社，2020.

五、专著类

［1］胡耐安．粤北之山排住民．曲江各大书局，1940.

［2］廖炯然．傜民概况．上海：中华书局，1948.

［3］胡耐安．边境论文集·第一册：说瑶．台北：华冈书局，1966.

［4］［德］马克思、恩格斯．马克思恩格斯全集，北京：人民出版社，1972.

［5］［德］恩格斯．路德维希·费尔巴哈与德国古典哲学的终结，北京：人民出版社，1972.

［6］胡耐安．中国民族志．台北：“商务印书馆”，1974.

［7］陈摩人，萧亭．瑶族歌堂曲（盘古书）．广州：广东人民出版社，1981.

［8］郑德宏．盘王大歌（上集）．长沙：岳麓书社，1987.

［9］［美］K.Frampton. 现代建筑——一部批判的历史．原山，等译．北京：中国建筑工业出版社，1988.

［10］巢宗祺．连南八排瑶语．广州：中山大学出版社，1989.

［11］巢宗祺．广东连南油岭八排瑶语言概要．上海：华东师范大学出版社，1990.

［12］林耀华．民族学通论．北京：中央民族大学出版社，1990.

［13］杨鹤书，李安民，陈淑濂．八排文化——八排瑶的文化人类学考察．广州：中山大学出版社，1990.

［14］朱洪，姜永兴．广东畲族研究．广州：广东人民出版社，1991.

［15］练铭志，马建钊，李筱文．排瑶历史文化．广州：广东人民出版社，1992.

［16］玉时阶，蒙力亚．广西少数民族服饰文化．南宁：广西人民出版社，1992.

［17］张有隽．瑶族传统文化变迁论．南宁：广西民族出版社，1992.

［18］谢剑．连南排瑶的社会组织．香港：香港中文大学出版社，1993.

［19］吴永章．瑶族史．成都：四川民族出版社，1993.

［20］赵忠心．家庭教育．北京：人民教育出版社，1994.

［21］向洪，张文贤，李开兴，等．人口科学大辞典．成都：成都科技大学出版社，1994.

［22］房学嘉．客家源流探奥．广州：广东高等教育出版社，1994.

［23］程志远．客家源流与分布・外国人对客家人的评价．香港：天马图书有限公司，1994

［24］唐辉．排瑶文化纪实．广州：广东人民出版社，1995.

［25］陈支平．客家源流新论．南宁：广西教育出版社，1997.

［26］王东甫，黄志辉．粤北少数民族发展简史．广州：广东高等教育出版社，1998.

［27］李惠芳．中国民间文学．武汉：武汉大学出版社，1999.

［28］覃讯云，李彤主编．中国瑶医学．北京：民族出版社，2001.

［29］［日］冈田宏二．中国华南民族社会史研究．赵令志，李德龙译．北京：民族出版社，2002.

［30］释传正．南华史略．北京：中国社会科学出版社，2002.

［31］［日］竹村卓二．瑶族的历史和文化——华南、东南亚山地民族的社会人类学研究．金少萍，朱桂昌译．北京：民族出版社，2003.

［32］李默．韶州瑶人——粤北瑶族社会发展跟踪调查．广州：中山大学出版社，2004.

［33］练铭志，马建钊，朱洪．广东民族关系史．广州：广东人民出版社，2004.

［34］马戎．民族社会学——社会学的族群关系研究．北京：北京大学出版社，2004.

［35］彭建英．中国古代羁縻政策的演变．北京：中国社会科学出版社，2004.

［36］葛剑雄．中国移民史．台北：五南图书出版公司，2005.

［37］李龙潜．明清广东社会经济研究．上海：上海古籍出版社，2006.

［38］李筱文．瑶山起舞——瑶族盘王节与“耍歌堂”．广州：广东教育出版社，2008.

［39］《瑶族简史》编写组．瑶族简史．北京：民族出版社，2008.

［40］王毓铨．明代的军屯．北京：中华书局，2009.

［41］周大鸣．文化人类学概论．广州：中山大学出版社，2009.

［42］胡起望．瑶族研究五十年．北京：中央民族大学出版社，2009.

［43］张菽晖，李筱文，等．广东民族古籍研究．广州：广东人民出版社，2011.

［44］温宪元，邓开颂，丘杉．广东客家．桂林：广西师范大学出版社，2011.

［45］梁守中．刘禹锡诗文选译．南京：凤凰出版社，2011.

［46］范秀炎，吴卫清．瑶族长鼓舞．广州：广东教育出版社，2012.

［47］马建钊．排瑶研究论文选集．广州：广东人民出版社，2013.

［48］鲁西奇．中国历史的空间结构．桂林：广西师范大学出版社，

2014.

［49］罗杨，唐孝祥．大美村寨·连南瑶寨．北京：中国社会出版社，2015.

［50］朱继胜．瑶族习惯法研究．北京：中国法制出版社，2015.

［51］朱雪梅．粤北传统村落形态和建筑文化特色．北京：中国建筑工业出版社，2015.

［52］李默．瑶族历史探究．北京：社会科学文献出版社，2015.

［53］刘鸿勇．粤北乳源过山瑶勉语研究．北京：文化艺术出版社，2016.

［54］许怀林．客家社会历史研究．广州：暨南大学出版社，2016.

［55］吴永章．南方民族史新说．北京：民族出版社，2017.

［56］盘鹃．诗画瑶山——油岭瑶寨散记．广州：新世纪出版社，2017.

［57］许文清．瑶族婚俗．广州：羊城晚报出版社，2017.

［58］赵世瑜．小历史与大历史：区域社会史的理念、方法与实践．北京：北京大学出版社，2017.

［59］罗香林．客家研究导论（外一种：客家源流考）．广州：广东人民出版社，2018.

［60］施展．枢纽：3000 年的中国．桂林：广西师范大学出版社，2018.

［61］谢重光．客家民系与客家文化研究．广州：广东人民出版社，2018.

［62］［美］詹姆士·斯科特．逃避统治的艺术（修订译本）．王晓毅译．北京：生活·读书·新知三联书店，2019.

［63］赵双喜．粤北壮族历史文化．广州：广东人民出版社，2019.

［64］连南瑶族自治县文化馆．连南民俗大观．成都：四川师范大学电子出版社，2020.

［65］赵世瑜．历史人类学的旨趣．北京：北京师范大学出版社，2020.

［66］王明珂．华夏边缘：历史记忆与族群认同．上海：上海人民出版社，2020.

［67］刘志伟．在国家与社会之间：明清广东地区里甲赋役制度与乡村

社会（增订版）. 北京：北京师范大学出版社，2021.

六、论文类

［1］莫辉熊 . 连阳瑶民状况的概要 . 民俗，1928（6）.

［2］曾昭璇 . 粤北傜山地理考察 . 边政公论，1948（3）.

［3］张習孔 . 东晋南朝的赋税剥削 . 史学月刊，1957（4）.

［4］余天炽 . 秦通南越“新道”考 . 华南师院学报（哲学社会科学版），1980（2）.

［5］李洵 . 试论明代的流民问题 . 社会科学辑刊，1980（3）.

［6］徐仁瑶，胡起望 . 瑶族《过山榜》析 . 中央民族学院学报，1981（2）.

［7］周宗贤 . 试论瑶族封建社会形成的特点 . 学术论坛，1981（2）.

［8］姚舜安 . 略论瑶族向封建社会过渡的问题 . 贵州民族研究，1984（2）.

［9］王新远 . 明代流民性质之我见 . 湖北大学学报（哲学社会科学版）1987（5）.

［10］姚舜安 . 瑶族的历史分布与变迁考 . 广西民族研究，1987（03）.

［11］刘志伟 . 试论清代广东地区商品经济的发展 . 中国经济史研究，1988（2）.

［12］陈忠烈 . 清代粤北经济区域的形成与特点 . 广东社会科学，1988（3）.

［13］赵家旺 . 试论连南八排瑶习惯法，广东民族学院学报，1989.

［14］李本高 . 瑶族社会跨越奴隶社会进入封建社会成因简论 . 民族论坛，1990（1）.

［15］谢剑 . 连南“排瑶”族史初探 . 广东民族学院学报（社会科学版），1990（3）.

［16］谢剑 . 广东连南排瑶聚落模式的初步研究 . 广东民族学院学报（社会科学版），1991（1）.

［17］吴永章 . 元代瑶族概说 . 广西民族研究，1991（Z1）.

［18］吴永章．明清时期湖南瑶族分布概说．民族论坛，1992（3）．

［19］李默．瑶史拾零七则．广东民族学院学报（社会科学版），1992（1）．

［20］张应强．试析粤北瑶族原始婚姻形态残余．中南民族学院学报（哲学社会科学版），1992（3）．

［21］吴炳奎．客家源流新探．中南民族学院学报（哲学社会科学版），1992（3）．

［22］李本高．瑶族过山榜的由来．广西民族研究，1992（4）．

［23］黎虎．客家聚族而居与魏晋南北朝中原大家族制度——客家居处方式探源之一．北京师范大学学报（社会科学版），1995（5）．

［24］盘才万、房先清收集，李默编著．乳源瑶族古籍汇编（下册）．广州：广东人民出版社，1997.

［25］刘纶鑫．论客家先民在江西的南迁．南昌大学学报（哲社版），1998（1）．

［26］李庆新．荒服之善部　炎裔之凉地——论唐代粤北地区的经济与文化．广东社会科学，1998（1）．

［27］邓晓华．客家话跟苗瑶壮侗语的关系问题．民族语文，1999（3）．

［28］萧凤霞．廿载华南研究之旅．清华社会学评论，2001（1）．

［29］刘丽川．“客家”称谓年代考．北京大学学报（哲学社会科学版）2001（2）．

［30］李绪柏．明清广东的社学．学术研究，2001（3）．

［31］曾思平．清代以来岭南地区瑶族习惯法初探．暨南大学硕士学位论文，2002.

［32］申卫东，覃普词，杨勇刚，等．广西3个苗族支系红细胞血型分布调查．中国输血杂志，2002（4）．

［33］田敏．论族群不能取代民族．中南民族大学学报（人文社会科学版），2004（5）．

［34］严忠明．《丰湖杂记》与客家民系形成的标志问题．西南民族大学学报（人文社科版），2004（9）．

［35］梁仁志．明代捐纳与官学教育的衰败．华东师范大学学报（教育科学版），2005（4）．

［36］李默．关于瑶族迁徙和飘洋过海史事的探讨．广东社会科学，2005（5）．

［37］徐杰舜，张祎凌．族群结构简论．广西民族学院学报（哲学社会科学版），2005（5）．

［38］高其才．瑶族习惯法特点初探．比较法研究，2006（3）．

［39］吴建新．明清时期粤北南雄山区的农业和环境．古今农业，2006（4）．

［40］张素容．大庾岭路与清代南雄州之虚粮．清史研究，2007（2）．

［41］安国楼．河洛文化与客家文化．中州学刊，2007（3）．

［42］刘晓星．中国传统聚落形态的有机演进途径及其启示．城市规划学刊，2007（3）．

［43］菅志翔．“族群”：社会群体研究的基础性概念工具．北京大学学报（哲学社会科学版），2007（5）．

［44］玉时阶．瑶族传统服饰工艺的传承与发展．广西民族大学学报（哲学社会科学版），2008.1.

［45］郑力鹏．南岗古排——瑶族村落与建筑．华中建筑，2009（12）．

［46］刘正刚，何横松．海洋贸易与清代粤北经济的变化．学术研究，2010（6）．

［47］傅衣凌．明清社会经济史论文集．北京：商务印书馆，2010.

［48］刘正刚，何横松．海洋贸易与清代粤北经济的变化．学术研究，2010（6）．

［49］徐祖明．排、排瑶、瑶排、八排瑶等称谓之辨析．广西民族研究，2011（1）．

［50］龙国贻．藻敏瑶语语音研究．北京：中央民族大学博士学位论文，2011.

［51］詹坚固．试论蜑名变迁与蜑民族属．民族研究，2012（1）．

［52］余韵诗．粤北古村落传统公共空间形态研究．广东工业大学硕士

学位论文，2012.

［53］王筱宁，李忠 . 清代官学教育的特点——兼论适应性教育的后果及其启示 . 教育理论与实践，2012（31）.

［54］朱雪梅 . 粤北传统村落形态及建筑特色研究 . 华南理工大学博士学位论文，2013.

［55］方悦萌 . 明清时期瑶族的习惯法 . 云南民族大学学报（哲学社会科学版），2014（2）.

［56］莫金山 . 盘瓠出世 . 瑶族起源于豫东鲁西 . 广西民族研究，2014（4）.

［57］周晴，张玉玲，龚蔚霞 . 粤北喀斯特地区排瑶传统聚落的空间分布与景观特征（1704—1960）. 地方文化研究，2015（3）.

［58］黄旭珍 . 明清粤北山区的屯田所 . 中山大学硕士学位论文，2015.

［59］雷菁 . 论清代书院官学化的消极作用 . 湖南社会科学，2015（6）.

［60］李庆福，冯广义，谢燮 . 瑶族古文字考察报告 . 汉藏语学报，2015（8）.

［61］刘宇 . 油岭大排瑶寨民居文化及其保护 . 兰州工业学院学报，2015（1）.

［62］袁正一 . 南岗瑶族长鼓舞的艺术特色与教学思考——广东连南瑶族自治区南岗排长鼓舞采风报告 . 广东省民俗文化研究会 . 2015 年 12 月（下）民俗非遗研讨会论文集 . 广东省民俗文化研究会，2015.

［63］任文利 . 书院与官学教育——以明代为例 . 天府新论，2016（4）.

［64］覃主元 . 瑶族习惯法的特点与性质新论 . 广西师范大学学报（哲学社会科学版），2016（5）.

［65］周建新 . 客家文化的研究历程与理论范式 . 广西民族大学学报（哲学社会科学版），2016（6）.

［66］郭生建 . 清代粤北地区的经济开发与生态环境变迁研究 . 广西民族大学硕士学位论文，2016.

［67］曾艳 . 广东传统聚落及其民居类型文化地理研究 . 华南理工大学博士学位论文，2016.

［68］赵世瑜．明朝隆万之际的族群关系与帝国边略．清华大学学报（哲学社会科学版），2017（1）．

［69］江俊伟．科举视野下的明代官学知识传习体系．教育与考试，2017（6）．

［70］李双．瑶汉分治：清代粤北民族政策．广西民族研究，2017（6）．

［71］谭嘉伟．清代连山瑶、壮的源流、分布及相关历史地理问题研究．暨南大学硕士学位论文，2017.

［72］王东．明清广州府传统村落审美文化研究．华南理工大学博士学位论文，2017.

［73］曹宣雷．排屋与课堂：粤北瑶族乡村教育中的传统道德、文化及其传承，2017（转载）．

［74］周晴，宫清华．清代以来粤北排瑶林农景观的变迁．民俗研究，2018（2）．

［75］郑淑浩：广东连南南岗瑶寨建筑人性尺度探析．惠州学院学报，2018（3）．

［76］李国斌．宋代以来的“瑶族有无文字”之争．湖南日报，2018-08-27，第007版．

［77］赵双喜．明清时期少数民族地区商品经济发展初探——以粤北壮族地区为例．黑龙江民族丛刊，2018（3）．

［78］黄忠鑫，黄潇．明清粤北的佐杂分防格局与水陆通道控制．暨南史学，2019（1）．

［79］邓焱、杨乾明：排瑶民居建筑与生态融合特色研究．美术大观，2019（3）．

［80］吴艾妮．湘粤古道的历史变迁．中国历史地理论丛，2019（4）．

［81］李可．恩格斯习惯法思想研究．中央民族大学学报（哲学社会科学版），2020（1）．

［82］宋才发．民族习惯法与国家法的冲突及调适．社会科学家，2020（1）．

［83］潘莹，方逸真，施瑛．粤北古驿道重点线路沿线传统聚落景观比

较研究 . 风景园林，2020（1）.

［84］陈文元 . 关于明清卫所制度研究的新思考 . 中国史研究动态，2020（6）.

［85］项义华 . 政治人类学视域中的“山越”. 浙江学刊，2020（6）.

［86］曼秀・仁青道吉 . 论黑格尔的史诗观——以藏族英雄史诗《格萨尔》为例 . 西藏研究，2021（1）.

［87］王航，田敏 . 记忆与建构：历史人类学视角下的八排瑶起源、迁徙及形成 . 广西民族研究，2021（4）.

［88］谭星 .“五形态”论与“三形态”说论争辨析 . 史学理论研究，2021（4）.

［89］王航 . 论清王朝建构粤北瑶族国家认同的策略 . 贵州民族研究，2021（5）.

［90］王航 . 中州循吏化连阳 . 洛阳师范学院学报，2021（10）.

后 记

第一次到连南是 2011 年 11 月，慕名前去参加由湖南、广东及广西三省区定期联合举办的瑶族“盘王节”，即连南的“盘王节·耍歌堂”，从此与连南、与八排瑶结下不解之缘，屈指算来，已有 11 年之久。初到连南，旖旎的风光，秀美的山城，古朴的瑶寨，特色的文化，好客的瑶胞，给我留下深刻美好的印象，以至从那时到今天，连南也成为我个人和团队开展民族学人类学研究的第一田野点。这十余年，我带三十余位硕士、博士研究生到连南开展田野调查十余次，与广东瑶族博物馆等单位合作开展项目研究，建立中南民族大学研究生实习研究基地等，仅我指导的博士论文选题就有三个是以连南八排瑶研究为主题。我主持的国家社科基金委托文化部“节日志”项目之“盘王节”，也主要以连南的调研和材料来完成。

2019 年初，政协连南瑶族自治县委员会正式设立“连南八排瑶古村落民族志”调查研究项目，作为委托课题交付于我。县政协李春益主席希望我和我的团队能够在实地调查的基础上，系统梳理和深入厘清八排瑶的历史源流、迁徙过程、文化全貌，并且全面真实地记录八排瑶的传统文化及其当代发展情况。李主席对课题研究给予了周到的安排和切实的指导，希望研究成果做到系统、全面、真实、经典，要能获得瑶族人民的认同，经得起历史的检验。三年多来，课题组认真落实编纂工作领导小组的工作要求，扎根田野，跋山涉水，深入瑶寨，五上瑶山，以专业的民族学人类学田野调查方法，参与观察，深度访谈，收集整理了大量第一手材料。以此为基础，课题组成员积极撰写文稿，反复修改完善，为高质量完成课题任务做出了积极的努力。

根据调查的分期，从 2019—2020 年初，课题组先在西五排开展了三次系统的调查，并于 2020 年上半年完成了西五排民族志的写作。随后在 2020

年下半年到2021年初，对东三排开展了两次系统调查，于2021年6月完成全书的写作。除上述五次系统调查之外，中间还组织了多次专题调查，并委托连南瑶族自治县瑶学会于2022年3—5月进行了补充调查。2021年7月，政协连南瑶族自治县委员会组织的第一次书稿审读会在县政协会议室召开。2022年7月，由中南民族大学和政协连南瑶族自治县委员会联合举办的第二次书稿审读会在中南民族大学以线上线下结合的方式召开。先后参加本书审稿的专家有来自中国社会科学院民族研究所、中山大学、南开大学、北京师范大学、中央民族大学、华中师范大学、中国民族博物馆、民族出版社、广东民族研究院等单位的十余位相关专家，连南瑶族自治县也有多位领导和专家参与。专家们在对书稿做出充分肯定的基础上，从各个层面对书稿的修改完善提出了许多建设性意见。中南民族大学课题组以及连南瑶族自治县课题组对各位专家和领导意见高度重视，积极修改，为书稿质量的进一步提升提供了保障。

书稿的完成，凝聚着连南瑶族自治县先后多位领导、县政协原主席房卫民，县史志办原主任许文清、李国兴等有关各方，众多干部和瑶族同胞的倾力支持与心血，要感谢的人很多。衷心感谢政协连南瑶族自治县委员会主席李春益同志。李主席始终关心课题组的工作，亲自主持项目会议，带领课题组人员“上山下乡”，为课题组长时间的调查研究提供大力支持，为最终完成书稿提供了坚强保障。政协连南瑶族自治县委员会副主席沈俊辉、二级调研员房剑辉、原副主席陈锦叶亲自参与调研和多次审读修改稿件，为课题组的编纂工作做出了积极贡献。连南瑶族自治县广东瑶族博物馆原馆长李春荣同志为课题组开展工作鞍前马后地提供服务和帮助，亲历亲为，陪伴我们十余次同上瑶山，同入户访，为课题工作的完成做出了积极的贡献。县政协文史和民族宗教委主任、《连南瑶族自治县八排传统古村落民族志》调研编纂工作领导小组办公室主任陈海光同志全过程为课题组协调安排，使得课题组的调查得以顺利完成。连续多年的连南调查，得到各方领导、干部、瑶族同胞等许多人的热情款待、真心帮助，他们中的代表有：连南瑶族自治县广东瑶族博物馆原馆长吴卫清，连南瑶族自治县文化局原副局长唐爱华，连南瑶族博物馆沈世民，大坪镇政府干部房志荣，

三排镇政府干部盘鹃，还有许多位作为采访对象的瑶族同胞，等等。中南民族大学的校友陈强、赵翔辉、沈峻等更是盛情对接，不时鞭策，校友同学之谊让我们宾至如归。感谢所有帮助我们并支持这项工作的人们！

书稿是一项集体调查研究的成果。书稿的写作以中南民族大学课题组为主完成，连南瑶族自治县课题组工作组积极协调和参与调查、提供相关材料，参与书稿修改完善。参与书稿写作的中南民族大学课题成员有：陈文元、安志强、李超、王航、潘璐璐、蒋满娟、高元武、关畅、殷沙漫、黄建胜等博士研究生，周靖凯硕士研究生。连南瑶族自治县参与课题工作组的各位成员是：陈海光、唐永春、唐常青、房斌、房四贵、李春荣、罗穆良、房志荣、盘鹃、房伟华、唐九斤、唐红英、钟德明、房慧梅、房叶华、唐国荣、唐丽清等各位同志，并得到连南政协领导班子成员房婧婧、唐海英、赖斌、甘向荣、黄伟欣等同志的大力支持。

书稿的统稿工作，前期由田敏、李超、王航、殷沙漫完成，后期统稿主要由田敏和殷沙漫完成。在整个统稿工作过程中，殷沙漫出力尤多，感谢她的付出。

当前，在铸牢中华民族共同体意识为民族工作主线的时代背景下，开展我国各民族交往交流交融历史与现实的研究，是铸牢中华民族共同体意识的基础性工作。一部八排瑶迁徙、发展的历史，就是多民族交往交流交融的历史，是中华大家庭民族团结交融的一个典型案例。因此，八排古村落民族志也是解读中华民族多元一体格局下，中华民族共同体形成与发展的鲜活素材。书稿的出版，将为连南瑶族自治县乃至整个区域开展铸牢中华民族共同体意识工作发挥积极的作用。

十一年前初到连南时，高速公路刚刚建好尚未正式开通，我们是在校友的迎接和引领下进入连南的。十一年过去了，连南与伟大祖国一道，实现了前所未有的跨越式发展，连南的面貌焕然一新，瑶族同胞也过上了更加美好的生活，我们为之欢欣鼓舞。

十一年行走瑶山，出入瑶寨，点滴感受，许多感动，我们心存感恩。

衷心祝愿连南的明天更美好！

田敏

2022 年 8 月

2020年10月在连南召开编纂调研工作会议

2022年7月在中南民族大学召开审读工作会议

2021年7月在连南召开编审研讨会议

田敏在访谈南岗歌王唐大兵公

李春益主席作调研工作指导

连南县政协调研组下村入户访谈

调研组在火烧排老排遗址留影

潘璐璐与安志强在村民家中访谈

寻访马箭老排路上

田敏教授一行在连南瑶族自治县政府大楼前留影

调研团队成员在拍摄古籍资料

李超访谈横坑排先生公

殷沙漫询问排瑶芒笛制作

黄建胜在访谈南岗排非遗传承人

访谈油岭先生公唐考砖公

探访军寮老排遗址

图书在版编目（CIP）数据

连南瑶族自治县八排古村落民族志：上下册 / 田敏等著 . — 北京：民族出版社，2023.10

ISBN 978-7-105-17126-2

Ⅰ . ①连… Ⅱ . ①田… Ⅲ . ①瑶族—村落—民族志—连南瑶族自治县 Ⅳ . ① K296.55 ② K285.1

中国国家版本馆 CIP 数据核字 (2023) 第 208289 号

连南瑶族自治县八排古村落民族志（上下册）

著　　者：田　敏　殷沙漫　陈文元　李　超　王　航　潘露露
　　　　　蒋满娟　安志强　高元武　关　畅　黄建胜
策划编辑：欧光明
责任编辑：张宏宏　李燕妮
责任校对：孙秀梅
封面设计：刘福勤
出版发行：民族出版社
地　　址：北京市东城区和平里北街 14 号
邮　　编：100013
电　　话：010-64228001（汉文编辑二室）
　　　　　010-64224782（发行部）
网　　址：http://www.mzpub.com
印　　刷：北京盛通印刷股份有限公司
经　　销：各地新华书店
版　　次：2023 年 10 月第 1 版　2023 年 10 月北京第 1 次印刷
开　　本：787 毫米 ×1092 毫米　1/16
字　　数：1055 千字
印　　张：54
定　　价：560.00 元
书　　号：ISBN 978-7-105-17126-2/K・2939（汉 1689）